中国封建社会の機構

今堀誠二著

汲古書院

中国封建社会の機構

——帰綏（呼和浩特）における社会集団の実態調査——

今堀誠二著

日本学術振興会刊

1955　東京

綏遠通志

食貨志

商業

綏遠邊省之區，北通外蒙，南接晉陝，東連察哈爾，以達京津，西隣寧甘，以至新疆，蒙漢之交通既繁，中外之商賈咸聚，誠為西北商業之要區焉。戰國策言北有代馬之用，史記亦稱北有戎翟畜牧，為天下饒利之所在，商賈遂通，故龍馬千端，自古為北邊貿易之大宗。漢唐以來，鹽馬之需，多取給於此。遼於趙宋，吏於麟豐諸州及唐隆等鎮設置馬市，遼金因之，改設榷場，以為市馬之所，並置場官，以司其事。至於有元，復於淨州天山縣設立鹽場，置官榷稅，貿易之盛可想而知。故有明一代雖值北邊多事，中秋亦未常不以蒙漢交易為安輯邊圉之計也。下逮有清，宇內統一，歸包兩地，綰轂東西，為中外貿易集中之區。史稱太宗崇德三年，親統大軍至歸化城駐蹕，命王貝勒以至梅勒章京各出白銀赴歸貿易。又康熙二十年，張鵬翮奉使至歸，其奉使日記已極稱歸化外藩畢集，商貨絡繹之盛。此外歸綏識略亦稱康熙中，都統丹津由京師招來各業商賈。蓋自康熙以還，地方經長期之安寧，本省商務已漸發達，益以地隣三晉，晉省本衙商半賈居十，挾資北來，以致財富，宜乎有清一代，本省商業之超越前代也。惜清季世下逮民初，兵燹頻仍，交通阻隔，外路貨商相率裹足，而歸綏商業復為錢市糧市所壟斷，罔得其利，於是本省商業遂漸趨衰落，然本省向稱西北商業之重鎮，且物產豐富，交通便利，地方當局苟能勵精圖治，廓清匪患，保護商路，以暢其交通，整頓金融，穩定市場，

序

「中国の書物に書かれたり、人々の話のなかに出てくるのは、大昔の聖人の弟子たちの説いた理窟ばかりだ。人民大衆の生活は、そんなものとはなんのかかわりもなく、彼らはただ黙々として成長し、そしてしぼんでしまい、枯れてゆく。ちょうど石の下におされた草のようなものだ。この沈黙した人民の魂をえがきだすということは、ほんとうにむつかしいことだ。」

魯迅が阿Q正伝のロシャ語版の序文に、こう書いたのは一九二五年のことである。一九二五年といえば、五・三〇事件のあった年であるが、現実政治の面では軍閥政府による反動の嵐がふきつのっていた。そして彼自身も、その翌年には身をもって北京を逃れ去り、同時に小説を書くよりも、もっと直接的な方法で、「人民の魂」のために奉仕する道へ、とび込んでいったのである。

阿Q正伝や、その前に書かれた狂人日記が、問題意識として、あるいはその論理構造において、批判の余地がないというのではない。しかし少くともわたくし自身についていえば、右のことばが書かれてから十五年もたってから、ようやく、魯迅の立場をいくらかでも了解しようとする段階に達したにすぎない。今日ではそれからさらに十五年経過しているが、黙々として成長し、しぼんでしまい、枯れていった石の下の名もない草が、どんな希望に胸をふくらませ、営々と努力し、風雪に耐えて、生命力の貴さを発揮してきたかを、えがき出すことさえできずに、いたずらに傷心を重ねているという、ていたらくなのである。

魯迅が述べているように、中国の書物にかかれている事実は、必ずしも「客観的な真実」ではない。その著者自身の主観では、客観的事実をのべているつもりであっても、たとえば正史であればそれは一定の史観をもち、一定の形式によってその枠内に入ってくる事実だけをとりあげ、一定の文体によって歴史叙述を行っているわけで、さもなければ正史とは呼ばれないのであるから、事実に対する客観的叙述を正史に期待することは困難である。むしろ正史というスタイルをもつ、主観の勝った論文から、どうして真に客観的な事実をひき出してゆくか、その方法の客観性がわたしたちにとっては問題なのである。口絵にかかげた綏遠通志を見ていただきたい。通志が一定の史観と形式をそなえた論文であることはもちろんだが、文体だけについていっても、編者（傅増湘氏）の努力は朱墨のあとにありありと現われ、苦心のほどを察することができる。典雅な文章は誰しも希望するところであろう。しかもこの苦心の結果、草稿のもつ具体性がどんなに抹殺されてしまったとしても、それは通志という叙述形式がさせる業であり、編者の善意の問題ではない。

官憲がある法令を出し、それが方志なり実録なりにのせられたとすれば、その読者がこれを額面通りに、専制権力の行為として受取るのは当然である。ところでその法令が石碑に刻んで公示されているとすれば、碑陰の記事によって、法令を作った本当の主人公が村落・ギルドまたはボスなどである事や、それを必要とした事情が、明瞭にわかることが多い。金石類の書籍には、碑陰の文章がいわゆる名文ではなく、その作者が著名人でないために、この記事まで採録することは稀であるが、それでもときにはこうした記録を、梓に上していることもあるから、官庁で編さんした論著を補訂し得る場合が少なくない。また、ときには人民大衆が本当に稚拙な文章で、素人細工の石碑を立てていることもあり、右のボスたちの作った記録のギマン性を衝いている結果になる。

「人人の話」についても、事情は大体において同様である。古老が直接話してくれた談話でも、その人の立場から見た解説はそれ自体として貴重な資料には違いないけれども、真実であるか否かは歴史の大きな流れの中で再検討する必要があろう。語られた個々の事実が、正確さにおいて多少の難点をもつのは当然で、ことにそれが過去の事実として語られている事がらであれば、歴史的資料としてどのくらい信頼できるかを、一応研究してみる必要がある。更に本書で論証した各ギルドの歴史事実の一半は、ギルドの古老によってさえも、忘却のかなたに追いやられているのであり、古老が故意に「忘れ得ずして忘却を誓っている」わけではない。まして階級性の限界は、当人の意識すると否とを問わず、超えることができないのが普通であって、その具体的な例は、とくに第七章の各節において、掌を指すように指摘することができる。

沈黙した人民の魂をえがき出そうとしたわたくしの企図は、今日までのところ、見るべき成果を収めてはいない。ただ、戦争中にこうした問題にせまろうとして試みた、空しい努力のあとを一応整理しておくことは、戦争の犠牲をともどもに分ち合ったわが同胞に対する義務であり、また応答などのために貴重な時間を割かれた中国人民に対するわたくしの責任だと思っている。

本書の草稿を書き始めたのは一九四四年のことで、第九章第四節におさめた一文は、一九四六年「東洋文化研究」第二号に掲載された。一万枚に近い一応の原稿は、一九四八年の末近くに完成したが、右の一編以外は、発表することができなかった。ただ、そのうちの内蒙古に関する部分だけを油印本として少数の知友に贈ったことがあり、そうしたことが契機となって、平野義太郎・小野忍・幼方直吉・日野開三郎・坪田清二・渡辺正・沢赳などの諸氏が、本書の出版についていろいろと骨を折って下さった。しかしこの頃から出版界は深刻なパニックに襲われ始め、一方、わたくしはわたくしで加筆訂正の筆を止める術を知らなかったために、仕事はのびのびとなって、そのまま日の目を見ないでしまう懸念が深くなっていった。幸にも一九五二年に入ってから、豊田武・井上智勇・宮山平八郎・吉川藤吉・新谷武衛・水島結子の諸氏の好意と、日本学術振興会の俠助によって、ようやく草稿の一部が、公刊の運びとなった。多額の出版助成金を与えられた文部省、あらゆる困難に耐えて出版を完成された日本学術振興会、無理な校正に協力をねがった松浦印刷所、英文梗概の作製に力添をいただいた小谷瑞穂子・桝井迪夫の両氏などに対し、前記諸氏に対すると同様、厚くお礼を申上げたいと思う。なお題字は、喜壽なるわが父、今堀友市氏をわずらわした。

本書を、仁井田陞・杉本直治郎両先生にささげる。限りない尊敬と感謝の思いをこめて。

一九五三年十二月十日

著者

凡　例

一　本書は「中国封建社会の機構」を研究する上に必要と考えられる素材を提供するため、筆者が試みた一連の実態調査報告の一部をなすものであって、これはいわばその第一編に当るものであり、続編・三編とひきつづき公表する予定のものと合せて、資料のいんめつを防ぐ上に幾分かでも役立ちたいというのが、わたくしのささやかな念願である。本来なら、中国封建社会の機構・資料編と題すべきところであるが、それではあまり長くなるので資料編を削った。しかしねらいはあくまで素材であり、各社会集団の個別的研究であって、中国全体を見透すための試論は、わたくしの旧著「中国の社会構造」と、これにつづく系列の著作において、別に果したいと思っている。

一　本書には、内蒙古の社会調査報告を全部おさめる予定であったが、帰綏だけで千頁近くに達したため、今回はこの一都市だけで打切ることにした。本書の記述が、打切られた部分の発表を予定した書きかたになっているのはそのためであって、読者の諒恕をお願いする。なるべく早い機会に、続編以下を公表したいと考えているが、現在の状況では、その希望は容易に達せられないであろう。

一　本書の草稿ができてから、仁井田陞氏「中国の農村家族」・根岸佶氏「中国のギルド」・内田直作氏「日本華僑社会の研究」・安達生恒氏「商業資本と中国経済」・田山茂氏「清代における蒙古の社会制度」などを始め、幾多の名著が発表された。わたくしはこうした新研究を、本書のうちにとり入れる義務をおこたっている。なにぶん本書が大きな著作であり、初校が出始めてからでも、すでに年余を経過しているといった状態なので、原稿の補足にかかれば、刊行の見透しがつかなくなるのは事実であるが、著者のたいまんは覆うべくもない。

一　註は各節ごとにまとめた。同じ書籍の同じ箇所を引用する場合には、概して註のナンバーを改めていない。したがって、たとえば（註6）に帰綏識略のある文章を引いたとすれば、その後何度右の文章をひきあいに出したとしても、節が変らない限り（註6）でおし通している。したがって本文の順序でいえば、（註40）のあとで（註6）が出てきたりする場合でも、ナンバーのとおりに、見ていただけばよいわけである。

一　資料は巻末に帰綏の部だけを集録した。本書によって始めて紹介されたものを選び、それが発見された場所ごとに区分して、その形態や年代に従ってナンバーを附した。このほか、本書の考証には、わたくしの調査した他の都市や郷村の資料をも利用しており、これには地名を冠して資料のナンバーを入れている。たとえば、単純に（C1）などとあるのは、本書資料編について検出し得る資料（帰化城玉皇閣重建楽楼序）によって記述したものであることを示し、（豊鎮K17）などとある場合には、本書の続編以下に収める予定の豊鎮の資料編について、検出し得る資料（浄髪社行規）が、参考にされていることを物語るわけである。

一　校正の際、（彊・疆・疆）、（舖・舗・鋪）などのように、他と混同するおそれのない文字は、そのままにしておいた。

一　年月は、特に示さない以上、中国の慣習に基づいて旧暦を用いている。

一　帰綏は日本軍占領後「厚和豪特（ホホコト）」（略称は厚和）と改め、一九四五年旧に復したが、一九五四年に呼和浩特（ホホコト）と改称した。本書が「帰綏」を用いているのは、右の改称が印刷中、しかも一部分の校了後に起ったためである。

一　説明図以外に、京都大学人文科学研究所原蔵の帰綏市街地図を加えた。研究所当局ならびにいろいろ高配をいただいた日比野丈夫氏に、深く感謝する。帰綏市街図としては一九四三年実測にかかる正確な地図（著者蔵）があり、別の機会に付印したいと思っている。（一九五五年四月）

目次

資料目次

		資料数	資料頁
	説明		六九七
A	三賢廟所在資料	五〇	七〇一
B	小東街関帝廟所在資料	八四	七〇九
C	玉皇閣所在資料	一〇八	七二一
D	魯班廟所在資料	一九	七三四
E	南茶坊廟所在資料	一三二	七三七
F	海窟南竜王廟所在資料	三九	七五七
G	財神廟所在資料	八〇	七七〇
H	玄天観所在資料	一	七八一
I	順承麵舗（旧城上栅子街七號）所在資料	一	七八一
J	意生錦（旧城西順城街）所在資料	二	七八二
K	旧城大南街百八号家屋所在資料	二	七八二
L	各ギルド所在資料	一三	七八三
M	城隍廟所在資料	二〇	八〇三
N	北茶坊廟所在資料	二六	八〇七

附図目次

附表目次

中国封建社会の機構

——帰綏（呼和浩特）における社会集団の実態調査——

第一章　研究の方法と範圍

第一節　内蒙古における社會調査

一九四四年五月初旬、張家口駅におりたったわたくしは、爾来十二月中旬北京に帰るまでの間、察哈爾・綏遠両省の実態調査を行った(註1)。ここに公けにしようとする「長篇」の報告は、その調査中で最も重点をおいていた帰綏に関する部分をとりまとめたものであり、したがって本論においていうところの現在とは、すべて右の期間を指すのである。

前後五ヵ年におよぶ北京留学にもかかわらず、わたくしはそれまで八達嶺にさえ行っていなかった。一九三九年ごろから、満鉄調査月報などによって公刊されてきた、安齋庫治氏等による包頭およびその周辺の調査は、わたくしにとって限りない魅力であったし、帰綏には旧綏遠墾務総局と土默特旗公署の文書が保存されていて、質量ともに驚異に価するものであることも、島田正郎氏から聞かされていた(註2)。それにもかかわらず、当時蒙疆といわれていたこの地域に足をふみ入れなかったのは、中国の民族主義に対する同情と共鳴による甘い感傷のためで、「満洲国」方式にこだわっていたわたくしの幼稚なリベラリズムが、「特殊防共地帯」に奉仕するのをいさぎよしとしなかったからであった。一九四三年九月、職を広島文理科大学に奉ずることとなり、北京を去ったので、朔北の地をふむ機会は永久に失われたかの感さえあった。しかし一度日本にたち帰ってみると、大陸への郷愁はいやまさるばかりで、たまたま長田新・矢野仁一・杉本直治郎・鴛淵一等の諸教授の高配により、学術研究会議から研究費を与えられたのを機会に、翌年三月北京に行き、華北における社会事業の調査を遂げ、騎虎の勢いをもって内蒙古に研究の足をのばしてしまった。そのときは、すでに出張期限も過ぎており、戦況の帰趨もまた明白となっていたが、私は自らを制して北京から帰国することができなかったのである。

張家口についたときは、市中を貫流する清水河は、雪融けの水をたたえていたし、陰山の山々はまだ緑を帯びていなかった。張家口から東北にわけ入って高家営子に行き（註3）、帰綏に盛夏を送り、十月には托克托と武川を訪れ、十一月に豊鎮と包頭を調査した。包頭から黄河を南に渡ってオルドスの北端を西行し、大樹灣からさらに南進を企図したが、黄河の結氷が不十分なため、北岸との交通がとぎれる時期を目前にひかえ、日本軍の駐屯していない南岸地区の治安が絶望となったので、馬首を回すことを余儀なくされたのである。転じて張家口に帰り、張北・徳化を目ざしたが、たまたま零下三十五度に降下した気温のため凍傷に犯され、やむなく断念して一応調査を打切った。そのため察哈爾に於ける予定計画の後半を残し、また山西省には着手できなかったわけである。十二月中旬北京に帰り、輔仁大学の酒井悌氏の公館で十日間こんこんと眠り続けた。薄氷を踏む思いで朝鮮海峡を渡り、かろうじて内地で屠蘇を祝うことができたのであるが、すでにレイテは陥ち、東京上空にはB29の乱舞を見ない日が少くなっていた。ほどなく私は一兵士として召集されたので、調査の完成は見果てぬ夢に終った。

この調査に当り、現地の各方面から与えられた便宜は非常なものであった。蒙古自治邦政府においては、玖村勳・安部晋両氏が直接間接援助を与えられ、多少の資助をも得たのであって、両氏の友誼がなかったならば、調査は全く不可能といってさしつかえなかった。その紹介によって、張家口では伊藤直輝氏・武田豊氏・傅恩博氏、帰綏では大石・竹本・藤岡・大波多各事務官、包頭では山口徳次氏・小島毅夫氏、達拉特旗では望月稔氏、薩拉齊では東健氏、托克托では一ノ瀬事務官、武川では大塚・中村両事務官、豊鎮では専当事務官から、いろいろと助力が与えられたのであった。中でも大石良雄氏の高誼により郷村を旅する機会に恵まれたことは、深く感謝するところである。これらのひとびとの配慮により、各結社の責任者に対する適切な紹介者を得ることができたのである。直接応接に当られたひとびとの高名は、各論の最初に明記して敬意を表することとしたが、著者の実態調査の経験においても、この調査ほど応答者にその人を得、かつそのひとびとから好意ある回答に恵まれたことはなかったのである。本書は中国の民衆から教えられ、大衆から学ぶことによってできたものであることを特筆しておきたい。このほか華北交通株式会社からは、石原厳徹・加藤新吉・高橋定一・竹内義典・山口四郎・井上瀬の諸氏の配慮によって、特別な便宜を与えられ、在北京の酒井悌・細井次郎・大中臣信令・武田熙氏、在張家口の佐野利三郎・山本義三・小川久男氏、在帰綏の駒正春・須田正継氏、在東京の羽仁五郎・守屋美都雄氏、ならびに蒙古善隣協会等から種々援助していただいた。これらのかたがたのうち、いずれの一人の助力が欠けたとしても、調査ははなはだしく困難となり、または不十分なものとなっていたであろう。深謝の念切なるものがある。

中国社会の実態調査は、単なるルポルタージュや断片的なものを別にすれば、アメリカの社会学者ギャンブル・バーヂェス両氏の「北京」を最初とする(註4)。その後、中国人の手になるものが数多く出たが、いずれも社会学または経済学の方法によるもので、カルプ氏やトーネー氏ラング夫人の業績とともに、確実な資料を提供したものも少くない(註5)。しかしながら、この種の調査に関する限り、戦時下の日本の学者による次の三つの研究は、従来の世界的水準を抜いた力作であることは疑いをいれない。その第一は満鉄調査部包頭分室の業績であって安齊庫治氏を中心とし、小川久男・田村英男・新庄憲光等の諸氏のチームワークによって行われた綏遠省の農業商業および手工業の調査である。マルクス経済学に立脚した研究であるが、その演繹的な適用ではなく、事実を追究する点では執拗に食い下り、帳簿や文書をも活用して、まず確実で動かすことのできない実態を把握することを第一義とし、その結果としてマルクスの理論に帰納せしめている。遺憾ながらこの貴重な研究がようやく軌道に乗り出したばかりのところで日本憲兵の弾圧を受け、研究を中途で放棄するのやむなきに到ったため、調査し残した問題も多く、調査し終った部分についても資料が公刊されずに散佚したものが少くない。安齊氏はその後方向を転じて土地制度の研究をつづけられ、蒙古政府内政部地政科厚和分室を主宰して内藤潮邦・八木富彌・郗寛厚・李文興・白鵬搏の諸氏の協力の下に、綏遠墾務総局保存資料を整理し、農村経済研究の礎石とされたのであって、これは前の包頭分室の調査において、ややたち遅れていた農業部門の研究の欠を補うものとみなし得るのである(註6)。第二は満鉄北支経済調査局慣行班の手になる華北農村の調査であって、入念な調査計画のもとに、長い歳月と莫大な経費と多数の人材を投入して行われた点では、空前の規模をもっていた。ただ、その成果は油印本の形で小部数出たに止り、かつそれは素材のみであって、調査担当者の手になる整理発表が切に期待される(註7)。第三は仁井田陞博士による北京ギルドの研究である(註8)。ここでは、前二者において比較的欠けていた歴史的研究及び法律的研究が徹底的に遂げられ、史実と現実との結合によって研究を立体的に組立てたことと、調査が実情に即して行われ、柔軟性と機動性とを発揮した点に特色があり、精緻なる理論を展開されたことにおいても一つの頂点を示している。

わたくしが内蒙古の調査を進めていたところ、たまたま北京にいられた仁井田博士からは指導と激励を与えられ、満鉄の山本義三氏からも助言を受け、安齊庫治・小川久男両氏の教示を仰ぐこともできた。従ってこの実態調査に当っては、前記の三つの貴重な業績を残されたひとびとから直接垂教を受ける好運にめぐりあわせたわけであった。ことに歴史的材料の採訪は仁井田博士の方法により、法人格の問題なども博士の方法にならったのである。生産や流通については安齊氏の調査をモデルにした場合が少くない。また同氏が土地制度について明快な説明を与えられたことに対して、深い感謝をささげる。それにもかかわらず私の不勉強のため、これら先学の業績を十分に理解することができず、前記の調査が中途半端なものに終ったことは全く私の責任である。できれば他日再調査を行ってわたくしのおいめをいくらかでも返済したいと願っている。

本調査のねらいは社会機構の全般的観察 general survey にあった。とくに社会集団と名付くべきものは總ざらえにとりあげることを眼目としたのであって、これに関係のある歴史的資料を尋ねて寺観・ギルドホール・官庁等を訪れ、石碑・匾額・文書・水牌・祭器などの発見に力をいたしたほか、図書文献もできる限り利用した。これらをさらに現場に於ける質疑応答に結びつけ、研究を発展的に組立てることに心がけた。したがって、たとえば土地制度なり商業資本なりを特別に精査するというのではなく、中国社会の全体像を求めて、すべての事実を客観的に観察して行くことにつとめたわけであり、その間に、中心問題が自然にクローズアップされてくるので、そうした際に重点に対して特に意を用いて緻密な調査を行ったに過ぎない。調査に当っては帰綏そのものに二カ月以上の日子を投入したのであって、その他の地点では問題視的重点的にとりあげ、張家口の延一カ月を除いては、滞在が十日以上におよんだ所はなかった。調査の重点は、問題の焦点を長い期間にわたって追求することができるように、なるべく歴史ある社会集団を対象に選んだ。そのため伝統的なものを過大に評価した傾があり、少くとも叙述のスペースの関係から、そうした印象を与えているようであるが、それはわたくしの意図に反した欠陥である。調査対象はその存在意義によって取扱いに軽重の差を設けたのは当然であるが、農村特に都市県鎮から離れた純農村に、十分な努力を払い得なかったことも、断っておかねばならない。これは農村の治安が悪かった関係もあり、また打切られた後半の予定に、主たるプログラムがおかれていたためでもあるが、わたくし自身の準備不足が第一の原因であることはいうまでもない。社会事業団体は、その性格上、他の地域での調査とともに一括して発表する方が適切であるために、本論文においては言及しなかった(註9)。回教徒については、他の機関があたかも調査中であったために、論及を最小限に止めた(註10)。取り上げた結社が多数にのぼり、その種類が多方面にわたり、地域的分布が考慮され、年代的にも手心が加わって全般的観察を遂げんとする意図が幾分でも実現されているとすれば、筆者にとっては望外の喜びとせねばならない。

資料には比較的恵まれた。応答者に人を得るために、例えば帰綏では須田正継・笠木輝馬両氏の厚意によって須田公館で座談会を開き、帰綏県の長老張蘭田氏・回教徒の領袖王有恒氏、政界の有力者亢錦栄氏、及び在野の名士数名の参集を得て、その土地における基本的な社会体制につき種々拝聴すると共に、適当な応答者を紹介していただいたのであって、同様な企ては包頭・托克托・武川などでももつことができたのである。社会集団を訪れて行った個別的質疑応答は、生字引的な人からつぼにはまった解答を得ることができた。応答者には個人的なつながりを求めて近づき「調査」よりも「知友」になることを心掛け、親和の情のうちに自然に話がはずんできて「問わず語り」に調査が進められて行くように工夫し、それだけの手間をかけ得ない場合でも、聴取に先立ち文献によって予備知識を蓄え、先方の無責任な解答を防ぐよすがとした。もちろんこのような不遜な態度の中から、りっぱな調査は生れ得ないのであって、主観的には大衆から学ぶ点が不十分であり、客観的には貧農や徒弟などの下層の声を聞いていないうらみがあって、これが本書の限界となっていることは注意を要する点であろう。

碑文・扁額等の資料については、守屋美都雄氏の御注意に基き、内地から相当拓本用紙をたずさえて行ったのであったが、予想に反して碑文が莫大な数に達したため、いくらもうつすことができなかった上、拓したものの多くは終戦直後の広島の水災で烏有に帰した。ただし筆録した副本により、主要な碑文は活用することができた。この種の史料採訪については徹底を期し、調査地に到着の暁はまず仏教総会あるいは道教総会の紹介をもって、寺廟と名のつく所は全部参観し、そこで見出した文字は総ざらえにして、一字といえどもゆるがせにしない気組であった。須田正継氏から貸与された包頭碑文集（包頭日本領事館印行）は、石碑の額、碑側・碑陰等にある字句を全く省略し、本文さえも題や建立者氏名及び年代などの貴重な部分を省いている点で資料として欠陥があり、また取上げた範囲も一部分の石碑に過ぎなかった。それにしても重要な資料に相違なく、石碑の所在地を知り、また今では消滅した碑（註11）の内容を伝えてくれた点でも、便宜を受けるところ多大であった。須田氏は帰綏においても碑文の採録を企図せられ、市公署と交渉されていたが、実現をみなかったようである。なお守屋氏は一九四三年夏、帰化城に遊び、多くの碑文を筆録して帰られたのであって、本書において紹介したものと重複するところが少くないと想像される。須田・守屋両氏のイニシァティブを明らかにして、その業績を紹介しておくゆえんである。

文書及び図書については、駒正春氏の好意により、邢煥文氏をわずらわして、帰綏の公会及びそれに類する団体合計三十八（ただしそのうち市商会未加入のもの七）の組合規約を全部手に入れることができた。研究上にはネガティブに使用した規約が多いのであるが、今日ではわたくしの手許にあるものが唯一の存在となったように思われる。各団体や老舗旧家について営業文書の提供を求めたが、この点では大して収獲があがっていない。江実氏の恵投による蒙古連合自治政府巴彦塔拉盟資料集成土默特特別旗之部第一輯及び同氏によるその和訳と、安齊庫治氏の恵与にかかる前綏遠墾務総局資料・前綏遠墾区清理丈放並荒租章程集・同附図によって、土默特旗文書及び綏遠墾務総局文書の一端を、研究の素材として利用することができたのは、非常に幸いであった。方志の類は岩井大慧氏の好意によって東洋文庫所蔵のものを借覧したほか、東健氏から薩拉齊県志を、森額氏から土默特志を、豊鎮縣商会から豊鎮縣志をそれぞれ恵与され、張家口市商会から同年鑑（民国廿四年度）及び名鑑（一九四三年度）を、亢錦栄氏から厚和市商務会沿革輯覧をいただいたのは、この欠の補いとなった。貴重な文献としては、安齊氏の厚意によって、地政科分室に保管されていた五原・薩拉齊等の綏遠省内諸村の「社簿」（村落の綜合的記録）を始め、帰綏道志（稿本）と綏遠通志（稿本）の閲覧を許された。後の二者も天下の孤本であるが、特に後者は傅増湘氏等によって手を加えられる以前の草稿本であり、その中商業（巻一〇八・九）金融（巻五二）の二篇は副写本の恵与をうけた。帰綏識略は最初北平図書館で借覧し、帰国後東方文化研究所本を借覧したのであるが、後者は森鹿三氏が北平図書館本について副写せしめられたもので、その資料価値については同氏の紹介にもあるように(註12)、方志としては稀にみる豊富な内容をそなえたものである。

この地方の実態調査の報告としては、蒙彊銀行から蒙銀資料を、華北交通包頭公所からその調査報告を恵与された。また笠木輝馬氏からは同氏の「蒙彊に於ける土俗信仰」をいただいた。いずれも学術的な調査ではなく、従って内容よりも先駆的な業績としてその功績を認むべきものである。わたくしの聴取の基礎となった予備知識の一半は、満鉄包頭分室の研究成果から得たものであるが、その中には今日では調査不能となった資料も含まれている。ただ結社の機構の面からは、蛇足を加え得る余地が残されているように思われたし、また必ずしも歴史的に時代を遡っての研究ではなかったから、重複して調査した事もあるが、それはもとより包頭分室の光輝ある業績の価値を傷けるものではあり得ない。このほか仁井田・根岸両博士の中国ギルド研究の成果が調査の支柱となったことはいうまでもないのであって、内蒙古の調査を単なる地方史研究とすることなく、中国の社会集団を把握する資料として役立つように考慮を払い得たのは、こうした華北や華中の調査の優れたサンプルがあつたからである。私が内蒙古にうち込んだのはこの両省が乾燥地帯で、史料保存の條件に恵まれていることと、十七世紀以来の新開地であり、個々の社会集団の歴史を発生から瓦解まで一貫して追究し得る條件に置かれているからであって、各社会集団の個体発生の歴史の中に、中国の村落史ギルド史などの系統発生の歴史が繰返されていることは、興味をそそられる点である。本書の内容を単純に一般化して全中国におしかぶせることも、これを朔北の特殊事象として片付ける事も、共に私の意志に沿うゆえんでないことを附言しておきたい。

註1　この期間のうち、六・七の両月は東京に帰り文献調査に従った。したがって実際に察綏両省を歩き廻っていた期間は満五カ月である。

2　今堀「大陸に於ける邦人の東洋史研究」（歴史学研究十一巻四・五合併号）において、紹介したことがある。

3　今堀「長城の十字架」（学海二巻七号及び八号）において、この紀行を紹介した。

4　Gamble S.D., Peking: A Social Survey. 1921. バージェス氏は本書に協力した後、次の一書を公けにした。Burgess J.S., The Guilds of Peking. 1928.

5　この種の著作は極めて多数に上るが、天野元之助博士「支那農業経済論」「中国農業の諸問題」に広く紹介されている。「支那農業関係資料目録」（中支建設資料整備委員会）は単行本のみのリストである。Kulp D.H., Country Life in South China. 1925. Tawney R.H., Land and Labour in China. 1932. Lang O., Chinese Family and Society. 1946. 商工業については根岸佶博士「中国のギルド」の巻末の文献目録を参照せよ。

6　今堀「世界像の完成へ――多彩な蒙疆学術の諸相」（大学新聞、昭和二十年三月一日）において、やや詳細に紹介した。

7　この資料は仁井田陞編「中国農村慣行調査第一巻」（岩波書店）として刊行が開始されたが、その完成を祈ってやまない。

8　仁井田陞「北京の工商ギルドと其の沿革」（東洋文化研究所紀要、第一册）、「北京の商工人と其の仲間的結合」（法律時報十六巻一号）「中国の社会とギルド」（岩波書店）。　なお資料をも含めた研究報告書も完成していると聞き、公刊の日が待望される。

9　学術研究会議から与えられたテーマが「社会政策および社会事業」であって、わたくしはこのテーマの調査を目的として中国へ出張した。従って察綏両省についても、この方面に注意を払ってきたが、それは中国内地の場合とともに一貫して叙述さるべきであるし、同会議に対する研究報告の義務からいっても、別に切離すべきではない。なおこの報告は、本論文に次で公けにする予定である。

10　文部省の民族研究所（終戦後廃止さる）が主体となり、蒙古善隣協会西北研究所が合流して一九四四年に綏遠省の回民の大量観察を行った。そのデータは、同研究所にもち帰られたが、研究報告は終戦のため、まだ公刊されていない。ただし、そのうち岩村忍氏担当の部分は、「中国回教社会の構造」（社会構成史体系5・6）として発表されている。

11　旧碑をつぶして平らにし、新しい文字を刻んで立てることは、碑文の消失の主要な原因である。戦火による直接の被害は都市ではいうに足りない。

12　森鹿三氏「帰綏識略と清水河庁志」（東洋史研究四巻、4・5号）。

第二節　中國における封建制の特質

中国において進行しつつある新民主主義革命において、アンシャンレヂームの克服が、大きな題目となっているが、克服さるべき中国アンシャンレヂームの分析に到っては、なお幾多の問題を残しているし、革命の成否におよぼす影響もまた極めて大なるものがある。毛沢東氏は「調査なくして発言権はあり得ない」（農民運動と農村調査）と強調し、正確な実態調査を基礎にして革命を推し進めたのであるが、その調査項目においても調査方法においても、革命の原動力や同盟軍となる階級なりエネルギーなりの把握に焦点を合わせつつ、極めて優れた分析方法を示している。このような全般的な明晰さにもかかわらず、毛沢東氏の調査におけるアンシャンレヂームのとらえかたは、封建制の発展的理解の問題に研究の余地を残しているのであって、とくに史料調査により、生きている史実に歴史的な次元を正確に賦与しつつ、弁証法的な構造把握を追究する点において、未だしの感がある。これでは封建的な社会制度を民族的なものと見誤る危険性を包蔵することにもなるのであって、中国革命を推進するために、この解決は重要な課題だと思われる。

本書はもとより時局的な研究ではなく、また本書が右のような問題を捕えて、その実践的な意義を提示し得るほど、踏み込んだ理解に到達しているわけでもない。しかし、純学術的分野で成果をあげるためにも、「調査なくして発言権はあり得ない」のは事実であって、実態調査の結果として得られた幾多の帰納的な結論は、中国の社会構成を把握するために、不可欠な手掛りとなっているように思われるのである。

大ずかみにいって、中国の歴史はアジア的な奴隷制・封建制・資本主義を経て、今回の革命となったようである。殷に始まるアジア的奴隷制は、秦漢時代に一応完成せられ、唐代には帝政ローマを思わす成熟さをみせたが、同時に奴隷制における諸矛盾が激発して、その中期以後は奴隷制の崩壊期となった。五代までの間においてアジア的特色をもった封建制の生成を見、地主と農奴の対立を基礎として、広範な封建関係が成立した。その後、明代から隷農制社会となって生産力も商品流通も緩慢乍ら発展し、明末以来部分的には、近代社会の萌芽をみるに到ったのであるが、結局は封建反動におしつぶされて、これを育てあげることができなかった。そのために阿片戦争に突入し、地主・買弁階級は国際資本主義の浮動するままに身を委せ、農民・労働者は帝国主義と封建制の排除による新民主主義革命を目指して遅々たる歩みを進めてきたと考えるべきであろう。この間、アジア社会における封建制には、前代の遺制である家父長的奴隷制が持ち込まれ、その労働力の搾取と人格的支配の土壌の上に聳え立つ封建制として形成されたのであって、ヨーロッパの場合に比較すると、家父長的奴隷によってのみ維持できるとともに、それによる制約を受けている点、すなわちアジア的奴隷制の癒着を伴っているところに、特質が見出されるのである。元来、氏族制が奴隷制に癒着したところにアジア的古代の特色があり、その奴隷制が封建制のもとでも克服されなかったところにアジア的封建制の特色が見出されるのであって、その封建制が帝国主義の植民地支配の手段として利用されたのが、最近一百年の中国の姿である。アジア的停滞性社会という言葉が、しばしば歴史的範疇として用いられるが、これはアジアにおいては革命が前代のレジームを清掃してしまわないために、歴史的発展段階の差別が見失われ勝なところから生じた誤解であり、客観的にはアジアの植民地化を弁護するのに役立つた学説である。社会進化の際に旧来の社会構造の癒着を伴う傾向があることは、アジア史の特色といい得るが、それは停滞性という風に理解すべきではない。

アジア的封建制下における地主と農民は、土地を媒介として、封建的な支配と隷属の関係によって結ばれていた。しかしながら、農業労働または農業経営における適正規模という條件に制約されて、農民にあっても地主にあっても、家父長的支配体制を克服することができず、家族制度の中に奴隷制が温存され、階級闘争においても家族主義的共同体の幻想を克服することが極めて困難となっていた。もともと古代社会の実践道徳であった儒教が、宋学によって封建制下に再生産せられ、家族制度の維持が強調されたゆえんもそこにあり、革命の際に前代遺制の清掃ができなかった理由もまたそこにあったということができる。こうした制約を伴っていたにしても、宋代以後における社会の基本構造は、主要な生産手段である土地の所有者が共同体的支配を行い、農奴・隷農が剰余労働部分を経済外的強制力により地代として支払わされていたという生産関係の中に、焦点を見出すべきであろう。農業生産力の向上は、農業から諸産業を分化独立させたのであるが、その結果農業における生産関係が分化した諸産業に譲渡され、その後も主産業たるの故を以て農業における封建関係が、一切の産業の生産関係を規定しつづけたのである。これを商工業についてみると、商業資本・高利貸資本を媒介として、前期的資本の所有者が封建的商工従業員を支配する形で店舗や仕事場が構成され、またそこに支配人と店員・職人・徒弟の間に家族制度が擬制されることによって、家父長的奴隷労働がもちこまれたのである。この場合、土地と前期的資本は互に転換され、農業と商工業における労働力の使用は、互に融通し合うことが必須の條件となっていたのであって、農業における封建制の問題が他の諸産業の資本および労働に貫徹し、それが全体としてからみ合いながら、膨大な封建的上部機構を支える具体的條件をなしていたのであった。

中国の都市は城壁で囲まれたギルド都市と考えられやすい。事実、いろいろな形態をもつギルドがその根幹をなしており、その中には各種の商業ギルド・手工業ギルドはもとより、金融業・貿易運輸業・牧畜業などにわたって、商業資本側のギルドが広範に形成され、また、後にはこれに対立する職人ギルドが形成された例も少くない。それぞれの都市には、主要な産業部門の前期的資本家の連合により、または支配的地位を保持するギルドによって、ギルドマーチャント乃至はコレクティブギルドが構成され、都市全体の面倒をみるというポーズをとりながら、実際は商業資本の擁護に努力を傾けていたのである。この様に中国でもギルドは一般的に成立していたのであるが、いうところのギルドが、前記の生産構造を反映して、奴隷制の癒着を伴った封建的社会体制をギルド機構の中に貫徹させていた点に、ヨーロッパのギルドとは顕著な相違がある。たとえば、ヨーロッパのギルドは親方が組織するものであるのに対して、中国では各店舗の商業資本を代表する経理（支配人）がギルド員の地位につき、ヨーロッパの職人ギルドはジャーニーマンの組織であるのに対して、中国では独立職人すなわち特定の店舗に雇われておらず、また自ら資本を持たないで、商業資本や一般消費者の注文による加工により、なりわいをたてている職人が、店舗にやとわれている職人に呼びかけて、ともどもに組織したものである。中国のギルドマーチャントは必ずしも国家によってその権利義務を承認された公法上の根拠をもつものではなく、商業資本が封建経済の中から利潤を引出していく必要上、その聚落内にある商業資本家全体の団結が必要と感ぜられた場合、アジア的な共同体の形態によって、商業資本の集団的利己主義を実現しようとしたのであり、ギルドマーチャントとしての対内的並びに対外的支配力も、その社会集団が現実にもっている実力によって左右されたのである。都市の城壁にしても、ヨーロッパの場合は、都市と農村を区別する象徴であるのに対し、中国では家の囲壁や万里長城と同じく単なる防衛的な存在にすぎず、村落の城壁とも同じ性格のものであるから、Bürger としての共同体的な性格が、内を固め外を隔絶する必要上、その構築を必要としたとはいいえない。中国では、農村における生産関係が、都市に譲渡されているので、城壁をもって両者を区分し、「都市の空気は人間を自由にする」といわれたような意味での都市、すなわち農奴制を克服し、これを排除することによって成立した都市をもつには至らなかったわけである。中国の都市は、数百万の人口を擁する場合でも、一人の市民をもつこともできず、自由都市の出現を不可能にしていた。要するに、中国の都市も一応ギルド都市であるけれども、ヨーロッパ的な意味での自覚と構成をもつ自由都市ではなく、商工業者を中心とする聚落が村落自治と同じ様な内容の自治形態をもち、商工関係の社会集団が発達していたというにすぎない。

社会集団としての村落が形成されるについては、土地所有者が仲間的な結合を固めながら、全住民に共同体としての結合関係を擬制することが可能であると言う條件が、その前提として考えられねばならない。村落は経済圏として、ある程度の自給自足を営みつつ、なおかなりの程度、外部との取引を行っていたのであるが、その場合でも穀物の売却や工業製品の買入を始めとして、主要な取引は、地主兼商人たるボスを中軸に、剰余生産物をもつ地主階級中心の商品流通として成立していたのである。従って彼等は封建的な搾取関係を維持するために、個人的というよりも共同体全体として、商業に加わったのに対し、一般農民は地代を納める者として、間接的に商品流通につながったにすぎない傾があり、村民が組織化されていたのも、擬制された共同体の力によって、農民自身の生活を貨幣経済にまきこませないことが主な眼目となっていたのである。村落は共同体の財産として、入会地や田地・家屋・寺廟・墓地などをもち、灌漑用水の分配や農作物泥棒の見張りや春秋の祭典など、いろいろな公共事業を営んでいる。このような村落の共同体としての性格が、ギルドに譲渡されているのは当然で、貨幣経済は巨大な発達をとげていたにもかかわらず、これは商業資本家だけのことで、店員・職人は店舗側の現物給与に甘んじ、直接商品流通にまきこまれることは少なかった。ギルドの組織においても村落の場合と同じように、形式的にはギルドに参加していない者もあったとはいえ、同業全体がギルドの支配下に立たされていたのであって、そのことはギルドで定めた原料や商品の買入または販売の価格・従業員に関する一切の問題などが、同業者を通じて符節を合わすように共通していることでも明らかであろう。ギルドの構成・事業・共同財産・規約などに現われている共同体的擬制は、村落と共通する面がはなはだ多い。村落の枠を越えて広く地主の力を結集している村落連合は、都市におけるギルドマーチャントに擬することができるし、聚落内における雇農・小作農・手工業者・鉱山労働者・小商人などの、反地主層を結集した農民集団は、職人ギルドに相当するわけである。

私が中国で試みて来た実態調査の結果を帰納すると、以上の仮説が生れるのであるが、帰綏においてこうした社会構造の全体を論証するに足る事実をつきとめることができたわけではない。むしろその研究素材となる資料の提供が、本書の眼目となっているわけで、社会集団の歴史を個別的にとりあげ、繁雑な手続きをくりかえしながら、個別的な史実をそれ自体としてできる限り明らかにすることに努力を集中したつもりである。従って各章節はそれぞれ独立のモノグラフをなすわけで、類似した事象がどのギルドにも大なり小なり現われている。これは一見あまりに繁雑だと思われるかも知れないが、できる限りなまの史料を紹介しつつ、その解説を一つ一つ行ってゆくことは、調査人として果すべき義務である。調査の結果をまとめて一般化することは、すべての読者の手に委ねられているのであるが、著者自身の見解については、既に公刊されている拙著「中国の社会構造」（有斐閣）およびその姉妹篇（近刊）を参照されることを希望する。

第二章　歸綏の發達

記録に徴し得る限りでは、遼以来の帰綏地方は開発と破壊のくり返しであるが、おそらくアジアの運命といってよいほど、東洋の歴史にありがちな現象の表現であり、自己矛盾におちいった社会が経過せねばならない悲劇の連鎖といえる。しかしそれは単純なくりかえしではなく、その間にも発展があり、段階があることはいうまでもない。

地図を按ずると帰綏縣は、黄河と大黒河が造成した一大盆地の中心部を占めている。内蒙古というよりも、山西省のつづきであり、クレッシー氏のいう黄土高原 the loess highland の北部を形成している(註1)。従って蒙古人と漢人、遊牧経済と農耕経済の交錯地帯であり、大きい観点からみれば沿海（太平洋）地帯と内陸（中央アジア）地帯、欧米人とアジア人、資本主義と自然経済の結節点である。帰綏盆地の北方には陰山山脈が屏風のように突立っているが、帰綏の真北には一つの横谷による隘路がうがたれていて、比較的低い峠をもって蒙古高原に通ずることができる。その隘路の頂点に当る武川は蒙古および新疆の各地に通ずる要衝であり、西北ルートとしては他のいずれのコースよりも旅行が楽な公道が、ここを起点として何本も始まっている。一方、帰綏を西に進むと黄河中流の三大良港の中に数えられている包頭や河口鎮があり、この二港を帰綏の外港とすることによって、後套や寧夏甘粛には黄河水運を利用して容易に到達しうる。帰綏を南すれば和林格爾・清水河を経て殺虎口に到る直線道路によって、中国内地に直結されている。まことに四通八達の要地であって、帰綏一帯はこれ等交通線の焦点として、仲継貿易の根拠地という役目を果すべき可能性を備えている。もし帰綏盆地の開発によって農牧工業の発展を見るならば、この可能性は現実となるのであって、地元の生産力がこの地方に強力な政権を発生させ、三つの交通線による貿易路を確保し、中国と蒙古ロシア新疆との間にたって仲買的通過貿易の利潤を得るとともに、その生産物を商品として貿易ルートに流すことになる。こうして関係部面に限られるとはいえ、とにかく量的には生産の拡大を促し、雪だるまを転がすように、都市と農村を育ててゆくわけである。しかもそれが民衆生活を向上させるというよりも地主商人官僚階級の浪費に結びついているため、その浪費の拡大は地代の増徴を招き、利潤率が拡大される。従つて農民や職人は貧困化してその結果天災人禍が年々歳々見舞うことになり、急速かつ大規模に生産が破壊される場合さえ少くない。地主商人のエゴイズムによる縮少再生産の傾向は農民の流出となって現れ、大きな商工業や政権を支えるに足りなくなり、やがて全般的な荒廃が生じ、それが内乱や或はいわゆる外民族の侵入となって、中国社会全体の破壊を、呼び込むことになったのである。

今日、綏遠省内には数十に達する廃墟となった城市の遺跡をとどめているが、これは遼金時代の聚落のあとである。いまでも帰綏の別名として用いられている古豊は、遼金の豊州天徳軍の故址だという意味であって、州治の正確な位置は白塔村に比定されている(註2)。元代の帰綏の状態に関しては、マルコポーロがテンドウク Tenduc（天徳）について伝えている記録があるが、天徳もやはり白塔村である(註3)。この記録に「駱駝の毛から非常に良質の、そしてあらゆる色あいの呉羅(ウール)がたくさん作られる。住民は牧畜と土地からとれる作物とで生計をたて、それ等でもって大きな取引をする。また多少の商業と手工業も営まれる」(註3）とあって、天徳の産業は毛織・家畜・穀物の生産と取引を主とし、その他の商工業は多少見られる程度であったというのであるが、清代の帰綏と共通する点が多い。都市のはげしい興亡にもかかわらず、大体において立地條件に則応した同じ性格の町を再生産している点は興味深い。

帰化城の歴史がいつ頃から始まるのか明らかでないが、正統中に俺答汗の居城となり、隆慶五年、彼が明朝から順義王に封ぜられ、帰化城の称呼が生れたころから、内蒙の中心都市たる地歩を固めたことは、人のよく知るところである。俺答汗の死後は土默特部に内紛が続き、次いで察哈爾部に屈服したから、帰化城もさびれたであろうと思われる。清太宗は崇徳三年察哈爾部を討って帰化城を占領し、土默特部は清に降ったが、帰化城の十王廟は順治元年に修築され(P4)、また同五年に小東街関帝廟が建築されていることからみても(B1　B6)、明代の都市が清に引続がれたことは疑いをいれない。清朝は初期には政治的軍事的見地から、蒙古新彊を制圧するため、基地としての帰化城の価値を正しく評価し、無知な蒙古人を押えて封建的秩序を与える方針をとり、農業牧畜および商工業を保護したばかりではなく、軍需品を得る目的から産業の奨励さえ行って来たのである。帰化城の城壁はそのころ周囲三里で南北二門を有するのみであり、副都統署などの官衙が瓦屋根であったほかは寥々たる軒なみであった(註4)。これに反し一般人の住んでいた南門外の商工區は、人口稠密で城内の数倍に達し(註5)、小東街関帝廟がその中心であったが、康熙中葉には廟の住持と弟子二名はともに漢人であり、しかも蒙古人を妻としていたのであって(註4)、蒙漢人がこみあって生活していた様子が察せられる。ときれ、こうした状況に対応して、康熙三十年には南門外に外城を築き四門を構え、従来の南門を鼓楼とする大拡張工事が完成している(註6)。ちようどその前後、準噶爾部と清の決戦が続き、将軍費揚古が帰化城に駐在していたが、彼は卓見をそなえた政治家であって、一面武力戦を進めると同時に、帰化城外の開墾に努め、城内の商工業を保護し、もって策戦基地としての帰化城を固めて物動計画を完遂した。帰化城はそのために非常に栄え、康熙三十七年費将軍が京師に引揚げた際、居民は生祠を建てて徳を頌したが(註7)、その費公祠碑の一節に、帰化城は「貿易交錯し商賈駢集、泉貨が流通し、荒萊は既に耕され、黔黎茂育し、兵革の余、繁華の地となった」と記されている(註8)。雍正元年に対漢人行政機関たる帰化城同知がおかれた(註9)。このころ帰綏の商賈貿易の盛況は前古未曾有と称せられるほどになり(B1)、綏遠省内の西五庁を商圏としたほか、内外蒙古新疆省方面の経済も左右するという実力を備えるに到った(註10)。これらはすべて帰綏盆地全体にわたる開発が急速に広がった結果である。帰化城はその後も膨脹を続け、同治中に土垣を城外に設けているから、再度の都市拡張をみたわけで(註11)、大体において清末まで繁栄は続いたのである。

民国元年の外蒙独立は、都市の繁栄の樞軸であった対蒙古貿易に致命傷を与え、その後うちつづく匪乱兵禍暴政によって、帰化城は附近の郷村とともにはなはだしい疲弊に陥った。しかもその間に帰綏の経済構造が一大変化をとげたことは見のがすことができない。すなわち、封建経済が解体過程をたどる一方、京綏鉄道の開通を頂点とする京津および国際資本の進出をみ、工場銀行等の設立となり、かっての南北の貿易路に代って寧夏新疆をヒンターランドとする東西貿易の通過基点となり、世界の景気によって帰綏の取引も一喜一憂を繰返すようになった。全体的にいえば商会加入の店舗が民国元年の千八百から、同十四年の千四百を経て、同二十年の八百に到る(註10)カーブをえがいているのは、アンシャンレジームの解体による帰化城の衰微を示すものということができよう。しかも経営数の減少は近代的な大企業の成立の反映でもあるから、問題は量の点でなく質の変化にあったのである。

綏遠城は政治的軍事的都市として清初に新しく生れたもので、雍正十三年起工し、乾隆元年完成している(註12)。同年綏遠城将軍の来駐をみ、将軍公署がおかれるとともに、満洲および蒙古八旗の駐屯地となった(註13)。満洲人の町としての性格は鮮明であったが、それに附随して一般民戸も増加し、乾隆六年には綏遠城理事同知および管獄巡検がおかれ(註14)、同十三年には帰化城のギルドマーチャントに加わっている店舗だけで百九十四に達している(N1)。その後の綏遠城は八旗の盛衰と帰化城の景気によって影響されたとはいえ、概ね固定して大きな動きをみせず、民国以後も省政府の所在地として命脈を保ち、中国には稀な政治都市として終始した。従つて経済的には帰化城の附庸都市に過ぎなかったわけである。

帰化城周辺の村落が、清初に生成されていった状況をみると、最初は中国内地から入植した農民が春夏の半年だけこの地に留まって農業に従事し、秋にとり入れを行った後各々の故郷に帰るという、渡り鳥的生活様式をとる場合が多かった。ほどなくこちらに定住する者も増加したが、彼等の親族の大半は依然として故郷にあり、また妻子を故郷に残している者さえ珍らしくなかったので、郷里との関係はいぜん密接であった。移住者は特定の同郷関係者だけで新しい村を構成していく場合が多く、その際には郷里の村の分村として、同郷団体が出先に結成された訳である。しかし出身地を異にする者が協力して新天地を開拓する例も少くなかったわけであり、この場合には隣保団体が最初に頭角を現わしている。商工業者も同じ様に渡り鳥的な季節的巡業に始まり、定着後も営業上の必要から土着化せずに客商として出張営業の形をとり、次いで母店の支店として半独立となり、最後に母店と形式上縁を切つて一応独立したわけであるが、その場合でも一般に古里との関係はたちきらず、資本も従業員も同郷人に限定して、仲間関係(帮)を維持しつづけるのが常であった。従って康熙年間においては同郷団体 provincial club または隣保団体 frith gild が主要な商工結社であり、それが同時にある程度ギルド的な役割を引受けていたようである。

同郷および隣保団体は乾隆中葉ごろまでに、おおむね民衆生活の指導者としての使命を終え、その一半は村落またはギルドに移行し、一半は単なる親睦団体に性格をかえた。後者の場合同郷団体は社交的宗教的な仕事のほかに、共同墓地と葬式の援助に奉仕する役割を受持つ団体に転化し、隣保団体は鎮守の祭りや公益事業などを受けもつことになって、政治的経済的な活動は原則として放棄したわけである。

十八世紀において民間団体の中心となったのは村落およびギルドであり、Gesellschaft 的な性格はますます濃厚となっていった。帰綏地方の村落やギルドの中には、康熙に遡る歴史をもつ者があったことは疑いない。帰化城の縣店行社・浄髪社などはそうした伝説を伝えているが、手工業ギルドにあっては、その可能性が十分考えられる。しかし十七世紀においては、村落およびギルドは、存在したとしても有力な存在ではなく、ことに各部門にわたって普遍的に存在したとは考えられない。雍正元年に大行（帰綏ギルドマーチャント）と福興社（西竜王廟村の村落団体）が発足し、農圃社（南郊五村の村落団体）も同十一年に始まったと伝えられている。大行は市内の主要な商業資本を結集した混合ギルドであって、商工ギルドとしての役割が中心であったと考えられる。これと平行して大行に加った業者や大行に参加できなかった商工業者が各同業者ごとにギルドを作っているのであって、特に手工業ギルドが多数結成され、雍正年間に麺行・銀行・金爐社・呉真社などの手工業ギルドが、銅匠行・鉄匠行などの職人ギルドと共に頭角を現わしている。一部の弱小なものを除けば、手工業ギルドは雍正から乾隆にかけてほとんど出そろったのであるが、この手工業経営者のギルドに対抗して、職人もヨーマンギルドに結集し、営業ごとにこの二つのギルドが存在して、おのおの利益を代表した。ただし職人ギルドの成立は、商業資本側のギルドより数年ないし十数年遅れる傾向がある。商業ギルドも工業経営者のギルドより一歩遅れて単独のギルドをもつようになり、雍正十年の馬店行を最初として仲買および仲買卸業に従う各業者は乾隆中に、卸小売業は乾隆から咸豊年間にまたがってそれぞれギルドを組織した。最も遅いのは金融業ギルドで乾隆二十年代に始まるが、商工農業の上に君臨する実力を示すようになったのは嘉慶以後のことである。こうしてギルドが出揃ったということは、もともと大行に加入していた商工業者が個別化された各ギルド毎に再組織されたというわけになるので、これと同時に大行は主要なギルドの連合体、すなわちコレクティブギルド collective gild of merchant に改組されるという事になった。右のほか蒙古人も社会集団を結成したのであって、その成立は乾隆初期に属する。思うに雍正乾隆は、清代において封建制が一応完成した時代であり、しかも迫りくる危機が不気味にくすぶつていた時期である。剰余生産の一部をもって、村落およびギルドの経費にあて、親睦や慰安に資するとともに共同体の力によって封建経済の安定を計り、矛盾を反動的に克服し、崩壊を未然に防ぎとめようとする努力が、熱烈に支持されたのは当然であろう。地主および商人がまず村落とギルドマーチャントを組織し、さらに個々のギルドがこれにつづいたのであって、土地所有者および商業資本家を背景とする団体は、乾隆年間にほぼ出つくした形であった。

帰綏のサービス業ギルド・貿易運輸業ギルド・牧業ギルド・および村落連合（村落を統括する団体）などは、多少の例外を除けば、いずれも嘉慶以後特に道光年間に組織されている。また前述のように、一部の商工業ギルドもこの時代に発足したのである。嘉慶以後は封建体制の矛盾は覆うべくもなく、農民は搾取に耐えかねて逃亡し、農地の荒廃と牧畜業の衰頽は漸く重大化したが、手工業においても職人は鋭く経営側と対立し、生産不振のため商業資本と結びついて独立の店舗を開く道を失った大多数の職人達は、いつまでも独立職人としてとり残さることになった。その結果一般の商業および貿易も不振となり、貨幣価値も動揺して官民をあげての対策も十分な効果があがらなかった。ここに最後のあがきとして、各種の商工ギルドの乱立となったわけであり、フリースギルドの再組織もすすめられ、同時にすべての商業資本はその力を結集してコレクティブギルドを強化し、金融業ギルドや職人ギルドと争いつつ、血路を見出そうとしたのである。ギルドのうち商業資本を背景とするものは大資本の寡頭専制となる傾向を帯び、弱肉強食で大経営の優越が目立ってきた。ギルドの事業面においても工商を通じて営業の独占権の強化が表面化し、かつ露骨に利己的な打算に狂奔していった。この専制はフィジカルな力によるよりも、むしろギルド員の親和と団結を計るという形でうち出され、顧客や関係業者と結び、信用を基礎とする流通の促進と、技術的訓練の強化に基ずく生産の高度化を計り、そうしたことが可能な大経営だけが破局を免れ得るような結果を作り出していたのである。

十九世紀の後半、すなわち咸豊以後においては、商業資本の搾取が生産力に対して決定的な障害としてたちふさがってきたので、いかなる糊塗や遷延策も、十分な効果をあげることができなくなった。阿片戦争に続く中国の開港は、国際資本主義の侵攻を導き、奥地の帰綏といえども、ロンドンやニューヨーク市場の景況に左右されることを免れえないようになった。銀銅の貨幣価値が国際的な銀塊相場で決定されたのはもとよりのこと、輸出品である毛皮獣毛や輸入品である小麦粉の価格が国際相場によって動かされ、更に機械的大量生産による工業製品の輸入を通じて、封建経済は植民地的資本主義体制の一環に組みかえられていった。ことに民国十年の京綏鉄道の開通によって、帰綏に対する資本主義経済の浸透は直接的且飛躍的に高まっている。農村では阿片や米国種の煙草や馬鈴薯の栽培によって商品作物が急速に広まったとはいえ、隷農制は低い労働の生産性に基く植民地的低賃金の地盤となり、農民は必要生産物を確保しうるか否かのぎりぎりのところに立たされていたのに対し、地主は地代として徴集した農産物を商品化することによって、買弁的商品流通に関与するに到ったのである。そのために農地の荒廃と開墾がこもごもくり返され、事変直前まで続いたのである。またアメリカ式灌漑施設など新しい農業技術もとり入れられ、特に民生渠灌漑区は英米の資本及び技術援助をうけたのであるが、社会構造を顧慮することなしに行われた技術導入は結局失敗に終っている。手工業は商品としての部面で圧迫を受けたために、ますます窮地に追い込まれたが、マニュファクチュア及び工場制工業は低賃金による植民地的価格を武器として発足し、毛織工業等の新しい生産が始り、仕立屋でさえ軍服や中山服（詰衿背広）の製作にいそがしく、営業内容に変化をみない仕事場は皆無であった。買弁的な役割を受けもたせる必要から、帝国主義は封建制を温存したので、純粋な資本主義的工場は成立せず、京綏鉄道も中国の民族資本で建設され乍ら、その商業資本的な構成の故に、産業資本への発展がいつまでもさまたげられているという珍風景を現出したのである。このように国際資本主義の支配力が圧倒的で、民族資本は勃興せず、崩れた形の封建制が、資本および労働の近代化への飛躍を阻んできたところに、深刻な悲劇が考えられる。もちろん国際資本が帰綏の市況を活気づけたこともあるが、それは世界市場の需給の問題で、形勢が変ってくると輸出を不可能におとしいれたり、中国の近代工業を全滅さすような暴威もふるったのである。こうして中国の村落およびギルド等の各種団体は、封建制にとりすがって必死の抵抗を試みるとともにその買弁化に努め、フレキシビリティの弱い団体は沒落し、残ったものは少くとも外面的には近代的な装をこらしていた。民国以後における郷・村公所や農会や、商会・公会又は工会などは、すべて封建的社会集団が好んでまとった、近代的衣裳としての面をもっていたのである。

帰綏の産業において、工業の筆頭を占めた者は穀類加工業であって、城内および遠近の農村に多くの仕事場をもっていた。獣皮および獣毛加工業と食品加工業の比重も大きく、各種の製造業がこれにつづいた。生産物は地場消費のほか、遠距離商業によって一半は中国内地に、一半は蒙古新疆に送られたのである。

農村に対しては穀類の仲買店である糧店が、流通金融の両面から農村を左右する力をもっていた。糧店はこうして集めた穀類を中国内地に転売したので、対内地取引の面でも活躍し、内地からの見返り物資たる雑貨の仲買にも任じていた。いわば糧貨店として取引に当っていたわけであり、貨店が独立の営業となったのは、民国初年のことに属する。貿易も仲買によって運転したのであるが、輸出貿易としていえば地元の製品よりも中国内地製品の輸出が多く、従って輸出商としては雑貨舗（雑貨の仲買卸商）が取引の中心となっていた。蒙古新疆からは家畜や毛皮獣毛がもち帰られたので、その仲買店または仲買卸商が輸入商の横綱格をつとめた。これ等の貿易品は通過貿易を主とするにもかかわらず、仲買卸商が大きな役割を果したのは、貿易尻において対内地勘定がはなはだしい出超で、対蒙古新疆勘定がはなはだしい入超である上に、時期によって需給のズレが激しかったので、倉庫業を兼ねた貿易品のプールが必要だったためである。実際に商品を動かして輸出入に従った業者は、帰化城にある貿易関係の仲買卸商または仲買店と特約関係をもつ冒険的商人であって、商品をたづさえて蒙古や新疆に遠征するのであるが、同時に、中国内地や蒙古新疆に根拠地をもっている冒険的商人が帰化城にやってきて、客商として取引に任じたわけである。冒険的な貿易商人は、それ自体としては個人経営で零細な企業家に過ぎない者が多く、貿易商人に雇われて商品の輸送に当った運輸業者も同様であった。ただ雑貨舗に属した貿易商の中には、嘉慶以後ようやく独立の店舗を張る者を生じ、貿易専門の商業資本家だけでとに角一流と認められるギルドを組織する所までこぎつける事に成功した。中国の内地からそれぞれの特産物資を持込む客商も大きな経済力をもっていたようで、漢口方面の磚茶製造業の帰化城駐在員の如きも乾隆初年にはすでに定着して客商ギルドを組織していたのである。

商工業に対する金融は銭舗や銀号がこれに当り、農民に対しては当舗が小口融資を引き受けてきた。当舗は早くから発達していたが、商工業全般に本格的な金融業の加勢が必要となったのは、商品経済の浸透をみた乾隆以後のことであり、それが商工業に君臨したのは道光以後に属する。しかも一度銀行業が成立する段階になると、商工業はもとより、当舗もまたその流動資本をこれ等の金融業者に仰いだのであったから、銀行業が全産業の咽喉を扼するという感が深かった。こうして銀行業ギルドは封建経済の動揺に比例して発育し、商業資本の反動体制が成立した時期には富の所有に関する限り絶対的な優位を示すに到った。しかしその時代になっても高利貸資本には寄生するものとしての弱点があり、金融業ギルドの社会的地位はそれほど高く評価されていなかった。

その他の諸産業は運輸業者と同様、おおむね三流以下の小企業にすぎなかったようである。卸小売業や小さな手工業・サービス業・農業・牧畜業などがそれで、部門別に同業者が組織したギルドは極めて多数に上ったが、勢力はいずれも微々たるもののみであった。

帰綏のギルドマーチャントたる大行が、帰綏の経済界の存在形態を如実に反映していることはいうまでもない。コレクティブギルドに改組された後についてみると、商業資本の支配する大規模な手工業、商業とくに仲買店・仲買卸商、銀行業・質屋業などの金融業に属するものなど、十余のギルドがメンバーとして大行に参加しており、参加ギルドは時代によって出入はあるが、いずれにしても商業資本によって立つ点は共通している。帰綏全体のギルドからみると、五分の四は大行のメンバーに入っていないが、参加ギルドの実力は、メンバーとして認められなかった各ギルドを制圧するに十分な経済力をもっていたから、大行は事実上帰綏を支配することができた。官憲も民衆自体の問題については委細を大行に一任したのであって、政治や裁判まで大幅に委托し、自己の要求する剰余生産力の搾取について必要な協力を得ることができれば満足していた。大行も官憲を背景とすることによって職人との抗争に打ち勝ち、一般市民や農村にまで号令を下し、必要性が認められた場合には、官の布告の形をとって大行の意志を一方的に強制するという奥の手をつかうのが常であった。商業資本の擁護を旨としたことはいうまでもないが、一面それ故に、共同体的な擬制を設定する必要上、その限界内において公共の利益を計っている。封建経済の行詰りのため、ギルドマーチャントは民国以来商務会として表面上改組され、商工業以外の問題に関与することも制限されたが、その伝統的地位は、新衣装をまとった後も、根本的な変化を生ずべくもなかったのである。

註1　Cressey G. B., The geography of China. 三好武二訳（改訂版）。
2　和田清博士「豊州天徳軍の位置について」（史林十六巻二号）。
3　藤枝晃「マルコポーロの伝えたる蒙疆事情」（東洋史研究四巻、四・五号）。
4　張鵬翔、奉使俄羅斯日記（康熙二十七年五月十八日、十九日）。
5　銭良択　出塞紀略。
6　帰綏識略巻八、城廓。光緒山西通志巻卅一、帰化城。
7　帰綏識略巻廿六宦蹟、費揚古。察素齊重修関帝廟碑（察素齊A２）。費公生祠碑記（註８）。
8　鄭祖僑、費公生祠碑記（帰綏識略巻九壇廟所収）。
9　帰綏識略巻廿四官制。

10 綏遠通志　食貨　商業一　序。
11 光緒山西通志巻卅一　帰化城。
12 帰綏識略巻八城廓。
13 帰綏識略巻廿四官制。
14 帰綏識略巻十一公署、巻廿四官制。

第三章　ギルドマーチャント

大行・十三行・十二行社・十五社・商務會　附　綏豊社

応　答　者

張蘭田氏　自治機関の長老・宣統二年来住、帰綏の諸事情に精通。

亢錦栄氏　官界において活躍、帰綏出身の徳望家。

第一節　名　称

帰化城のギルドマーチャントの名称は、時代によって相違し、そのおのおのに多少の意味も認められる。大行という名称は雍正元年(Ｙ１)に現われ、宣統二年(Ｐ23)にも見出されるのであって、最も包括的ではあるが、あまり用いられていない称呼である。大行に参加出来ないギルドを小行とよんでいるから(註1)、ギルドマーチャントをその他のギルドと区別して名付けた名称に相違ない。綏遠省内では一般にギルドマーチャントを大行と称しているから、それと通じて考えあわせると、大行はギルドマーチャントを意味する普通名詞であり、帰化城のギルドマーチャントを示す固有名詞として用いられたとは限らないわけである。大行に次いで十三行が現われ、乾隆十八年(Ｐ25)卅二年

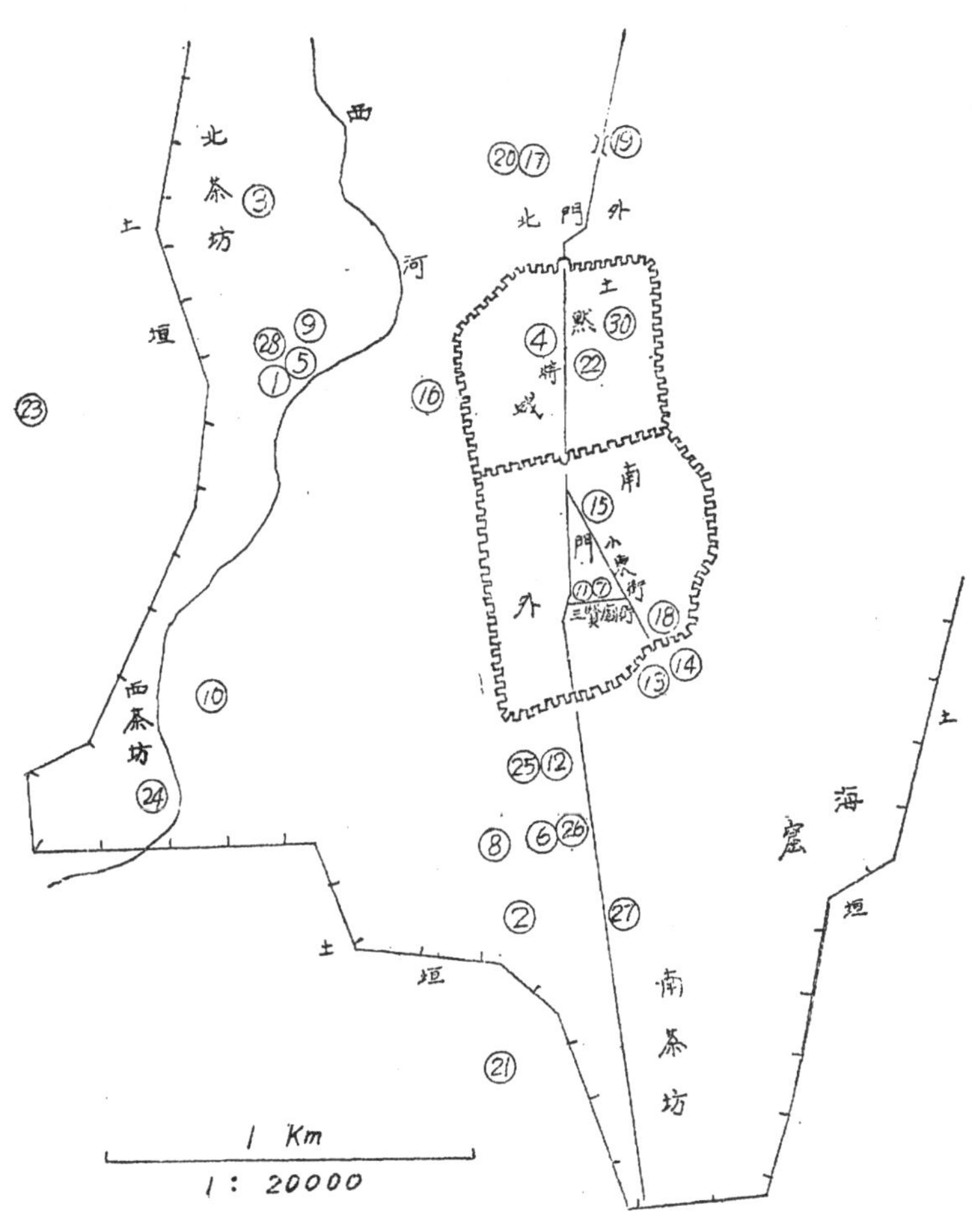

第一図　帰化城の発達と大行

（E12）など乾隆中葉にはその称呼が広く行われたのである。乾隆末葉からは十二行（A9）十二社（B5）または十二行社（註1）と呼ばれるようになった。嘉慶十七年度に十二行は十二のギルドによって構成されており（M1）、ギルドマーチャントを構成する同業の数から十三行または十二行の名が現われたことは、豊鎭の八行などの例からも考えられる。要するにコレクティブギルド化するにつれて、この名前が登場してきたものであろう。綏遠通志（註2）には、十二社は光緒季年に十五社と改められたとあるが、これは誤りである。実際は十二社の名称は同治四年（I1）を最後として消え、十五社は光緒十四年（S1）に始まって宣統四年（M20）まで用いられているから、十五社と称したのは光緒末年ではなく、光緒宣統時代の通称と考えてさしつかえない。帰綏識略にも十二行から十五社への変化について記しており、同じ文章が帰綏道志にも見出されるが、これは識略からの転載だと思われる（註1）。識略は咸豊八年の序文をもつとはいえ、文中の記事はしばしば同治時代の事件におよんでいるから、十五社への転化は同治から光緒初にかけてのことであるという以上に、厳密には断定できない。帰綏道志には十五社に相応する十五のギルド名を挙げており、名称の変更は参加ギルドの変化に基くものと思われる。民国元年に改組があり、中華民国臨時約法第六條第四項の規定に基いて、工商部の認可を受け、商会と改称した（註3）。商会は最初は帰綏商務総会（L2 L3）と称していたが、綏遠特別区の成立とともに民国五年綏遠総商会と改め（L4）、国民革命によって同二十年に商会法による帰綏市商会となり（G57）、事変後厚和特別市商会に、次いで厚和市商会と改めた（註4）。

以上の変遷を概括すると乾隆以前の通称は大行であって、全市の主な商工業者が分化することなく一つの混合ギルドを作り、それがギルドマーチャントとなっていたものと考えられる。乾隆以後コレクティブギルド化の進行につれて十三行十二行などの名称が順次現われ、嘉慶以来の十二社十五社がこれにつづき、民国から商会となったわけである。行から社への変化は、商工ギルドについても同様の現象が見られる。同業団体を示す「行」をすてて、宗教団体の要素を表面に押出す「社」を称するに到ったことは、漸く深刻化せんとする封建社会の解体化に対抗して、ギルドの結合と権威を高めんとする努力の表現と考えることもできるであろう。それが清末以後になると、帰綏の商工業は資本主義経済に妥協的転生を試みるべく余儀なくされ、ギルドマーチャントも表面上商会という形式をとったのであって、封建経済と資本主義の結合が、団体の名称の上に浮び上ってきたとみなしうるのである。

1 帰綏識略巻十八、賽社　又帰綏道志巻廿二風土　付商業の中の賽社。
2 綏遠通志巻五十二政経九　金融。
3 厚和市商務会沿革輯覧（元怡如編　一九四四年五月商務会印行）頁三。
4 商会の名称変更の年代は、すべて沿革輯覧、頁四十四——六による。

第二節　組　織

帰綏識略などによれば帰化城商賈の組織が十二行であり、帰化城十五社とも称しているのであって、要するに帰化城の商人の組織する団体だというわけである（註1・2・3）。碑文などでも帰化城十二行（A9）帰化城大行（P23）の称は見出しうるが、綏遠城を含めた帰綏を冠するようになるのは民国以後の事である（L2　L3）。帰化城郷総（M8）の称もあるから、本城郷総（A3　A7）本城郷耆（N1　可鎮A20）などの本城も帰化城を意味するのであろう。これによって大行が帰化城を疆域とする組織であったことは一応承認できる。もちろん帰化城はその城壁をとりはらって三度拡張されている上に、城門外の市街地（関廂）を大行に入れるか否かの問題もあるから、境界は単純にきめられないし、

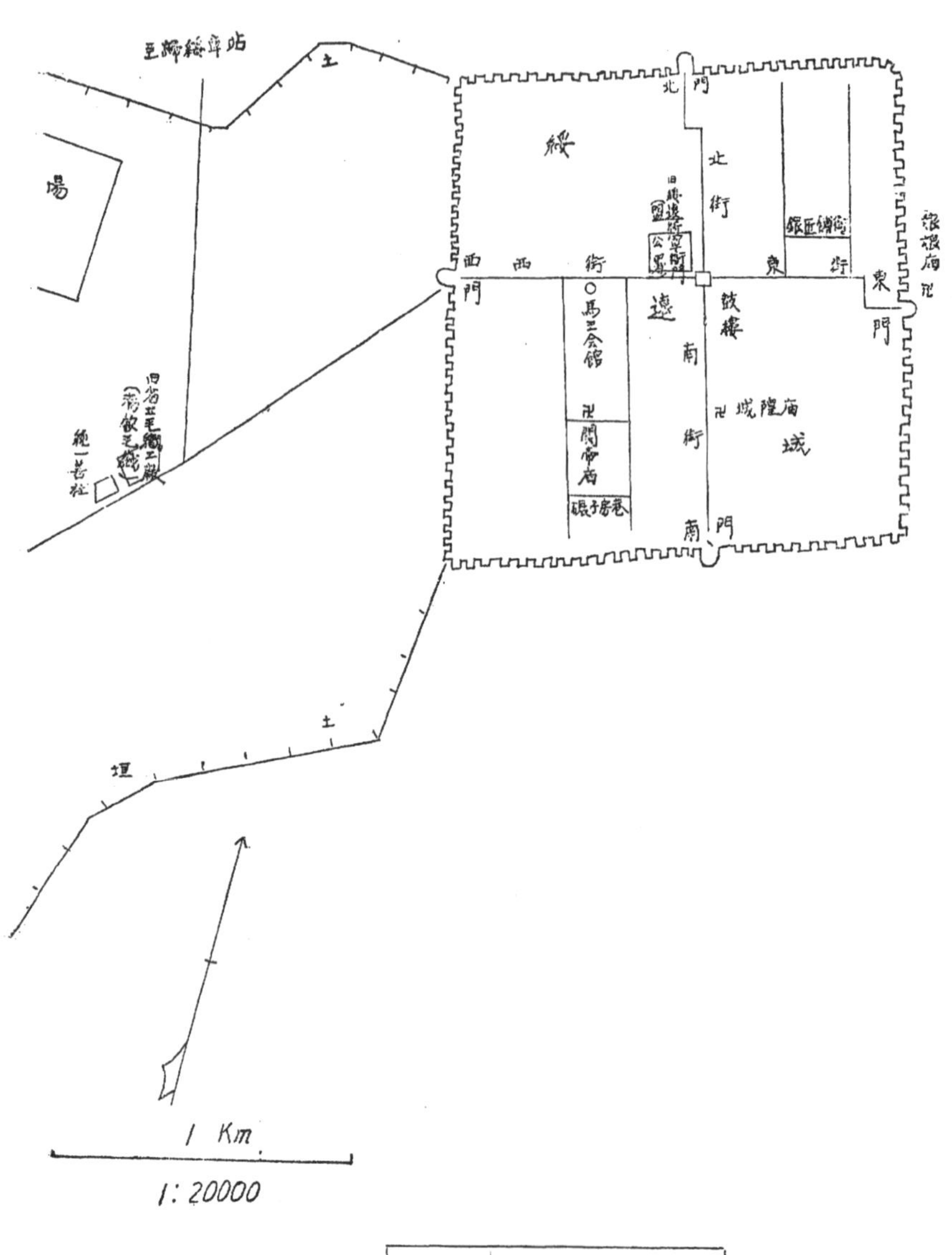

第二図　帰綏の市街

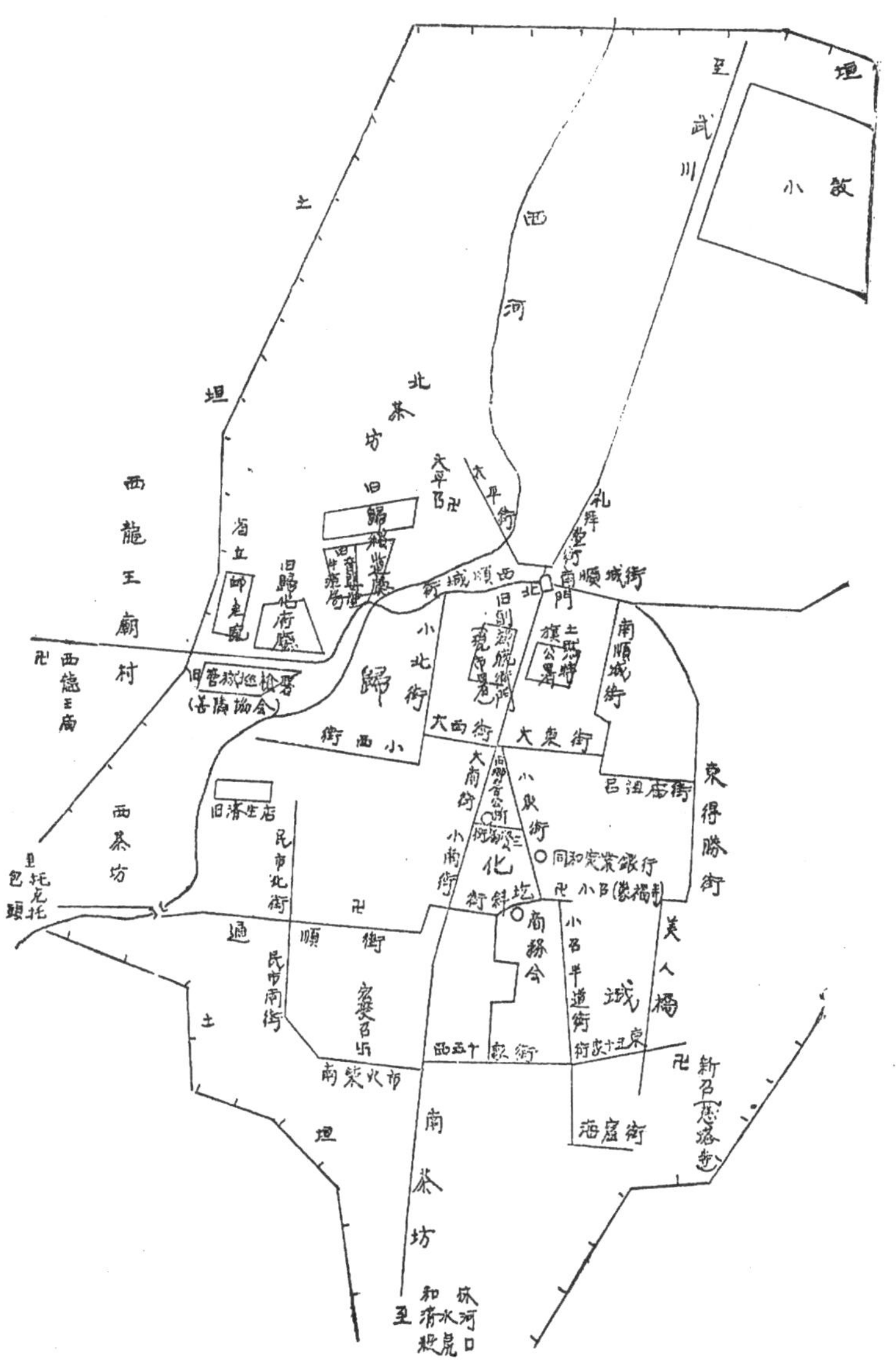
至武川
西河
土
垣
北茶坊
西龍王廟村
西茶坊
大平街
西順城街
北門
南順城街
小北街
小西街
大西街
大東街
歸化
大南街
小東街
小南街
呂祖廟街
東得勝街
旧濟生店
同和实業銀行
商務会
民市北街
民市南街
通順街
城
美人橋
海窟街
南茶坊
至托克托包頭
至和林清水河口

またコレクティブギルドを構成する単位ギルドは、必ずしも帰化城商人だけの団体とは限らないのであって、綏遠城やその他の近郊にある商工業者を含んでいる場合もあったから、その地域的限定は相対的なものにすぎない。ただいずれにしても、帰化城を中心とする地域性の問題であることに変りはなく、ことに初期には綏遠城はなかったので、大行は帰化城大行と考えてさしつかえない。なお以上はギルドマーチャントの組織に参加する店舗の地域的限界について論じているのであり、大行の勢力範囲とか活動範囲が帰化城に限られるものでなかったことはいうまでもない。

道光初年の交城県人の伝えによると、十二行は費大将軍が右玉（山西省）からつれてきた商工業者の組織だということになっている（P11）。もしこれが事実であれば、十二行の成立およびその構成は、右玉出身の客商が帰綏の主要産業を支配していたというような事情から、同郷性を帯びたギルドマーチャントの誕生となったことになるが、この伝説はかなり疑わしい。費大将軍は前記の費揚古であるが、彼は満洲正白旗人であって、右玉と特別な関係があったとは思われない。その当時、蒙古の官兵が商人の貨物をかってに奪い、商人が代価を求めると、乱暴を働き、民衆をひどい目にあわせるという有様であったので、費将軍はこの弊風を除くことに極力努力し、犯すものがあれば法によって懲罰を下したので、商民は深く徳としたといわれている（註21）。民衆にとって好ましい官吏としての事蹟はあったのであろうが、喧伝されている費揚古は、一般民衆を保護した官吏として神様に祭りあげられた伝説的人物であり、民衆が官吏のあるべき姿を彼によって神格化し、官憲をけんせいしたのであって、レジスタンスの生んだ神話である。彼と十二行とを結合して、伝説を拡大強化することは、あり得べき作為であり、また大行が右玉帮であった事をうらずける史料も見当らない上に、この説話は道光初年の交城人によって語り伝えられているだけなので、問題をこれ以上のばすことは困難である。

同巧異曲の伝説は、費揚古に次ぐ人物とされている丹津についても語り伝えられている。その古い記録は帰綏識略であるが、ここでは十二行を参加ギルドの数と考え、帰化城のギルドは啻に千百のみではないが、十二の行はそのうちの大なるものであり、かつ康熙中に都統丹津によって京師から移されたギルドであるから、帰化城全体を代表して公務を受持ち、その他は類によって付属しているのであると、説明している(註1)。ところが、多くの場合、帰綏識略の記述をまるのみにしている帰綏道志が、これについては、十二行を衆行の意味であるとし、かつ丹津が京師からつれてきた点に疑いをかけているのであって(註2)、綏遠通志もまたこの説を採用している(註3)。丹津は土默特蒙古人で、青年時代に在京佐領職を勤め、康熙四十三年帰化城に帰って左翼都統となり、乾隆二年歿している。善政をもって著聞し、招商勸農に偉大な足跡を残したので、雍正元年に帰化城商民によって生祠をたてられ、死後賢公祠に合祠されて今日もなお尊敬をかち得ているのである(註4)。彼の治政は帰綏の発展に一時期を劃した時代に当り、十二行の存在も雍正元年(Y1)以来確認できるのであるから、十二行が丹津に負うところ少くなかったとしても、少くとも丹津が京師から伴い帰ったギルドのみで、ギルドマーチャントを創めたというのは、ギルドマーチャントの成立期の状態を知らぬ者が、後世のコレクティブギルドの事情をもとにして作りあげた話であることを、問わず語りに物語っている。殊にギルドマーチャントが山西帮である事実がこの説話と矛盾するわけで、丹津が京師から商人や技術者を伴い帰ったと想像したのは、的はずれである。十二行が費将軍や丹津によって特権的地位を与えられたという伝説は、十二行の地位を権威あらしめ、かつ絶対化固定化しようとする意図に基ずいて創作した、十九世紀の神話にすぎない。十二行が特定の地方から移植されるについて、特権的地位が認められ、その特権が固定的にその子孫だけにうけつがれることは、中国の商工業および店舗組織のありかたからみても、ありえないことなのである。

ギルドマーチャントが特定の商工業者だけでイントレラントに構成されているのか、それとも帰化城の全商工業者を包括しているのかは大きな問題であるが、初期の状態については論証に役立つだけの資料を見出し得ない。コレクティブギルドとして再構成された十二行が十二の行か衆行かに関していえば、少くとも名称がギルド数に関して起ったことは、十三行・十二行・十五社の変遷を通じて論じたとおりであり、一度名称が定まった後においても、ときによって多少の増減を免れえないとはいえ、大体その数に近いギルドの参加をみていたことは、第一表の示すところであって、十一ないし十五の間を上下し、ことに十二社時代には十二、十五社時代には十五が、一応基準の数となっていた。

帰化城に存在するギルドはもちろん千百の多きには達しないけれども、本書において論証を与えたものだけで六十におよび、そのほか名称が明らかになっているものも加えると七十以上に達する(註5)。十五社に対して、外十五行(A5)があり、大行に対して外小社行と総称されているギルドがあるのは(註6)、ギルドマーチャントに加入しえないギルドが存するためであって、帰綏道志に「小社行」として挙げられている三十社(註6)は、もとより右の一半にすぎない。七十におよぶギルドのうち、ギルドマーチャントに参加し得たものはのべ十七ギルドであり、このうち宣統に至って始めて加わった興隆・生皮の両社を除けば、のべ十五ギルドにすぎない。どのギルドがギルドマーチャントを構成していたかということになると、第一表に明らかなように、時代によって出入があるわけであるが、それと同時に、のべ十七という限られた範囲のギルドが固定的に大行を構成し、独占的にその地位を保ってきたことは特徴的である。しかも大行内における各ギルドの序列までほとんど半ば固定的に定っている。由来、帰化城は一面においては蒙古新疆貿易の拠点として、存在意義をもった都市であるから、貿易業に直接従事する集錦社や、仲継輸出に任ずる興隆社・醇厚社、輸入物資の仲買に当る馬店社・生皮社、輸入原料によって獣毛皮加工業を営む集義・威鎮・栄豊・衡義・毡毯の各社が、経済上重要な意味をもっていたことは当然である。同時に、帰化城は豊かな綏遠盆地の穀倉を背負って発達した町であるから、穀類の仲買店たる聚錦社と、穀物を加工の上卸小売に当る青龍・福虎社がその

第一表 帰化城のギルドマーチャントに参加していたギルド

名称	資料	年代 ＼ ギルド名	醇厚社	集錦社	聚錦社	青竜社	福虎社	当行社	宝豊社	集義社	威鎮社	仙翁社	聚仙社
十二社	M 1	嘉慶十七	1		2	4	5	3		6	11	7	
同	M 2	同 十九	2	1	3	4	6	5	14	7	8	9	
同	M 6	道光十一	1	2	3	5	6	4	7	8	14	10	
同	M 7	同 廿三	4	1	2	6	7	5	3	9	10	14	
	K 1	同 廿九	1	2	3	4	7	5	6	8	11	9	10
	J 1	咸豊 三	1	2	3		4	5	6	7	9	10	11
十二社	I 1	同治 七	1	2	3		4	5	6	7	9	10	11
	J 2	光緒 六	1	2	3		4	5	6	8	9	10	11
十五社	A 6	光緒十七	1	2	3	4	5	6		7	8	9	10
同	帰綏道志	光緒 末	1	2	3	4	5	6	7	8	9	10	11
同	M 29	宣統 四	1	2	3	5	4	6	7	9	10	11	12

栄豊社	衡義社	毡毯社	馬店社	興隆社	生皮社
8		9	10		
10	11	12	13		
9	11	12	13		
13	8	11	12		
12	13	14	15		
13	12	8	14		
		8	12		
		7	12		
11	12	13	14		
12	13	14	15		
		8	14	13	15

説明　1　アラビヤ数字は十二社（十五社）内での各ギルドの順位を示すものである。ただM20は順序不同（資料の性質上）なので、便宜上適当に数字を配した。

2　M1にあつては、醇厚集錦社としてこれを一社と見なし、栄豊衡義両ギルドもまだ分化していなかったので帽行として示し、このほか、毡毯社は毡行と記している。M2も同じく毡行としている。また当行社にはいろいろな示しかたがあるが、いずれも、当の字を含むので問題なく、従って区別を設けなかった。

3　帰綏道志の欄は、帰綏道志巻廿二風土の中、帰化城十五社総領毎年交換日期の項の記述を表示した。

メンバーの中に見出され、封建末期の中国の都市ではどこでも優位を占めていた高利貸業の宝豊社・当行社や、食堂喫茶業の仙翁社・聚仙社とともに、ギルドマーチャントを構成していたことは、極めて当然というべきである。すなわち、この十五（或は十七）のギルドこそ帰化城の主要な商業資本の所有者であり、都市の骨格ともいうべき重要産業の担い手である。中でも貿易関係の醇厚・集錦社と仲買取引の聚錦社とは大黒柱であり、青竜・福虎・当行・宝豊の各社がこれに次ぐ支柱である。ギルドマーチャントに参加した者の業種の範囲は混合ギルド時代から伝統的にほぼ定まっていたのではないかと思われ、死命を制せられていた弱小各社が十五社に従属していた事情も亦同様である。

コレクティブギルドに改組されるまで、大行が個々の店舗を単位として構成されていた混合ギルドであったことは、乾隆十三年ギルドマーチャントのたてた碑文に、「本城郷耆総領舗戸」(N1)としてその舗戸百九十四の名称を全部列挙している例によっても明らかであって、そこでは大行という単一のギルドがギルドマーチャントを形成していたものと考えられる。しかし、十二行となった後は「舗戸」の存在は組織面から一応姿を消し、各ギルドが大行の構成単位として列挙される例ばかりとなっている。封建経済の矛盾が高まるにつれて、大行を構成する諸業者間の利害関係は大きく食い違い、その調整を計ってゆくことが遂に不可能となって、各業種別のギルドに分解したのであるから、コレクティブギルドの段階では、大行が各店舗に直接よびかけることは、無意味だったわけである。一方ギルドは強化されたために、店舗に対する支配はそれぞれのギルドを介して行うことが便利となったので、大行は店舗によって構成されていた従来の形式を改めて、ギルドを以て会員とする形式に変更したものと推察される。

ギルドを大行の構成員とする場合、各ギルドから大行の役員を出したわけであるが、十二社の時代にはその役員を十二社郷総(Y9 E20 M9 M10 M11 M3 M12 C9 M6 M14 Y10)といい、帰化城郷総(M8)本城郷総(A3)又は単に郷総(M5 M7)という場合もあった。郷総は郷耆総領の略称であつて、十二社郷耆総領の名称も見出され(M1 M2)同じ文章の中で郷総を郷耆総領と置きかえている実例もある(A3 A7)。十二社郷耆総領とは十二社郷耆(A7)と十二社総領とを包括した概念であり、郷耆が十二社郷総のうちに含まれていることには二三の証拠もある(M6 M7 I1)。十五社時代には、郷総の代りに普通は十五社総領(A6 F33 C86)と称せられるようになり、帰綏識略および帰綏道志(註7)にも帰化城十五社総領として現われてくる。その内訳は「十五社四郷耆各総領」(S1)であり、十五社総領は郷耆と総領(狭義)とを包括した概念であるから(A6)、郷総と同じ意味になるのである。従って総領には広狭二種の用法があったわけである。なお多くはないが、「十五社総甲」(M20)という語もあり、十五社総領と同じ意味の言葉であって郷耆がその中に含まれている(M20)。十二社郷総にしても十五社総領にしても、結局は「郷耆と総領」

第二表　歴代の郷耆

年号	称号	青竜社	福虎社	醇厚社	集錦社	聚錦社	当行社	宝豊社	仙翁社 仙聚社	未詳	資料
乾隆44										高之宥、范戩、 呉振基、陳緒舜	A 10
55	郷耆									王瑗、崔忠宏、 郭睿璠、高廷弼	A 13
嘉慶3	同	天合景		栄興錦		永公店				富盛号	A 14
4	同	協成玉				恒順店				天長永、隆泰功	A 15
18	同									程厚山、楊天祥、 張琳、梁永年	A 17
20	同	順義公				□栄店	大順当			同泰号	A 46
24	同								真味館 梁廷恭	大合公、晟盛永 王関杰、劉瑞	A 18
25	同	興合長 侯封				奎隆店 郭天章				順玉成、三義永 張儀、儀姚顯	A 19
道光1	同					承遠店 張国泰	復泰当 梁佩興		福興館 馮夫貴	易興永 王蒙深	A 20
2	同	新盛局 戴光順				万吉店 張関基				隆玉昌 恒盛号 楊震言 張瑛	A 21
3	同									李義永・賈鳳鳴 常佐輔 陳兆瑞	A 22
10	同	億春永 趙鴻瑞				恒豊店 張名滋	宏盛当 賈起雲			聚興元 崔祥鱗	MA 6 12
11	同	大興元				雙成店				聚和成 三勝玉	M 6
13	同					源陰店 謝凌雲	三長当 曹与勳			恒禧永 復発永 郭彦英 張汝霖	A 24

14	同	永合泉 崔九将		天福泰 武履謙		万成店 張時栄				常勝隆 羅光祥	A	25
19	同	徳新和 采国菴		永遠昌 馬維藩		広興店 張漢公	義源当 田政綱				YA	7 26
22										郭文季 馮志福 許化宇 温永口	P	28
23	十三社郷者 旧郷者	湧泉油房 王漢山		永順泉 孫有山		広享店 孫時熙		信源成 李登科			PM	12 7
24	郷者		晋陽樓 張臨鍾	興合盛 孟九享		富盛店 陳士讃				福泰興 葉天和	A	28
26	同	興合長 賈致璧		徳勝美 韓正道		永積店 孫全貴 雨順店 張貴杰					A	29
29	同	享興号 柳広滋		新同成 車歩利		天徳店 銭晃				三勝玉 張国祥	MA 1830 K	1
咸豊3	同	三和新				東昇店 恒長店				広盛源	J	1
4	同	意生錦 郭芝田			田酒舗 武成文	永遠店 鄭瑛	魁元当 張登泉				A	31
9	同	享興号 柳広滋				天徳店 銭晃				三勝玉 張国祥 □成号 □□□	Q	5
同治3	同		福隆昌 張万安	義和敦 賈襄		興隆店 張嘉徳			慶西園 楊天竉		A	32
4	同	恒義公 遠元勳	恒昇裕 楊世泰	祥盛泰 趙栄貴		永利店 王烈					A	33
10	同			信遠栄 戴璋		源成店 孫継曾	馬戴当 劉継堂			牛光昌 高永茂	AA	4947
13	同	聚源茂 王臣栄	義合長 段顯昌		田酒舗 武成文	元盛店 王若臣					A	30
光緒1	同	天興奎 袁静泝			大義永 王開基	天徳店 利済川				玉成公 李樹本	A	35

4	同	永和新 劉志綱				広隆店 趙嘉徳	芸生当 車守訓			公合美 張興業	A 36
5	同	亨興号 胡生茂		永遠昌 李逢淋		万盛店 呉永年				長盛泰 張振鐸	AA 4837
6	同	広和興	慶和泰	富盛岐		翼盛店					J 2
14	同	天生瑞 関継禎								中興永 侯元聡	A 49
15	同		天意正 王時中 復興湧 王午	三元成 郭際盛		崇徳店 趙英					A 5
16	値年郷耆	福成源 郭九元		謙増福 趙璧瑜		福懋昌店 岳鵬展			慶陞園 米毓秀		A 6
17	新郷耆	天順永 趙凝亭	慶盛楊 劉正			東昇店 李淑於				懐吉興 藺培基	A 6
19	郷耆	意生徳 丁謨		崇徳栄 王珍		万盛店 張鏞	日盛当 啓璦				A 38
20	同	恒裕泰 李鳳山		義和敦 謝栄		天栄店 姚智				裕隆和 武鵬程	A 39
23	同	天興奎 魏槐栄		協生泉 任賢才		徳興店 劉懐琳		元利魁 許東泰			A 50
29	同	永恒魁 曹二徳		万興昌 丁燦		世興店 王得照				三勝玉 李体先	BA 5540 B 23
30	同	永恒魁 曹二徳		万興昌 丁燦		世興店 王得照				三勝玉 李体先	B 56
30	同	意生錦 王楽楽		元盛徳 陳必勝		崇徳店 王得照				福盛徳 李光遴	A 41
30	同	三和新 李峻山		復泰昌 閻誥		西盛店 李峯	元盛当 劉巧				FC 3386
31	同	三和新								（等）	G 55

年	役職									人名	
33	同	豊盛魁 趙丕烈				万盛店 劉増全	三長当 伝正鐳			義慎魁 武報国	R 2
34	同	永恒成 羅栄泰		雙盛公 賈学閣		東昇店 王思明				復興隆 文広智	R 2
宣統 1	同	永恒魁 曹二徳		万興昌 丁燦		世興店 王徳照				三勝玉 李泰先	A 43
2	四郷耆		四盛馨 樊元喜	聚厚順 張吉士		通順店 苑瀛洲				福盛源 郭九元	A 44
民国 1	総理協理									千維竜（総） 王志清（協）	
2	会長 副会長					苑瀛洲（長）				王盛林（副）	
5	同									李芬（副） 段履荘（長）	
7	同					苑瀛洲（長）				李芬（副）	
9	同									李芬（長） 邢克譲（副）	
11	同									邢克譲（長） 王大勲（副）	
13	同									邢克譲（長） 王大勲（副）	
16	同					苑瀛洲（長）				樊培基（副）	
18	主席団									樊培基 賈永茂 段履荘	
20	主席									孔昭徳	
23	同									加秉温	
成紀 732	会長 副会長									樊培基（長） 趙連城（副）	

737	同								趙連城(長) 王秀峰(副)	

説明1　屋号または個人名を、各ギルド会首表（第五—九・十一・十四—廿二表）によって作製した帰綏ギルド歴代会首聯合索引により、それがどの社に属するかを検索して配当した。該索引に現われなかったものは未詳の項に一括した。
2　二つ以上の史料に重複して現われる場合、そのうち一つが屋号のみ、または人名のみを記している場合もあったが、本表には特に区別して示していない。ただし、その間に異同のあるときは、同一年度を二重に設けて別々に示した。
3　民国元年以降は、厚和市商務会沿革輯覧、頁四四—六「商務会歴屆会長題名録」によった。

を包括するのであるから、この二つの内容を追究していくことによって、ギルドマーチャントの組織の核心を明らかにすることができるわけなのである。もっとも大行の役員といっても、乾隆以前において、コレクティブギルドの形をとっていなかった時代の選挙法については、よるべき資料がないので、論及しえないことを遺憾とするが、包頭その他のギルドマーチャントの例から推して、改組後とはなはだしい差はなかったものと考えて大過あるまい。

一　張蘭田氏によれば、郷耆はその任にある期間だけは秀才の服をつけていたという。帽子・衣袴・靴まですべてその資格を現わすもので、特に金鍍金の「頂子」をつけた冠が人目をひいた。これはもちろん官許を経たものであるが、郷耆でなくても高令有徳の人の中には同様な特権を与えられた者がかなりあったし、秀才の服をつけたからといって何も官員になったわけではなかった。また職務に附随して与えられた特典で、その地位を去れば資格を失ったということである。このことは亢錦栄氏も記憶していて、内容は大体同様であるが、帰化城における最後の郷耆であった通順店の范氏から聞かれた話として語られたわけである。范氏とは第二表の范瀛洲氏に相違ない。与えられた服制が品官冠服か士庶冠服かは明らかでないが、ともかく官憲から特別な待遇を与えられて秀才という資格に準ずる服制まで定まっていたこと、しかも、同時に郷耆は官吏ではなかったことなどがはっきりする。「耆」は「老人」という意味で、郷耆は漢代の郷老人の後をひくものであり、地方自治体の中核となる首長を表わす言葉である。

二　郷耆がギルドマーチャントによって公挙されたことは帰綏識略に記述があり、識略によって帰綏道志（註2）綏遠通志（註3）にも同様に記されているが、具体的な選挙の方法については説明を欠いている。そこで歴代の郷耆を各ギルド別に表示し（第二表）、それから選挙の方法を帰納してゆくと次の諸点が明らかとなる。

（A）郷耆の定員は四名である（註8）。これは右の識略などにも記すところで、四郷耆（A6　A44　M7　M15）の称の生れたゆえんである。

（B）任期は一年で、留任を許さない。表に現われた嘉慶三・四年、二十四・五年、二十五年・道光元年、道光一・二年、二・三年、十・十一年、十三・四年、二十二・三年、二十三・四年、咸豊三・四年、同治三・四年、光緒四・五年、五・六年、十四・五年、十六・七年、十九・二十年、二十九・三十年、三十四年・宣統元年、宣統一・二年の郷耆を比較すると、全郷耆が完全に交代しており、一年後に選任されることはあっても、二年続いて選挙されたものは皆無であるという事実につきあたる。従って右の慣例が行われていたものと推定される。ただ、光緒三十年度においては、三様の郷耆が記されているが、この碑文に記された問題が前後三年間にわたる大事件であったために、事件の展開の中心であった光緒三十年をとって代表的紀年とし、その年からみて前年度および次年度の郷耆名をも、事件の性質上列挙し、このすべてを三十年の紀年の下に書きこんだものと理解される。事実永恒魁等が光緒二十九年度の郷耆であったことはA40　B23　B55の三資料によって、また三和新等が三十一年度の郷耆に任じていたことはG55によって論証できるのであるから、三つのグループに分けて記された郷耆のうち、意生錦等のグループが三十年度の郷耆だということになる。そうすれば、光緒二十九年と三十年、三十年と三十一年の交替期にも、一年の任期で全郷耆の改選が行われたことになるのである。

（C）郷耆はギルドマーチャントを構成する全ギルドから選出されたわけではなく、碾面缸油行・雑貨行・店行から各一人を出し、残りの一人は右の三行に当行・銭行・酒飯行を加えた六行の中から、選出するのが原則であって、その他のギルドは郷耆を出さなかった。碾面缸油行とは第二表の青竜社・福虎社を包括する概念で、両社は彼等だけで交互に郷耆を出しているが、青竜社から出た場合の方が圧倒的に多い。雑貨行は表中の醇厚社・集錦社をあわせたもので、醇厚社から主として選ばれている。店行は聚錦社である。この三行は大行の常任理事的な地位を占めるものであり、ギルドマーチャントの領帽格である。非常任組のギルドの中、銭行は宝豊社、酒飯行は聚仙社・仙翁社でありまた三行を除いた伴食組のうちで最も多く郷耆を選出したのは当行社であった。道光二十六年と咸豊三年には聚錦社が、光緒十五年には福虎社が、各二名の郷耆を擁し、同治四年、同十三年、光緒六年、同十七年には青竜福虎社（碾面缸油行）が合計二名の郷耆をだしているが、これは三行の一として自分のギルドから選出し得る常任的郷耆以外に、伴食組を含む六ギルドを通じて公挙しうるいま一人の郷耆の定員を、該ギルドで獲得した為であろう。青竜・福虎の両社と醇厚・集錦の二社は、いずれも二つのギルドを合せて一選挙母体と認められていたのであるが、これ等の両社は元来一行であったものが後に分裂したという事情にあるギルドであり、また分裂後も互に深い関係にあったのであるから、伝統と実状に則して単一の選挙母体が継承されたのである。それはともかくとして、十二行のうちには集義社・威鎮社・栄豊社・衡義社・毡毯社・馬店社・興隆社・生皮社などの、郷耆選挙権をもたないギルドが存したわけであるが、第一表の示す所によるとそれ等は十二行中の序列では下位に連なっているものばかりであり、郷耆を出す資格を認められている各行が、上位の序列を占めている（註9）のと顕著な対立を示している。厚和市商務会沿革輯覧には、十五社のうちに二つのランクがあって、俗に七大社八小社と呼ばれていたことを記しているが（註10）、そうした区別はコレクティブギルドの時期を通じて認められるのであって、同治四年碑にも「七大社総領」が帰化城の重要な問題について決定的な発言を行っていた事実を指摘している(G6)。郷耆選挙法を中心にしていえば、乾隆以来七大社八小社的な区別があり、七大社のうち、さらに常任・非常任の区別があったが、それ等は古来の慣習と各行の実力の反映であろう。従って右の選挙法も原則的な習慣に過ぎず、厳密にいえば十五社を構成するギルドさえ時代によって多少の出入が認められるのであるから、郷耆選挙権をもつギルドの消長も単純ではないはずである。ただ、このように特定の営業部門が郷耆を独占し、またその間にも軽重の別があったことは、恐らく雍正以来続いている大行の伝統に関連をもつものであり、とくに常任三行は混合ギルドの主体であったといいうるであろう。

(D)　選挙母体として郷耆を選出する権利をもっていたギルドにおいては、ギルド自治の立場から各行ごとに自行の習慣によって郷耆を決定していた。これには行内で高徳有能と考えられているギルドの領袖が交代で郷耆に任ずるのが最も普通であるが、該ギルドのその年の会首のうちから郷耆を兼任する者が選定されることも、該年次のギルド会首以外の者が選出されることもあった。このことは後に示されている各ギルドの会首表(第四・五・七・十・十一・十三—二十二表)と第二表とを比較してみると明らかになるのであって、青竜社においてはギルド役員たる総領(正副会首)または郷総(値年会首)からも郷耆が選出されているが、該年次のギルド役員以外からギルドマーチャント役員が出た例も少くない(第十六表)。聚錦社の郷耆には、総領(正副会首)甲頭(値年会首)の兼任のときもあり、兼任をさけてギルドとギルドマーチャントとに別々の人を出した例もある(第四表)。福虎社では郷総(値年会首)の中から推されることが多いが、値年会首以外から郷耆に任じた者もある(第十七表)。要するに右の三社においてはギルド役員とギルドマーチャント役員とをそれぞれ切離して考え、ギルド役員になっていると否とにかかわりなく郷耆を独自の立場で選定し、値年会首その他該ギルドの役員たる者を除外しないと同時に、その中から選ぶことも予定せず、適任者を自由に選定する習慣が行われていたのではないかと想像される。これに対し醇厚社においては常に

（註11）郷総（ギルド会首）の中から郷耆を出し（第七表）、集錦社にあっても同様で（第十一表）、当行でも郷総（当行会首）の中から選定されている（第十四表）。

ギルドの役員から十二行郷耆が選ばれたか否かは、単に各ギルドの内部事情の問題で、ギルドマーチャントにとってはさして重要な事柄ではない。それよりも、郷耆となるほどのものは、「擇二各行舗長老成諳練者一充レ之」（註1）すなわち、各ギルドの領袖であり、人物ができていて、郷耆の職務に習熟している者が選定されたという点が注目さるべきであろう。郷耆になる者がちょうどその年に出身ギルドの会首を兼ねているか否かはともかくとして、少くともその前後にギルド会首になっていた者がほとんどであることや、一度郷耆となった者が何年か後に二度三度とその地位についた例が少くなかった事実は、いずれもこの会首選定基準を裏書きするものである。同時に特定の人または店舗が郷耆の地位を独占し、従って郷耆となる者が固定化しているという傾向は全然ないわけであって、交替制すなわち、輪流の原則が支配的であったことも十分注意されねばならない。この場合、輪流が機械的平等をとらず、有力なギルドや大資本の力を結集しうるような形で構成され、領袖支配が集団的専制方式によったところに、郷耆の選挙方法の真骨頂が見出される。

（E）　郷耆にはギルドの構成単位である企業体が選ばれるのか、或は個人（多くは企業体の支配人）がなるのかという問題についていえば、両者の区別が意識的に行われておらず、混合し未分化のままで決められていたものと解せられる。郷耆に任ぜられた者に対し、十二行総領から贈る扁額（I及びJ）は、個人名あてであるが、これをその人の所属する店舗の店先に掲げており、自宅にはおいていない。適・不適は個人の能力に関係するが、個人の属する店舗の力を除外して抽象的に個人を考えることはありえないので、個人と店舗の二重写しが大なり小なり不可避となってくる。第二表に現われた郷耆名にしても個人名または店舗名だけを掲げた資料もあるが、大半は両者が併記されているのであって、このことも同じ視角から理解できる。

三　次に郷耆の「任務」に関して述べるならば、第二表が示すように、あらゆる点で十二行の代表となっているのである。張蘭田氏によれば、一般市民は郷耆を尊敬しその決定には甘んじて服従したというが、帰化城の民衆にとっては、彼らの生活を守るために、形式的ならびに精神的に郷耆の面子を立てることが、必要であったのは事実であろう。郷耆の手がけた具体的な仕事としては、寺廟の修築の経理に任じたり（Y7 M7 P12 Q5）、官の告示の保証に立つなど（R2）、宗教的又は対外的に、会務を統率することが、主要な任務であったのである。十二行のギルドホールを郷耆会館（註1 註2）と呼んでいるのも、郷耆が代表者となっていたためであろう。会務の決定は個々の郷耆の手に委ねられていたのではなく、四郷耆全体の公議にかけて全員の賛成を得ることが必要であった（A5）。また訴訟事件は各ギルドの参与するところであり、規約の決定なども総領との協議にまつ必要があるのであって（註1 註2）、郷耆のみが決定権をもつていたわけではない。むしろ各ギルドのこまごました実務には觸れないのが普通であったから、実権をもたないノミナルな虚位を擁する者という傾向が、見えないではなかった。けれども、ギルドマーチャントの祭祀を担当する郷耆が大行の精神上の結節点であり、郷耆を媒介とすることによって、共同体的結合が可能となったのであるから、みなの象徴として千鈞の重みをもっていた点も評価せねばならない。事実、都市すなわち地方自治体としての存在形態からいえば、郷耆あっての十二行であり、むしろ郷耆の輝に幻惑されて十二行の影が薄れるという傾向が見られるほどであった。

十二社総領（狭義）は、郷耆と異なり、大行参加ギルド全部から選ばれたギルドマーチャントの役員である。

一　総領選考についていえば　（A）　定員は帰綏識略（註1）および帰綏道志（註2）綏遠通志（註3）によると、十二社時代には各行から平等に一名づつ、十五社になってからは各行から総領一副総領二を出したとあるけれども、事実だと考えることはできない。実例からみると、各ギルド会首表（第四・五・七・十・十一・十三・二十二各表）の示すように、四名の総領を選出しているギルドに醇厚社・集錦社・福虎社（註12）当行社および道光二十九年以降の集義社があり、三名には宝豊社・馬店社（註13）・道光十一年迄の毡毯社・光緒六年以後の聚錦社、二名には仙翁社・聚仙社・青竜社・栄豊社・威鎮社・同治八年以前の聚錦社・道光十一年以前の集義社・道光二十九年以後の毡毯社、一名のみのギルドに衡義社がある。それもギルドが十二行（十五行）に加わっている期間だけの話で、未加入の時代やギルドマーチャントから除名された期間などは当然・総領の枠から除外される。各社の総領の定員は、それぞれのギルドの会首の数に由来する場合が多く（註14）、従って右に記したように時代によって異動がある。総領を多数出しているからといって、ギルドマーチャントにおける発言権が大きいとは限らない。聚義社・馬店社が四名三名であるのに対し、聚錦社が二名に過ぎないことから考えてみても、総領の数は各ギルドの勢力の大小とは無関係に、単に各ギルドの内部事情に則応して、適宜定められたものと思われる。右のほか、清末に始めて加入した興隆・生皮の両社の総領数は明らかでない。

（B）　任期　帰綏識略（註1）およびそれによって記述したと思われる帰綏道志（註2）綏遠通志（註3）には「一年交替」としている。各ギルド会首表（第七・四・十六・十七・十三・十五・二十一の各表）の示すところでは、醇厚社・聚錦社・青竜社・福虎社・宝豊社・仙翁聚仙社・集義社など、いずれも任期一年で交代しているから、他のギルド出身の総領も同様であったろう。また右の会首表の実例によると、留任は許されず、各社とも完全な全員交替であった。

（C）　選挙法　各ギルド会員表から帰納した結果によると、各社ごとにそれぞれの習慣に従って選挙を行い、各社各様であって、ギルドマーチャントとしての一貫性はなかったといえる。

(イ)　特定の店舗が独占的常任的にその地位を占めるもの……咸豊三年以後の集義社。

(ロ) 限定された小数の店舗から選任されるもの……醇厚社・青竜社・聚錦社・福虎社

(ハ) 一応は輪流の原則が行われているが、一部の席は限定された特定の店舗が特権的にその地位を占め、残りのフリーなポストはギルトの全員ないしそれに近いものの輪流となり、選挙方法が二部に分れているもの……当行社

(ニ) ギルド員全体が交代でその任につくもの……仙翁社・聚仙社・宝豊社・集錦社

このうち(イ)を例外とすれば、当番制が一応原則であったと認めることができる。しかも(ロ)(ハ)は制限付の輪流であるが、制限の基準については、たとえば老舗に限るとか、才能や人物や経済力等によって特権的な地位につくものが決まるとかいったような点については、確実な資料を見出しえない。ただ郷耆の場合と大差がなかったものと思われ、また各ギルドが個別差をもち、しかも後程専制化が進行したことは、考えておかねばならない。すなわちギルドの自治を尊重すると共に、各ギルドがそれぞれ結集された商業資本の「共同体」を構成しうるように輪流の原則をとり、同時に巧みに集権的な制度をしのび込ませて、実際としては大資本の支配に便利な体制を造っていたものと考えられるのであって、(イ)はその露骨な場合であり、(ロ)(ハ)は調整に苦心のあとを見せ、(ニ)は技巧を必要としない程、大資本の優位が確定していたギルドなのである。

(D) 各ギルドのプロパーの役員と十二社総領との関連はわりあい深かったといえる。ギルドの会首とは全く別個にギルドマーチャント総領を選定している、集義社のような例外もありはするが、青竜社・聚錦社・宝豊社ではギルドの正副総領がそのまま十二社総領を兼ねており、福虎社などでもギルドマーチャントの総領はギルド会首の中から選ばれている。郷耆と違つて総領は各ギルドの代表という点がはっきりしており、十二社総領の名を全部列挙する様な場合に、あるギルドの代表が欠員となっておればそのギルド名を記して総領名の代りにしているほどだから(M10)、各ギルド役員の一部または全部に十二社総領を兼任してもらう事になるのが最も自然ななりゆきであり、ひいては各

ギルド役員の定員によつて該ギルドを代表する十二社総領の定員が決定される場合も少くなかったのである（註14）。

（E）郷耆の選定と総領の選定とは、互に独立して行われ、関連した問題として特殊な考慮を加えることのないのが普通である。道光十年には当行社で、同二十九年には聚錦社で、おのおのその年の十二社総領のうちから郷耆を出した例もあって、総領から郷耆を選ぶこと、つまり郷耆が総領を兼ねて登場することも、禁じられてはいなかったが、醇厚社・集錦社・福虎社などのすべての実例において、郷耆は常に総領以外から出ており、聚錦社でも右の年以外は別々に立てているのであって、前の二例は何等かの事情によって生じた特別な場合（例えば欠員を生じたために、一時兼任する必要があったとか、或はたまたま一致するに到ったもの）だと考えられるのである。

二　任務　帰綏識略など（註1註2註3）によると、総領は郷耆の補助者で庶務を経理し、郷耆とともに議決にあたったということである。形式上では郷耆というドンキホーテに対してあたかもサンチョ・パンザの役を引受けているようにみえるが、実質的には庶務すなわち事務局長の役目を受持っていたので、実権はすこぶる大であった。総領は各ギルドを代表しているところから、そうした立場に立って共同体としての権力の実体を構成したわけである。記録の上でも、総領が郷耆と名を連ねて十二行を代表する場合はかなり多いし（A3 P12 M6 K1 J1 J2 A45）、張蘭田氏の社会通念からいうならば、ギルドマーチャントに加入するということは、具体的には総領を出すギルドとなることを意味したわけである。ギルドマーチャントの主体が総領にあり、実質上、総領が実権を掌握していたと考えられるのも、各ギルドを背景とする商業資本の総力の結集が十二行の使命であったという事情に基ずくのである。

民国以降の帰綏商務会は、封建社会が逐次転形しつつ近代化の道を辿り、帝国主義に癒着して行った中国の変貌の縮図である。もっとも民国二十年ごろまでは十五社以来の体制を墨守していこうとする傾向が強かったのであるが、国民革命の成功により、漸次崩壊過程をたどっていた封建的組織は解体を余儀なくされ、旧来のギルドは同業公会に改編され、未組織の営業部門の業者も逐次公会に編成された。十五社や外小社行が改組されたものも、新たに同業者が相集って編成した公会も、すべて表面的には平等な資格で商務会に入ることになって、事変前までに二十七公会の参加をみた。事変中は日本式の産業組合運動が展開されて、公会を解体して各業別に協同組合を作るものや、従来公会のなかったところで、新に軽工業協同組合を作って新発足するものを生じ、組合が公会と共に商会構成の一単位となった。未組織部門の公会結成と、その商会への参加の強制が行われ、一九四四年五月現在でいえば一般公会二十（綢布・雑貨・客貨・鞋帽洋広・中西薬・五金陶器・服装・煙草・茶葉・染業・澡塘・葦蓆山貨・自動自転車・鐘表照像・南紙印刷・猪肉・運輸・阿片・雑営・線帯の各同業公会）、一般組合六（糧業・糖業・牛羊肉業・人力車・旅店・理髪の各組合）、軽工業組合十（米面・醸造・紡績製絨・製革・首飾・木器製造・煅冶鋳物・皮革製品・粗細皮衣の各業組合および磚瓦石灰合作社）、合計三十六団体が商務会に加入し、他に畢克齊並びに察素齊の商事代弁所（共に県下の大きい聚落で、そこの商工業者全体を糾合する団体）も傘下におさめられ、名目的には一層の充実を見た。こうしてギルド間の差別待遇は外面的には廃止され、商会がすべての商工業者によって組織される原則となったこと、封建経済の表徴であるギルドを基礎とせず、近代的社会集団を名乗る同業公会や組合を単位とし、組合はいずれも合作社を志向していること、帰綏に限定せず、畢克齊や察素齊などを始め、広く村鎮の商工業者との連絡にも成功していること等によって、外面的にはかなり目立った変化をとげた。もちろんそれは形式上のことで、それさえ十分な成果をおさめた訳ではなく、例えば未組織の商工業者が少くない点は別としても、通商・皮毛・煙草・石碱・露店・青楽・妓館の各業は、それぞれ公会・組合などの同業組織はあるが、それが商会には参加していないという有様であった。いわんやその内容に至っては、組合の多くは名称が変っただけで、実質は公会とどれだけ差異があったか疑問であり、公会にはギルド的な構造が根強く残り、ときにはそれが本筋になっているという一面もみられ、商会は内部の矛盾になやみぬいたのであって、かろうじて政府との交渉機関という、各業共通の役割を代行する事務組織として命脈を維持したという、消極化の傾向が強かった。他都市の商会との関連については、国内市場を形成する上での理想に遠く、傘下各団体との結合においては民主主義の実現とおよそ縁遠い実状にあったことは否定できない(註15)。

商会の役員についてみると、国民革命までは十五社と商会との実質上の相違はそれ程本質化していなかった。民国元年に当時の商会法にあわせて郷耆の代りに総理協理をおき、翌年これを正副会長と改め、爾来二年を任期として改選を行った(ただし再選されることもあった)ことは、第二表で察知できるが、実際は総理も会長も郷耆の伝統と切離して考えることができない存在であった。総領の方は商会の特別会董として温存されたが(〇1)、総領の母体であった各ギルドの崩壊につれて全体として次第に弱体化し、改選すら満足に行われない状況となった。民国十八年には新商会法および人民団体組織法に準拠し、特別会董を廃して傘下の全同業公会から委員をあげ、その中に常務委員執行委員監察委員をおき、常務委員の中から正副主席を互選した。こうして一応民主的な委員制が成立したのであるが、それも形式が主で実が伴わず、定数にしても有力ギルドは数名づつ委員を出して商会をその支配下におき、弱小公会は義務を負担するだけで、ほとんど発言権をもたなかった。事変と共に委員制は半身不随となり、主席は廃されて会長制に逆転したが、これも一つには民主的基礎が薄弱であって実効があがっていなかったためである(註16)。

大行から商会への転生は、大行の伝統によつて商会の性格が規定されるところ大であったとはいえ、単に換骨脱胎に終ったのでないことはもちろんである。張氏は商会法の発布に際し、大行が山西省政府に呈請して自ら商務会に改組したと語り、ギルドマーチャントを商会という枠にはめた点を強調しているが、その商会法が発布されねばならなかった時代の動き、その枠に自らを投じて再生を計らねばならなかった大行の運命を考えたならば、商会としての新生面をもっていた点も見のがしえないはずである。大行が帰化城の大行であったのはここに商工業者が集中していたからである。しかも、民国以来は綏遠城が開放され、さらに京綏鉄道開通とともに、車站と略称されている駅付近の商店街を現出させた。商会章程（L1）に帰綏の市区内をもって商会の管轄範囲とするとあるのは、この三つの市街地を包括するという意味である（註17）。加うるに商圏内の商品流通が密接となったので、実際の商会は章程にきめられた範囲を乗越えて帰綏県下の各郷鎮の商工業者をその傘下に入れることを計画し、前述の畢克齊・察素齊の両鎮の商会を市区内の公会と肩をならべる商会員たらしめたほか、たとえば畢克齊の浄髪社を帰綏理髪公会に加入させるという風に、単位公会を媒介として、間接的に商会の支配下におく等、全県下に組織網をひろげる努力を払っている（註18）。地域の問題だけでも封建的な限定を破ろうという意図があったことは察せられるが、構成の問題では一層明確な形をとっている。大行の場合は参加資格を一部ギルドに限ってその特権意識をかきたて、この特権商人の中でさらに七大社を区別し常任郷耆を出し得る三社を別格化するというように、不平等の原則にたっていたのに対し、商会は全商工業者の公会への組織化と全公会の商会参加とを推進し、公会間の平等も形式的には認めている（註20）。大行の場合は自分よりも悪い待遇を与えられている者には優越感と支配者意識を抱き、自分よりもよい條件にあるギルドには劣等感と屈従・恭順をいだき、その組合せによつて封建的団結となったのに対し、商会の場合には役員を選挙の基礎の上に立たせ、運営を会員大会・代表会員大会・委員会等の権限の下におくことによって、民主的な社会集団としての筋道を通したのであって、両者は団体役員の存在形態において全く対照的である（註19）。こうした変革をとげるについては、大行以来の歴史ある有力ギルドが逐次解消ないしは凋落していったのに対応して、資本主義的産業に従う公会の著しい増加と充実があって、大行の封建的性格を弱め近代的な装いをこらすことになったという点が影響している。封建的な大行の伝統が、今日もなお有力であって、ギルド的色彩の退色は極めて緩漫であるとはいえ、ギルドマーチャントの組織は解体を続けて、昔日のおもかげはなくなっている。それにもかかわらず、商会の役員選挙の実状は、有力有能な者を選ぶという美名によって、実際には封建制の温存をはかり、商会の活動は商業資本の利益擁護一辺倒であって、そのために民主制を逆用して全商工業者を封建的秩序の下に拘束し、商会の事業は、傭兵を商会でやとってまで経済外的強制の再建に努力し、産業資本の構造や運営に封建的な色彩を植付けることによって、近代的工場の発展を妨げてきたのであって、こうしたところに、商会の背負っていた歴史的役割を見出すべきである。

註1　帰綏識略巻十七市集。
2　帰綏道志巻廿二風土、帰属市集。
3　綏遠通志巻五十二経政九、金融。
4　帰綏識略廿六、官蹟・丹津。
5　本篇各章に記す六十のギルドのほかに、帰綏道志の「外小社行」には莉行公義社・協意社・山貨行が見出され、その他碑文などに出てくるものに徳盛社閤行（A16 A27）・義合恒山社（S4）（果物商）・徳勝社（A2）・徳厚社（S4）・公義和社（S4 B53）公和社（C57 C69 C74）公錦社（C57）保元社（D2）義勝社（E39）三和社（E105）などがあるが、そのうちには営業の内容さえ、十分明らかでないものも少くない。それを別としても、回教徒の数個の清真社を加えただけで七十を越すことは疑問の余地がない。
6　帰綏道志廿二賽社「帰化城外小社行」。
7　帰綏識略巻十七市集。帰綏道志巻廿二、市集。
8　表中四回だけ四名でない例があるが、光緒卅三・四年度の八名は、事業が二年にわたったために二年分の郷耆を併記したもの、嘉慶廿四年および咸豊三年の三名はたまたま欠員一を生じていたもの、光緒十四年の二名は該匾額が元来二枚一組のもので、各々に二郷耆の名を記していたのであるが、そのうちの一枚が失われたものと考えられ、少くとも原則的に四名であったことは否定できない。
9　聚仙社仙翁社は序列も下位で例外である。
10　元怡如撰、厚和市商務会沿革輯覧、（昭和十九年五月、厚和市商務会印行）頁四。

11 宣統元年の万興昌は郷総以外から選ばれているが、これは例外である。
12 道光十六年度だけは三名であるが、欠員一を含むのであろう。
13 咸豊三年および光緒六年には欠員があるものと想像される。
14 聚錦社・青龍社・宝豊社の場合は確かにこの例であるが、なお正副会首または全会首の数が十二社総領数と一致する実例は少くない。
15 商会の構成については厚和市商務会沿革輯覧頁四―六「行社与同業公会」による他、商会秘書元怡如氏、亢錦栄氏、張闢田氏などの教示による。
16 厚和市商務会沿革輯覧頁三十四・四十四―六、その他註15参照。なお反動化の責任が、日本側にもあったことはもちろんである。
17 厚和市商会章程第二條には「本商会之地域以厚和市行政区域中之市区」とある(L1)。
18 畢克齊および察素齊の参加については厚和市商務会沿革輯覧頁五―六。尤も、両鎮商会は商事代弁所と称している。理髪公会の問題は帰綏および畢克齊の該ギルドの項において詳述。
19 厚和市商会章程第二章会員、第三章役員、第五章会議等参照(L1)。
20 綏遠通志一〇八商業一、各県商業概況・帰綏の最後に、按……として説明している。」
21 帰綏識略巻廿六宦蹟、費揚古。

第三節　事　業

ギルドマーチャントの事業を項目別に分類してみると、コレクティブギルドとしての本領を発揮した嘉慶以後においては、単に多方面にわたって関係しているというよりも、むしろ、帰綏に関するあらゆる問題をおしなべて包括していたという感をいだかされる。商工業者の団体であるから経済問題に関与することはもちろんだが、政治・裁判・

公益・慈善など、帰綏全体に関する事柄で関係をもたぬものはなかったといってよい。同時にその支配力のおよぶところも、ギルドマーチャントを構成しているギルド自体が支配の客体となったのはもとよりのこと、外小社行とよばれている小商工業者や一般市民ないしは附近の村荘にも、大なり小なり強制力を発揮しているのであって（S5）（司鐸A20）、そうした内延と外包とを有するがゆえに、帰綏の大行は中国のギルドマーチャントとして、典型的な機能を果したものということができる。

大行の支配力の限界に関し、最も問題となるのは国家権力との関係である。官庁も整備されているので官憲は権力を振っていたが、大行が官憲の力によって自己の仕事を遂行した場合もあって、官庁の告示や命令という裏付によって、大行の決定を権威ずけている例は非常に多い。特に蒙古人・満洲人と関係のある事柄は大行としては勝手に処理しえない立場にあったので、郷耆・総領から官憲に申請し、その承認と協力を得ることによって始めて自己の意志を、これ等の異民族に対して公的に押付けることができたのである。大行が官憲をうしろ盾とし、自己の意志を官憲の意志とすることによって強制力の強化を計ったことは、一般商工業者に対する場合も同様であるが、官憲は大行の協力または諒解によって始めて政治を実施し得たというのがその反面の事実で、両者は互に利用し合うことによって支配権力を構成することができたのである。事実、官の法廷に持込まれた訴訟などにしても、必要のあるときには官から大行の意見を聞いた上で、その判断に従って判決を下しているし（B8）、社会救済並びに慈善事業などのうち、官が責任をとっているようにみえる場合でも、官営事業とは名のみで、実は大行に委託して一切の責任を負わせ、大行の経理および運営のもとに維持された場合が多いのである（M3　M4　S5）。実際問題として官憲が民衆の福祉に具体的な関心をもつことは稀であって、民間から持込まれたことを処理する場合でも、自分のふところ勘定が関心の中心におかれるという実情であった。政治といっても、課税や財物の徴発、官僚政治の無内容や諸矛盾を糊塗するための虚飾たる文化行政、ないしは封建政治の崩壊を防止するために必要な最少限度の消極的彌縫策に過ぎなかった。従って都市行政に関しては、こと大小となく大行が主な世話人となってその処理に任ずる破目におかれたのであり、大行としても商業資本を擁護する必要上、封建制の維持に努力することは焦眉の問題であった。そのために他のギルドや一般市民の協力を仰いだのであるが、大行のもとに結集し得た政治力には自ら限界があったので、完全な権力を掌握するには程遠かった。この点はヨーロッパの自由都市と著しく相違する所であるが、殊に大行の非民主的性格には、官憲の権威主義的支配と相通ずる面があったわけで、官憲の力に頼って他力本願的な支配権を確立しようとする素地は十分あった訳である。官の政治力は封建的地主勢力をその本体とし、商業資本と互に依存関係にあったから、商業資本の問題については大行を応援してその支配力を維持させるとともに、封建制の全体的な擁護に対して大行に期待するところも亦大であった。こうしてヨーロッパの場合のように、都市から官憲の支配権が排除されることなく、かえって両者が結びあった封建都市が成立したわけである。大行と官憲が相互に依存し合ったといっても、都市の政治に関する限り、大行側が商業資本を代表してその主体となり、自己の支配力の限界を超える場合に官憲の助力を仰いだのであって、官憲としては都政に当る際には、一応大行の協力に依存せざるを得なかったのである。欧洲中世のギルドマーチャントのように、皇帝や王侯から特許状が与えられなかったことも、東洋中世都市の特質を示すものであって、これは大行の弱さや未成熟を物語るわけであるが、一つには中国の官憲が最初から特許状を出しうるような権力をもっていなかったという事情によるのであり、中国の国家が私法的な関係と未分化なままで形成されていたことの反映である。従つて特許状をもっていないからといって、国家の法律の外で発達したとは断定し難いのであり、かえって余りに国家の法律の保護に頼りすぎて、官憲の後盾なしにはやって行けない状態にあった為に、特許状をもらうことなどは夢想もしなかったと考えるほうが、実状に近いわけである。

大行を構成している店舗ないしギルドは、その内部にいろいろな矛盾を包蔵しているので、いきおい大行に対しても利己的たらざるを得なかった。店舗やギルドは大行が自己にとって好都合な政策をとっている場合には極力利用または支援したのであるが、風向きが変ると面従腹背によって表面を糊塗しつつ、できる限り店舗なりギルドなりの集団的エゴイズムを守ろうとしたのである。金融特に通貨に関して、大行が商業資本の利益を守る立場から、商工ギルド・封建地主・並びにその隷下にある人々とともに、貨幣価値の安定を計ろうと努力したのに対し、高利貸資本を代表する錢行宝豊社は、表向き公然と反対はできなかったが、実際にはギルドのエゴイズムを貫徹するために努力を傾けたのであって、奸商・胥吏・ゴロツキ・仲買人等を巧みに利用しつつ、結局大行の政策を骨抜きにし、無効にし、遂には再び通貨投機をほしいままにしたのである。どのギルドにしてもこうした行き方をする可能性はもっていたわけである。それに大行の方向自体が、有力ギルドに決定され、リードされたことはいうまでもないのであって、たとえば度量衡に関して大行が保有していた統制力にしても　かなり形式的名目的なものであり、実権は仲買商ギルド等の掌中にあった。また大行の政策が一部ギルドのエゴイズムによって阻まれ、ときには有力ギルドの集団的利己主義の勝利に終ったが、それも結局は封建制崩壊過程の一里塚にすぎないわけであった。しかし大行を支えているギルドは、基本的には商業資本に基礎をもつものであり、個々の政策についての意見の相違はあっても、根本的立場においては、全く同じ基盤に立っていたはずである。大行の生れ出たゆえんもここにあり、商業資本の要求する方向に、大行も動けばギルドも動いたのである。大行がギルドに対してもっていた支配力の基礎は、個別化されたギルドではもち得ない商業資本の結集力の上に見出されるのであって、商業資本共通の利害をめぐって、大行の事業が商工ギルドの支持のもとに展開されたゆえんである。大行の主体を構成するメンバーに加入できなかった商工ギルドでも、牧畜業・林業・鉱業・商品農業のギルドでも、それが商業資本によって立つ限り問題はない。ただ店舗内でいえば職人などの使用人・ギルドでいえばヨーマンギルドおよびこれに準ずる階層の者は、雇農小作などの団体と共に、商業資本と本質的に利害の相対立する面を持って居り、従って大行に圧迫されつつ抗争をつづけたのであって、コレクティブギルドはヨーマンギルドに対抗するために結成されたものと見なすこともできるのである。

ギルドマーチャントの活動は、商業資本自体のあり方によつて、時代とともに変化し弁証法的な発展をとげていることを看過してはならない。最初は巨大な混合ギルドとして、ギルド一般のもつ事業を総合的に営んだのであり、その中に各界の業者を含んでいたので、自然にギルドマーチャント的事業にもたずさわる結果をもたらしていた訳である。雍正以後その内部での利害が錯雑化するとともに、ギルド的な性格を著しく失って、商業資本全体に関する共同事務の処理機関となった。それが嘉慶以後、全体として商業資本が危期におい込まれる段階になると、コレクティブギルドとして、反動的な事業を活潑に展開するに至ったのである。ギルドの枠を乗越えて、商業資本による都市全体の商品流通を推し進めた点はその功績であるが、近代産業へのコースに逆行して商業資本の利益を暴力によって擁護する努力を払ったのは、清末における大行の矛盾を示すものというべきである。

大行の事業は政治・裁判・自衛・公益・慈善・祭祀などを包括している。帰化城の政治・裁判・自衛・慈善はギルドマーチャントが主としてこれに任じたのであり、国家権力によるそれと重複して、実質上国家の役割を部分的に代行しつつ、差配を行ったが、実施面では互に依存し合っている点が少くない。裁判・公益・慈善・祭祀の諸事業は、混合ギルドからの発展であり、各ギルドのそれと重複するのであるが、互に協同して行っている場合も多いようである。ギルドマーチャントの立場としては、無為にして化すことを本体としていたが、もとより自然のなり行きに任せておけるような、安定した経済状態にはなかったから、実際はあらゆる問題に手を出すことができるような準備態勢をとっていて、行動を起す必要が発生した場合には、現実に則応してその場その場で対策をとりあげたわけである。

従って大行の仕事は原則的には一回づつの場当りであって、対症療法であるから個別化されており、商業資本による支配体制の崩壊化を糊塗する為に必要な対応策が、多方面にわたって無計画に展開され、関連のない事件が不連続線を描いて登場するのが普通であった。受身と消極に終始し、長期計画による積極的な事業の展開は極めて稀であったと言える。以下はこれらの個々の事実を、分類的にまとめて紹介したまでである。

一　政　治

(A)　通貨の発行と統制

周知のように、清代の通貨には銀貨銅貨のほかに店舗発行の手形があり、近代的な本位貨幣もその末期には登場している。手形は「商帖」とよばれ、清末以後発行された銀行券と同じく一種の信用貨幣で、銀行券に到らない前の初歩階段の通貨であった。商業資本が高利貸資本に圧倒される段階になると、三種の通貨の品質や需給の関係、全般的な通貨不足による投機の盛行、銭商（旧式銀行）の価格操縦などをめぐって、いろいろな問題が発生したのであり、大行はその処理に非常な努力を払った(註1)。厳密にいえば、右の三種のほかに、咸豊年間に政府から鈔票・大銭・鉄銭が発行されているが、帰綏をも含めた山西省西北五庁にはその流通をみていない。すなわち通貨が主として蒙古新疆甘粛寧夏との貿易のために使用されているこの地区では、右の新貨は使用に適しなかったので、官憲といえども強制することができなかった訳である(註1)。

銀貨には地金貨幣である銀錁と、近代的鋳貨である銀元がある。乾隆十三年に銀錁は紋銀（標準銀）を基準とし、それから五%を減ずるごとに銭一銭の打歩を行う章程を定めたが、これは大行の支持するところとなってなんら問題は起らなかった(N 1)。銀錁には銀元宝・銀錠・砕銀の三種があり、その流通量は帰綏に偏在し、大口取引・貿易決済などに用いられていた。銅銭の価値が低下すると銀錁はグレシャムの法則の通り市場から姿を消し、本位貨としての作用をもたなくなった(A6)。銀元は清末に始めて登場したがその当初はほとんど流通せず、民国以後銀錁と平行して行われるようになり、廃両改元(民国二十二年)以後初めて完全な本位貨幣となったわけである(註1)。

銅銭には、漢代以来法定通貨として使用されてきた「制銭」(一文銭)と、光緒末に始まる新式銅貨「銅円」がある。後者は新式銀行とともに遂次普級していったもので、最初から銀元の補助貨幣であり、国民革命後に至って始めて普遍的となった。制銭はそれ以前においては民衆の間で実際に使用された主な通貨で、バラでも使用されるが、普通は百個ごとに紐でたばね、これを百文として取引の単位とした。足銭とか満銭とか呼ばれていたのがこの百文の束である。所でこの地方には百個に足りない制銭の束を百文と称して流通さす慣習があり、これを短陌銭・短銭または城銭と呼んでいた。足銭を短銭に束ねかえる場合には名目上の通貨の量を増加さすことができたので、通貨の絶対量が不足した際に、これを補う手段として短銭が生れたわけで、いわば苦肉の計というべきである。帰化城にある銭商の古い帳簿をみると、嘉慶以前は単に銭若干と記しているが、道光以後は「城銭」若干という記述が現われてくる。また乾隆嘉慶年間には銭八百文で銀一両と両替し、交換価値からいえば銅銭が銀より上廻っていたのであるが、城銭が使用され始めた道光年間以後は、銀一両が常に一千文以上の価値を呼んでいるのである(註1)。短銭は商人がトリックによって不当な利益をかせごうとする所から急速に広まったが、勤労大衆は短銭廃止・足銭一本化を希望していたのであって、道光二十五年に染物業の職人ギルドは「賃金は足銭で受取ること、もし短銭で受取る工人があったときは、ギルドで厳罰に処する」という規定を定めている。これをみると、商業資本側が賃金切下げ政策の面で短銭を活用していたことは明らかである(C10)。こうして次第に短銭は増加したが、銭商(両替商人)の投機に利用されるようになると、名目価格と実質価格の開きがはなはだ不安定になって、通貨としての意味を失い、商品流通を阻害するに到った。その為に商業資本が被害を受ける結果となったので、今度は商工業者が短銭を排斥する方向に転じ、咸豊十年に到るまで、足銭制を支持する米穀仲買店ギルドの糧行などと、高利貸資本の利益のために短銭を流通させようとする前期的銀行のギルド「銭行」とが、激しい抗争を繰返している（E28）。そのころは制銭五十五個をもって百文とする習慣が、支配的になろうとする風潮にあったが、大行は短銭の廃止を決意し、咸豊十年には官憲の力をかりて官の命令という形をとって章程を定め、とりあえず制銭六十個をもって百文とし、その後は毎月朔望（一日・十五日）の二回に制銭一個づつを加えていって、足銭に一本化するところまでこぎつける方策を立てた（F5）。糧行はこの章程を熱心に支持し、一時は足銭近くまでこぎつけたが、通貨政策に根本的な無理があったことと、高利貸資本の優位をくずし得なかったために、成功をみなかった。なお綏遠通志によると、名目価値百文と称していた通貨のたばの実際の制銭数は、道光十九年に九十二、道光末に七十八、咸豊初に九十で、その後は減少の一路を辿ったという（註1）。こうした中で大行は根強いふんばりを見せ、光緒六年には制銭五十五個をもって通貨の百文とする規則を定めたが、このときも主として銭商の非協力のために失敗に帰した。光緒十六年にこの線を強力に推進するため、改めて右の章程を再確認したほか、利子率に統制を加えることを定め、銀通貨を流通市場にひき出すと共に制銭・短銭を銀にリンクすることをねらって、銀貨に対する利子と銅貨についての利子を同一の利率とする政策をうち出した（A6）。銀に対する需要を抑えて銀貨を現実の市場に引出し、通貨の絶対量の不足を緩和しようとしたわけであるが、利子率を同じにするというだけでは貨幣価値に大した影響を与えることができないはずであって、理論的にも、また実際としても、成功を収めることはできなかった。光緒二十三・四年には百文は制銭三十二個ないし三十八個となり、続落がつづいた。そこで右の規則を厳密にするため、光緒二十五年には制銭二十五個を以て百文とし、銭利銀利をともに四厘とする政策を立てている。当時銀利は銭利よりもはるかに高かったという。光緒末には百文が制銭二十四・五個で落付いていたが、宣統から民国初年には十八ないし二十という実状になっている(註1)。このように大行はじめ商業資本をあげての通貨安定への努力にもかかわらず、大した効果をあげ得なかったゆえんについて、咸豊年間の記録には「奸商胥吏互相舞弊、不能革矣」(F5)とし、銭商胥吏の結托によって章程が有名無実となっていた点にその原因を帰している、光緒年間の記録では民心の動揺・奸商の策動・仲買人の暗躍・地方顔役の擾乱・官吏の怠惰などに、その理由を求めている(A6)。現象面からいえば、章程を支持しなかった勢力のために、大行の企図が阻止されたことは間違いないが、封建経済の動脈硬化的現象が、通貨の質的量的な不安動揺となっている限り、単純に貨幣改革による固定化政策をもって安定を計りうるような段階でなかったことも、明らかである。

銅銭に関する第二の問題は私鋳すなわち、ヤミで作られた硬貨の問題である。制銭は官営の鋳造所である銭局だけが、これを造るたてまえになっていたのであり、順治三年に刑律「私鋳銅銭」をもって民間人の貨幣鋳造が厳禁されたのを始め、その後も罰則が数回にわたって詳細に規定された。にもかかわらず、私鋳は清代を通じて絶えることなく、とくに嘉慶以後私鋳貨は公然の秘密で、常に市面に広く流通し、商品流通を助けていたのである(註5)。帰綏では私銭は不純物の多いところから「砂銭」と呼ばれ、形の小さいところから「小銭」とも称されていたが、私銭を造る者は表示価格より一段低い実質価値をもつ砂銭・小銭を鋳造することによって利益をあげたのであるから、私銭の材料は品質重量において制銭におよばないのが常態であった。しかも通貨の絶対量の不足は価値の低い私銭であってもその流通を必要とし、私鋳が絶えない原因となったわけであるが、同時にそのまま放任する場合はグレッシァムの法則によって、制銭が駆逐されることになり、これまた商業資本の耐えうることではなかった。私銭は実際に通貨として役立ち乍ら、同時に私鋳の禁も必要だった訳である。このような矛盾した條件の中で、禁令がゆるめられたり強化されたりしたのである。光緒十五年に、大行は道憲など官の出示を得、外小社行とも連名の上で、郷耆の名をもって布告を出し、砂銭の混用を厳禁して、現に流通している砂銭は全部郷耆公所で制銭と交換し、大行が交換によって集めた私銭は、これを鋳つぶして銅碑を作製したのであって、この碑に右の次第を記入して将来の戒めとしている（A５）。この銅碑はいまも公所址に立っているが、私鋳はその後もあとを絶たず、廿五年には重ねて禁令を出さねばならない状態であった。（註１）

銅銭に関するギルドマーチャントの政策は、質の低下による貨幣価値の下落を、防止しようというねらいをもっていた訳で、商業資本ないしこれに隷属する手工業の利益を擁護していく立場にあった大行としては、もっともな希望であった。けだし「法律上二つの商品が価値尺度たる機能を尽すところでは、事実上常にその一方のみが価値尺度たる役割を確保する」のであり、「両金属の価値の現実的比率が変動するとともに、その価値が相対的に高まったところの金属は、その価値が相対的に低下したところの金属によって驅逐される」（註４）のであって、銀銅複本位といっても実質的には銅だけが、前述のような質量低下によって、流通界における唯一の本位通貨として現実に流通してきたのである。帰綏の各寺廟には寄附金の明細をほりつけた石碑が多いが、道光まではその金額がほとんど銀何両何銭と銀通貨で表示されているのに対し、咸豊以後は城銭（又は制銭）何千文というふうに示されている。銀通貨から銅通貨への推移の反映でなくて何であろう。またそのことは銀両における打歩によっても裏付けられている。銅貨の質的低下には種々原因があるが、その根本は通貨の絶対量が需要に比べて不足していたことであって、制銭数十枚の一束を百文として流通させることにより、名目的な通貨の量を増す風習を禁止できなかったのも、私鋳により、その品質が劣悪であってもとにかく通貨の絶対量を増さうとする企図が絶えなかったのもこのためである。通貨の不足は清末における全国的現象であるが、特に帰綏は内陸貿易の基地であったので、事情は深刻であった。すなわち資本蓄積の大きさに比べて商品の流通量が大きく、生産に要する流動資本も多きを要した上、流通が新疆・外蒙との取引を主とする遠距離貿易である関係上、貿易路が長くて一年間に一往復か二往復しかできず、そのため貨幣の流通速度が極度に遅くなり、二重の原因で流通の媒介に必要な貨幣の絶対量が、異常に増大せざるを得なかったわけである(註4)。これに対応するためには、貨幣の実質的な増加を計るほかはなく(註3)、従って大行の対策すなわち名目上の通貨量を増加さすために、百文の中に含まれる実際の制銭の数を調節することは無意味である。名目上の通貨はその実質的価値しか流通には役立たず、制錢二十五個をもってする名目的百文は、実際は二十五文としての貨幣の効用をもちうるに過ぎないから、実質的な通貨を四つに分割して、名目上四倍の通貨を市場に流したとしても、それは何の意味ももちえない。大行が、現実に制錢二十五個を百文とする制度が行われているときに、それを二十個に減じて名目上の通貨をそれだけ増加させても、或いは通貨の実質価値を高めるために、名目上の通貨の減少を省みず、制錢百枚なり五十五枚なりを百文としても、市場にある制錢の総数が変らない以上、何の影響もない訳である。私鋳貨の問題についていえば、悪貨の登場も通貨の絶対量の不足に原因するわけであるから、私銭が制錢と共にその実質価値なりに流通し、良貨（制錢）を驅逐することなく、低い価値のままでそれだけの通貨として流通している場合には、通貨の不足を補うという意味において存在意義があったのである。清代の私鋳銭対策には禁圧・買収・制限の三つがあり、いずれも成功していない(註5)。帰綏のギルドマーチャントが悪貨を回収して鋳つぶしを行ったのは、通貨不足に拍車を加えるだけで最悪の方法である。もっとも百文を額面通りの制錢百枚に引きあげ、私鋳を完全に一掃しようとしたのは、銅通貨の価値を高めることによって、退蔵された銀を流通市場に引出すことをねらっているわけであり、銀利と銭（銅）利との均衡ないし一定利率への釘付けを強制しようとしたのも、この意味が含まれている。これで銀貨が流通すれば成功であるが、本来銀貨価値と銅貨価値とが均衡を保ってもちあい、両者がともに市場に流通するためには経済界の安定を必要條件とするから、封建制の解体過程において、そうした効果をねらうことは一都市のギルドマーチャントの実力を超えた難事に属したようである。

信用貨幣は「商帖」という名で清朝の中葉から行われていた。信用貨幣といっても銀行券とまでいかない幼稚な形の手形（債券・証券）である。商帖は銭舗で発行しているもののほか、粮店を始め有力な商工業者のうち、これを発行するものは少くなかった。資本主義社会における銀行券は、商工業者の振出す手形を基礎として、銀行がこれを発行し、その手形には一定商品の信用売買が表現されているのであるが、商帖は発行店舗のむき出しな経済力（資本商品および信用取引）が直接その流通の背景となり、それに信倚して成立する信用取引が表現されているだけであるから、商帖を発行した人とそれを貨幣として受取る人との間に存在する信用、すなわち人と人との結びつき——仲間的な関係——によって支えられているわけで、そこに商帖の基礎が封建的な社会体制にあり、前期的段階にある貨幣として規定できる理由がある。商帖を発行している店舗では、制銭の束を店先に山と積みあげて兌換準備金の誇示に大わらわであった。商帖は兌換に応ずる一覧払手形ではあったが、払出し店舗が自己の有する兌換能力の限度をはるかに越えて商帖を発行していたことは、信用取引の性質上当然であり、不可避であった。それにもかかわらず、店舗の信用は高く、商帖は比較的安定していたので、通貨不足の折から商取引の促進に貢献するところ大きく、通常一吊（一千文）以上の取引は商帖で計算され、それ以下の小銭のみが制銭等で流通していたといわれているほど(註1)貨幣としては最高の取引量をもち、清朝中期以後の商取引はほとんど商帖で決済されていたのである。

商帖はその支払條件の差異によって憑帖と附帖とに区別されている。憑帖は振出した店舗において客の要求あり次第、即座に現金を支払うたてまえの一覧払手形である。附帖は発行店舗が指定した旧式銀行、すなわち銭舖銀号等がその手形の一覧払に応ずるもので、この引受に応ずる銀行は附帖発行店舗の預金をあずかっていて、その預金の中から兌換請求者のあったときに現金を支払ったのである。事実は預金額を越えても支払いに応じていたが、それは発行店舗の信用の問題で、信用のないものに対しては貸越して支払うことを拒絶したから、附帖の市場価格は通常憑帖におよばなかった。いずれにしても一覧払たる点では共通で、それだけに経済界の変動によって影響されるところが大きかった(註4)。

商帖には兌換の際にいかなる硬貨で支払われるかによっていろいろな種類があった。銀両すなわち、いわゆる馬蹄銀にとりかえることを表わすものは譜銀または譜撥銀、銀元すなわち、新式の一元銀貨と交換しうるものを譜撥洋、銭すなわち、銅貨で示されたものを撥兌銭と呼び、それぞれ任意の額面を定めて、たとえば銀十両、銀二元、銭五百千文等として発行されている。単に価値尺度として何が用いられていたかという問題のほかに、その背景となる銀貨または銅貨の貨幣機能をそれぞれ背負っていた点でも、右の区別は無視できないわけで、とくに銀と銅の価値関係の変動期には、価格表示に使用されている硬貨別に、それぞれの運命が規定されていた訳である(註4)。

商帖は発行者の責任にまかされ、平常は大行が積極的な指導や干渉を試みることはなかった。しかし信用貨幣なるがゆえに、一部の商帖への不信がそれと関係のある店舗の商帖への不信を招き、流通の媒介体としての機能が停止され、銭舗糧店の瓦解を始めとする全商工業のパニックに至る危険性があったので、商帖崩壊の徴候が現われると大行の手で整理再建に対する準備が開始されることが多かった。帰綏の店舗の振出した商帖が、帰綏の経済圏のみにおいて通用することは、封建経済の特徴であったが、それだけに帰綏の繁栄の原動力であり、同時に破滅の原因を内包している火薬庫でもあったわけで、商帖に対し大行が無関心たり得なかったのは当然であろう。商帖は民国以後も綏遠省全体を通じて依然勢力を失わず、一九二六年度における通貨発行高のうち商帖はその最高を占め、一九二八年に政府紙幣が暴落したときも、商帖は信用絶大なものがあった。しかしながら、商帖は封建経済の所産であり、地主上農層の支持によって流通していたにもかかわらず、一九二八年綏遠省農会が村落と共同して商帖の廃止を叫ぶに到ったので、ここに商帖は整理される段階となり、まず譜銀譜洋の二本として撥兌銭を廃止し、続いて一九三三年の廃両改元によって翌年九月以降譜撥洋の一本建に切替えられた(註1)。こうした高利貸資本に対する商業資本と地主上農の攻撃によって商帖の流通範囲は次第に狭められ、大行（商会）の努力は適切であったにもかかわらず、その命運もまた明瞭となってきた。これにとどめをさしたのが一九三七年の事変による銭舗の廃業であって、商帖も永遠に廃絶するの余儀なきに到った。

銀行券は資本主義経済における商帖である。清末以降資本主義とともに金融界に登場したのであるが、帰綏では商務会自ら兌換券の発行を行ってその先駆となった。帰綏に始めて流通した銀行券は、京鈔(北京で発行された銀行券)で、民国初年のことに属する。一九一七年交通銀行のとりつけ(註6)により、京鈔の流通が廃絶した際、商務会は「一元兌換所」を設立して兌換券の発行を行い、市況を維持することができた。市況の安定とともに一元兌換所は廃止したが、その代り翌年「金融所」を設立し、「銭票」を発行して通貨の不足を補った。銭票も兌換券だが、一元兌換所が銀元に兌換される通貨を発行したのに対し、銭票は銅貨である制銭と交換される紙幣であって、銭票一元を制銭一千文と交換するたてまえの兌換券であった。ただし、軍人に限り一千二百文にかえて奉仕の意を表している程だから、価値法則の貫徹していない通貨であった。銭票は一九二五年頃まで続いたが、一九二〇年五月に綏遠省銀行としての役割をもっていた綏遠平市官銭局が設立され、銅元票（補助貨たる新式の銅銭と交換される紙幣）を出すようになったので、制銭に対する一銭銅貨すなわち銅円（元）の勝利が進行するにつれて、翌一九二一年以後、銭票は全く不振に陥った。官銭局は設立当初は綏遠金融界を支配して、農業銀行とともに発券業務に従い、一九二六年ごろまで、その銀元券は銀貨と大体等価に流通していた。もっともそれは兌換券たる以上当然のことで、京鈔や商務会発行券も兌換の義務を履行している間は同様に流通していた。しかし官銭局が一九二七年に兌換を停止すると、政局不安と相まって価格の暴落をみ、額面の二十分の一位で流通した時期もあった。急場しのぎに商会では兌換基金を商人から借り集め、それをもって兌換券「綏遠総商会救済市面兌換券」総額四十万元を発行したが、他の銀行券の続落と軍餉（軍需食料）徴発のため、兌換基金をクレジットした店舗のうちで破産するものが続出し、兌換不能となったため、これも信用を失った。一九三一年に省政府からその整理を命ぜられ、商会では官錢局から七万元、商人から三万元を借受けて一九三五年八月までに回収銷却した。これで平票（官錢局銀行券）に次ぐ流通高をもっていた商会の発券も終止符をうったのである。なお、商会は単に発券で市面救済に当ったばかりでなく、各ギルドの建議に基ずいて各銀行から出している銀行券の全般的な安定策を省政府財政庁に要請し、一九三〇年から三三年の間、幾度も具体案をもって通貨の安定につくしている（註1）。今事変の際にも傅作義政府の下にあった平市官錢局の現銀を全部保管し、日本軍管理の蒙疆銀行の基礎を作ったのは商会であって、伝統的な通貨安定への努力をここでも発揮している（註7）。このように兌換券については自ら発券を行うほどの熱意をみせているが、それも金融恐慌の際における臨時の対策であり、最低限度、市況の安定を計ったまでのことで、その兌換券の本質も商帖と基本的には異るところがない。ただ政治軍事の影響を、より直接的に被ったために、対策が商帖の場合よりも政治的となり、それだけ仕事も困難であった。それはともかく信用貨幣の消極的な保護政策は大行の事業の大きな眼目であったといってさしつかえない。

（B）　利子の統制

大行は、必要に応じて決算期たる標期（次に述べる）ごとに、次のシーズンにおける一般貸借の利率を統制し、月利何厘と指定したのである（A6）。前述のように、光緒六年銀通貨による貸借と銅通貨による貸借の利率を同一にし、また光緒二十五年にそれをいずれも四厘と定めているが、これなどは、利子統制の特殊な一例である。

（C）　清算期日の劃定

標期とは山西省太谷縣を中心にして行われた、売掛金などの一切の清算を行う期日のことである。毎年、太谷では年四回の商業取引清算期日を選定し、平素はかけ売りで取引を行うかわりに、標期が来ると一切の貸借をお互に清算する習慣であった。太谷銭商の支配下におかれていた山西綏遠の両省では、太谷の四標期よりも少し早目にその土地の標期を定め、地方的な決済をすませてその結果を太谷の総決算に持込む必要があった。帰綏では年末近くに、四郷耆と各総領が郷耆会館に集って相談の上、太谷の標期を勘案しつつ明年度の四標期を何月何日にするか決定し、これを公示したのであるが、その期日は米穀の出廻りとか隊商の出発・帰還など、帰綏の商工業にとって重要な問題に適合するよう、工夫を加えて決定したのであり、清末においては実際上宝豊社の主張が通ったといわれている(註8)。尤も帰綏識略等(註9)には春標が正月二十二日、夏標が四月十八日、秋標が七月十七日、冬標が十月九日であったと記されており、標期の日取が固定していたようにもとれるが、これは不動の日取をあげた訳ではなく、右の著述ができた当時における、一つの実例を示したに止まると考えられる。少くとも光緒初年前後(註9)においても、民国以後においても(註1)大行が標期の日取の選定を行ってきたのは事実である。又ここで決定された四標は単に帰綏の経済界を支配するだけでなく、たとえば包頭では帰綏の標期を十日繰上げたものをもって自己の標期としていたように、帰綏経済圏内の都市や町では、帰綏から何日か繰り上げた日取りを以て、各々の標期を定めている有様である（しかも包頭の標期は包頭大行で年々決めているのであるから、帰綏の標期だけが特定の日に釘付されていたとは考えられない)。　四標における清算は、商人相互間の貸借については完全に決済するが、商人と一般消費者の間では、一部を残して次の標期に繰越すのが常である。消費者との完全な清算は年一回で、春標を繰上げて年末に行い、このときにはすべてを支払う習慣であった。従って次の春標には商人と消費者の決算はなく、その代り商人間においては特に完全な清算が要求されたわけである。「四標」のことは光緒中の文献にも見出されるが(A6)、帰綏識略等の記述から考えて、由来久しい習慣であったことが想定される(註9)。

標期のほかに、清末になって驃期という清算期日が設けられた。驃期の名称は決算の後、驃馬で現銀現銭を運んで清算を行うところから生じたともいわれているが、明らかでない(註10)。十二ヵ月のうちで四標を含まない各月に一回ずつ決算日を設けたものであって、大行が標期と同じような手続きでその日取を決定している。通常は二十日前後であったが、十一月は隊商帰還予定日の関係で下旬に、十二月は年末決算をひかえているので中旬になるのが例である。驃期が始まった時期は明らかでないが、貨幣価値の急激かつ大巾な浮動に対処する方法として、決算期間を短くし、商取引の成立と現金の受取りとの間に、はなはだしい貨幣価値の変動がおこる可能性を少くし、あわせて商帖の兌換を促進するために設けた制度であるから、乾隆嘉慶まではその必要がなかったであろう。また驃期清算による商業貸借を採用した場合には、標期による貸借よりも割安に供給する習慣になっていたのであって、これは危険の低下した分だけ、営業費が少くて済むことに基ずくのである(註9)。

中国全体を通じて言える事であるが、帰綏の商工業者は資本欠乏のために運転資金が少く、信用貸借で運営される比重が大となる一方であった。四標八驃はそのために設けられた清算期日であるが、中国の一般的な商慣習では、節期(端午・仲秋・過年)ごとに清算していたのであって、山西商人が特別な期日を定めた理由は明らかでない。中国商業習慣大全(註11)によると、標期は山西綏遠の両省と察哈爾省のうち外長城線以南の地方に限って行われ(註12)その他の地方はすべて節期によっている。由来山西省には単行の法令が多く、特殊な道路の軌幅を採用していた程であって、モンロー主義的傾向が強かったのであるが、四標八驃の決算制度もこれと相通ずる習慣ではなかったかと思われる。

(D) 納税

納税組織は非常に複雑であって、大行が直接全責任を引受ける場合はむしろ少なかったが、商工業者に対する課税を、大行の協力なしに徴収することは不可能であり、官憲が大行に諒解を求めることなしに徴税に移るようなことは、事実行われもしなかった。課税の中で、大行が直接引受けたのは普通「攤派」「攤款」といわれている半非合法的課税で、限界を定めて請合うことが多かった。攤款は国家の公式の制度としての課税ではなく、都政を実施してゆく上に必要な分担金であったから、大行が責任をもって引受け、商工業者等に割りあてて徴集したわけである。たとえば地方官庁の事業費や、戦争や天災などの際の臨時分担金のほか、帰綏に出張してきた高級官吏の接待費や、帰綏駐在官への贈呈金に至るまで、公私とりまぜ、大小いろいろな費目の攤款が徴集されたのである。その総額は正規の税課の十倍位に達するのが常であったといわれている。またそれを単に帰綏の商工業者から徴集するだけでなく、附近の村荘にも負担させたが、大行が一括して請負い、下請を各ギルドや村落に命ずる仕組になっていた。道光十二年にはギルドマーチャントが郷村へ下請分担させることを官庁側から禁止されたが、実際としてはこの禁令は守られなかったので、咸豊二年に傘下各村荘への割当を、ギルドマーチャントが請負つた攤款総額の三割とすることが改めてとり決められた。この制限規定も必ずしも実行されず、光緒十八年には二千八百余両の賑済義金のうち、各村に千九百余両を負担させた程である。村荘側ではこの事実を官憲に告発したため、大きな事件となり、裁判の結果大行の敗訴となって咸豊のとりきめが再確認され、これに基ずく解決策が講ぜられたが、それもどれだけ実行されたか疑問である(S5)。このほか、縣下の町村の攤派に対して、ギルドマーチャントが発言権をもっていたことは、光緒十六年に帰化庁(県)に属していた武川地方の攤派をめぐる問題に、帰綏の大行が関係した事実によっても伺い知ることができる。すなわち、可可以力更鎮(今日の武川)では、そこを通過する官吏などの接待費の負担が莫大となったので、鎮のギルドマーチャントから帰化城郷耆に陳情して諒解を得た上、郷耆の斡旋によって官憲に訴えた結果、官吏の通路を変更し他の村落を通過さすことによって、可可以力更の「支応」「供億」を軽減し、攤款を他に転課さすという解決案を得ている(可鎮A20)。この場合、攤派は帰綏の大行で一括して請負っていたのではなかったと思われるが、いずれにしても帰化庁内の町村の攤派に対して、大行が発言権をもっていたことは明らかである。

帰化城大行が商会に改組されてからも、攤款に対する関係は変らなかった。もっとも、農村に分担金を出させることはできなくなったようである。厚和市商務会沿革輯覧に徴してみると、政府は随分いろいろな名目で多額の負担を背負わせている。攤款の一部は商会自身の経費の中から支出しているが、大部分は傘下の公会(ギルド)に分担させ、その全体を商会から納付するという形式をとっているのである。

実際のところ官庁が行う事業といえば、仕事の性質のいかんを問わず、経常費臨時費の別なく、大なり小なりその経費が攤派という形で、民衆の負担になっていたのである。官憲が事業を開始するに当って「この件に関しては商民の負担をかけてはならない」という命令をくだし、政府の経費だけで賄うことをとくに声明している場合もあるが(註44)、こうした特命を必要としたということは、政府の事業が一般に商民の負担で行われるのが普通であり、当然とされていたことを物語るものといえる。攤款を請負った際に、民衆が実際に分担する金額は、ギルドマーチャントのボスや掛員の中間搾取(寄生取得)のかずかずが累積されて、所要経費の数倍に達することも稀ではなく、政府に納める金額が一である場合、ギルドマーチャントの徴集額は二ないし三を目標として、その総額を各ギルドに分配し、各ギルドでは中間搾取を加えて四ないし五をギルド員から徴集するたてまえをとったといわれている。亢氏はこの種の仕事が大行の主な事業であって、民衆がギルドマーチャントの必要性を認めている動機もその辺にあろうと説明している。国家が都市と農村の搾取の上に立っている以上、当然の現象であって、国家が大行に期待するのはまずこの点においてであり、ギルドマーチャントはその代償としてあらゆる機会に官憲の後援をたのむことができるようになり、互に相まって政治力を発揮できたのである。又その取引を通じて大行のボスは個人的利得をあげることができたはずで、この利得がエサとなって事業なり攤款なりが現実に遂行されたのである。すなわちギルドマーチャントとしては、一応その負担の絶対額を可能な範囲において削減する努力を払ったが、単に消極的な抵抗を試みるのではなく、これを契機として国家を牽制し、官憲のもつ権力を自家薬籠中のものたらしめることによって、都市支配の実権を確立した上、ある種の問題については村落に号令する資格を公認させるという様な、積極的成果を収めることができた。しかもその間に、官憲と民衆の中間に立って双刃の剣をふるい、国税を口実にして中間利得をかちとったギルドマーチャントのボスこそ、現実的には徴税の担い手であったわけである。攤派は国家および大行の両者の政治力の抱合いの表現であり、原因ともなっていたのであって、その結びつきを可能にしたものは、ギルドマーチャントにおける階級関係だと評すべきである。

（E）　度　量　衡

行政法の規定するところによれば、清代における度量衡の制度は、戸部に原器を設け、各地方では布政司が戸部の原器に従って製作した模造品を州県その他に配置し、実際に使用されるすべての秤や物指はこの規準となる模造品と比べ合わせることによって、規格を統一するしくみになっていた。明律以来の「私造斛秤尺の禁令」は、大清律にも規定があって、官司が右の原器と比較して間違いのないことがわかれば、これを証明するために合格品には焼印を押し（較勘印烙）、その焼印のある度量衡器以外は私造とみなして使用を禁止し、違反者は厳罰に処するさだめとなっていた。戸部則例にも較勘印烙の規定があり、法定の標準に準拠すべきことを定めている。法定の度量衡の基準尺度も法律によって規定され、何度も改訂されているが、その数字は会典事例に示されているのであって、明代に制定された規格を襲いながら、清代になって数回改訂補足を加えている訳である。それでいて実際のところは戸部の原器さえ実在しなかったといわれ、法定規格のいかんを問わず実際に使用されたものが、市秤・市尺・市斛であったことも周知の事実である(註55)。この市秤などというのは、六部成語註解に、市斗を「市場交易所ニ用之斗也」と説明しているように各地各市場で実際に使用されている度量衡のことであり、地方ごとに、また営業別に、その絶対的な大きさはそれぞれきめられていた。帰綏では道光年間に斗器の不正が粗皮行と硝店の紛争となって問題を起したとき、帰化城同知（長官）は告示を出してこれを解決しているが、告示によると量（ます）の容量の基準は帰化城の市斗によることとし、買手である粗皮業ギルドが公正な斗器二十個を製作して郷耆に提出し、郷耆は精密に較量を行った上で正確であれば帰化府に送って「較験烙印」を乞い、官はこの手続の済んだ「ます」を皮硝市専用の斗器として下げわたし、皮硝の取引にはこの市斗だけを使用させることとして、所要の命令を下しているのである(B8)。この実例によると、実際に使用される度量衡器の管理には、取引の当事者であるギルドがいずれも発言権をもっていたが、市斗の標準をきめるのは大行であり、量器が規格にあっているか否かを検定するのもギルドマーチャントの権限に属していた。官は合格の烙印を押す名目上の権利を保有するに止まり、実施に当っては大行の決定に従ってその申請通りにメクラバンを押したのであるが、法の定めるところにより烙印を押す際には、幾らかの手数料をせしめたことと思われる。度量衡器私造の禁とは、要するにこの手数料が払われているか否かに帰着する。市場で実際にどんな度量衡器を使用するかは当該ギルドの仕事であり、中でも仲買のギルドが度量衡に対して支配的な力を有し、大行はその統制および監督に当っていたと思われる。更に右の場合は大行が皮硝仲買店の開設を禁止して皮硝の取引を小売市場たる皮硝市に委せ、皮硝市において使用する斗器を主要な買手である粗皮業ギルドに作らせ、これをギルドマーチャントの監督下におくことを決定し、必要な規定を設けた訳なのである。大行は各業共通の問題たる度量衡を統制するために、それぞれの都市の慣例に従って規準的な標準器をもっており、官憲は大清律および戸部則例の規定に従って形式的に烙印を押す権利を保留しているが、法律上きめられている公式の規格がどうあろうとも、ギルドマーチャントの決定を法的に承認するだけのロボット機関であったことがわかる。なお各ギルドが右の大行の裁定に従つたか否かは別個の問題であって、有力なギルドが度量衡器の不正によって不当利得を稼ぐことが多かったのは事実である。

二　裁　判

帰綏識略等によると(註13)、民間でもち上つた訴訟事件は多くギルドマーチャントに持ち込まれ、郷耆総領が郷耆会館において裁判を行ったとあるが、そのギルド裁判の管轄権については明白に記していない。ギルドマーチャントの性格からいえば、普通のギルド裁判の管轄外のものを含み、またはギルド裁判に対する上級裁判所的な役割をそこに期待し易いのであるが、実例をひろっていくと、時にはそうした場合にもゆきあたるのであって、たとえば同治初年にギルド間の紛争を調停した事例がある。その当時、帰化城では米穀は農民などから仲買業者（店行）の手を経て製米製粉業者（青竜社・福虎社）に渡され、精製の上市民に供給されるというのが、従来からの商習慣であり規矩であった。ところが客商が店行と結托して糧店内で米麵の販売を行ったり、消費者の門口に立って行商を始めた為、店行等と青竜・福虎社等の間で紛争が起った。問題は大行に持込まれたので、大行では郷耆が七大社総領と共同して調停に当り、大体において旧来の慣習通りの流通秩序を回復させるという線で事件を解決したのである（G６）。各ギルドにはギルド裁判があるので、ギルドマーチャントへはギルド間の紛争や、ギルド裁判で解決し得なかったギルド内部の問題等が持込まれたわけであり、その点に特色があったというるのであるが、管轄権をこの二つに限定して考えることは正当ではない。ギルドマーチャントはその当初一つの混合ギルドであったし、コレクティブギルドとなった後も大行がきびきびと動いている場合にはギルド裁判を仰ぐつもりでいきなり大行に持ち込まれる傾向があった。

従って大行は普通のギルド裁判の役割をも引受けるというのが一般の実状となっていたわけである。帰綏識略等にも「およそ調訟は」という表現で大行に持ち込まれる調停・裁判を叙述しており、普通のギルド裁判に対する上級裁判所的な関係を、必ずしも予想していなかったようである。応答によると、およそ民事・刑事の別なく、あらゆる問題がギルドマーチャントに持込まれたのであって、管轄権の点では官の法庭や各ギルドの裁判と互に無関係に、独自の立場で自主的に定めていた由である。

大行の裁判に服せず、または最初から大行の裁判を申請せずに、事件を直接官の法廷に持出すことも一応は自由であった。しかし、そのときには、特に後者の場合は、必要に応じて官から一応郷耆の意見を徴する習慣があった。道光年間に、皮革の鞣に用いる薬品について、皮硝店と粗皮行とのあいだに紛争があったときも、粗皮行から直接官に持出されたが、官は郷耆の意見に徴して判決を与えている(B8)。

一般市民は大行の裁判に喜んで従ったといわれているが、適切で実状に沿った判決が下されたというよりも、慣例を重んじた保守的態度が、封建社会に安定感を与え、伝統が権威と感ぜられたために、民衆の服従をかちえたのであろう。従って客観的には商業資本の反動性が旧慣尊重と事大主義を旨とする大行の裁判を喜び、その強制力を大にした上で利用するために、ギルドマーチャントの裁判を育成しその管轄権を拡大して、これを実質上都市裁判の権威たらしめたのであると思われる。大行の判決が有力なギルドや個人に対しても、具体的な拘束力をもっていたのは事実であるし、そのために賄賂を散じて郷耆を買収することも行われていたようである。こうした実例は各ギルドの項下にゆずるが、その裁判で下された判決は、現実的実際的であったとしても、旧来の慣習を守り社会秩序を擁護するという美名のもとに、商業資本とくに巨大資本の利益を保護する結果となる保守主義で一貫していたから、理想的とはいえなかったのである。なお大行裁判に基ずく刑罰としては、笞杖や罰金を課すのが普通であり、微罪の笞刑などは毎日のように執行されていた由である。

三　自衛

清代に綏遠においては保甲法ないし里甲法が行われて治安維持に当ったというが(註14)、それがどういう方法で実施されたのか、説明はない。大行は何等かの形で自衛力をもっていたと考えられるが、その具体的な方法も明らかでない。道光末期以来、中国で広く行われていた団防については、その基礎となる街巷自治体が後述のように弱体であってみれば、帰化城では何を母体にして実施し得るかが問題で、恐らく実際には適用されなかったであろう。綏遠城に八旗が駐屯していたということもあって、城内に関する限り割合に治安もよく、従って乾隆時代までは自衛のためにギルドマーチャントが武装する必要も大してなかったし、また武装しようとしても許されなかったと考えられるが、嘉慶以後についても同様に考えうるか否か、すこぶる疑問である。

中華民国の成立とともに、一九一二年に山西各県民警章程が発布されたのを最初とし、翌年その改訂章程が公けにされ、一六年に内務部頒各県地方保衛団條例が、二四年に修訂各県保衛団通則が、それぞれ実施される等、法制的には自治体警察の時代が続いた。それが二五年に保衛団を改編して武装警察とし、二八年にこれを保安隊としたので、軍隊的な色彩の濃厚な国家警察に変ったのである(註14)。ところで帰綏の実状をみると、右のような法律の改廃とはほとんど関係なしに、商会を中心とする自衛組織がずっと続いていたのである。商会では一九一二年に「体育会」という名称の義勇兵制度を設け、教練員(職業軍人)四名を雇い、各店舗から健康で阿片を吸わない壯丁二百四十人を選抜して軍事教練を行った。ほどなくこれを傭兵に切替えて「保商団」と改称し、綏遠城将軍の許可を得、かつ弾薬の供給も受けて、正式に「商団」として再出発した。当時の綏遠省は外蒙古独立によって動揺していたときであったから、自衛の必要性が痛感されていたわけであろう。一九一五年に大総統袁世凱は帰綏の商団の治安維持に対する功労をよみし、「拱衛国家」と題した匾額を奨与している（L３）。商団は最初歩兵であったが、やがて騎兵となり、多いときには兵士の数も四百名に達した。武器も馬も整っているし訓練も精到で、射撃の音で直ちに他の軍隊と区別できるほど精鋭を称せられたが、附近の地理人情を熟知していたのも強みであって、匪賊討伐などには常に卓抜な成果をあげた。非常の際に帰綏の防衛に当るというだけではなく、へいぜいはシラムレンスーム（武川と百靈廟のほぼ中央にあるラマ廟）に団部を設置して、新疆省および外蒙古に向う隊商につきそい、途中の警備に任じたから、貿易振興にも一役買っていたわけである。今事変の際には中国軍の撤退後、日本軍の入城に到るまでの二日間、単独で帰綏市内の治安を守り、その後も団部とともに残つて治安維持に貢献したが、一九三九年に解散を命ぜられ、兵士は日本側（蒙古政府）警察隊に編入された（註15）。張爾廷氏（註16）によれば、商団の経費として商会は帰綏市民の所有する駱駝に対して一定の賦課を徴集し、これによつて兵士の賃金食費等を支払っていた由である。

四　公　益

（A）　道路橋梁

張氏および亢氏によれば、道路橋梁については大行で苦力を雇傭し、破損の都度修理を加えたという。大通橋の再建に際し、商会が公益に関することとしてとりあげ、公同集議の上、会の責任において修理を完成したという例もあり（Ｏ１）、ギルドマーチャントが道路橋梁の建設に当った事実はあるわけだが、全般的にみると、道路橋梁は個人や各種団体で修治した例が多く、大行が直接の責任を負った場合はむしろ例外というべきである。ただ個人や諸団体の手になる場合でも、ギルドマーチャントの支持または許可を必要とする事もあり、大行として無関心たり得なかったのは事実で、少くとも間接的に助力する立場に立っていたことは間違いないから、前記両氏の応答は、こうした広い意味での大行の役割について語られているものと解すべきであろう。

（B）衛　生

(イ)　亢氏によれば、ギルドマーチャントは陰溝すなわち下水の修築維持に任じた由であるが、具体的な方法については明らかでない。

(ロ)　施療や助葬を通じて、疫病対策に貢献したのであるが、詳細は慈善の項に譲る(註17)。

(ハ)　牛痘局は嬰児に種痘を施す機関で、光緒二十八年に創立され、疱瘡予防に対する啓蒙および実施のために活動し、大行の外廓団体であった。一九二一年に牛痘局が廃止された後も、局の財源はそのまま残されたので、事業は育嬰堂において継承され、後さらに公安局（警察署）に引継がれた(註18)。

(ニ)　疫病の発生は天災ではなく、経済の崩壊に伴う営養（カロリー）の低下によって、個体の維持が不可能となったために生じた社会現象であるから、嘉慶以後は半ば慢性的に疫病の流行がくりかえされた。その結果、搾取の対象である民衆が一瞬のうちに大量に死亡したので、大行では疫病が流行しないように神に祈念し、万一流行したときはその退散を祈るために祈禱を行うなど、神力にすがって疫病から逃れようとしたのである。道光十九年に西竜王廟で祈願を行っているが(Y10)、道光二十三年にまたまた瘟疫がはなはだしかったので、城隍老爺（土地の神）の巡視が行われる清明節を選んで供物を捧げ時疫の退散を祈る祭典を催した。祈願祭の主催者としては、大行が中心となって帰綏城全体の官民を結集した形の宗教団体が組織され、平安を祈る意味からこれを平安社と名付けている(M7)。すなわち平安社は帰綏の平安を祈るために必要な事業を担当する大行の外廓団体で、もともと村落における平安社から発展して来たものである。その事務所は城隍廟に置かれているが、城隍神は人の死後の運命を司る神であり、城隍廟は市民全体が関心をもっていた廟宇なので、平安社の根據地としては適切な場所と考えられたのであろう。平安社はその創設当初から、匾額(M17)や多数の香爐(M17)などを城隍廟に献納している(M16)。清末のように慢性化した疫病にそなえるためには、疫病が流行してから退散を願うよりも流行しない前に予防的祈願を行う必要があるので、祭典が慣例となって、毎年祈禱祭を城隍廟始め城内の主要な各廟で催すことが、平安社の恒例となり、帰化城全体のお祭と娯楽とを兼ねる年中行事のかずかずを受持つようになった。理論的には平安社は祭典の行われる都度組織され、その終了とともに解散するたてまえであったが、実際は常設の団体と変らない程、次々に仕事をやっていた。帰綏識略等(註47)に記されている「十二行平安社」の主催する賽社の日どりは左のとおりであるが、ここにあげられた寺廟には、平安社から献上され、または寄托された燭台・祭壇香爐その他の祭祀用諸器具が、今日なお少なからず保存されているのである。

賽社の場所	時　期
崇福寺前	正月七・八・九日
安慶寺前	正月二十一・二・三日
観音寺	二月十八・九・二十日
城隍廟	清明節
隆壽寺前	六月二十三・四・五日
城隍廟	十月一・二・三日

以上のように、科学的にいえば何の意味もない全く幼稚な段階の疫病対策であったとしても、公衆衛生をとりあげて精神的な不安動揺を幾分か軽減したことと、全帰化城を傘下に入れた外廓団体に、その実行を委ねたことは、大行の性格を物語るものとして、看過できない事跡だといえよう。

(C)　常平倉

常平倉は乾隆二十八年に設置され、光緒十三年に補修された。巨大な六棟の倉庫風建物であり、ここに定量では三万四百八十石の穀類が、常時貯えられている規定になっていたのであって、光緒二十年ないし二十二年には、二万三千六百石の貯蔵があった。値年郷耆が管理に任じ、毎年春夏の穀類不足期に平糶すなわち公正な価格で米穀を大量に払下げることを主な仕事としているが、別に農民には貸付を行い、秋の収獲後に返済させて、中農の救済と同時に貯蔵米の更新をはかったのである(註19)。常平倉は財源をもたない為にその後貯穀を失って閉鎖され、今日では綏遠第一監獄として使用されている。六棟の倉は、城壁用の大きな練瓦で築かれており、光緒年間に修理した際、帰化城の城壁を壊して、その練瓦を使用したというい伝えと、符合するわけである。壁の厚さは二メートル位で、屋根には空気ぬきを設け、壁面にも小窓をうがち、床を高くしてその上に練瓦を張っている。建築物一棟の高さと奥行は各々約三十メートル、幅は六十メートルという大きなものである。このように倉庫建築としては技術をこらしたものであるが、西河に近い濕地にあるため、磚はべっとりとぬれており、水濕がはなはだしい。これは穀物倉としては致命的な欠陥で、設立場所の選擇を誤ったというべきであろう。倉庫の六棟は三棟づつ東西の二列となっているが、ほかに附属施設として前面には倉吏等の宿舎になっていたと思われる長い住宅や、事務室と思われる気のきいた建物などが立ちならび、全体として大規模な施設だということができる。

(D)　義　倉

帰綏の義倉は大行が責任者となって設けた、飢饉にそなえるための施設で、三賢廟街の郷耆会館に隣接する一廓を占めている。大門を入ると大きな庭を隔てて南面する倉が前後二棟見出される。帰綏識略によると義倉の貯蔵定量は千二百十二石、帰綏道志によると千百十二石となっている。恐らく後者は誤写であろう。光緒十八年この地方が天災に見舞われたとき、貯えていた穀物を配給して帰化城の市民を救ったが、そのときにすべての貯穀を使い果したまま再び穀物を貯える方策を立てなかったので、義倉は用をなさなくなった。その建物は国民革命後国民党の県党部として使われ、調査当時は日本人の住宅になっていた。建築は常平倉に比べるとかなり貧弱であるが、土地の條件がよいので、利用および穀物の保存にはかえって適していたと思われる。

五　慈　善

(A)　乞食管理

清代の中国においては、乞食は一種の職業であって、乞丐頭の統制のもとに乞食が各自の縄張りを有し、毎月の一日と十五日に各々の縄張り内の各戸から相当な施しを受け、慶弔のあった家からはその都度別に布施をうけ、その他通りすがりの金持の慈善心を満足させるために、物乞いというサービスを行うのだと考えていた。乞食はサービス業者としての職業意識をもっていたのであって、前記以外の普通の日に物乞いのため門口に立ったり、縄張り以外の場所で慈善をうけたりすることは、彼等の職業倫理から割出して許すべからざる悪徳であり、違反者に集団的なリンチを加えたりすることも、彼等の職務の一部だったわけで、これ等は一般的な習慣として認められていたのである(註20)。帰綏においても乞丐の生活はこれと同様であったと見え、帰綏識略の著者張曾は以上のような習慣が徒らに若輩を遊民たらしめるだけだから、朔望(一日・十五日)などの施しをやめて、真に救済を要する貧民だけに対し、随時米粥や破れた衣履を与えるように、郷耆総領が規條を定め、居戸舗民に伝諭すべきであると主張している(註17)。但、この張曾の考えは単に一個の主張に止まり何ら実を結ばなかったようで、張藺田氏によれば大行では下層民の生活権と、犯罪予防の目的のほかに、臨時の土木事業などに乞食を動員して、労働力をほとんどただで使用する場合に役立てるというふくみもあって、丐頭を通じ、旧来の習慣による乞食管理を行ってきたということである。

（B）　養済院

貧困な老人・寡婦・孤児・不具者に対し、いわゆる行政村が（註21）救済に当らねばならないということについては、唐の開元二十五年令に規定がある（註22）。また北宋の元符元年にこれを官の責任に移して以来、少くとも表面上は、これらの社会事業を官営でやっていくのが定石となった（註23）。清律にも、明律の條文を継承して、官司が困窮者の収養を怠るときは杖六十に処すという規定がある（註24）。養済院はこの責任を果すために設けられた機関で、清末にはほとんどすべての県城に設けられている（註25）。帰綏の養済院は乾隆元年に高宗の上諭に基ずき、御下賜金を得て開設されたものであって、道光十年・光緒六年の重修を経た後、民国十九年廃止されるまで命脈を維持した。副都統がおもてだった監督官であり、戸司および巡検が銀や布を、土默特倉が粟米を支出して、必要な経費を支弁するというのが、表面上の体制であった。ところが養済院の実体をみると、官立とは表面だけであって、実際の経営に当ったのはギルドマーチャントだったといわざるを得ない。郷耆は責任者として、養済院の運営に関する一切の仕事を引受けており、大行が民間から大口寄附を集めて、ほとんどの経費を賄っていたのである。被収容者の資格は「孤貧残疾」（註20）すなわち、孤児貧民不具者となっているが、要するに窮民である。帰綏の発達とともに、晝は乞食で夜は野宿をしている者が増加してきたので、これを収容する施設が必要となったことが、大行に養済院設立の腹をきめさせた直接の動機であり、乾隆帝や副都統を引合いに出したのは、その方が設立を容易にする利点があったためである。被収容者の定員は百名で（定員以上の人数を救済することはできない）各人には毎日米一升を支給するほか、毎年秋季に布一匹を与え、また九月から二月までの暖房費として全部で四十余両の薪炭銀を支給する規定になっている。建物は官有財産三十余間を転用したのであるが、土地が濕地であるため、すこぶる非健康的である。実務担当者としては院頭一名がいて、こまごました世話に任じていた（註27）。

（C）　済生店（済生院）

華北における封建的な産業形態においては、春から秋にかけて、集約的な農耕または手工業を支えるために、莫大な労働力の需要があり、つづいて冬期には、長い休閑期——農村では農閑期であり、都市でも日照時間が短いことに由来する操短ないし休業がみられる——となるので、多数の労務者を産業予備軍として養って行かねばならない。企業家の立場からいえば、なるべく短工（臨時工）を多くして、冬期における労務費の浪費を防止することが至当であるが、同時にその期間、彼等に代って失業短工の生命をつなぎ、春にはまた雇傭出来るように、労働力を保全してくれる事業・機関を必要とした。農業に従う者の立場からいえば、冬期の失業が毎年繰返されるわけであるから、専業的な雇農はもとより、自作小作であっても貧農に属する者は、失業雇農と同じように、無収入となって衣食に窮するわけであるし、また中農は農繁期にそなえて家族数が多くなっているために、冬季には人口圧力が顕在化してくる。こうした農村の過剰人口は、冬期を通じて、生活の資をかせぐために都市に流入するのであるが、都市でもこの期間は労働力の過剰で困っている際であるから、浮浪民は町にあふれ、酷寒下にあって、食なく住なき彼等は、凍死の危険にさらされる。そこには自然と不穏な空気も生じてくるから、これを放置することは許されない。この必要に対応するため、毎年冬季に季節的な失業労働者を救済する事業を始めたのは、封建社会の成立すなわち、北宋以来のことであって、嘉祐四年には詔をもって彼等に対し冬期四カ月にわたって米穀を施与すべきことが命ぜられている（註28）。南宋になると、彼等を収容する家屋が建てられるようになったが（註29）、その頃までは部分的モデル的な施設があったにすぎず、その本格的な展開は商品経済が動き始めた明・清時代に求めねばならない。

帰化城の「済生店」はこの冬賑事業の一機関であるが、創立年代は明らかでない。ただ久しい間経費の欠乏で廃弛していたのを、光緒二年・五年・九年・十九年と連続的に再建と拡充が行われ、また十一年には章程もできて一応制度が整ったのであって、その後も帰綏における社会事業の中心機関として活動分野を広げていった。民国以降は不振におちいり、ついに廃止されてその建物は省立第一小学校に転用され、今日に至ったわけである(註30)。

帰綏識略には、済生店の内容を乞丐棲宿所だと説明しているが、これは養済院と混同した誤併であって(註31)、現代風にいえば冬賑収養機関と註釈すべきところである。済生店の冬期収養には、定額収養・応急収養・期間外収養の別があり、そのうちの主要なものが定額収養である。定額収養の被救済資格は、済生店の規程(註26)によれば老人・不具者などであることが必要條件で、ことに壮年は絶対に失格である。一定数を限って収養するのであるが、定員は光緒十一年までは二百五十名で、その年五百名に増員された。光緒十九年の実在員は四百八十余名であったといい、また六七百名も押寄せて住んだことがあるというが、普段は定員一杯まで収養せず、かなり余剰を残しておくのが、一般の状況であったと思われる。収養期間は冬期六ヵ月で、規約によると霜降節（新暦十月二十日前後）から穀雨節（四月二十日前後）の前日までであり、光緒十九年には十月一日（旧暦）開始と改められた。もっともこれは原則であって、毎年その年の気温と準備の都合で多少の変化があり、告示を出して収養開始の期日を広告したのである。建物は光緒二年当時は東院だけであったが、光緒十一年に西院十一間を、十九年に後院十七間を増築し、被収養者のすまいのほかに理事や事務員の住宅、調理室なども設けられたという。遺址をたずねて見ると、東西の細長い敷地に建てられた並の建築があって、東から東院・西院・後院が順次軒を連ね、善堂（慈善事業機関）風の長屋式家屋であるから一見して収養室であることがわかる。後院と西院の間に挾まれた一廓の建物は、中庭を囲んで四方に三間房の棟がたちならび、民家風の建築となっているが、これは理事等の住宅である。収養室の東・西院はそれぞれ前後に平行してたてられた二棟づつの長屋からなり、後院は一棟であるが、各棟はいずれも十間房であって、屋根が低いことや柱や窓枠などがすべて黒一色に塗りつぶされ、普通の家屋のように朱や緑を用いていない点が印象に残る。章程の規定通りだとすれば、炕が十、煤炉が八つあって、これを燃して暖をとり、燈油が一日二石給せられ、これであかりをともしたはずである。光緒十九年に厨房を離して別に建てたのであるが、これは収養室が温熱と穢気で蒸されることから解放するためであったという記録もあって、住心持のよい家であったとは想像できない。収養中は一日二回粥が給せられ、穀物二合がそのために準備されていた。病人が出たときには医薬を給し、死亡者を出した際には引取人のある者以外は、遺骸を地保（土地の顔役）に引渡して埋葬させる規定であった。帰綏道志には、瘟病で斃れた者は少なかったと記している(註32)。

以上の定額収養とは別枠に応急収養がある。これに二つの場合があり、第一は定額収養が実施されている期間中、風雪のはなはだしい日に、六百五十名を限度として臨時に収養する制度であって、その際は一人当り米二合の割合をもって粥を支給するが、気候が持直すと同時に済生店から退去させることになっていた。他の一つは光緒十年に設けられたもので、済生店のほかに別に官店を設け、厳冬の間の夜間に限って無料宿泊所を開設したわけである。煤炉・燈油の準備はあるが給食を行わず、定員もないので、足をふみ入れる余地のある限り、誰でも無償で宿を借りることができた。無制限といっても家の広さの関係で百人余りしか泊れなかったといわれている。この二種類の応急収養は定額収養にあぶれたひとびとに対する冬賑的救済で、零細な費用の割合に能率的にやっていこうとするねらいをもっていたのである(註32)。

冬賑はその性質上、春になれば事業が中止されるのであって、穀雨節以降は済生店の閉鎖期に入るが、この時期になってもそれまで収養していた者の中で、真にやむをえない者に対しては期間外収養で救済するという、ゆとりを設けており、たとえば老病の者は暫時住宿を許し、また風雪陰雨で野宿ができない状況であれば、臨時に宿泊を継続させるという制度になっていた。ただしこの期間外収養は、閉鎖を円滑に行う手段であって、いつまでも放置するわけではなかったのである。

以上のように済生店は、規定を眺めた場合、制度的には一応整っていたとみなし得るが、実際の運営には問題が絶えなかったことと考えられる。収養した者から部屋代を徴集したり、給食の上前をはねたりしてはならないという注意が、章程中二ヵ所に出ていることによって見ても、計画と実際との間に生じ得る距離の程は、想像に難くないところであろう(註32)。

済生店の経費は基金で賄うことになっている。大行は光緒三年に銭行から徴集した罰金一万余両のうち、六千余両を済生店と育嬰堂牛痘局の経費にあてたが、同十年までの間に、銭行等から別口の罰金が入り、また官吏や商工業者等からの寄附金もあって、累計二万一千二十余両に達したので、そのうち土地の購入や家屋の建築等に消費した諸費用を除き、残額一万二千八百両をもって済生店基金を設定した。基金は郷耆が管理し、その流用を厳禁し、商人に貸与して利息年額約一千両を得、これで一切の経常費を支弁する規定になっていた。次で光緒十九年に協賑局経費の剰余金三千八百六十余元の寄附を受けたので、前記の官店の土地建物を購入し、応急収養の第二項において述べた事業を開始した。民国以降、基金は公安局（警察）の管理に移され、その利息は公安局の慈善事業の財源となったので、済生店は育嬰堂などとともに、閉鎖される運命となったわけである。要するに済生店は官庁の腹をいためることなく、広義の寄附金で設定された基金によって、経常臨時の全費用を支えてきた。その基金を保管してこれを有利にまわし、事業費を生み出すことは大行の責任となっていたが、同時にそれが一種の利権であったことも否定できないところであろう(註32)。

済生店の董事はギルドマーチャントの郷総がこれに当った。収入については右の基金によるほか、郷総が適当な財源の発見につとめたのであり、事業費等の支出についてもまた郷総に掌握されていて、雇人の俸給や被収養者の食費薪炭燈火なども一切郷総の計らいで決定されて来た。四郷著と各総領は輪番で済生店に出勤し、事務をみたが、朝夕二回は必ず誰かが済生店に顔を出して、帳簿および実状の上から仕事の稽査に任じたのである。郷総の稽査に遺漏や欠陥が発見されたときには、その郷総が罰金として一件について五石づつの米を済生店に納めねばならない規定であった。このように郷総は議決執行両面において、済生店の責任者たる地位にあったのに対し、官庁は単なる監督機関に止まった。大行から帳簿による報告が帰化府を経て帰綏道に提出されると、そこで書類審査が行われ、郷総などに罰金（米）を課するような場合も帰綏道署の命令という形をとったわけであるが、帳簿上の監督以外に一歩も出ることができない実状であった。済生店が郷總の利権であり、官との取引の対象でもあったことは、いう迄もない。

済生店には事務主任として司事二名がおかれ、その下に各院ごとに院頭一名と火夫六名が配置されていた。いずれも単なる使用人であって、郷総の定めた給金と食事を受け、その命令や規約に従って、こまごまとした実務を分掌していた。彼らは薄給でその社会的地位も低かったが、実際の仕事を受持っているために、被収養者を虐待したり、金品を要求したり、金穀のあたまをはねてこれを着服するなどの問題が起っていた。司事以外の者は各期の開設期間中だけ雇い入れ、閉鎖中は二人の番人をおくのであって、共に臨時の使用人としての地位にあったわけである(註32)。

(D)　育　嬰　堂

嬰児保護事業は、単に孤児を救済するという人道主義に出発したものではなく、堕胎・嬰児殺し・棄子など、中国の家族制度からみて許すべからざる社会悪を根絶し、家族制度の崩壊をくいとめることに貢献したいというのが真のねらいであったから、社会的にも思想的にも封建制を維持するために、特別な重要性をもっていた。もともと家父長的奴隷制の問題から糸をひいているのであるから、唐以前の奴隷社会の時代にも育嬰事業の必要はあったわけで、南朝の梁代において「孤稚の自存し得ないものは地方で収養すべきこと」が法令として公布され、孤独園が建康に設置されて、その収穫に乗出している(註33)。封建制下においてはその矛盾が家族制度の面にしわよせされたので、嬰児の虐待が白日のもとに暴露され、封建制を守るために恒久的機関が必要となって、とくに南宋時代に各地に設立された慈幼局は(註34)清代の育嬰堂の直接の祖先となったのである。帰綏育嬰堂の創立年月は明らかでないが、同治十二年の戸部則例に列挙されている全中国の官設育嬰堂の中にはかぞえられていないから(註35)、その後間もなく設立されたのではないかと考えられる。光緒三年以後は官の援助を受け、大行の管理下におかれて、済生店と共通の財源の中から臨時費および経常費が支出されることになった。光緒八・九年には施設が拡充され、民国以降も公安局に移管された済生店基金から、利息の一部を分与されていたが、次第に有名無実となつて事変とともに廃止されたわけである(註36)。

帰綏の育嬰堂は帰化道署に隣接してその東側に建てられている。南面する大門を入ると、南向に建てられた六棟の育嬰室が、奥に奥にと層層相重ってつづき、その各棟ごとに小さい乳母室が六棟、同様に並列して附設されている。この南北に長い一廓を高い塀で囲み、内部は男子禁制で、食料等の物資も傍門に附属している「転桶」(廻り舞台のような構造になっていて、内部に入れたいと思う物を置き、ぐるりと廻すと、品物だけが堂内に入る特殊装置)から出し入れして、商人なども門内にはたち入らせない。その北側に位する別の一廓は事務室や倉庫などで、ここには東向に通用門が造られている。育嬰堂の設計としては典型的なものであるが、敷地が広大で建築がりっぱな点は高く評価してよい。ただ育嬰堂としての内部設備や運営の実状は明らかでない。管理制度および財源は済生店と共通になっており、司事以下の従業員だけが別々になっていて、いわば下部の執務部門が施設とともに済生店から分離して、独立の事業機関になっているわけである。

(E)　義地（義塚）

墓地を買えない人に埋葬の場所を提供することは、封建制の確立につれて人間を土地にしばりつけるようになったことと関連して発生したもので、農奴がその死後に眠るべき土地をもち得ないことは、農奴を郷里に結びつけてゆこうとする封建体制と矛盾するから、何とか事態を糊塗する必要があったものと考えられる。北宋の天禧（註37）元豊（註38）の予備的段階を経て、崇寧三年二月全国的に広く設置された漏沢園は、その企図を一般的な施策として全国的に普及させた最初のものである（註39）。もっとも実際には義塚は天禧以前から存在したのであり、これを政府の手で宣伝するに至ったのが、右のころからだと思われる。帰綏においては同郷団体がそれぞれ義塚の経営に任じてきたが、同郷団体の崩壊化に伴い、ギルドマーチャントがやむなくその経営に乗出すに到った。道光年間に西郊の西竜王廟村に大行の義地が創置され、光緒十一年同十九年の重整を経て今日におよんでいるのであって、面積は四十八畝といわれている。表向きの設立者は道憲ということになっているが、創設費が大行から出たほか、経常費も大行保管の済生店基金の一部を用いているのであって、官立とは名前だけである。平常の管理は西竜王廟村の村落団体と僧侶に委嘱されている（註40）。ここには貧民や行路病人、放置された無主の棺などが埋葬された。帰綏周辺にはこのほかに大行との関係が明瞭でない二三の義地も存在する。大行が西竜王廟義地の外に手を出さなかったとは考えられないのであって（註41）、次項に述べる孤魂灘義地もその一つであるが、便宜上ここでは一つの義地を例示するだけに止めておく。

（F）瘞　骸　所

帰化城の南に孤魂灘と呼ばれている地区があり、東嶽廟を中心としていろいろな施設がある。漏沢園は乾隆四十年に重整が行われ、その後も土默特旗や諸官庁の寄附がしばしばあって、広い土地を占有していた。漏沢園に接して瘞骸所がある。大行が建てたもので創立は道光中といわれ、帰綏に僑居する人が死亡した際、その棺を郷里にもち帰って地下に埋めるまでの期間、遺族からこれをあずかって置く場所であった。その一角に夢楼といわれる数間の建物があって、ここでは無主の棺を無料であずかり、また磚洞と呼ばれる三基の練瓦小屋があって、棺のない死体を放置しておく場所となっていた。「灰埋」と称せられる遺棄死体処理人夫は、行倒れの死体を見つけると磚洞に運んだのであって、その報酬として死人の衣服を剝取って着服し、その死人が倒れていた附近の家から金を徴求することによって生活していた。ところが灰埋同志の間に競争があって、行路病人がまだ死亡していないうちに、裸体にして磚洞に投込むようなこともしばしばおこり、また狼や鼠が集って屍体を残食する状態は、まことに凄惨の極みであったという。磚洞に置かれた死体を処理するために、清明節と中元の各三日前に郷耆と保長とが金を出して人を雇い、大きな坑を掘り柴炭を積重ね遺骸をその上に積んで火を放ち、火葬にした後、遺骨を義地に埋めたのであるが、それまでは死体の上に死体を積み上げてゆくわけであった。こうした孤魂灘の状態は、風俗上はもとより、衛生上からいっても疫病流行の原因となるので、世の非難が高かった。そこで大行は光緒十九年に磚洞に死体を投げ込むことをやめさせ、代りに郷総が保管していた済生店基金の中から埋葬費を出して、無主の屍は直ちに埋葬することとし、厳冬で土が凍って掘れない時期には瘞骸所に置くことを認めるが、それも清明節に片付け、また埋葬は一人一人を別にして、火葬を禁止した。そのころ磚洞は壊れて一基を残すだけになっていた。ところが右の処置ではまだ不十分であったため、一致した衆論にせまられたので、光緒三十二年に道署の命令という形をとり、さらに一歩を進めた方法を確実に行う決意を示した。この場合、大行では従来から行ってきた施棺事業、すなわち棺を買えない貧民に対して、その費用を与える慈善事業を、行倒れなどの無主の死体にも広く行きわたるように拡張し、該費目から支出した金で木廠（材木商）から棺を買わせ、済生店基金で直ちに漏沢園に埋葬する一方、夢楼は破壊して跡をも留めないようにさせたのである。埋葬についても、磚石を立てて死者の姓名・出身地・年齢を標記し、名簿を作製して郷耆公所に備え、他日遺族が郷里に改葬する場合の用意を整えたわけである。墓穴が浅いと雨風や野獣に荒されて、棺が地表に暴露することになるので、坑を深く掘らせる規定を設け、それが実際に守られているかどうかをしらべるために、郷耆は人を派して調査した上、万一不十分であったときには墓掘人夫を官に送つて厳罰に處することまで定めている。これ等の仕事はやはり「灰埋」の営業で、たとえば穴一つ掘れば満銭百五十文が与えられた。なお火葬はこの時にも重ねて禁じられている(註42)。このように制度的には注意のゆきわたった周到な対策が生れたのであるが、それが実際に施行されたとき、どの程度効果があがったかは全く別の問題であって、施棺などにしても、従来一般貧民についてさえ、規定があっただけで、実際は有名無実に近かったと考えられるのに、新に適用範囲を拡張して、行倒れ等に対し棺を支給するように規定を改めたとしても、別に新しい財源を準備したわけではなかったから、無意味に近かったといえる。悪く解すれば一片の法令を出すことによって一切を糊塗し、大行および官憲が一応の責任を果したという形式を整えることが彼らの目的であって、実際に効果があがるとは最初から考えていなかったというきらいも、あったように思われる。夢樓を破壊しても、冬期に凍土を劃つて埋葬する方法を与えない以上、遺骸の処置に窮するばかりである。済生店基金からの支出があったとしても、灰埋の労働意欲を高めうるほど支払われていたか疑問であり、光緒以前と同じように灰埋の営業として放置しながら、無主の死体については、死体自身が身につけているものを剝ぎとる以外に百五十文を支給する程度のことでは、廃骸所の姿が一変するほど、改善がもたらされたとは思えない。いずれにしても大行が保長とともに無主の屍を直ちに処理すべき全責任を負い、しかも従来その任を果す上での主な施設であった夢樓がなくなったのであるから、義地に直接埋葬し得ない場合には、東嶽廟が代って利用せられたものと思われる。この孤魂灘義地は必ずしも大行の力だけで成立したわけではなかったが、今日でも「寄終所」の名のもとに、商会で管理しているのである。

（G）祭　孤

子孫が絶え、従って祭る人のない魂を孤魂というのであるが、子孫に代って孤魂を祭ることは家族制度の悲劇をカムフラージュするゆえんであり、封建的支配の矛盾をカバーする一手段である。そこで孤魂の祟から民衆を守ることを看板にして、道光二十六年に郷総が主唱し、大行自ら百五十千文を投ずるとともに一般の寄附金を集めて、城隍廟西南隅に孤魂殿を建設し、毎年清明節に盛大な祭孤の儀式を行うことになった（M８）。帰化城にはこのほか東嶽廟の傍にも孤魂殿があるが、前項で述べた事情からいっても、祭孤にはより直接的な意味をもっていたのであり、また東嶽廟は元来城隍廟の行宮として発足したもので、城隍は死後を掌る神であるから、この二つの孤魂殿は相連関して考えられねばならない。ただ東嶽廟の孤魂殿は廃骸所に入れられた孤魂を祭るのが当面の目的であり、城隍廟の方は孤魂全体を祭るために特設されたものであるから、両者は一応対象を異にしていたわけである（註43）。

（H）義　学

帰綏の義学で昔から有名なものは道署内の学校と文廟内に開設されていたものとである。道署内の義学は在帰綏の各官庁が共同で設置したもので、嘉慶八年に制定され清末まで行われていた義学規條の中にも、祟を商民にかけてはならないとうたっている程だから、大行とは一応関係がなかったと見てよいようである（註44）。文廟の方は設立年代も明らかでなく実績もあがっていなかったのであるが、光緒三年に大行の所管に移し、済生店等の基金の一部をもって増築を行い、光緒十年にはさらに隣接の土地を購って先師賢儒祠や学舎を建てるとともに、学校の内容を充実し、同時に分塾を城内四ヵ所に開設した（註45）。分塾の方は現在では設置場所も明らかでなく、その後の状態は不明だが、文廟義塾は施設内容ともに充実した学校となった。清末になってギルドマーチャントが儒教文化に関心を示したことは、その反動化を物語る事実である。民国以後商会は文廟義塾から手を引いたがその後を綏遠省政府が引継いで省立小学校となり、児童八百余を教育する綏遠省随一の模範学校として今日におよんでいる。

（I）惜　字

漢字を神聖視する立場からいえば、漢字の記してある紙を街頭に散乱させたり、汚したりすることは、堯舜孔孟の徳を冒瀆するものとして、がまんのできない仕うちであろう。封建体制（従って儒教文化）の神聖化を徹底さすためには、漢字の書かれている反古紙を集めてこれを惜字炉で焼き、その灰を神聖な河に流すという惜字運動が必要となってくる。帰綏の惜字は義学の仕事の一部分で、敬惜字紙章程があり、専任の人夫が街頭を巡廻しつつ漢字を記した紙を集めて歩いたのであるが、詳細な方法は知り難い（註46）。

（J）　寺観への寄附

寺観に対する寄附は神仏への奉仕であるから、その奉仕とひきかえにご利益があるということになっていたので、ここに寄附をすすめ、またはこれに応ずることは、比較的受け入れられ易かった。そのうえに寺観は一応公共的性質のものであり、寺観への寄附が一般民衆への奉仕になると信じられていたので、慈善といえば直ちに寺観に対する寄附が頭にうかびあがって来るほど、その面での代表的な事業となっていた。大行が直接祭祀の対象として選定していた城隍廟の一切については、大行自身の「慈善」によって、世話をみてきたのである。城隍廟は最初十王廟に附設されていたのであるが、嘉慶十七年に独立した宏壮な建物が創建（M 1）され、その後累次にわたって増築や重修（M 2 M 3 M 4 M 5）が行われたのであって、どの事業をやった時にも、大行自ら責任者となり、募金から工事の監督まで一切を担当している。大行が「主善」（慈善事業の主催者）となったのは城隍廟だけであるが、「助善」として寄附を与えた寺廟には、小東街関帝廟（B 56）南茶坊関帝廟（E 76）西茶坊関帝廟（Q 5）北茶坊大仙廟（N 13）呂祖廟（S 1）十王廟（P 23）財神廟（G 59）西竜王廟（Y 1）などがあり、それぞれの創建・再建・修理またはペンキの塗直し等に際し、

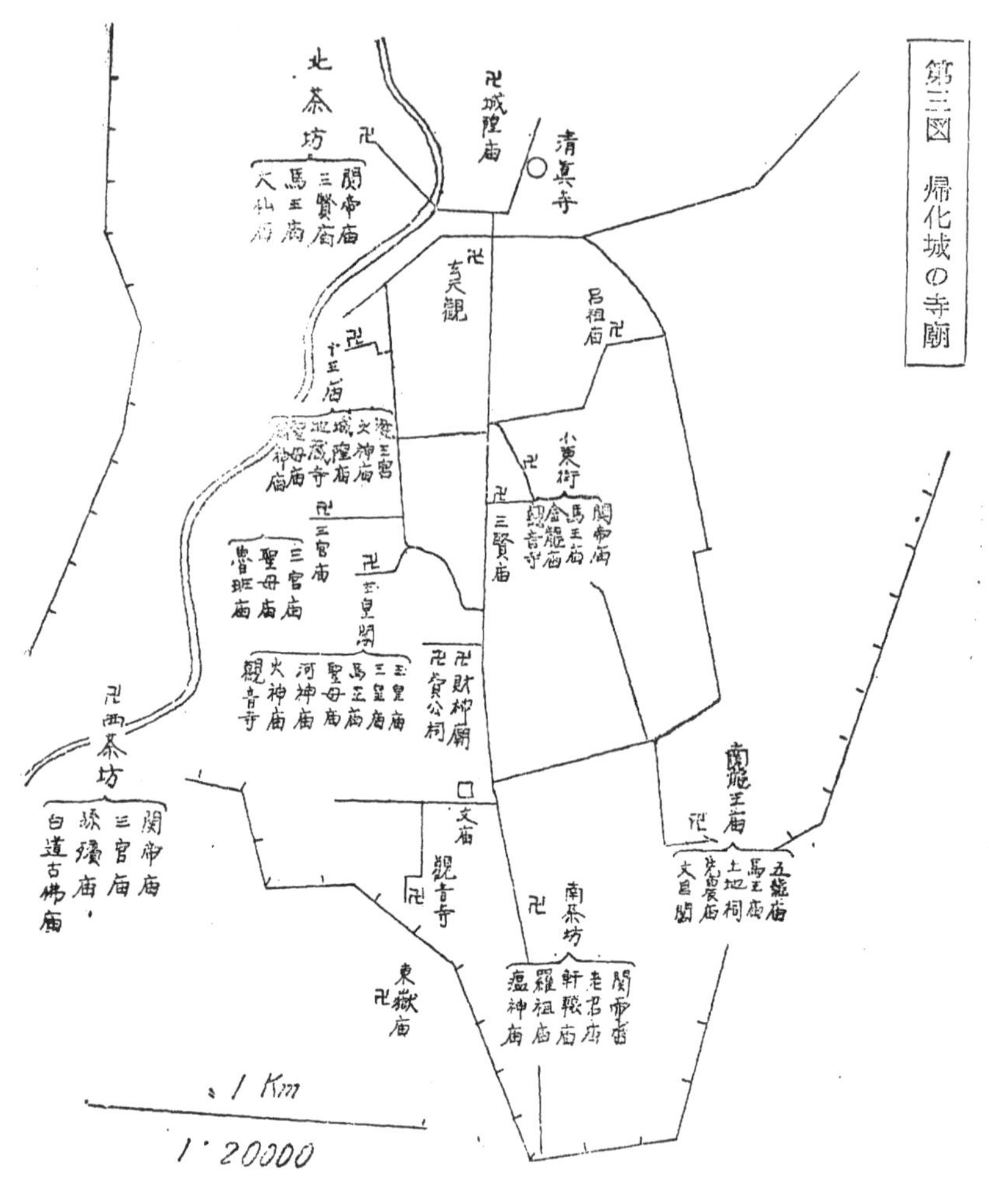

第三図　帰化城の寺廟

大行は経済的援助を与えている。このほか地域的には新旧両城や近郊は元より、帰綏庁内の郷村を含めた全県下にわたり、年代的には雍正元年（Y1）から民国二十三年（G59）にいたる約二百年間を通じて、大行の助善的行為は広く長く行われている。もっともその多くは、自分の「面子」を立てるために、やむなくおつきあいをしているという態度であって、慈善の内容もお座なりという感が深く、冷淡ともいえるほど、実質的にはお粗末な行為が多いこともギルドマーチャントの特色である。

六　祭祀

帰綏識略等によると(註48)、十二行社がとり行った賽社は左のようになっている。この三つの寺廟のうちで、最初

場所	期間
費公祠	四月二十六・七・八日
城隍廟	五月九・十・十一日
火神廟	六月二十二・三・四日

の費公祠というのは、前述の費揚古の生祠であって、彼は康熙三十三年から七年迄帰化城に駐屯した大将軍であり、帰綏繁栄の基を開いたのみならず、善政を布き蒙古人の横暴を押えたので、その転任の時には商賈等が轅に攀ぢのぼって離任をとどめ、泣いて見送ったといい伝えられている。これが歴史的事実であるか否かはとも角として、民衆とくに大行が期待していた官僚の理想像が、彼の「伝記」に托されていることは事実である。彼に次で、丹津と斉布森が費公祠に合祀された。丹津も前述のように、康熙末乾隆初の土默特左翼都統であり、十二行の創立者という伝説が生れたほど、ギルドマーチャントとは関係が深かった。斉布森は嘉慶初の観察使で、民を子のように愛し、後述の捉駅の禁や、布縷・粟米・力役の征に対して、ことごとく免除を行って民衆の要求を満足させたという人物である。右のほか岳祥などのように頌徳碑によって治績をたたえられた官吏や、松筠などのように画像を留めて功を伝えられた政治家もあって、善政を行ったと称せられている官憲は、いずれも費公祠に陪祀されたのである(註49)。こ

れは官吏に善政をすすめるため、大行がしかけた巧妙なヂェスチュアであるが、民衆の便宜を計った官吏といっても、ここで言うところの民衆とは主として地主・商業資本家であるから、彼等のために奉仕する官憲は当然あり得たわけである。同じ封建的支配者階級として、大行およびその構成員が、有能な官僚に対して相等敬意を払っているのは事実であって、帰綏識略にも香火ますます盛なりと記している程、十二行社の賽社が盛に行われたゆえんである。右の表で火神廟というのは、十王廟内の火神廟であって、城隍廟の独立までは大行と十王廟とが特別な関係を保っていたので、その因縁によるものであろう。この廟には咸豊二年に大行が献上した香炉等が現存している（P39）。城隍廟には宣統四年に祭祀を行ったときの記録が残っているが、そこに記された賽社の日取りは前記の表と符合している。儀式の次第は設供（所定の供物をささげる）・諷経（お経をよむ）・献戯（芝居を奉納する）を主なものとし、事務分担は郷耆が「総理」・醇厚集錦社が「経管」・毡毯集義社が「跪経」・聚錦社当行が「書目」・福虎等三社が「執事待客」・馬店等三社が「経理午席」・生皮社等三社が「経管早茶」となっている。賽公祠や火神廟で行う祭典をも含めて、ギルドマーチャントが行った賽社のプログラムは、大体以上の実例によって推察できる（M20）。右の三廟における祭祀の次第は略明らかとなったが、大行がこれ以外の廟では賽社を主宰しなかったかというに、帰綏識略には脱漏が多く含まれていることから考えると、必ずしも右の三廟に限ることはできないようで、たとえば、三賢廟には郷耆の署名を入れて大行から奉納された祭器・祭具のたぐいが今も残っている（A48）。三賢廟は蜀漢の昭烈帝・関羽・張飛が祭られているところで、本来なら三義廟と名付くべきものであるが（註50）、郷耆公所の所在地という関係から、大行による祭祀の対象になったものと考えられる。大行が直接たずさわった祭典は、大体以上の範囲以上には、あまり出なかったと思われる。

商会に改組された以後の事業内容については、現行の商会章程によれば商工業に関する連絡調査・通報・調停および仲裁・証明および鑑定・仲介および斡旋・調査および編纂、同業公会等の設立および指導、商工営造物の設置および管理、その他商工業の改善発達を図るに必要な事項となっている(註51)。これはいうまでもなく商会法の総則中の商会の職務の項をそのまま襲用して規定したものである。法規に準じたからといって必ずしも空文とはいえないが、商会の事業内容を忠実に現わしたものではないから、事実について検討していくほかはない。清代に見られなかった新しい面としては、民国二十二年にソ聯との国交回復を契機として蒙商貿易公司の設立を提唱し、貿易の打開を計るなど(註52)、商会自身が資本を集めて商業に乗り出すという積極的な商工業振興の意図をみせたことが指摘できる。こうした動きは国民革命以後の現象であり、また右の貿易公司の設立は結局実現をみなかったとはいえ、商会章程における「改善発達」の項の仕事を具体化したものであって、資本主義経済の波に適応する方向に、業界を指導しようとした点は、一応評価すべきである。新に商団が組織された反面、ギルドマーチャントとして従来たずさわってきた公益的事業を大幅に切捨てることになって、牛痘局・常平倉・義倉・養済院・済生店・育嬰堂・義学・惜字・平安社などの相つぐ解散をみたのであるが、封建政権が全く絶望的となった時期であるから、封建社会を墨守するための努力が方向転換を行ったものとみなすことができる。すなわち、この段階まで来れば、もっと直接的な問題を摑んではっきりした効果をあげ得るような対策を考えねばならなかったので、政治・経済・自衛が関心の的となり、封建経済を政治力・経済力及び武力をもって支えることにすべてのエネルギーが集中されたのであった。国民革命後は近代的商工業への転換や合作社運動による資本主義経済への妥協も考慮されてきた。章程にあるような、事務的な面で官民の中間に立とうとする仕事も、すべて右の線に沿って行われたものであり、商業資本が買弁化し、軍閥に隷属していった結果であることを、指摘しておきたい。

最後に事業を行うための事務組織について略述しておくと、ギルドホールにあたる郷耆会館については帰綏識略等

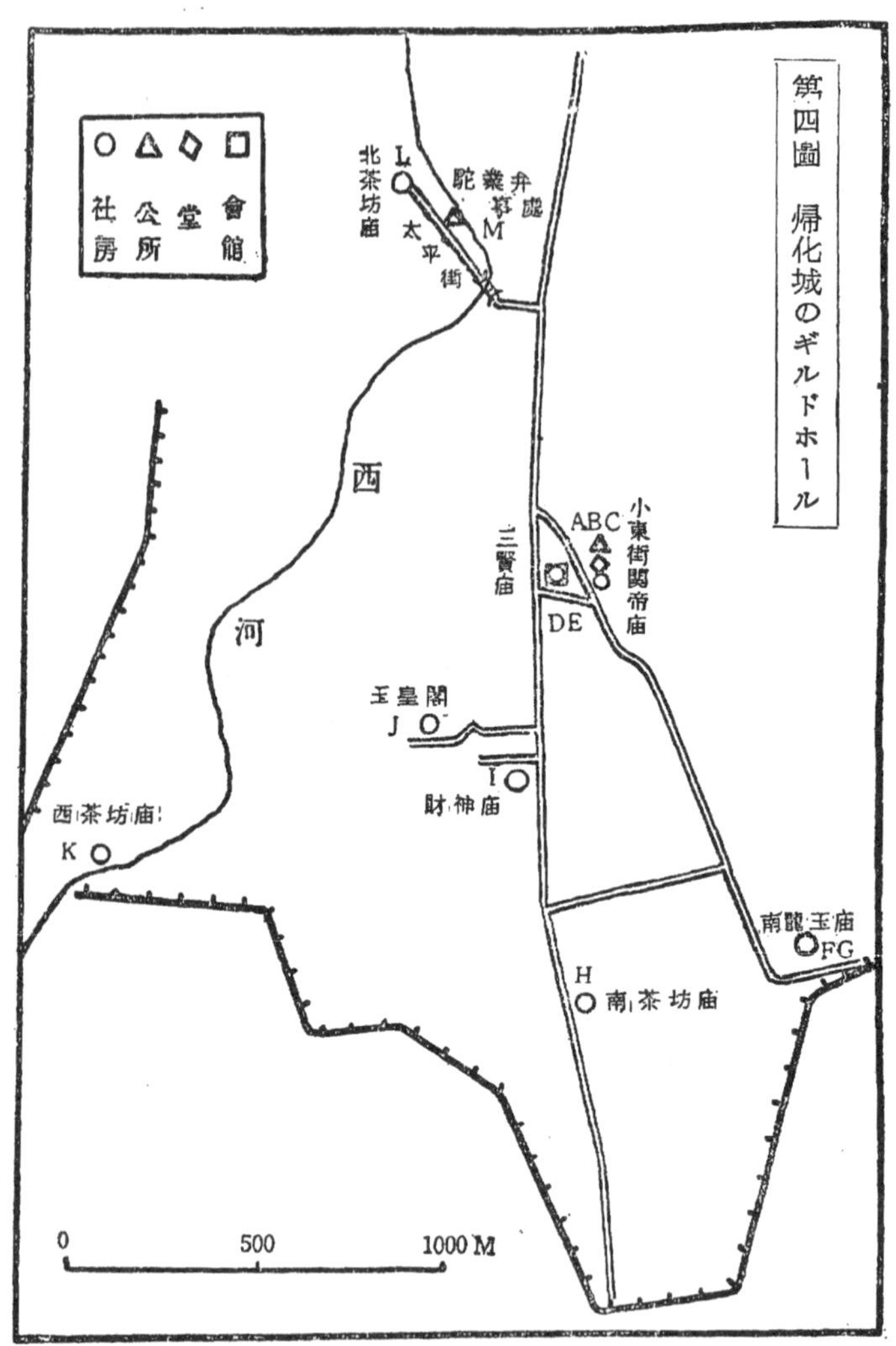

第四圖　帰化城のギルドホール

A 威鎮社（関帝廟内） B 金龍社（関帝廟内茶貨商公所） C 醇厚社 集錦社(関帝廟内醇厚堂) D 郷耆会館 E 衡義社（三賢廟内） F 公義社（南龍王廟内） G 馬王廟（同） H 義和社 六合社 金炉社 呉真社 公議社 平義社 （南龍王廟内） I 成衣社(財神廟内) J 福虎社 騾店社 銀行社(玉皇閣内) K 意和社(西茶坊廟内) L 福興社(北茶坊廟内) M 駝業弁事処

にその名称が見えている(註53)。会館の置かれていた三賢廟は、帰化城のほぼ中央に位するとはいえ、二つの中庭を囲んで建てられた比較的小さい粗末な廟にすぎない。その中、奥の中庭に面した建物が重要であって、南面している正殿(正房)は劉備等を祭り、東西廂房は各五間で大行の主要な事務室になっていた。張氏によれば大行は家賃を払ってここを借りていた由であるが、会館所在地といっても三賢廟はギルドマーチャントとは別個の存在であり、賃貸契約のなくなった今日では全く無関係となっている。民国初年に圪料街に立派な会館を建築して移転したのが現在の商会の建物であり、同時にその東隣の一廓を買収して、ここを商団の兵営にあてた。大行の時代には事務員の数は至って少く、郷総などが労力奉仕をしていたのであるが、商会の事務局には十数名の事務員が安い賃金でやとわれ(従って役得があるはず)ていて文書総務会計の三股(掛)に分れ、別に秘書をおき、また事変後は調査股を新設した。大行の時代には総則的な成文の章程はなく、旧来の慣行が権威を認められていたのであって、慣例にない問題が起ったときは、それについて郷総が相談の上で決定を下し、これを新たに慣例として追加して行く訳であった(A3 A6)。民国初年に旧商会法に準じて章程を制定し、民国十八年に新商会法によって改訂章程を定め、事変後は同法によりながら時代の空気に合せて修正を加えた新商会章程を採用した(註54)。この現行章程は総則・会員・役員・顧問・会議会計・附則の七章三十九條からなり、日本軍の支配下に置かれているという事態に則応させただけは現実性をもっているが、その他は商会法の引き写しにすぎない(L1)。商会(又はギルドマーチャント)の規約と同業公会(又はギルド)の規約との関係についていえば、皮革製品業公会規章の中に、同公会の運営は市商務総会の会規に遵照して弁理すべきことを明記しており(L18)、同公会に関する限り、商会章程が優先的に有効であって、そのことが公会自身の規章として尊重されていた事を示している。実状はともかく、原則的なたてまえからいえば、同業公会にとっては商会章程が公会章程の基本となる規定になっていたのであって、この点は他の同業公会においても同様であったと思われる。それを可能ならしめたものが、商業資本全体の大同団結を必要とする客観状勢にあったことは言うまでもないが、商会章程の形式的抽象的な性格も大いに関係しているのであって、成文化された規約の條文は商会または公会の実際から遊離しており、表面を飾るというだけのことであるから、いかなる規約を掲げたにしても商会或は公会として何等さしつかえなく、該章程が政府の法令または政策に矛盾しなければ、官憲も満足したわけである。こうした無性格が商会章程の現実であって、それは新民主主義革命以前においては、政権と妥協するために必要なポーズとなっていたのである。

註

1 綏遠通志、巻五十二、政経九・金融。

2 帰綏識略、巻十七市集。

3 この場合は銅銭だけで処理する方法についていっているのであって、銀の流通をうながすとか、信用貨幣を増し、または流通速度を早め、支払手段としての機能を高めるなどの諸政策は一応捨象しておく。

4 ラビドス・オストロヴイチヤノフ共著。「経済学」（橋本弘毅訳）第三篇第八章、貨幣の本質とその諸機能参照。

5 清国行政法巻三、第六章貨幣および度量衡、第二款制銭その他の法定銭（頁二五一―七七）。

6 交通銀行の本店は当時北京にあり、京鈔の発券銀行であった。民国四年四月に帰綏に分行を設けている。民国三年十月に分行を設けた中国銀行とともに、帰綏における京津経済の成長尖端として、大きな地位を占めていたのである。

7 厚和市商務会沿革輯覧頁八―九「事変時保管地方金融之経過」。

8 東亜同文会編、山西省（支那省別全誌十七巻）、頁七四七。

9 帰綏識略巻十七市集、銭法。又帰綏道志巻廿二風土・銭法、綏遠通志金融篇も、これによって記している。

10 もっとも、これは綏遠通志金融篇の説明であり、東亜同文会編山西省には運送業者の支払期日に由来するところから騾期の称がおこったとしている（頁七四八）。

11 一九一八―一九一九年に北京政府は各地の民事商事の慣行調査を行ったが、そのうちの商事関係の報告を周東白なる人が摘録して中国商業習慣大全を編纂した。これには森岡達夫氏の邦訳があるが、正確な訳とはいえないといわれている（昭和十六年大同印書館印行）。本書は調査が間接であるため、たとえば標期についてもその意味が明らかでなく、縣期に到っては全く不明と記されている。

12 ただし、大同などのように必ずしも標期が行われていない地区も包含されている。

13 帰綏識略巻十七市集。帰綏道志巻廿二風土・帰属市集にも識略によって敍述。

14 綏遠通志三十七、民事十四・団防。

15 厚和市商務会沿革輯覧、頁一五—一七。

16 張廷爾氏は通商公会々長。徳豊祥新記皮毛葯材行桟経理。帰綏県人。

17 帰綏識略巻十九済恤。

18 帰綏県志経政志善堂・同建置志牛痘局。

19 帰綏識略巻十五倉庫、帰綏道志巻廿郵政附倉庫、帰綏県志建置志倉庫。

20 松崎鶴雄「北京乞丐社会」（柔父隨筆所収）。杵淵義房「台灣社会事業史」頁六七—九（丐院）（仁井田博士蔵）。

21 村落には自然村（自律的自治・生成的自治）のほかに、国家が地方行政の補助単位として設定した人為的な行政村（他律的自治・構成的自治）があり、唐令の規定では郷里とあるのが、行政村の一例であるという見方がある。清水盛光氏「支那における村落の自治」（支那社会の研究、所収）参照。

22 仁井田陞博士、唐令拾遺、頁二五六。

23 宋会要稿食貨六十居養院等、元符元年詔。なお宋史巻一七八賑恤、至順鎮江志巻十三公廨などにも引用さる。

24 明律および清律、戸律・収養孤老。

25 台灣社会事業史、頁四八—五五。

26 帰綏道更定済生店章程示諭（帰綏県志、金石志補遺、所収）。

27 高宗撥款収養貧民上諭碑記（帰綏県志、金石志補遺所収、また帰綏道志巻廿郵政はこれによる）重修養済院牌坊序（帰綏県志金石志、補遺所収）帰綏道更定済生店章程示諭（同上）の三碑のほか、帰綏識略巻十五倉庫・土默特倉等、同巻十九済恤養済院、帰綏道志巻廿郵政、帰綏県志建置志・省立郵老院、経政志・賙恤・善堂養済院等参照。

28 宋会要輯稿食貨五三広惠倉嘉祐四年二月詔。なお徐松が輯稿に使用した原材料は、永楽大典七五一三に引用された宋会要であるが、この永楽大典は上海東方図書館の蔵するところである。原本は不明であるがその写真版が北平図書館に現存している。簡単には宋史一七八食貨賑恤に見える。

29 宋会要輯稿食貨六十居養院等紹興二年ないし六年の各條参照。

30 済生店章程（註26）のほか、帰綏道志巻廿恤政・光緒三年の條、帰綏県志経政志賙恤善堂など参照。

31 帰綏識略巻十九済恤・養済院。もっとも多賑救済法を宋代においては乞丐法と呼んでいる位で（たとえば註23などにも見ゆ）、乞丐は必ずしも職業的な乞食の意味に用いたとは限らないが、帰綏識略の著者は済生店の事を養済院の項下において論じ、それも単に「又隆寿寺側有済生店。為乞丐棲宿所」と記すのみであるから、一般的な窮民救護事業と混同して、両者の区別を考えていなかったものと思われる。

32 済生店章程（註26）を主とするほか、註30の諸資料および帰綏県志建置志済生店、綏遠通志巻廿卹政、などを参照。

33 梁書巻三武帝下普通二年。

34 慈幼局の最初のものは、淳祐七年に臨安に設置されている（淳祐臨安志巻七諸場・咸淳臨安志巻八十八恤民志慈幼局・宋史巻四十三理宗本紀淳祐九年）。しかし隆興二年に呉興に開かれた「散収養遺棄小児銭米所」（呉興志巻八公廨州治）、紹定三年の九江の嬰児局（江州図志・淳祐江州図経志・桐汭志――いずれも永楽大典巻一九七八一所収――および宋史巻四〇五袁甫伝）なども同性質のものである。

35 同治戸部則例巻九十。なお帰綏識略には張曾の意見として育嬰堂設立の必要が主張されてはいるが、育嬰堂そのものに関しては何等記述されていない（巻十九済卹）。従って則例が公布されたころには、おそらく帰綏育嬰堂は成立していなかったのであろう。

36 帰綏道志巻廿卹政光緒三年。帰綏県志建置志育嬰堂。同政経志賙恤。綏遠通志巻廿卹政。

37 宋史巻一七八賑恤。

38 宋会要食貨六十居養院等、元豊二年三月。

39 宋会要食貨六十居養院等、崇寧三年二月二日・同四日、宋史一七八食貨賑恤、嘉泰会稽志巻十三漏沢園、咸淳臨安志巻八十八漏沢園、夢粱録巻十八恩霈軍民など参照。

40 帰綏道志巻廿卹政光緒三年の項および漏沢園・義地、帰綏県志経政志賙恤義地・文修堂施捨義地碑（県志金石志所収）。

41 帰綏識略巻十九済卹漏沢園および註40参照。

42　帰綏識略巻十九済郵、帰綏道志巻廿郵政・光緒十九年・同卅二年・癈餒所・漏沢園、および帰綏県志経政志賙恤癈餒所。

43　帰綏識略巻九壇廟・東嶽廟。

44　帰綏識略巻十三義学、巻廿六宦蹟徳倫。

45　帰綏道志巻廿郵政光緒三年・光緒十年。

46　帰化善挙款項碑（帰綏県志金石志所収）。

47　帰綏識略巻十八賽社。帰綏道志巻廿二風土賽社は識略と同じ。なおこの両書においては、二月の観音寺賽社は祈保平安社となっているが、観音寺に現存する祭器具は全部平安社の三字のみを記しているから、祈保平安社を平安社と区別して考えるべき理由はない。

48　資料は註47に同じ。帰綏道志には費公祠を費公詞に作っているが、識略でも祠になっていて詞は誤記である。

49　鄭祖僑費公祠碑記（この記は石碑に刻字されるに至らなかったと記されている。帰綏識略巻九所収）、帰綏識略巻九壇廟費公祠、巻廿六宦蹟費楊古・丹津・齊布森・岳祥。

50　帰綏識略巻九壇廟・三賢廟。

51　厚和市商会章程第五條（L１）。

52　綏遠通志食貨商業序。

53　帰綏識略巻十七市集。また帰綏道志巻廿二風土・帰属市集および綏遠通志金融十二行はこれによる。

54　民国時代についてはすべて厚和市商務会沿革輯覧頁三六―七（機構之増強及章程之改訂）による。

55　清国行政法、度量衡（巻三頁一〇四―三八）。呉承洛氏「中国度量衡史」（中国文化史叢書の中）頁二五二―三一四などを参照。

第四節　経　済

混合ギルド時代の大行が、どんな方法で、必要な費用を徴集していたかについては、よるべき資料がないので、明らかにすることはできない。亢・張両氏によると、コレクティブギルドの段階においては、それを構成していた各行がおのおのの力に応じてギルドマーチャントの経費を分担し、その分担比率は「厘股」によって定められていたということである。第三表によると、大行の事業の一つであった城隍廟の創建および重修の費用が、各行によって分担され、その総計が二十一貫九百二十四文というような、文位の端数を付した数字であるにもかかわらず、各行の分担金についてその最大公約数を求め、分担比率を算出すると、きわめて簡単な数字でその割合を示し得る上に、嘉慶十七年と十九年という異なった年代間における分担比率がほとんど同一であるということは、「厘股」の存在を少くとも嘉慶年間に遡って承認せしむるに足るわけである。分担比率を示す「厘股」は嘉慶では集錦・醇厚・聚錦の三社が各九厘で最高となっており、七大社はすべて五厘以上であるのに対し、八小社には二厘台以上に出るものがなく、最低は帽行の五毛（〇・五厘）であった。それも時代によって異動があり、帽行は十七年には一厘四毛であったが、十九年に到って小さくなっている。厘股は固定したものではなく、たとえば銭行宝豊社は嘉慶十七年には大行の経費を分担しておらず、十九年に七千文を臨時に提供しているが、厘股はなお定まっていなかった。然しその後は次第に増大して、亢氏によれば清末には大行の全厘股の半分を銭行だけで負担していたという。また臨時にごく小額の分担金を課するような場合には、厘股によらずに、七大社はそれぞれ二、八小行は各々一として按分比例で徴集する方法もあった。道光二十三年の場合などその一例である。ギルドは各自の分担金を各店舗に割りあてるのであるが、その方法はギルドの自治に任せ、多くはギルド費徴集法に準じて取り扱った。要するに大行の経費分担法は大行の組織を反映

第三表　大行の經費の分担と厘股

年代／資料／社名	嘉慶十七年 M 1		嘉慶十九年 M 2		道光二十三年 M 7
	厘　股	負担金	厘　股	負　担　金	負担金
集錦	180	54	90	21.9240	2
醇厚			90	21.9240	2
聚錦	90	27	90	21.9240	2
当行	54	16.2	54	13.1540	2
青竜	72	21.6	72	17.5280	2
福虎	52	15.6	52	12.6670	2
宝豊			(28.8)	7.0000	2
集義	23	6.9	23	5.6020	1
仙翁	16	4.8	16	3.8470	1
帽行	14	4.2	5	1.2610	1
毡行	14	4.2	14	3.4160	1
馬店	8	2.4	8	1.9480	1
威鎮	23	6.9	23	5.6020	1
栄豊			9	2.1480	1

説明
1　負担金は各年度とも碑文に記された分担金額を示し、その単位は一千文である。
2　厘股は碑文に記載されているのではなく、各社負担額の最大公約数をもって、ギルド分担金をそれぞれ除して算出した数字であり、その単位は毛である。ただし道光廿三年度は厘股を示さなかった。

しているのであって、構成メンバーの経済力に相応した厘股が定められ、ギルド単位で納入が行われたのである。厘股の大小、その他の面でギルド間における地位の別、とくに七大社と八小社の別は顕著にみとめられ、またギルド内の問題に対する大行の不干渉が原則となっていたこと等は、右の具体的な事実から帰納できるが、そこに示されている意味は、特に注意すべき点であろうと考えられる。

商務会になってからは、傘下の各公会の店舗を営業の大小に応じて甲から癸に到る十等に分ち、最高六元五角から最低五角に至る「月費」を各店舗から徴収するほか、臨時費も右に準じて按分して分担させ、商会に加入していない各種の公会の商工業者などに対しても、「帮行」と称して月五角以下の分担金を割あてる制度ができていた（註1）。このような制度は全く技術的な問題で、いかようにでもなるとはいいながら、商務会がコレクティブギルドと区別できる、一つの理由といえよう。ただし、帮行についてはそれが大行の時代にもなんらかの形で行われていた場合があったものと思われる。

註1　商務会以後については綏遠通志一〇八商業一、各県商業概況・帰綏県、厚和市商会章程第六章会計（三十三條――六條）による。

附節　綏　豊　社

綏豊社は新城（綏遠城）のメインストリートたる東街西街南街北街の四街に臨む店舗が組織した団体である。その成立は道光二十二年以前に属しており（Y1）、光緒（S4）を経て民国初年におよんだが、国民革命以後は新城各業公会（P24）として市商会に加入し、事変後の同業公会統制によって解体した。

新城は元来満洲八旗の居城であり、商工業は終始振わなかったのである。しかも旧城とはかなりの距離にあり、商工業者の中には旧城のギルドに参加した業者も不参加のものもあり、また参加していても名目上だけの者もあった。しかし新城が都市として整備されるにつれて、主な商工地区で隣組的な団体が発生し始めたのであって、最初は隣組を拡げた街巷自治体の形で出発し、新城の主要な街巷たる東西南北の四街の商工業者がこれに加わったのであるが、そこには各種の商工業者が含まれていたので、自然に一つのギルドを構成する形となり、新城の混合ギルドに育っていった。役員としては「総領」(Y1)がおかれ、官民連絡・慈善(Y1)(S4)などを含む新城の世話役を引き受けることになった。

綏豊社は多くのギルドマーチャントと同じように、混合ギルドが都市全体の世話をみるという所までこぎつけたのであるが、それがギルドマーチャントに伸びるためには新城の附庸的性格が致命的で(註1)、新城の商業資本が一つに結束するよりも、帰化城のギルドにそれぞれ結びついてゆく方が焦眉の問題となっていた。連絡機関としての綏豊社の必要性は認められながら、帰化城大行の実力に押されてこれに隷属する傾向が強く、大行の手が廻りかねる事柄を処理してゆくという以上に出ることはできなかった。綏豊社の構成員が、帰化城の同業者と連絡するのはもちろん自由で、事変後旧城の各同業公会に分属することによって、綏豊社が解散したのでもわかるように、その中から強固なギルドに発展してゆく可能性はなかった。綏豊社は盆栽化したギルドマーチャントであって、これは綏遠城が中国では珍らしい政治的軍事的都市として一貫し、その商工業がある程度以上に発達することができず、ギルドマーチャントとしての成長が止ったためと考えられる。

註1　厚和市商務会沿革輯覧（元怡如編、昭和十九年厚和市商務会発行）には、綏豊社を十五社（大行）の一に数えている（頁四)。その謬誤は論ずるまでもないが、大行と綏豊社がいかなる関係にあったかについては、究明の手掛りがない。

第四章　商業ギルド

第一節　仲買店

封鎖的となり勝ちな封建経済の下においては、孤立する各地区を結びつけ、商取引を可能ならしめるために、仲買店の積極的な機能が期待されている。例えば広大な綏遠省の農村から穀類等の出廻りを促して帰化城に集め、遠近を問わず諸都市の穀物業者を誘致して両者の間に取引を成立させると同時に、都市の手工業生産物を農村に供給するため、その仲介に当る糧貨店は、綏遠省の経済にとって心臓の役割を果してきたものといえる。初期のギルドマーチャントは糧貨店を中心とする混合ギルドとして出発したのであるし、混合ギルドが分解した後も、糧貨店は独自のギルドとして店行聚錦社を発足させ、依然として帰綏における指導的地位を占めてきたのである。その後営業の進展につれて、糧貨店の中に、穀類の仲買に主力を置く糧店と、日用百貨の供給に主眼を置く貨店とが分化する傾向を生じ、前者は農村の代理店として、仲買による穀類の販売に努力し、後者は都市商工業者の代理店として、営業の重点を手工業製品の輸出業務においたから、糧店と貨店は漸次利害を異にする様になって、遂にはそれぞれ独自の専門店に分化をとげた。そこで聚錦社は糧店だけのギルドに転化し、貨店は別に中興社を組織したのである。

糧貨店とならんで、帰化城の主要な仲買店に数えられるものに、蒙古新疆産の毛皮や家畜を中国内地に供給する、皮毛牲畜店がある。これにもいろいろな形態があった。第一は蒙古新疆との交易に従う個人的貿易業者と特約を結ん

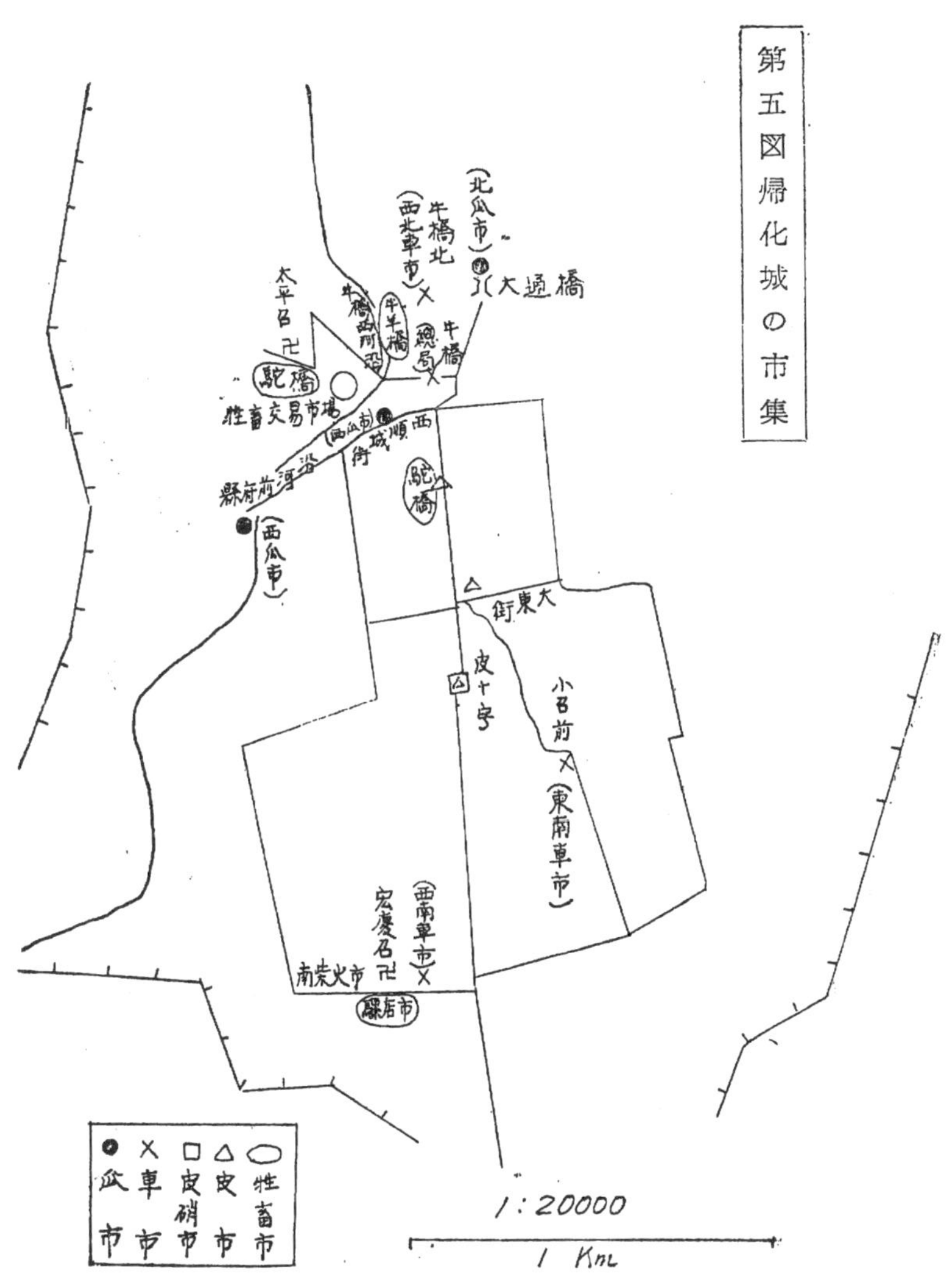

（北瓜市）
牛橋北
（西北車市）
大通橋
太平召
牛橋西所沿
牛羊橋
總局
牛橋
駝橋
牲畜交易市場
（西瓜市）
西順城街
沿河前府縣
駝橋
（西瓜市）
大東街
皮十字
小召前
（東南車市）
（西南車市）
宏慶召
南柴火市
騾店市
瓜市
車市
皮硝市
皮市
牲畜市
1:20000
1 Km

第五図帰化城の市集

で彼等が奥地で畜産品の収買に従う際に援助を与え、その代り彼等が帰化城にたち帰ったときには、その代理店として輸入品の販売とくに中国内地への供給の仲介に任ずる毛皮家畜店である。この仲買店は実際は貿易業の一種であって、その仲買業務を特定の冒険的な貿易業者との連携の下に役立てることによって、貿易の促進に重要な役割を演じた。輸入品の大宗が獣毛（皮毛）であったために、普通は皮毛店とよばれているが、そのギルドである皮行興隆社が清末にコレクティブギルドのメンバーとなることができたのは、海外市場（輸出）との関係が深くなって非常な繁栄を呈したためである。

第二は牛羊店とよばれている家畜仲買専門店で、彼等は一面では毛皮家畜店と同じく冒険的貿易商人と特約を結んでその代理店となっているが、同時にどの牛羊店とも特約関係を結んでいない貿易商人が輸入してきた家畜であるとか、綏遠省内の農民や牧畜業者が飼育していた家畜などで、その販売の依托をうけた場合には、仲買店として代理販売の労をとったのである。牛羊店専属の家畜仲買市場となっていた牛羊橋は、帰化城における最も一般的な家畜市場で、彼等のギルド福興社がその管理に当っていた。

第三には内外蒙古の牧畜業者の代理店として、家畜の売買に任ずるとともに、家畜の労力の需給についても周旋を行った馬店・騾店・駝店などの一群があり、それぞれ主として取扱う商品の区別によって馬店社・騾店社・福慶駝社を組織し、そのおのおのが馬橋・騾店市・駝橋を管理していた。このほか回教徒の家畜仲買人で店を持たず、個人的に口入を行っていた者が別の一グループをなし、民国以後、牙紀公会を組織した。中国では「店」といえばおおむね仲買的業務の店舗をさし、店舗をもたない独立商人の仲買人（個人）を「経紀」「牙紀」というのが普通である。糧貨店、毛皮家畜店のほかに鮮菓店・茶店・皮硝店・木店などがあり、仲買に任ずる商品ごとに、別々の専門店に分れていたが、そのうち仲買店だけで独立のギルドをもつ者としては、前記以外では石炭仲買店の煤炭社をあげ得るのみである。仲買店の多くは「売客」（商品を供給する業者）と深い関係を結び、これを支援すると同時に隷属さすことによって、商品の質量および出廻り期を確実にすることに努めた。仲買店は売客を自店にひきつける手段として、店内に旅館・倉庫・金融などの諸施設をそなえ、あらゆる便宜を提供したのであるが、それは流通機構において仲買店の必要性が重視される理由となった。従ってこの種のギルドはその事業面において、売客の利益に考慮を払っている場合が多く、同時に売客の援助によってギルドの事業を遂行したこともあった。このほかに、仲買店の中には主として「買客」の代理店たる仲買業務にはげむ者も、また売客・買客の両者を平行的に考えていた者もあったが、買客に対するサービス的機能は右に記したものとほぼ同様である。仲買店はその経済活動が直接間接帰綏を越えて遠近の地におよぶために、ギルドの力も綏遠省内外に伸びて広く影響力をもっており、またギルドに加入していない一般人士に対しても、ギルドで管理している取引市場内での問題に関しては、一応支配権をもっていたのである。支配力がギルドの所在地や構成員だけに限定されなかったことは、仲買業ギルドの特色として注目に価する点である。

応答者

(1)穀物仲買業と店行聚錦社

趙爾祿氏、厚和市糧業組合長。約三十年糧業に従事。

(2)雑貨仲買業と貨行中興社

索貴栄氏、厚和市客貨業公会会長。原籍は忻県（山西省）。

(3)毛皮仲買業と皮行興隆社

張廷璽氏、通商公会々長、徳豊祥新記皮毛薬材行桟経理。帰綏県人。

(4)牛羊仲買業と福興社・牙紀公会

趙玉璽氏　前厚和市牲畜牙紀公会々長。

(5)馬仲買業と馬店行社・騾店行社

李志新氏　馬店社老会首。

呉国樞氏　厚和市公署家畜交易市場々長。

(6)駝業と福慶社。

劉桂英氏　福慶社会首。帰綏県人。

附記　厚和は帰化城の蒙古名「厚和豪特」の略。日本軍の支配下にあつた時代には帰綏は厚和と称していた。

第一項　穀物仲買業と店行聚錦社

農村と都市を結びつける動脈すなわち五穀と雑貨の仲買を取り扱う業者は「糧貨店」または「糧貨経紀」として知られている。彼らは混合ギルドとしての大行に参加し、その指導的立場に立っていたのであるが、十三行への改組と共に彼らだけのギルドを構成し、乾隆十六年（P5）から嘉慶二十二年（H1）までの間は、店行（P5 C1 P7 P8 E12 E13 E20 E42 G2 H1 T2）または店行社（E5 E19 E45）が活動している。大行がコレクティブギルドに改組された前後から、店行独自の立場が表面に押し出され、ギルド活動が積極化されたのであって、この変化につれてギルド名が生れたわけである。次で嘉慶九年（E48）ごろから聚錦社という名称が現われ始め、嘉慶十年（E50）十一年（Y6）十七年（M1）十九年（M2）を経て道光以後になると、聚錦社の名称が完全に店行にとって代り、宣統三年（E120）に到るまで、無数の記録を残している。もっともこの時代になってからも店社（F4）聚錦社店行（G6）などの名称を例外的に見出すことができるし、店行の名が忘れられたわけではなかったが、少くとも一般的な公称としては聚錦社の方を用いていたのである。聚錦社はコレクティブギルドを構成していただけではなく、終始その重鎮として活動し、常任郷耆の席を与えられていたのであった。帰化城は帰綏盆地の中心を占めているため、仲買を必要とする商品としては穀類の集散と日用百貨の取引が重要なものであった。穀類は農村から都市に供給されたのに対し、日用百貨は都市から農村へのコースをとったのであって、この二商品は互に見返り商品として利用できる関係にあったから、糧店と貨店の兼営という形が便利であったようである。その場合、帰綏識略に粟店行の取引は帰化城では抜群の巨額であったことが記されているところをみると(註1)、主流は粟店（粒状のままの穀物を粟といい、粉末状のものを麵といい、粟麵を合わせて糧食または糧という。したがって粟店は粒状穀物仲買店）にあったものと認められる。すなわち糧貨店といっても経営の重点が糧（粟）店か貨店（雑貨仲買店）かに傾くわけで、相対的区別はおそらく店行の最初から存したのであろうが、両業を兼営する者が多く、特に粟店を主とし貨店を従とするのが大半であったと思われる。清末に新疆および蒙古との貿易が盛大となるにつれて、新疆省や蒙古への見返り物資の供給のため、貨店を専業或は主業とする者が増加したが、彼等は綏遠省内の農村に対する雑貨の供給をあまり顧慮しないようになったので、糧店と同一ギルドに属することが無理になって来た。その結果民国元年前後に貨店は別に中興社を組織し、聚錦社は糧店だけのギルドとなった。聚錦社は民国になってからも帰綏第一の巨商の集団と認められていたが、農村の荒廃と外国の穀類特に濠洲麵との競争によって、営業上の障害は楽観を許さぬ状態になっていた。国民革命によって糧業公会(P24)に改組され、事変によって一九四一年糧業組合となり、各糧店を協同組合として統合するなど、近代化への傾斜をも示したが、本質的には封建商人の夢がさめきっていない状態にあったといいうるであろう。

糧店は広大な敷地と施設とを必要とする。立派な大門をくぐると、五十メートルないし百メートル四方の庭があり、数十両の牛車馬車が荷を積んだままならんでいる。この中庭の四周は、それぞれ十数間ないし三十間の長い建物でとりまかれているが、その建築も多くはりっぱであり、事務室・取引所または商人宿舎として設備が整っている。この中の正面の棟は普通糧店自身が取引事務に使用する場所になっている。これを奥に抜けるとさらに庭があって、長い倉庫が幾棟も平行して建てられている。倉庫は濕気を防ぐために床を張り、床下と天井に空気抜を作り、かつ一間ごとに仕切って、その各々に入口を設け、そこは水門のような構造になっていて厚い板を一枚ずつ横ながに起して積重ねるように縦にはめ込み、またはとりのけて行くことによって、開閉しうる仕組になっている。糧店の取扱品は「油糧」だといわれているが、油は蔴油（胡麻油）・菜子油（菜種油）などで、あまり重要とはいえない。糧としては小麦・大麥・莜麥（ライ麥）・蕎麥（ソバ）・高粱・黍籽（精白）・小米（粟）・糜子（黍）・玉米（玉蜀黍）と、黒豆（黒色の大豆）黄豆（黄色の大豆）・大豆（蠶豆）・芸豆（隠元豆）・豇豆（ささげ）などがある。糧店の売客には経紀・地主・農民などが含まれているが、大地主上農の中には、地代や生産物として手に入れた穀物を自分で輸送してきて糧店に投宿し、もってきた穀物類を倉庫にあずけ、有利な商談が成立するまで、いつまでもそこに滞在しているという、商品化に熱心な者もいたわけである。中貧農は商品として販売しうる余剰生産物をあまりもっていなかった上に、糧店に出かけて行って自分で売りさばくだけの才覚もなかったので、万事を糧店に委托するほかはなかったのであるが、この場合は糧店の店員や経紀や生産地で顔をきかしているボスが中に立って、農民と糧店とを結びつけることが多かった。経紀やボスは特定の糧店と特別なつながりをもっているのが普通であって、糧店と農民とを連結する半独立の小仲買業者であったわけであり、糧店としては彼らを保護し、これを使って集荷の成績をあげることに努めた(G6)。糧店における穀類の買手には帰綏の製粉・製米業者も含まれているが（頁三九七以下参照）、京津の糧店・牙紀・製粉製米業者を顧客の第一とし、その他華北の各地からも買付けに集り、外来の客商はひきもきらなかった。買客（買手の客商）は糧店内に起居して、有利な條件で購入のできる機会をうかがっていたわけである。取引は現物が原則で(註2)、帰綏識略(註1)にも「時価を按じて出入し、閉積を許すなかれ」と記されているが、実際問題としては閉積が行われ、先物取引やおもわくが盛んで、市価の「虎盤」(不当に操縦された投機価格)を制することができなかった(註2)。帰綏識略に「粟店行は前に買空・売空によって市価を操縦していたが、最近これを厳禁し、賭博の例によって科罪を行うことになった」(註1)とあるところからみても投機的な取引がいかに盛んであったかがわかる。

粟店としては売客と買客との間にたって取引のあっせんに努めたのであって(註4)、特設の糧市のない帰綏において(註5)、穀類取引所の役割を果したのはもとより、諸種のサービスを通じて流通の促進に貢献しているが、それが同時に封建的な商略でもあって、偽瞞的な利潤をかせぐゆえんともなっていた。商品を糧店に導入する為に、地主上農・経紀などの売客が帰化城の城門に到着すると、そこに糧店の店員が待ちうけていて、「油酒入城税」(乾隆二十六年制定)(註6)を城門で納める仕事を売客に代って処理し、商品が無事に城門を通過する様に骨折ったのである。店内に乗込むと早速「下馬」のごちそうを出し、その後の売客の生活・取引・納税などについては、こと巨細となく一切の世話をみたわけで、帰綏の慣習になれない外来者に対し、地獄で仏といった感をいだかせたことと思われる。糧店においこまれた売客は、籠の中の鳥であり、糧店が思いのままに料理できたのであった。しかも貧しい農民を料理することはもっと徹底していた。貧農は春になるまでに前年度のとりいれを食べつくして蒔くべき種子もなく、四五月には生活と生産のために借金することが絶対に必要となる年が多かったが、糧店はその時期を利用して「青田売買」による金融を行い、彼らの急を救ったのである。これは反面からいえば商業資本がたたき値で多量の穀類を確保する手段であり、恩と利とを併わせ得る一石二鳥の手をうったことになる。そうでなくても農村の共同体的関係を利用して顔と因縁情実で農民と結びつき、商品流通の面を左右することによって農村の経済を支配し、該村の全民衆を売客たる運命においこむことによって、独占価格で穀物を買占めることは、糧店が好んで用いた常套手段であった。

仲買の際には、さやをかせぐことなく、あっせんに対する報酬として、取引価格の三％づつの佣錢（手数料）を売手買手の両者から受取るというのが糧店の表面上の営業内容であった。これは綏遠迺志にみえるところであり(註7)、趙氏と索氏（貨行）も一致して証言しているから、少くともそのたてまえであったことは一応承認できる。しかし売客と買客は直接顔を合わすわけでなく、取引の場では仲買人同志は数字その他にさかんに隱語を交えて、かけ引の内容を覚られないようにしていたというのであるから(註4)、商況のいかんによっていろいろな場合があり得たはずである。たとえば、売客が売り急いだり、または買客の買い気が強い場合には、大なり小なりさやをかせぐことになった。とくに青田売買などで買付けた割安の穀類については、それが仲買店によって買取られた後、売られるわけだから、仲買店自身が買客や売客を兼ねていることになり、巨利を博する可能性が大であった。反対に売客が強気で高値を持して譲らず、または買客の購買力が弱くてつけ値がどうしても売客の希望額に達しない場合には、仲買店が商談を成立させるために、自己の当然受取るべき佣錢の一部分を、また事情によってはその全部を、割りもどすという手を打ったのである。またそれでも両者のいい値の差額を埋めることができないときには、その分を糧店がもつことによって出血仲買を行い、売客のためにサービスするということさえ行われたのである。結局、商略による取引においてさやをかせぐことは仲買人の手腕の問題であり、売客買客がともに満足する條件で商談が成立した際に、利潤が残ろうと赤字になろうと、それはあえて問うところではなかったと考えられる。

糧店はいろいろな場合に金融を行っていた。たとえば農民に経営資金を貸付けたり、売客が店内に滞在して商談成立を待っている間、必要な費用をたてかえたり、買客の支払代金を一部とりかえたりしたのであって、これは一応取引を円滑に行うためのサービスといえる。その際に公然と利子をとったこともあり、また他の名目で実際上は利子に相当する金額を受取ったこともあって、実質上高利貸を行ったわけであり、利息は糧店の一収入源となっていた。但糧店にいわせると、その金は銭舗（旧式銀行）などから高利で借りてきてまた貸ししたのであるから、その方へ利子を払うと収支は零または赤字になるとのことである。従って前記のさやの場合と同じく、仲買店の手腕の問題に帰するわけであろう。これと関連して糧店は自ら商帖を発行し、右の貸付の際や、売客に対する代金支払いの際に、自店の商帖をもってすることが多かった。糧店が農村から穀物を入れるためには通貨の安定と商品流通が必要であり、信用保持に留意していたのである。糧店の商帖は概して好評で、とくに通貨欠乏の農村では糧店の憑帖は歓迎をうけたのである。糧店が農村から穀物を入れるためには通貨の安定と商品流通が必要であり、信用保持に留意していた糧店の商帖が信頼をうけ、農村に広く流通したことは事実である。しかも商帖の流通によって、糧店はその発行金額だけ、営業資金を信用によって獲得したことになり、兌換準備資金を差引いた残額は、資金獲得上無利息で借金したような結果になるから、商帖発行の利益は計り知れないわけである。これを前記の青田売買・生物売買にからませて活用し、農村に対する支配力にものをいわせて、信用を維持しつつ発行高を高めて行ったのであるから、糧店は手形発行を通じて、農村に対する主要な金融業者となった訳である。その間に銀銅の貨幣価値の変動を利用して利潤をあげることもできたし、商帖の額面が城銭何文と記されていた場合には、兌換期日になったころ、城銭の価値を下落させて暴利をむさぼったり、城銭と銀通貨の間で価格を操縦することもできたのである。その事情は民国以後も改善されておらず、額面が城銭で記されている憑帖を、両（銀塊）や元（銀貨）に兌換することを求められた際に、実際は銀元による支払が要望されていたのを利用して、銀元の価格を市価より高く見積って計算し、したがって実際よりもそれだけ少く銀元を支払ってきた。この問題は農村側の指摘し攻撃するところとなって、一九二八年八月憑帖の禁止となったのであるが、憑帖禁止の結果、硬貨は絶対量の不足から悉く退蔵されて影をかくし、糧店はともかくとして、農村が非常に困ったところをみると、このころでも憑帖が不必要になったのではなく、その悪用が禍していたにすぎぬことは明らかである（註7）。このほか、糧店は見返りとして手工業製品を農村や奥地に供給する役割を果しているが、その点については便宜上第二項においてのべることにしたい。

以上を要するに糧店は仲買と金融とを結合して経営したのであるが、ともに一応は便利で実状に則し、しかも商業資本が商略を行うのに都合のよい体制となっていたので、農産物の商品化に貢献するとともに、佣錢・売買価格のさや・高利貸・旅館倉庫業務、通貨の発行などによって利益をあげ、サービス業を兼ねたからくりによって、流通過程の中から莫大な利潤をひき出し、帰綏の主要商業の一（註5）となっていたといいうるのである。

糧店の構成を質疑応答によって要約してみると、徒弟制と合股制が組合わさって複雑な階層をなしていたことがわかる。徒弟には十六歳前後の少年をとるのであるが、舗保（店舗がその保証人となり、当人に関する一切について責任を負う保証）のある者でなければ採用されないので、店舗の有力者が自分の出身村から身元の確かな少年をつれてくるのが普通であった。もっとも、有力者などとの同郷関係は、絶対的條件とまではゆかない。お目見えの際に、店の支配人に対して叩頭する等の、特別な「礼節」を行うことはなく、入店後、その支配人が死亡したときに喪に服する必要もない。徒弟の年期は三年と定っているが、その中途で店をやめることは自由で、「学満」（徒弟満期）までしばられるわけではない。徒弟期間中は食事が店舗から出るほかに衣服も与えられ、事変前の相場で月額十五元位の賃金が支給されていたから、普通の小店員に比べてあまり遜色がない程度の待遇をしていたことがわかる。経営側が解雇するのは自由で、学満後の就職を保証する必要もない。応答者にこの少年労務者を徒弟とよぶ理由をたずねた所、夥計になるためにはまずその店の徒弟となるのが原則であるという点を指摘した。この程度なら封建遺制が認められるかどうかという所である。一店には五名ないし七名の徒弟が採用されているのが普通である。

「労金」はもともと賃金という意味で、ひいてはそれを受けとっている人の意味にも用いられている。一人前の賃金をもらっている点が労金と徒弟との違いとして印象づけられているのだろう。給与の面で一人前だということは仕事の上でも一人前の商人として認められているということで、めいめい売客なり買客なりを追い求めて市場をかけ廻り、商談の成立をあっせんしている点では、独立の牙紀に近い存在となっているのである。こうして数年勤続し、営業成績をあげることに貢献すると、その労に酬いるために身股（利益配分をうける権利）を与えられて頂生意的（生意は身股と同じで、生意にあずかっているものすなわち身股をもつものの意味）となることができる。身股はその店舗の利益配分にあずかる権利をあらわすものであり、出資者としての待遇を約束する条件である。その股（株）は最初一厘から始まり最高一分（十厘）に達する。「開紅利」すなわち決算の際には、店舗がその間にあげた利潤のうちから、各人にあたえられている身股の大小に按分比例して配当を行うとともに、当人の勤惰や能力に照し合わせて、次の開紅利の際に支払われる身股を調整し、再契約を結ぶのである。一度の改訂で増減し得る身股の株数は最大限三厘だといわれている。一厘から九厘までの身股は、野球の場合に一塁から三塁まで進んだようなものであり、本塁に入って得点するには、十厘に達して商業資本としての性格を完成せねばならない。十厘＝一分の身股は整股とよばれ、その持主は店舗を去っても終身配当金をうける資格が与えられ、その他商業資本の所有者としていろいろな資格を賦与される。夥計（店員）には労金と頂生意的が含まれるが、歸化城の普通の糧店ではこれを合わせて四十名位までであり、その上に数名の経理（支配人）がいるのである。この経理が整股の身股をもっているわけで、経理となる者は店舗の開設者か或は営業面で大きな貢献を行った夥計が昇格する場合が多い。後者についていえば頂生意的である夥計のうち、最高の身股をもつ者が順々に昇格するのが規矩で、一つの定石といえるが、その店舗の出資者である商業資本家（財東と経理）が選定の権をもち、人材本位で下位の夥計から簡抜するのはもとより、自店の店員以外から選擇することもできる。この財東というのは店舗開設に必要な固定資本を出資した者であるが、店舗の経営には直接関係をもたず、該店の財東の中から経理を選定することも慣例に反していた。経理は経営権をもっているから、商取引や夥計および徒弟に関する一切の処理について権限と責任をもち、夥計の身股の増減なども一任されていて、財東には決定した結果を報告してその承認を仰ぐだけでよかった。財東も数名からなり、出資額の大小に応じて、一毛（十分の一厘）から十分に至る財股をもっている。開紅利の際には、新しい株主を迎えたり（添股）、現株主の持株数を増加して増資したり（倍股）、出資金をひきあげてそれに相当する株を撤去する（抽股）ことは、財東間の話しあいでできる相談であつて経理側の同意を必要とせず、いわば財股については財東が全権を握っていたのである。開紅利は三年ごとに行われ、財東・経理が相集って店舗の決算を行い、利益金（紅利）や積立金（公積金）を決定し、紅利については財股と身股とを通算して按分比例方式により、各自の持分に応じて利潤の配分を行った。その際に財東と経理の協議によって、次の開紅利の時期（三年後の某月）とその間における各人の財股・身股の持分を決定し、ともに万金賬（資本関係だけを記載する帳簿）に記入するほか、新しい契約條件を文書にして、財東と経理の間で合同約（契約書）を作製するのが普通であった。財東が一名のときは必ず無限責任であり、二名以上のときは合同約に有限無限の別を明記する習慣だということである。

聚錦社は糧貨店のギルドであり、貨店が専門のギルドをもった後は、糧店のギルドとして命脈を維持したのであるから、その間に多少の屈折は免れ得ないとしても、社会集団の基盤が同業性にあり、爾余の條件は第二義的な意味しかもっていなかったことは想定できる。糧貨店または糧店は店舗が単位となって、ギルドには全部参加していたというが、それも首肯できる。綏遠省内の糧店は忻県幇が強いのであるが、帰綏の聚錦社には祁・崞・忻・太谷・文水・定襄など、広く山西省内の各県出身者を網羅している。乾隆の中葉に県祁店・壽陽店などの名称をもつ糧貨店があったところをみると（E13）、祁県・壽陽県出身者の店が帰化城に存在し、しかも量的にはあまり多くなかったのではあるまいかと想像できると同時に、忻県一色ではなかったことを証明してくれる。帰化城では商工業者の中で糧業は山西帮の巨頭と目されてきたのであるが(註8)、民国以来土着の本地帮も微力ながら発生している。また宗教的にはいずれも仏教であること、地域的には店が帰化城の小召半道街・五十家街を中心とする南部各街に集中していた点等が(註5)、同郷性と相まってギルドの結合を強くする條件となっている。

ギルドは「散戸」(E30)によって組織されている。散戸すなわちギルド員と認められているものは、糧店の店舗に限られたのであるが、その数は乾隆三十二年に七十二店(E5)、同三十六年に八十五店(E13)という状況であった。その後企業が大規模となるに比例して店舗数は四十内外に減じ(第四表)、民国以来は営業の不振から十数戸となり(註5)、今日では十一軒といわれている。記録の上ではギルド員の活動は全く表面に浮び上らず、実質的な会務への参加はいうに足りない。それはすべての散戸がギルド役員として交代で会務に当り得たためであり、従ってすべてのギルド業務を役員に委ねていたからであると考えられる。

聚錦社の会首(E6)すなわちギルド役員は、公式には郷総といわれている(第四表)。歴代に於ける郷総の実数から帰納すると、その定員は乾隆中は十一名で、嘉慶以後は十二名となる。ただし十一名定員という時期は存在せず、一貫して十二名であったと解することもできるのであって、この表の乾隆三十五・六年度の郷総は、両年度を通じて一括して記述されているのであるから、両年度にまたがって二名の会首が再選されていたとすれば、定員十二名のところ、二年間に会首となった店舗の数は合計二十二ということになるし、また乾隆五十年度の場合と共に、十二名中一名欠員で現在員十一名になっていたと想定することも可能なので、乾隆中の郷総が十二名定員であったと仮定することもできない相談ではない。けれども何分資料不足の上に仮定を交えた推察にすぎないので、一応十一名とし、保留を付しておく方が無難であろう。また嘉慶以後にも十一名—九名などとなっている年が一度づつ見出されるが、この方は欠員または資料欠落に基く例外と判断して差支えあるまい。会首の任期が一年であったことは、この表からみると動かしえない事実のようである。改選の際には全員交代が本筋らしく、第四表では大部分改選されている。ただし再選も可能であって、両年度にまたがって一・二留任した店舗を含んでいる実例もあり、光緒十二年には四軒まで留任している。個々の店が会首に選出された頻度についていえば、相当に長い年次を経た後に再選された者や、一回限りの者が多く、ギルド員全体が交代でその任につくように配慮されていたという。唯その間にあって時代が降るに従って半常任的に留任し、または隔年位に繰り返しくりかえし選ばれる者が増加したことは事実であるし、また常任的に会首の席を占めている店舗も同治以前にはそれほど多くないが、光緒以後になると一部の店舗が常任会首のような形で居坐ってしまっている。このように全員交代制を原則としながら一部の店舗が固定的に席を占める傾向を見せ始め、ギルド員の平等がこわれて特権的な店舗が生れ、専制化の方向を辿っているのである。これは一つには会首を人材本位で選ぼうとすることに起因するものと思われる。すなわち、帰化城の四大店口といわれた通順店・長泰店・東昇店・奎隆店は、この地方では巨商中の巨商であるが、同治までは四大店口でさえ、他の店舗に比して会首にあげられた回数は必ずしも多くなかった程だから、巨商が会首の地位を独占する傾向は、少くとも会首となり得る者を特定の店舗に限定するといった露骨な形では現われていない。一方同じ店でも半常任的地位をある時期にはかなり長い間獲得していながら、やがてこれを失ったりしているので、その理由をきくと、人材と目されている人が該店の経理になった時期に、常任的会首として活躍した店舗が、当人の死亡や退店と共に常任的なポストにいる理由がなくなって、もともとの状態に還ったのだと説明されている。人材主義による以上、不平等をさけることはできないわけで、その影響を第四表について見出すことは容易である。しかも人材のいる店舗は自ら巨商に発展するし、とくに弱肉強食が極端になってきた光緒以後になると、老舗とよばれる古くからの巨商が会首の地位を独占する傾向が目立ってくるのであって、商業が大規模となるにつれて店舗間の実力の差が顕著となり大資本の経済的優越が絶対的となったため、ギルドの専制化が可能となったわけである。こうして、人材本位または巨商の特権化によって、一部に常任的な会首が生じ、実質的には常任会首がギルドの主体となっていたにもかかわらず、形式的には全散戸に郷総の地位が開放され、輪流（交代でその地位につく）の原則が堅持されていたこともまた否定できない。第四表をみると、嘉慶以前に総領となった店舗は、その前後に総領となったことがあるか否かを調べようとしても、資料が少いのでしらべがつかないという事情もあるが、ほとんどは一度限りしか現われていない。また前後の連関を辿り得る道光以後においては、一度郷総になっただけという店舗は極めて少く、十数年或は数十年をへだてて、ポツンポツンと郷総になっているのが普通の形である。いずれも輪流制が行われていたことを示すものだと考えられる。郷総の定員が多く、任期の短いことが、ギルド員全体への輪流を容易ならしめた條件であるが、専制体制のもとにおいては専制の事実をカムフラージュしてギルド員全体の服従をかちとるために、形式的な平等を残しておく必要が大いにあったと思われる。要するに郷総の選挙は一応平等を基礎とし、最初は能力主義を併用していたのであったが、光緒以後は経済力の変化から大経営の糧店が全同業者に対して支配的な地位につく傾向をみせたので、それがギルド組織にも反映して専制的になったといいうるようである。

会首の内部ではさらに細かい役目の分担もきまっている。第四表によれば、郷総の中に正郷総と副郷総が一名づつあって一般の郷総から区別されているが、咸豊以後それを正副総領と呼ぶようになった。また光緒以来総領を三名に増員している。正副郷総や総領は郷総の中から定められたのであろう。選挙法としては全く公平に輪流で選んだものと考えられる。総領以外は単に郷総といわれたが、甲頭という名辞もあって、総領と甲頭を合わせて郷総とした例もないではない。甲頭の中の一名は専ら会計を担任している。趙氏によれば、民国以来、散戸の減少で郷総選挙はほとんど無意味になったので、全同業店舗の中から全く公平な輪流の方法によって正副社長と会計一名を定め、年々改選する習慣が行われるようになったという。清代に総領や会計が輪流で定められたことの遺風であろう。帰綏道志によれば、会首交代の期日は六月二十四日であって(註9)、趙氏の応答もこれに符合する。ついでに店行選出のギルドマーチャントの役員についていえば、郷耆は適任者第一主義で銓衡したらしく、該年度の郷総の中から郷耆を選んだ場合も多いが、その年の郷総ではない店舗を、郷耆に指名した事例も少くない。一方、ギルドマーチャントの総領は聚錦社正副郷総が自動的にその地位につくならわしであって、そのことは第四表の道光二十九年の例によって明らかであり、店行から出す十五社総領の定員も聚錦社正副郷総の定員が変化するにつれて二名から三名に増加したと考えられる。

ギルドの事業は極めて多方面にわたっているが、そのうち最も大切なのは営業の独占に関する事項である。穀類の仲買をギルド員の手で独占し、糧店を経由しないで取引された米は一粒もないという状態におくことを、店行は固く決意していた。清末に近いころまで、糧店の機能は穀物取引の上に大いに役立ったのであって、彼等と無関係に、たとえば他の仲買店の手をかりて、ないしは仲買ぬきで、取引しようとしても、それは不可能であった。しかし封建経済の解体につれて、糧店の仲買は必ずしも各方面の利益と一致しなくなり、たとえば客商は精米業者や一般市民に直接売却したいという希望をもち始め、それがかえって便利だといわれていた。こうして糧店の営業独占権が流通上の障害と感ぜられる時期になっても、店行はギルドの集団的利己主義を固守して動かず、官憲の力によって仲買店の独占的地位を固めようとし、同治四年に蒙民理事府の示をもって「米麵均須由聚錦社店行彙総代售、不許私相買売」(G6)と言う内容をもつ官憲の命令が出され、店行にギルドの営業権に対する保証が賦与された。官憲の告示が店行の反動政策にどれほど役立ったか、その実際の効果は問題であろうが、ギルドは官憲に訴えてでも独占を守ろうとし、官憲は地代徴集に必要な農村支配にからんで糧店を擁護する必要を認め、両者が互に利用しあう形で手をつないだ結果、米穀取引に対するギルドの独占権に国家の保護が約束されたのであった。動脈硬化症的な反動対策にすぎないけれども、店行の苦悩と意欲は理解できる。なお糧貨店を新に開設する時には聚錦社の許可を必要とし、その際事変前の貨幣価値で三百元の入会金をとっていたから、禁止的ではないが、同業店舗の数を制限していたことは否定できない。

店行が手がけた事業のうちで、通貨安定への努力は、右に次ぐ重要さをもって展開された。糧店は通貨の発行および価格操縦を通じて農村を搾取していたけれども、一面通貨の信用を維持するのでなければ農村から集荷することもその取引を成立させることも、また貨店としての仲買にあたることも不可能となるので、特に農村通貨たる銭価の維持には関心を持たざるを得なかったのである。短銭問題（制銭数十枚を百文として通用さす慣例の処理）については、それが物価の騰貴や穀類取引の阻害を招くという理由から、足銭主義（百文には制銭百枚という実質を与える）を主張し、銭行（銀行業ギルド）との間に鋭い対立をみせた。店行は商業資本全体の利害関係を強調し、地主商人など封建的支配者層の与論を背景にして、大行および各ギルド・諸官憲と共同戦線を張り、繰返し繰返し足銭への復帰または実質価値の引上げを銭舗（旧式銀行）にせまって、これを確約させた。こうした紛争の都度、形式的には店行の主張が認められ、勝利を獲得したように見えたのであるが、実際にその決定を実行させることができず、解決案は空手形に終った。これは店行が金融界において、銭行に対抗し得る程の実力をもたず、せいぜい掣肘を加えうる程度にすぎなかったためである。咸豊十年に聚錦社から官憲に訴えた時も勝訴となり、各糧店は取引関係のある銭舗に対して、各自のもっている城銭を、その額面通りの足銭と交換してもらう権利が認められた。こうなれば銭舗の短銭発行は不可能となるはずであった。ただし、さしあたり交換を請求し得る金額を一千千文ないし二千千文の範囲に限り、その実行も無理をしないでやれるように留意するという條件がついていて、銭舗がこの実施を受入れ易いように制約を設け、その代り請求を受けた以上、銭舗は無條件で応ずるということになっていた（E28）。これは銭舗から不当利得をはき出させ、その犠牲によって城銭を急速に足銭に切替えようと企図したもので、当時制銭四十八枚で百文となっていたのであるから、糧店としては倍以上の制錢と交換し得たはずである。しかし、通貨がその後も惨落を続けたことは前記の通りであって、聚錦社の意図は結局失敗に終っているのである。

店行は顧客の保護にも意を用いている。ギルドの方策がギルド員以外の保護にまで伸びているのは、仲買という営業の性質によるのであって、需給両面の顧客の世話をすることは糧店の営業の一部であり、集団的利己主義を実行する上に不可欠な條件であった。従って店行の利害打算を基礎にして決定されたのであるから、売客・買客の身になってみると、店行がどこまで関連業者を守ろうとする誠意を持ち合わせていたかは疑問とされ、店行第一主義である事は見破っていたと思われる。一・二の例をあげると、同治初年に店行が客商を保護して製粉精米業者と争ったときは、郷耆七大社等の一致した輿論に抗し、数カ月におよぶ大訴訟となった。その結果、客商が糧店外で直接小売を行うことは禁止され、糧店内で小売に当るのは認めるという條件で妥協が成立し、同時に農民その他すべての売客は売却の際に得た代金の中から、糧穀なら一斗につき十文を、麵なら一斤につき半文を、その取引を扱った糧店の手を経て米麵行（青竜福虎社）に納め、該ギルドの公費にあてることが決定された(G6)。この紛争は、聚錦社の強硬な態度のゆえに容易に解決できなかったと記されており、客商のために努力したのは事実であるが、結果からみると、糧店の利益は守られたが、客商保護の目的は充分果されていないのである。客商は営業を極度に制約されて、僅かに糧店の中で小売を行うという唯一つの活路が残されたにすぎず、紛争の中心問題であった街市での販売すなわち市民に直接売り歩くことは禁止され、しかも新たに販売代金の一部を収奪されて米麵行に支払わねばならないことになったわけである。この決定は米麵行としても米麵の販売を独占することができず、販価を自由にし得なくなった点で、大きな譲歩を行っている。ひとり店行だけが何の損失も受けていないのである。店行としては客商の命脈が絶たれることは損失となるので、一応その保護に乗り出したものの、客商の立場を全面的に支援する気持はなく、糧店にとって客商を必要とする條件が認められると同時に、客商の自由営業を放棄さすという、客商だけにふりかかる犠牲を承認して妥協したのであり、その上毒を食わば皿までとばかりに客商を糧店の隷属下にしばりつけ、店行が客商から徴税する権利まで、新たに承認させているのである。従って客商保護も仲買店の利益を考えた打算に立脚し、その打算の限界内では堅持されたが、算盤のはじき方いかんによつては、近視眼的な打算で客商を見殺しにすることもあり得たわけである。それはともかく、この事件の結果、店行が客商に対して、営業統制・米麵行の行錢代徴などを行うことが公認されたのは、ギルドが管轄外の営業に支配を加えることを官許された一例として、注目に価する。

仲買店としては買客だけでなしに、売客である農民に対しても保護の手を伸ばしている。帰綏県下の農民が車馬の無軌道な徴発に苦しんでいた事情をとりあげ、嘉慶三年に、官の必要とする車馬は聚錦社の手で全面的に供給するかわり、農民からの徴発は全廃させるという鮮かな解決にこぎつけたことがある。その際のとりきめによると、聚錦社は仲買店や運輸業者がもっていた車馬を時価で雇傭して官憲に提供することを引受け、その費用として、官から支給される正規の運賃又は借りあげ料のほか、農民からは仲買を行った穀物について一斗につき半文の「斗脚」を糧店が徴集し、それを聚錦社で保管して、その中から支払うことになったのである（F4　E30）。斗脚というのは穀物の量を斗で量る際の手数料と言う意味である。店行が農民保護に乗出した所以は、車馬徴発が農村の生産力および輸送力に打撃を与え、剰余部分はもとより地代もあやしくなって、農作物が糧店に入荷しなくなるおそれがあったからであろう。しかも店行は自分の腹をいためない條件のもとに解決策を講じているのである。その後、咸豊三年には軍の徴発が多いことを理由にして斗脚銭を一文にあげ（F4　E30）、同治六年には回民の乱による徴発増加を理由として、この内乱継続中に限って三文としたが（E30）、今事変直前は七分となっていた。それにしても無軌道な車馬徴発を免れえた農民からは歓呼で迎えられたのも事実であり（E30）、顧客に対する奉仕は店行の強大な力を背景にして始めて実施できたといえるのである。

以上は糧店の営業に関する集団的利己主義として一括し得る一連の事業であるが、ギルドの祭祀もそれらに劣らぬ重要さをもっている。応答によると店行では六月二十四日を中心として三日間、南茶坊関帝廟において盛大な祭典を催し、その際に、今次の事変直前まで、演劇も奉納されていたという。関帝廟との結びつきは山西帮としての関帝信仰に出発し、同郷の神が同業の財神（金もうけの神）に肩代りされ、同業の信仰がギルドの祭祀の対象に発展したのであろう。右の期日と場所は帰綏識略等の記述と一致する（註10）。関帝廟が乾隆二十二年（E5 E6）三十六年（E13 E14）六十年（E45）道光十年（E76）等に工事を行った際、店行はその主催者の一員として助力を与えている。もっとも店行の経済力からいえば寄附額は僅少であり、年代が降るにつれて熱意もさがっている。鼎などギルドの祭典に必要な祭器具の奉納も（E131）決して多くはない。祭祀は盛大であっても寺廟への慈善には駆引があると評すべきであろう。その他の廟については南茶坊の構内にある瘟神廟（E12 E19 E20 E26 E29 E33 E48）老君廟（E32）軒轅廟（E27）に寄附し、十王廟内の火神廟（P5 P7 P12 P18 P24）聖母廟（P8）小東街関帝廟（B24）玉皇閣（C1 C57）城隍廟（H1 H2）呂祖廟（S3）観音寺（X1）西茶坊関帝廟（Q5 Q6）財神廟（G2）北茶坊関帝廟（N4）玄天観（H1）新城娘々廟（T1）新城城隍廟（U1）新城関帝廟（V1）西竜王廟（Y6）等に援助を与えている。その中には形式だけ見ると共同主催者の一に推されている場合もあるが、寄附金額はおしなべて少額である。右の寺廟と店行との関係が時によって断続し、また合則性がなく恒久性を欠いでいるところをみると、帰化城の代表的ギルドとしての「面子」から、やむなく寄附していた場合が少くなかったことは、否定しえないであろう。

趙氏によれば、ギルドには公所がない由であるが、事実は南茶坊の瘟神廟の西廊が社房となっていたのであって、ここには同治二年という紀年の入った門標的な扁額が現在も掲げられ、「聚錦社」と大書されているのである（E94）。

この事務所は三間房であるが立派な建物ではなく、ことに今では使用されていないため、かなり破損している。ギルドの経費は、散戸が平等に均分してこれを負担したというが、聚錦社の場合にはこの経費分担法が組織面における散戸平等の主張に基礎を与え、共同体の原則の貫徹が装われていたものということができる。また成文の規約があって総領が保管し、その交代の際に手渡して行った由であって、現任総領であることを証明する根拠として、「伝国の璽」的な意味をもっていたということである。その現物の調査を申込んだところ、現在では何人が保管しているか不明であるとの説明で逃げられたが、これはおそらく秘匿の口実にすぎないであろう。

封建社会が比較的安定していた期間においては、糧貨店は物資流通上不可欠な要素であり、官民のこれに依頼するところも深く、とくに農村の商品流通と貨幣経済を押しすすめ、都市と農村を結びつける橋渡しともなっていたのであるが、封建経済の崩壊化につれて中間搾取機関としての性格が露骨となり、聚錦社は反動化して、封建的商業利潤の擁護とその中における糧店の地歩の維持に狂奔するようになった。天津の開港以来、徐々に帰綏に浸透してきた国際資本の波は、とくに京綏線の開通以後において著しく高まり、米穀の価格は世界的需給関係によって激動するようになった。すなわち世界的豊作の際には綏遠の農民は生産費以下の価格で買いたたかれ、世界的凶作の際には市価が上るとともに急に輸出が始まって、商人とくに洋行（外国人貿易商）が巨利を博し、農村購買力と関連して糧店や貨店は一喜一憂をつづけ、その機能も常に浮動する有様であった(註11)。民国初年以來、地主上農の反動政策と貧農の反乱がうずまく中に、綏遠省では天災人禍をまじえた農業の荒廃と金融機関の崩壊を現出し、糧・貨店の分化やギルドの同業公会への切替などが見られたとはいえ、姑息な手段で糧業の維持を計ることは不可能に近かった。事変直後、日本の商工会議所の制度にならって、同業公会を巴盟糧業総公会厚和市公会と改称し、買弁化体制を一歩進めたが(註12)、日本軍による穀類専売制の実施に伴い、一九四三年に糧店全部を単一の協同組合（合作社）に統合して巴盟糧業総組合厚和市組合を組織した。組合は糧店の出資を仰ぎ、一股五千円として各店に股をもたせ、穀類の買付は組合が独占し、糧店は組合員の資格において股の大小に応じてそれぞれ従来から因縁の深かった村を縄張り地域に指定してもらい、ここに組合出張所を設立して穀類の買付を行い、組合の手を経て買付けた穀類を日本軍に売渡す制度となったのである。その際売買双方から一％の手数料をとって組合の収入とし、出張所に対して収買資金の融通を行うとともに、商略を禁じた。糧店の従業員には組合から職員としての賃金が支払われ、糧店自体に対しては股に比例した利益配当金が組合から渡された。組合は組合員（すなわちもとの糧店）で組織され、正副組合長・常務理事・理事・監事各一をおいた。協同組合といっても、日本軍の穀類統制政策のためにその手先として設けられたものであるから、統制経済への順応形態としては興味があるが、歴史的意義は見出し難い。糧店を温存して組合員とし、組合出張所の看板をかかげさせた以上、組合にギルド的な色彩が濃厚に残ることは当然で、中間搾取を独占し、組合員の数を制限して入会金五千円を要求し、組合役員の地位もギルドの会首に酷似していた。しかし組合は単一の企業体であり、取引価格は公定となり、売却先は日本軍に限られ、従業員が賃金をうけているなど、官製合作社の特質が本命であって、ギルドの転生が帝国主義に利用された例といえよう（註12）。各糧店は組合出張所という看板によって営業の合法性を獲得し、実際の運営面ではできるだけ従来の糧店としての機能を発揮して、糧店の命脈を維持することにつとめたのであって、出張所職員といっても糧店としての夥計・徒弟制はそのまま温存し、財東にも糧店としての利益配当を行ったのである。ギルドと組合、糧店と組合出張所は、それぞれ二体一心であって全く二重体制をとっていたわけであり、しかも彼等としては糧店固有の体制に重点をおきたかったのであるが、後者の比重を重視することは客観的には困難である。

註1　帰綏識略巻十七市集。

2　綏遠通志一〇八、各県商業概況・帰化城糧食業の項に「設店営業、実糶実糴」とみえる。

3　綏遠通志一〇八、商業序。

4　笠木輝馬氏「蒙疆に於ける土俗信仰」（巴盟興亜協進会本部発行、昭和十七年）頁七五にも、糧行の話数字として、左の如く記されている。

　且根　断工　他川　外面　曲丑　断大　毛根　入開　回湾　禿千。

それぞれ一―十に相当するわけであるが、文字の形からつけた暗号である。なお中国の隠語については喉齋散人「中国の隠語」（学海三巻八号）参照。

5　綏遠通志一〇八、各県商業概況、帰化城糧食業。

6　帰綏識略巻卅六税課、烟油酒雑貨税。

7　綏遠通志巻五二経政九金融。

8　綏遠通志巻一〇八商業序。

9　帰綏道志巻廿二風土、帰化城十五社総領毎年交換日期、参照。

10　帰綏識略巻十八賽社。また帰綏道志巻廿二風土賽社にも転載。

11　国際的取引については綏遠通志一〇八、商業序参照。

12　事変後の改組については趙会長の応答によるほか、巴盟糧業総組合章程案（一九四三年八月制定・油印）厚和市糧業組合規定章程（一九四四年新立案、未定稿）、および厚和市糧業組合沿革報告（一九四五年十月十三日付、組合より日本領事館あての報告書）（いずれも著者蔵）による。なお巴盟というのは、日本軍が綏遠省を廃止してその代りに置いた行政単位「巴彦塔拉盟」の略称であって、この地方は土默特などの蒙古人が主体となって政治を行うべきであるというたてまえから、特に「盟」を創置したのである。盟公署は最初は帰化城に、後には綏遠城に置かれたが、その実体が主として、綏遠省の漢人を支配する機関であることに変りはなかった。

第二項　雑貨仲買業と貨行中興社

包頭における貨店には、皮毛貨店と糧貨店の二系統がみられるのに反し（註1）、帰綏の貨店はおおむね糧貨店から

上図は清朝政府が鮮魚の仲買商萬維祥に与えた戸部頒発湖北省牙帖で、下図は湖北省巡撫がこの牙帖に附加した細則「変通牙帖章程」である。

出発しているようである。前項において明らかにしたように、糧店と貨店の分離は、相対的な区別としては早くからみられたにもかかわらず、糧店を主流とする兼業の線が強く支配していたので、帰化城には潜在的な貨店しか存在しなかったわけである。しかるに清末における新疆および蒙古貿易の伸長と、後套を始めとする綏遠開墾の進展の結果、貨店としての業務は非常な活況を呈し、新たに貨店が単独でギルドをおこす機運が動き始めて、清末ないし民国初年に中興社が組織されるに到ったといわれている。社の規則ができたのは民国四年であり(L10)、客貨店のギルドである中興社の存在は綏遺通志に記されているので(註2)、分離の年代を清末民初におくことは誤っていないようである。ギルド結成後は世界大戦による好況・ロシアの崩壊による中国商人の外蒙新疆進出・京綏鉄道の帰化城までの開設などがつづいたため、貨店専門に切り替えるものが増加したのであるが、ギルドは当時を頂点としてようやく衰運に向い、外蒙の独立と大戦後の不況と鉄道の終点が包頭に移ったことのために、その條件の中で貨店の存続を維持する方法が問題となった。客貨業公会に改組されたのは民国二十四年の由であるが、事変後もその組織は維持されている(P24)。

貨店は牙行である。小川久男氏によれば、牙行たる條件として(1)店舗を構えた仲介業者、(2)官許の営業であって牙帖を有すること、(3)官廳に代って売買当時者から税金を徴集していること等があげられている(註3)。中国の貨店は一般にこの三條件を具備しているが、理論的にいえばこれをもって牙行のメルクマールとする根拠は説明できない。たとえば清代においては牙帖は個人に与えられ、従ってすべての牙帖は個人名義であるから、店舗を構えたか否かは牙帖の問題とはつながらない。牙帖は一帖一行が原則で、一枚の牙帖で幾種もの仲買業を営むことは許されないが、帰綏の糧貨店が糧店・貨店の二枚の牙帖をもち、逐次糧店または貨店だけの牙帖をもつ店が発生してギルドの分立に到ったものとは思われないので、ここでは牙帖と切り離して牙行の存在形態を考えねばならない。元来牙帖制度は仲買業者が経済外的強制力による営業独占権の確立手段として育成したものであり、牙行は牙税の納入と取引税の取立て(前記の第三條件)をえさにして国家の利害をギルドの利害に結びつけ、国家権力を利用することによって独占利潤を確保しようとしたわけである。封建社会における商略的企図の一つであるが、それがギルドの結合に一條件を与えたことは事実である。帰綏では、牙帖は戸部則例の規定による正規のものとは限らず、むしろ地方政庁が出している営業許可証を牙帖とよんでいるのが普通で、少くとも民国以来の糧貨店はこの意味での牙帖をもった特許商であった。牙行という場合、前記の中の第一條件を満足さすことが必要條件で、その他はメルクマールからはずしてさしつかえないように思われる。

貨行には資本額においても年間取引額においても、大きな店舗がそろっているのであるが(註4)、構えも糧店同様に極めて大である。特に倉庫は多くの棟を連ね、糧貨店から発達したためかその構造も糧店同様に特徴的である。客房(旅館施設)も造りがりっぱで、十数間の長棟が幾重にも平行して奥に奥にと続いている(註5)。売客は以前は山西客商が優勢であったが、京綏鉄道の開通以来河北客商が圧倒的となった(註6)。工業製品を山とたずさえて来店し、それが有利に売れるまでゆっくり滞在するわけであって、商品は貨店の棧(倉庫)にあずけ、客房に居を構えて、滞在中における一切の面倒を客貨店に依頼した。往々滞在中の食費その他の費用も貨店のたてかえ払いにまち、櫃房(販売施設)の一部を借りて直接卸小売を行うものもあった。乾隆二十六年以来、茶・布・雑貨等はすべて帰化城に入市の際、内国関税を徴収するという規則が定まり、ただ殺虎口(山西省から綏遠に入る境界線上の内長城の関門)で納税済の商品については免税となっていたので(註7)、これに関する城門での手続きから、税金納入までのすべての面倒な事務を、貨店の夥計が客商に代って処理する習慣であった。取扱い商品は「各種雑貨及び糖布」(L10)であっていずれも綏遠蒙古新疆などの「中国の西北角」では生産できない諸商品か、或は著しく不足するものである。主な商品をひろって見ると、棉絲布および棉花(永機布などの土布類と、洋布などの近代的紡織製品、綿絲、綿花)、食品および嗜好品(砂糖・紅棗・各種の茶と煙草)、火熱材料(つけ木・石油)、紙類(老連紙・改連紙)等が含まれている(註8)。商品の保管には貨店が責任をもち、万一紛失や破損があった際には賠償を支払った(註9)。「棧佣」(倉庫での保管料)は、保管年月の長短に関係なく、商品一駄(二百斤)について銀三錢と定められていた。もっとも棧佣(L10)は一九四三年から、商品の品目毎に別々の金額を定め、かつ半年を一期として期毎に徴収することに改められたのであって、右に列記した商品はこの規約にある主要な品目であるが、これ以外の商品も個数または重量によって棧租（倉庫使用料）を徴収する規定になっている（L10）。糧貨店以来の主要な買客は帰綏の郷村や武川包頭涛水河その他綏遠省内の各県から集って来る小牙紀であって、彼らは農村から穀類を帰化城に持ちこんで売り払い、代りに雑貨等を買って郷村に供給したのである。清末に輸出品（見返り物資）の需要が高まるにつれて農村の牙紀よりも貿易業者が重要な買客として浮び上り、帰綏の布荘・雑貨舗・滞商（貿易商）を第一の顧客とする新しい営業形態の貨店が繁栄することになったのであって、これが貨行の独立という結果を生み出した原因とみられている（註10）。貨店としては、売客を優遇して商品の入荷に努めるとともに、「坐碼頭的」（港湾駐在員）を京津に配置して、市況をさぐり売客誘致に当らせた。坐碼頭的は普通は「副号」（支店）の形態をとっていて、屋号も一応別であり、本店の営業を助ける上で港湾駐在員の責任を果すと同時に、支店としては独自の立場で商業に従事したのであって、広く「牙紀」的な業務を営んでいた。副号は本店とも取引したが、その場合本店にとって副号は客商の役割に相当したわけで、帳簿上でも副号と本店との取引は互に売客或は買客として取扱っている。貨店は半ば隷属的な小牙紀を数多く育ててその後援を行い、適当なものを「副号」に指定したのであって、なるべく副号という売客または買客を通じて主要な取引を営み、仕入れ先と販路を自分の手で計画的に拡張したのである。本店自体の動きは普通の仲買店と同じであって、多数の「跑街的」（外交員）を出して顧客に連絡をつけ、取引を成立させるように努力した。仲買においては売客・買客は共に貨店だけを直接の交渉相手とし、商品を実際に販売し或は買受けてくれる自分の本当の相手が誰であるかは、お互に判らないしくみになっていた。従って貨店が売値と買値の間でさやをかせぐことも可能であったが、表面上それはやらないたてまえで、「本錢」（元値）による取引が一枚看板になっていた。すなわち原則は「淨価売」（売客のいい値で販売する事）であって売客が要求する価格で買客にあっせんし、話がまとまれば貨店は取引額の二％を佣錢として売客から受取ることができた。売客の主張する価格で買手がつかないときは、佣錢の一部又は全部を放棄することによって買客が主張する買値との開きを埋めたのであってこれを「包佣」といい、その上更に金を貨店から支出して、買客のいい値につけ足し、売客に渡す「包本」の方法もあったが、このような手段をとってまで商議を成立せしめたことは、売客または買客誘致の手段として行われた訳である。また実際はさやをかせいでおいて表面上包佣または包本による取引だと称し、顧客に特別サービスを行ったような擬態をとることも少くなかった(註11)。

店舗の構成員は、出資者である財東と、経営者およびそれに属する経理以下と、単なる雇傭員である工人に大別できる。工人は「師傅」(コック)「拉水的」(水汲み)「看門的」(門番)など、商業とは直接関係のない仕事にたずさわる労務者をいうのであって、彼等は契約によって定められた固定給が支払われるだけで、昇給も昇格もない下積みの傭人であった。徒弟には原則として経理と同郷関係にある十五歳以上の青年が雇入れられ、舗保を必要とする。現在では経理との間に家族制度の擬制はなく、徒弟として採用された最初の日に経理に対して叩頭の礼をしたり、或は経理の死に際して喪に服するなどの習慣はすべて行われていない。徒弟労働の内容には制約も條件もなく、命ぜられたあらゆる仕事に従うのであって、むしろ雑役が主たる内容をなしていた。事変前の相場で初年度は年額五十元位の手当があり、以下毎年昇給していった。徒弟の年期は十年であるが、三年位で夥計となる者もあり、五年又は七年たってから昇格する場合もあって、実際上の徒弟満期は不定だったわけである。休日は年始の十日間と節期の各当日であるが、店がひまな時期には交代で休む方法がとられていた。徒弟の数は多く、全従業員の三分の一位は徒弟であったという。

貨店では夥計(註12)は身股を与えられた者を意味し、「写賬的」(金銭出納と帳簿記入係)「跑街的」「座櫃的」(店内で取引を斡旋)「座碼頭的」などの職務を交互にうけもち、自分の分掌に従って営業の責任を引受けていたのである。身股(生意)は一厘から一俸(十厘)まであり、そのうち五分以上を「大生意」、五分以下を「小生意」といっている。「頂生意」(生意を最初に与える)「加生意」(生意を増加する)「降生意」(生意を削減する)などは当人が営業成績に貢献した程度によってきまるわけで、年功と勤惰に応じて昇降することになるが、その決定は全く経理に一任されている(註13)。生意は一応資本として扱われているので、夥計は資本家ということになり、従って出資に対応して利潤の配当をうけることになる。その前借という意味で身股一厘につき年額五十元位の「応支」が支給される。応支は生活費として支給されるものであるが、前借であるから、「開紅利」の際清算される。他に小額の薪水(俸給)があり、また年末に「年礼」(年末賞与)として手当が支給された(註14)。夥計は従業員の半数以上を占め、ときには一店舗で四十名を数えることもあった。

経理は経理(狭義)・副理・協理からなり、ときに協理を欠くこともある。経営の責任を負う者であって、一俸の生意と最高の薪水をえている。帯財掌櫃(店の経理と財東を兼ねる者)もないではないが(註15)、それは手持の資金で経営に乗出す小資本の店舗や冒険的な経営に限られている。一般に貨店を開設するには経理にならうとする者が財東を見つけ、または財東が経理を見つけて来ることによって、互に財東・経理としての出資條件等を契約する方策がとられ、それによって固定資本(財東)と運転資本(経理)とを結合して大資本を構成していく。資本や夥計が量的に大きいほど有利な営業だけに、個人経営では競争にならない。店舗開設後、経理に欠員を生じた際は、該店夥計から補充されるのが普通であるが、他店からつれてくることも可能である。もっともその際に旧来からつとめている夥計達の意志を無視しておしつけることは不可能であるが、契約の成立には全財東と新経理の合意が必要であるから、決定権は財東にあるといってさしつかえない。通常は協理以上の全経理は店の開設の相談にあずかり、「合同約」に姓名・職名を書付け、合同約の一通を保有するのであるから、契約の当事者である。経理の職務内容は「店舗の経営」にあると言われ、重要な取引については交渉に当るけれども、主な仕事は店舗全体の管理にあったわけで、夥計や副号を指揮するのはもとより、夥計以下の人事をも握っていたのである。従って経理は単なる支配人ではなくて経営の責任者であり、店の代表者と見なされていたが、経営が経営者の完全な自由に任されていたわけではなく、経済についても合同約等に基く制約があったのはもちろんである(註16)。

財東は数名の親族または友人（特に同郷関係の友人が多く、その場合は経理も同郷人である）が相結んで出資するのが普通である(註17)。その際に「合同約」を立てて出資額並びにそれに応じた財股を規定し、財股の権利と義務、とくにそれが有限責任か否かの問題、財産および経営に関する発言権の限界、あるいは利益配当の時期および配分方法等を明瞭にし、財東相互間並びに財東経理間の文書契約を予め作製しておく(註18)。いまでも有限責任の店舗は一割におよばず、ことに民国十七年以前にはすべて無限責任であった。開紅利は三年ごとに行い、収支を決済した後、純益を身股四・財股六の比率に従って大別し、財股に割当てられた金は各人のもつ財股の分厘に応じて配分し、身股についても同様に頂生意的に配分されるのが普通であった(註19)。この決算には会社財産を認めず、設備などの資本や在庫品もすべて計算されるので、利益配当といっても現金を支給することはできず、配当金は一応各人が店舗に貸付けた形式になって、預金として自動的に預入れられる。預金額は万金賬に記帳されて各人ごとに口座が作られ、当人の請求に応じて逐次払出される。この預金に対しては正常な利息が加算されてゆく。こうした配当金支払方法は、要するに店舗の運転資金の強制借あげであるが、同じ目的をもつものとして、公積金（共同積立金）の制度がある。公積金に関しては合同約に條件が明記されているのであって、その内容は各店舗で多少異なるが、配当金のうち一定の割合（多くは二割または一割）の分だけは天引的に支払を保留し、それを店舗の資本金として活用するのである。公積金は各人の積立金となり、財股なら退股のとき、身股なら辞職の日まで、強制的に預金として借上げられるが、店舗を離れるときに返還をうけることができる。この財股・身股・公積金に関する規定および受払はすべて万金賬に記入されている。

財東が添股（新しい財東を迎えて増資）・倍股（従来のメンバーが新たに金を出し、財股数もふやして増資）・出頂（財股の譲渡）・抽股（退股ともいい、出資金を撤して財股を取消す）などを行う際には財東および経理全員の同意を必要とした。財東は出資者であるが、その出資総額は店の開設に必要な最少限度の固定資本を賄うにすぎない。応答によれば、財股の基礎になっている「原本」（財東の出資した資本）は店の総資本の二割程度と考えられ、身股の積立分をも含めた公積金・紅利（利益金）を総計しても、自己資本は三割位といわれている。この割合は必ずしも一般化していうことはできないが、原本が土地建物家具などに充当されてしまうことは、一般に妥当する事実であるから、資本の主たる部分を占める運転資本は、同業者・銭舗その他内外からの借入金で賄い、とくに取引先との間の信用取引によって借入れた金額が大である。従って店舗の資本金はその大切な部分が経理に対する信用貸借によって賄われ、経営が高利貸資本に依存せざるを得なかった事情は明らかである(註20)。この信用の基礎を作るために無限責任制がとられ、従って原本は僅少であっても、無限責任に附随した発言権をもっていたのは事実であるが、実際の貸借は主として経理の顔と手腕に対する信用に基いて成立するのであり、万一の際に財東の財産に期待すると言うのは気休めに過ぎない。経理は店舗全体を代表し、たとえばギルドでも経理が店を代表して活躍しているのであって、外部からも店舗と経理とは同じものと見られていたのに反し、財東は経営にはほとんど関係せず、ギルドとは全く沒交渉で、外部からも店の関係者と目されることがなかったのも、一にこうした事情からきているのである。このほか身股が資本であることは合同約および万金賬に財股と肩をならべてその内容が記述されているという形式上の点からも帰納できるのであるが、これを単純に資本として割切ってしまうことは誤りである。身股は紅利に対する利益配当の権利を伴っているが、その配分は財股と通じて平等な取扱いをうけているのではない上に、身股の分厘は働きに応じて増減せしめられ、頂生意的の離職や死亡に伴って解消する点において、俸給の一形態という意味も含まれていることはたしかであるから、財股が資本であるという場合と同一視できない。夥計や経理が資本の七割をになっているという貨店の資本構成は、それが賃労働に対する可変資本として働いているのではなく、商業資本が高利貸資本に高い利子を支払うために、経理などの商業資本の所有者が、共同体の幻想から自分自身の労働力を不払労働として使用することによって、かろうじて経営を続けているという形態であるから、身・財股は前期的資本として理解すべきものである。

ギルドが社会集団として成立するについて、第一にあげられるべき紐帯は同業性であり、牙帖の関係もあって貨店全体に参加を強制することができた。同郷性についていえば、ギルド人は全部山西籍である。近来三分の一が土着化して帰綏出身と称するようになったが、それももとをただせば山西系の店舗である。店舗の開設場所は帰化城の南部地区で、特に興隆街に集中している。宗教的には仏教徒ばかりである。もちろんこうした條件も細かに分析すれば問題はいろいろあって、矛盾も含まれているが、一応以上の表面的な社会紐帯が受入れられている限り、存在形態は簡単で内面的に多くの共通性があり、結合の基盤となる條件が重複しているから、ギルドの結成は容易でその活動も期待できるわけである。

ギルドは店舗を単位として組織されているのであるが、事変前のギルド員数は十四軒であった(註21)。現在の簡章および規則によれば、会員大会は毎年正月(旧)中に開かれ、役員の改選・会務および会計の報告・経常費以外の経費の議決とその徴集を行うことになっている。ギルドの経常費は、規約によれば各店に対して公称資本の金額に按分比例したものを分担さすことに定められているが、実際は資本の大小によって貨店を甲乙丙の三等に大別し、甲クラスの貨店は毎月十四元、乙級は九元、丙級六元という風に、差等のある月ぎめ会費を納入させていたのである。経常費は、会費収入だけでまかなうのだから、この金額の具体的な数字は大会にかけて決定し、収支のバランスをとる必要があったと思われる。会員大会には経理または夥計が店舗を代表して参加し、多数決によって議決することも簡章に示されている(L9)。以上のような方法は、事変直後に制定されたものであって、ギルドの法制とはいえないが、会員大会の開催およびその権限・会の構成員(店舗が会員)・会計制度とくに支出に応じて収入を定めるやり方や、経常費以外の経費(たとえば寺廟建築費などの臨時費)を徴集するには、会員大会の賛同を必要とすること、会費決定の原則およびその実際の技術などは、いずれも伝統的なギルドシステムの遺制と認めることができる。

索氏によれば、中興社の会首は大会の席で人材本位により三名ないし七名を「公推」(皆で推薦してその地位につける)し、そのほかに甲種会費を納める者の中から社長を一名、乙種会費を納める者の中から副社長を一名、いずれも交替制(すなわち輪流)でかわるがわるその地位につけたという。「公推」の制度や、甲種会員の社長独占からいって、大資本の専制支配が行われていたことは疑いないが、しかも全会員の支持を得るために輪流方式や人材主義が併用され、乙種会員の面子も考慮されていたのであって、大資本の支配を確実にするために「共同体」としての構成を採入れていたわけなのであろう。公会となってからの役員は、簡章によれば、会員大会において投票選挙で委員五名ないし七名を選定し、そのうち得票順で会長一、副会長一が就任することになっているが、索氏によれば、同業公会に改組されてからも表面上委員と名称が改まっただけで、実際は旧来の制度がそのまま維持されていたということである。章程が具文(文章だけのことで実体は別)に過ぎない場合の一例であろう。

章程には、公会の目的として「共同福利の増進」をあげ、公会の事業として、「営業の改善・矯正、困難の除去・発展」をあげている。これは元より同業公会法の規定になぞらえたまでのことであって、それ自身意味のある字句ではないが、索氏によると、商売の規矩を定め、かつこれを守ることがギルドの生命であって、その規矩は箇條書にできるようなものではなく、すべての習慣自体がそのままギルド規約であるから、体得するほかに道がないという事である。たとえば倉庫管理にしても、商品を搬入するまでの手続きから、管理の方式、積替などによる商品の保存、売却後における保管と搬出など、すべて貨行の習慣がそのままギルドの規矩となっているわけである。一九四三年の公議棧租規則（一四九頁参看）（L10）は棧佣（倉庫使用の際の借用料）に関する公会のとりきめであるが、このような決定も以上のような意味におけるギルドの規矩の一端であり、たまたまこれを成文化する必要があったので「公議規則」となって、我々に研究資料が残されたというわけなのである。索氏によればギルドにとって最も重要な規矩は、仲介業務に直接関係した商事慣行であるが、たとえば斗秤についても、特に成文法的規定を設けているわけではなく、従って事件がなければこの点についてギルドの規矩があったという事実も表面に浮び上ってこない。しかし貨店の斗秤が不正であるという評判でもおこれば、社長が該店について大行所定のものと比較し、その適否を即決するというのがギルドの規矩であって、習慣に則して商業秩序の維持に任ずることは、何よりも重要なギルドの任務であったと思われる。

牙行が官庁の便宜と関連して特許商としての公認を官憲から与えられたのは、税金徴集の便宜からも来るのであって、仲買的取引が行われる際に取引税を徴収しようとすれば、仲買業ギルドの協力が絶対に必要であり、官憲が直接手を下すよりも、徴税事務をギルドに委託してその責任において実施するとき、もっとも実効があがったためであった。このことは同時にギルドマーチャントの便宜とも結びついているのであって、簡章には商会との協力を説き、棧租規則にも商会費の代理徴収をあげ、棧佣も商会の調査公許を経た後に確定しているのである(L10)。ギルドマーチャントの仕事を代行したのは、一つには官庁の政治をギルドマーチャントが引き受けていたので、両者が不可分の関係にあったという事情によると思われる。それは同時に官庁および大行に対するギルドの発言権を意味することになる。官庁との交渉は大行を通じて行うのが普通であった。同業公会の日常の事務は、官庁・商務会から発せられた指令の処置と、貨店が官庁等に申請する事項のうち、公会の手で代行する仕事が、最も多かったといわれているが、中興社の時代においても、その状態はあい似たものであったろう。それは必ずしも牙行の特殊性によるものではないが、牙行たることによって一層繁雑にされたことは否定できない。

ギルドの事業の第三にあげられるのは祭祀である。これは従業員の信仰心を満足させるために、五月十一日を中日とする前後三日間、南茶坊関帝廟において関帝のために賽社を行い、その際に会員の宴会も催されたのであるが、近頃では会員が関帝廟に集って焼香叩頭を行うだけになったと言われている。祭祀の点では聚錦社と同巧異曲で、単にその日取を変更したに過ぎない。第四は社会事業であるが、済生店における冬期の放粥（寺の庭などに小屋掛をして貧困な者に一日一回餓死を免れうる程度の粟粥を食べさせる救済事業）に際し、中興社はそのうちの十日間分を受けもって、これに要する金穀の負担はもとより、人足や差配まで引き受けて、窮民救済に当ったという(註23)。

ギルドの成文規約について略述すると、これには通則と特殊規定の二つがあった。通則には新旧の二種があって、それぞれ一九一五年・一九四一年に規定されており（L10）、後者は現に行われているものである。これは「厚和市客貨業公会簡章」と名ずけられ、第一條―六條が総則、第七條―十五條は組織、第十六條―十八條は会計、第十九條―二十一條が付則となっている(L9)。大体の骨組は一九二九年および一九三〇年の工商同業公会法・同施行細則に準拠して作られた規定で、施行細則の適用については簡章第十九條がこれにふれている。しかも事変直後に、そのころの状態に合わせて、帰綏商務会の指導下に、主要公会が協同で制定した規定であるから、客貨業公会の特殊性も織込まれているとはいえ、その條文は同じ頃に作られた厚和市茶業公会簡章（L16）と大部分同一である。従って公会の通則としてははなはだ不適切であって、内容的には公会の事業などに全くふれるところがなく、規定としてもある事項はかえって「具文」にすぎないと見られるのであり、たとえば常務会議を毎月一回開くと記しているが、常務とは何か、会議の構成員、権限などについて全く説明がないという有様であるから、会の実体とこの規約は著しく遊離しているといえる様である。この規定が実行された限界については、ギルドの習慣を反映した條項はともかくとして、その他の規定は単に規約の形式を整えたというだけのもので無内容に近く、会でも初から全面的に実行することを期待していた訳ではない。中興社を公会法によって合法化するのに必要な文章を、官憲側が受入れ易い形にまとめあげたものであるといった方が真相にちかい様である。一九一五年度の通則は、その文章が伝わっていないが、ギルドの慣習の要点を書きとめたものだといわれているから、規則というよりも記録としてそれだけの意味はあったろう。目的が国家の法律命令に対応することにあったとすれば、その目的を満足させる手段として規約を創作したことになる。ギルドのとった文飾として觀察すれば、規定が実際に行われたか否かなどとは全然別の問題として、その様なポーズを必要とした事情が、ギルドのいわゆる「近代化」を考える上に大切なことである。

「御用化」とは関係のないギルドの特殊規則のうちで、今日手にすることができるのは一九四三年の公議棧租規則であるが、これには規則を作ったゆえんをのべ、適用に関する弁法をあげた後、棧租の値段を示し、規約の制定年月を記入して公印を押している(L10)。物価騰貴の時勢に応じて棧佣に関する慣習を改訂しようとする、ギルドの意志を公示することによって、これをギルドに入っていない顧客におしつける上に、効果が挙るものと期待したわけであろう。この規則が実際に行われたか否かは一つの問題であって、よしんば規則が「公議」の「議決」を経、内外の諒解をまって公布されたものであっても、ギルドの意志が貨行の内部はもとより、客商など、関係あるひとびとの具体的な支持をうることができたか否かは、意志を具体化する方法すなわち、技術的問題をも含めて、ギルドの集団的な実行力がどの程度関係者に利益を与えたかできまった事と想像される。現に規則の中にも、章程の実行が間々陽に奉じ陰に違うことになるのは免れえないところであるが、今次の規定は「応₌当遵₌章実行₋」であって、もし章にたがい規則を破るものがあれば、調査の上、必ず会から除名するから、予め警告しておくと、特に記しているほどであ

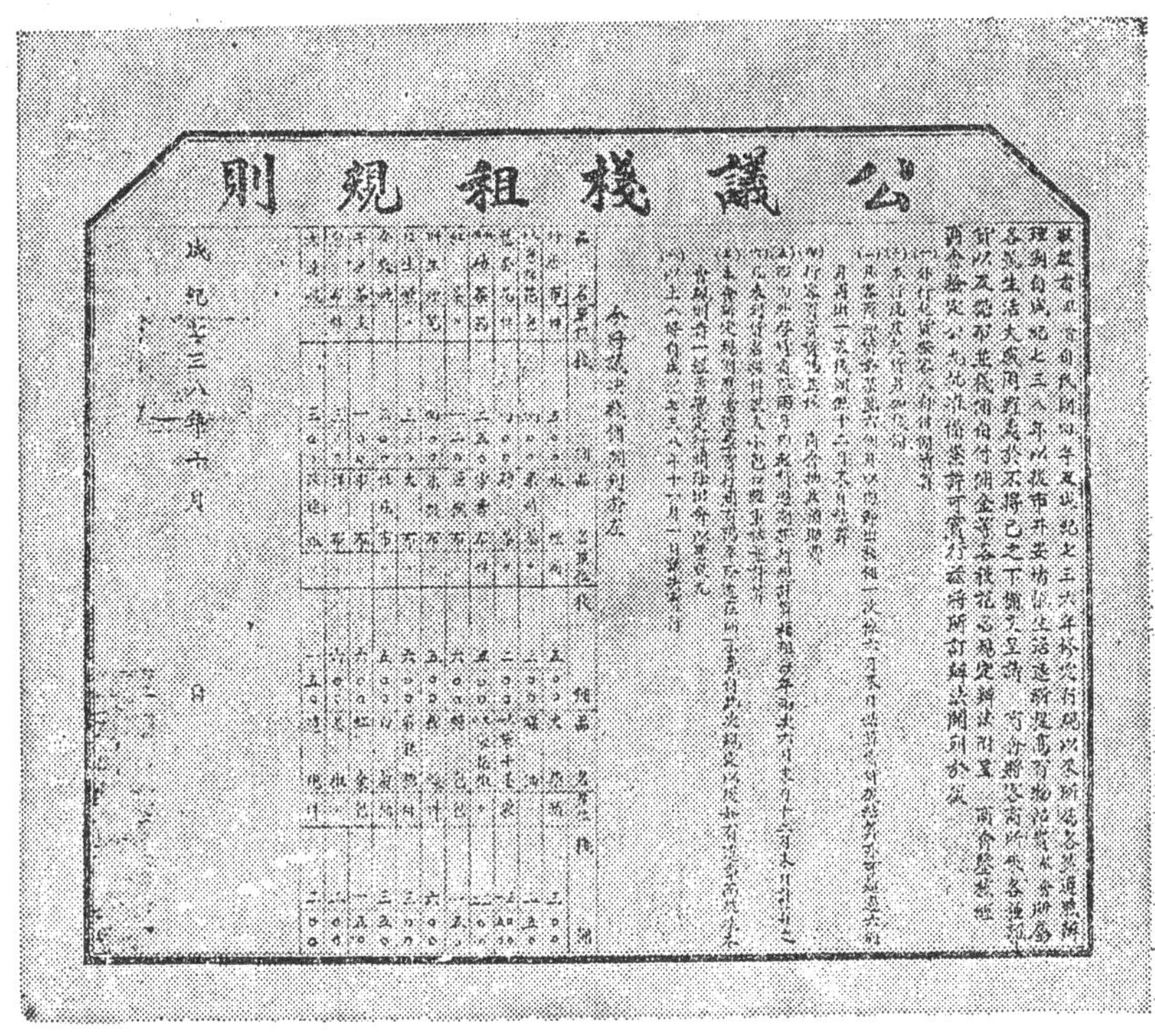

公議棧組規則

る。この罰則によって強制力が高められたとは思わないが、ギルドの経済力と結束力から考えればこの規約はかなり完全に実施されたものと思われる。一般に特殊規則はその必要性が痛感されたために制定された規約であり、それが実際に施行されて、予期した効果があがることに期待がかけられていたわけであるから、前記の通則の例とは事情を異にしたはずである。またこの規約はギルドマーチャントに申請し、内容をよくしらべてもらった上で、公式に許可され、登記されたことをのべて、その後援を頼んでいるし、更にこれを額に入れて店内の目立つ場所にかゝげ、公示による効果にも期待をかけている様子であるが、規則自体が傳統に合致し、合理性をもっていることを強調して、皆が納得して服従する点に最も期待していることはいうまでもない。

唯ギルドの成文章程はすべてその制定を必要とした客観的事情を考察する素材として意味があるわけで、権威ある規範というよりも制定者の意志を一方的に主張した一個の作為であり、制定をみたという事実があれば、制定の目的はそれだけで一応達せられているのである。施行の結果どのような効果が生れたかは、中興社の場合でも、やはり問題であろう(註22)。もっともこれはギルドに限らず、封建中国の社会規範のうち、成文化されたもの全体について、大なり小なりいいうることなのである。

註1　小川久男氏「包頭における貨店」(満鉄調査月報廿三巻十号) 頁五—六。

2　綏遠通志一〇八、各県商業概況　帰化城　跋文。

3　小川氏前掲 (月報廿三巻十一号) 頁九五—七。

4　包頭の貨店もこの点は同様である (小川氏前掲廿三巻十号　頁九—十八)。なおこの問題に関する蒙疆銀行の調査は全く信用できない。(蒙疆銀行調査課編印、蒙疆における華人商工業資本、頁一五一—五)。

5　包頭では貨店の倉庫は普通の家屋と異らない由であるが (小川氏前掲、廿三巻十号十七頁)、糧貨店もそうであろうか、多少の疑を留めておきたい。

6　包頭店の売客には、山西幇としては太原を境とする北晋の府北幇と南晋の府南幇がある。前者は河北、後者は華中の商品を主として扱ったのであるが、鉄道開通以来府北幇は衰え、天津及び河北の布荘が、これに代ったという (小川氏前掲、月報廿三巻十一号九八—一〇一頁)。

7　帰綏識略巻卅六税課、烟油酒雑貨税。

8　公議桟租規則(L10)には倉庫にあづかる商品として三十三品目をあげており、主要な仲買商品は網羅されているものと思われるが、これを小川氏の包頭での調査に準じて分類した。なお包頭と帰綏では商品に多少相違がある。(小川氏前掲廿三巻十一号　頁七四—九五)。

9　保管責任は包頭も同様で、保管のためには周到な計画で万全を期している (小川氏前掲、廿三巻十一号　頁一〇八—九)。

10　支那省別全誌　山西省　頁七三八に「問屋を営むものを糧店と称し、客桟として取引の仲介をなすものを貨店と名付く」

とあるが、その誤りは論ずるまでもない。

11　帰綏貨店の取引関係は、大体包頭と類似するが、坐碼頭的の配置を見ると、帰綏貨店は京津などの内地を主な供給地と考えてそこからの仕入を重んじ、これにふさわしい配置をとっているのに対し、包頭貨店は需要をさぐることに営業の主力を注ぎ、後套などに対する販路拡張の為、副号の配置を考えると共に、奥地農村への売込に、適切な手を打っている（小川氏前掲、廿三巻十一号、頁一一二―一二〇）。

12　小川氏によれば、包頭では使用人を夥計と工人に区別し、夥計には経理から学徒までを含ませている。帰綏貨店においては夥計を本文において説明したような意味に用いているのであって、夥計はフレキシビリテイをもつ言葉のように思われる。（小川氏前掲、廿三巻十号、頁五一―六）。

13　包頭の貨店では、頂生意の夥計が死亡した際に、その人が店に大きな功績があった者であれば永遠身股として店の続く限り生前と同じく利益分配を継続せしめるが、通常は整股（一股以上）は死後三回目の決算をもって、破股（一股未満）は死後二回、時には一回の決算をもって身股を打切り、公積金等の一切を清算した上、店舗との関係を断つ習慣である。このように故人に対して与えられる身股を、すべて故身股と呼んでいる。死亡ではなく、単なる夥計の辞職であれば退職後に行われる最初の清算期において貸借を決済した上退股にするという。以上の包頭貨店の場合から考えても、身股は財股と異り、頂生意的の死亡や離職の場合に、永久的な権利が保留されるわけではなくて消滅するのであり、一定の財産権が固定的に保持されるのではなくて、本人の能力勤務年限身分関係その他によって増減されるから、これを同一に論ずることは誤りである。しかしながら身股は店舗の運転資金として導入された借入資本に対応する財産権であり、利益配分関係・処理方法など本質的な点で財股と対等な地位に置かれているという事実からみても、財股と互に相まって資本を構成していたと見なすべきである。中国では商業資本はその後進性の故に自己を自由な資本として解放しておらず、店舗の開設に必要な固定資本として提供される金銭または現物出資は、運転資金の補足・依存によって始めて資本となり、身股（頂生意的）は財股（財東）を見出すことによって始めて資本（資本家）となり得るのであって、身股と財股は相互に補足的依存的関係に置かれている。なお、小川氏は身股を労力出資と解しているが、労力出資とは以上に記した如き内容として理解さるべきであろう。（小川氏前掲廿三巻十号、頁卅六―五〇）。

14　包頭貨店の場合には、学徒を終えた夥計は身股を与えられていない店員であり、「薪水」（辛金）すなわち俸給と「餽送」（償金酬労金）・「年礼」（お年玉）などの手当が支給されている。帰綏においては、この種の店員は学徒の中に包含されているようで、学徒の年期が十年におよぶのもこのためである。つまり包頭では相当年数を經た者は下級店員と考えているのに対し、帰綏では頂生意されねば夥計として認めないのである。また包頭では頂生意された夥計の薪水として「坐底」と「年礼」をあげている。坐底は民国初年に始まったものといわれ、最初は応支の過払であって、開紅利の際身股配当金から差引かれたが、一九三六年頃からこれを応支とは個別に、手当として支給するようになり、その金は店舗の営業費の中から支払われ、身股とは切離された。年礼はボーナスで正月前に経理から学徒に至る全従業員に支給され、どちらかといえば儀礼的形式的な「面子」のための賞与で、現物或は十元程度の現金であったという。年礼は帰綏も同様であるが、帰綏では薪水があり、それに対して包頭では坐底があるわけであろう。従って帰綏の薪水を包頭の坐底から類推すると、薪水は民国以来財股身股に対する利益配分金の前借制度として生れ、後に手当として支給される仕組に変じていったものであろうという順序が、一応考えられる。もしそうであれば、帰綏でも以前はやはり坐底と呼ばれていたかも判らない。いずれにしてもなお検討を要する問題である。（小川氏前掲廿三巻十号、頁五一―六七）。

15　包頭貨店にあっては、帯財掌櫃はない。包頭でもこの点は同様で、巨大な資本を必要とする貨店の特殊性に基くものとみられている（小川氏前掲、廿三巻十号頁二八）。

16　包頭貨店には監理なるものがある。財東の中から代表者をえらんで経理上の監督に任じたわけで、監査役と比較し得るものである。ただ監理は運転資本の獲得に従事した特殊な従業員であるという解釈も成り立つようで、なお問題が残されている。監理は身股を与えられ、経営者の一人である。帰綏貨店に監理の制度があったか否かは調査していない。（小川氏前掲廿三巻十号、頁四八―五）。

17　小川氏は包頭貨店の財東がほとんど商人であり、他店の経理夥計などが、蓄積した僅少な貯蓄を投資して財東となった事実を明らかにし、多くの財東が零細な出資金を出しあって資本を集積した点を注目している。（小川氏前掲、廿三巻十号、頁三一―六）。ただし、これは新興商業都市包頭を背景にして民国以後創立された貨店を調査の対象に選び、その結果得られた結論であって、財東全般をこの様な性格のものとして規定することはできない。

18　小川氏は包頭貨店の合同約が、屋号・営業の種類・各財東の出資額と財股数・経営主脳者とその職権・合賬の時期と開紅利・身股と応支などにわたって記述している契約書だといって、その実例を紹介している。（小川氏前掲、廿三巻十号、頁一九―廿三、廿九―卅）。

19　小川氏は包頭貨店の合同約に共通な文字「勿ㇾ論ニ財身ヲ一按ㇾ股ツナニ均シク受ク」を引いて、包頭では身財股をならして平等に扱い、利益配分も身財股にかかわりなくその厘毛の大小に応じて配当金が決定されたことを指摘している。この点は帰綏貨店の場合と様相が異るように思われる。（小川氏前掲、廿三巻十号、頁三六）。

20 小川氏は包頭貨店について自己資本（原本・護本・公積金・紅利）と他人資本、固定資本と流動資本に関する詳細な分析を行っている。（小川氏前掲、廿四巻二号、頁七三―九五）。わたくしは身股の背景として借入資金を考え、これを身股の資本とするので小川氏と計算を異にするが、いずれにしても包頭の場合は帰綏以上に自己資本が微弱であること疑いなく、店舗施設の土地建物も全部借用しているのである。帰綏でも借地借家で間に合わせている貨店があるかも知れないが、質疑応答による限りではすべて自己の財産となっている。この場合に、固定資本と流動資本を比較するといっても、インフレが急速に進行しつつあった調査当時のこととて、現在の流動資金と、店の開設当時の投下資本とでは、貨幣価値の開きが大である上に、調査時の応答が土地建物等を時価に換算しての比較か否か心もとない。ただ、流動資本はほとんどすべて信用貸借に基く他人資本の導入に待ち、財東の出資は護本（近来開始された制度で、財東が流動資金を提供する意味で、財股の大小に応じて店舗に融資を与えるわけである。護本には利益配当を行わず、所定の利子を支払うだけである）などを入れても流動資本に関する限り、ごく僅少なものに過ぎなかったことは疑問の余地がない。

21 綏遠通志一〇八商業、各県商業概況　帰化城。これには省会営業税処檔案と商会調査の二通りの報告が出ていて、客貨業は前者で十六、後者で四となっている。後者は誤記であると考えられる。

22 小川氏によれば、包頭には貨店のギルドはなく、民国廿二年五月同業公会が組織されたにすぎないという。独立のギルドではなくても、皮毛貨店と糧貨店とを貨店の面で結び合わせる同業的なまとまりがなかったかどうか、調査の余地が残されていると思う。それはとも角として、小川氏の論文には同業公会についても具体的な記述がないので、帰綏の場合と比較することができないのを遺憾とする。（小川氏前掲、廿四巻二号、頁九八）。

23 索氏によれば、済生店における放粥は冬期六カ月にわたったが、それをおよそ十日間づつに区切って各ギルドが受けもち、中興社もその一節を受持ったという。しかし済生店は冬期における窮民収容機関であり、被収容者以外の一般人を対象とする放粥は済生店固有の任務ではなかった。また被収養者に対する給食にしても、民国以来は済生店が解散されて、基金と土地建物が残ったに過ぎないので、中興社の事業として済生店の事業を分担していたとは受取り難い。しかしギルドが連合して放粥を行うことはあり得るし、その場合済生店の故址たる省立第一小学が選ばれることは想像できるので、しばらく疑いを存したまま、索氏の記憶に残っている事実を紹介しておきたいと思う。

附註　包頭貨店に関しては、井上瀬氏の「包頭貨店の解剖」（華北交通株式会社包頭公行発行・タイプ印刷・包公調第八号）がある。井上氏が昭和十六年に包頭貨店廿四戸について実態調査を行い、取引機構・資本・労務・金融・営業収支・利益配分総取引額・在庫品などについて聴取を行った結果をまとめたものである。事変中、日本軍管理下において重慶地区との間に行われた祕密貿易の一要素として、貨店の果した役割を、商業学的に解剖した点は出色のものである。本節に関係するところは少いが、小川久男氏の調査に先立ち、包頭貨店の実態を調査した最初の業績として特に紹介しておく。

第三項　石炭業と煤炭行社

煤炭行の沿革に関してはあまり明らかでない。道光二十四年（P12）から咸豊十一年（P16）まで煤炭行と称していたが、その後同治十二年には煤炭社（P18）と名乗り、事変前には商務会所属の同業公会となっていた（註1）。元来、煤は粉炭の意味で、炭は塊炭を指すのである。帰綏の附近には炭田がなく、北方の大青山、西方の寧夏、南方のオルドス、東方の清水河など、遠近の差はあるがいずれにしても外から買入れねばならないので、帰綏は石炭の高価なところとされていた（註2）。その中でも主要な産地は大青山の諸炭坑であるが、すでに乾隆三十三年に綏遠城将軍の奏定をもって、哈葉麻・阿利莫図の両坑には清水河の喀喇・烏克爾図の両坑とともに、佐領・驍騎校・前鋒校などの蒙古官吏を駐在させ、窰戸（採炭業者）に対して煤炭窰税を課し、納税済の印票を得た石炭に限って、運び出して販売することを許可した（註3）。この税は土默特旗に納められたのであるが、石炭を車に積んで行くのなら一台分で足銭四十文、駱駝の背にのせるのなら一頭分で十五文、馬や驢なら十文を、それぞれ徴集していたという記録が残っている（註4）。光緒二十七年に綏遠城将軍が武川県（当時は可々以力更）方面の炭田を封鎖し、その窰戸および工人を引抜いて、八旗牧厰内の炭田を開発しようとしたので、土默特旗と清朝の駐防八旗との間に、紛争が起ったこともあった

(註4)。このような遠隔地にある採炭業者や或はその許に出入している客商と、消費者との中間に立つ仲介業者として、帰綏市内に石炭仲買店が現われたのである。その業務は穀物における糧店と同じような内容をもち、売客と買客を結びつけるのに必要な倉庫・旅館・金融等の施設を備えていたわけで、複雑多岐な流通機構のもとでは、仲買店なしに、帰綏における円滑な石炭需給の調節を期待することは、できなかったのである。光緒末の万義店・公義店・元盛店などや(註5)、事変前の八軒の煤炭店は(註2)、いずれもこの必要をみたすために生れたものであり、炭価の地方差が利益を生み出す上に、有利な條件となっていた。煤炭行社は十王廟内の火神廟を支持し、その重修などの場合には主催者の一人として奉仕している(P12 P16 P18)。煤炭に関連して、火神を祭祀の対象としたのであろうが、その賽社(廟会)については、帰綏識略等にも記述がない。

註1 綏遠通志一〇八 各県商業概況 帰綏県、跋。
2 帰綏識略、巻卅五 土産・貨属・煤炭。
3 帰綏識略巻卅六 税課、煤炭窑税。
4 税額および紛争については、安齊庫治氏「清末における綏遠の開墾」(満鉄調査月報十四年二号)頁五九—六〇参照。
5 支那省別全誌第十八巻山西省 頁七四四。

第四項 毛皮家畜仲買業と皮行興隆社

「皮毛牲畜店」のギルドは最初は皮行あるいは皮行社と呼ばれ、乾隆二十年(B2)以来、乾隆年間(C1 P5 E12 P7 B4 P8 G2 B6 T1)を通じて相当の記録を残し、嘉慶(E20)を経て道光七年(P11)までその名称で通っていた。

道光中に興隆社と改称し(註1)同二十二年以降（V1)、同業公会に改組されるまでこの名称が一般的に用いられたのである。もっとも道光以後でも皮行社の名が全く消滅したわけではなく、光緒三十五年(C15)になおその用例を見出しうるが、これを通称と認めることはできない。皮行は大行が混合ギルドとしての性格を失っていった時代に発足し、その外部で独自の発達をとげたギルドであって、帰綏道志にも興隆社を外小社行の一として扱っており、事実清末まではギルドマーチャントの中に入っていなかったのであるが(註2)、宣統四年に始めて大行を構成するギルドに加えられ(第一表)、民国元年には興隆社から郷耆を選出するに至ったのである(N22)。中国の毛皮類がハンブルグの国際市場で人気をよんでいた清末のこの時期が、皮行ギルドの全盛期であった。民国元年の外蒙独立によって大きな打撃を受け、その後は内蒙古と新疆省から出廻って来る商品が、彼等の命脈をつなぐ源泉であった。皮毛公会となったのは民国十八年ごろといわれているが、世界恐慌の余波をうけて取引は衰退の一路を辿り、事変前の取引高は清末の二割程度にすぎなかったのである(註3)。事変後、西北貿易は日本軍管理のもとにおかれて同業者は貿易からしめ出され、内蒙古の毛皮も軍需品にあてると言う名目で日本商社の独占下におかれたため、一九四二年をもって業者は廃業し、ギルドも消滅した。

皮毛牲畜店は牙行である。同じ毛皮仲買業でも牙行は店舗を構えている点で牙紀（個人的な仲買商人）と区別されている。店舗といっても小売などを行う場合とは構造を異にしていて、広大な敷地には棧（倉庫）や豪華な客房（旅館施設）が立ちならび、駱駝・馬・羊・牛を別々に入れうるように、四周の囲壁等を利用して造られた厩があって、これらのいわば顧客のための施設が店の骨格をなしていた。櫃上(商談室)・賬房(帳場)・火房(厨房)など、店舗に固有の建物は正面の一廓の内部に設けられ、数百頭の駱駝が小休止できる中庭や、その他の附属施設も概ね整っていた(註4)。顧客を「客人」とよんでいるが、客人には商品の供給者たる売客と、需要者たる買客とがあり、売客と買客の間に立って取引を周旋するのが店の主な仕事であったわけである。

皮行の売客は蒙古売買・西北売買・販子・皮荘・その他に大別されている。(1)「蒙古売買」とは単独または数人共同で蒙古貿易に従う者で、中には屋号を称する者もあるが、その場合でも経営的には個人企業で財東もなく店舗施設ももっていない。いわば冒険的商人なのである。売客はいずれも特定の皮毛牲畜店に強く依存しているのであって、貿易に必要な見返り物資の購入や旅費その他の資金の融通について皮毛店の援助を受け、その商品をたずさえて貿易地に赴いたわけである。彼らの特殊技能は蒙古の言語や習慣や商品について熟知していることにあるが、漠然と貿易先に赴くのではなく、特定の蒙古聚落と顔なじみになっていることが取引上もっとも大切であった。売客は熟知の遊牧群を順次たずねてそのさきざきでバーター取引を行い、毛皮や家畜などの購入が終ると、次の蒙古聚落に移動するというやりかたで、毎年一定のコースを辿る「移動店舗」の旅を続けた。数カ月の旅の後、帰化城に帰ってくると、再び古巣の皮毛店でわらじをぬいでその客房に住み、商品を桟にあずけ、該店の仲買を通じて商品を売却する段階となるわけである。蒙古売買は自己の計算と負担において貿易を行ったとはいえ、特約関係をもっている「皮毛牲畜店」の信用と資金の後援を頼むことによって、始めて蒙古と内地を股にかけた営業に従うことができたのである。しかし、反面からいうとそのために特定の仲買店に隷属した形になって、居住・取引・商品保管等についての自由がなく、商品の販売や見返り商品の買入についても、実際問題としては該店の拘束を受けたのである。少く共帰化城滞在中は飼殺しの形であって、税金や食費などの一切について、必要に応じ立替払などの便宜を得ることができた。この融資に対しては利子を払わねばならなかったし、食費暖房は実費を徴集されたのであるが、部屋代も倉庫料金も不要であって、これらは皆店舗の「客人」に対するサービスとなっていたわけである(註5)。(2)「西北売買」は新疆甘粛寧夏への貿易業者で、皮毛店との関係は蒙古売買の場合と同様である。店によっては二百人以上の冒険的商人と特殊な関係を結び、彼等を保護するとともに隷属させていたのであって、間接的ながら皮毛牲畜店が新疆貿易において占める地位は極めて大なるものがあった。⑶「販子」も個人的な商人であるが、農家からはみ出た余剰労働力が経紀にふりむけられた場合であって、皮販子は知人などをたずねて遠近の農村を歩きまわり、零細な毛皮や家畜を買い集めて、これを皮毛店に供給したのである。店の売客としては、一回の取引量が毛皮一二枚という程度で極めて少く、時期的に不定であり、品質が不揃いで、贓品の危険性も考えておかねばならないが、取引回数が少くないので総量では馬鹿にならない状況であった。販子の中には特定の店と特殊な関係をもっていたものもあるが、それはむしろ例外であって、仲買を引受けてくれる所であればどの店でも構わずにとび込んで、随時取引を依頼したわけである。⑷「皮荘」については第二節に於て詳述するが、獣皮類の仲買卸商で獣皮取引の調節池という役割をもっている。皮荘がストックしている商品の一半は皮毛店を介して求めたもので、この限りでは皮毛店の買客であるが、同時にその商品を売却するときにも皮毛店を介してあきないを行うから、その際には売客としてみせさきに現われることになる。皮毛店の立場からいえば、需給のズレでさしあたり買手のつかない商品は、皮荘に買ってもらって売客の希望に答え、需要が高まった時期に買手が求めている商品がなかったりした場合には、人を皮荘に走らせて、買客の希望する毛皮の供給を要請するわけである。皮毛店と皮荘は互に補足しあうような関係にあるので、取引関係は二重になっている。⑸「その他」集錦社・新疆社・清真社（いずれも後出）などのギルドに属する貿易業者が重要な売客であるのは当然だが、毡房（フェルト製造）・白皮房（鞣皮業者）の様に獣皮獣毛を原料として使用している手工業者も、原料用に買付けた商品が過剰になった場合には売客として店にやってくるし、農民客商その他あらゆる人達が持込む毛皮・家畜の量も総計では少くなかった。

買客としては、自店の副号や別号（ともに支店の一種）を一応別にすれば、獣毛類なら天津の洋行（外国商舗）と毛荘が第一の顧客であり、獣皮類なら前記の帰綏皮荘を始め、北京・天津・宣化・張家口・豊鎮・大同などの皮荘が主要な取引先である。売客のところで述べたように、当地の皮荘に渡した商品は適当な時期をまって転売されるのがほとんどであるから、皮毛店の取引は通過貿易だといってよい。家畜の買客は各地の「牲畜荘」(牧畜業者)と農民、地元の屠殺業者などである。

牙行たることが公けに承認されるには牙帖の発給を受けねばならないが、牙帖は一帖一行が原則であって一つの営業毎に一枚の牙帖が必要であり、皮毛・牲畜店を開設するためには二枚の牙帖を要することになるので、それだけ負担が加重せられて牙税(牙帖発行を受ける際に納付)のほかに取引税も二重になるわけである。そこには当然抜道が生れてくるのであって、皮毛牲畜店という形式をとらずに、皮毛店あるいは牲畜店のどちらかとして届出て、一枚の牙帖で済ますことが慣例となっていたのであり、皮毛店と届出た者は全体の六割、牲畜店は約四割といわれている。従って表面的には毛皮店あるいは家畜店であって、単一の商品を扱う二種類の営業が存在したことになるが、重点のおきどころが相異していただけであって、いずれにしても毛皮・牲畜のほか、乾果・宝石・金銀・鹿茸など、毛皮類と同時に輸入された諸商品を広く取引していたのである。

主な取扱い商品をあげてゆくと、獣毛は天津開港以後商品となったのであるが、羊毛・山羊毛・駝毛(駱駝の毛)・馬尾子(馬の尾)・馬宗(たてがみ)などが含まれ、その間にも栄枯盛衰があった。獣皮は粗皮(下級毛皮)・細皮(高級毛皮)・皮革(無毛の皮)に大別され、そのうち粗皮には羊皮・羔皮・山羊皮・狗皮(蒙古犬)などが、細皮には狐皮・狼皮・貂皮・獺皮・猫皮などが、皮革(および家畜)には牛・馬・駝・騾・驢などが含まれ、さらにこれを産地・品質・採取の季節・方法その他による、商品としての分類によって区別していた。たとえば貂といっても産地が極寒地帯で、しかも真冬にとったものほど高価だったのである(第九表参照)。皮毛牲畜店では商品をあずかった以上その保管についでは店の責任として注意を払ったということであるが、元来商品保管は店のサービスで保管料をとっていなかった上に、獣毛・皮革は固く包装されていて保存が容易であったため、倉庫も普通の家屋をこれにあてているだけで特別な設備はなく、毛皮に櫛を入れて品質維持に労力をかけることも仲買店としては困難だったから、糧棧などとはかなり條件も事情も違っていたようである。ただ家畜の場合は盗まれたり、すりかえられたりしないように、細心の注意を払ったのであった。

形式的にみると、皮毛店は金融・倉庫・旅館の諸業を兼営しているが、実際は糧店の場合と同じように、仲買業を営むのに必要な顧客誘致の手段として、所要のサービスを行い、施設をもったに過ぎない。融資なども顧客を店に結びつけ、あるいは商談を成立さすために代金の立替払いを行うなど、最少限の必要をみたしたにすぎない。その貸与金には利子を附したのであるが、もともと銭舗などから借用して来た金をまたがしするのであるから、やむを得ず徴取したわけであり、店舗の計算からいって名目上の利子収入は大であっても、支出と差引けば収益としては残らない実状であったという(註6)。皮毛店としてはできれば融資をやらずにすませたろうし、少なくとも積極的に貸付先を開拓する気がなかったことは、高利貸業者と異る点である。ただ、彼等のこうした融資が銭舗等の金融業者の発達を助け、商業資本を高利貸資本に隷属させる契機を与えたことは否定できない。

仲介業にとって最大の問題は商品流通であるから(註7)、すぐれた売客と買客をできるだけ多く店にひきつけ、また商談成立の比率を向上さすために努力と工夫をこらしたわけである。皮毛店は売客を身分的（副号）経済的（別号）資本的（売買の資金提供など）な関係によって支配下におくとともに、「顔」による仲間的共同体的関係の擬装によって店にしばりつけることに努めた。買客も同様で、店に泊めたり融資の便をはかったりした。天津に駐在員をおいて買客誘致のあっせんをやらせるとともに、連絡と取引に任じさせた事情は、貨店の場合と同様である。商談は糧店でやっていたように、店と売客および店と買客の間で別々に交渉を進めたのであり、その間のさやをかせぐのが商売の醍醐味であったが、表面的には取引額の二%を手数料（佣錢）として売客・買客の両者から受取るに止まり（註8）、時には貼佣（佣錢の一部または全部を売客に割りもどす方法）または貼本（佣錢のみならず、取引価格の一部を店から支出して売主に与える方法）などによって、ようやく商談成立にこぎつけることもあった。要するに皮毛牲畜店は表むき取引の仲介を行って佣錢をかせぐことが目的であり、佣錢をかせぐには出入する売客および買客の質と量を向上させて取引高を増すほかはなく、すべての営業政策がここに焦点を合わせて組立てられていたわけである。また天津開港以後国際資本の支配力は次第に強まり、獣皮獣毛の需給は世界市場における獣毛皮の需給関係並びに銀相場の変動によって支配されたのであるが、中国側は一般に受身で積極的に打つべき手をもたなかった上、天津の商人とくに洋行（外人商社）が中間にあって利益をかすめ、損失はこれを帰綏商人に転嫁するのが常であったから、帰化城皮毛牲畜店はその運命をほんろうされながら、結局没落過程を辿らざるを得なかったわけである。日本帝国主義はその最後のとどめをさしたに過ぎないといえよう（註9）。

店の構成をみると、張廷甎氏によれば、出資者たる財東および頂生意的と、商業従業者すなわち商人である経理・夥計・学徒と、単なる傭人にすぎない工人に大別されていたということである。工人は厨子（コック）拉水（水くみ）看門（門番）などで、直接商取引に関係せず、店の雑役に従うだけで、いわば傍系の立場にあり、経営とは本質的なつながりをもっていなかった。工錢または工資と呼ばれる彼等の月給も、固定給で昇給の見込みもなく、かつ極めて薄給であるが、ねぐらと食事を与えられたので、他に能力のない者が住みついていたのである。その立場上、身分的支配を受けない（受けるに値しない）代り、庇護を受ける点でも最も薄く、見限られた階層というべきである（註10）。

学徒（徒弟）は家父長奴隷的な存在であり、無償で労働力を提供する柔順な羊であった。学徒となるには、普通は十五・六歳の農村青年が彼の同族かあるいは村の先輩が経理などをしている店舗を頼って帰綏に出てくるのであって、そこで「舗保」がもらえると、その店舗の紹介によって徒弟を求めている皮毛店に入ることになる。皮毛店としては自店の信仰と同一の宗教に属しない青年は採用しないので、同業者内の宗教的な同一性は比較的よく守られている。学徒になると彼の生家の家父長権から離れて、徒弟奉公の期間中は店舗の家父長権に従うことになる。その際生家と店舗の間でかわされた契約に対し、第三者たる別の店舗が中人となってその保証に加わるわけで、前記の舗保を必要とする一つの理由となっている。舗保は本人について店舗があらゆる責任を負う事を保証するのであるから、舗保を与えてくれる店舗と特別な関係にある青年だけがこれを獲得することができる。このために学徒の質と量とは自ら制限されるわけである。「進舗」（店舗に採用されること）の際に財神と経理に叩頭の礼を行い（ただし回教徒の店では経理に単なる礼を行うに止まる）、その後は経理以下と家族に準ずる生活規範をもって結び合わされることになる。もっとも張氏に対し「徒弟は経理が死ねばどうするか」と問うたところ、「弟としての喪に服する」との答を得たから、家族制度の擬制がどの程度守られているか、疑問である（註11）。年期中に退店することも事情によっては許されるが、他の皮毛牲畜店に住みかえることは不可能とされている。学徒といっても特に定まった専門的な訓練はなく、雑役を含めたあらゆる種類の使役に服しているというのが実感に近い。一年の間にのべ一月分位の休暇をとることが許されているが、労働時間の場合と同じく恩恵的に与えられているだけで、それが規定なり権利なりとして認められているわけではない（註12）。食事のほかに最初は月十五元位（註13）の給与があり、毎年昇給が行われる。年期については明確な線はなく、本人の才能によって三年ないし六年をもって「学満」（徒弟満期）と認定され、ここで改めて夥計として採用されるのである。学満の際に他の店の夥計に転出することはできないが、その代り早い遅いの違いはあってもその店で夥計になれるわけである。各店における学徒の人数は全従業員の三分の一位を占めるのが普通である。

夥計はこの学徒の昇格者だけからなっている。給与は、最初は年額六百元位であるが、順次増額される。また長支すなわち月給の前借も許され、反対に店に金をあずけて利子を得ることも、あるいは自己の金を外部に投資して他店の財東となることも自由である。しかし夥計は店内居住を原則とし、三度の食事も支給され、給与と生活と労働の三面において経理の家父長的権威の下に拘束されている。学徒に比して著しい相違点は司賬（簿記および出納係）坐櫃（店内の応接に任じ、取引をあっせんする者）跑街（外交係）管庫（倉庫係）などの専門に分かれ、自己の仕事に責任をもたされていたことであって、その意味からは経営に直接関係をもち、前期的な賃金形態ではあるが、これに対する報酬も与えられていたのである。

だが、経営参加者ということになれば、頂生意的以上ということになろう。身股（生意）は夥計となってから少くとも一合賬（総決算期）を経た後に定められるのであって、一厘位から始まり、当人の成績によって合賬ごとに増減せられ、最高一股（十厘＝一分）に達する。この身股の決定はすべて経理の権限に属する。頂生意的は人数にすると総員の半分弱を占め、仕事の面では夥計としてそれぞれの専門に分かれ、店の主力を形成していた第一線の商人であった。資本の面からいえば経理も身股をもっている点で頂生意的に数えることができるが、仕事の上からいえば普通の頂生意的は経理の卵であり、部分的に経理の責任と権利とを分担し、その意味において身股が与えられていたと考えることもできる。

このように身股は労務に対する報酬という面をもっているが、この報酬は出資に対する純益の配当という形で行われ、財股と身股とは「平均分開」（身・財股の全体の株数を通算し、各人の持株に応じて純益を配当する方法）によって平等な條件の下に配当をうけたのである（註14）。身股財股は合同や万金賬においても対等に扱われており、時には東股（財）西股（身）と対照されているのであって、身股も資本の一つと認められていた（註15）。頂生意的の所得は、賃金のように「定額の」給与があるのではなく、合賬の時期に到って各人の持株の大小に応じて配当金を計算した後、始めて所得金額が定まるわけだから、その点でも財東と性格を一にしていた。東股も西股も、合賬までの時期は「応支」すなわち股に応じて生活費を前借することが許されており、さらにそれでも不足する時には「長支」として別途に前借を依頼する事もできた。身股でも財股でも「応支」は権利であり「長支」は恩恵であるが、ともに配当の前借制度であって、各人の借金として合賬（開紅利）の際に清算され、長支には利子を付して返済せねばならなかったのである（註16 註17）。

経理は普通二名で、狭義の経理と副理からなっている。経理は支配人の地位にある責任者であって、財東と一定の契約を結んでその地位につき、任期の途中で辞職死亡等による欠員を生じた際には該店の頂生意的の中から昇格する場合が多い。経理は頂生意的の意見をいれて店の経営を行ってゆく。しかし経理は頂生意的の代表ではなく、経理の責任を頂生意的に頒つという形式になっている。経営に関する一切を支配し、形式的には運営の全権を握っているが、これは合同で財東経理間にとりかわされた契約によって一定の條件のもとに委ねられた権利である（註18）。すなわち全権といっても運営については正副経理の合意を必要とし（註19）、また習慣に従って運用せねばならない部面が大であって（註20）株式会社の重役のような自由はなく、たとえば店の金を合同に記されていない面に投資して、該皮毛牲畜店の営業規定以外に手を伸すことは、契約に違反した行為であるから不可能だとされている（註21）。外部に対しては店の公式の代表者であって、たとえばギルドは店舗を単位として構成されているが、店を代表してギルドの行事に参加するのは経理に限られていたのである。

財東には専東（財東一名）・朋東（数名が共同して財東の責任をもつ）及び集股（多数の財東が参加）の別があるが、

経理との契約に従って、商業資本の所有者（構成要素）となっている点には変りがない。「専東」は小資本の店に多く、他に出資しようとする者がないためにやむなく専東制をとっている場合が多いようである。「朋東」は朋友すなわち友人関係にある財東群という意味であるが、朋友といっても多くは同郷関係によるもので、この場合は経理以下すべてを同郷人で固めることを原則とする。しかし中には同郷関係のない者が、ときには外国人をまじえて、朋東の地位につき、あるいは同族が相語らって出資者となる例も少くない。財東になっている人の本来の職業はまことに雑多であって(註22)、商人とか官吏・地主などがまじり合い、身股をもっている商人に比べて必ずしも社会的地位(出身)を異にするわけではない。「集股」は多くの財東を集めて大資本とし、うちに一人でも信用のある者が加わると店の信用が一躍高まり、万一の際には危険分散に役立つといった効能があるという。いずれにしても出資の條件がきまると、その内容を全財東と経理の間の契約書「合同」に記入する。合同は財東および経理が一通づつ所持しているが、財東名・出資額・財股数・合賬の方法・経理の姓名・権限義務・身股関係の内容などが記されているのであって、店舗の財産関係については、万金賬とともに基本的な文書である。合同でことわっていない限り、財東はすべて無限責任である。経営難になると抽股の希望者が生じ、純益が多いと倍股添股の希望者が現われるのは人情であるが、これらについては経理および全財東の同意を要する。従って出資と同時にその出資金は共同体的な「舗」の下にしばられて、全体として一つの商業資本となり、個別的には資本としての自由を失って、財東相互および経営者の共同体による支配と拘束を受けたのである。財股や身股は株式のように有価証券として売買することはできない。帯財掌櫃すなわち財東の中の一人が経理となる形態は、大経営小経営を通じて少数ながら見出される(註23)。財東は経営に関して経理を通じて発言することはあっても、契約に違反しない限り、経理の自由に対して干渉することはできない習慣であった(註24)。

合賬は三年ごとに行うのであって、このときは家具や在庫商品まで計算に入れて総ざらえに収支を計算し、純益（紅利）を分配する。従って純益といっても資本財の増加した部分のすべてを収入に数えた上での計算であるから、開紅利ごとに資本蓄積は全部御破算となる。その紅利の全額を現金で即時支払うことはもちろん不可能であり、仮りに可能であっても在庫品が零では、その日から運転資金につまってしまう。これに対応する方法の一つとして、各人に配分さるべき配当金のうち一部の支払を保留し、公積金という名の下に出資させている。公積金は財東や頂生意的の配当金の中から一律に支払を棚上げした資金で、棚上げの割合などは合同に記載がなければ、財東経理相談の上でその都度決定し、各人の積立金として万金賬に記帳する。公積金をおかない店舗もある。また利益配分（開紅利）の際に、配分金を一応全部店にあずけさせ、必要な金額だけを各自が随意に引出し得る形にして、店の運転資金を残したのであり、その貯金および払出は万金賬に記載されている。万金賬は財股身股に関する一切の原簿であり、商業資本の実体をつきとめる「かぎ」だといえる(註25)。

ギルドの社会紐帯をみると、交城帮による営業独占が強調されている点は印象的である。彼らがふり廻してきた伝説によると、帰綏に皮毛牲畜店が開設されたのは、前章でもしばしば引合いに出されている例の費大将軍が、康煕初年に交城人を誘致して、斯業を独占的に経営させたことに由来するといわれている(P11)。費楊古との因縁はもちろん問題にならないが、交城人が斯業の主流をなしていたので、彼等の特権的地位を説明するために、右のような伝説が創作されたのであろう。今では必ずしも交城人のみではないが、漢人はすべて山西系で、そのうち交城県人が最も多い(註26)。漢人のほかに回教徒経営の皮毛店があって、全体の約三割を占めているが、漢回の対立はそれほどはげしくはないようである。帰綏における皮毛牲畜店の開設地点は旧城北門外の通順街太平街方面に限られている(註27)。皮行は同郷帮から同業帮へと移行したのであったが、開港後獣毛が登場して斯業が飛躍的上昇線を辿った際、外県出身者や回民が参加して、多郷的となったのではないかといわれている。

ギルドは店舗をギルド員としている。ギルド員の数は乾隆末に百十五(B6)の多きに達し、そのころの店はごく小規模なものであったと想像されるが、経営が大きくなるにつれてギルド員の数は漸減し、民国二十四年頃は十九(註28)ギルド解体直前は十八となっていた。右のほかにギルドに加入していない店舗もあった由で、未加入の店は小経営であるために、加入が許されなかったのであるという。ギルド員の権利義務は別に定っておらず、公会となった後でも何か事件があった際に会員大会を開く程度で、それも二、三年に一度位しか開かれなかった。

ギルドの実権は会首によって掌握されていた。会首は社首とも呼ばれ(N12)、定員は十二で、大商店から選ばれたという。大経営の店はしばしば会首に任じていたわけであり、大経営の支配権を固めるためには、会首に全権を与えるのが近道であったこともうなづける。その代り大資本としては中小資本を押えるために大経営全体の結束を固める必要があったようで、大経営の共同体体制を整える為に、会首の中では平等な輪流によって、正副総領を選んでいたのである。また民国元年には皮行出身の郷耆以外に、総領が二名おかれているから(N22)、ギルドマーチャントの役員は、郷耆に関する限り、ギルド役員と切離して別に選出したようである。同業公会となってからは、総領を委員と改め、その定員を三名に増したが、他の点では、従来通りの会首制が墨守されていた由である(註29)。

張氏によれば、ギルドの事業は、ギルド員の個別的あるいは共通の問題を処理することが眼目であったという。たとえばある店舗内でおこった内紛、ある店舗の対外的な事件、ギルド員間の紛争等に対して、調停と秩序の維持に努め、徒弟制度の監督、ギルド自衛に関する措置、慈善および祭祀などに乗出した事が、指摘されている。この報告はあまりに整いすぎており、ギルドがこのような立前をとっていたことは一応理解しうるが、歴史的事実によって具体的に論証出来る事例は多くない。道光二十九年に中国の西北角から包頭を経て帰化城に輸入される羢毛・毛皮・馬尾

・薬材などに対し、包頭で徴税することが問題となり、結局「旧章」に基いて、かかる商品は帰化城で徴税すべきものとされ、包頭では免税と決定して落着した事件がある（包頭Ａ４）。これは二重課税を除くため、営業全般に関してとられた措置であり、右の結果をうるために興隆社が活動したことは十分想像できるのであるが、この事件を記録している包頭の碑文は包頭大行の立てたものであるために、興隆社の動きに言及しておらず、事実を確かめることができない。ギルドのお祭は今日では三月十五日を中日とし、その前後三日間にわたって北茶坊関帝廟において犧牲をささげ「拜供」（きまり通りの礼拝）を行っているのであって、以前は演劇と宴会も催されたという。北茶坊廟には興隆社から献納した鼎なども現存するが、年代的にいって光緒十八年（Ｎ12）以前の紀年が明記されている遺物はなく、この廟との関係が比較的新しいことを示している。帰綏識略等によれば、興隆社は無量寺前と牛橋において正月十五・六・七の三日間、「賽社」（演劇奉納などをも含めた広い意味での祭典と儀式）を行っているのである（註30）。しかし、初期には小東街関帝廟と深い関係をもっていたようで、乾隆二十年（Ｂ２）三十七年（Ｂ４）五十七年（Ｂ６）などに、皮行自ら責任者となって廟の重修を行っている事実から考えても、由来の浅くないことは明らかである。興隆社はこの関帝廟の中でも関帝殿に主として奉仕しているから、ギルドの信仰対象が小東街廟の関帝であったことは、ほとんど疑いを入れない。演劇の奉納を行う場所を関帝廟から切離し、大衆の集る大街において挙行したのは、家畜関係のギルドがとっている風習に従ったもので、広く一般人士とくに買客売客に対して喜を頒つ気持がこめられていたのであろう。後に小東街廟から北茶坊廟に移ったのは、他の家畜仲買店関係の諸ギルドとの友誼上の理由からではないかと想像されるが、北茶坊廟でも他のギルドが馬王殿を祭る中にあって、興隆社は関帝殿大仙殿の重修を行っているから（Ｎ12 Ｎ13）、信仰対象はやはり関帝であったと思われる。この移動につれて賽社の月が変り日取も一日繰り上げられたことになるが、聽取ないしは記録の誤りか、それともなんらかの理由で変更されたのか、決定すべき材料をもっいない。最後に慈善であるが、資料の関係上寺廟以外にわたった場合は論証し得ない。寺廟方面にはかなりつくしているのであって、前記の二廟のほかに、新城関帝廟（V1）新城娘々廟（T1）、旧城十王廟（P5 P7 P8）（註31）玉皇閣（C1 C6 C15）財神廟（G2）などに、寄附を行っているのである（註33）。

ギルドの経費は、皮毛店で仲買を行った毛皮や家畜について売客から「布施」を徴集し、それで費用の一切を支出している。布施は毛皮や家畜の品種によって差別を設け、それぞれ金額が定まっていたが、経済状態の推移によって種別や布施金額の訂正増補が行われた（註32）。ギルドには成文の規約があって、右の経費徴集法について規定している。聴取による限り、ギルドに財産というほどのものはなかったらしい。また廟の重修などの際に、他の個人や店舗と肩をならべて「興隆社」が経理の一人におさまっているから（P5 P7）、ギルドが個人や店舗と同じく、行為の主体となることはできたわけであるけれども、どの程度の団体性をもっていたかは究め難い。

註1　興隆社について、「支那省別全誌・山西省」頁七四〇には、蒙古貿易行商人の組合と記しているが、皮毛店に依拠している冒険的商人が蒙古貿易を行っているところから生じた、誤解であるに相違ない。帰綏道志（註2）に羊馬行と説明されているのも不明瞭な叙述であって、さしあたり牛馬羊などの毛皮家畜の仲買店とでも註すべきところであろう。

2　帰綏道志巻廿二風土、帰化城外小社行。

3　綏遠通志巻一〇八商業序。

4　人的な構造は包頭と大差がないが、帰化城の皮毛店は面積と施設の点で包頭より大きくりっぱで整っている。これは包頭皮毛店は歴史が新しく、かつその施設が借家である点が影響している。包頭皮毛店については小川久男氏「包頭に於ける皮毛店・皮荘」（満鉄調査月報昭和十六年七・八・十一・十二月号連載論文、また単行本として満鉄調査研究資料四十六編＝満鉄調査部印行、右の点に直接関係のある記述は月報七月号頁一二〇―二、資料頁三七―八）を参照。

5　雑貨行醇厚社に依拠する冒険的商人が、だんだんと独立して集錦社にまで発展したのに反し、皮毛店に隷属する冒険的商人が独立し得なかったことについては、いろいろな條件が累積していたものと思われる。雑貨行に依存した方が、優良な見返り品を入手しやすく、彼地からもち帰った商品についても販売がまだしも自由であったため、利益をあげ易かったことなどとともに、時代的にいっても皮毛行の興隆はあまりに遅れ、かつ雑貨行ほどの勢力もなく、すべてにおいて立ちおくれていたことが、その主な理由であったと想像される。

6　小川氏も包頭皮毛店について「全く商業資本としての皮毛店は、商品流通過程における一機構であると同時に、高利貸的な金融機構としての役割も果している。だがこの役割こそ、客商を自店に誘引し緊縛する最大の方法であり、手段である」(前掲月報十一月号頁八五・資料頁一四二)と、金融面の重大さを認めながらも、それが手段に過ぎぬ点を指摘されている。

7　小川氏は「農業・牧畜・手工業等々の生産品が、商品として流通する限りにおいて、一定の流通量と一定の商品価値をもつことが、牙行の発生に重大な関係をもつであろう。……皮毛店はその取扱商品たる獣毛・獣皮類が、一定の流通量と一定の商品価値を示す状態に至り、初めてその発生をみたことは疑いなきことであろう。従って皮毛店を経営する以上、最も大きな問題は、獣毛獣皮類の流通量であり、同時にその取引をなす客商である。」(前掲月報十一月号頁七九、資料頁一三六)と述べている。

8　売客と買客との間に、そのおのおのを代表する仲買店が入って、二つの仲買店の間の交渉により商談が成立した場合には半佣と称して、各仲買店は自分が代理人となった売客或は買客だけから二%の佣銭の支払をうけるに過ぎなかった。包頭においてもその関係は同様であって、回民経営皮毛店は回教徒である売客の代理店をひとてに引受け、漢人の買客とは直接交渉を持たず、必ず漢民の皮毛店を通じて漢人と取引したわけである。ところで漢民皮荘と取引する場合も彼等から店佣を徴集し得ない慣習であったということであるが、(小川氏前掲月報十一月号頁一〇二―三、資料頁一五九―一六〇)、漢民皮荘から佣銭がとれないというのは、貼佣の形式が広範に採用されていたに過ぎないものと思われ、漢人皮荘としては皮毛店が回民経営なるが故に佣銭を支払わないといったような、漢回間に差別を設ける考えはなかったであろう。ちなみに綏遠省征収牙行牙紀営業牌照税章程第九條には牙佣は百分の三以上徴収し得ない規定になっている。しかし実際に法令が守られたとは考えられない。(小川氏前掲月報十二月号頁七六、資料頁二〇六)。

9　包頭皮毛店については、小川氏の優れた研究があって、帰綏との異同を考えるに便利である。(小川氏前掲月報十一月号頁五七―一一五、資料頁一一四―一七二)営業方法には極めて類似した点が多いが、位置と地形の関係から包頭は甘粛寧夏との取引が多く、帰綏は外蒙・新疆貿易のほか、綏遠省内の取引の元締となっているので、このために生ずる差異点が少くない。まず包頭は皮毛店であるのに反し、帰綏では皮毛牲畜店である。売客は包頭においては新疆甘粛寧夏などから出てくる貿易商であるのに反し、帰綏では自店の保護下にある半隷属的な小貿易業者の活動に多くの期待をかけている。買客誘致の手段として、包頭では主としてサービスの強化につとめているのに対し、帰綏では店の副号や客商を駆使して、間接ながら通過貿易の発展によって運命を開拓して行こうとするのであって、自主性に比重をおいている訳である。買客においても包頭が完全に近いほど天津の華商・洋行で占められているのに反し、帰綏は中国内地に市場をもっている。その他歴史の新旧から構成の大小に至るまで、相違点をあげて行けば限りがないが、基本的な構造が同一であることも否定できない。

10、包頭においても同様であるが、給与が年俸でなくて月給であり、かつその前借が許されないから、単なる雇傭者であったと判断されている（小川氏前掲月報八月号頁一五七―八、資料頁一〇九）。

11、小川氏は包頭の一皮毛店たる広義豊の号規章程を紹介されているが、その慶弔規定によると、店員およびその父母妻子の慶弔に際しては店舗から五角、頂生意的なら従業員から各人一角づつ、その他は五分づつ出すことに定められている。服喪に関する問題には全くふれるところがない。従ってこの号規章程の中には、家族制度の擬制は含まれていないわけである。（小川氏前掲月報八月号頁一三四―五、資料頁八六―七）。

12、包頭の広義豊の号規章程には、㈠市内に家族をもつ者は五日目ごとに夜から翌朝まで帰宅が許され、㈡綏遠省内に家がある者は最初は一年半たった後に、その後は毎年、一年一回随時に三ケ月間の休暇が与えられ、㈢省外であれば最初は三年後に、その後は二年毎に半年間の帰郷が許されることになっている。これもまた一応の標準として受取るべきもので、おそらく帰綏の習慣と実質的な差異はなかったであろう。（小川氏前掲月報八月号頁一三一、資料頁八三）。

13、小川氏によれば月二元（月報八月号頁一五三、資料頁一〇五）とあるが、貨幣価値の変動に基く名目上の違いであって、要するに小遣銭程度が支給されたものと理解すべきである。

14、包頭においても多くは「平均分閉」であるが、回民経営の一皮毛店のみは財東六身股三公積金一と配当に区別をつけ、その各々の枠内で身股財股が別々に開紅利を行っている（小川氏前掲月報八月号頁一四九、資料頁一〇一）。

15、小川氏は「身股は要するに身股であり、遅れた支那社会の商業或は手工業ないしマニュファクチュア的経営に見られる特殊な形態である」（前掲月報八月号頁一四四、資料頁九六）とされる。小川氏の身股に対する実証的な追究は正しいのであるが、理論的にいえば商業資本は資本主義社会以前から存するのであり、「特殊な形態」たることをもって資本でないとする主張は当らないと思う。

16　包頭においては、応支を前借と見なして紅利から差引くものと、俸給と見なして営業費から支給し、従って紅利からは差引かないものとがある。小川氏の問に答えて、ある皮毛店の司賬はこれを古い習慣と新しい習慣の相違だと説明している。民国以来の悲況がもたらした従業員の生活難を救う便法として、俸給に組入れられたものと想像される（前掲月報八月号頁一四九、資料頁一〇一）。

17　包頭の皮毛店には、身股の一種で、週行股というものをおいている。「週行股とは小資本による経営に見られる形態であって、経営上その運転資本を円滑ならしめるため、特定の融資者を求め、そのものに与えた股份である。なお、週行には必行すなわち必ず行うという意味があって、融資を求められた以上、必ずその責任を果す義務がある。それがためにその特定な者には股份が与えられ、利益の配当がされる。全く週行股は、この責任を遂行する労務に与えられたものであり、身股の変形された特殊な形態であるとみることができる」（前掲月報七月号頁一二九、資料頁六三）。

18　包頭の広義豊皮毛店の合同約および東夥守各規條には、左の如く契約されている。
「所有号内一切生意、並人夥入進退、各種全權、統由執事担負辦理……」（小川氏前掲月報八月号頁一一八、資料頁六九）。

19　包頭においては経理（経理副理協理）の多数決による由である（小川氏前掲月報八月号頁一二三、資料頁七一）。

20　各店舗には慣習法として守らねばならない條件が多いが、それを成文化して該店限りの章程にまとめ、規範と仰ぐ例も少くない。帰綏では適切な例を見出し得なかったが、包頭では小川氏により広義豊で東夥守各規條（財東と経営者が共に遵守すべき規約）と号規章程（店舗の従業員服務規定）が見出され、その全文の紹介も行われている。ともに民国廿五年に作製されたものである。（小川氏前掲月報十二月号頁七三―五、資料頁二〇三―五。附録第一及び第二）。

21　右の広義豊の号規章程には、第二第十八の両條において、店舗が他の店舗や事業に投資し、危険な、或は正当でない営業に関係することを禁じている。そして小川氏はこれが一般的な慣習であるとみている。（前掲月報八月号頁一二六―八、資料頁七八―九）。

22　包頭の財東は、皮毛店と同業関係またはそれに近い営業で、皮毛店に関する理解の深いものに限られているという。（小川氏前掲月報七月号頁一一六―七、資料頁五〇―一）。友人として結ばれる動機や開店時の便宜からいって、この可能性は大であるが、同時に、あくまで可能性に止まる。

23　包頭皮毛店の多くは帯財掌櫃で占められている。（小川氏前掲月報七月号頁一一七、資料頁五一）。

24　包頭皮毛店には身股以外に特殊なものとして桃辺股なるものをおく店がある。「桃辺股は普通辺股と呼ばれ、経営内の財股身股に対して辺股すなわち傍の股子という意味をもっているようであるが、これ等財股身股とは全く異なり、またなんらの関係ももっていない。この辺股をもっている者を単に辺股と代称しているが、いわゆる辺股は経営内に店員と同様に起居し、その経営の名義により、またその経営の資金によって取引を行い、その取引によって獲得した利潤を、両者の間において一定の率により分配し合うといった極めて特徴的な存在である」。(小川氏前掲月報八月号頁一五八、資料頁一一〇)。

25　包頭の広義豊東夥守各規條によると、財東は受け取るべき配当を、半年間店内に据置いた後、何回にもわたって逐次支払を受け、身股所有者は夏標と秋標の二度に分けて支給される規定になっている。小川氏前掲月報八月号頁一二三―四、資料頁七五)。広義豊でこの制限が守られたか、どうか、また広義豊の規約をどこまで一般的なものとして考えることができるかは一応問題であるが、一時に全額を支払うのではなく、店の運営にさしつかえないように、ある限度を設けて支払うような工夫が講ぜられていたことは疑いない。

26　蒙疆銀行調査課「蒙疆における華人商工業資本」(蒙疆産業調査資料第四輯、昭和十四年十一月印行)によると、山西十綏遠七、蒙古一となっている(頁一五八)。この調査は全くあてにならない。

27　綏遠通志一〇八商業一、各県商業概況、帰化城、牲畜皮毛業。

28　綏遠通志　各県商業概況　帰化城には、商会の調査によると十五軒、省会営業税処の調査によると十九軒の、皮毛店があったと二様の報告を記録している。

29　包頭絨毛社は毡房・山西毡房・蒙古行・皮毛店の混合ギルドである為に、右の各業から二名づつ(後に三名づつ)の代表を出して会首とし、別に総会首をおいた。総会首には特定の皮毛店が常任的特権的にその位置につき、該店が廃業しない限り、総会首は固定していて改選されない習慣であった。ただし、その会首がいかなる選挙法で選ばれたか、或は会首・総会首の権限はどうかなどについては、小川氏の調査ではなお不明であるから、比較して考えることはさしひかえたい。(小川氏前掲月報十二月号頁五二―七、資料頁一八二―七)。

30　帰綏識略巻十八賽社、帰綏道志巻廿二風土賽社による。ただし、識略には興王社、道志には興旺社となっているが、これは興隆社の祭日の直前の一月十・十一・十二日に賽社を催している興王(旺)社と混同したものであろう。

31　十王廟は交城社の廟であり、その関係から助力したものと思われる。

32　包頭の布施は駝毛・羊絨は百斤につき三分、羊毛・山羊毛等は二分、皮革は一枚につき五厘、細皮は品種の高下によって三毫・五厘・一分の三種になっている。この様な区分は絨毛社の時代から同業公会時代を通じて行われ、昔の徴税金額は制銭一枚二枚というところであった（小川氏前掲月報十一月号頁一〇一―二、十二月号頁五七、資料頁一五八―九、一八七）。

33　包頭の絨毛社の事業として確実なのは賽社だけで、かつその信仰対象は財神（財神廟）となっている（小川氏前掲月報十二月号頁五六―七。資料頁一八六―七）。絨毛社は混合ギルドで事情も違うが、果して祭祀だけを行った宗教団体であるか否か、なお調査を要する問題であろう。

第五項　家畜仲買業と福興社　附、牙紀公會。

福興社は乾隆年間にはすでに存在していたギルドであるが（C７）、道光までは福興牛社と福興羊社の二団体が（C７）共同して連合体を組織し、福興牛羊社として活動を続けていた（N16 N18 N26 N７）。道光末期から単一ギルドとしての福興社が生れ（N19）、その体制は咸豊（N９ N15）同治（N20）光緒（N10 N13）（註1）におよんでいる。ただしこの時期に、福興牛社と福興羊社が解消したのではなく、それも存続すると同時に別に福興社が組織されたのであって（註1）、個別的ギルドと統一ギルドが重複して併存したものと考えられる。このころまで地道ではあるが着実に伸びてきた牛羊店は、民国元年の外蒙独立によって打撃を受け、取引量が五分の一に激減してしまった。同業公会は興隆社と一所になって皮毛公会を組織し、福興社の伝統は別途に温存された。皮毛公会は事変後一九三九年五月十五日をもって日本軍の指示により通商公会に編入され、通商公会貿易部皮毛牲畜科となったが、ギルドの主流はこの日本軍御用機関に参加せず、福興社は潜在的な団体として命脈を維持した。なお回教徒の牲畜店の中に牛羊を扱うものもあったが、流通過程からみれば営業の内容を異にし、従って福興社に加入していなかった。民国以後回教徒の家畜仲買店は皮毛公会に対抗して牙紀公会を組織し、今日も商務会の附属組合である牲畜牙紀公会に結集しているのであって、通商公会とは関係をもっていない。

牛羊店というのは家畜全体の仲買にあたる牙行であって、専門店としての牛店・羊店の別もなく、また牛羊だけを扱うのでもなく、広く馬・驢・騾など家畜一般の仲買取引に任じているのである。牛羊店のギルドがその管理に当り、全同業者がそこを主要な市場としていた「牛羊橋」は、帰化城における最も一般的な家畜の交易場として繁栄していた。牛羊店の店舗施設は、家畜を収容するための厩小屋と、家畜をつなぐための棒杭がならんでいる広い庭、および顧客の宿泊所たる客房を主体とし、賬房などが付属している。いずれも合夥制であって、財東経理夥計学徒等の性格や身股財股の取扱いなどは、皮毛牲畜店の場合と大差がない。牛羊店にも「客人」とよばれている蒙古貿易業者が多かれ少かれ隷属しており、店からいろいろな保護を与えられ便宜を受けて、その後援のもとに貿易に従うとともに、貿易先からもち帰った家畜は該店を通じて売出す義務を負っていた。牛羊店はこのような専属の客人によって商品を確保したのであるが、このほかに家畜の売客としては、集錦社に属する蒙古貿易商「蒙商」が大切な顧客であった。買客としては綏遠に限らず北京・易県・天津の屠殺業者・家畜商人・牧畜業者が買付に当り、馬驢騾は各地の馬荘等が引き取って行った。このほか農民も売客並びに買客として登場しており、また回民相手の取引には回民牲畜店の手を経ることが多かった(二重経紀)。仲買一般の例にもれず、売値と買値に開きがあれば、差額を儲けることができたが、表面的には売客から受取る佣銭だけを店の収入としている。佣銭は清代には取引価格の一・五%であったが(註2)、民国以後二%となり、事変後一%に規制された。売客が宿泊および厩の施設を利用する場合には、すべて使用料をとらなかったのであるが、融資には利子を徴課した。牛羊店としての牙帖を有する牙行であるが、牙帖は国から発給された正式のものではなくて、県(または市)政府発行にかかる地方的牙帖であり、それも民国以後のことで清代には牙帖はなかったよしである。牙税は年額二十元程度（等級の別がある）であるという。以上のような質疑応答の内容が歴史的な事実についてどの程度の確実性をもっていたかはもちろん問題であって、たとえば営業にしても牛店に重点をおくものと羊店に重点をおくものとがあったのでギルドの二重体制が生まれたわけであろうし、牛市と羊市も清代には別々の場所にあったのであって（註4）、牛羊市に統一されたのは民国以後のことである。しかし、大家畜と小家畜のちがいがあるからといって、牛店と羊店を完全な専門店に分離することは適当でなく、せいぜい相対的に区分しうるに過ぎなかったと思われ、市場もまた同様ではなかったかと考えられる。ギルドの歴史からみると、牛社羊社に分裂する傾向よりも福興社に結合する求心力の方がはるかに強いのは事実であって、右の事情を反映するものと思われる。売客へのサービスや佣錢も、果して前記のような状態がずっと固定していて、最近に至るまで久しく変らなかったのかどうかも、検討を要する問題であろう。ただ、市場と結びついた仲買業の役割、特に取引を成立さす上に大いに役立った店舗施設と奉仕的機能は、おそらく大同小異ではなかったかと想像できる。

牛羊店には売客の代理店という色彩が強かったのに対し、牙紀公会所属の回民家畜仲買店は、営業の主眼を回民買客のための代理店的役割においていたのである。回民の売客と買客は、食事および習慣の相違から牛羊店に近ずくことができず、回教徒経営の家畜仲買店に投宿して万事を依頼したのである。店では彼等を客房に止宿させ、市中の牲畜店や牲畜市をかけめぐって、買客の希望條件にかなった家畜の購買について周旋するのであった。旅館および倉庫の施設をもち、金融の世話も行っているが、顧客が限定されているので独立の営業分野を形成するに至らず、資本金の寡少と相まって福興社系の店とは比較にならないほど小規模であった。金融にしても滞在客の生活費の立替払を主とし、短期・小額で、金融業界からはその影響力を無視されていた。商略によるさやを別にすれば、二重経紀に由来する半佣の佣錢が主要な収入である。回民店だけでは需給を結び合わせることができず、漢民牲畜店を介して、たとえば取引が、売客→福興社系仲買店→回民仲買店→買客の過程を経たものとすれば、売客が払う佣錢は当然福興社系仲買店の収益となるし、農民等の小口の売客が直接回民店に来た場合でも、しばしば貼佣として食われてしまうので、ほとんど期待できない実状であった。店の構成が個人企業であり、身股財股は元より徒弟制度もなく、主人とその家族並びにお雇いの使用人（工人）だけで経営されていたことも、特記しておかねばならない。要するに回民仲買店は回民顧客とくに買客の代理店であり、牛羊の相場を決定していた福興社系仲買店と鎬を削って価格をせりあい、また農民商人などのフリーな顧客をうばいあったのであるから、同業とみなすよりも敵役と解した方が実感に近いわけである。

広義の家畜仲買業者には、牛羊店以外に色々な業者があって、それぞれ独自のギルドに属していた。(1)興隆社の中に「牲畜店」と称するものがあるが、これは前項で述べたように売客を支援して貿易に主力を注ぎ、取り扱い商品も家畜に限らず多種多様に上った。これに対し福興社に参加した牲畜店は牛羊市の経営を含めた家畜の仲買を主な目的とし、貿易にも努力したが、それは家畜を得る手段にすぎず、家畜以外の輸入には余り興味を示さなかった。牛羊店も特殊な「売客」と結合しているが、その質と量において興隆社の場合におよばず、またこのほかに有力な顧客をもっていた。しかし蒙古貿易に対して果してきた役割と方法においては、大体同じようなものであり、店の物的および人的構成においても、すこぶる類似したものをもっていたので、両ギルドが後に皮毛公会に統一されたことも故なしとしない。(2)次項以下において述べる馬店驢店駝店はいずれも牧畜業者の代理店であって、家畜自体の販売に任ずるとともに、運輸手段として馬や駱駝等を借用したいという者に対し、雇傭のあっせんを行ったのであるから、同じ家畜仲買店といっても、福興社に参加していた牛羊店とは、営業内容において一応別個のものであった。(3)このほかに個人企業の牲畜牙紀は少くなかったが、独立小商人であっても、仲買店と全く縁のない牙紀では長期的には商売が成立たないので、実質においては牛羊店の副号別号または店舗に所属する小牙紀の役割を受持つという傾きが強かった。中には成功した者もあったが、形式だけの独立に止まって、仲買業務に役立つような施設もなく客人もおいていない以上、一人前の牛羊店とは認められなかった。こうした牙紀がすべて福興社への加入資格において十分でなかったことは明らかであるが、独自のギルドをもたず、かえって福興社の影響下にあったわけである。この点は、前記の(1)(2)の場合と異る條件であり、経紀をどう扱うかは福興社にとって大問題であった。

福興社の社会紐帯を考えてみると、前述のように同業団体であるというたてまえははっきりしている。同郷関係においては古くは孟県出身者で固めていたものと思われ(N3)、皮行興隆社が交城帮であったのとよい対照をなしている。今日では土着したものが多く、自ら帰綏帮と称していて孟県人は少数となった。客帮（異郷に生活している同郷人仲間）としての意識が微弱となったわけであろう。漢人ばかりであって回民を含まず、仏教ギルドである点も一応は注目されるが、厳密にいえば、回民の同業者が仲間はずれになったという事であって、他の家畜仲買業者が、回教徒と営業を分担する必要があったのと異なり、牛羊店は回教徒の顧客に多くを期待していなかったことから考えて、回民店を敵に廻してギルドの団結を計ったものと思われる。地縁性でいえば、ギルドに加入している店舗は太平街一帯の地域に集中している傾向が認められるのであるが、同郷性同教性の場合と同じく、ギルドの結合を促し、それを援助する要素にはなり得たとしても、要するに結果論であり、第二義的な條件にすぎない。

聴取によれば、ギルド員は店舗をもって基礎単位とし、個人企業のもの（牙紀等）は加入を許されていない。この点について歴史的に遡って考えると、仲買業の発達自体が個人的な牙紀に始まって逐次店舗を構えるようになったのであろうし、合股制をとっていない店をも含めてすべてを同業と認め、その全体がギルドを構成していた時期もあったのであって、道光時代でもギルド役員の中に、牙紀の存在が認められるのである（N8）（註3）。ギルド員の数は道光年間には百八十におよぶ牙紀を含んでいたわけであるが(N8)、光緒初年には店舗ばかりとなって約三十となり(N10)、光緒末にも同数であった(註2)。いまは二十余軒となっている。会務については必要に応じてギルド員総会を開き、議事を決したということである。会首は経理(N8 N9)または社首(N5)と呼ばれ、定員数は不明であり、時代によって十二(N8)四(N9)五(N10)などと推移している。歴代会首の中には復盛泰のように常任的にその地位にあったもの、長盛義・福盛億のようにそれに近いもの等があって、清末に近ずくにつれて固定化する傾向をもっているが、またときの要求に合わせて変更していった点も認められる。趙氏によれば、近年の実状は正副社長を輪流によって「公推」し、毎年三月十五日を交替期日とした由であるが、これは民国以来のことではないかと思われ、フレキシビリティの一表現である。

ギルドの事業として第一に挙げねばならないのは牛羊橋の管理で、ここは牛羊店の重要な取引市場であったから、その秩序の維持と事業の発展と多くの家畜の吸収に努めた由である。牛橋は北門外牛橋（街路名）に、羊橋は北茶坊羊橋（同）にあった(註4)。いずれも帰化城の町はずれに近い場所で、大きな街路を選び、その街頭を市場にあてたわけである(註5)。このうち牛橋の方が大きな取引市場で牛馬が多く扱われ、一度に千頭以上をまとめて売買する場合さえ見られた(註5)。民国以来は市況の不振によって牛羊橋を合わせてその市場を大橋西河沿に移している(註5)。市場は常設で毎日午前中だけ開かれ(註5)、そのほかに牛羊店内でも取引が行われていたのである。仲買業者のきまり文句ではあるが、ギルドでたてた一碑文に「物阜(キハ)者財自豊(ヲナリ)」(N8)と記している。仲買業者が隆盛に赴くためには市場に出まわる家畜が多くなり、商談成立の可能性が増大するほかはないのであるから、公正な市場管理がギルドの事業として重要視されていたのも当然といえよう。事変とともに家畜を官僚統制のもとにおくために「市立牲畜交易市場」が設立され、この官設市場以外における取引を禁止することになったので、歴史ある牛羊橋も一応終止符をうつことになったわけである。

趙氏によれば、官商連絡がギルドの主要な事務であるとのことである。牛羊店は牙行であるから、少くとも近年は牙帖の数によって同業者の数が制限されたわけであるが、商人としては特許商という特権によってギルドの営業独占に対する保証を与えられたことになり、官としては所要の数だけ官需家畜を確保し、家畜取引税を徴集し、盗難家畜が取引されることを防止するなどの点で、商人側の協力を得る必要があったわけで、両者の利益の一致点が牙帖の発行に結実したといえる(註6)。この官商の相互依存は牙帖制度がない段階でも必要であり、制度の有無にかかわらずその仕事を実際に受持ったのが福興社であった。取引毎に行われる徴税事務を始めとし、ギルドが日常の事務的な面で、官商連絡の雑務に追われていた事情は予想できる。

福興社の祭祀は北茶坊馬王廟において行われている。この廟の一部である三聖廟は福興社が嘉慶十五年に創建したものであるが(N8　N9　N10　N16)、これ以前から馬王廟の中で、祭祀を行っていたのであろう(N8)。三聖廟創建の際に馬王羊神の像を造って信仰の対象とした。この羊神を神とすることは無稽であるとの論が早くから行われ(N8)、帰綏識略にも牛王を冉伯として祭ることを含めて、牛馬羊はいずれも神とすべきでなく、ことに王と称することは不典であると論じている(註7)。ところがギルドとしては、これにおもしろい解釈を与えている。曰く、「神というものは人が信ずるときには実在となり、信じなければどんな故事来歴も問題にならない。信ずるとすれば、信仰対象を崇め、神殿聖像をりっぱにするにつれて神威が上り、その他儀式を盛大に行う等の諸手段を通じてその神に仕えるならば、その程度に応じて神威が上る。神は神威が増大すればその点に貢献した者に対し、貢献した分量に比例して吉祥（よいむくい）を降すのである。牛王などが神であるか否か、またその神威いかんは、一にかかって右のような形而下の宗教事業によって決定される」というのである(N8)。このような信念に基ずいて「香火極盛（メチナリ）」(註7)の状況を呈したこともあったわけである。帰綏識略等によれば（註2）福興羊社は四月十三・四・五の三日間、福興牛社は四月廿三・四・五の三日間、賽社を行ったという。趙氏によると犠牲供物をささげての祭典や、演劇の奉納はもとより、社首の選出等を行う大会から、宴会まで行われ、さかんなものであったという。三聖廟に対しても、創建につづいて道光十七年に山門と社房十余間を建て（N8 N26）、同廿六年に鐘楼と鼓楼とを造り（N9）、光緒三年に重修を加えているという調子で（N10）、着々と拡充していった。ギルドで用意した磬（N19）香爐（N21）燭台（註5）などの祭具類も非常によく整っている。牛馬羊の三神の神威に期待をかけたゆえんのものは、積極的には家畜の繁殖（註7）であり、消極的には気候や疫病による家畜の大量死亡の回避であって、こうして家畜数を増加さすことこそ市況の繁栄の基礎であると考えていたわけである。しかし家畜が増加しただけでは商売繁昌にならないので、金もうけの神を祭る必要がある。馬王廟の別の一角を占める財神廟に対して道光十七年に財神像の改塑などを行ったほか（N8）、終始匾額（N10 N20）香爐（N21）の献納等々を続けているのは、その用意である。商人としての打算に基礎をおく信仰形態を考える上に、福興社の記録は注目すべき内容をもつものというべきである。

ギルドの慈善事業としては、この馬王廟の修築を行ったほか、北茶坊廟の一部である関帝廟（N7 N15 N5）大仙廟（N13）にも援助しているが、北茶坊以外については玉皇閣（C7）に一度寄附した記録があるだけであるから、諸方面に手を伸して慈善事業をやっていたとは考えられない。

福興社はその本拠として馬王廟内に社房をもっている。これは嘉慶以来の歴史をもち、最初は廟の西廊（西廂房）を占めていたが、道光十七年に東廊（東廂房）を増築して十余間の社房とし（N8）、それが今日におよんでいる。ただし趙氏によれば、社房は廟の財産で、ギルドはそれを借用しているに過ぎないということである。ギルドの経済は家畜仲買の手数料（佣錢）に対してその一％を賦課として徴収し、これで一切の経費を賄ってきたよしである。

註

1　帰綏識略巻十八賽社四月。また帰綏道志巻廿二風土賽社に同文を掲載。
2　支那省別全誌第十八巻山西省頁七四三。
3　三聖廟新建山門社房碑記（N8）が福興社の碑であることに就いては、碑記に明記されている訳ではない。しかし文中にある嘉慶十八年の廟の創修については、これに相当する二個の匾額（N16 N8）によって、福興社の事業であることが証明でき、碑記の「在社諸公」とは福興社の諸公だということになる。また文中にある道光十七年の廟の増修は、匾額N26によってやはり福興社の事業と考えられ、いうところの「諸公」も同様となる。一体この馬王廟を支持してきたものは、福興社・福隆社・福慶駝社の三社であるが、そのうち福隆社は道光廿二年に結成されたものであるから（N9）、道光十七年の本碑記に関係があるとは思われず、また福慶駝社は本廟に関しては福興社の寡化に応ずる形をとるのが例となっており（N 10）事実本碑に関しては碑陰の善士（寄附者）の中に福慶駝社の名を見出しうるのであるから、糾首すなわち発起人として修築に関与したはずはない（N8）。従って道光年間の増修は福興社が主催したに相違なく、文中にある社は福興社であり、経理が福興社経理であることは動かせないであろう。
4　帰綏識略巻十七商圏商市各処　また帰綏道志巻廿二に同文を引用。
5　綏遠通志巻一〇九食貨一商業二　帰綏縣市集表一　牛橋。
6　官憲の牲畜牙行への期待については第六項で詳述する。
7　帰綏識略巻九、壇廟、北茶坊。
8　廟内に燭台は多数あって、そのいずれにも「福興牛羊社」という銘が浮彫にされている。

第六項　馬の仲買と馬店行社

帰化城はヒンターランドに広い牧地をひかえているので、あらゆる種類の馬が供給された上に、軍隊・官衙を始め農民（役畜）手工業者（動力）交通業者（乗馬および挽馬）等の家畜に対する需要も大であったから、馬のとりひきは早くから発達していた。康熙二十七年頃の帰化城南門外（今の大南街）は「駝馬如レ林」と評せられる状態であり、馬市はもちろんあって、必要な馬をいつでも求めることができた（註1）。その馬の仲買業者のギルド（註2）は、帰綏でも最も古くから発達していたギルドの一つで、雍正十年に馬王勝会（B12）同十一年に馬王社（B13）として記録に現われている。馬王社の名はその後も用いられているし（P18）、現にギルド会館の入口に掲げられている光緒八年の匾額にも大書されていて（W2）、歴史的或は宗教的名称として今日まで伝えられたわけであるが、乾隆以後一般には馬店行社とよばれるようになった。これはもともと帰綏の各ギルドの名称は某行（嘉慶以前）または某社（嘉慶以後）とよぶのが普通であったので、その一般的な慣例に従うとすれば、雍正時代は宗教団体としての性格が強かった上に業者の多くが経紀であったから、馬王社がふさわしい名称であったろうが、乾隆以後店舗として成長するとともに馬店行（社）と改称するのは当然であった。その上馬王社といえば馬車曳業者のギルド名でもあったわけで、この馬車曳業ギルドの成立後は、馬店側がこれと区別できる名称を名乗ることによって、両者の混淆をさけたいという気持をもったようである。乾隆（C1　P5　P7　G2）から嘉慶九年（M1　E20）までは馬店行と称し、同十九年（M2）から道光（B24　C9　P12　K1）同治（C59）光緒（J2　N13）を経て民国に至る間は馬店社とよばれるようになった所以である。嘉慶以後（M1）はギルドマーチャントの末席につらなっていたが、外蒙の独立・内蒙の自治・駐防八旗の解消などで、民国以来急速に没落し、質疑応答によれば一九三〇年頃にギルドは解散したよしである。

馬の仲買には、個人的な仲買商人「経紀」が相当に活動していたし、馬店以外の家畜仲買業者も取引に従ったのである。しかしこれらを有効に働かせるためには、馬店の資本と機能が推進力となる必要があった。馬店は合夥または独資による商店であり、財東頂生意的などの商業資本と、経理以下夥計学徒工人を含む従業員によって構成されている。その性格については、他の仲買店と同じ骨組であるから、特にとりあげて紹介することを省きたい。施設として目につくのは厩である。広い庭の四方の壁を全部利用して厩を造っているほか、中央部にも上は粘土で屋根をふき、仕切を数多く設けて馬を一頭づつつなぎうる厩房を作り、粗末な建物ながら数十百頭を長期にわたって収容しうる設備が整っている。別に客房（旅館施設）があって客人の止宿に奉仕する用意ができている。売客は馬店の中に腰を落付けることによって、つれてきた馬が高く売れるまでいつまでも機会を待つというに止まらず、馬店を家畜の飼育所として利用し、冬をここで越すことによってその間に行き届いた手入を加え、駄馬を良馬に改造することもできた。「馬の旅館」として利用すれば、帰綏を通る家畜の群にとっては、期間の長短を問わず、人馬の足を休めるに便利であったし、その間に馬の補充や雇入れや譲渡も行っている。馬のほかに騾驢も同様に取扱っている。聴取によれば牙帖は民国以前にはなく、一九一三年ごろ他の牲畜牙行と同時に「営業照牌」として発給せられるようになったという。取引は店内でも行われ、また馬市も大いに利用された。商談成立の際は売客買客の両方から一％づつの「佣金」を得ていた。帰綏識略等によると、馬市は綏遠城にあったというが(註3)、綏遠城を東西に貫く所の「西街」が、馬市の開かれた場所であり(註4)、毎日午前七時ごろから十時ごろまで取引が行われた。民国以来この馬市は沒落し、代って旧城（帰化城）の牛橋の一部で馬市が開かれたが、事変後は市立交易市場に合併された。またその頃から佣金も買主から徴集しうるだけとなり、売主には貼佣する習慣が固定化してしまった。売客としては、特別なつながりのある経紀の外に、蒙古人などの牧畜業者と奥地の客商が主なものである(註8)。買客は河北河南山西山東などの馬莊が多く、また軍事用の買上が行われる際には非常な活況を呈した(註4)。なお馬店の場合は単純な貸厩業者としてその施設を活用しており、広く帰綏に往来する馬の旅館を兼ね、その収入も少くなかったことを附記すべきであろう(註5)。

社会集団としては共同体的であって、同業という條件が、店舗と経紀を、大した矛盾を伴うことなしに、そのまま包容している点が注目される。籍貫（出身地）が問題をはらむこともなく、且今日では全部帰綏幇となって、単純に土着化傾向を辿っている。宗教的民族的な区別としては約二割の回民と八割の漢人が含まれ、漢回が単一のギルドをなしている実例の一つである。地域的にみると旧城の各街に散在しているものが多いが、新城の馬店も参加し、ギルド員の約一割を占めている。このように社会紐帯という面から考えれば内部構途が複合的となっているにもかかわらず、社会集団として単純にまとまっていたのは馬の仲買取引が堅実に進んでいた為で、ギルドが牙紀の集りであった時代には、馬市の施設を中心として、牙紀が「共同体」の支配下に組入れられていたし、商業資本の支配が完成した

第五表　馬店行社の会首

年号	職名	会首名	資料
雍正 10	経理	張緝　張□　任元員　董□　孫鴻秀	B 12
	糾首	王天青　王基顯　張三耀　尤元□　許国俊	
11	（糾首）	□□通　張□□　郭先□　郝士興　任洪功　劉道□	B 13
		任世栄　武紹緒　呉元　梁天池	
道光 29	（十二社）	永吉永　池木舗　劉中	K 1
咸豊 3	（同）		J 1
光緒 6	（同）		J 2
34	正副総領	積善堂　興隆銈	W 3

晩には、ギルドは馬店の共同体に組替えられて、牙紀はこれに隷属する形になったわけである。

同業者は全部ギルドに参加していたが、清末には牙紀を除外して、店舗だけがギルドのメンバーと認められるようになったという。光緒三十四年に馬店は四十二軒を数えている(註6)。第五表の会首の場合によって類推すると、ギルド員としての資格を店舗に限るようになったのは光緒以後のことで、ギルドの成立した雍正ごろはむしろ牙紀を主とし、同業数も多かったのであるが、道光ごろから牙行の比重が重くなり、光緒以後牙行だけになったのではないかと推察される。なお民国以来の同業数は十余軒であったが、ギルド解散の直前（一九三五年）には僅々三軒を残すにすぎない有様であった(註5)。ギルド員大会はその必要が認められたときに開かれたという。歴史的記録の上からみると、ギルド員の存在はほとんど記録の表面に現われてこない。

李氏によると馬店社会首としては正副総領の二名があり、任期一年で改選された。ギルド員全体が相談の上、人物本位で信用ある店舗の経理の中から会首を推戴したという。この場合店舗の大小は問題でないが、営業成績不良の店舗は有能な経理を擁しているようには取扱われず、従って会首に推される可能性はなかった。民国以来もほとんど内容上の変化はなく、総領を社長に改めるというような名称上の相違に止まったという。正副総領については、清末の資料によって実証することもできるし(W3)、ギルドマーチャントを構成するギルドの会首は一般に総領と称していたから、右の聴取も無用ではない。ただこの総領制はギルドの最初からの形ではあるまいと思う。雍正十年には「馬王勝会初メテ設ク㆓経理糾首ヲ㆒」(B12) とあって、十名の経理糾首をおき、翌年も同様であって(B13)、そのころまではギルドは会首という明確な機関をもたなかったようである。雍正十年に経理糾首が設けられてから十名の者が世話に当ってきたが、これは糾首であって少くとも形式的には必要に応じて設けられた「主善」(慈善事業の主唱者)であり、「世話役」的色彩が払拭できず、一面それだけ糾首は一般のギルド員と同じフロワに立っていて、共同体的な性格を失っていなかった。それが嘉慶以来、ギルドマーチャントの役員を出す関係もあって組織が定式化し、総領制が段々と固まっていったものと思われる。第五表によると光緒年間になってから始めて正副二総領をおき、後に社長と改称しているのである。もっとも以上は大膽な推定であって、歴代会首の実例について調査しうるだけの資料は残っていないから、会首選挙法に関しては李氏の応答を参考として承知するほかはない。任期一年は疑いないとして、その交替の時期については、李氏によれば正月十五日といい、帰綏道志には十二月一日となっている(註7)。なお、ギルドマーチャントの郷総についていえば、第五表のように道光二十九年に三名を出しているが、その中の「池木舗」は福虎社郷総でもあり(C70)、製粉業・材木業等を兼営していた多角経営的な店舗であった。咸豊三年および光緒六年度のギルドマーチャントの役員は欠員であり、従って道光の事例のみで一般的な結論を述べることはさしひかえるが、ただ馬店社から郷耆を出した例は見当らず、総領さえ欠員のまま放置していたという実状から推察すると、ギルドマーチャントにおける馬店社の地位は大したものではなく、馬店ギルドの大行に対する熱意期待もまた大したものでなかったことが想像される。大行に加わっていたギルドでも七大社のほかは概して不熱心であったが、馬店社はその中でも冷淡だったわけであろう。

ギルドの事業として最も重要なのは、馬市の管理である。馬市が主要な取引場所の一つである以上、ギルドとしては同業の繁栄のためにその管理に当ろうと決意していたのは当然だが、官憲が馬店社の管理権を認めたゆえんのものは、一つには官馬の確保のためであり、一つには家畜登記税の徴集のためであり、また一つには馬泥棒に対する検索の便のためであったと思われる。馬は軍事・交通の手段として重要であるが、蒙古は馬の主産地であったために、その買上について官憲は多大の関心をもち、ギルドは官需に対して責任を負っていた。また家畜登記税は土默特旗が徴集したもので、最初は盗まれた家畜が売られるのを防止するために、家畜の売買は必ず登記させ、その登記料として売客から家畜の価格に応じて銀一両につき制銭八文の税金を徴集したのである。蒙古および西北との貿易がさかんになるとともに、帰化城は中国における馬の主要な集散地となり、華北・華中の各地から馬商人が帰化城に入り込んで来て馬の買付に当るようになった。その数は年年激増し、乾隆二十六年には殺虎口税関を設け、綏遠省方面から中国内地に入る家畜に対して内国関税を賦課し、帰綏での登記税徴税権はこれを土默特旗から殺虎口税関に移管して、土默特旗には殺虎口税関から税金だけを交付する事になった。もっとも実際の徴税は殺虎口から人を派して帰化城の馬市で徴収の上、金だけを旗に渡すよう指示されている。乾隆三十一年に徴税は理藩院直轄となって牲畜記檔税（登記税）と牲畜税（関税）を一括して取扱う様になり、これ等の徴税事務を扱う「章京」（長官の意）一名が帰綏に駐在していたが（註9）、その実務は馬市と馬店社がこれに協力するという形で、実際は一任されていたものと考えられる。家畜仲買業が馬店社によって支配されたのは、商業資本と官憲の抱合いの結果であり、小さい経紀や売客買客などが当初は馬店社のメンバーであったのに、逐次追い出されて馬店の支配下におかれたのは、封建体制の反動的勝利を示すものといえる。

馬店社は少くとも表向きは、馬王の祭祀を行うことをもって、その事業の中心としていた。すでに初期の社名が「馬王勝会」という宗教団体的称呼であり、雍正以後も宗教団体としてのポーズは変らないのであって、光緒年間の匾額にも商賈が社をたてるのは神に奉ずるためであると記し、「立社の精神は神を奉ずる上に規を与え、その心を正し、公正を以て神を敬する事により、神祐を期待せんとするにある」と、祭祀と応報とを直結した信仰観を吐露している（W3）。祭祀の対象は駟馬明王老爺（W3）すなわち馬王であって、馬王社の名の出たゆえんであるが、雍正以来（B12 B13）旧城内の小東街関帝廟内にある馬王廟を支持し、清末に至るまでこの廟において、四月三・四・五の三日間、演劇の奉納を含む賽社を催してきた（註10）。この日は馬王の誕生日だということになっており、馬車曳業者の馬王社でもこの日に南竜王廟で祭祀を行っている(註10)。このほか新城のギルド会館内にも馬王殿を設け、馬王のほかに竜王を陪祀し、正月十五日と六月十一日に、犠牲をささげてお祭を行い、かつ宴会も催したということである。応答によって得たこの日取を裏付けるような証拠は見当らないが、会館内に神殿と神像・神位は現存している。馬店ギルドを単なる宗教結社と見なすことはできないけれども、同時に祭祀のもつ重要性は否定し得ないのであって、同業の共同体的団結と経紀や顧客の服従をかちとるために、神（馬王）の権威ほど便利なものはなかったわけである。

慈善事業のうち、記録が残されているのは寺廟への寄附だけで、小東街関帝廟(B2)馬王廟(B24)はもとより、玉皇閣(C1 C9 C37)南茶坊瘟神廟(E20)城隍廟(M1 M2)北茶坊大仙廟(N13)十王廟内火神廟(P5 P7 P12 P18)西茶坊関帝廟(Q5 Q6)西竜王廟(Y6)などがその対象に選ばれている。ただし、寄附は熱意において必ずしも高く評価できず、単にギルドの慈善心を満足さす程度で、ギルドマーチャントとの関係から、彼我の面子を立てたにすぎないという場合も多い。従って寄附金を出す代りにその対象となる寺廟の一部の支配権を要求するような、慈善にまつわる野心も明確には現われていない。

馬王社の会館は独立したギルドホールであって駝店行公所とともに帰綏には稀しい存在である。新城西街にある馬橋のほぼ中央に位し、馬橋管理の事務所として設けられたものに相違ない。道光二十年の記録が最古のものである(W1)。一つの院子（中庭）を囲んで四方に約二十間の建物がたちならび、正殿は三間で馬王殿となっている。その他に事務室・役員事務員の宿舎・火房などが設けられ、建築はなかなかりっぱなものであるが、いまは住む人もないのでかなり荒れている。なお、馬店社が他の団体や官庁および個人とともに、寺廟重修の経理人となっている例は二三あって(P7 Q5)、ギルドが行為の主体たり得ることを示している。

註1　出塞紀略　康熙廿七年五月十八日・十九日の各條。
2　帰綏道志巻廿二風土、帰化城十五社総領毎年更換日期には、馬店社を不用意にも馬莊（馬の卸小売業）と説明している。
3　帰綏識略巻十七市集商圏商市各所。帰綏道志巻二十二風土にこの文を転載。
4　綏遠通志巻一〇九商業二、帰綏県。
5　綏遠通志巻一〇八商業一、帰化城　車馬騾駝店業。
6　支那省別全誌山西省頁七四一によると、帰綏の馬店は三十戸となっている。本書の発行は光緒三十四年に当るが、三十戸という数字は正確とはいえない。なお、この記事の中に、佣金を六分とし、売客買客の双方が折半して三分づつ払ったというのも、福隆駝社の例から考えて、あり得ないことではないけれども、本書の帰綏調査は全体として信をおき難いのでとらないことにした。
7　帰綏道志巻廿二風土、帰化城十五社総領毎年更換日期、馬店社。
8　乾隆三十一年の副都統の上奏文によれば、この頃家畜の第一の供給者は蒙古の各札薩克であった。（帰綏識略卅六税課牲畜税）。
9　帰綏識略巻卅六税課　牲畜税。
10　帰綏識略巻十八賽社。帰綏道志巻廿二、風土、賽社に転載。

第七項　騾の仲買と騾店行社

騾店社は康熙五十四年に発足したと伝えられ（C12）、或は康熙年間に社房を創建したともいわれている（C97）。康熙中葉に騾や驢が帰化城南門外を極めて多数往来していたことは、出塞紀略にもみえる所であって（註1）、この口碑の伝えるはなしもあり得ないことではない。たゞ騾店ギルドに関する正確な記録は乾隆十六年を最初とし（C21）、その後乾隆（C1　C6　C3　C7）から道光（Q1　C8　P12）までの間は、「騾店行」の名のもとに活動している。咸豊（P16）以後は騾店社となのり、同治（P18 C69）光緒（C14 C75 C76 C79 C97 C103 C104 C12 S4）を経て、民国十七年（C91）に到るまで、その名称で通用している。今まで見てきた他の仲買ギルドに比べて、「行」を「社」に代えた時期が遅れているが、これはギルドマーチャントを構成していない弱小ギルドの通例であって、ギルドを示す用語として社を採用した際に、大行傘下のギルドのように画一的な取扱をうけなかったので、その慣習が遅れて模倣されたものと推測される。なお行から社への推移は相対的にいい得るだけで、騾店社の名称を乾隆年間の記録の中に見出すことができる反面（C21）、光緒末葉に騾店行と称した実例もあり（C15）、一つの扁額に「騾店行」「騾店社」と両様の書きかたを併用したり（C97）、行・社を併記して騾店行社（註2）という称呼を用いたりしている。ギルドの名称は絶対的なものではなく、一般に行を用いまたは社を称した段階においても、その反対の用語が併用されていたことは、他のギルドでも同様であろう。ともあれ騾店社は帰綏における最も古いギルドの一つで、一貫した命脈を保持しつつ、長い期間を通じて大した隆替もなかったのであり、帰綏道志にも外小社行の一として記録されている（註3）。国民革命の後、同業公会に改組され、一九三五年には騾店業公会（C97）の活動を記録しているのであるが、事変とともに解消したようである。

騾店の構成は馬店と大差ないものと思われる。売客は経紀・牧畜業者・農民と推測されるが、買客は騾客（C12）と称せられる客商で、内地の騾荘から派遣された店員または騾荘に隷属する小経紀である。光緒十年当時の騾客は祁州　代州　忻州　蔚州　崞県　阜平県　定県　靈邱県　右玉県　渾源県　繁峙県　左雲県　武生県　殺虎口など、府北（太原以北）の各県を網羅する広い地方から、帰綏に集ってきている（C12）。また綏遠通志によると、山東河北河南の客商も多く集ったようであり（註4）、仁井田陞博士は北京の騾店を調査して、彼等が内蒙古から騾を求めていることを報告しているから（註5）、山西を主とするが、華北一円の農村で需要があり、その要求に応じていたと言える。これが市場の安定していた理由であるが、事変後内蒙古が中国内地と切離されて、取引を禁止されたので、休業のやむなきに至った。騾驢は農耕および農村手工業のほか、物資運搬のためにも便利な存在であり、ことに穀物を粉にひく仕事は騾の一人舞台であって、農家には欠くことのできない家畜であった。

騾店行はおそらく山西幇であったと思われる。第六表の中にも、騾店の店名として晋魁店・忻定店・汾州店など、出身地の州県名を付したものが見出されるが、すべて山西省に属するものばかりであるし、また光緒十年に騾店ギルドが建築を行った際、これを助けた客商は山西出身のものに限られ、他省出身の騾客が無関心であったことも（C12）山西客商が騾店社に対し、同じ山西幇として、相幇（同幇者が互に助けあうこと）の挙に出たというわけであろうから、それには騾店行が山西幇であったという前提がなければ説明ができないようである。ギルド員の分布範囲は綏遠通志によると旧城のみとなっている(註6)。また後述のように信仰の点でも相当な熱意をもっていたのである。但これだけの條件で社会紐帯の重複を論断し、社会集団としての結合上、のぞましい條件にあったものと考えることはさけなければならない。むしろ商業資本の統制力を強化する手段として、社会紐帯を意識的作為的に設定し、その高揚によってギルドの結合に自然法的な「必然性」を賦与しようとした点に注意せざるを得ないのである。

ギルド員は乾隆中は「行衆」（C3）と呼ばれ、店舗単位でその数も百に近かった。「衆志」（C3）もギルドの意志決定の要素となっている。その後店舗の規模の拡大につれてギルド員の数は減少したが、民国以来取引の絶対量の減少による閉店がつづき、一九三五年には僅に六軒を残すだけとなっている(註5)。ギルドの領袖は「郷総」（C51）といわれ、第六表のようにその定員は十二店あるいは八店で、欠員のまま空席になっていることもある。またこの表によると、恒久的に特定の店舗だけで郷総の地位を独占していたのではなく、改選が行われてきたことは疑いないが、郷総名の明らかな四回の例のうち、晋魁店は三回、忻定店大成店大順店福泉店等は二回、それぞれ郷総に任じている

第六表　驛店行社の郷總と會首

年代	職名	郷総名	会首名	資料
乾隆16		大興店　大成店　汾州店　順盛店　□□店		C21
		忻定店　晋魁店　永昌店　泰□店　通順店		
		劉廷□		
32	会首		武承作　鉄成貴	C3
咸豊1	郷総	大順店　増盛店　福泉店　恒盛店　亨泰店		C51
		集義店　宏順店　増福店　万栄店　協成玉		
		晋魁店　合意店		C75
光緒10	（経理人）	魁義店　徳隆店　福泉店　福栄店　泰和店		C76
		謙益店　永益店　源慶店		C97
10	（経理人）	魁義店　徳隆店　福泉店　福栄店　泰和店	劉来玉　郝守善	C12
		謙益店　源慶店		
14	（経理人）		藺名昇　郝守善	C103
35	（経理人　糾首）	東西忻定店　晋魁店　永成店　順成店　洪福店		C15
		泰臨店　大成店　広成店　大順店　□□店		
		泰和店　広聚店		

ところをみると、ギルド員が平等な資格で会首の地位につき得たとは考えられない。ギルド員の中で一部の店に特権が与えられていて、しばしば郷総となったのか、或は郷総たり得るものが限定された範囲の店舗に限られていて、その中だけで改選が行われたのか、それともギルド員に級別があって、会首になる機会について等級ごとに差別があったのか、いずれにしても一部の店舗が優越した地位を占めていたことは事実である。すなわち、会首選挙はギルド員の平等を旨とする「輪流」ではなく、老舗の勢威は強大で、大きな店舗は数十年を隔てた後も、依然会首に選ばれている状態である。

ギルドには郷総以外に雇傭員があり、乾隆中にこれを「会首」と呼んだ例がある(C3)。単に名前だけのことか、或は傭人を形式上の会首とすることによって、責任が真の会首(郷総)におよぶのを防ぐ用意としたのか明らかでない。ともかく、これは他のギルドでは甲頭と呼んでいるギルドの使用人で、二名からなり、社の雑務に当っている。この会首は郷総と併挙されている場合でも、小さい文字で末尾に付記されているに過ぎず(C12)、また郷総は屋号で示されているのに会首は個人名で記されているから容易に区別できる。第六表には、郝守善が光緒十年と十四年に現われているから、適当な期間引続き雇傭されていたものであろうが、彼以外に二つ以上の年度にわたって雇傭員をつとめたものを記しておらず、同姓の者さえないから、世襲的にその職についた家があったとは考えられない。大した権威はもっておらず、ギルドで適任者を自由に雇入れ、または解嘱したものと思われる。ただ仕事の性質上ギルドの実権をもっていた場合もあって、会首名だけを記した史料の存するゆえんである。

ギルドの事業として重要なのは、騾市の管理を含む営業規制と、それに伴う官公事務の代行であろう。騾店市(C9)と呼ばれた仲買市は、少くとも道光年間には存在しており、その名の示すように騾店の管理する騾馬の市であったと思われる(註4)。城南の洋溝沿にあったものを、後に安慶召前に移したのであるが、民国になって廃止された(註4)。

家畜諸税については前項で述べた通りであって、官憲が騾店行による斯業の支配権を認めたのも、徴税について協力をうける必要があったからである。ギルド側が雇傭員を傭入れたり、社房を設けたりしたのも、この方面の繁雑な仕事を遂行する上に必要だったからであろう。家畜の仲買店の中でも、行店が一般的に成立し、経紀がギルドからしめ出されたのは、騾店の場合が最も早く（乾隆初期）、商業資本の支配の確立とギルドの成長とが互に因となり果となって、営業の規制が確立した点でも、最も早いほうに属した。ギルドの事業として表向きになったか否かは別としても、商業資本の利益を安全に保つために、ギルドとしては騾業の補導に生命をかけていたわけである。

ギルド自身の記録に現われた限りでは、事業の中で一番表立った仕事は祭祀である。玉皇閣内に馬王廟があるが、光緒碑によると、この馬王廟は騾店社が康熙五十四年に創建し、乾隆三十五年に重修したものだという（C12）。これを証明するに足る確実な資料は見当らないとしても、乾隆二十七年頃には騾店社が玉皇閣に関係をもっており（C1）乾隆三十二年には騾店社が独力で馬王廟の山門を修繕している位であるから（C3）、因縁の古くかつ深かったことは確かである。近くは光緒十年（C10　C12　C13　C97）三十年（C15）等に、ギルド自身で馬王廟の修築を主宰しており、終始この廟を支持してきたといえる。馬王を信仰するゆえんは、「神威によって畜産の繁昌を願う」気持からであり（C3）、仲買店として流通量の多きを期待する心持が表現されている（註7）。神靈の庇護によって富を得たことに対する謝恩の念は、廟宇の建築を始めとする一連の神への奉仕に結実し、その結果として、新たにもっと大きい幸運がギルド員の上に舞い下り、または災害を予防する上に効果があるものと考えていた（C97）。大祭の日取は帰綏識略等（註2）によると、五月十・十一・十二日となっている。しかし光緒十四年の記録には大無月初二（五月二日）となっており（C97）、おそらく後者が正しいのであろう。馬王廟には祭壇など、祭祀に必要な要具で、ギルドから奉納したものが現にそなわっている（C103）。

事業の第三としてあげ得るのは慈善である。「好施楽善」の志は人の皆抱くところであるが、それを表章する機会を与え、或はその機会に応ずることによって、慈善事業がいろいろ実現されて行く（C12）。ただ記録に留められてその事跡が明らかなのは、やはり寺廟関係だけであって、馬王廟は別としても、これに関連のある玉皇閣には特に敬意を払い、乾隆四十四年（C6）五十二年（C7）などに麺行（製粉業ギルド）と共同主催で修築に当ったほか、道光八年（C9）同治十二年（C69）民国十七年（C91）同二十四年（C94）の補修の際にも特別に援助を行っており、乾隆二十七年（C1）光緒七年（C74）には寄附金を出している。その他、道光から光緒にかけて、南茶坊瘟神廟（E29）呂祖廟（S4）十王廟（P12　P16　P18）西茶坊関帝廟（Q1　Q6）観音寺（X1）西竜王廟（Y8）など、帰化城内外の寺廟に対する喜捨にはげんでいるが、いずれも祭祀と同主旨の、神との取引である。

玉皇閣の一角に、麺行の社房と相対して、騾店社および銀行社（銀細工ギルド）の共用の社房があり、社房と大書された門標がいまも掲げられている（C98）。ギルド活動の根拠地で、馬王廟などとの関係からこれを設置したのであろうが、この公所の所有権或は占有権などについて、論究を進めるのに必要な資料を欠いていることは残念である。

註1　出塞紀略　康熙二十七年五月十八日の條。
2　帰綏識略巻十八、賽社、五月。また帰綏道志巻廿二風土、賽社にもこれと同じ文章が掲載されている。
3　帰綏道志巻廿二、風土、帰化城外小社行。
4　綏遠通志一〇九商業二、帰綏県市集表。
5　仁井田陞「中国の社会とギルド」頁二六八。
6　綏遠通志一〇八商業一、各県商業概況　車馬騾駝店業。
7　咸豊元年の匾額にも「滋畜蕃息」と題されている（C51）。

第八項　駱駝についての仲介業と福慶社

駱駝は乾燥地帯に適した動物で、内外蒙古には多数の駱駝が養われている。蒙古高原に放牧され、蒙古人の飼育するものは「蒙駝」と呼ばれているが、蒙駝は体軀が大で四百斤以上の積載能力を有するばかりでなく、酷寒になれ、粗食に堪え、長途旅行に対する耐久力も優れている。蒙駝に対し、陰山山脈以南の農耕地帯において、主として漢回人によって飼育されているものを「漢駝」というが、比較的温暖な地方で育ったためにすべてにおいて蒙駝に劣り、積載能力も三百ないし三百五十斤までである。しかも漢駝は夏季の三カ月間は蒙古高原の「駝戸」（駱駝飼育業）にあずけて放牧する必要があり、その習慣を守らないと耐久力はさらに減退したわけである。中国の開港後「駝毛」が織物の原料として商品価値をもつまでは、駱駝は「砂漠の船」としての輸送力だけを買われ、遠近の運輸のために利用されていたのであるが、そのためには広く内外蒙古に分散している駱駝を需要者に結びつける仲継機関が必要であった。「駝店」は駱駝の仲買またはその輸送力の需給の仲介を行い、駱駝に対し、家畜・毛糸原料または運輸力としての経済価値を賦与することを任務とする仲買店であった。店舗施設は、数百頭の駱駝を収容しうる小屋と広い庭、駝戸（飼育業者）駝夫（飼育人夫）を宿泊させる客房、商談の場所ともなる賬房からなり、更に倉庫として用いうる建物を用意するのが普通であった。駱駝が使役に適するのは秋から翌春にかけての八カ月間であり、放牧期が終る頃すなわち陰暦の八・九月になると、各地の駝戸は蒙漢回の別なくその牧場を引払い、駱駝をつれて続々と帰綏の駝店に集ってくる。蒙古および西北貿易の貿易業者は駝店を介して駝戸と交渉し、貿易地への輸送契約を結ぶのであるが、駝戸の間で駱駝の売買も行われ、特に帰綏・武川・陶林・薩拉斉・包頭などの漢回駝戸は、蒙古駝戸から駱駝を買って、輸送を引受けるのに必要な頭数を揃えたのである。駝店はこの駱駝の雇傭および売買の仲介斡旋につとめ、成立した商談に就て被傭者および売客から三％づつの佣錢を得る習慣であった。そしてこの仲介のための附帯的な仕事として駱駝の宿屋となり、駝戸に旅館と倉庫を提供したのであって、取引関係のある駝戸を「客人」と呼んで、常日頃から「朋友」（友人）としての交際を結んでいた。こうして編成された隊商の中には、駝店で一切の出発準備を整えたものもあったわけである。隊商が長途の旅を終えて帰綏にかえった時も、駝戸および貿易業者は貿易先で購って来た駱駝をもともなって駝店に入り、駱駝の取引が再開されるのである。同時に陰暦五月以後は放牧期となるので、漢回駝戸は蒙古高原でその放牧を引受けてくれる蒙古駝戸と、夏季の飼育契約を交渉せねばならない。こうした仲介がすむと客人は相ついで蒙古高原に去り、店は全く閑散となる(註1)。なお山西省河北省などとの交易にも、鉄道開通前には駱駝が利用され、放牧期以外は相当にらくだ自体の取引もあり、とくに八九月が最も忙しい時期であった。北京等の駝戸も帰綏に乗込み、蒙古駝戸などとの間で駱駝および駝毛の売買を行ったのである。

駱駝が帰化城に集ることは町の発生とともに始まったと思われ、出塞紀略にも遣露使節の一行が帰化城に到着した当時、駱駝が多く町を埋め、一行もここで駱駝を買い整えて出発したと記している(註2)。ただ、駝店およびそのギルドである福慶駝社の歴史は、商業特に貿易業の発達と平行することになるのであるが、乾隆十年(N1)以前の状態を明らかにすることはできない。その後福慶駝社は乾隆(C22)嘉慶(N17)道光(P12　X2)咸豊(N5　P16)同治(P18)を経て光緒（N10　S4）に至る間、引続き活動しているが、光緒中葉から「駝」を省いて単に福慶社(N11　N12　N13　畢克齊C9）と称するようになった。帰綏道志はこのギルドを外小社行の一として取り扱っている(註3)。事変とともに皮毛公会に統合せられ(L12)、後更に通商公会駝務部に編入されて、日本軍特務機関指導の西北特殊貿易に協力せしめられていた。

社会集団の構成分子からみると、ギルドのトレーガーは時代によって変化しているので、結合の基盤を簡単に論ずることは出来ない。民族および宗教からいえば蒙古人漢人回民が入りまじり、最初は蒙古人の駝店が優勢であったが乾隆三十年には漢回が六、蒙古二となって逆転した(C22)。駝戸が蒙漢回にわたる以上、やはり三様の駝店があり得たのであるが、蒙古人の駝店はらくだの雇傭主・買客と連絡が悪かった上に、商業能力とくに資本と労働力の点で漢回駝店におよばず、内蒙古の商権が、蒙古人の手から漢人の手に移るにつれて驅逐され、その後久しく漢人駝店が多数を占めることになった。民国以後、内蒙古各地や中国内地との運輸が鉄道と自動車によるようになり、外蒙古との貿易もなくなったため、漢人駝店は深刻な打撃をうけたが、新疆省との貿易は寧夏甘粛との取引とともに栄え、これ等の西北地方が回民の居住地であった関係上、帰綏でも、回民の駝戸駝店が自ら優位を占めるようになった。今日では回民経営のもの八店に対し、漢人駝店は二経営にすぎない。特異な信仰と風俗を固く守っている回民の駝戸および駝夫は、回民駝店以外に住むことができず、回民店はそこにも強みがあったわけである。こうした事情から、ギルドとしては蒙漢回を包括する必要があったわけで、民族的宗教的な複合はさけることができなかった。しかもそれがギルドの分裂とならず、むしろ分業的な関係を作っていた点は見逃すことができない。同業関係以外の條件が大して問題とならないことは、ギルドの社会紐帯を通じていえることで、漢人のみについてみると、同郷関係はかつては山西系であったが、いまは帰綏の地元出身者で占められている。地域的には店が北門外に集中しているけれども、蒙新貿易の起点としての立地的條件によるのであって、隣保的な効果を特に発揮しているわけではない。

ギルドは衆と会首からなっている。衆はギルド員であり、宗教的な意味からは「衆信」(N17)と呼ばれている。店が単位でその数は乾隆三十年には八軒(C22)光緒三十四年には天元徳等十数軒(註4)、民国二十四年に十二軒(註5)、現在は十店を数えている。このうち漢人店は合夥制をとり、経理以下学徒工人なども他の仲買店と同様で、身股財股は「平均分開」（平等な取扱による利益配分）の原則に立っている。これに対して回民経営の駝店はいずれも個人企業となっている（L11）。ギルドには同業全部が参加し、その中から有徳者でかつ社内の事情に通じている者三名を推戴して会首とし、ギルド事務を依頼したよしである。光緒中には会首は社首と呼ばれ、社を代表して内外と折衝した例がある（N12）。

聴取によれば、駝店は牙帖をもっている牙行だというのであるが、多分今日行われている仲介業許可証（L11 L13）を意味するものと思われる。歴史的にいって民国初年に始まる営業許可証はもっているが、清代に正規の牙帖を受けていたと信ずべき理由はない。しかも許可証の文面によれば客に代って駱駝を売買することの許可であり（L11）、交易市場を利用して交易の仲介に従事することの許可である（L13）。駱駝の売買の仲介は前述のように駝店の業務の一部に過ぎないのであるが、しかもこの点だけの営業許可証として牙帖が発給された所以のものは、官が駱駝の買上を行う際にギルドの協力を得ることができるよう、あらかじめ布石を考えたことと、家畜登記税の徴集について、その代収事務に関し、ギルドに期待するところがあったからである。その詳細な内容は、馬店と同様であるから繰返さないけれども、劉氏によると、官から委託された仕事によって、ギルドの日常事務は繁雑をきわめたという。今次の事変の際には、駱駝雇傭の斡旋について日本軍のために奉仕すると同時に、駝店の経済的社会的利益をある程度日本に擁護させている。従って、ギルドが駝務部に編入されたのは、ギルドの性格にも由来するわけであり、日本軍の強制とのみはいえない。清代においても官憲としては牙帖の件はともあれ、ギルドを利用する点ではあらゆる機能を見逃していなかったと思われる。

駝市の管理はギルド側のねらいとしては最も重要な事業だったと思われる。駝橋は帰綏識略等によると（註6）副都統署の側にありというから、今日の市役所（公署）附近ということになる。この記事は綏遠通志にも見出されるが、通志にはさらにこれにつづけて、民国元年駝市が太平召前に移ったこと、取引高は牛羊市などにおよばないこと、牙儈（駝店）が抽佣（仲買手数料をとること）を行うこと、九・十月が最盛で、毎日朝早く市が立ったことなどを、いろいろと書きつづっている(註7)。事変後市立交易市場に統合されたのであるが(L13)、それまでの駝橋は完全にギルドの管理し支配するところであって、劉氏は「駝橋は社の所有であった」と表現しているほどである。これについての官憲側の立場は前述のねらいに帰するのであるが、ギルドとしては営業の独占と、公正な秩序の維持を看板として、商略の合法化を計ったのである。駝橋で起った事件はすべて福慶社が処理したのであって、社の関係者たると否とを問わず、市場の中で紛争が起った際は直ちに調停に当った。仲買に際し、通貨の問題から不正が行われたり、紛争が起ったりしているが、それが商略の一部であったことは想像に難くない。すでに乾隆十年にはギルドの名によって駝橋の「市規」が制定され、これには帰綏にあったすべての地方官憲が支持を約束しているのであって、これによると貨幣は紋銀（純銀）だけを基準とし、銀の純分が五%減ずる毎に一錢の打歩を行うことなどを定めている。この市規は石碑に刻んで駝橋に立てられ、公示による効果をねらったのであるが、後に奸商の破壊するところとなった。道光二年にギルドの手で再建され、光緒二十七年に三度建て直したものが現存している。いかに通貨が深刻な問題となっていたかを物語るものである(N1)。

福慶社の事業の第三は祭祀である。聴取によればギルドの信仰対象は天地爺・関帝・火神・馴馬明王・増福財神・山神・水草神の七神であって、北茶坊関帝廟で毎月一日と十五日に焼香叩頭をもって例祭をとり行うほか、正月八日には関帝のために、六月八日には平安を祈る意味で、いずれも駝橋にある戯台（芝居用の舞台）を利用して唱戯（演劇の奉納）・領牲（犧牲をささげる）・焼香（線香をたいて神を祭る）・叩頭（最大級の礼）を行い、ギルド員の宴会も行ったという。しかし、北茶坊関帝廟は乾隆二十一年に修繕が加えられている程の古い寺であるが(N2)、福慶社どはその前後を通じて何等関係がない。咸豊五年に至って僅少な寄附を行ったのを始め(N15)、光緒九年十八年に多少の援助を試みているという程度の交渉があったとはいえ(N11 N12)、光緒二十三年その一角を利用して大仙廟が建てられたときも、福慶社の名は漸く「善士」(賛助人)の一人として多少の寄附金を提供したに止まっている。もしも福慶社が関帝廟を祭祀の場所としているなら、当然「主善」(発起人)となったはずであるのに、助善として面倒をみているにすぎないから、縁故があったという程度に止っていたことは明瞭である。ところでこの廟の東隣に、いつのころからか圏神廟が設けられているのであるが、嘉慶十八年に牛羊店の福興社が圏神廟の一角に三聖廟を創建した際(N8)、駝店の福慶社も多少関係したと思われ、つづいて同廿年に「為レ駷為レ竜」と題した匾額を、福慶社から三聖廟に奉納している(N17)。その後道光十七年には百両(N8)光緒三年には五十両という大金をいずれも福興社を通じて寄附し、廟の増築や修繕の資金としている。福興社の寺である三聖廟に力を入れたのは、そこに福慶社同人の信仰対象となっていた神が、祭られているからであるが、一つには福慶社と最も深い関係にあった財神廟が、この三聖廟の後院(二軒つづきの家の奥の一廓)をなしていることも影響している。財神廟と福慶社の関係は前述の市規などが、この財神殿前に建てられていることを説明すれば十分であろう(N1)。すなわちギルドは三聖廟には財神廟等との関係から敬意を表してきたが、関帝廟とは関心がなく、財神廟との交渉が始まってからその隣接寺廟なるが故に、おつきあいで多少の慈善を始めたにすぎない。福慶社がこの財神廟や三聖廟と特殊な関係をもったのは清末の約百年間(十九世紀)であって、ギルド内において漢人店舗が優勢を示した期間にほぼ相当する。財神廟における祭祀は福慶社内の漢人店だけで行ったものとはいえないにしても、漢人が主としてこれに当った事は間違いない。三聖廟で重んじられたのは馬王であり(N17)、馬王に陪祀されている牛王・羊王、財神殿にある財神、そこに陪祀されている火神などが、信仰対象として確認しうる範囲である。従って前記の聴取にあるように、関帝を始め天地神山神水草神などがギルドの神に加えられていたとしても、それは時代が最近に降るものと考えられる。祭祀の日取も、帰綏識略等には(註8)、「正月中の某日、定日を定めずに行った」ことになっており、聴取と矛盾するが、応答者のいう六月は駱駝の弱る気節であるから、平安を祀ることは考えられるとしても、おそらく賽社の形を取った年次大祭ではあるまい。以上の考察が正しいとすれば、この場合は質疑応答の結果を歴史的に遡及して受取ることはひかえねばならないわけで、ギルドの信仰対象・廟・祭祀の日取など、いずれも訂正するか、あるいは現在だけの事象として受取る必要がある(註9)。ただ祭祀の場所が北茶坊および駝橋においてとり行われているという報告だけは、帰綏識略(註8)の記述と一致しているから、清末以来の話としては動かないところであろう。それはともかくとして宗教的行事が漢人店を主体として行われた場合に、信仰が駱駝の安全を祈る意味から三聖廟に結びつき、馬王の庇護によって駱駝の増殖による流通量の増大を神に祈るという、経済原則に合致した線を出しながら、しかもその最終目的を金もうけにおいて、財神を主神とし、その他の神を陪祀する形に、信仰観をまとめあげ、牧畜その他の問題を商人としての利益追究に従属させているのであって、駱駝のための祈禱も商人の打算を基礎にして考えられている。商業資本の性格が祭祀に反映していることは、注目に価する点であろう。

このほか、福慶社の事業としてあげるべきものに慈善がある。聴取によれば、窮民救済資金の寄附を行った由で、これが事実だとすれば社会事業方面にも関心を示したことになるし(註10)、また福慶社が畢克齊の橋梁修理に寄附したという事例もあって(畢克齊C9)、公共事業に援助を与えていたのは事実である。宗教事業としては、北茶坊以外でも、十王廟(P12 P16 P18)呂祖廟(S4)観音寺(X1)などに喜捨を与えている。

帰綏には、寺廟に寄生しまたはその一角に割込んでいるようなものは別として、独立のギルドホールを有するギルドは少いのであるが、家畜仲買業ギルドに限ってホールをもつものは珍らしくない。福慶社の場合、その沿革は不明だが駝橋にはギルド公所（事務所）と戯台が現存する。劉氏によればこれはともにギルドの財産であり、事業遂行上の拠点として活用されていた由であるが、家畜仲買の場合は登記等の関係から、事務所を必要としたようである。帰綏県志（註11）には、駝業辨務処が太平街にあったと記しているから、福慶社の公所は駝橋の移動につれて位置を変えていったことになり、公所は廟とは一応切離して、純然たる事業機関として便利な場所を考えていた事情が察知できる（註12）。

註1　駝店については支那省別全誌十七巻、山西省、福慶社（頁七四三）に約三行の簡単な説明がある。包頭については大田武正氏が調査し、報告された「駱駝と西北駝運事情」（昭和十七年十一月華北交通株式会社資業局発行、打字油印本）があり、外面的調査ではあるが参考とするにたる。
2　出塞紀略、康煕二十七年五月十八日及び十九日の條。
3　帰綏道志巻廿二風土、帰化城外小社行。これには福慶社とし、駱駝行と説明されているが、この説明は適当でない。
4　支那省別全誌山西省　頁七四三。
5　綏遠通志一〇八商業一、各県商業概況、車馬騾駝業。
6　帰綏識略巻十七市集、商圜商市各所。又帰綏道志巻廿二に同文を転載。
7　綏遠通志一〇九商業二　帰綏県市集表一駝橋。
8　帰綏識略巻十八賽社　正月の條。また帰綏道志巻廿二賽社に同内容のものを掲載。
9　聴取が不正確であるとすれば、その主要な原因は、劉氏が回教徒であるため、漢人を主体とする祭祀の諸事情に、間接的にしか接していなかったからであろう。
10　劉氏が回教徒であるので、この救済事業と言うのが回教徒間だけの互助救済に寄附したのではないかという疑いがある。もちろんそれでも慈善であることは間違いない。回教徒ギルドの救済義捐金については、仁井田陞氏「中国の社会とギルド」頁二五八・二六五・二七四・二七七・二七九参照。

11 鄭裕孚等撰、帰綏県志（民國二十四年印）、建置志、駝業辦事処。

12 福慶社が公所と廟を区別して考えたのは、蒙古人や回教徒がギルドに参加していたという事情も反映していたと思われる。

第二節　仲買卸商

封建経済のもとにおいて、流通の円滑を期するには、仲買店のほかに仲買卸商を必要とする。仲買店は自己の計算と負担とにおいて商品を売買する者ではなく、単に売買両者の仲介を行うことを本体とするのであるから、売客と買客との條件が一致しない場合は取引が成立しないので、仲買市場に持込まれた商品がそのまま滞貨となって流通機構に乗らず、そのズレがやがて商品の不足となって、需給に混乱を生ずることになった訳である。これを防ぐには仲買市場と小売市場との間におこる時間的並びに質量的なずれを調節する機関が必要であるが、この調節池の役割を受持っていたのが仲買卸商で、商品を一時流通界であずかることによって、余剰物資に商品価値を賦与する役目をになっていたわけである。その上に仲買店は大なり小なり売客あるいは買客の、いずれかの代理店として、仲買市場に現われるのが普通であるから、その反対側に立って、売客の商品を買受け、または買客に商品を売渡してくれる卸商がなければ、仲買店は仲介の機能を果すことができない。仲買卸商は自己の負担と計算において商品の購入販売を行い、商略によって利潤を獲得するものであるから、この意味では卸商（荘）であるが、商品の流通過程における機能としては仲買であって、通過取引の途上におけるプールとして、仲買店の女房役をやっていたのである。帰綏には雑貨舗・茶貨商・皮荘などの仲買卸商があった。雑貨舗は高級又は日用の百貨（家具・小間物・衣料品など）を中国内地から購入して、蒙古・西北および綏遠省内の農村に供給するもので、店舗に「客人」として小貿易業者を擁し、彼等のためには卸商となっていた。間接的な輸出業者でもあったわけである。その小貿易業者が漸次雑貨舗から独立して自分の舗を開くようになり、彼等だけのギルドとして集錦社が組織されることになった後も、雑貨舗は依然その背景となり、輸出貿易の元締とでもいうべき役割を担っていた。そのギルドである雑貨行醇厚社が帰綏きっての有力ギルドであり、大行の主力となっていたのも当然である。また輸出品の筆頭に位する茶は、漢口方面の産地から供給をうけ、蒙古・ロシア・新疆に輸出するのであったが、その仲買卸に当った茶商が金竜社を組織していた。輸入業者には獣皮獣毛類を一手に扱い、皮毛店と深い関係にあった皮荘が、生皮社を組織し、これも清末にはギルドマーチャントの構成分子に加えられた。

應答者

(1)雑貨舗と雑貨行醇厚社。

張永民氏、　厚和市雑貨業公会々長

(2)茶貨商と金竜社

呂声和氏、　厚和市茶葉業公会々長　義和茂茶荘経理

(3)皮荘と生皮社。

傅九如氏、　日升昌皮荘経理。

第一項　雑貨舗と雑貨行醇厚社

雑貨舗が取り扱っている商品はその範囲が極めて広く、デパートに並んでいるようなものはおおむね雑貨の中に入るが、雑貨舗ではこれを大きく京貨と百貨の二つに分類しているのである。京貨とは「みやこで生産された商品」という意味で、北京天津蘇州杭州などに産する高級な雑貨であり、これを売買するものを京貨舗と名付けている。呉服屋も京貨舗の一種で、「蘇府布業」といわれている蘇州産の絹布商などがその中に含まれている。百貨は日用百貨の意味で梭布・煙草・茶・菓物・紙・染料・海産物等の食料品・砂糖などの調味料その他を含んでいる。雑貨を狭義の意味に用いるときは百貨だけをさすのであって、その店舗を雑貨舗または百貨舗とよんでいる(註1)。本書では京貨と百貨を包括したものを雑貨と呼ぶことにするが、この中で伝統も旧く、かつ有力なのは京貨舗であった。雑貨舗は商品を原産地の客商または帰綏の貨店を通じて大量に買入れ、地元の消費者に対して店頭で卸小売に当るほか、六割以上の商品を蒙古や西北地方などに輸出した。すなわち、雑貨舗の取引は通過貿易を主とし、仲買卸商としての傾向が強かったわけである(註2)。雑貨舗の中には手工業に手を出したものもあって、一部の紙商は製紙印刷などを行う仕事場を経営している。従ってその限りでは手工業としての面をもっていたのであるが、それも仲買卸商としての機能を果すに必要な補助手段として仕事場を所有したに止まり、その生産品が店の主要な商品となることはなかったから、この紙商を手工業者として取扱うことは適当でない。紙商の取扱商品は、中国内地に産する各種各様の用紙用箋を包括しているわけで、自家生産は地元商人のために意匠を入れたり、蒙古人向けに色をつけたり、農村向けの粗末な再製紙を作る程度の加工または補足を受け持ったにすぎない。しかもこの程度の仕事場をもつ店舗さえ稀で、一般に雑貨舗は直接生産にたずさわっていないのが普通だといえる。雑貨舗の基本方針は仲買を促進するために種々の機能をそなえて輸出に貢献することにおかれていた。帰綏の貿易業者には、集錦社・新疆社などを構成し、またはそれに隷属している大小の貿易商人があって、彼等は輸出品を雑貨舗から購入し、または賒（かけうり）の形で商品を借用していたが、雑貨舗自身その舗内に皮毛牲畜店や牛羊店がおいていた「客人」と同性質の、独立商人である冒険的な輸出業者をおき、その背景となって商品の世話から金融などにも応じ、彼等の活動によって販路を積極的に拡大していったわけである。その意味からいえば「客人」は雑貨舗のセールスマンであり、これに必要な倉庫客房などの施設をそなえていた雑貨舗は、単なる卸商というよりも、間接ながら輸出貿易に従っていた仲買商人だといった方が、実際に近い。帰綏の繁栄は中国内地の手工業製品と、蒙古および西北の農牧業生産物との取引に基いているが、その中に立つ雑貨舗は、帰綏に持込まれた中国内地の手工業製品のプール役を引受けた点では「貨店」のよき女房役となり、またそのストックがあらゆる輸出品を網羅していて、輸出力の背景として役立った点では、あらゆる貿易商の商品の供給源だったわけで、その仲買的卸商の機能は、貿易の一つの中枢を形造っていた。雑貨舗およびそのギルドが帰綏において重要な地位を占めているのは当然のことだというべきであろう。

乾隆十四年（P 4）以前の雑貨行の歴史は、記録の上からは全く見出すことができないが、同年以後の雑貨行については豊富な史料があって、乾隆年間を通じ極めてはなばなしい活動を展開している（B 4　C 1　C 6　E 12　G 2　N 4　N 14　P 5　P 7　P 8　T 1）。即ち雑貨舗はそれまで大行の中に含まれ、雑貨舗についての問題は混合ギルドとしての大行が引受けていたのであるが、独自のギルドをもつようになった時＝乾隆十四年ごろから、大行がギルド別に分解したため、雑貨行の名のもとに活動が行われるようになったものと思われる。独自のギルドの成立とともに、彼等の集団的利己主義は業界の繁栄に貢献したであろうが、この繁栄につれて雑貨舗の「客人」として貿易に従事していた冒険的商人の中から多数の成功者を出し、その中にはついに独立の店舗を開いて専門の貿易業者となった者が増加したので、嘉慶五年に彼等だけのギルド「集錦社」が組織され、雑貨行の分家ができた形になった（B18）（註3）。もっともその分家は、一挙に達成されたわけではなかった。「分ニ執ス其事ニ」と題された一扁額が、今日も雑貨行のギルドホールにかかっているが、これは嘉慶十一年正月下浣「郷耆公立」にかかるものである（L14）。「分執其事」は集錦社の分立と関係のある言葉に相違なく、従って分立の時期として嘉慶十一年がいかなる意味を持つかは、当然問題となろう。それに關連して、集錦社の名が嘉慶九年にすでに存在した事実（E48）、雑貨行の称が嘉慶九年（E20）二十二年（H1）ごろまで用いられ、その後は完全に消滅している事実、嘉慶十七年に醇厚集錦（M1）という団体があって、それが一つのギルドと認められていた事実などを想起すべきであろう。一方、分家とともに本家の方が名乗った新しい名称「醇厚社」は、嘉慶十一年に現れてくるのがその最初の記録であって（Y6）、十九年には集錦社と相対した二つの団体名として用いられるようになり（M2）、道光以後もこの状態が続いている。以上を通じて考えると、もともと雑貨舗に隷属していた蒙古貿易商達は、嘉慶五年に漸く自己の団体を組織し得たのであるが、それは醇厚社の認める所とならず、郷耆が仲に入った結果、十一年にようやく「二にして一」とでも評すべき漠たる半独立性を認められ、十七年以後十九年以前に始めて独立のギルドとして一般から認められるに至ったわけであろう。集錦社の成立は雑貨舗の隷下にあった業者が経営的に独立し、それまでにはなかった独自の商業分野が開けたので、この新たに誕生した分野で新しいギルドが生れ出るという結果を招いただけのことであるから、雑貨行が両社に分裂したというような表現（B18）は誤解を招くおそれがある。雑貨行としては、嘉慶九年から十一年の間に当時の風潮にならって醇厚社と改称したのであるが、同二十二年頃までは旧称でも通っていた。醇厚社は一に「醇厚堂」とも称せられたのであって、その用例もあるし（Q3）ギルド公所に現存する門標にも醇厚堂と大書されているから、道光初まではむしろこれが正式の公称であったと思われる。元来堂名を名乗るものは同人的な団体が多く、志を同じくする者で組織した慈善団体などに最も広く用いられている。商工団体でも同業全体の組織ではなく、一部有志の設立にかかるもの、たとえば少数の同郷人だけで組織していたギルド等は、堂名をなのっている。醇厚堂の場合もその意味に解せられるのであって雑貨舗の一部が組織したギルドであることを匂わせているのである。さらに「堂」には建物または建物におかれた事務所の意味があり、堂名をもつ団体はその所有するビルディングまたはオフィスの名を同時に団体の名とする場合がある。醇厚堂もギルドホールの名称であり、その建築物を擁するギルドという意味が含まれている。しかし醇厚堂という名称はあまり行われず、醇厚社の名が一般的に用いられた。その理由としては、帰綏のコレクティブギルドを構成するギルドはすべて「社」を称しているのであって、雑貨業ギルドだけが例外的に「堂」を名のっても、一般からは受付けられなかったということもあろう。また同人といっても、醇厚堂に参加した同人だけが他の雑貨舗から区別さるべき本質的な特色をもっていて、彼らだけが一団体にまとまる必然性があったのではなく、むしろ全同業を包括する可能性が包蔵されていたのである。量的には全部を包括するところまで到り得なかったけれども、質的には雑貨舗全体を掌握するに足るものが参加し、そうした有力な同業が事実上全同業を支配して、同好者だけの組織が全体を代表することになったので、醇厚社と称する方が名実一致し、より適切な称呼として受け取られたことと思われる。

雑貨舗は混合ギルドとしての大行の中に含まれていて、その領袖格であったわけであるが、大行がコレクティブギルドとなった後も、これを構成する有力団体である点に変りはなかった。もっともそのうち嘉慶十七年までは、集錦社をふくめて一団体と認められていたわけであるが(M1)、十九年以後は単独で大行のメンバーにあげられ(M2)、その後も常にギルドの筆頭におかれてきた(第一表)。ギルドマーチャントの首長である郷耆については、集錦社と共同で一名を常任的に推挙する慣例が認められており、事実上その席をほとんど独占しているという状況であった(第二表)。なお郷耆選挙以外の面でも、雑貨舗と蒙古貿易商の相互依存を反映して、集錦社とは密接な連絡を保持しつづけている(B18)。清朝末期はこの両業者の全盛期で、醇厚社独自の活動もはなばなしく展開されているが、民国以降は外蒙の独立、綏遠の天災人禍等によって、少からぬ打撃をうけることになった。張氏の記憶によれば、綢布雑貨業公会に改組されたのは民国十九年か二十年であったというが、少くとも二十三年には公会として行った事業の記録が残っている(G59)。その後この公会は、一九四三年に、日本軍の指導下にあった厚和市公署の命令によって綢布業公会と雑貨業公会にわけるように指令され、形の上では二つの公会に分裂した。分離の指令は一営業を一公会に組織する方針から発せられたものだといわれている。民国初年の貿易事情の変化につれて、貿易業と直接的な関係をもたない単なる卸売商が発生し、とくに民国四・五年ごろから、地元の市民等に対して呉服を供給することを主な営業方針とする京津(北京天津)資本の巨商が、帰化城に進出してきたので(註1)、これを別公会にすることに意味があったのであるが、前述のように呉服屋も京貨舗に過ぎない以上、全く切り離してしまうことは支障が多すぎた。そこで一応看板だけは二つの公会となったが、実際は同一の事務所で仕事を進め、一般的な問題については両者が合同して処理に当り、特にその必要があるときだけ、公会が個別的な行動をとるという方針を定めることになった。

ギルドが大所帯であるだけに、社会集団の内部的な共通の地盤をどこに見出すかということも、単純な問題ではない。同業といえば問題はないようであるが、範囲の広い雑貨舗の中には、大きくみて京貨舗と雑貨舗、小さくいえば洋布荘・蘇府布荘・南紙印刷舗・顔料荘等々が含まれていて、それぞれ取り扱い商品を異にし、その生産地や流通のルートも異なり、販売の面においても外藩貿易に重点をおく者や、農村への供給に力を注ぐ者、ないしは城内での卸小売に任ずる者等それぞれに特色があったわけである。これと関連して「客人」である貿易商人との関係も微妙であり、資本の構成や経営形態における差異も文字通り千差万別となっているから、昨日の友が今日の敵となる場合もあるわけで、同業として利害を等しくする範囲は容易にきめ難い。前期的資本の立場が安定し、仲買卸商として繁栄しうる間は、商業資本の集団的利己主義を拡充するという立場にたてば、ともかく共通の基盤があるわけで、混合ギルド的に、輸出雑貨卸商が皆参加して、同業として協力する可能性はあったのであるが、封建商業の矛盾または資本主義的商業の伸長に伴って、単なる醇厚社への改組では済まなくなる。十九世紀においては貿易商としての面で、その矛盾を輸出したわけであるが、民国以後は経営を卸小売業に転化したり、手工業に中心をおいたりして、破局を免れるために仲買商たることをやめる者も生じ、今日では、前記の呉服業以外にも分裂の可能性をはらんでいるようである。それにしても商業資本家意識がギルドの支柱であることは疑いなく、同業としてまとまりがない点を意識的に補なうとする気持も強く、求心的意欲が極めて濃厚で、社会集団に結集するに至った主要な動機となっている。

出身地についていえば、雑貨行はかっては山西幇と認められていたのであり(註4)、その中でも忻県祁県が多く、大同府崞県定襄県などがこれに次いだ。しかるに民国以来は右に記したように京津商人が急激に増加し、京綏鉄道開通以後この傾向は拍車をかけられた形となった。京津商人は多くは資本主義的生産による内外の商品をあきない、取引方法においても近代的商法を採り入れ、蒙古西北貿易よりも地場での卸小売に力を注いだ。京津産業と直結する彼等が商品を集める上で便宜を得ていたのに対し、貿易不振のため奥地の消費市場を失った山西幇は、年々衰退の一路を辿り、僅かに狭義の雑貨舗として余ぜんを留めるありさまとなって来た。このような過程を経た後、今日では醇厚社は京津幇と考えられているばかりでなく、帰綏における京津勢力を代表するものは醇厚社であると認められるようになった。醇厚社は、ギルド員が資本主義の浸透によってその成員に著しい交替を生じた例として、典型的なものであろう(註5)。ギルドシステムが同郷関係に支えられながら、流通機構の編成替によって、根本から変ってしまった訳である。雑貨行は宗教的には仏教徒として概括することができるとしても、個人的には純一善社・一貫道・理教などの類似宗教に熱心な者を除けば、大体において低調であり、その現われとしてギルドの祭祀もかなり無方針である。

地域性はというに、店舗を帰綏に張っていればよかったわけで、山西なり北京なりにその本店があっても、出店が帰綏において一応独立の経営を保っている以上、ギルド参加は当然のこととされている。この場合、「帰綏」の境界線をどこに引くかはあいまいで、雑貨舗の主な分布地点をとり、民国以前は旧城に限られていたが、その後卸小売を主とする店舗が新城にも多数開かれたので、それ等もすべてギルドに加入させるようになったということである。ギルドは立地的な條件を基礎としているので、地域性は社会紐帯として重要な意味を賦与されているのだが、立地性は発展し移動するので、ある境界線を厳密にひくことができるものはなかったわけである。

醇厚社の社会紐帯を静態的にとらえてゆくことは誤りであるが、発展しつつある社会集団としては一貫した歴史をもっており、それぞれの時期における重複した社会紐帯によって支えられる可能性をはらんでいたことは否定できない。しかし抽象的に紐帯を指摘するのではなく、具体的にその内容を検討して行くと、遠心力と求心力とはほぼ同じ大きさではり合っているから、一定の方向を与えると固い結合の契機となる反面、ギルド分裂の可能性も包蔵していたといわねばならない。どちらかといえば雑貨行は単一のギルドとなった後も混合的で、意識的に筋を通す努力が必要であった。この場合、ギルド結合の基礎は立地性に合せた同業関係をもって主軸としているのであり、帰化城又は帰綏における雑貨業貿易（仲買のちに卸小売）を中心にして資本力を集中するようよびかけている。同業内に分派はあっても利害の対立を乗り越える道が開かれており、差異はあっても矛盾が表面化していない場合には、大きく結集し得たのである。ギルドは有力な団体として維持されるほうが商業資本にとって有利であった上に、他の諸紐帯が醇厚社の結束を助ける点で多少の働きを示したので、ギルドの解体に進む諸矛盾は潜在化し、ギルドの遠心力は眠らされてきたわけである。

雑貨舗の構成をみると、紙屋の宣紙製造の仕事場と木版印刷の仕事場には工頭・師傅・徒弟があり、その他の雑貨舗にも厨子（コック）水汲などがいて、共に「工人」として、舗とは単純な被傭関係に立っている。しかし彼等は醇厚社とは何らの関係もない。なお財東すなわち固定資本の出資者も、ギルドに直接関係をもっていない。関係があるのは経理・夥計などの商人の系列である。聴取に示された徒弟制度は解体期におけるその姿であるが、この中にも本来的な徒弟制の面影の片鱗を留めている。同郷関係でいえば、河北幇の店舗は厳重に同郷性を守って他県出身者を徒弟に入れないが、山西幇ではその制限は必ずしも行われておらず、山西各県人が入りまじって採用されている。学徒となる者の適齢は、大体十六七歳であり、舗保は必ず要求されている。徒弟としてお目見えの日に経理と財神に叩頭の礼を行い、それから皆に通常の礼を行う。そのあとで店舗の負担において皆に多少のごちそうが出る。経理以下に対しては恭順を旨とし、家族に準ずる生活規律に従い、特に経理の家父長権に服従せねばならないが、「礼」としては整った形式をふまず、たとえば経理の喪に服するようなことはない。年期は三年であるが中途でやめるのは自由である。年期あけの儀式はない。年期満了（学満）をもって夥計にとりたてられる保証はないが、その店舗に就職する義務もなく、いわんやお礼奉公はあり得ない。徒弟の間は取引の見習をやるわけだが、労働條件のとりきめはなく、休暇も年頭に半カ月もらえるだけで、節期も休ませてもらえない。ギルドが特に徒弟管理を行ったという事実は知られていない。各雑貨舗には三名ないし五名位の徒弟がいるのが普通である。夥計になると始めて給料が出るが、初年度は年二十元（現在は百円）位で、徒弟に与えられる手当に毛のはえた程度である。しかしながら受けもつ仕事は一人前となり、実際の衝に当るので、腕をふるうことが可能になる。仕事の分担は専門に分かれ、交際(内勤の店員)・管庫(倉庫掛)・管糖(砂糖掛り)などといった類の職務に応じた名称がある。夥計となってからは、才能によって決算期に頂生意的にとりたてられる可能性がある。身股は新開業の際、財東と玉成人(仲介人)が相談の上できめるが、開業後は決算期ごとに経理の認定で次期の分を増減され、或は新たに与えられる。夥計として与えられる最初の股は一厘（〇・一株）ないし三厘（〇・三株）で、決算期ごとに改訂される。夥計の数は頂生意的たる者を合せて十人前後の店舗が多い。

経理は経営の代表者である。店舗設立に関する契約書すなわち「合同」で決められた條件に基ずいて、その規定内での一切の経営権を財東から一任されている。経理は経理（狭義）・副理・三掌櫃・四掌櫃と、四名におよぶ場合がある。それは身股の大きい者から順に呼ばれている頂生意的のナンバーであり、経理（広義）と頂生意的の関係を暗示するものである。店舗の経営はこれら経理（広義）全体の合意によって進められてゆく。経理は財東と同郷関係にあるのが普通である。帯財掌櫃（財東を兼ねている経理）は極めて稀である。京津または山西資本の店舗であって、その投資を行った財東が帰綏に住んでいないときは、経理は資本関係についても支配的な権力をもつ傾向が強い。

財東は一定の出資條件を彼等相互の間でも、また彼等と経理との間でも協定しているわけで、これを「合同」（契約書）に明示して証拠としている。有限責任か無限責任かも指定できるが、専東（出資者一名の財東）は常に無限責任である。契約内容は財東の各人の出資金額とそれに対応する財股の数、身股の実態、経理が経営について委任されている権限の範囲、利益配分の方法などで、これらはどの合同にも記されている條件である。「合同」は財東相互間および財東経理間に結ばれた店舗に関する基本的契約とみなすべきものである。店舗の行う取引等については合同の指定する條件に違反しない限り、これを経理等に一任して財東は口を出さないことになっている。従ってギルドに対しても、財東が直接その会合に出たような例はかつてなく、ギルドに対して財東の方から関係をつけたという例は全く見出せない。出資條件の変更、たとえば抽股添股倍股などは、財東および経理の全員の同意を必要とする。決算は「開紅利」といって三年ごとに行われ、純益の総額から「財神股子」と呼ばれる公積金二割を一応分配から除外し、残余を財股身股を通算して、股（株）の大小に応じた配当額を按分比例によって配分する。公積金の処分は財東と経理の全体の同意により、その決定に従って行うのである。要するに雑貨舗の商業資本は、「共同体」的な結合によって結集され利用され配分され又変更されていると言うべきであろう。

雑貨舗全体の数は非常に多く、かつては四百余に達していたという。民国二十四年度においては約三百で、この中には「擺攤」（屋台店）約三十を含んでおり、またギルドに加入している者は百九軒であった（註6）。ギルド員たる資格は「字号」すなわち店舗としての形態をもつものに限られたのであるから、個人企業等はもちろん失格するわけである。資格の有無を認定するために、規定を定めるようなことは行われていないが、事実ギルドに加入するには、ギルド員によって同業仲間と認められていることが必要で、店舗の中でも信用のある「字号」に限られたという。この制限は当然のこととして受入れられ易いが、そのために商業資本の排他的な仲間的結合が形成せられ、さらに大資本専制への道を開いたことはみのがせない。現在の会員数は両公会を通じて九十七である。ギルドに重要問題があったときには大会を開き、ギルド員の意見をとりまとめたが、同業公会となってからは加入者に会員という資格を与え年一回大会を開いてこれを議決機関とした。この形式的変化がどの位実質的変化を伴っているかはもとより疑問であろう。ギルド員といっても実質的にはほとんど会務に関係をもっていなかった由であるが、ギルド員が会務に貢献したという歴史的記録を残していないことからもその由来は推測できるのであって、名目だけの構成員にすぎなかったことは想像に難くない。結果論からいえば、ギルド員はギルドの支配の客体であり、ギルドの主体としての実質はそなえていないのであるが、主体としての擬制によって、共同体に協力せしめられ、進んでその支配に奉仕していたわけである。もちろんこの点は、時代と共に推移したことも考慮せねばならないが、支配・被支配の問題は「会首」を媒介として展開されたことを指摘するに止め、委細はあとに残しておく。

醇厚社の会首は、乾隆初年に総領と名乗った例もあるが（P5）、通常は郷総と称し、定員は五名であった（註7）。

会首の選挙制度をしらべるために第七表の中、道光十八・九年、同治十・十一年、光緒二十・二十一年、光緒二十七・八・九年、宣統一・二年など、二ヵ年以上連続して会首名の出ている場合を注意してみると、会首がいつも全員交替している。この結果によって、会首の任期が一ヵ年であり、また留任を認めない習慣であったことが帰納できる。聴取によれば、改選のときには輪流で行くというのであるが、輪流で会首となることのできる範囲が、二十軒を出ない程度の、特定のグループに限られていたのか、それとも会首定員の中の三・四名を、十五軒位のグループが独占していて、その中から交替で会首を出し、他の一・二の会首を一般ギルド員から出す制度であったのか、とにかく第七表に現われている範囲では、同じ店舗がしばしば会首の任につき、一世代（三十年）の間に会首となることができた店舗はのべ三十軒を超えていない。ギルド全員が輪流で公平に会首の地位についたとすれば、三十年間ではのべ百五十軒が会首たりえたはずであるから、少数店舗が特権的に郷総を独占したのか、ないしは少くとも独占する傾向があったことは否定できない。会首の交代期は質疑応答によれば毎年十月一日となっているが、これは帰綏道志の記述と一致する(註8)。郷総は単にギルドの名目的な代表者というに止まらず、実際にギルドの事業を主宰しているのであって、常にリーダーシップをとって社内の意見をまとめ、社外に呼びかけ、雑な仕事の経理にも当り、責任を帯びた活動をつづけている(B24　P5)。いわば議決機関と執行機関を未分化のままで掌握したような形で、ギルドを牛耳っていたのである。郷総の中の一名を代表会首として指定する制度も行われているが(B50)、代表をおくと否とを問わず、郷総全体が共同で社務に当ったことに変りはない。

民国以後における会首制について、質疑を試みた結果を紹介すると、清代の郷総をやめて代りに三名の総領を設けている。もっとも総領は、旧来の慣例によって「郷総」と呼ぶこともあり、また社長と称してその中に正(一)副(二)社長の別を設けることもあったが、従来からの慣習が強く残り、新制度に換骨脱胎さすことは困難であった。総領の任期は三年で、大会の席上皆の推戴をうけて就任するのであるが、人物がよく、大経営の店舗の経理であることが、推戴の際における主な條件になっていたという。この張氏の記憶がどの程度の確実性をもっていたかを検討してゆくと、任期が三年間であったという説は明らかに誤りで、第七表の民国九・十・十一・十二各年度の会首をしらべてみると、任期は一年で留任した者もなく、毎年全員交代していることは明らかである。しかし張氏の報告條項は大体において正確であって、同表による限り会首数の三名は事実であり、また選挙形式はともあれ、実際の総領は依然として老舗の専制となっていたことは疑いない。従って郷総制に比較していえば、名称と定員が変っただけで、本質的なものは変っていないという見方も、一面の真理をうがっているようである。張氏によるとこの会首制は国民革命以後三転して同業公会法による公会に改組され、民主的な委員制が布かれて主席一・常務委員二、執行委員・監察委員・候補委員各若干名を、投票によって選ぶことになった。河北幇が委員会で勢力をもったのは、この改組以来のことだという。事変後民主主義をきらった日本側の助言で、委員の名称を理事におきかえたが、内容的には大した変化は起らなかったようである。

ここで醇厚社から選出したギルドマーチャントの会首の選挙法について附記しておこう。醇厚社出身の郷耆は、ギルド役員である醇厚社郷総の中から選ばれたことは、第七表でみられるとおりである(註9)。その選定基準に二つの型がある。一つは老舗を推す方法で、永遠昌・万恒昌などはくりかえしくりかえし郷耆に選ばれている(第二表)。第二の型は人材本位で推薦する方法で、その前後に郷耆はもちろんのこと、郷総にさえなっていないものが、ぽつんと一回だけ郷耆に選ばれているような場合は概して人物を見込まれたのであり、その実例もなかなか多い(第七表)。ギルドマーチャントのもう一つの会首である十二社郷総には醇厚社から最初は二名、咸豊以後は四名を出し、また少くとも光緒末にはこれを「総領」の名で呼んでいる。十二社郷総の選出方法にも郷耆同様、二つの方式が顕著に表われており、永遠昌・万恒昌のほか、四合栄、信遠栄・天順泰・三元成などの老舗組が幅をきかせていると同時に、郷総として一回だけ記録された店舗も多く、第七表によると、十二社郷総のべ二十八の中、十四軒を占めている。道光十・十一年の例でみると、改選の際に引きつゞき再選されることはなかったようである。郷耆が十二社郷総を兼ねた実例は見出し難いが、十二社郷総が醇厚社郷総を兼ねることができたか否か、またそれに関連した一連の疑問に対しても、解決に役立つだけの資料は残っていない。

ギルドの事業については、理論的な合理性に欠ける分類ではあるが、一応応答に現れた順序に従って報告してみたいと思う。

第一は「同業の擁護」で、大きな問題は大行を通じて官憲を動かし、小さい事件はギルドの力でじかに処理した。「最近問題となった事件を」と尋ねると、公定価格の決定とか、商品の共同購入およびその分配などがあったとの答であった。ギルドが同業の先頭に立って、同業の経済的および経済外的利益の擁護のために闘ったか否かは疑問だが、この点を除外しては、ギルドが結集したゆえんはもちろん考えられない。

第二は公共事務の処理であって、対外的には営業税を毎旬の八の日にギルドでとりまとめた上、一括して納付しているし、対内的にはたとえばギルドに加入している雑貨舗の経理の吉凶に際して、醇厚社から手伝人を派遣するのはもとよりのこと、幛子をささげ、点心・紙銭などを献じて礼節を尽したという。これも経理に限って行われたのであり、財東や従業員の冠婚葬祭にはギルドとしては関係しなかったよしである。

第三は祭祀である。帰綏識略等には、醇厚社が正月十五日に火神廟で、また「定日」をきめずに興公祠で、それぞれ賽社を行ったと記されている(註10)。ところが張氏によると、関帝廟・文廟・財神廟で犠牲をささげ演劇を奉納することがギルドの「規矩」であり、そのうち小東街関帝廟では、正月三日から満一カ月芝居をうちつづけ、宴会もあって盛会を極めたのであるが、民国以後は市況不良のために中止された由である。この聴取と帰綏識略の記述の間には、かなり大きな差異がある。まず関帝廟で賽社が開かれたかどうかという点から検討してゆくと、小東街関帝廟は醇厚社の公所がおかれていた場所であり、その関係で賽社が行われたのではないかと、一応は考えられるが、公所は専ら事務的な便宜に基いてその位置を決定しているのであって、宗教的には縁もゆかりもない廟を借受けてギルド公所とする場合も多く、公所がおかれているという単純な理由で、その廟が信仰の対象や賽社の場所であったと想定することは許されない。ギルド記録の上から醇厚社と関帝廟の関係をみると、一度関帝廟の修築を助け(B24)香爐を献納したという以外に(B71)、交渉のあった跡は見当らない。この程度では、ギルドの主な信仰対象が関帝廟にあって、その神威をあげる必要を感じ、醇厚社が大いに努力したと考えることは不可能であろう。ただし民国以後でもある程度の敬意を払っていたことは事実であり、民国十五年にも社から燭台を献納しているのであるから(B80)、祭礼に関係をもっていなかったというわけではない。次に財神廟についていえば、商業資本共通の現象として、各店舗の内部では財神は重要な地位を占めているが、財神といっても種類は多いから、ギルドとして取上げる場合には、どの財神を選擇するかが問題となる。ことに特定の営業と特殊な因縁のない財神を、あるギルドの主神とすることは無理であって、普通は財神にそれほど重きをおかず、陪祀の程度にするか、或はギルドとしては全く祭祀の対象としないものが多かった。雑貨行は財神廟に対して乾隆(G2)咸豊(G34)同治(G41)光緒(G44 G45 G48 G53)その他(G62)を通じて多少の寄附を行い、特に時代が下るにつれて熱意を示しているのであるが、それも単なる援助であって金額も少なく、どちらかといえば自己の面子をたてるためのおつきあいという感を免れない。張氏が財神廟で賽社を催したというのは、おそらくこれと隣接する賚公祠と混同しているのではないかと思われる。文廟はもちろん問題外で、両者の関連を物語る何の根拠もなく、また帰綏では商工業者で文廟を祭ったものは皆無であるから、事実とは考えられない。要するに張氏の記憶はあまり正確とはいえないように思われる。これに比べると、帰綏識略の記録は信頼できるのであって、ここで賽社の場所としてあげている火神廟は、雑貨行が乾隆十六年以来、終始その経理人として修築等を主宰してきた所であり(P5 P7 P12 P18)、ギルドが自己の責任において支持してきた唯一の廟であるから、祭祀が行われていたことは疑いない。このほか醇厚社が費公祠でも祭典を催したという記録については、費公祠を調査することができなかったため断定はできないが、雑貨舗の貿易先である蒙古および西北の招撫に、功績のあった費揚古を祭る費公祠で、賽社を行うことはふしぎではない。ただ費公祠は祭日も不定であるから、小東街関帝廟と共に、副次的な祭神として祭礼を行ったものと考えられる。もしそうだとすれば、醇厚社は三つの廟の祭に関係していたことになるが、それは反面からいえば、一つの信仰対象に集中している普通のギルド祭祀に比較して、信仰上のつながりが個別的にはやや浅いということになろう。三つの中で主な守護神として賽社を行ってきた火神廟についてさえも、光緒以後醇厚社が宗教的行事をつづけていたことを証明する資料は残っていないし、それ以前でも祭祀は僅か一日間だけという変則なものであった。醇厚社は宗教を利用してギルドの結束を強化する必要を、大いに感じていたために、祭典を三つまでかつぎ出したのであろうが、総花式であることの弊害面もあって、メンバーの入れかわった民国以後は反動的に中絶する傾向にむかい、そのために張氏の記憶も不正確になったものと想像される。

事業の第四は慈善であって、祭祀に関連して述べた前記の廟のほかに、南茶坊瘟神廟(E12 E20 E26 E29 E33)玉皇閣(C1 C6 C9 C57)北茶坊関帝廟(N14 N4 N13)十王廟(P4 P8)城隍廟(M1 M2)西茶坊関帝廟(Q3 Q5)小東街馬王廟(B24)呂祖廟(S3)観音寺(X1)玄天観(H1)新城娘々廟(T1)新城城隍廟(U1)新城関帝廟(V1)西竜王廟(Y6)等に寄附を行っている。その額に至っては、応分のもの、お座なりのもの、申訳的なもの等で一様でないが、経済力の雄厚なギルドにふさわしく、比較的多額の喜捨をしており、これがギルド外の大衆を悦服させる手段ともなっていた。なお近来の例では張家口の水災見舞金の寄附や帰化城の道路城壁の修理等の公益事業に慈善心を発揮しているほか、万国道徳会や蒙疆仏教連合会厚和支部等に毎年継続寄附金をよせているということで、宗教団体を通じての民衆指導にも関心を示しているのである。

ギルドホールについていえば、雑貨行の時代から、関帝廟の一廓である前記の醇厚堂を事務所としており、集錦社が成立した後もこれを共同の辦公所とし、現在は二つの同業公会の看板をここに掲げている(B18)。専任の事務員もおかれていたというが、現に庶務（雇員）二名・夫役（傭員）二名が公会の使用人として公所に常勤している。公所の土地建物は、やはり関帝廟の財産であって、ギルドの所有権は認められていないよしである。ギルドには財産収入はなく、会員を甲乙丙丁戊の五級に分って課金の級別負担比率を定め、年四回の標期ごとにギルド会計の決算を行って、その間の出費を按分的に割りあてる方法をとっている。同業公会は法の定めるところによって年度予算を組むことになっているが、実際に予算が立てられた年はなく、旧来の会計法がいまに行われている。

ギルド規約を調査してゆくと、ここでも興味のある問題につき当る。成文の規約としては、一九四三年一月改訂にかかる「綢布雑貨業公会章程」一篇があるだけである。この章程は私が日本領事館を介して帰綏の同業公会全部に対し、章程の提供を依頼した際に手に入れたものである。大部分は印刷されていて、ごく一部分だけ書き入れる予定の空欄を残し、そこだけはペンで書き込まれている。これと同時に他の同業公会から提出された章程の中に、右の章程と全く同じ組版の册子が約廿点現われ、それぞれ書き込みの所だけが違っていることが発見された。これは帰綏の主な同業公会が皆で相談の上、公会法に則って共同の規約を作製し、各公会はそれぞれの公会名・会址・業種名・委員数・総会開催月等の項目だけを、おのおの公会で決定の上書き込むことにして、共通の所を印刷した册子を、各公会に配布したことを物語るわけである。劃一的に作製されたものであるから、総則・事業・会員・役員・会議・会計

・解散の七章と附則の計三十七條からなっている全文は、内容のない字句の羅列であって、規約としての形が整わない点はしばらくおくとしても、公会の現実から遊離しているというよりはむしろ無関係に近く、法令の面子を立てて官と商との摩擦を防ぐほかに、大して意味のない文章である。書き込みの部分だけが公会の「事実」を示すのであって、その部分は、例えば章程は各公会別に制定せねばならないのに、綢布・雑貨の両公会は「綢布雑貨業公会章程」として規約を一本にまとめ、会址も「小東街六十五号」の一ヵ所であり、役員も会長一名・副会長一名の下に綢布雑貨各一名とそれぞれ書き込み、委員三名の下には綢布雑貨とも六名とし、定期総会を十二月として合同総会としているなど、公会の実際の姿を伝えたものであり「生きた法」(註11)といえる。この同業公会章程は官庁に報告された正式の規約であり、正式の規約らしい性格をもっている点では典型的な例といえるが、それがギルド員にとって何の関心もひかなかったことは、聴取の際に筆者の質問に対して張氏が「公会の規約はない」と答え、本章程の存在を忘却していたことによっても明らかである。官憲側が法律によってギルドを規制したとしても、ギルド自身がその気にならない以上、官憲向けの章程を作るだけで法の規制は棚上げにされてしまうことを示している。ところで聴取によると、この同業公会章程とは別個にギルド規約があって、これは総領が交替ごとに口伝えに伝えた規矩であるが、成文化されていない由である。張氏はこの規矩の内容は納税・祭祀・婚葬のほかに、全同業の参加強制とその郷晉・官衙えの報告などを含むものであったと記憶しているのである。しかしながら、この参加の強制は雑貨行の組織からいって疑わしく、祭祀の内容も張氏の記憶は事実と相違する点が多いので、このような口伝が実在の規範であったか否かにも多少の疑問があり、あったとしても張氏の報告が完全な内容を伝えるものとはいい難いであろう。もっともギルドの実在の姿によって口伝の規約の内容を論ずることは誤りであって、官庁相手の章程であるとすれば、ギルドの実際の姿と一応無縁になるわけであるし、自らの規範として作った規約だとすれば、その規範が制定され維持された事情に意味がある訳で、実際に行われたか否かは別の問題である。従って口伝にかかる規矩が張氏の報告の通りであるとしても、それが現実と相違していることは一向さしつかえないわけであるが、その代りこれが規範とされた時の事情が明らかでない以上、ギルド史研究の素材として利用し、その中から雑貨行の姿を引出して行くことは不可能となる。生きたギルド規範をさぐるという点からいえば、このような公会規約や口伝をさがすよりも、ギルドの歴史の中からギルド員を規制した社会規範をたずねた方が本道であり、またはそれが規範として認められるようになった事情を合理的に説明できるように、全体の構造を解明するほうが早道である。この点は別として「口伝による章程」の教訓は、聴取の際に「規矩」の有無やその内容をいきなり応答者からきき出そうとすることが、「生きた法」の何たるかを心得ぬ者の仕業であることを、反省させてくれたわけである。ギルドの発展につれて規約が変化して行くので、口伝が適切な方法であるとしても、その内容が必ずしも信頼するに足りないことは、留意すべきであろう。

註1　張氏の言によるほか、綏遠通志巻一〇八商業一、各県商業概況　帰綏県　綢緞布疋業および洋広雑貨業の項による。

2　綏遠通志一〇八　商業序。

3　嘉慶五年に雑貨行が醇厚集錦の両社に分れた事情を記す現存の匾額（B18）は、光緒卅一年に造り直したものであるが、嘉慶五年に作られた旧額が傷んだので、原匾額に記されている事実を伝えるために、新しく作り直したものであるという。集錦社については嘉慶九年以来（E48）の記録があり、またこの頃から雑貨行の代りに両社の名が現われているのであるから、更新に際して、事実をまげて伝えることはなかったと解してよい。

4　支那省別全誌第十八巻山西省、頁七三七。

5　あまり確かな資料ではないが、蒙疆銀行調査課の調査報告を再整理すると左表の如くになる。なお京津帮が進出した事実だけは簡単に註1及び2の資料にのっているが、ここには張氏の応答によって叙述した。

公会＼省別	綏遠省	蒙古	山西省	河北省
綢布業	1	2	10	16
雑貨業	9	3	33	3
計	10	5	43	19

（蒙疆に於ける華人商工業資本　頁一五八）

6　綏遠通志一〇八　商業一　各県商業概況によると、帰綏県の雑貨業は、省会の営業税処檔案の統計では、綢緞布匹業十九軒、洋広雑貨業二百七十九軒（内有ニ小攤三十余家）計二百九十八軒となり、帰綏市商会の調査では醇厚業（即京貨倣衣業）一百零九軒となっている。前者が全体の同業数、後者が公会加入店の数を示すことはいうまでもない。ちなみに商会調査による各公会加入者の総計は五百五十一軒で、醇厚業はその中の五分の一を占めるわけになる。

7　咸豊六年の郷総は九名であるが、おそらく醇厚社郷総と大行郷総とを併記したものと考えられる。

8　帰綏道志巻廿二賽社　帰化城十五社総領毎年更換日期。

9　唯一の例外として、宣統元年には郷総以外から万恒昌が選ばれている。万恒昌はしばしば大行の役員となつた店舗であり特別な事情から、特に郷耆に推されたものと思われる（第二表参照）。

10　帰綏識略巻十八賽社。帰綏道志巻廿二賽社同文。

11　仁井田陞「中国の農村家族」序、頁一。

第二項　茶貨商と金龍社

揚子江流域に主要な産地をもっている「磚茶」が帰綏の市場に登場して、その出張販売人であり従って帰化城では客商である茶商が、なかば定着的に根を降したのは、康熙時代ではないかと考えられる。乾隆九年には「茶商」が糾首（発起人）となって金竜廟を建てているから(B20)、そのギルド的行動は少くとも乾隆初期に始まるわけであり、金竜社という名称が現れたのは乾隆二十年(B2)のことである。その後金竜社は乾隆(B4 B6)嘉慶(B21)道光(B70 B71)咸豊(B72)同治(B44)光緒(註1)を通じて、活潑な活動を示しているが、民国以来は全く不振で、あるかなきかの存在に転落してしまった。金竜社のこのような栄枯盛衰は、中国内地の茶の生産と、その対外輸出のバロメーターとなっているわけであり、世界の経済につながる興味深い史実である。

磚茶とは、精製された粉末状の茶を圧縮して磚（煉瓦）の形に固めたところからその名を得たもので、材料となった茶の種類によって、三種に大別されている。まず「青磚」は粗末な緑茶を原料とした磚茶であり、半樓洞・半樓司聶家市等、湖北湖南の省境地帯をその主産地とし、蒙古新疆を消費地とする。紅茶は「花香」と呼ばれる粗末な紅茶を原料とし、祁門寧州福建湖南湖北等に広く産し、ロシアに輸出された。小京磚は祁門寧州産の高級粉末を用い、米国に輸出されたのである。小京磚は上海市場だけに出廻り、それも極めて短い期間購買力がついただけで、まもなくセイロン茶に圧倒された。従って帰綏とは一応関係のない商品であった。紅磚も交通路の関係から張家口を経て送られるものが多く、帰綏に出廻るのは少量に止まった。青磚は漢口の茶荘（茶廠）が半樓洞等に仕事場を設立し、直営農場や一般の茶樹栽培農家から原料（粗茶）を求め、これに精製加工をほどこして生産した商品である(註2)。彼等はいずれも山西商人で磚茶の製造を行う手工業部門を経営内にもっていたが、漢口等においてもギルドを組織していたようで、漢口山陝西会館の山西十帮の一たる捲茶帮が、或はこれに相当するかと疑われる。けだし捲 Chüan. は磚 chuan. と大体音が近いのである(註3)。帰綏にある磚荘は、客帮（出身地が地元以外の土地となっている商人群）たる山西帮であって、最初は漢口等にある茶廠の店員が副号の形で乗込んできたり、茶荘の隷下の経記が外交員として入り込んだところから出発するわけである。やがて客商として帰綏に常駐して貨店内に起居し、遂には独立の店舗や分号としての施設をもつようになるが、いずれにしても漢口で仕入れた商品を運んできて、貨店の仲買により蒙古および西北貿易業者に売込むことを業としていたのである。綏遠通志にも記されているように、蒙古に対する磚茶の輸出額は数千万元に達し、対蒙古輸出品の中では常に第一位を確保していた程で(註4)、茶貨商は帰綏一流の巨商と認められていた(註5)。民国元年の外蒙の独立でその市場を失い、大戦中多少回復したが、ソ連の進出に伴って外蒙から決定的にしめ出されたため、その後は内蒙古および新疆への輸出で余命をつなぐありさまとなった(註4)。このために、半樓洞の工場も三家を残すほか、全部倒壊したのであった(註2)。

金竜社の会首(B.37 B72)は、ギルドを代表している者である。第八表に示されているように、三店舗が輪流でその地位についていた。

第八表　茶貨商のギルド金龍社の會首

年代	職名	会首名			資料
嘉慶11		湧逢泉	永泰闕	徳順誠	B 21
道光28	会首	天順泰	天徳隆	三元成	B 37
29	同	徳和義	魁隆永	新同成	同
30	同	三盛源	興隆泰	信成号	同

会首の任期は一年で、留任はなかったようである。もっともそれも確証しうるほどの材料はなく、組織に関しては不明なところが多い。

金竜廟の中に社房を設けたのは嘉慶五年であるが(B15)、おそらく、そのときに掲げたものと思われる扁額に「茶貨商公所」と大きく題されていて、それが今日も残っている。この社房が公所としての役目を果していたことは疑いない。茶荘は湖北の生産地でも山西客帮であり、従って帰化城の「茶貨商」も客帮として最後まで土着化しなかったから、同郷意識が同業関係とからみあって団結を固め、共同の利害に備えたことは、むしろ自然の趨勢というべきである。ただ金竜社の諸事業の中で、今日残された記録によって明らかに証明できるのは宗教に関する面だけである。すなわち、帰綏識略等によれば(註1)、金竜社は九月十八日に小東街で賽社を催したというのであるが、「牲牷酒醴之祭」は乾隆以来行われている(B15)。ギルドの祭祀の対象であり、社名のよって出ずるところでもある「金竜大王」について、ギルドは左のような伝説を、嘉慶初に建てた石碑の中に刻みつけているのである。「宋の頃、謝緒といって、有名な晋の謝安の裔に当る人が会稽に住んでいた。たまたま大雨が続き、人心が動揺していたとき、天が宋の滅ぶことを告げたものであると予言したが、果してそうなった。謝緒は悲憤のあまり、詩を題し、自ら溺死して大義を全うしようとした。門人が留めたが肯かない。門人の中で智恵のある者が異日の応顕を求めたので、彼は黄河が南流すれば、自分が志を伸べたときだと思えといい残して入水した。屍を金竜山麓に葬り、祠を立てて祭った。時代は代って明の太祖が立った。元明が呂梁の間に戦った際、元軍の鋭鋒の前に明師はほとんど潰滅にひんした。このときふしぎにも三人の神が現われ、剣をとって助太刀したので、元軍は懼れて退き、ついに明軍は大勝利を得ることができた。太祖はこれを奇怪としたが、翌日謝緒が太祖の夢に現われて、自分が義友の畦・楠両神とともに貴下に協力したのであると告げた。そこで太祖は金竜山下の里に至ってことの次第を序し、謝緒などを金竜四大命王に封じ、黄河の水を司らせ、永く民の命を護らせた」というのである（B15）。帰綏の金竜廟は、前述のように、乾隆九年創建したものであるが（B20）、当時は未だ独立の廟ではなく、関帝廟の一部の廟を借りていたにすぎない（B15）。乾隆二十年（B2）三十九年（B4）五十七年（B6）などに、金竜社が関帝廟の重修を助けているのも、主として金竜殿の重修の費用を負担する意味であったと解される。金竜殿を独立の一院（中庭を囲んで建てられた四棟の家屋群）とする計画は乾隆四十八年に着手され、一度は経費不足のため中止の余儀なきに至ったが、嘉慶五年に成功して、四大王と洞庭・濮陽の二神の神像を中心に、正殿・社房・神樓を整え、その四周を門楼・墻垣で囲んだので、りっぱな布置となった（B15）。その後もギルドは独力でこの廟を維持し、その入口正面に刻まれた「金竜四大王祠」の文字は今も鮮かであるが、このほか鐃（B72）磬（B70）香爐（B71）などの祭祀用具の献納も、すべて金竜社の名を以て手おちなく行われている。磚茶の貨商が金竜四大王に結びついた由来については、黄河に舟を浮べ大黒河の渡を越える際に、四大王によって彼等の安全が守られていることに対し、感謝の気持を強調している嘉慶碑の記録もあるし（B15）、「海晏河清」（B21）「保障江河」（B44）と題した扁額の文字にもこの意味がこめられていると思われる。しかし湖北から帰綏へのコースでは黄河の水運は遡航となる上に、河曲以南は急流であって利用が一層困難であるから、湖北以来の伝統的な信仰による点は別として、水利よりも水神に対する信仰が、製茶と関係してより大きな魅力となっていたものと思われる。陪祀の洞庭神・濮陽神の二神はいうまでもなく、洞庭湖・鄱陽湖を神格化したものであり、茶の主産地に接するこの二つの湖水が、湖南湖北の生産と輸送に大きな関係をもっていたところから、茶貨商の信仰をかちとったものであろう。明の太祖に対する助太刀の伝説は明代において茶商ギルドが茶の専売法と関連して政府に対する政策上考え出した創作と思われるが、同時にこの主要な三つの水神を結合するために作られた説話でもあり、謝緒の出身地とされている会稽とあわせて、すべての主要な茶の生産地を結合する意味をもっていたものと考えられる。

註1　帰綏識略巻十八賽社九月。帰綏道志巻廿二風土賽社も同文。
2　茶の生産については聴取によるほか、中国茶業之経済調査報告（全国経済委員会叢刊第二十九種）、（邦訳、支那茶業の経済的考察―中支建設資料整備委員会編訳彙報第四十五編）による。
3　捲茶帮については仁井田陞博士「清代の漢口山陝西会館と山陝帮」（社会経済史学十三巻六号）に、十帮の一として紹介されている（頁一二）。この論文で博士の利用されている漢口山陝西会館志（光緒廿二年）をみると、「捲帮」は「山陝両省駐漢鎮各莊」の第五位を占め、「収各帮釐金平碼銀色扣頭規格」では釐規九八五で会館経費の最高負担者の一である。「公同議定抽捐條規」によると、漢口で取引された磚茶または漢口を通過した磚茶に対し、山陝西会館は一箱につき一分八厘或は一分二厘を徴税する規定になっていた。
4　綏遠通志一〇八　食貨一　商業　序。
5　綏遠通志一〇八　食貨一　各県商業概況帰綏県、茶業。

第三項　皮莊と生皮社

獣皮獣毛の仲買卸商である皮莊は、皮毛店と相まって帰化城の主要な商業の一つとなっている。そのギルドである生皮社は、乾隆二十年（B2）にはすでに頭角をあらわしているとはいえ、大行の外にあって比較的地味な発展をつづけてきた。帰綏道志では生皮社を外小社行の一つに数えているから、同治光緒までは二流ギルドとされていたわけであるが（註1）、清末における毛皮獣毛の輸出の非常な好景気のために、宣統四年にはギルドマーチャントの末席に加えられることになった（M20）。民国以後も多少の盛衰はあったが、現在でもギルドとしての生皮社の組織は、厳として存続している。従って近来は表向きの組織である同業公会と、伝統的なギルドとが併存する形となり、しかもギルド組織が一貫して変らないのに反し、「近代的」な公会は、帽子でもとりかえるように、次から次へと改組されていった。公会は国民革命の圧力のもとに成立したのであって、生皮業同業公会とよばれ、一九三九年にはなお存続しているが（P24）、翌年皮毛店の皮毛公会（興隆社の後身）と合流し、生皮公会の単独の組織はなくなった。次いで一九四一年に皮毛公会が通商公会貿易部に改組され、日本軍の毛皮統制政策に協力せしめられた際にも、この貿易部に参加している。一九四四年には株式会社皮毛公司が設立されて、内蒙古の毛皮の専売権が与えられ、公司はその買付けた獣皮獣毛を日本軍に納付し、規格外の品だけを民需に廻す方式が立てられた。この皮毛公司に対して、皮荘自体は出資者となって株主に納まると同時に、その施設と従業員は皮毛公司の営業所に引継がれ、経理以下の者は皮毛公司のサラリーマンとなり、各自が所属していた皮荘（営業所）にそのまま勤務する形で、それぞれの職階によって公司の職員（頂生意的）雇員（労金）傭員（徒弟）に採用された。しかも日本帝国主義のもとにおいても、買弁資本一辺倒となったのではなく、皮荘は一面においては独立の店舗として従来通りの構成をそのまま維持し、公司営業所としての取引以外に、非合法（専売に抵觸）ながら半ば公然と、皮荘独自の計算による売買をあわせ行ってきた。公司と皮荘は同時に重複して存在したのであり、従って生皮社も従来と大して変ることなくそのまま命脈を保っていたわけである。

皮荘が取扱った獣皮には、獣の種類や産地や捕獲の時期等によって商品としての類別が生れてくる。光緒末には狼皮・狐皮などが尊ばれ、緬羊皮・山羊皮・羔皮や皮革類（牛馬駝）などが主に取引された商品であった。しかし、その後貂豹などの超高級毛皮が増加して狐狼の価格は著しく下落し、反面において猫猿などの安価な高級毛皮（細皮）が顧客をよび、かつ獣毛の一種ともいうべき「馬尾子」（馬のしっぽ）が皮荘の取扱商品として重きをなすに至った。資本主義諸国との接触によって生じた需要の変化に適合しようとする、流通界の変貌を物語るものであって、超高級品が輸出にまわるとともに、狐狼の購買者であった封建的支配階級が没落したため、やむなく猫猿を代用品として用いるようになったことが、この変化の原因とみられている。資料についてこれをやや詳記すれば、次の第九表となるのである。

第九表　皮荘の商品

皮名	品種	A	B	学名（又は英名）	性状・産地・用途
貂皮	細皮		20	*Martes zibellina princeps*	「てん」にもいろいろな種類があるが黒貂は最高級品である。外蒙・西北の森林に多く、衣料装飾用。
掃雪皮	〃		20	*Mustela erminea mongolica Ognev*	「いたち」の一種であるが純白な細毛をもっている。後山寧夏甘粛青海に産す。
豹皮	〃		20	*Panthera Pardus*	蒙古・甘粛・青海に産する。貴重品で量は少い。内外の需要が大である。
猞猁皮	〃		20	*Lynx lynx isabellina Blyth*	「おおやまねこ」は豹に似た毛皮をもち光沢に富み中国人が好んで愛用した。いま多くは婦人外套用として輸出する。
狐皮	〃	40	10	*Vulpes*	赤狐を主とする。産額は大で内蒙・寧夏・甘粛・青海を主とする。古来中国人に愛用されたが脚部を残し他を輸出している。
沙狐皮	〃	4	5	*Cynalopex corsac*	蒙古狐と通称される様に蒙古砂漠が世界的産地。黒狐銀狐の模造品の原料として大半輸出。
猫皮	〃		1	*Felis bengalensis*	家猫であり、細皮中では安価である。ほとんど全部国内市場に向けられている。
夜皮	〃		1	*Felis bieti*	内外蒙古・寧夏・甘粛に産する一種の野生猫で、中国での需要は多い。
狟皮	〃		5	*Mustela sibirica*	「いたち」の皮であるが、余り良質ではない。内外蒙古西北に産し一部は輸出。
猩子皮	〃		5	*Anthropomorpha*	類人猿の毛皮の総称で、寧夏青海を主とする。
猴皮	〃		1	*Macaca*	類人猿以外の猿類である。
兎猻皮	〃	4	5	*Lepus*	蒙古甘粛青海の半砂漠に住む野生の兎で、猞猁に似たりっぱなものである。
灰鼠皮	〃	4	1.5	*Citellus dauircus*	「りす」の一種で背部は灰色、腹部は白色である。りすの中では最高級品で、尾も大である。
銀鼠皮	〃	4	1.5	*Mustela erminea mongolica*	「いたち」の一種で外蒙を主産地とし、冬には美麗な白色となる。柔軟で丈夫な為婦人外套となる。
黄鼠皮	〃	4	1.5	*Mustela davidiana*	「いたち」の一種で普通 kalinsky という。いたちより毛並がよく、貂または日本鼬の模造原料となる。

獺子皮	〃		1.5	*Marmota bobak sibirica*	蒙古語によってタラバカンと称せられ、北部外蒙を主産地とする旱獺である。産量が大で、高級毛皮模造品の材料として全部輸出される。
狼皮	〃	40	10	*Canis lupus*	蒙古狼は形が大で毛も深く、褥子としての需要が多い。
狗皮	〃		5	*Canis familaris*	蒙古は量的に犬が多いが、質的にも形が大で毛も長くかつ軟いので、世界的な産地である。
老羊皮	粗皮	1	1.5	*Ovis*	緬羊の毛皮である。年齢二才以上のものや冬に餓死した羊は、毛を採った上皮革または膠の材料とする。他の良質なものは衣服材料となる。全部国内消費。
羔皮	〃	1	1.5	〃　(*Lamb skin*)	生後六十日以内の仔羊で、毛皮が軽く保温にも適する。寧夏産を最良とし、産地により品質が異る。
山羊皮	〃	1	1.5	*Capra hircus*	主として後山・河西・寧夏で飼育されたもので、大衆の敷物・皮襖・寝具となる。
猾皮	〃		1	〃　(*Kid skin*)	生後間もない小山羊の毛皮で、色彩に白青黒があり青猾子皮は輸出される。羔皮には及ばない。
盤羊皮	〃		1	*Ovis ammon davidi Przewalski (Argali)*	「アルガリ」は蒙古に広く産したが、いまは綏遠の山西省境の山岳地帯の特産といえる。褐色がかった毛並は羊におよばない。
黄羊皮	〃		1	*Prodorcus gutturosa*	黄羊は羊の一種で、内蒙・西北に広く産し、褥子（寝具）または皮革に用いられる。粗悪品である。
牛皮	大皮	4	5	*Bos*	産量は大であるが、多くは軍需品として、国内で消費され、質的には良品でない。
駝皮	〃	4	5	*Camerus bactrianus*	駱駝の皮で、内蒙を主とし、特に高原の駱駝をよしとする。
騾皮	〃		5	(*mule*)	前後套を主産地とする。
馬皮	大・粗皮	4	5	*Equus*	小馬の皮は染色加工の上外套裏として輸出される。粗皮であるが産量は多くない。
馬尾子	獣毛		1.5	〃	馬の尻尾である。

附記 1　A欄は、光緒廿九年杜規（B83）により、販売者が生皮社に納める布施錢の高を示したのであって、たとえば4は該皮一枚を売るごとに四文の布施をギルドに納める規定となっていることを示すのである。

2　B欄は民国卅一年の行規（L17）による布施錢で、たとえば20は該皮一枚を販売するごとに生皮社に二分を、1なら同じく一厘を納める意である。ただし「馬尾子」に限り、一斤について一厘五毛を納付するのである。

3　本表は聰取と阿部余四男氏「支那哺乳動物誌」（昭和十九年　目黒書店発行）によるほか、阿部教授の教示を仰ぎ、また満鉄臨時経済調査委員会編「支那毛皮」（昭和四年、満鉄印行）小川氏前掲頁一一九―一二四等を参照した。

帰綏に出まわる獣皮は、皮革（馬牛豚など皮から毛をとって使用する丈夫な皮）と粗皮（毛並が固く粗い毛皮、普通は羊や山羊など家畜として飼育されている哺乳類の毛皮類）および細皮（細かな短い毛が密生している毛皮で、普通は野生獣）に大別されているが、中国における粗・細皮は蒙古新疆寧夏甘粛青海の諸地方をその主要な産地とし、また皮革類でさえも前套後套ないし蒙古高原の牧場から、広く商品を集荷していることは、第九表によって明らかである。原産地では狩獵業者（細皮に多い）にしろ或は牧畜業者にしろ、広大な土地に散在して、獣皮を作っているわけだから、これ等の生産者から生産物をかき集めて皮荘にわたす「行商」（各地区間を歩きまわって取引に当る商人）の集荷活動は、獣皮類を商品として交易のルートに乗せるための前提である。その商品の一半は天津を経てヨーロッパ等に輸出され、一半は加工のうえ、主として華北の農民や市民に供給されるのであるから、広範囲でかつ多方面な消費者の需要に応ずるためには、気候風土の異なる蒙古新疆の各地方から、バラエティに富んだ獣皮の集荷につとめる必要があった。皮荘は生皮（原皮）生産者の代理人ともいうべき行商を売客としてむかえ、消費者への橋渡しを行う皮類の加工業者や商人を買客とし、その間に立って需給を円滑にするために奉仕したわけである。すなわち売客に対しては商品の買付けを行ってこれをストックにし、買客に対してはストックから希望の毛皮を選擇さすという点で、需給を調節するプールとなったのであって、仲買的機能をもつ卸商が必要なゆえんが理解できる。

帰綏における毛皮類の売客は(1)皮毛店の「客人」たる小貿易業者、(2)集錦社新疆社清真社などに属する専門的な貿易商（灘商）、(3)雑貨舗の「客人」である小貿易業者、(4)「西路客」と汎称されている、西北の原産地からきた出張販売員、(5)皮販子と呼ばれている小牙紀で、蒙古や綏遠の農村で零細な獣皮を集めて歩く者、(6)屠殺業者等で（註2）、このうち、自分で屠殺した皮革を売払う屠宰業者以外は、すべて広い商圏をかけめぐって足で商売をする商人すなわち行商であり、それぞれ特定の生産地になじみをもっていて、そこからいろいろな商品を帰綏まで運び、その中から獣皮類を皮荘に売ったわけである。

これを取引する場所としては、皮毛店・皮市・皮荘の三つがある。皮毛店は⑴を始め、⑵⑶⑷等の商品を多く吸収し、皮荘は皮毛店の仲介を経て売客から買付けるのである。以前には⑵⑶⑷等の売客は、皮毛店を経由せずに、直接皮荘と取引することができたのであるが、清末以来、それは許されなくなったという（註3）。皮市は旧城に二ヵ所あり、一つは南門外十字街にあって、俗に、皮十字と呼ばれたが、民国九年に南門をとり払った際、現址である大東街西口に移った。他の一つは副都統署（現在の市役所）の側にあったが、後に常平倉址に移転し、民国十四年頃廃止された（註4）。皮市が取扱うのは皮革を主とし、屠殺業者から出る商品が多く、皮販子も出入しているが、何分小取引が主であるから、皮荘とはほとんど関係がない。皮毛店を経由することなく、皮荘が自由にその店頭で直接取引することができた売客は、清の中葉以前の状態は明らかでないが、少くともその後においては⑸⑹に限定されていたために、これだけでは大した取引高を示すことができなかった。従って皮荘は帰綏に持込まれた商品を受身的に待つ「坐賈」としての仕入れだけに期待する訳にいかず、帰綏の前進根拠地たる仲継貿易地に進出して、帰化城に入る前に売客をとらえ、積極的な買付け工作を展開する「行商」的性格を、帯びざるを得なかった。その第一は河口鎮（帰化城の外港）における「西路客」（西北貿易を行っている客商）との取引であって、かつては甘粛寧夏から黄河水運を利用して筏で流してくる莫大な毛皮を、ほとんど独占的に買付けたものであるが、河口鎮の繁栄は次第に包頭に奪われ、民国十年以後、その商品は包頭の皮荘の手に落ちた。もっとも包頭皮荘は帰綏皮荘の出店だというみかたもあるほど、両者は深い取引関係を結んでいたのであって、光緒末年に包頭皮荘が包頭皮毛店を経由しないで毛皮類を売却することを禁じられた際にも、帰綏皮荘との直接取引だけは、この例外として認められたほどである（註5）。こうして河口鎮の衰退後は包頭皮荘からの買付けに努力したわけであるが、この両地は甘粛・青海・寧夏産のものを主としたのに対し、蒙古新疆産の毛皮を仕入れるには、第三の前進根拠地である武川（可可以力更）が利用された。ここは内外蒙古・科布多・天山北路と帰綏とをつなぐ貿易路が集って、扇の要のようになっているところで、どの隊商も武川で足を休め、帰化城への最後のコースに出発するために隊伍を整えたのであるが、その機会をつかまえて皮荘が取引を試みたわけである。以上の積極的な収買工作は、皮荘に対して巨利を博しうる機会を与えたのであって、清末までの長い間、皮荘が皮毛店と拮抗する勢力をもつことができたゆえんであるが、河口鎮の没落によって黄河水運を利用するルートを失い、皮毛店との競争に敗れて武川方面での取引が廃止された上、鉄道開通によって包頭の商人が京津の皮荘や洋行（外国人経営の店舗）と直接取引を始めたので、帰綏皮荘が包頭皮荘から購入した商品を京津に転売することは意味をなさなくなった（註5）。こうして帰綏皮荘は売客とのつながりの面においては、単なる皮毛店の補助者として商品のプールを引受ける以外に、大して意味をもたないような條件に、段々とおいこまれていったわけである。

皮荘の買客は、商品の種類によって大体区分することができる。第九表に見えるものの中で、狐皮・掃雪皮・黄鼠皮・獺子皮・猫皮・狼皮などの細皮は、主として天津の洋行または皮荘に売却され、羔皮・小山羊皮などは帰綏・大同・渾源の細皮房がその買客となり、緬羊皮は帰綏粗皮房が、山羊皮は宣化粗皮房が、駝皮は帰綏皮條舗が、牛馬皮豚皮などの皮革は帰綏および京津の黒皮房（製革業者）が、それぞれ主な購買者となった。買客との取引は、帰綏以外の商人の場合には皮毛店の仲介をもって行うこともあるが、直接卸売を行ったのが普通であって、そのために客人を店舗内に宿泊さすなどの優遇法を講じて買客誘致に努めたのである（註6）。店舗の宏壮な構えは一見大邸宅のようであり、仲買店に比して一層住宅的な感じが強い。門を入った最初の一廓が普通は賬房となっている。その奥につづく構内は院子ごとに仕切って客房および倉庫が配置され、倉庫内の商品はときどき手入をして品質の低下を防いだのである(註7)。買客はこうした施設とサービスのおかげを被ったのであり、皮荘は買客と特別な親近関係をもっていたわけであるが、その代理店となっていたのではない。皮荘の買客は仲買店の客人のように店舗に隷属し、事実上これと一体になって動く客人ではなく、単なる顧客にすぎないのである。この点は皮毛牲畜店のために販路を開き、これと異身同体となっていたような、仲買店の客人とは性格を異にする。光緒以後は獣皮のほかに獣毛も取扱っていた皮毛店が、天津の洋行や毛荘の後援や融資を受けるようになったので、買客の面でも帰綏の皮荘は劣勢となり、毛皮市場の主導権が次第に皮毛店の手に帰する傾きがあったことはいなめない。しかし皮荘が大きな存在意義をもっていたのも事実で、それは主に仲買店の買客としての役割から来ていたわけである。ここで仲買機能を有効に果すために、仲買卸商がどんな役割を果していたかを考えてみると、仲買店は原則として仲介のみを行ったから、売客が店頭に現われた時期に、買手のない商品があると、これを処理する方法がなかった。それではせっかくの商品も流通過程に入ることができないから、こうした商品を大量に買付けて、全輸入品を有効需要にアダプトさせる、仲買卸商の登場が必要であることは明瞭である。獣皮が帰化城に出廻るのは、隊商が帰還する時期の関係と、冬期に捕獲した毛皮は品質がよく、他の季節では毛も粗となり光沢もなくなるという生産上の制約とによって、十一月から翌年三四月に到る半年間に限られ、特に年末に集中する傾向が強かった。ところが北京天津市場における取引は初秋を中心に年間を通じて行われるので、需給の時間的なズレは著しかったわけである。毛皮は、流行の変遷で、年間における相場の動きが激しく、価格が数倍に達するほど、大幅な増減をきたす特殊な商品であったから、皮荘が前進根拠地での直取引を封ぜられ、買客をひきつける魅力を失った後も、投機的な収益をあげうる可能性をもつと同時に、暴落の危険性も高か

った訳である。包頭においては、皮荘は仕入・販売両面の取引において皮毛店の仲介を絶対的條件とし、流通秩序は

売客──皮毛店──皮荘──皮毛店──買客

という順序を辿って、皮毛店の二度にわたる仲買を経ねばならなかったのに比較すれば（註8）、帰綏では買客と皮荘との直取引が許されており、商品が主として

売客──皮毛店──皮荘──買客

という経過をたどったのであって、それだけ帰綏皮荘は独立性が高く、商略をふるう機会に惠まれていたといえる。同じ皮荘といっても包頭とでは取引慣行に相違があったことに注意すべきであろう。このほか、毛皮は郵便制度の発達以来、天津市場を経由せず、直接ハンブルグ市場と小包便による現物取引を行うようになり、買客の活躍が顕著となったので、買客と深く結合していた皮荘の立場がやや有利になったことも附記すべきであろう。

皮荘の中には、大きな経営などで専任のコックをおいているものもあるが、一般にはコックや門番のような「工人」を一さい雇っていない店舗が多い。倉庫に貯蔵している皮革の手入や仲買店との交渉、買客の接待などは、すべて店員が担当している。徒弟は二・三人から五・六人迄の場合が多く、「進舗」するのは普通は十五歳以上の少年である。紹介人があって雇入れられるのであり、また「舗保」は絶対に必要である。同郷関係者だけを採用する原則は、あまり厳重に固執されてはいないが、同郷人がもちろん多い。家父長制の擬制は今ではみられないようで、たとえば入店の日に徒弟が経理に親子の礼を行うとか、経理の喪に服するというような制度は行われていない。炊事などを含めて店内におけるすべての雑用は徒弟が引受けたわけであるが、獣皮の品質価格に通ずることと、皮毛店およびその客人と熟知の間柄になって、取引成立の前提である顔見知り──いわゆる「朋友」──を作ることなどが、徒弟期間における主な勉強であった。獣皮の原産地・捕獲時期等の鑑定はなかなか難しいので、徒弟の年期は最短五年、ときには十年

を要し、当人の能力次第で伸縮されたわけである。この間、食事は店舗から給与されるが、着物は自辨である。また最初の三年間は年額六十元程度の小遣錢しかもらえず、四年目からは逓増されるが、賃金とはいえない程度の、名目的な金額にすぎない。現在ではインフレーションのため、初年度の手当が百円に改められた。休暇としては正月に一週間位の休業があるので、その間は休むことができるが、これも商売ができないために休むという意味である。平素は休日がなく、年三回の節期の当日さえ、休むことを許されなかった。なおギルドは直接徒弟管理を行っていたわけではなく、それは店舗にまかされていたという。以上は質疑応答の結果を要約したものであるが、徒弟制度は、各店舗の個別差によっても違うだろうし、時代的な変遷も考慮せねばならないから、一概には言えないけれども、大体の見当はこれによってつけることができるであろう。

夥計は一人前の店員であり、取引の主な担い手である。これに職務の分担があって「上街」は毛皮店その他をかけ廻って割安の商品を発見し、その買付に従う外廻りの商人で、最も大切な職務とされている。一店について四・五人が普通である。「坐櫃」は内勤の店員で、買客との接衝を主な任務とし、一・二名の場合が多い。「賬司」は記帳および通信に当るもので、一名あるいは二名、「管庫」は商品の手入・保存を職務とし、これをおいていない店舗も、また数名備っている皮荘もある。夥計に限らず、皮荘従業員はすべて他の店舗に財東として投資することを禁じられているとのことで、特異な内容を盛った聽取として注目に価する。その理由としては「職務をおろそかにするため」ということがあげられているが、特に上街などが、自分の個人的な投資先の店舗に利益を与えるため、従業員として勤務している店舗に不利益な取引契約を結んでこれに損害を与えるようなことがないように、あらかじめ予防手段を構じていたわけであろう。

夥計の中に河口鎮・包頭・武川に常駐する者がいた。常駐員は支店のようなものを引受けたが、この店は形式上、一応独立の店舗であって、本店とは別な屋号すなわち「別号」をもち、別号の名で自由に売買を行うことが許されていたのである。別号が本店に商品を渡すことも本店への販売として扱われ、活潑な取引がかわされた。別号は本店の経理の指揮下にあったが、売買等については相当広範な自主性が認められていた。別号の会計は一応本店とは別に独立して取扱われ、決算期にも別に純益を計算するが、その利益金は本店に属する財東・夥計の財・身股全体にも按分され、本店の利益金も別号勤務員の身股に対して分与された。河口・武川・包頭などの前進根拠地で積極的な買付けを行うことが別号の任務であるが、この常駐員も事変以後は帰綏に引揚げている。

皮荘の経理が原則として帯財掌櫃であることも、斯業の特色である。夥計が他の店舗に投資する事を禁じていた一つの理由は、その所持金を全部自店に吸収する意図があったわけであり、夥計自身も自分の店舗に余分の金を貸付けて利子をかせいでいたのであって、それがまとまると財東として迎えられる仕組になっていた。これが夥計にとっては何よりの魅力であった。従って経理はどうしても財東を兼ねた夥計の中から選ばれることになったわけである。経理には経理副理協理の細別があり、その合意の下に、一切の経営がとり運ばれていた。

聴取によると、財東はいずれも有限責任であり、それが民国以前からの習慣であるという。もし事実とすれば有限責任は清代に始まることになるが、質疑応答の際に歴史的事実として語られていることでも、実際は当人の直接経験以上に出ないのが普通だから、一応民国以後の現象だけについて受取っておくほうが妥当である。専東の店舗は約三割に達する。財東は「合同」（契約書）によって出資の條件を契約しているが、條件の改訂すなわち抽股・添股・倍股は財東・中人・頂生意的の全員の同意を必要とするというから、右の契約はこの範囲においてとりかわされたものと考うべきである。決算は三年ごとに行われ、純益（紅利）の一部は財東経理が相談の上、公積金として配分を保留する。公積金は「公存賬」に記帳して収支を明らかにし、身股財股をとわず退股者のあった際に、当人の分だけを支払うわけである。また身股を有するものは夥計の中の約半数と、経理の全部である。頂生意的にとりたてたり、股の分厘を増減したりするのは、経理の職権であるが、各人の店舗に対する寄与の実績が、身股の増減の根拠となっている。利益配分の際には、身股は財股と平等な取り扱いによって配当金の計算が行われるが、店舗構成の上では頂生意的は経理・夥計等としてそれぞれに割当られた従業員の役割を果しているだけで、その店舗に対する貸付金もそのままでは資本としての取り扱いをうけず、一般の借入金と同じように利子（官利）を加算され、紅利はうけない。

獣皮類の仲買卸商的な事業を営んだものには、右のような構成をもった皮荘以外に、個人企業の皮荘が少くなかった。回教徒の皮荘には財東と名付くべきものがなく、出資者がすなわち経営者であり、本人・その家族および親族が中心となって、単純な雇傭員である従業員とともに営業に従っていた。中には営業規模において一流皮荘と呼ぶことのできる者もあったが、合夥制のもつ濶達さに欠けていた。また一方には極端に零細な個人企業もあって、皮販子で皮荘類似の営業を行っていた者などは、一枚二枚といった極めて小量の獣皮を直接間接生産者から買付け、これを転売していたのであった。皮販子は漢回相半ばしたといわれている。牙紀も厳密にいえば仲買卸商であり、その売客・買客も皮荘の場合と異らないわけであった。このように仲買卸商といっても、店舗組織の皮荘（漢）個人企業の皮荘（回）自分一人の足にものいわせながらこの取引に従う皮販子及び牙紀（漢回）の三種の区別があったのである。

生皮社の社会集団としての構造は、極めて複雑になっている。ギルド結成の基盤である同業性についていえば、個人を単位として何が同業仲間であるかを考えると、階層の点でどこまでを同帮とすべきかが問題である。店舗を共同体に見たてて、ギルドを共同体の連合と考えるには、前述の三つの企業型態が問題となる。民族的および宗教的には漢回のほかにかつては蒙古人が含まれていたし(B6　B7)、現在では日本商社がある。漢人だけについていっても、出身地でいえば、帰綏七割山西三割で、本地帮の意識は問題にならない上に、客帮の山西も代県大同の出身者が比較的多いとはいえ、府北の各県が広く含まれているというから、その結合力に多くを期待することができない（註9）。店舗の開設地域は旧城に限られているが、それも旧城以外に業者がなかったという事情を考慮すると、単に営業上の便宜がもたらした偶然にすぎず、地域を限って同類意識をもつというような、社会紐帯としての積極的な意味は、それ自体としてはもたなかったといわねばならない。また店舗の開設場所といってもそれは本店だけのことで、包頭河口鎮武川における皮荘の別号を考慮に入れるならば、綏遠省内にひろがりをもつことになるし、さらにギルドの経済活動の範囲を問題にすれば、広く外蒙や西北諸省を含む全商圏を覆っていたことになって、いずれにしても地域的な限界を一層無意味ならしめる。右のような同業者の生態は、同業の一部をギルドから除外し、ギルド構成の範囲を限定することによって、多少は社会紐帯を単純にする可能性もあるわけであるが、それにしてもギルドの基盤としては相対的な根拠しかないわけで、この中から社会集団を生み出す必然性は必ずしもうまれてこない。従って社会紐帯の問題は、同業性に内在する諸問題が主要なテコとなってギルドが結成された際に、その社会集団の結合力を強化し、または弱体化する要素となっていたに過ぎないことは明瞭である。

ギルドの組織にこの事情は強く反映している。光緒廿九年（B83）および一九四二年の行規（L17）によると、生皮社に加わっている者として「舗家」と「人名」とをあげ、このほかにギルド員ではないが傘下にあるものとして「外行買売」を認めている。傅氏によれば、舗家は店舗組織をもつ皮荘、人名は回民の皮荘、社外の外行買売は皮販子と経紀を、それぞれ示すものであるという。ところでこのような制度は、乾隆五十七年当時にはすでに成立していたようであって、この年生皮社の傘下にあったもの約百二十経営のうち、屋号を称するものは約二十である（B6）。ところが生皮社弟子と称するギルド員は二十で、この中に舗家と人名とを含んでいる（B57）。この時代には、屋号を称する者の中に個人企業でありながら屋号をもっていたものもあるが、それらはもちろん舗家とは認められなかったから、屋号の数と舗家の数の間に多少の出入があったようである。いずれにしてもギルド員たる舗家人名のほかに百人内外の外行売買が、生皮社と関係をもっていたことは明瞭である。この体制は乾隆以後も動かず、舗家人名は嘉慶十四年に廿二（B54）、道光二年に五十一（B7）、光緒卅四年頃に舗家だけで十数軒（註10）、民国廿四年には舗家十七、人名とあわせて二十余軒（註11）になっている。傅氏によれば、舗家は事変前に卅四軒、いまは十八軒、他に回民公会に加入している皮荘・皮販子が五十余に達するという。前記の二行規は、ともに「闔社之人公同討議」（B83 L17）によって制定されたものであるが、外行売買は社の規則に拘束されながら発言権は認められていないし、闔社人の中でも舗家と人名とでは権利および義務において相違がある。その具体的な点は行規に明示されているところであって、後で詳述することにしたいと思う。

ギルドの会首は第十表に示されているように舗家の独占するところとなっている。会首は経理と呼ばれ、定員は四名であった。全舗家が輪流でこれに当ったことは疑いないが、興隆義のような著名な老舗であり、かつ大経営であっ

第十表　生皮社の会首

年代	職名	会首名	資料
光緒16	（経理人）	和義長　徳盛泰　天祐徳　聚和良	B76
19	経理	興隆義　玉和永　協盛永　予升恒	B82 B83
民国13	経理	興隆義　世徳隆　和合興　徳興隆	B79
不詳	経理	徳義和　祐徳慶　義泰隆	B81

た店舗が右の表に二度まで現われているところから推測すると、舗家の間でも輪流が全く平等に行われていたか否かは、にわかに断定することができない。傅氏によると「経理は四名で、約十軒位の大経営の間でたらい廻し的な輪流が行われ、毎年三月十五日がその交代の日であった。経理はギルドの全権を握っていた。民国十七年ごろ委員と改称し、その中に正副主席委員と常務委員とをおいた。委員選衡の條件は大体経理と同じであった」ということである。「総領という名称もあった」由であるが、これは生皮社が大行を構成するギルドの一つとなって以来、大行の習慣に従って、用いられるようになった称号ではないかと思われる。右の聴取に現われた会首の交代期日は帰綏識略等に記されているギルドの祭祀の日どりと一致し（註12）、傅氏の記憶は全般的にみて割合確実だと思われる。以上の報告が清代についてもあてはまるとすれば、経理たり得る者は舗家中の約半数にすぎない大経営の間だけで輪流したことになるが、これを論証するに足る資料は見当らない。

包頭生皮社では光緒廿三年の社規において、営業については同業者が共同歩調をとることを規定し、ギルド員以外の者と取引する際にはギルド員が共同で売買に当った上、各店舗の希望に応じて商品を頒ち合うことを定めている。また民国十三年社規では、ギルド員以外の者との間の取引上の秩序を協定して、直接商売の相手にできる買客売客の範囲と順位を定めている（註13）。帰綏生皮社も、商略によって利益をあげるために、同業者全体が売買価格を協定することによって、流通過程の中から利潤を引出すことは望ましいので、包頭におけると同様、営業問題で内外との協定の必要はあったわけであり、程度および技術的な差異はあっても、ギルド員が集団的利已主義を発揮してギルド外に対する共同歩調をとったということは想像に難くない。しかしながら、その利已主義が商業資本の自然な働きとして実行しうる場合は、ギルドの事業という形でこれを露骨にとりあげる必要はなかったのであり、包頭の場合でも、清末民初という、封建経済の末期的な環境のもとにおいて、商業資本の内部的な相克の激化という異常な状態におかれたため、よんどころなくギルド統制を行ったわけである。ギルドの事業として営業内容に関与する問題を公然とかかげることは、商業資本の赤信号をかかげるに等しい。その意味では、清末以前の帰化城生皮社が同種の事業を表面にかかげていなかったのは、彼等が隠密の間にその効果をあげ得ることを期していたからであろう。

聴取によると生皮社は、⑴同業内部の紛争の調停——総領を中心に討議をつくした後、総領の下す判定を尊重する——、⑵ギルド員にとって共通の、又は個別的な問題を随時とりあげ、これに関して所要の団体的行動をとる——総領が社の名において担当する——の二つを、ギルドの事業として行ったという。生皮社の収入に関するギルドの二つの章程には、ギルド員は社の決定に服従する義務があることを強調するとともに、外行売買に対して社の経費を分担さすために、全ギルド員の協力と同調とを求めているが、これは右の⑵に相当するわけであろう（B 83 L 17）。更にこれらの根底にはギルド員の結束によって、可能な限り有利な利益追求を実現することが、ギルドの隠密の事業として第一にとりあげねばならないという、生皮社の根本的な態度が窺える。ギルドが毎年恒例の事業として祭祀と慈善をとりあげ、二つの章程が「敬神行善」を生皮社の目的として指摘しているのも、団結強化がねらいであって、舗家だけが会首に任じた理由も、ギルドの共同体としての性格が表面上支持されていたことも、当然といえる。

生皮社の祭祀の対象が観音であることは、ギルド神には道教系の神を主神とする傾向が強い点から考えると、異色といってよいが、仏教と道教とでは余り区別がなかったともいえる。小東街関帝廟の西院は観音廟で、観音菩薩を中心に五百羅漢を祭っている。乾隆五十五年・道光二年などに、生皮社が独力でその修築に当ってからは（B 7）、生皮社の廟といってよい様な有様となり、生皮社の名を入れた祭祀用道具がいろいろと整備されている（B 76 B 79 B 81）。三月十四日から三日間、ここで賽社を催したことは、帰綏識略等に記されている（註12）。傅氏によると昔はこの三日間にわたって演劇を奉納し、犠牲をささげ、一同で焼香叩頭を行ったが、現在も中日の十五日には祭典を行い、役員の交代や会計報告が引続いて行われているという。ギルドの慈善事業は、寺廟に対するもの以外は明らかでない。小東街関帝廟の修繕・増築または改築の際に、一度は共同主催者の一人として（B6）、また三度は単なる援助者として（B2B4B82）協力したほか、香炉（B71）の奉納も行っている。またギルドの祭祀とは関係のない西茶坊関帝廟（Q1）十王廟（P24）西竜王廟（Y8）などにも、寄附を行っている。

以上の宗教ギルド的な外貌は、ギルドの経費が神に対する布施と云う名のもとに徴集され、しかも「人心向ㇾ善而神靈可ㇾ格矣」と記されているように、寄附金を出すことが直ちに神靈を招くことに役立つというたてまえになっていて、ギルドと神とギルド員の一体化を勧説している生皮社の宗教観に（B83 L7）関係をもっているのである。この立場は少くとも光緒廿七年に改訂された社規以来一貫しており、ギルドの共同体的な団結とその権力を、神威によって絶対化しようとしたものである。光緒の社規は、ギルド課金を主な内容とするもので、第九表に示したように皮類を狐狼皮（大細皮）・灰鼠皮其他（小細皮）・羔老山羊皮（粗皮）・牛馬駝皮（皮革）の四種に区分し、皮類の売買が行われるごとに、「舗家」であれば右の四種に応じてそれぞれ一張につき四文、〇・四文、一文、四文の布施を納めさせ、「人名」ならばその倍額の布施を強いた（B83）。外行売買には「按社規振錢」すなわち舗家と同額の布施が要求されている。この規約は舗家にとって最も有利であり、回民は「庶幾社用可ㇾ充」すなわち、経費を多く出すという意味でギルド加入が認められているのであり、外行売買に至っては全く片務的な負担となっている。このようにギルド費の負担額と負担者のギルド内における地位とが反比例していたことは、ギルドの中枢が舗家によって占められていたためで、人名にとってはギルドに加入することが特別な恩恵とされ、外行売買にとっては布施を納めること自体が恩恵として特別に許可されていたのであったから、舗家の立場からいえば当然であるが、客観的に評価すれば大きな店舗のエゴイズムということになる。一九四二年の新行規では（L17）皮類を七品種に区分し、その分担比率を改訂して一厘ないし二分（二十厘）を課すことにした（馬尾子は別の基準による）。商品の価値の変動もさることながら、回民皮荘を舗家と同一の條件で遇したことが目立った変化である。外行売買からの布施は、傅氏によれば、皮毛店の協力があれば徴集できたのであって、新社規でも一応徴課の対象に含まれているものと解されていたが、実際には徴集することができなかった由である。ギルド経済の立てかたは、布施によって一切の支出を賄った後、過不足分は総領が保管し、またはたてかえておいて、これを会首の交代時に次の総領に引継いだわけであり、新総領は前年度の実状に鑑みて新年度の布施の金額をきめる方式をとっていた由である。なお生皮社には財産というほどのものはなく、公所もその年度に総領となった舗家の中から適当な家を選擇し、舗の一部を臨時に役立ててもらう状態であったという。

以上再三引用してきた二つの行規は、正式にはそれぞれ生皮社行規（B 83）生皮業同業公会行規（L 17）と名ずけられている。後者については、一九四二年当時、生皮業同業公会という団体はなく、生皮社の意味で同業公会を仮称したにすぎない。布施を主内容とするものであるが、その規定が社外の外行売買などにも強制力をもっていること、罰則を含むことなどが注目される。罰則は光緒章程では布施の不正または未納があった場合に、舗家であればその店の費用で三日間にわたり演劇を奉納して罪を謝し、人名であれば罰錢五千文を納付するという規定を設けていた。人名は回教徒であるから、神に対する贖罪は意味をなさないために、区別したのであろう。民国章程では両者ともに罰金百元となっている。なお両章程はともに外行売買に対しては、罰則を規定していない。章程の改訂についていえば、光緒行規も実は「社規不レ整」のために「改二革前弊一、別立二章程一」という由来を持つ、いわば改訂規約であり、民国行規も同様で、さらに「もし不良の処あれば、毎年会首交替期に闔社の人と相談して改める」ことを規定している。このように社規は一定の手続をふめばいつでも改訂できるわけで、光緒の行規も「闔社之人公同討議」をもって改訂したことになっている。両章程を比較すると、形式はもとより表現まで類似しているから、前者を踏襲しつつ後者の規定が生まれたのであろう。よしんば毎年行規が新たにされたとしても、両章程についてみてきた、以上の形式と内容は、生皮社の成文規約にある程度共通し、一般的にあてはまる可能性をもっていたものと思われる。

註
1 帰綏道志巻廿二　外小社行
2 支那省別全誌「山西省」頁七四三には、生皮社は屠戸から仕入れたとだけ記している。
3 綏遠通志一〇八　商業序。
4 帰綏識略巻十七市集　商圏商市各所。また帰綏道志巻廿二同上。綏遠通志一〇九　帰綏県市集表。
5 小川久男「包頭に於ける皮毛店皮荘」（前掲）第九章　皮荘の意義とその取引事情。
6 満鉄経済調査委員会「支那毛皮」頁八五―六。
7 皮荘における手入はごく簡単で、毛皮の価値の保存のために必要な、最低の手入を行った程度である。小川氏前掲、頁一七九―八一参照。
8 小川氏前掲、頁一五四。
9 蒙疆銀行調査課の「蒙疆に於ける華人商工業資本」（頁一五八）には、綏遠二、晋北二、山西四としているが、信用はできない。
10 支那省別全誌「山西省」頁七四三（生皮社）。
11 綏遠通志一〇八　商業一　帰綏県。
12 帰綏識略巻十八、賽社三月。帰綏道志巻廿二同上。
13 小川氏前掲、頁一八九。

第三節　小賣商

第三節　小売商

封建制の下において手工業が芽生え、商業がこれに乗りかかって伸びてゆく段階では、消費者から注文をとって歩き、手工業者に注文品の生産を依頼してその小売に従う商人が、かなり存在したと思われる。しかしこのような個人企業は、商工業の発展につれて分解し、商業資本所有者となった者は、手工業者を隷属させるようになって彼等の仕事場を支配または所有し、仕事場の経営者を兼ねた形でその製品の販売に当るという段階に進んだのである。分解の際に商業資本を失って没落した商人は、右の店舗の販売人として雇われるわけである。そうなれば、一般的に地元で生産される手工業製品は、仕事場を経営する商人によって販売されるから、単純な小売商の出る幕はほとんどなくなってしまう。帰綏の小売商を調査してみると、質的にも量的にも全く貧弱なのに驚く次第であるが、それは小売商を必要とするほど大衆の購買力がなく、いわば商品流通が民衆の商品流通でなかったためである。僅かに残された死角を利用するとすれば、地元で生産されない商品の専門店か、またはそれを主として販売する者が、比較的重要な小売商として現われてくることになる。すなわち、華北に産しない手工業製品（緑茶・金属・蠟）を商う者、農牧業等の第一次産業に属する生産物（たとえば瓜籽・肉類）を販売する者、ないしは古道具古着を扱う業者等が、帰化城で小売業を営んでいるゆえんであって、これらの小売商人が、それぞれのギルドとして公義茶社・鉄行平義社（附、銅錫行）・蠟行・義合社・徳盛社・雑営行および估衣行を組織している。このほか手工業の崩壊につれて生じた独立職人が、超低価格で生産する商品を、貧乏人に売込む小売商が現れてくるのであって、これには農村や都市の細民が、余剰労働力をもって屋台または立売りの形式により小売を営む場合と、さらにこれを組織化して定期市ないし勧工場の形をとる場合とがあるが、これらについては、一応本章の対象外におくこととしたい。

應答者

(1) 茶荘と公義茶社
　　呂声和氏　厚和市茶葉業公会々長。義和茂茶荘経理。
(2) 鉄行　蠟行　雑貨行　估衣行。
　　元怡如氏　厚和市商務会秘書

第一項　茶荘と公義茶社

茶は中国の五大農産品の一つであり、中国が茶の輸出国として世界で第一位を占めていたこともあった。茶は緑茶紅茶・磚茶に大別できるのであるが、帰綏においては久しく磚茶が飲用されていた。緑茶は近代的な加工を施している点で新しい産業であるから、これを主とする茶商が帰綏に出現したのは十九世紀になってからであり、そのギルドである公義茶社は咸豊元年(C 5)以来漸く記録の上に現われてくる。しかしながら飲茶の習慣は一度つくと急速に広がるもので、その後同治(C58)光緒(C74)を経て民国に到るまで、割合順調な発達をとげている。磚茶のギルドである金竜社が没落した後をうけて、今日では緑茶を扱う公義茶社が茶葉業同業公会と称し、茶業関係で唯一の団体になってしまったわけである。

青茶(清茶)すなわち緑茶の主産地は安徽浙江両省に属する各地区で、そこでは農民が冬の休閑期を利用して副業的に粗茶の製造を行っている。「茶農」の製造した「毛茶」(粗茶)は、地元や上海の茶廠(茶号・茶荘)に送られてその工場で精製せられ、上海等の茶葉店(仲買)の手を経て内外に供給されるのが普通である(註1)。綏遠通志によると、帰綏の清茶商のうち、牛橋街にあった徳昌茶店が唯一の茶葉店(仲買)であって、このほかに府荘(山東省東昌府の出身者が経営している雑貨舗）が蘇茶（蘇州産の茶）を売っていたが、売上高は大したことはなかった。その他はすべて小売店（茶荘）であったわけである。光緒末に南街に福昌茶店が開かれたころから、清茶を飲用する風が漸くさかんとなり、小売店も巨商となったのであって、現存の茶荘はいずれも民国以後開かれたものであるという（註2）。綏遠通志のこの記事に現われた年代は、ギルドの沿革から考えても疑わしいが、帰化城に茶葉店ができて、上海の茶葉店と連絡し、清茶を輸入した上、帰綏の茶商等に供給したという流通の過程と、雑貨舗なども商品の一つとして茶を扱い、消費者に供給していたのであったが、後に専門の茶荘が優位を占めるようになったという事情などは、以上によって大体推測できるのである。

呂氏によると、民国初年までは茶荘の同業者は河北省宣化県出身者に限られたのであるが、その後山西帮の進出を見、いまでは宣化県出身者の茶荘一軒を残す以外は、すべて山西商人であるという。上海市場で緑茶の買入を行うのは、ほとんど山東客商と河北客商に限られており、帰綏の府荘が扱った茶も、やはり上海方面から山東客商によってもたらされたものに違いない。一方河北客商と連絡のある宣化帮（当時は宣化府は直隷省すなわち、いまの河北省の一部）が帰綏で茶荘を開いたのであるが、営業成績は良好だったと見え、これにならって山西人が営業を開始した。彼等は河北客商との関係を密にするために河北人の夥計を雇傭し、地元の消費者をつかまえるために山西人を使用し、従って山西系店舗には河北人と山西人が同時にやとわれていた。徒弟の需給関係から、地元である山西系のものが漸次優勢となる傾向にあったが、事変以来、蒙疆地区は日本軍の方針によって中国本土と切離された特殊な政治区域となったので、上海市場との取引ははなはだしく円滑を欠き、河北帮なるが故に得られた便宜も大いに薄れて、今日の状態をもち来したものと想定される。ギルドの同郷性が商略上の相帮（助け合い）によって決定され、且それが時代によって推移しているのは興味深い。公義茶社の地域的な基盤をみる、と旧城のギルドとして、明確に一線を劃したような結果になっているが、一面茶荘の開設場所が旧城に限られている事実の反映でもある。清茶は漢人の飲料であって、清茶飲用の気風の流行といっても、実際には漢人の間だけで流行したのであるし、ギルドの成立が毛皮の世界市場登場に基ずく帰綏の繁栄＝漢人の激増と時を同じくしていることなどは、いずれも一連の関連ある事実であるから、漢人都市たる帰化城以外には縁がなかったため、茶荘開設地区の地縁的限界ができ上ったまでのことであろう。宗教的には、聴取の際に一度は「儒教」と答え、再び尋ねると「仏教」といい、はなはだ不鮮明であった。思うに応答者が儒教といったのは、当時は日本軍の方針に従って春秋二回帰綏文廟で開かれた祭典に対し、同業公会の参加が強制されていたから、日本人である筆者の質問に対して、その意味の顧慮から答えを出したわけであろう。また仏教もいわゆる仏教であって、道教信仰を主とする民間信仰であり、ギルドは玉皇閣内にある三皇廟と密接な関係をもっている。ただ宗教的な熱意は割合稀薄で、宗教を中心とした社会集団とは認め難い。

公義茶社が社会集団として成立したゆえんは「公義」すなわち「公共を看板にした仲間的結合」を求めることにあり、磚茶の金竜社とは全く別個に、清茶商の同業ギルドが必要だったものと思われる。ギルド結成の主旨は小売業という性格を基礎とし、同郷・同教・地縁などの諸関係もその仲間的感覚の強化に利用されているが、その中にはギルド員が公義茶社に結集しなければならぬ積極的理由は必ずしも存在しないのである。清茶が雑貨舗で売られることを排除し、営業独占による茶荘の安定をねらったことが、ギルドの結合力の基盤であったわけであるが、同業者の結集以外の問題はたとえば同郷関係にしても河北帮から山西帮へと、そのメンバーがすっかり交代している事実から考えても明らかなように、営業に附帯した條件にすぎないことを知り得るであろう。

茶荘といえば普通は茶の製造販売業を意味するが、帰化城の場合は純然たる小売業であって、茶の加工は行っていない。従って「工房」系統の生産部門をもっていないのであるが、帰化城における小売業者としては一流の巨商である。茶荘の徒弟（学徒）となる者は、普通十五六歳の青年であり、適当な紹介人が間に立って本人を茶荘の経理に紹介し、舗保を立てて徒弟の一身上の問題について店に迷惑をかけないように配慮しておくわけである。自然徒弟は店舗の秩序に絶対服従するはめになるが、聴取によると、現在では「進舗」の最初の日に経理先輩に対してそうした挨拶をする儀式は行われていないよしである。従来は採用條件として「同郷関係」も原則的には重視されており、ことに河北帮の舗は山西人を雇入れない。しかしいまでは多数を占めている山西帮の店に、河北人の徒弟はいるわけである。河北帮の場合は客帮なるがゆえに、同郷意識が明確であったものと思われる。ギルドが徒弟の教育を直接管理するわけではなく、舗で特に教育の方法を考えるでもなく「学徒」といわれている名前の通り、徒弟が単に先輩の見ようみまねで、自ら商売を学ぶのに任されているといった状態であった。徒弟の年期は不定で、無能とみなされればいつでも追放される危険があった代りに、自分で辞めることも自由であった。もっとも三四年たつと経理に認められて夥計にとり立てられるのが一般的な習慣になっていたから、年限不定の年期があったともいえる。また徒弟にも多少の小遣銭は支給された。徒弟がその年期の途中で、または学満（徒弟満期）以後において、経理のためにその喪に服することは、当人の自由であるが、子としての喪に服するようなことはなかったよしである。要するに今日では厳密な徒弟制度は存在せず、わずかにその残骸がみられるだけである。しかし家族制度の擬制がしみ渡っている点は、旧時代における徒弟制の遺制として注目される。なお現在では一つの店舗にいる徒弟数は通常二三人となっている。

夥計になると、写賬（記帳・出納）・站柜（販売）などの専門的な仕事にわかれて、一人前の商人として手腕を振うが、経理の許可なしに独断専行することは許されない。茶荘では、夥計はすべて頂生意的であって、最小二厘、最高一股（十厘）の身股が与えられ、三年目ごとの決算期にその間における当人の勤務成績と照し合せて、改めて契約が結ばれる。ほかに薪水（俸給）が毎月支給されるが、営業費の中から支給されるのであって、最低生活費を賄う程度の支給額である。夥計の数は各舗とも十名内外であるという。経理は財東との間に一定の條件を定めてその地位につくのであり、経理が欠員になったときの補充でも財東の選擇によるのであって、必ずしも該店の中で最も高い身股を有する夥計が自動的に昇格するわけではない。経理は正副二名が普通であって、経営に関する全権と全責任とを背負っていた。

店に幾名の財東が参加しているかによって、專東（一名）朋東（二・三名）集股（数名）の別が生ずるのであるが、帰綏茶莊ではそのいずれの場合も無限責任となっている。出資の條件を示すものとしては合同があるが、これは財東相互および財東と経理の間の契約という形になっている。合同の示す條件に基き、経営の事務並びに営業に関する事項は経理に一任され、財東は干渉しないのが従来からの習慣である。また茶莊全体のうち、三分の一位は帯財掌櫃となっている。合同に定められた倍股・添股・抽股など財股に関する條件の変更は、契約期間中は不可能であり、決算の後で再契約を結ぶ際に、財東経理全部の承諾をもって、新しい條件が改めて決定されるわけである。公積金も同様で、これをおかない舗もある。身股と財股の利益配当は全く平等な條件で計算される。

茶の小売店はこのような構成をもつものばかりではない。しかしギルドは店舗組織の茶莊だけで組織しているのであるから、ギルド員としては店舗がその単位となっていた。ただ、咸豊から同治にかけての会員は、左の公義茶社の会員表にみえるように、わずかに六軒であって、咸豊の例ではそのうちの一・二軒がまだ個人企業の段階に止まって

公義茶社の会員表

年代	会員	資料
咸豊1	大同成　新吉盛魁　義和成　范茶舗　復順堂　段寬	C 50
同治2	大同成　吉盛魁　義和成　范茶舗　福順栄　興茂林	C 53

おり、同治になって始めて合夥制店舗のギルド員ばかりで、構成されるようになったのである。

民国以来会員数は増加して、一九三五年には十六軒(註1)を算した。同業公会になってからもそのメンバーは個々の商人ではなく、店舗が単位であることは、公会の章程第一條および第七條に記す通りである(L16)。もっとも本章程の内容はかなり粗雑であり、形式的に作ったままでのものらしいから、ギルド規約のような現実性を欠いているのであるが、店舗を以て会員とする点は事実だと思われる。この章程には会員の権利についても詳しく規定していて、会員は会員大会および常務会議で意志表示ができることになっているが、その常務会議の構成・権限については記すところがなく、ただ毎月一回開かれることがきめられているだけである。

会員大会には会員(店舗)を代表する三名(経理一名店員二名)の従業員が各店舗から出席し、(1)委員の選挙および罷免、(2)経常費以外の臨時費の決定、(3)収支の決算、(4)章程の決定および改正等に當り、議決機関としての役目をもっていたが、公会の基本方針なり経常費については、大会はもとより、どの会議も決定権をもっていない。年一回の定期大会のほか、会長または過半数会員の請求があった際には、臨時に大会を開く規約になっているが、呂氏によれば、定期大会が開かれた例さえ一度もなく、各店舗の経理が寄って相談することはあるが、それも必要に応じて随時催されるに過ぎないという。第二節で紹介した厚和市客貨業公会簡章は、この茶業の章程とほとんど同文であり、「簡章」と名乗る規約は事変直後、帰綏にある各種の同業公会が、共同で作製した便宜的かつ表面的な規約にすぎない。従って茶業簡章が、官憲の面子を立てるだけのものであって、社会規範の内容を充分そなえておらず、社会集団の規約としての血が通わず、肉ももり上っていないのは、当然の現象というべきであろう。

ギルドは特別な会首制を設けず、会員の中から二軒づつ毎年交代で値年(当番)を出し、これに会務の処理を委託した。事務的な問題は値年に一任されていたし、値年の専決しえないような事件も大してなかった。同業公会となってからは、値年を会長と改称するようになったが、実質的差異はない由である。この点についても、同業公会の章程には、会員大会に際して投票で三名ないし五名の委員を選挙し、そのうち最高点の者を会長とし、会長が会務を弁理し委員がこれを助けるというような、架空の規定を設けている。

ギルドの事業は同業内の連けいと、外部（官憲・大行・その他）への交渉、略言すれば内外との連絡であるという。たとえば祭祀であるが、祭祀を媒介とする会員の共同動作という意味から、玉皇閣内にある三皇廟において、天皇地皇人皇を祭り、また玉皇閣の山門の修繕に寄附を行ったりしている（C74）。社の匾額もすべてこの三皇廟に現存するのである（C50　C58）。もちろん連絡という言葉は、限界がきわめて漠としているので、重ねて質問を行ったけれども、「必要に応じて適宜に処理した」との答を得たに止まる。特別なギルド公所はなく、値年の店をもち廻って、事務所にあてていた由である。この点は公会の章程と一致している。

ギルドの経費は、一定額の「月費」を徴収して経常費にあて、臨時費も総額を会員に均分して、すべての会員から平等に徴集したという。聴取によれば、これは店舗の大きさに開きがなかったので、均等主義が適当であったためだと説明されているが、大小がないというよりも、すべてのギルド員が一定の水準以上に達していたので、僅少な会費を分担する上に差等を設ける必要がなかったのだと思われる。いずれにしても、組織面における会員間の平等も、事業面における共同体的性格の強調も、負担の均分も、茶荘の資格について枠を設け、大資本だけでギルドを組織していることに基ずくのであって、ギルド未加入者を含めた茶商全体が、等しく平等な権利をもつことを意味するわけではない。会計面ではギルドの予算を立てず、収支の結果を公示すれば、それでよいことになっている。以上の慣習は、同業公会となってからも、おおむね維持されてきたというが、章程には別の規定が定められていて、経費は各店舗の資本の大小に按分比例して負担させることとし、また前記のように会計に対する会員大会の権限等を定めているのである。

ギルドには成文の章程はなかった由であるが、一九三九年になって、本節で再三ひきあいに出した厚和特別市茶業同業公会簡章が作製され、それが形式上では現行の規約となっている（L16）。この簡章は一九二九年の工商同業公会法に準拠したものであり、公会で実際に行われている所と一致点のある條項や、或は形式的にしろ設ける必要があったと思われる條項（たとえば事務所の所在地・臨時費の大会による決定などの諸規定）を含まないではないが、ほとんどの條項が空文に等しかったことも、以上においてみてきた通りである。簡章制定の目的がどこにあったにしろ、慣習法が人為的に作製した規定とは一応無関係に、伝統に基く権威を保ち、旧慣が温存される傾向が強かったため、簡章は表向きの規定に止らざるを得なかったのである。慣習による規範が維持されたといっても、それも伝統が単純に尊ばれたのではなく、ギルドの存在そのものにとって必要な限り（大資本の集団的利己主義を守るのに好都合である限り）、保守的な旧慣尊重を強調している反面、ギルドの「共同体」的秩序を守るために、現実に則してその伝統を推転し、歴史とともにある新しい社会規範に脱皮しつづけていったわけである。

註1 中国茶業之経済調査報告（全国経済委員会叢刊第二十九種、全国経済委員会報告彙編第十三集、民国廿六年二月刊）邦訳支那茶業の経済的考察（中支建設資料整備委員会編訳彙報第四十五編。）
2 綏遠通志一〇八 商業 各県商業概況 帰綏県 茶業。
3 綏遠通志一〇八 商業 各県商業概況 帰綏県跋に記されている帰綏商会の調査（公会参加者）では、茶業は十六軒となっている。また註2の資料によると、茶荘は十余軒となっている。

第二項　金物屋と鉄行平義社　附　銅行　錫行

鉄製品および鉄材の小売商である鉄舗のギルドが記録に現われてくるのは乾隆年間のことに属し、そのときは「鉄行」とよばれている（G2）。道光以後に鉄行と呼ばれた例もあるが（Q3）（註1）、嘉慶以後は「平義社」がむしろ通称となっていたようで、その最初は嘉慶九年の記録である（E20）。鉄行平義社（E26）という念入りな表現も行われている。帰綏道志には外小社行の一として平義社の名をあげており（註1）、光緒十七年の記録にもその活動が伝えられているが（E22）、今日では五金陶器公会の中に鉄行の伝統を残している程度である。

鉄は戦国以来政府の統制品・専売品となることしばしばであって、それだけ民衆にとっては必需品であったことが明らかである。清朝時代には、鉄が武器の原料であるという口実のもとに殺虎口を越して蒙古地方に廃鉄や鉄材を輸出することを厳禁していたのであって、ただ農具および日用品に限って「鉄器税」を徴収した上、輸出を許可する制度になっていた。この法令は乾隆廿六年に制定されたのであるが（註2）、その後は、鉄関係の輸出品は殺虎口において輸出税の徴収を行い、そこで納税済となっている商品は、たとえば帰綏入市の際に重ねて徴税されるようなことはないけれども、帰綏から他地方に運び出される鉄類に対しては、帰綏で徴税を行ってきた（註2）。綏遠省内には鉄の産地がなく、すべてを中国内地からの輸入にまっているという状況下において、この制限をうけたのであるから、綏遠の開拓が進展し、鉄製品に対する需要が高まるにつれて、需給のアンバランスはひどくなった。そこで鉄舗は積極的に鉄製品の輸入に努力するとともに、中古品をあっせんし、また廃鉄の回収を行ってスクラップを鉄炉に渡し、これを鋼鉄又は鋳物製品に再製させたわけである。農具や家庭用品を供給することはかなり重要な意味をもち、鉄舗は相当な繁栄を示した。

銅、錫、鉛などの非鉄金属は、貨幣の材料となる関係から不足がはなはだしく、特殊な商品である割合に商況は活潑であった。銅を主として扱う銅舗（E21）、錫製品の小売店たる錫舗はそれぞれ銅行（P12）錫行（E11）を組織していたのである（註3）。光緒末期の内蒙古開墾の進展によって、鉄器輸出禁止は有名無実となり、廃鉄回収の意義も少くなったので、鉄舗は普通の小売商に転化していった。それにつれて五金（金銀銅鉄錫）をあわせ商うだけではなお足りず、陶器や古道具まで店先に並べるに至った。従って販売する商品では五金舗や瓷器舗と区別がなくなったので、五金陶磁同業公会に統合され、ギルド以来の伝統はいちじるしく稀薄になってしまった。

鉄行の組織および事業については、有効な聴取を行う機会が得られなかったために、具体的にふれていくことはできない。五金陶磁業公会章程は入手したが、それは各業共通に配給された、名目上・形式上の規約に過ぎず（L15）、公会としての内容や性格を反映したものとはいえない。この章程の中から強いて具体的な内容をひろってみると、公会の事務所が民市南街四十六号にあることぐらいなもので、役員が、規定によると公会長一副会長二委員三となっているが、実際は王志献・回春茂の両氏が正副会長として在任するに止まることを記すなど、章程が具文にすぎないことを、規約の中で自ら証明しているほどである。事業のうちで歴史的に論証し得るものは祭祀・慈善事業と事務所の経営だけである。帰綏識略並びに帰綏道志によると（註4）、平義社は二月廿一日から三日まで、南茶坊で賽社を催している。南茶坊瘟神廟は平義・上党・平安の三社が共同で支えてきたものであって、平義社は嘉慶（E20）咸豊（E26 E92）同治（E29）光緒（E33）を通じて増築修築等に当り、鼎を献上したりしているから（E85）、瘟神廟がギルドの祭祀の場所であったことは推察に難くない。その東廂房には、平義社と大書した匾額が現在も掲げられており、社房をここにおいていたことを物語っている。ただし瘟神廟との関係は嘉慶以後始まったものらしく、乾隆三十二年（E12）五十四年（E19）などにこの廟が修築された際には平義社は何等の協力も与えていないのである。ちなみに帰綏道志の賽社の項には前記の記載に引き続いて、各月別にいろいろなギルド等の祭典について概要を摘記した後、最後に「平義社（の賽社）は一年は南茶坊にあり、一年は火神廟にあり、倶に定日無し」（註5）と記している。「倶無㆓定日㆒」は前述の帰綏道志自身の記事に、定日（二月二十一日——三日）を掲げているのと矛盾するし、平義社が火神廟で賽社を行ったというのもすこぶる疑わしく、同治十三年に八両を寄附したことがあるほかに（P18）火神廟との関係はなかったようである。ことに帰綏道志の賽社の項はその殆どが帰綏識略のひき写しであるにもかかわらず、この記事は帰綏識略に見当らないから、おそらく帰綏道志の本記事は衍文であろう。慈善としては、瘟神廟と同じ南茶坊廟の一部にある軒轅廟（E27）老君廟（E32）や、西茶坊三官廟（Q3）財神廟（G2）西竜王廟（Y8）および前記火神廟（P18）に寄附を行っているが、それも「面子」がさせた偶然でなければ、余儀なく行った「義理」にすぎないようである。社房は瘟神廟から貸与されたもので、祭典のための準備室であり、長い廂房の一部に当る四間房を借用していた。いまではかなり破損しているため、倉庫代用に用いられ、事務所は全く別のところにおかれている。社房に対するギルドまたは公会の権利や、利用価値については明らかでない。

註
1　帰綏道志巻廿二、帰化城外小社行。
2　帰綏識略巻卅六、税課　鉄器税。
3　清国行政法第二巻第五章第二節第五款、銅鉛錫の買収（頁四四五—九）。
4　帰綏識略巻十八賽社。帰綏道志巻廿二同文。
5　帰綏道志巻廿二、風土　附　商業。

第三項　祭祀用品の商人と蠟行

綏遠省では、今日でも宗教的な行事はなかなかさかんであるが、蠟燭・線香・紙元宝（銀紙で模造した銀塊通貨）その他、祭祀に必要とされている諸商品の販売に従う業者は、単に帰化城に住む市民の需要に応ずるばかりでなく、農村の雑貨舗に対する卸売も行ったのであって、この卸小売に当った蠟舗には、経営規模からいえば、大小種々様々のものが含まれていたのは当然である（註1）。蠟舗の繁栄は、封建制の動揺につれて国民が神だのみの気持になっていた清末を以てその頂点とした。道光三十年には「衆蠟舗」（X1）として、団体的な行為に出ているが、その頃まではおそらくギルドとしては星雲状態にあったものらしく、未だ組織化されるに到らない程度で、弱い結合関係が芽生えていたものと思われる。咸豊九年に「衆蠟社」（Q6）として、同治中に「蠟行」（P18）としてギルド記録を残し、帰綏道志にも、外小社行の一として認められているから（註2）、咸豊以後の各時期を通じて活動していたことは確実である。ただギルドの足跡上からは、祭祀の対象を火神に求め、十王廟でまつりを行ったと思われること、そのために火神廟へ喜捨を行った例があること（P18）、慈善としてはこのほかに西茶坊関帝廟（Q6）観音寺（X1）などに寄附を行っていることなどを、確かめうるにすぎない。

註1　支那省別全誌「山西省」、頁七四四。
　2　帰綏道志巻廿二、帰化城外小社行。

第四項　古物商の雑營行と古着屋の估衣行

古物商は小売商であるが手工業生産者との直接の競争があり得ない点で安全な営業である。そのギルド「雑營行」が道光元年（Q3）に存在していたことは明らかであって、「雑営社」（S4）とも称せられていた。繁栄も衰退もないのが特色であって、帰綏道志にも外小社行の一としてとりあげられているし(註1)、民国以後は雑當公会として商会に加わり(註2)、事変後の今日も地味な活動をつづけている(P24)。

このギルドを舍力図召前雑當行(X1)と呼んでいる例もあるほど、雑當行は舍力図召前街(圪斜街)に店舗を張っていたものだけの地縁的な同業団体である。古物商ということになれば、新旧城にまたがって実に多い。しかもそのほとんどは攤子(掛小屋)であって、通順街はその集中区ともいえる。また中には攤子さえもたず、路傍に商品をならべ或は手に抱えただけで、道行く人に売って居る立売人も少くない。圪斜街に立ちならぶ雑當舗は、事変前に十二軒あり(註2)、今でもその位であるが、攤子や立売人に対する仲買卸商の性格を兼ねた小売商で、うすぎたなくはあっても大きな構えの中にあらゆる古物が積重ねられている。その商品は一般民家や附近の郷村からも出るし、質流れ品も少くない。屋号をもち店舗組織になっている点も攤子とは異なっている。ギルドには店舗を構えた古物商だけを同業として迎え入れているから、圪斜街以外には雑當舗として数え得べきものは少ない。勿論、資本や人的な構成や経営規模において、群小の古道具屋と隔段の相違が認められるのではあろうが、同街の店舗だけでギルドを組織したのは、そこに商業資本家の団結を計る手段として利用し、隣組のエゴイズムを発揮しようという気持があったものと思われる。そこで雑當行は一街一業ギルドを標榜し、社会集団としての結合を鞏固にすると共に、群小業者に対する排他性を、ギルドが隣組の中から自然に生れた団体だということで、納得させようとしたのであろう。庶民相手の零細な取引を主としていた雑當行は、農民や市民の生活と深く直接に結びついていたわけであって、道光以前において他のギルドが銀両(銀通貨)で会計を立てていたころ、雑當行は銭文(銅通貨)でギルドの収支を行っていたほどであるから(P12)、その富は貧乏人に「安物買いの銭失い」をさせることによって、積上げられていったことになるわけである。

雑営行は十王廟内の火神廟で祭祀を営んできたのであって、火神廟の重修の際には、その責任者の一人として働いている（P12 P24）。その他慈善事業としては聖母廟（P16）西茶坊三官廟（Q3）観音寺（X1）呂祖廟（S4）などに寄附した記録がある。ギルド規約としては現在は雑営業公会章程（註3）をもっているが、各業に共通する、配給された章程であって、正副会長および委員三名によって組織され、十二月に会員総会を開くことなどの規定が、やや生きていると考えられるほかは、全く無意味な文字の羅列である。

雑営行に近いギルドとしては、古着屋の「估衣行」がある。道光三十年以来の記録をもち（X1）、事変前にも一公会として商会に加わり（註2）、事変後も存続していた（P24）。聴取によれば今日では服装公会に加入し、ギルドは消滅した形になっている由である。すなわち事変前は十四軒が同業公会に参加していたが（註2）、インフレによる質流れ品の減少と、古着の産地である中国内地（都市）からの輸入杜絶のために、攤子や立売の営業が估衣舗よりも有利となったので、估衣攤の激増に反し、估衣舗を名乗るものはなくなってしまった。彼らの中には仕立屋に転業して加工賃をかせぎ、またはその名目で古着に利ざやをつける者が多かったので、ギルドは表面上仕立屋の公会に合流する形で一応解体するに到ったということである。雑営行と同じく火神廟に属するギルドであって（P24）、たぶん火災予防という意味で火神に頼ったのであろう。火神廟のほか観音寺（X1）西竜王廟（Y8）などにも寄附金を出している。

註1　帰綏道志巻廿二、帰化城外小社行。ここでは雑営行の営業内容について、「木器等類」との説明を与えているが、極めて不明瞭な表現である。

2　綏遠通志一〇八商業　各県商業概況、帰化城　後記。

3　以下に示した事項の書入れはあるが、大半は印刷されていて、L15の條文と同じである。

第五項　生肉販賣業と德盛社

德盛社は肉屋のギルドであって（A27）、回教徒の肉舗が豚肉などを扱わないのに対し、德盛社同業は豚を主とする漢人店の団体だと考えて差支えない。嘉慶道光以来の歴史を有しているが、そのころから個人企業の小経営が多かったようで、会員も個人ないしは王肉房、李肉房として表わされているのが普通であり、屋号が記されている場合もあるが、看板だけの違いであって、やはり個人企業ではなかったかと思われる。ギルド員は大体一定していて総数二十を越えていない（A27 A16）。会首（A16）もある。三賢廟に奉仕しているが、德盛社から献ぜられた偏額は張飛の神像神位の前におかれているから、これによって主神を察知することができる。

回民肉舗は德盛社に加入しなかったが、同じ肉屋でも営業内容を異にしていたから不参加が当然である。回民の肉屋の場合には、回民の屠殺業者が一定の方式で殺した羊牛などの生肉だけを販売していたのに対して、德盛社側は漢人屠殺業者から供給をうけ、豚や七面鳥などのような、回教徒が販売しない生肉も売っている。顧客にしても回教徒は漢人の肉屋に近ずこうとしない。即ち同じ肉屋と言っても、漢・回の間には供給者・取扱商品・購買者にわたって顯著な差異が認められるのであるから、取り扱い商品に類似性があっても、流通過程を異にする別々の営業と考えざるを得ないのであり、別々のギルドに参加しているほうが、むしろ自然であると推断される（註1）

註1　回教徒の肉業については仁井田陞氏「中国の社会とギルド」一頁二五〇―三、又二七五―八〇参照。

第六項　爪籽販賣業と義合社

瓜籽（児）とは、西瓜やカボチャの種子を乾燥させた上、塩を加えて炒った菓子で、中国人が食前食後や間食に好んで食べる食品である。義合社は、帰綏道志によれば、帰化城の外小社行の一つであって、黒木行の別名もあり、瓜籽を売る店舗の団体だと説明されている（註1）。帰化城で最も古いギルドの一つであろうが、少くとも乾隆三十二年以来（G10）の歴史を辿ることができる。乾隆時代には三・四十の店があったが、ほとんどは屋号もなく、個人経営の小企業であった（G10 G11）。道光十一年には財神廟で祭祀を営んでいた十五社の一として演劇を奉納し、その東西両廊を社房として利用する代りに、廟を維持する費用を分担している（G4）。この財神廟との関係は乾隆以来（G10）変らないのであって、ギルドとしての祭典は三月廿七・八・九日に行うことになっていた（註3）。財神廟の建物および施設については、咸豊（G39）同治（G41）光緒（G44 G45 G48 G53）の間、引続いて寄附金を寄せているが、これ以外の寺廟に対する慈善的行為は見当らない。

註
1　帰綏道志廿二　帰化城外小社行。
2　瓜子児の供給経路を調査していないので、この屋号をもつものが瓜子児の仲買店なのか、それとも普通の小売店で看板だけ屋号をもっていたものか、不明である。北京における瓜子児仲買店については、仁井田陞氏「中国の社会とギルド」頁二六五―六。
3　帰綏識略巻十八　賽社三月。また帰綏道志巻廿二　風土　賽社。

第五章　貿易・運輸業ギルド

帰綏識略（巻十七市集）によると、帰化城は「行商」と「坐賈」の結合によって成り立つ町であって、行商が蒙古新疆に運送して販売する貨物は博大であり、金銀家畜など向うから持ち帰る商品もまた莫大である。坐賈はその輸入品を売りさばく地位にあるわけだから、行商が帰綏にとっていかに重要な存在であるかは、多く語る必要はないと記している。行商という言葉は機動力に訴えて各地をかけ廻り、商品を集めたり販売したりする商人をさすわけで、貿易業よりも範囲がやや広く、また単なる輸送業は含まれていないが、とにかく都市の商工業にとって、行商は重要な要素となっている。中世都市の商業は、地主・官吏にとって必要な商品を取扱う、遠距離商業が中心であって、一般市民の需給にはそれ程貢献しなかった。従って商業に機動性を与える点では、行商というよりもむしろ貿易および運輸業が主な役割を果していたわけである。貿易商には二つの段階があり、その第一は冒険的な商人が、商業資本といえるほどの資本も持たずに、自分の頭と身体だけを頼りにして行商的な貿易に乗出し、遠く蒙古新疆に旅するものである。彼等は普通仲買店または仲買卸店と特殊な関係を結び、その援助によって貿易を行っているもので、貿易自体は自らの負担と計算において行うとはいえ、帰綏から持出す商品の仕入れおよび貿易先から持帰つた商品の販売には該仲買店の援助をうける代りに、その支配をもうけたわけである。この種の商人については、第四章の第一および第二節において具体的に触れておいた。危険性が高いと同時に一挙に大金をつかむ可能性もある冒険的商人の中には、成功を収めて巨商となる者が発生し、階級分化を起すとともに、第二の段階に進むのである。この場合、成功して商業資本を握った者は、自ら独立した企業主となり、零落した者はその使用人となるわけである。貿易商は帰綏に広大な店舗を構えているばかりでなく、貿易先である新疆や蒙古などに支店をおき、自らの資本によって隊商を編成し、自由に取引を行って貿易の利益をわがものとしたのである。貿易業は商業の一部であり、店舗の構造も仲買業と類似した点が多いけれども、行商としての機能を発揮するために機動力をもった従業員でその主力を固めていた点が特色である。内外蒙古を商圏とする貿易商は相集って「集錦社」を組織し、西北貿易業者はその中の漢人が「新疆社」を、回民が「清真社」を、それぞれのギルドとして組織している。貿易業者は商品の輸送を専門の運輸業者に委託するわけであるが、運輸業者は貿易業者以外の各方面からも、人や物の運輸を頼まれるわけであって、複雑な企業型態となっていた。もともと運輸業は農業・牧畜業などや、仲買店・仲買卸店に附随していた運送部門が分化して、独立の業務に発達したものである。最初は「工人」または「客人」として、農場や店の専属の輸送部員であった従業員が、やがて半独立の個人業者となり、さらに成長を遂げて専門の独立業者となったわけである。この「工人」従業員は、店舗では傍系の袋小路にいた者で、徒弟制を布くまでもない苦力扱いであったが、そのために独立の運輸業者も原則として徒弟制をとり入れていない。運輸業の階級分化で、輸送手段をもつ業者と、もたぬ使用人とが分れたことも貿易商の場合と同様である。駱駝を所有しまたそれを曳いて輸送に従事する者は清真社に加わり、車と牛馬をもち、これを賃貸することを業とするものは車店社を、実際に車馬を驅って輸送を行う車戸は馬王社を、それぞれ組織している。運輸も貿易も輸送を伴うものであり、その活動分野が坐商のように一都市に限られることなく、帰綏を中心にして遠近を問わずかけまわり、広い行動半径をもっていたのであって、一般商工業と著しく相違している点である。またこの両業者の間に兼営と交流が行われているところからいっても、貿易業と運輸業は深い関係にあるものといわねばならない。

応　答　者

(1)蒙古貿易業と集錦社。

張廷璽氏　通商公会々長。徳豊祥新記皮毛葯材行桟経理。帰綏県人。

(2)西北貿易業と新疆社・回教徒の駝業と清真社。

曹英氏　帰綏回民の長老。徳厚堂主。蒙古政府回教委員会副委員長。蒙疆回教聯合会々長。西北総監部副総監兼厚和弁事処々長。

(3)運送業と馬王社。

元怡如氏　厚和市商務会秘書。

第一節　蒙古貿易業と集錦社

集錦社が蒙古貿易業ギルドであることは、帰綏の商会志にも記されているが(註1)、その名称は帰綏県志に出ている「積金社」が本来の意味であって(註2)、「集錦」は積金と同音であり、これを美しい字で書きかえたまでのことである。従って「聚錦社」でもよく、聚錦社と記した実例も二三見出されるが(註3)、聚錦社といえば帰綏では早くから糧店のギルド名として通っているので、ことさら集と聚とを区別して、貿易業は集を用いるようになったのである。国民革命以後は「外蒙公会」を組織し(註3)、事変以後は「貿易会」に編入され、さらに一九三九年八月から「通商公会」の一部となった。こうした名称の変更は、そのままギルドの変遷を反映しているようである。集錦すなわち積金は前期的資本の希望の表現であつて、合夥制企業組織による特許貿易の確立とともに、その独占利潤を守るため、ギルドが発足したのである。しかし千両箱に金をためこむ「積金」主義は当然行詰りをきたすはずで、民国を待たずに外蒙古の独立となって、貿易は危機に瀕したわけである。同業公会は資本主義への志向を表わし、近代的な組織や取引方法によって業界の不振を挽回しようとした。その前後に資本主義への芽生えは認めうるが、上からの改革は所せん成功の見込なく、いろいろないきさつを経た後、外蒙古における取引は結局不可能となった。内蒙古が残された唯一の商圏であったが、それだけに蒙古人にとっては不満も高く、事変の一因となったほどである（註4）。事変中日本特務機関は重慶側との間の特殊貿易に従事させる目的で貿易会や通商公会を組織し、貿易業者の加入を強制したのであって、戦争中に交戦国同志で貿易を行い、被占領地の貿易商が協力させられたということは注意をひく事実である。もっともそれは表面上だけのことで、貿易商としては日本軍の下請業者だという看板によって貿易のルートを開き、貿易の主力は自分達の打算で行っていたわけであるから、御用団体の衣こそまとっているがギルドは必ずしも消滅せず、集錦社以来の伝統を守っていたことを、考慮しておかなければならない。

清代において蒙古新疆など藩部への貿易業者は「走口外」（註5）と呼ばれ、文語では藩商と記されていた（註6）。そのうち内外蒙古に赴いて貿易を営むものは蒙古業または通事業（註7）通訳業（註8）と名ずけられていたのである。帰化城は武川を経て外蒙古に赴く幹線道路の起点に位し、早くから「前営」すなわち烏里雅蘇台一帯および「後営」すなわち科布多一帯との間に貿易を行っていたのである（註5）。康熙二十七年に銭良鐸がロシアに使したときも帰化城を通り、貿易業者を案内役に北上したのであるが、そのころ帰化城南門外は外藩貿易のために「蜂集蟻屯」の繁栄振りで、貿易商人が絡繹たる有様であったと記している（註9）。最初にこの貿易を開始したのは食いつめた貧民であって、成功すれば一挙に巨利が得られるところから、商人に計って出資させ、一貿易が終るごとに、出資の際にあらかじめ定めておいた身・財股に応じて、利益金を山分けするのであった（註10）。その主な出資者となったのは雑貨舗

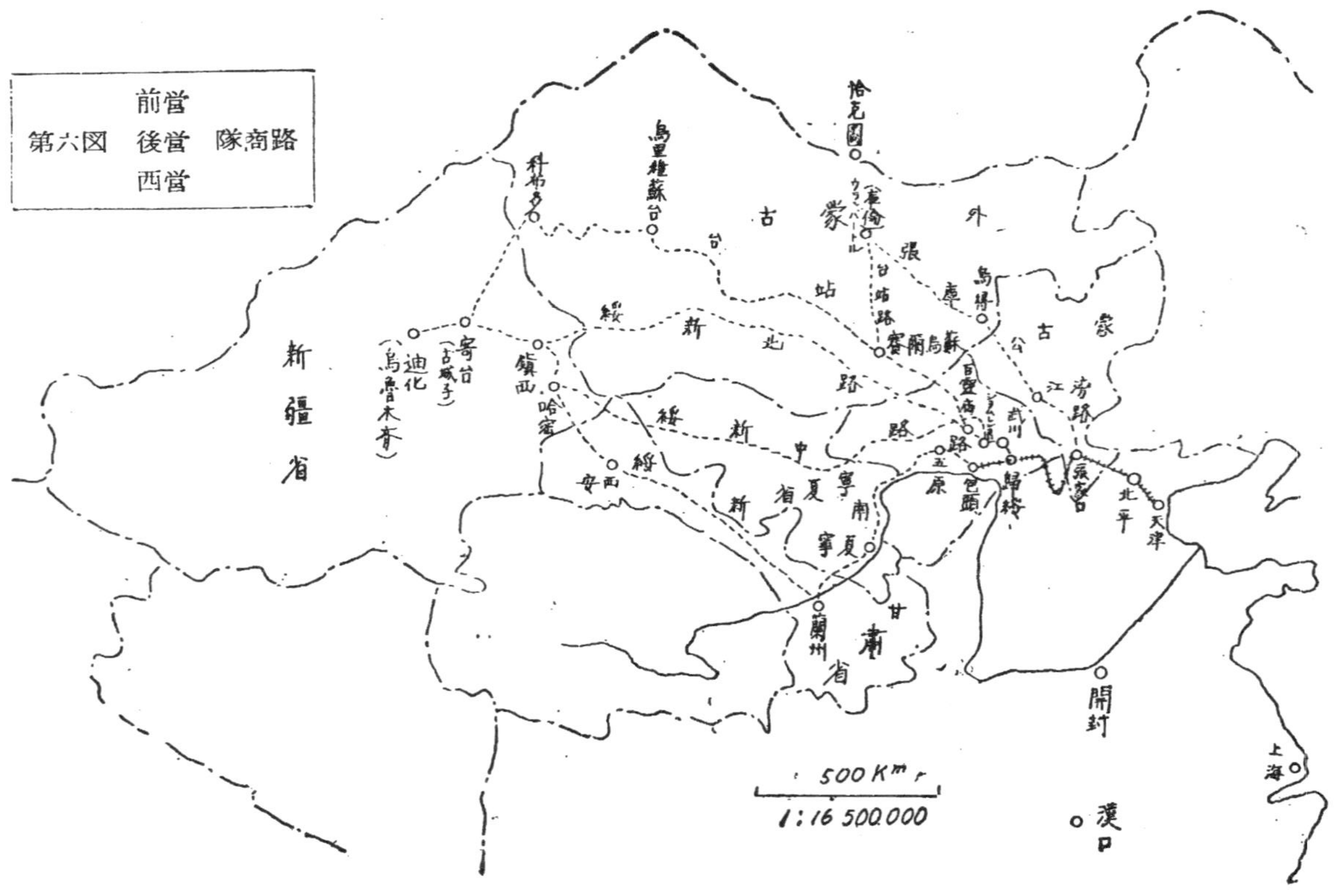
第六図　前営　後営　西営　隊商路
恰克圖
烏里雅蘇台
科布多
外
蒙
古
張
台
站
新疆省
迪化
(烏魯木斉)
寄台
(古城子)
鎮西
哈密
安西
綏
新
北
路
中
甘粛省
蘭州
寧夏
張家口
北平
天津
開封
漢口
上海
包頭
帰綏
五原
500 Km
1:16 500.000

で、商品を賒（貸売）にする形で利殖と販路拡張の一石二鳥をねらったのである。近来まで、この種の「同心協力」（註10）によって貿易を始める冒険的商人はあとを絶たなかったという。こうして数回契約を繰返した後、利益を得る可能性が確実になってくると、一回限りの出資に代って、やや恒久性のある店舗設立契約を結ぶようになった。在来の出資者は財東となって店舗施設を作る資金を提供し、小金を作った冒険的商人がその店の経理になって、ここに専門の貿易商の発生をみたわけである。嘉慶五年になって、店舗を張っている貿易業者がギルドを組織して集錦社と称するに到った。最初は雑貨行とともに「醇厚集錦社」として十二社（ギルドマーチャント）の一に数えられていたが、嘉慶十八年頃から別々に単独で大行の構成員と認められるようになり、その中でも七大社のうちに数えられ、ときにはその筆頭にあげられたこともあった（註11）。ギルドマーチャントの「郷耆」は雑貨行と共同で常任的に一名を出す習慣であったが、多くの場合席を雑貨行に譲っていたようである（第一表及び第二表）。

天津の開港は外蒙貿易を世界市場の一環として再編成することになり、資本主義の景気につれて、集錦社の盛衰が規定される傾向を濃厚にして行った。欧米では十九世紀末まではともかく資本主義が繁栄した時期であるから、外蒙の高級な獣皮類はもとより、それまであまり商品にならなかった獣毛類も海外に輸出できるようになったので、業者の取引高は年額一億両に達し、集錦社の黄金時代を現出した。二十世紀に入ると先ず世界的な不況のあおりを食い、ついで外蒙の独立で大打撃を被った。その後世界大戦による好況とロシヤ革命に基ずく外蒙古の奪回によって有望にみえた時期もあったが、大戦終結とともに、帝国主義の重圧が再び加わったのであって、国外市場においては戦前の主な取引先であったハンブルグがドイツの敗戦で昔日の面影なく、外蒙古はソビエト化して帰化城と離れ、国内市場においては内乱と天災が相ついで中国内地の購買力は低下し、脚下を照顧すれば帰綏および省内の農村経済は全面的に崩壊する気配を示していたので、外蒙業にとっては八方ふさがりの感が深かった。その後一九三三年ごろから世界的恐慌も漸く変則なりに安定し、国民革命の成功と中ソ国交回復などによって立直りの形勢をみせ、一方では蒙商貿易公司の設立による蒙古業経営の近代化が考えられ、他方では輸送手段の改善によって、貨物自動車による新疆甘粛寧夏との取引の開始が準備せられたが、資本主義化への企劃が実らぬうちに第二次恐慌が始まり、次で事変となってしまったのである(註6)。

蒙古への輸出品は綢緞・布疋(以上呉服)・茶・糖・烟(煙草)・雑貨・食糧品・調味料などである。多くは雑貨舗で購い、茶は金竜社所属の茶貨商から求めたが、紅茶緑茶をも含んでいた。買うといっても「賒」の形式をとり、代金は貿易が終ってから支払うのである。後営に向う隊商は十月に、前営に行く者は正月にそれぞれ帰綏を出発し、十カ月内外の旅枕を重ねた後、九月ごろ帰還するのであって、一年一往復であった。内蒙古なら十一月に出発して三月に帰り、四月にまた出て九月に帰ると言う、一年二往復が可能であった。輸送は運輸業者に請負わすのが普通であるが、藩商の中には駱駝を所有する者があって、その場合は回教徒である駱駝の御者(駝夫)を雇入れて、運送も自ら行った。隊商は貿易商人・運輸業者の集団で、一隊で二十頭から五百頭位までの駱駝を動員したわけである。なお内蒙古に行く貿易商人は、一部分牛車を利用しているのであって、この場合にも輸送の一切を車戸に請負わすことが多いが、輸送手段は車店で借用し、労働力は車夫を雇って、自ら運送に当ることもあった。隊商は輸出する商品のほかに、旅行中の生活に必要な食料品や各種の道具を携行するわけであって、その中には野宿に用いる包(フェルト製の組立家屋)や炊事用具も含まれている。貿易先では主要な町に分店を設けており、ここを根拠として一定のコースに従って多くの拠点を巡回するのである。各拠点では包を張って数日間滞在し、店員はそこから各ユルト(蒙古部落)に分れて入ってゆくが、ある範囲の地域の取引が終れば再び集合して次の拠点に移ってゆく。蒙古語はもちろん必要であるが、顔なじみになることが絶対的な條件であり、販路は毎年同一の旗・部落に限定されているのである。部落(ユルト)

は家畜を逐って常に移動しているから、熟知の間柄でなければ、行き合うことさえ不可能である。蒙古人から商品の代金として、家畜獣皮獣毛を受取り、一部分は「賒」として翌年に決済を延すのが例であった。旅蒙商としてはこれによって顧をつなぎ、次年度の取引を豫約したことになるが、蒙古人としてはそのために支払延期の便宜を得ることができた反面、略奪貿易のような不利な取引となる危険性も高かったわけで、蒙古人が商業資本の収奪をうけていたことは否定できない（註12）。隊商が旅を終えて帰綏に帰ってくると、たずさえ帰った商品の中で家畜は「牲畜店」に、獣毛皮は皮毛店に引渡し、その仲買のための大市が立ったのであって、帰化城は沸きたつばかりの盛況を呈した。駱駝は帰綏や山西の駝戸（駱駝飼養人）が、羊は帰綏などの京羊莊（食用の羊の飼育場）と北京・易県などの羊莊（牧畜業者）が、牛馬は帰綏開封の牛莊馬莊が、毛皮と獣毛は天津張家口および帰綏の皮莊が主な買客となり、また天津開港後は洋行（外人店舗）が出張して来て買漁ったのである（註6）。

蒙古貿易業は二重の取引を営んだわけで、購入地と販売地では、価格が常に数十倍の開きを示したとも記されているが（註13）、危険が少くなかったと同時に、利益が大きかったことも疑いない。帰綏識略にも蒙古貿易に従っている間に極貧の者が数年ならずして暴富を得、少年のころは小さい行商人であった者が晩年には大きな店舗の主人に納まり、父は馬や駱駝を追う苦力であったが子の代には貴人になったというように、貨殖列伝中の人物が多かったことを記している。流通過程から利潤を引出す場合に、前期的資本がどんなにもうかるかを示す一例といえる（註14）。帰綏の蕃商としては大盛徳・元盛徳・天義徳が「三大号」として知られていた。資本はいずれも三百余万元に達し、内外蒙古は元より京津張家口包頭などに数十個の分店を開設し、銭莊（旧式銀行）茶莊雑貨舗などをも兼営していたのであって、三大号を先頭とする山西系貿易商（西帮）は久しく蒙古貿易を独占してきた。咸豊以来北京永定門外の貿易商（京帮）が蒙古進出を試みたのであるが、少くとも帰化城を根拠地とする貿易には手も足も出ず、張家口――庫倫の線に進出した者はあったが、西帮の敵ではなかった（註15）。

蒙古貿易業は利潤が大きかっただけに官の収奪もまたはなはだしく、三重の課税を負わされていたのであった。帰綏識略によると（註16）、戸部では乾隆三十三年に帰化城を出入する貨物に対して課税を行い、四方に柵欄（バリケード）を設けて徴税を厳にした。柵欄は帰化城の四周に、市街地からやや距離をとって設けられた。蒙古貿易商の輸出や輸入に対しては、帰化城の北柵において税則に照して課税を行った。一種の内国関税であって、業者にとってみれば軽くない負担であったろう。乾隆四十二年には兵部が命令を発し、烏魯木齊（新疆省）などに出かけていって貿易を行う者は特許商だけに限定したのであって、副都統衙門から照票（営業証）の発給を行い、行先の旗および部落を照票で指定することを命じたのである。この命令は結極棚上げとなって有名無実に終ったが、これは業者が新しい課税を拒否した為であり、同時に兵部の支配権が内蒙古では十分に行われなかったためであろう。そこで嘉慶五年には、理藩院が責任者となって特許商だけに蒙古貿易を許す制度を立てた。理藩院発行の照票は綏遠城将軍の手を経て特許商に発給され、期間を定めて入蒙を許可された商人は旅行中照票を常に携帯し、貿易を終えて帰化城に帰った後、再び将軍を経て院に返還することになったのである。この照票は普通「竜票」とよばれていて、清末でも、実際に規定通りの手続がとられており（註17）、民国初年まで発行は継続されたのであった。綏遠通志にはこのような特許制度は商人を保護し、旅程および取引の安全を助け、貿易の発達を企図したものだと説明している（註6）。しかし竜票が蒙古奥地で商人を保護するだけの力をもっていたとは考えられず、少くとも民国以来の照票が単に徴税を目的としたものであることは、張氏の主張するところである。商人の立場からいえば、できるだけ官憲の干渉や税金からのがれたいのであり、兵部の照票をうやむやの中に葬ったことは商人の勝利であった。しかるに貿易先が開拓しつくされて、各店舗の商圏が内外蒙古全域に覆うという段階になってくると、これ以上新たに蒙古貿易業者が進出することになれば、商人同志の競争激化によって、利潤の低下を来すだろうという心配が高まった。そこで特許制度によって同業者の数を制限し、既成の各店舗の地盤を固定化し特権化することによって、独占利潤を維持しようとする希望が生じてきた。これをプログラムに乗せようとする藩商の利己主義が、内は集錦社の結成となり、外は政権と結托して理藩院による特許制を支持することになったのであって、この希望が結実した嘉慶五年は、ギルドにとって記念すべき年となった。ギルドおよび特許制度は、商業資本の反動性に結びつく可能性が高かったのであるが、それが封建経済の特質でもあるから、竜票制度はその後長く維持された。一方蒙古各旗では、それぞれ独自の立場から、旗内に入って来た藩商に課税を行った。嘉慶年間でも蒙古の参領佐領は勝手に「小票」（私設の照票）を立て、商人にこれを交付する代償として徴発や課税は至らざるなき状態であったという（註8）。これは半ば非合法な課税ともいえるが、各旗においては参領佐領は専制権力をもっていたから勝手なことができたし、商人としても営業および生活上の便宜をえたり、蒙古人との間に代金支払いその他のことで紛争が生じた際、蒙古官僚の助力を得る為の準備として、税金を払うことはさけられないサービスであった。しかしそこには明瞭に限度があり、負担が利潤を上廻ることになれば商人は承知しなかった。道光元年に蒙古王侯のはなはだしい搾取にたえかねた商人は、ボイコットを行って蒙古貿易を全面的に停止するとともに、事情を帰化城道台岳祥に訴えて出た。綏遠城将軍は岳祥の申請によって事実を調査した後蒙古の官員を懲治したので、事件は解決し、商民は道台および将軍の頌徳碑を建てているのである（註18）。この事件を通じて、官・蒙・商の立場をさぐってみると、商は忍びうる限りは忍ぶが、限度を越せば強硬な手段に訴え一絲乱れぬストライキと官憲の力の利用によって、事件を一方的な勝利のもとに解決したのであり、官は封建的商業を維持し、直接的には多額の特許税を失わないために、商人資本の最低線だけは保護したわけであり、蒙古旗長は不当利得を封建経済の限度内で確保したことになるのであって、支配者間の利害関係の衝突は和解し得ることを示した一例である。

集錦社は店舗を構えた藩商だけの団体であるが、その店舗は広大な庭と、十数間におよぶ長大な棟をいくつも並べた家屋と、倉庫建築の様式になっているりっぱな「棧」とからなりたっている。隊商の出発前や帰還直後は、中庭は足をまげてうずくまっている駱駝で埋まり、家屋には人と品物とが溢れんばかりであるが、隊商出発後は人影も少く、大門も閉されたままで、空屋同前になってしまう。店舗の構成は通常の商店と大した相違はない。徒弟制度は今日でも比較的厳重に守られている。徒弟に採用する際の條件としては、十五六歳の青年で経理等と同郷関係があり、仏教徒であり、舗保のあるものとなっている。徒弟は入店した日に、財神と経理に対して叩頭の礼を行う。年期は厳密ではないが、大体三年間が第一期、次の二三年が第二期となる。この間は経理の家族として働くが、経理が死亡した際には弟としての喪に服するという話である。食事は給与されるが衣服は自弁で、若干の小遣銭（現在月十元位）が与えられるに過ぎない。休日は一年を通じて約一ヵ月である。仕事は第一期においては雑用が主であるが、第二期になると「内務」と「外路」に分れ、それぞれ見習として教育される。外路は蒙旗に赴いて蒙古人の言語と習慣を習得する。徒弟管理については各店舗が割合厳重な管理を行っているので、ギルドが直接に徒弟制度について指導する必要はなく、干渉は特に必要ありと認められる場合に限ったという。徒弟が年期の途中で店を辞し或は店の都合で首にすることはともに可能であるが、徒弟満期となった者は必ず該店の夥計に採用しなければならないし、徒弟としても他の店舗に勤める自由はない。またその店で年期を終了した者であることが夥計を採用する場合の絶対的條件であり、他からは雇傭できないのである。これは蒙古貿易の性格に基ずくと思われるが、こうした面から徒弟制が維持できたわけである。夥計も二つに分かれていて、内務は帰綏にあって輸出入に関する一切の処理を使命とし、外路は隊商に加わって蒙古の各部落を歩いたのである。一店舗につとめている夥計の数は普通二十名から五十名位までで、月給は五十元前後に過ぎないが夥計の半ばは身股を与えられていた。身股を与え、又その厘股を増減することは経理の権限に属している。経理は正副の二名からなり、経営全体を掌握していた。ほかに蒙古奥地の各分店にも「分号経理」がいるが、それは店舗全体における立場からいえば、夥計の一種とみなすべきものである。経理の任命は財東が自由にできるのであって、欠員の際は、夥計の中からでなくても、他から輸入することも可能である。経理の身股は財東が決定することになっている。財東が経理を兼ねることもできるがその例は少ない。なお帯財掌櫃は、比較的小資本の店舗に多いわけでもなく、また専東（財東一人の場合）に限られているのでもないのであって、要するに財東なるが故に経理を兼ねたのではなく、当人の個人的な才能が買われて、兼務するようになったに過ぎない。財東は無限責任の出資者であるが、経営内容には積極的に口を出すことなく、抽股や添股を行うにも他の財東はもとより、経理の同意をも必要とした。出資に関する問題はすべて財東と経理が相談の上で決定するのである。一般的な慣習をみると決算は三年一回であったが、近来は一年一回が普通となった。紅利（純益）の配当は身股財股を区別せず、おしなべて股の分釐に応じて分配される。その一部の配当を保留して公積金とする者もあり、また積立を行わぬ店舗もある。公積金は平素は店の運転資本とし、積立てた財東や夥計がその店舗をやめたとき、当人の積立分に正当な利子を附して返還されるのが原則である。身股財股公積金はすべて万金賬に記帳されているといわれている。

冒険的な商人が貿易に出かけるたびに毎回出資者と契約して作った一回限りの企業体が、恒久的な企業組織に発展することによって、以上のような蒙古業の店舗ができたのである。個々の店舗の歴史を遡ると、出資者と冒険的商人の間に結ばれたひと貿易限りの契約が、店舗の成立とともに財東経理間に結ばれる合同に発展した事情が明らかとなる。ギルドの歴史にしても、ギルド成立以前には個人的投機的貿易商が無秩序に乱立していたのであるが、蒙古業の店舗が成立し、それが竜票に結びつくとともに、ギルドの結成となったのである。頂生意的・夥計・徒弟は経理の手足として追加されたもので、経理に対して家族主義的な無償労働力を提供する事を競い、その労働力の蓄積によって店舗の繁栄に貢献した場合に、資本蓄積に対する利益配当権（身股）の所有者にとりたてられることを期待して働いたのであって、家内奴隷的な存在ということができる。しかし、店舗の根底にあるものは封建的商業利潤を獲得するために生まれた前期的資本の形成であって、財東と経理の結合からなる商業資本は、労資の間に封建的な支配と隷属をまじえて成立し、官僚制と結びついて特権的な商業となることによって完成したのである。店舗の組織に奴隷性が色濃く残されていながら、その本質が封建的なものだということは、この点から容易に理解できるのである。

ギルドの基礎となるギルド員については、歴史的記録は何もない。聴取によると、ギルドには灘商の中でも店舗だけが参加し、しかもその全部が加入していたのではないよしである。民国二十四年ごろ、蒙古貿易商九軒のうち公会には七軒だけが参加しており（註19）、不参加は小さい店舗であったという。このほかに回教徒の店舗があってやはり加入していなかった。社会集団としては、同業の結合関係が商業資本をもつ店舗だけの間で成立しており、群小の冒険的商人はすべて同業とは見なされていなかった点が注目される。さらに山西帮であることや、北門外の一廓に店を連らねていたこと等によってギルド結合は幾分強化されていた。これには北京を中心とする京帮との競争によって、ギルドの共同体的性格が実感となっていたことを考慮すべきである。最近、同業公会としては、これ等の制限を廃したので、会員数は冒険的商人を合わせて四十余となり、そのうちで回教徒の経営するものが約四分の一に達し、ギルド的な特質は一応表面から影をひそめたものと見なし得るようになった。

ギルド役員の沿革を辿ってみると、会首は「郷総」と呼ばれ、定員五名で、毎年改選により総員の交代をみている（第十一表）。交代の時期は、帰綏道志によると、十月一日となっているが、これはあてにならない（註20）。輪流は比較的公平に行われた様子で、第十一表の中に郷総として二度現われてくる店は僅かに二軒で、三度以上は絶無であ

第十一表　蒙古貿易業の集錦社の会首

年	職名	商号または経理の名　正会首	商号または経理の名　会首又は十二社郷総				資料
道光 3	郷総	世徳和	恒成玉	天興徳	永興瑞	亨盛公	B 25
4	郷総	天順泰	永昌魁	天義長	九如辰	義興魁	B 67
6	郷総	泉興栄	興隆永	復源景	亨通益	四合義	B 68
10	十二社郷総		義和成	天春永	四合源	天興昌	M 6
11	十二社郷総		永和号	興合盛	復泰寧	三合源	M 6
27	郷総	万興昌	田酒舗	義合和	恒義永	天成興	B 33
28	郷総	大盛魁	天徳成	元興永	天義徳	聚美成	B 34
28	（十二社）		天成泰	万順合	合興力	雙義永	K 1
咸豊 3	（十二社）		大盛公	天福奎	復盛号	三永昌	J 1
光緒 1	郷総	大義永	恒盛義	長盛和	雙興公	復和隆	B 74
6	（十二社）		徳和栄	六義徳	復成公	義和盛	J 2
8	郷総	恒盛義（陳建斌）	四合興（王子寛）	永源長（王応翰）	天福隆（張士泰）	源恒昌（姚忠義）	B 46

附記　道光三年度の永興瑞・亨盛公は醇厚社郷総か集錦社郷総か、区別が明らかでない。

る。もっとも舗商は盛衰が激しく、生命が短いという点も考慮せねばならないのであるが、三大号でさえ第十一表には、天盛魁大義徳の両店が道光二十八年に十五社郷総として記録されているだけで、集錦社郷総としては三店とも一度も現われてこないほどであるから、老舗或は有力な店舗が特別な地位をもっていたとは考えられない。元来同業の中でも大資本を擁し信用のおける者だけがギルド員となっていて、その結合関係も簡明であるから、全員の公平な輪流以外に、会首の選挙法は考えられない。もちろん公平は必ずしも機械的平等を意味するのではなく、張氏によればその半数は大経営で占める習慣であったという。この習慣がいつごろからどの程度行われたかについては第十一表によって確めることはできないが、張氏の言のとおりであったか否かは別として、「公平」な輪流とは、ギルドの実際の状態に則応した輪流であったことは疑いない。次に会首の中における役付を第十一表によってみてゆくと、五郷総のうちの一軒だけが正郷総として郷総の筆頭におかれている。正郷総となった者で、その店舗名の明らかなものが七つあり、そのうちの万興昌大盛魁大義永はいずれも郷耆になったことのある巨商であるから、正郷総には傑出した店舗が推される傾向があったと考えてよい。ただし正郷総選挙法は当年の郷総の中から適当な者が互選されたのであろうと思われ、特定の店舗が独占的ないしは特権的にその地位を占めていたという徴候は認められない。正郷総という名称も記録に明示されているのではなく、郷総の名がしるされるとき、常に一軒だけを敬重して、或は中央に、あるいは別枠に、或は大文字で示しているところから、これを他の郷総と区別して考えねばならないと判断したにすぎない。正郷総および郷総は社を代表して責任ある地位に立ち、会務を処理していたのであるが、その権利義務に関する明確な記録は残っていない。

ギルドの役員ではないが、ここで集錦社から選出したギルドマーチャントの役員について附記しておくのが便利である。集錦社選出の十二社郷総は定員四名で、選挙法は集錦社の郷総に準じて考えられる。ただし、両種の郷総が互に独立して無関係に選ばれたのか、或は毎年両者を別々に出し、従って合計九人のギルドおよびギルドマーチャントの役員をあげたのか、或は一部または全部が兼務していたのか、これ等の問題に関しては一切不明である。郷耆が十二社郷総以外から選ばれ両者の兼任がさけられていたことは、道光十年十一年咸豊三年光緒六年など集錦社から郷耆を出している年度において、それが該年度の十二社郷総以外の者から選ばれていることによって推定できる。郷耆とギルド会首の兼務はさしつかえなく、光緒元年には社の正郷総である大義永が、同時に郷耆に就任している。以上の例だけから、郷耆は正郷総が兼ねたと速断することは勿論慎しまねばならないが、両者はともに人材を必要とし、それを数軒という限定された範囲から選ぶのであるから、兼務が不自然でなかったことは間違いない。

張氏は社の事業として、同業者の個別的または全体的な利益を代表して、官庁や他の諸団体などと交渉すること、店舗相互間の紛争および店舗内の腐敗に対して、責任をもって解決すること（腐敗の際は徒弟の教育も管理する）、宗教的行事を催すこと、などをあげている。このうち第一第二については史料をもって論証することができないけれども、竜票・小票の件などによって想像できないことではない。ギルドが慈善事業や公共事業を営んだ事については記録が少くない。ギルドの宗教的行事は、小東街関帝廟内にある馬王廟で行われている。大祭は九月十一日を中日とする三日間で、犠牲をささげ香をたいて叩頭し、演劇も奉納され、盛儀をきわめたという。現在も廟内には集錦社から持込まれた祭祀用具が数多く保管されており、そのうち作製年代の明らかなものをひろって見ると、道光六年および光緒元年の「廻避」（B68 B74）、道光十六年の磬（B69）、咸豊十一年の祭壇（B73）などである。ギルドの祭典は道光三年にはすでに行われており、その主旨については敬神を基礎とし、報恩のために諸行事を行うと記している（B24）。九月は隊商の帰還する時期であり、長い旅行の平安を感謝するという気持から催されたものに違いない。今日馬王廟はギルドの倉庫として用いられ、家具や材木が山と積上げられて、神像などはうちすてられた形であるが、これによって宗教的情感を疑うことは、中国人の神経を解しない者である。馬王殿に対しては、道光三年に醇厚社と共同で修築に当っており（B24）、旅行の安全を祈る気持は、探険に近い危険をおかして行われる長途の旅であるだけに、切々たるものがあったようである。集錦社の祭祀としては、馬王の祭のほかに、帰綏識略などには（註21）三月十三日――五日、および七月二十六――八日に賽公祠で賽社を催したと記している。特許商の性質上、善政を行った官吏を祭っている賽公祠で祭典を行うことは、現任の官吏と接觸をもつ上に便利であり、ことに彼等の恩人と考えられている前記の岳祥が賽公祠に合祀されていることを考えるならば（註15）、ギルドと廟とを結びつけることに無理は感じられない。慈善事業に関する記録は、その数において乏しくないけれども、西茶坊関帝廟に対してやや重要な寄附を行っているのを除けば（Q3　Q5　Q6）、財神廟（G34　G41　G45　G48　G53）玉皇閣（C9　C57）城隍廟（H1　H2）南茶坊瘟神祠（後述）呂祖廟（S3）十王廟内火神廟（P18）観音寺（X1）玄天観（H1）新城城隍廟（U1）新城関帝廟（V1）西竜王廟村竜王廟（Y1）など各時代にわたり城の内外において修築などを助けているとはいえ、その金額は軽少でおつきあいの観があり、またその責任者となり主導権を把っている場合も見当らない。公共事業においては、疫病退散の祈禱を行っている位のものであるが、これには旅行中の健康を案ずる気持も手伝い、かなり熱意を帯びて行われた。祈禱は疫病の防止を目的としていた宗教団体「平安社」の事業を援助するという形で行われ、祈願祭としては道光七年に行ったのを最初の記録とするが（E23）、その本尊のある南茶坊瘟神祠のためには、嘉慶以来寺廟の修築等を終始助けていて（E48　E26　E29　E33）、関心が深かったことを示している。

聴取によればギルドには財産はなく、経費はギルド員の各店舗から営業の大小に準じて按分比例的に割あてて徴集するのであった。成文のギルド規約はなかった由である。廟の重修などに際し、ギルドが糾首の一人として一般の個人や店舗と同格で肩をならべて事業に当っており（Q5）、ギルド自らが行為の主体となりうることを示しているが、その団体性については究明し難い。

註

1 厚和市商務会沿革輯覧頁四に外蒙業とす。

2 帰綏県志巻十八。

3 いずれも寄附者の名前と寄附金額を示す碑文であるが、H1およびU1には店行社のほかに聚錦社をあげ、E26には二様の聚錦社について記録しており、その寄附金額にも差異がある。これ等は集錦社を聚錦社として示した例といえる。

4 范長江氏「中国的西北角」「塞上行」参照。とくに掛売を悪用して暴利をむさぼっていることが蒙古民族の反感をあおっているという。

5 帰綏識略巻十七市集。帰綏道志巻廿二風土銭法も同文。また綏遠通志五二経政九、金融。

6 綏遠通志一〇七　食貨一　商業序。

7 綏遠通志一〇七　食貨一　商業一　各県商業概況　帰綏県に、本文には通事業、跋文には蒙古業とみゆ。

8 帰綏県志　産業志　商工業。

9 奉使俄羅斯日記、康熙二十七年五月十八日および十九日の條。なお范氏も貿易商の蒙古進出は康熙年間に始まったと記している（池田孝訳「塞外行」頁三四）。

10 帰綏識略巻十九市集。

11 帰綏道志巻廿二風土　帰化城十五社。

12 たとえば范長江氏は漢人であるが次のように記している（前掲書頁三五）。
「（蒙古人が）掛買いした貨物は分量が足りないばかりか、品質も劣悪で、価格からいってもおそろしく暴利である……漢商が蒙古人から毛皮を受け取るときには安く値切り倒して、ほんの少しのものしか与えず、蒙古人に無名の損失を負わしめている」と。

13 厚和市商務会沿革輯覧頁廿五。

14 帰綏識略巻十七　市集。

15 綏遠通志一〇七、食貨一、商業序。
なお范長江氏も西幇と京幇について述べている。前掲頁三四。

16 帰綏識略巻三十六税課、烟油酒雑貨税。

17 帰綏識略巻十七市集、帰化城商人須用照票。また帰綏道志巻廿二風土には、帰綏識略によるといってはいないが、その最初の部分を省略したほかは丸写しであり、綏遠通志一〇七商業序にも典拠を示していないが、大体識略によって叙述していることは明らかである。

18 帰綏識略巻廿六官蹟　岳祥。

19 綏遠通志一〇七各県商業概況帰綏県によると、省会営業税処の調査による藩商は九軒であり、一方商務会調査では十七軒となっている。ところでこの商務会調査には疑問がある。元来商務会は公会参加の店舗だけをあげ、税庁は商務会不参加の店をも含めた数字であって、商務会調査の方が少数となることは、右の跋の中にも記されているし、事実他の各業では税務署調査の同業者数が大となっている。従って蒙古貿易業の場合の十七軒の十は衍字だと考えられる。本節では商務会参加者は七軒として取扱った。

20 帰綏道志巻廿二風土　帰化城十五社総領毎年交換日期。

21 帰綏識略巻十八賽社三月および七月の條。帰綏道志巻廿二風土賽社も同文。

第二節　西北貿易業と新疆社・回教徒の駝業と清真社

貿易に直接従う専門業者は、「貨商」すなわち商品の輸出入を自己の計算と負担において行う者と、「運商」すなわち該商品の輸送を請負う運輸業者とに大別されている。また西北貿易と通称されている、中国の西北角すなわち新疆甘粛寧夏三省と中国内地との間の貿易業には、回教徒のギルドで運商貨商を包括している清真社と、漢民族の貨商が組織している新疆社とがこれに関係しているのであって、民族問題がからんでいるわけである。清真社の沿革は調査していないが、彼らの帰依していた清真寺には康熙三十三年の碑が立てられているから(註1)、康熙帝の準噶爾遠征の成功と、帰化城の繁栄に伴い、費揚古などの治績のもとに対新疆交通が確立したとみて、大した誤りはないであろう。この清真寺は今日も西北貿易に従事している回教徒の生活の中心となっている(註2)。新疆社については帰綏識略などに記述があって、蒙古貿易の「走口外」と相対する、「走西営」すなわち西北貿易のギルドであることが註されている。清真社はもとより新疆社も帰化城外小社行の一であって、大行には参加していない(註3)。光緒十七年の呂祖廟増修碑に「新疆平安社」が八両の寄附を行ったと記しているが(S4)、これは平安を祈り災をさけるため宗教的行事を催す団体であることを示しただけの事で、新疆社の別名と解して差支えないように思われる。事変後、特殊貿易の関係から通商公会駝務部に編入されたが、新疆社に属していた貨商は二三軒を残すだけで、実際は消滅に近い状態におかれている。

西北に赴く貨商は「西荘」といわれているのであるが(註4)、西北営すなわち天山北路と取引する「走西営」の主体であり、特に天山北路の古城子(奇台県)紅廟子および迪化などが出先における主な足だまりであった(註5)。最初は彼の地における金銀珠玉その他の珍品をもち帰って北京などに売るのが第一の目的であったが、開港後は獣皮獣毛類を天津経由で世界市場に登場さすことに、努力を傾けていた。見返り品として帰綏から積み出すものは磚茶・綢緞・洋布・煙草・磁器・砂糖・化粧品・諸雑貨で、その多くは雑貨舗から「賒」の形で融通してもらい、代金は貿易を終えて帰還したときに支払うのであった。なお現銀を相当もち出している。輸入品は右の獣毛皮のほかに砂金・宝石類鹿茸・葡萄・杏瓜・乾瓜などの珍品および各種の家畜となっている。隊商帰還後にもち帰った商品の「市」が立つが、特に有名なのは鹿茸の市であって、一ヵ月にわたり全国の茸客を集めて二十万両におよぶ取引が行われた。また皮毛店の仲買によって天津・祈州等へさばかれていく毛皮類や、家畜仲買店を介して山西河北河南山東の各省に送られる家畜が多く、宝石などのぜい沢品も地元の卸業者の手に帰したのち、やがて京津に転売されるものが大半を占めていた。従って帰綏の市における取引は通過貿易となるわけであるが、西荘としては地域による物価の差を利用して、輸出入の二重取引により、流通過程から莫大な利潤を引出すことができたのである(註6)。

西荘の営業費の中の大部分を占めたものは、七千余里を隔てた両地間の輸送に要する諸経費である。一九三三年に綏新汽車公司が成立し、自動車による貿易を開始しようとしたが、回教徒の乱などがあって成功をみるに到らなかった(註7)。従って今日までのところでは、砂漠の船といわれている駱駝がほとんど唯一の輸送手段であった。道路といえるほどの道もないところを、険阻な地形や砂漠を通り、人烟もまれで水草さえ欠乏しがちな環境に耐え、その他種々の悪條件を克服しつつ貨物を輸送するためには、駝運のほかに方法はなかったのである。この輸送に任じたものが運商であるが、駱駝による運商は普通は「駝戸」と呼ばれ、五六十頭から五六百頭におよぶ駱駝を所有しており、そのすべてが回教徒であった。駱駝は一頭で三百六十斤の荷物を運搬する能力をもっている。駝戸は貨商の要請によって、商品を指定された地点まで輸送することを請負うわけであり、輸送條件がまとまると貨商との間に合同(契約書)を作製する。輸送料の大半は契約の成立と同時に受取り、残額は目的地に到着後支払われる習慣であった。実際の輸送には、駝夫(拉駱駝的)が駱駝をひいて行くわけであるが、輸送中の駝夫の給料はもとより、駱駝の食料まですべて駝戸の負担であった。駝夫も回民であるが、単なる賃金労働者として駝戸に雇傭されている「苦力」なのである。駝戸には貨商を兼ねる者もあった。曹大徳堂は貨商を兼ねた駝戸であって、千頭以上の駱駝を養い、古城子などに分号(分荘)をおいて、他の駝戸を雇って輸送させたり、他の貨商の為に商品輸送を請負ったりしながら、貿易を行っていた(註7)。貨商とまではいかないが、多少の商品をもってゆく程度であれば、大半の駝戸がやっていたのである。

駝運の際には駝夫一人が駱駝十九頭を曳いて歩くならわしで、これを一練といい、十練を一房とし、一房をもって最小の輸送単位とする。大きな貨商は一つの隊商に数房を動員するが、小さい業者は数商で一房を編成することになる。早春に帰綏を出発し、最初は北行して武川に至り、ここから内蒙古を進む中路、または外蒙古を行く北路によって、蒙古高原を西進するのである。百靈廟附近までは農耕地もあるが、それだけに治安も悪いので、隊商は自ら武器を備え武装して盗賊を警戒しつつ進んで行く。民国以来はギルドマーチャントの保商団の兵士が一房に四名ないし八名配属され、百靈廟までの区間の保護に当った。新疆からの帰途にもシラムレンスームにある保商団の分遣隊の兵士が、百靈廟から帰綏まで送り届けてくれる手はずになっていた。そのかわり駝戸は保商団の経費を分担する意味で、駱駝一頭につき年額八両を商会に納めていた。百靈廟以西は草原または砂漠が多く、治安は比較的良好であったが、そのかわり自然的條件は苛烈で宿も食も水もなく、オアシスをたよりに苦しい旅を続けたのである。目的地の新疆省に入るのは大体夏で、取引を終えかつ休養をとった後、帰途につくのであるが、帰綏に帰るのは正月を越えることが多く、一往復にはほとんど満一年を要したわけである（註7）。

西莊のうち、合股制をとるものは皆無で、全部個人経営に属する。大きなものは屋号を有し、従来は約二割、今日でも五％位が屋号を称しているが、屋号を称するものも個人経営である点に変りはない。駝戸も同様で、回民の西莊には駝戸の兼業が多く、中には貨商に転業したものもあった程である。個人経営の場合は財東も経理もなく、自己資本によって設立されたのであり、また徒弟制・夥計制などもなく、経営者とその家族の労働力を主体とする形にならざるを得ない。使用人はもちろんいたわけで、そのうちには親族知友を雇い入れた場合も多いが、要するに単なる雇傭者に過ぎないのであって、合夥制店舗のような身股はなく、身分的な隷属もない。駝夫はいわば自由労働者で、隊商参加の都度駝戸と契約を結んで雇傭されるのである。隷属関係ではないけれども、長途の旅において苦楽をともにするために、事実において、駝戸との間に「仲間的」関係が生まれていた。

清真社と新疆社の対立は、宗教的な区別や回民漢民の相違も大切ではあるが、営業上における利害関係が最も重要な点だと思われる。元來、漢回の別といっても民族的な差異は必ずしも明瞭ではなく、宗教々団を基礎とした風俗習慣などの相違が主な内容となっていた。營業内容からいえば、西莊業である貨商が新疆社を組織して、運送料の引下げを計ったのに対し、輸送業者である駝戸は清真社によってこれに対抗する形になったわけである。もっとも回教徒の貨商が清真社に同調したことは、回教々団の結合力もさることながら、回民の貨商には駝戸の出身が多く、駝戸を兼ねているものも多いので運賃収入に依存する程度がかなり高かったし、純貨商でも長途の旅行を行う通過地点が回教圏であるために、駝戸と組んで營業費の節約を計る必要があったのである。ギルドの同業性を問題にするならば西莊とその雇傭員、駝戸と駝夫の利害は必ずしも一致せず、その各々が二つのギルドに分属する可能性もあったが、營業の関係から苦しい旅を長期間つづける間に生じた「仲間性」のゆえに、上下の対立があいまいになったことと、雇傭員や駝夫が徒弟・職人制度をもたず、従ってジャーニーマンギルドを作る程の階級的な自覚がなく、横の団結がなかったことが原因となって、階層的なギルドの分化には至らなかったのである。ギルドの地域性を論ずるならば、そこが新疆省に向う公路の起点に当るので業者が全部旧城北門外に集中していることは一つの特色である。それも意識的に集中区を作ったわけではないし、ことに対立した二つのギルドが同じ地域的限界内に家をもっているのだからそれ自体として意味はないが、そうした集中区が現実に存在しているために、ギルドの結合を助けた点は見落してはならない。このほか同郷性に関連していえば、新疆社同人はもともと山西帮でありながら、ある意味では新疆省人と認められ、そのギルドは新疆省の同郷団体だと自称しているのである。それも元來は帰綏から新疆に移住した者が多く、帰綏では新疆の客商であり、新疆では帰綏の客商とみなされ、二重の郷里をもっていたわけである。清真社の同人は河北省出身者を中心とした華北帮であり、同時に新疆省にも根拠地をもち、ある程度帰綏帮だともいいうるわけで、この方は三重籍になっている(註8)。一年の大半を旅枕にすごす彼等にとっては、厳密な意味での本籍はないといってよい。いずれにしても新疆・清真の両社は、互に刺戟し合うことによって発達したわけであり、旅する業者なるがゆえに、風俗習慣を等しくする者だけで共同生活を営む所から、自然発生的に社会集団が生れることになったのであるが、ギルド的な自覚という点になれば、運送料のかけひきが最大の関心となったのは当然である。それだけにギルド内における統一はともに固く、それぞれ社会紐帯の累積に支えられながら、すっきりした結合関係を形成していた。個人企業であるため、商業資本の内部的な利害の矛盾が、表面的には両ギルドの角逐として火花を散らすことはなかった。清真社の場合は同業者の全体がギルドに参加しており、ギルド員全体の中から、役員として社長一名を推すだけであるというが、組織の単純なことは、以上の点からも当然のこととして理解できるであろう。

清真社の事業としては、官商連絡が表看板で、官による駱駝の徴発や納税などを適当にさばき、また同業の利益について官憲に交渉する必要があれば、何くれとなく労をいとわなかった由である。大行や商会との連絡もこれに準じた問題であり、商団兵士の附添に関するくさぐさを解決したことなどはその適例である。同業の間でおきた問題や店舗の内部の紛争にもギルドが調停に乗出したというが、その具体的実例を聞き出すことはできなかった。慈善としては駱駝一頭ごとにかつては二元、今日では四円の「捻帖」niyet（ペルシャ語で喜捨の意）を清真寺に納めて寺の費用にあて、その一部が回民困窮者の救済に充当されている（註9）。宗教行事の上では日々の生活も年中行事も清真寺で行っているために、ギルドとしての特別な事業は行っていない。

註1　岩村忍氏「中国回教社会の構造」（上）、（社会構成史体系、第五回）、頁六九―七〇所収。もっとも岩村氏はこの碑については疑いをもち、清真寺の郷老・宗務者からの聴取によって雍正元年とされている。わたくしは聴取の紀年についてはあまり信用しない立場をとっているので、碑文の紀年によることとした。

2　岩村氏前掲（下）（第六回）頁五〇によると、今日この清真寺の郷老十二人のうち、駝業は九人で、駝業以外に牙紀・小販・皮販業各一が含まれている。なお岩村氏は清真社について論及されておらず、かえって回教社会には職業的偏向はあっても職業的結合は存在しないと主張される（頁二二一五）。回教社会に非職業的結合があったことは自明のことであるが、それと平行して職業的結合の存在したことを否認すべき理由は見当らない。本書に先だって公にされている仁井田陞氏「北京回教徒商工人と其の仲間的結合」（回教圏八巻六号）について、岩村氏は触れていないが、こうしたギルド的結合は綏遠でも数多く見出される。

3　帰綏道志巻廿二風土　帰化城外小社行。

4　綏遠通志一〇八商業一、序。帰綏県志巻十七。

5　帰綏道志巻廿二風土、銭法。また綏遠通志一〇八商業　序。

6　貨商については帰綏識略巻十七市集、商往西路各処（帰綏道志巻廿二風土は右と同文）および綏遠通志商業序、曹氏の教示などによる。なお岩村氏は「帰綏を基地とする西北貿易が回民の独占となっている」（前掲・上・頁五二一三）とされているが、西荘の一半が漢人経営に属していたことは否定しえない。

7　曹氏の応答のほか、綏遠通志商業序、厚和市商務会沿革輯覧、頁二五。

8　岩村氏によると、帰化城清真寺郷老のうち華北出身者は十人で、陝西と山西（右玉）が各一名含まれている（前掲・下・頁五〇）。また曹家が新疆省内古城子に財産をもっていることも指摘されているが（前掲・上・頁五三）、その家族の一半は彼地に居住しているのであり、またそれは曹家だけに限った現象ではない。

9　仁井田陞氏前掲論文（「中国の社会とギルド」所収）、および岩村氏前掲・下・頁二八、二九参照。

第三節　車馬賃貸業と車店社

車店は車馬客店（註1）ともいわれ、轎車（かごの一種で、人をのせ、四人ないし十二人でかついでゆく）大車（大八車類似のもの）および輓馬を貸与して、その貸賃を取る貸車馬業である。轎車はかつては帰綏市内だけで八百輛に達し、市民の足であったが、汽車自動車人力車の普及につれて驅逐され、いまでは実用に供せられているものはない。大車は牛または馬にひかせる大八車の類であって、物および人の輸送には重要な役目を果し、城内外はもとより綏遠盆地・内蒙古高原や北京寧夏山西等との交通運輸にも用いられ、汽車貨物自動車との競争にも耐えて、現在なお農産物の集荷や蒙古・西北（綏新南路による）貿易などに利用されている。車店はこれらを所有するほか、顧客のために宿泊施設を備えているのである（註1）。

車店のギルドは「車店行」ともいわれていたが（P12）、通称は「車店社」で道光八年を最初の記録とし（C9）、道光（X1）咸豊（C52 Q6）同治（C57 C69）光緒（C74）を経て民国十七年（C91）に至るまでこの名称が用いられている。その後民国二十四年には車店業公会（C94）として現われて来るのであるが、事変後は運輸公会と改めた（註2）。

ギルドの組織は明瞭でない。唯ギルド員には車店が経営単位で加入していたことは間違いない。一九三五年といえば同業の少くなったときであるが、なお十一軒を数えている（註1）。役員についても資料がない。道光八年に二つの店舗が「経理人」の名で現われているが（C9）、それもギルドの会首であったのか、それとも事業を行う為に設けられた臨時の世話人であったのか、明らかでない。同業としての利害関係が単純であるほか、黄帝の信仰に連なり、旧城内だけの団体である等、社会紐帯が重複し、会員数も少ない点から考えると、組織も簡単で制度といえる程のものはなかったろうと想像される。

帰綏識略等によると（註3）、車店行社は四月三・四・五の三日間、玉皇閣において賽社を行ったという。現在玉皇閣内三皇殿についてみると、車店及び車店社の匾額が、総て軒轅聖祖（黄帝）の神位の前にささげられているのを見出すことができる。三皇殿には天皇地皇人皇の神位があり、三皇殿の名称もここから出たのであるが、別に軒轅・梅仙・葛仙も祭っている。天地人の三皇が、後にギルドの経済力によって黄帝などの三皇を中心とするようにおきかえられたのだと察せられる。軒轅はもともと車という意味で、黄帝が軒轅丘にいたところから、黄帝の氏となった。ギルドはこの二つを兼ねた意味で黄帝を守護神にかつぎ出したのであろう。三皇殿との関係から玉皇閣のために道光以来しばしば寄附を行っているが（C9　C57　C69　C74　C91　C94）、その多くは事業の主催者としての責任を負い、自分で出す寄附金も多く、熱意があったことは察知できる。このほか慈善事業としては、観音寺（X1）十王廟（P12）西茶坊関帝廟（Q6）などに小額の寄附を行っている。

註
1　綏遠通志一〇八商業一、各県商業概況　帰化城、車馬騾駝店業。
2　運輸公会の称は厚和市商務会沿革輯覧、頁六に見える。
3　帰綏識略巻十八賽社。また帰綏道志巻廿二風土賽社も同文。

第四節　運送業と馬王社

車戸（F34　F36）のギルドは嘉慶年間にはすでに組織されていたのであるが（F20）、記録的にいえば「馬王社」の名称は道光二年に初めて現れてくるのである（F22）。一時衰退していた時期もあるが同治十二年に再組織され（F11）、光緒宣統の間には、はなばなしい足跡を残した。民国以来は不振となり、一九一八年（L4）を最後としてそれ以後には記録を留めていない。しかし大体事変ごろまでは存続していたよしであり、雲助的なあらあらしい気象によって、その同業者は最後まで強く団結していたといわれている。

車戸を日本語に訳せば馬車曳きであり、馬車または牛車を輸送手段に役立てて運送業に従う者である。その輸送手段である車や馬等を自分で所有している者も多いが、車店から賃借して営業に当った者も少くない。車店とはその賃借料をめぐって対立する面もあるが、車戸が余剰の車馬を賃貸する場合もあり、また車店は車戸以外の顧客（商人・

貿易業者など）に賃貸する度合が高く、車戸は車店以外（仲買店や農家など）から車馬を借りる便宜もあったので、その間に微妙なかけひきが行われていたわけである。車戸は単に帰化城内外や近郊農村などの範囲で、近距離運輸に従ったばかりでなく、西北地方・内外蒙古・中国内地等との間を往来して、人と物を運ぶ上での手足ともなったのである。同治以後車戸が全盛期を現出し得たのは、西北貿易の繁栄につながったからで、車戸は河口鎮と帰綏の間の運送を担当したのであるが、黄河上流の水運と中国内地とを結合する公路としてこの区間は重要な意味をもっていた。その上に、帰化城と可々以力更（いまの武川）或は包頭との間の公路でも、車戸はほとんどすべての運送を引受けていたから、わが世の春をうたうことができた。民国以後は貿易自体が不振になった上、鉄道とトラックによって貿易品の運送が行われるようになり、天災人禍によって農村物資の需給も激減したので、車戸は大いに衰え、僅かに近距離輸送で余命をつなぐだけとなった。事変後日本製の三輪自転車によって市内の交通網も奪われ、最後のとどめを刺されたわけである。

馬王社の構成要素としてみのがせないものに「蒙古駅站」がある。この蒙古駅站というのは、官制からいえば中国内地から外蒙古までをつらねる官憲専用の運輸組織であり、その設置は綏遠通志によれば康熙三十一年となっている（註1）。しかし実際はそれ以前から存在した運輸網を、この年に制度化或は組織化したに過ぎないことは明らかであって、康熙二十二年に理藩院は土黙特旗長に対し、帰化城駅站の実状調査を命じているが、その文書には帰化城駅站は康熙十九年には設置をみたはずであると記しているのである（註2）。帰化城駅站は制度的には理藩院所属の殺虎口駅伝衙門に属するもので、章京・昆都（副章京）・毘斉克齊（筆帖式＝書記）保什戸（掛長）各一名と站丁五十名が配属される規定になっている。站丁は蒙古各旗から選抜されたもので、章京昆都は站丁の合議によって決定され、それとともに駅站全体に蘇木制が布かれた筈で、章京と站丁との間に身分的な主従関係が設定された訳である。站丁以上にはいずれも「駅伝管租地」が分給され、その土地から上る地代で自活しながら、官文書の送逓と官吏の旅行・宿泊に奉仕することが彼等の義務となっていたのである（註3）。実状はともかく、制度的には以上の組織は「駅站」成立以来の一貫した体制であって、駅馬車を備えていたのは康熙以来のことであり（註4）、同治年間にも「管理土默特帰化城駅站」として章京と昆都が一人づつ任命されている（F11）。ただ山西通志によると、帰化城駅站は騾馬十頭と馬夫五名からなっていたというのであるが、論拠も不詳で事実とは考えられない（註5）。「駅伝管租地」は最初から農耕化されていたと思われるが、站丁は管租すなわちその封建的地代の徴集だけでは生活を支えることができず、職業として、商業的馬車曳業に従事していたのである。馬車曳きとしての面では普通の車戸と相違する点はなく、同治年間の馬王社再編の際も、駅站は他の車戸と共同して馬王社規約を作っているし、駅站の長が馬王社の総管に任じている（F11）。また清末に馬王会の会首の筆頭に立った者が、やはり駅站であった（F36）。官憲の機関として、特別な権利義務を負っていた点からいえば、駅站は単なる車戸とは異なるけれども、実際の職業内容や生活状態には大差がなかったのであり、蒙古人の運送業者に駅站という官制上の帽子をかぶせただけで、車戸の本質に差異はなかった。駅站が民間の車戸とともに単一のギルドを組織していたことは、官制の実態を知るためにも極めて興味ある事実だというべきである。

馬王社は車戸の団体である。従って車店はもちろんのこと人力車曳きなどもギルド員たる資格に欠けるわけである。新城（綏遠城）をも含めた帰綏全体の同業者が加入するたてまえを明確にしていることも特徴的であって、これは移動的な職業であり、また新城の満洲貴族を顧客として重んずる立場からきている。その代り城外の車戸がギルドに入ることは厳に戒めていたのであって、薩拉齊の車戸が帰綏で営業した時もこれに対して排斥を加え、訴訟までやって営業権を守った歴史をもっている（F30）。「城内同業」の線を固くとっているのは、営業の独占をねらってのことであるが、その他の社会紐帯は全く歯牙にかけていなかったようである。たとえば民族の異同を問わないので、馬王社には漢人・蒙古人・満洲人・トルコ人などの諸民族が含まれており、それにつれて仏教回教ラマ教などの宗教の異同を越えた団結を示している。社会紐帯の面からギルドの結合力を眺める態度としては、抽象的に紐帯の重複・累積を問題にすべきではなく、個々の紐帯が社会集団の基盤としてどのくらい役立ったかという、質的な内面的連関性が大切である。車店社としての強みも弱みも、営業上における独占権にかかっていることに留意すべきである。

ギルド員は車戸からなり、従って個人が単位で、衆（F20）・衆人・社人（F30）などという文字であらわされている。社人は職場と宗教の関係で六個のギルド分会に分属しているが、そのうちの「牛橋車市」の分会は道光七年には五十名の車戸を擁し、馬王会の「総局」たる地位を占めていたのであって（F23）、民国初年には東北馬王会と名乗ることになった（L4）。小召前車戸は咸豊元年には三十六戸からなり、馬王社に参加して団体的行動をとっているが（F34）、これは民国初年の東南馬王会に相当する（L4）。牛橋北車市は同治七年に二十名の同人をもち（F26）、民国初年には西北馬王会と称していた（L4）。西南馬王会（L4）は南柴火市をたまり場として、顧客が車を拾うのを待機していた。以上は旧城の四拠点につどうものであるが、このほかに綏遠城には綏遠馬王会があって、新城を主な職場としており（L4）、回民馬王会は新旧城の回民が参加して組織したギルド分会であった。六分会はそれぞれ単独で廟に寄附を行う等、行為の主体となっており（F23 F24 F26）、部分ギルドとしての組織をもっていた。馬王社は地域的には新旧城にまたがり、民族的には漢回蒙を含み、宗教的にも多様性を帯びていたにもかかわらず、分会ごとに半独立的なまとまりを保っていたので、異分子が特異性を生かしながら全体としての統一を作ることに成功したわけである。同時に各分会はそれぞれの車市を育成し、マーケットを充実することによって全体として車馬の雇用量をふやし、同業内の競争を緩和する上に効果があったと思われる。また駅站が一分会をなさず、各分会に分属したことは、回民の場合と比べて興味ある事実である。ギルド員は全体で二百前後と推定されるが、「衆議協力」（F20）「衆人公通議論」（F33）とあるように、馬王社において、形式的には相当発言権をもっている。社規が闔社人の同心協力によって制定されたのはもとよりのこと（F11）、宣統二年には会首の不当なやり方に反対して官の法庭にまで紛争をもち込み、勝利をえているほどである（F36）。

それにしても会の日常の用務を司り、社を代表して内外との交渉に任ずる者は会首であった（F33）。会首（F36）値年会首（F9 F33）値年糾首（F9）輪充糾首（F26）などは同意語として用いられているのであるが、値年・輪充の名が示すように一年交代（値年）でかわるがわる（輪充）役員の地位についたのである。会首はそれぞれの分会からあげられており、たとえば道光七年に東北馬王会は四名（F23）、咸豊元年に東南馬王会は三名の会首を出しているというふうである（F34）。分会別に、或は全体として、会首数が固定していたのではなく、年によって相当増減があった。すなわち総数では同治十二年に二十二名（F11）光緒十七年に二十名（F9）宣統二年に二十二名（F36）一九一八年に五十一名（L4）となっており、各馬王会ではたとえば一九一八年に東北馬王会では六名、東南馬王会では九名で、前年に比し二名ないし六名の増加となっている（L4）。分会々首の全体が馬王社会首になるという方法は、ギルド組織を単純化するものであるが、分会別に分派や分裂を生じなかったことは組織に無理がなかったことを示すものである。

中国のギルドは、その事業内容として、同業利益の擁護をあからさまにうたうことを避ける気持が強い。しかしどんなに宗教事業などを強調しているギルドであっても、集団的利己主義の実現と無縁であることができないのは明瞭である。馬王社の場合でも公然と同業利益の擁護を看板にかかげているわけではない。しかし営業の独占が第一のねらいであることは、ギルドの組織の面からも想定しうるところであり、たまたま一つの事件が起ったために馬王社の場合はこれが明るみに出てしまった。それというのが車戸は営業地域が広範囲にわたるので、附近の農民や外来の車戸が帰綏に乗込んで来て営業する場合、これをいかに処置するかがギルドにとってごまかし得ない問題であった。馬王社としては集団の力によって「馬王社の指示に服するのでなければ外来車戸の営業を認めない」方針をとろうとしており、それはいわず語らずのうちに社規として行われてきた。たまたま清末に到って会首の一人王玉桂が外来車戸に買収され、その地位を乱用して外来車戸の営業を認めようとしたので、宣統二年に衆人が立上って社規擁護運動を起し、ギルド員でない者がギルド規約に違反して帰綏で営業することは禁圧することに成功した。このような紛争がなかったならば、旧来行われてきた社規も表面に浮び上らなかったであろう。その上にこの紛争は最後には官の裁判をうけたので、裁決によって社規が官憲の公認をうけた結果となり、強制力を社外の車戸に対しても発揮しうる根拠が与えられ、帰綏の営業に関する限り、ギルド員でない者に対しても、ギルド禁制権 Zunftbann（註6）が公認されて、ギルド社規を官憲の保証のもとに立たしめることになった（F36）。この問題を裏がえしにすると、帰綏の車戸が郷村や他都市に出かけていって輸送に従う場合、その土地で Zunftbann による排撃をうけ、或は官憲や盗賊におびやかされるのをどうして防ぐかが問題であり、また独占権のもとで同業者同志の競争をいかにして防止するかが問題となってくるが、それに答えうる「事件」は不幸にして記録されていない。ただ、そうしたことについても集団的利己主義を実現するために、団結の力を利用していたことは、ギルド員に対して常に「心想合想」の共通理解を深めることを強調していた点からも（F36）十分推測し得るのである。応答者は、営業の規律を定め、無益の競業を防ぐことがギルドの主な仕事であったと報告してくれたが、これも故なきことではない。

ギルドの多くが宗教々団的なベールをかぶっているのも、集団的利己主義のあらわれにほかならない。ギルドは特定の信仰対象につながり、守護神と取引することによって、神威により「現世の福利」がもたらされることを期待するとともに、同業者相互には団結を、ギルド外には排異 intolerance を、神の名によって植えつけたのである。馬王社の信仰対象は社名にも示されているように馬王であって、海甸の南竜王廟の中に馬王殿をもち、ギルドから献ぜた神幔(Ｆ34)や燈籠(Ｆ23)がいまも残っている。帰綏識略等によると(註7)、四月三——五日の三日間、賽社を海甸で行ったとあり、少くとも咸豊元年にはすでに「献酬酎神」(Ｆ34)を行っている。もちろん清代の間でも盛衰があり、古来行われてきた四月四日の「献供演戯」が百弊叢生のために、ほとんど廃絶に帰せんとしていたのを、同治十二年に復活したりしている(Ｆ11)。光緒十七年には祭が華々しく挙行され(Ｆ9)、このころがギルドの全盛期にふさわしく、祭典も頂点であった。民国以来は衰微の一路を辿ったが、それでも小廟ながら馬王廟を独力で維持し、咸豊二十年に修築を行って以来(Ｆ20)の扁額を保管していて、いまに信仰をすてていない。ギルドとして祭祀をとり行ったのは、同業者が馬王の神祐によって生きているのだから、その神威を一層あげようとする意図に出た場合と(Ｆ20)、神恩の万分の一にでも酬いたいという考から出発した場合(Ｆ11)とがあげられているが、積極消極両様の気持はともに働いていたと思われる。現世における利益と密接に関連している点では、旅行の安全を祈るとともに馬の病気をおそれる気持も加わり、いわば恐怖から出発した信仰で禍をさけたいという祈念が強かったのである。こうした観点からいって賽社こそ「社事」そのものであり(Ｆ11)、ギルドた必要とする理由として祭祀の共同が重要視された所以である。その場合回民の不参加は当然であり、彼らが一分会にまとまった理由はここからも理解できるのである。

ギルドの社房は光緒十七年に創設したのであって、南竜王廟の一廓を借受け、農圃社と半額づつ出しあって、共同で修理を加え、公所にしたわけである(Ｆ9)。三間房で、祭典を行う場合に食事その他を用意する場所として設けたものであるが(Ｆ9)、実際は日常の弁公所として利用されてきた。ギルドの経済は同治十二年の規定にいう「酌量抜錢」(Ｆ11)すなわち所得に応じて徴課したのであるが、外来の車戸でもギルドの許可をうけて帰綏で営業する者からは、同率の負担金を徴集した(Ｆ36)。成文化されないギルドの社規は、古くから存在したのであるが、同治十二年に社の振興を期するため、同人が駅站とも公議（相談）の上、前人の成法によりつつ、その利を興し、弊を革め、新たに章程を立て、規條を制定したのである。その内容は会首制と社の経済に関する規定を主とし、石碑に刻んで永久に伝えようとしている（Ｆ11）。かの宣統二年の紛争は、会首や外来車戸がこの規條に違反したという理由で問題となり、憲台の判決をもって社規が再確認されたのであるが、その告示において社規に違反したものは亮燈一対・掛燈一対を罰として奉納すること、外来車戸も社規に服従する義務があり、もし違反すれば社規で処分しうることを公認している（Ｆ36）。一般にギルドの社規は官憲の公認を受けていないのが普通であるが、公認していなくても、官は原則としては社規を支持し、必要に応じて公認を惜しまなかったという点、社規の効力が社外同業にも強制された点、社規が社の神（馬王）によって権威ずけられ、社規違反は神への冒瀆となり、その謝罪には神への物的な奉納が要求されている点などが、以上の事件の経過を通じて明らかになったことどもである。

註

1　小川久男氏「蒙古駅站とその土地関係に就て――伊克昭盟準噶爾旗河套地東素海台站を中心として――」（満鉄調査月報廿三巻八号）に、綏遠通志によって記述されている。

2　蒙古連合自治政府巴彦塔拉盟史料集成土默特特別旗之部第一輯（江実編、巴彦塔拉盟公署印行）第八文書（頁八）。本書のうち、兵司の部に含まれている蒙古文古文書のみは、同上邦訳第一号（蒙研資料第一号）として江氏による和訳ができ、この第八文書も頁六―七に入れられている。

3　小川氏前掲論文に、旧綏遠墾務局保存資料（地政局厚和分室保存）による詳細な論証がある。

4　江実氏編第四十二文書（資料集成頁四十二、邦訳頁三十一―七）。

5　山西通志巻三十一駅遞。

6　ギルド禁制楷については仁井田陞氏「中国の社会とギルド」頁一六四以下参照。

7　帰綏識略巻十八賽社。これは帰綏道志巻廿二風土賽社にも転載されている。

第六章　金融業ギルド

高利貸は洋の東西を問わず、紀元元年をはるかに遡った時代から存在しているが、封建制下の中国においては、農村に対するいわゆる三位一体的支配体制の一環として登場してくるわけである。これが質入れ制度に結びつくと当舗（質屋）となり、官衙・官僚・地主・商人などの蓄積がここに投資されて、専業的本格的な高利貸業が成立する。当舗は主として農村を地盤とし、零細な生業資金を融通することによって、農民から剰余生産物の収奪を行ったわけである。しかし当舗がその真面目を発揮するためには莫大な営業資本を必要とし、これを融資し得るものは旧式銀行であったから、当舗の活動はこの旧式銀行と結びついた十九世紀において、あだ花を咲かせたわけである。帰綏における当舗の歴史は「当行」を通じて眺めてゆきたい。

右に記した旧式銀行というのは、明の初期からあった銀の地金貨幣鋳造業者や、両替商人などからだんだんと発達してきたものである。帰綏では、清初には微々たる存在であったが、十八世紀の後半から通貨の発行や売買を行い、送金為替・預金・貸付などの業務を開始して、銀行としての役割を受けもつに到った。十九世紀に入ると、商工業の運転資金を殆んどその手に掌握するようになり、商業資本と相対立する高利貸資本が確立され、通貨価値の操縦等をめぐって両者の衝突がくりかえされた。旧式銀行には銀号（銀通貨鋳造業者）や票荘（為替銀行）を始め、その種類は多いが、一応「銭舗」（両替業）で全体を代表させ、そのギルドである銭行（宝豊社）の項において、高利貸業の諸問題をまとめてのべることにした。

旧式金融機関は清末に全盛を誇っていたが、その時期は彼等の地盤である農村が一歩ずつ万年饑餓の状態におちこんでいった時代であるから、やがて彼等の上にもパニックが見舞うようになった。最初の間は商工業を食いつぶし、商業資本を食いつぶすことによって繁栄を維持したのであるが、民国以来頽勢が甚しい事を自覚した高利貸資本は商業資本と妥協してともに軍閥の協力機関となり、さらに軍閥の主人公である帝国主義とも合作を行った。しかし高利貸資本が表面上では繁栄し、量的には巨大となっていくにつれて、その命数が尽きていったのである。日本帝国主義は金融統制を行う目的で高利貸資本を打って一丸とする株式会社を設け、銀行資本としての再生を企図したが、すでに革命の前夜で、帝国主義自体の破滅が寸前にせまっている段階になっていたわけである。

応　答　者

(1)旧式銀行と錢行宝豊社

康玉壽氏　隆昌玉・天徳生・通盛達・晋升行の各錢荘および成記銀号の頂生意的を歴任、現在は同和実業銀行副経理。

松尾四郎氏　同和実業銀行副経理（銀行について）。

(2)質屋と当行

張増智氏　興亜当董事長。

曹良臣氏　興亜当常務董事。

吉山忠一氏　興亜当指導役（興亜当について）。

第一節　旧式銀行と錢行宝豊社

錢舗のギルド名のうちで最初に現われてくる名称は「錢行」であって、乾隆二十七年に始まり（C1）、嘉慶九年（E20）に到るまで用いられているが、当時のギルドはごく地味な存在にすぎなかった（註1）。宝豊社と改称したのは嘉慶十一年（Y6）であるが、それから宣統元年（G65）までの間に急角度に向上線をえがき、活潑な活動を展開したのである。もっとも、この間に錢行（E28）錢社（E28）宝豊錢社（G51　G65）などの名称も出てくるが、きわめて稀な用法である。乾隆年間まではギルドマーチャントと無関係であったが、改称前後から両者の交渉が密接となり、嘉慶十九年には臨時に大行の末席に加えられ、道光に到って七大社の一に進んだ。光緒年間に一時大行から除名されたこともあるが、これは商業資本と高利貸資本が通貨制度をめぐって衝突した為で、商業資本がヘゲモニーを握っていた大行から懲罰をうけたわけであり、しかもほどなく大行側が折れて錢行はギルドマーチャントに復帰している（第一・第三表）。道光以後の錢舗は帰綏の経済界を支配する実力を備えていたため、大行その他すべての商工ギルドの反対を押切って、自分の意志を強行すること一再に止まらなかった。民国以後は市況の不振や戦乱などのために漸く不振となり、新式の諸銀行特に綏遠平市官錢局（一九二〇年成立）との競争もあって、頽勢は覆い難いものがあった。そこで近代化に対応するため、国民革命の後錢業公会を結成し（註2）、同業公会としての足跡を残しているが（G59）、大した効果はあがらなかった。事変の後、日本軍は金融統制に協力させるため、残存していた錢舗に廃業を命じ、錢舗の資本と従業員は「蒙古連盟実業銀行」に吸収して、資本主義的金融機関として再発足させたので、一九三八年二月二十八日をもって、さしも繁栄を極めた錢業ギルドも終止符を打たれてしまったわけである。

厳密にいえば、帰化城の錢行には錢舗と銀号が含まれており、帰綏識略などは宝豊社を「銭銀行」と説明している程である（註3）。銀号は銀炉ともいわれ、発生史的には銀通貨である銀両（元宝・銀錠・砕銀）の製造を業とした手工業者で、後に銀行業務に進出した。帰綏の銀号の主要な仕事は銀行業務で、営業内容においては錢舗と大差がなく、ただ蒙古や西北に輸出する銀両を製造する部門をもっていた点が、銀号としての特色を発揮していたものといえる。帰綏には銀号の数が少なかった上、銭行として特に造幣に関与した様なことがなければ、銀号を特別に考慮することはいらない訳で、錢舗によって銀号の銀行業務をも代表させることができる。帰綏の錢舗は、銅銀の両替とくに銀を制銭にくずすことを主な仕事としていた露天商人から出発している。康熙雍正のころは未だ微々たる行商人であって、木製の手押車を引いて人出の多い大通りや、にぎやかな市場を巡廻し、日用品の購入や釣銭に必要な「こぜに」を両替して歩いたものである。換算基準はその日の市価によって違ったわけで、サヤは原則としてかせがず、僅かな手数料を得るだけで、まことにしがない稼業であった。それが乾隆末期以来、両替のために銭市を開くようになり、次いで銭市によって両替の相場が決定される段階になると、ここに貨幣を商品とする投機や価格操縦が始まった。嘉慶以来錢舗は店舗を張って通貨を売買するばかりでなく、貨幣の売買を依頼した人に対する預り証文として手形を発行したところから、その手形が通貨として流通することになって、ここに発券業務が始まり、ついには広く銀行業務を営むということになった。道光以後は通貨の支配を通じて全市の金融を掌握し、一般の商工業者は、流動資本を錢舗から借入れて、始めて取引が可能になるという実状に立ち到った。こうして同治光緒時代の錢舗は通貨の両替・売買・発行・預金および貸付・送金為替の発行などをその営業種目とする旧式銀行として完成されたわけである（註4）。

錢舗（および銀号）の営業内容を個別的にみてゆくと、まず両替については、通貨にいろいろ種類があったことは大行の章で述べたところであるが、種々様々な通貨間相互の需給・信用および一般商品との関係によって、多角的な通貨相場が成立していたため、両替価格は単純でなかった。その一つの中心は銀通貨と銅通貨との比価であって、綏遠通志により嘉慶以来の変動を示すと、第十二表となるのである。これを長期的にいえば、大体の傾向は銅貨の実質的価格の低下とこれに対応する銀の値上りであり、短期的にみれば一年間のうちでも随分昇降しているときがある。本表にこそ現われないが、日々の相場もかなり変動をみていた。

相場変動の原因の中で特に問題となるのは、第一に清の中葉までは西北貿易を通じて、その後は天津市場を通じて、銀の国内的または国際的相場に影響されたことで、帰綏が通過貿易の拠点であっただけに、その影響には敏感であった。第二は「悪儈暗中播弄」（A６）といわれて問題になった、錢舗（悪儈）自身の手による人為的・作為的な価格操縦で、当時の言葉でいえば虎盤（估盤）に基ずく相場の変動である。これには⑴銀炉が銀の純分をかえたり、銅炉を使って私錢や砂錢を鋳造するなど、貨幣の個々の実質価値を変化させたり、⑵「短錢」により、例えば百文とよばれている制銭のひとたばを、実際には数十枚の制銭や私銭を以て構成し、且その数や比率を操縦して百文・千文を単位とする貨幣価値を操作したり、⑶「売空買空」「予買予売」等といわれている先物売買を行い、需給を投機的な人気によって変動させたり、⑷利子の増減ないしは手形発行の調節によって通貨の流通量（質の変動をも含めて）を伸縮させるなど、いろいろな方法があったわけである。「帰化城売買の患は錢行の竊利にあり、錢商の竊利は錢法の定章なきによる」（A６）といわれているが、前期的通貨自身が価値法則に基ずく安定した基準をもち得ないのを利用して、錢舗が貨幣の流通過程の中から利潤を引出そうというのであるから、銀銅比価の安定は考えられないことであった。いずれにしても錢市においてその日その日の相場がなり立つわけで、これに応じて通貨の両替が行われたが、錢商は銀については「定銀分」すなわち純分および目方を計り、錢については私錢砂錢などの鑑定を行い、信用貨幣においては発行者の信用を考える等、専門的知識によって一応の筋道を通したわけである。両替は通貨の売買の最も簡単な形であるが、同時に最も回数の多い取引でもあって、錢舗としては最初から最後迄、両替をもって営業上の表看

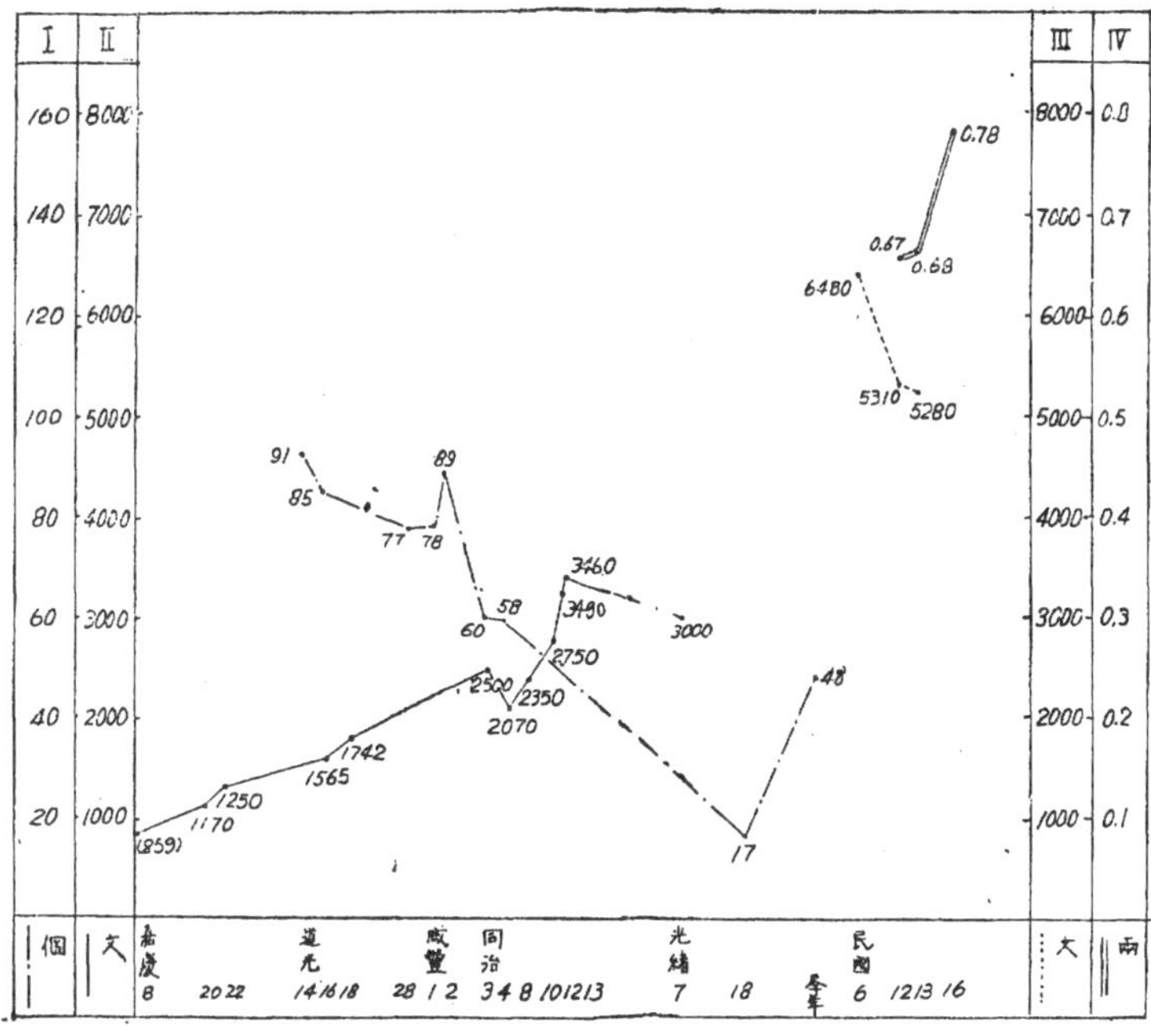

第十二表　銀・銅貨両替相場の変遷

説明

綏遠通志金融篇の巻末近くに記録されている数字によって表示したものである。

Ⅰは市銭百文と呼ばれる名目貨幣には、実際上制銭が何個含まれているかという問題で、表中—・—・—のラインによつて変遷が表示されている。

Ⅱは銀一両が市銭何文に相当するかで、実線の単線で表示される。

Ⅲは国幣一元に相当する制銭の数を示すもので、点線のカーブである。

Ⅳは国幣一元が銀倆と両替される場合の銀の分量で、複線の如くに変化している。

なお、清代における銀・銭比価の変動については小竹文夫氏「近世支那経済史研究」頁七五——一三九に詳しい検討が行われているが、本表と一致する点も矛盾する点もあって、いずれにしても本表は一つの資料にすぎない。

板とし、そのことで店をにぎわした客も多く、純分鑑定のために起る金属音は絶え間なく響いていたのである（註4）。また銭舗が巨商となった後も、草分け時代と同じような行商的両替商が依然として多数残存したのであって、繁華街やマーケットには屋台またはボックスで商売をしている両替商人が、ほとんど例外なしに見受けられ、中にはタバコやトミクジを売る仕事とかけもちで、独立商人としての命脈を維持しているものもあった。これ等はすべて銭舗の手先とみなされる人々であり、銭舗の通貨操縦に呼応して、陰に陽に両替の相場を投機的に動かしていたのである。民衆が使用したのは主として銅銭であり、官吏や地主が所蔵していたのが銀両であったから、相場の変動によって損失をうけるのは、主として民衆側だという結果になったわけである。通貨の動揺が商業資本の抵抗にあいながら、結局は銭舗の一方的な勝利に終ったというのも、地主・商人階級の共通の利益で妥協し得たからであろう。

商帖とよばれていた信用貨幣は、銭舗で発行したものが最も多かった上、一般の店舗が発行した商帖で、その兌換を求められたときに該店と特約のある銭舗がこれに応ずる条件になっているもの（附帖）を背負い込んでいたので、銭舗は商帖の流通に大きな責任を負っていたわけである。元来信用貨幣はその兌換が完全である限り、絶大な流通力をもっていたので、商帖の発行は通貨不足に苦しむ帰綏経済界に貢献するところ多大なるものがあった。ただ帰綏識略にあるように、「商帖は信用だけで流通しているのであり、信用がなくなれば商帖に書き入れた印墨がまだ乾かないうちに、兌換を要求する者が店先に立つという次第である」から、兌換準備は決定的な前提條件であった。信用の点では商帖は民国以後の銀行券と対照的で、兌換準備の実質はあやしかったが、銭舗のめぐらした周到な配慮により通貨不安を余り起させないだけの成果は収めて来たのである（註5）。商帖の発行が通貨不足の際、市場の要求にかなっていたという條件は別としても、商帖を民間だけで発行して官憲の関与を防ぐことにより、財政資金に吸い上げられる危険性をたちきっていたことと、標期螺期等を利用して適切な兌換を促進し、信用を失った店舗の発行にかかる商帖を適宜に罷むることによって全面的な信用崩壊の発生を予防した点などが、成功裡に商帖の流通を維持し得たゆえんであろう。

滙票は送金為替であって、主に蒙古および新疆との貿易に利用された。貿易先には金銀を携帯してゆく者も多かったが、その不便をさけるために道光頃から送金為替を組む者が次第に増加していた。送金為替専門業者としては票荘があるが、銭舗銀号でもこれを発行していたのである。滙票(滙兌)の信用は一応絶対的で、貨幣同様一般に流通したのである。滙票の発行者としては、信用貨幣の場合と同じように、支払準備の限度を越して発行した分だけは、その間無利息で金を借りて、他に貸付けたのと同じ効果をもち得たわけである。滙票を発行する際には、「滙水」と呼ばれている手数料を徴収したのであって、滙水のねだんは業者の習慣に一任されていたが、手数料収入などは右の利益に比べれば問題ではなかった(註6)。

預金および貸付は商帖および滙票の発行と深い関係をもっている。附帖の発行者は特定の銭舗に金を預け、兌換の請求があった際には、右の貯金から支払いうる様に準備を整えておいて、その銭舗に兌換の引受けを依頼したのであるが、その準備金が預金の中核となっていたのである。金を預かってみると、銭舗としては現金はいくらでも必要なので、附帖とは一応別個に、各界各層から預金をしてもらう努力を始めた。浮存（当座預金）のほかに常存（定期預金）をすすめ、後者は標期の期間をもって一期とし、存款（預金）には利息を附して勧誘に努めた。通貨としては誰しも銀を欲するところから、銭舗でも銀の吸収につとめ、その関係で銀利（銀貨幣に対する利子）は銭利（銅貨幣に対する利子）よりも高く支払われた。ところが銀貨を預けるのは都市生活者である不在地主が大量の穀物を売払った時か、大資本を擁する商人や店舗でなければ、国家や特権官僚であって、中小企業家以下はいずれも銅銭を預けていたのであり、貧富の差は利子の点からも開いていった。こうして通貨安定のためというほかに、社会の安定のためにも、銀利銭利の平衡または同一化が希求されたのであるが、単に上からの権力を笠にきて、強制的な法令によって解決を計ったとしても、経済の基本構造にメスを入れない限りその強制力は無意味であり、大行の項で述べたようにこの企図は常に失敗に終ったわけである。

商帖は請求に応じていつでも兌換を行うのであり、附帖は一般に銭舗に預けてある預金額以上に発行されているから、銭舗としては、兌換額が預金額以上になる場合も少くない。たとえば貿易業者が輸出品購入のため、代金の支払手段として附帖を発行し、これを受取った商人が直ちに兌換の請求を行うならば、兌換引受人である銭舗は身銭を切って支払うことになり、その分は数ヵ月ないし一年余の後、隊商が帰来した際にその将来品の売上げ金を銭舗に納めるまでは、清算出来ないわけである。このほか仲買商が商品の預り証がわりに、売客に附帖を渡したり、手工業者が原料を買入れたりする場合に同じような手続きをとる必要があった。要するにすべての商工業者は運転資金に困っていたのであるから、附帖の形式によるか、或は借入金の形式で銭舗発行の商帖を受取ることによって、取引に必要な資金を賄うほかはなかったのであり、銭舗との結びつきなしには大きな取引を伴う営業は成立たなかった。貸款（貸付）はすべて信用貸借であり、無担保無保証をもって行われ、銭舗は信用（つながり）のある人には「一諾千金」で借金の証文さえ作らずに巨額の融資を行った。こうした取引関係にある店舗への貸款は利息も比較的安かった。また附帖の貸越はその月末までは無利子で、月を越せば一般の貸款と同様に扱われる習慣であった。銭舗からの借入金は、帰綏の決済期日である驃期標期に計算を行い、驃期には半額、標期には全額を清算したのであるが、もしこの支払義務を果さなかったときには一般の融資の例によらずに、「満加」といって、高利率の利息が要求された。銭舗の兌換準備金としては、自己資本のほかに預金があったわけで、存戸（預金者）は利息のいかんにかかわらず、平素の浮事（預金）をおいていないと、いざというときに、附帖を引受けてもらったり、借金をすることが不可能となるので、遊んでいる金があるときには、つとめて預金を心掛けたため、銭舗としては割合に豊富な預金をもっていた。これに対し借戸（借入人）はどんなに高利であっても融資を受けねばならない破目におかれているわけなので、利息の高低にかかわらず銭舗に頼むほかはなかった。銭舗としては「朋友」のために便宜をはかる気持はあったが、資本の需給に相当なひらきが存したので、それが預金利子と貸付利子との間の開きに反映し、高利貸としての利益が保証されたわけであった（註7）。

康氏によれば清代の銭舗は牙行としての取扱をうけ、戸部発行の牙帖をもち、牙税を納めていたのであって、牙行たることは民国以後も変らなかったという。貨幣の売買（両替）に際して佣銭（手数料）を徴したこと、送金為替の手数料である滙水が仲買的な収益と認められたことなどから、営業内容が牙行となるというのであるが、このうちの両替業務さえも厳密に考えるならば仲買とはいえないのであって、売客と買客の仲介業というより、銭舗自身がその当事者になっている。いわんや商帖の発行や預金の貸付業務などを仲介業と考えることは不可能であるから、質屋や票荘の場合と同様、金融業なるがゆえに特許商として特殊な取扱いをうけ、巨商なるがゆえに牙税徴収を目的として牙行に指定されたというのが真に近いであろう。

銭舗は商帖の発行によって半ば無制限に信用貸出を行い、先物の売買によって信用売買を拡大し、送金為替によってインターローカルな取引を推進する上に貢献したのである。こうして商業資本が伸びきってしまった嘉慶以後になると、銭舗の擬制資本が商工業を破滅から救い出す役割を果すとともに、商業資本を収奪していったわけで、咸豊以後は全商工業の死命を制する金融支配、すなわち商業資本に対する高利貸資本の支配体制を確立するに到った。この体制が封建的商工業に死花をさかせるような輝きを与え、資本の水増しによって異常な繁栄をもたらしたのは事実であるが、同時に信用の一角の崩壊が銭舗全体をなぎ倒し、ひいては商工業全体を一種のパニックに逐い込むという慢性的な危機状態に封建体制を逐いやったわけで、事実この自壊作用は民国初年以来しばしば起っているのである。

一方では京綏鉄道敷設をテコとする資本主義の浸透に呼応して、近代的な銀行が逐次金融界の王座にせまり、民国十七年の撥兌銭（銅銭に兌換される商帖）の禁止、二十二年の廃両改元（地金通貨の廃止と鋳造貨幣すなわち「一元銀貨」本位制の確立）に基ずく譜銀（馬蹄銀を表示していた商帖）の禁止、事変による譜洋（前記の新式銀貨を表示していた商帖）の廃止となったので、銭舗もついに新式銀行に吸収されるほかに、道がなくなったわけである。

銭舗の人的構成をみていくと、まず徒弟は経理等と同郷の十七・八歳の青年が、知友の紹介によってお目見えするわけで、舗保を必要とする。徒弟として店舗に入った当日は財神に叩頭し、経理以下に礼を行い、また店舗の負担において小宴が張られる。現在では経理に対して父子としての礼をとる必要はなく、たとえば経理の死に際して喪に服するようなことは行われていないのであって、離職の自由も拘束されていない。店舗側が一方的に退職させることも自由である。年期は不定であり、生意（身股）を与えられたときが学満（徒弟満期）と解されているのであって、通常は三年で学満となった。一年間に与えられる休日は正月の五日間だけだという。一つの店舗に住込んでいる徒弟の数は二人ないし十人が普通で、徒弟の人数を制限するような制度はない。夥計はすべて頂生意的（身股を与えられている者）としての取扱いをうけているのであり、その身股を新たに与えたり、あるいは増減したりするのは、三年ごとの決算期に限られ、経理が財東と相談の上で決定した訳である。各店の夥計数は十名ないし二十名で、その仕事によって管賬（帳簿係）・跑街（外勤）・内櫃（内勤）・銀櫃（金庫係）などと呼ばれている。経理も頂生意的であって、正副の経理と協理の三名からなるのを原則とし、その選任は人材本位で財東が選定権をもっていた。しかし経理が一度選任された後は、犯罪その他特別な事由がなければ、財東の意志で一方的に解任することはできない相談であった。経理の身股は一分（すなわち十厘・整股）で、なお一分三厘位にまで高められることもある。財東は本来無限責任であるが、民国以後有限責任の財東が生れたので、現在は両者併存の形になっている。またかつては専東が主であったが民国以来集股制が多く採用されるようになった。専東は今日でも無限責任である。無限または有限責任の別は「合同」（出資契納書）を作る際に指定したという。綏遠通志によると各銭舗の資本金は最低三万元、最高五万元で（註8）、公称資本（固定資本）の大きさが揃っていることは注目される。身股と財股はともに万金賬に記入されているのであって、出資金としてその点は対等に扱われている。三年毎の決算期に純益（紅利）があれば財股と身股の総取得分を区分して折半または六・四の割合で分割し、その各々を各人の持分（股）に応じて按分するという方式により、利益配当が行われた。なお決算期には、抽股（出資の引上げ・財股のとりけし）その他固定資本を変更することについても相談ができたのであって、他の財東および経理の同意があれば「合同」が改訂された。また専東の場合には財股関係の変更については経理の同意を必要としなかったといわれている。以上のほかに借入金という扱いになっている流動資本があり、これは各店舗によって大小の開きが相当大きかった。公積金については、綏遠通志によると最低二千元から最高三万元までであったと記されているが（註8）、それは実数よりかなり小さく見積られている。公積金というのは身股および財股を有する者が相談の上、分配すべき配当金の中から一定比率で天引して店舗に留保し、店に貸付ける形にしてその運転資金にあてた「配当保留分」である。従って公積金は身股または財股所持者が退股（投資引上げ）すると同時に、当人の配当留保による積立金およびその利子だけを計算して、返還するわけである。また護本と名ずける流動資本があって、これは財東が固定資本としての出資とは別に、店舗に貸付けた運転資金である。公積金・護本などの流動資本には、官利（一定の公定利子）が支払われ、紅利にはあずからない。その取扱いは一切を清査賬に記入し、万金賬を用いなかった。このほか官利を條件とする借入金は各方面から提供されたが、いずれも出資金としては取扱われなかつたのである。

銭舗は旧城だけに開かれており、従って銭行は帰化城内の同業を結集した団体だということになる。また財神を中心とする仏教徒の結社で、迷信的な神詣では相当さかんである。同郷関係も山西省の出身者だけとなっている。その中でも、祁太幇すなわち祁県と太谷県（これは隣接県である）の商人が久しく牛耳ってきたが、民国以来は忻幇（忻県）が伸びて、一時は首位に立った（註4）。近来は祁太・忻・代・文水・交城の順である。同業としては時代が遡るほど銭舗・銀号の間に営業上の差異が大である。これらの問題はあるが、全体としていえば社会紐帯の上からはまとまりがよく、社会集団としての結束を固めるに便利であった。これは歴史的にいって山西資本特にその中心を占める忻太資本が帰綏に移駐したために起った現象であって、客幇としての自覚をもってギルドの結合を固めると共に、本籍地の同業と連絡を密にしていたのであるから、社会紐帯の重複は決して偶然ではない。

銭行のギルド員は散戸と呼ばれており（註9）、店舗が単位となって、全店舗の参加を得ているという。ギルド員は道光十九年には四十七軒（G24）、同二十五年には四十九軒（註10）、光緒二年には三十八軒（註11）、同十七年には十九軒（G79）、同十九年には二十一軒（G50）、同三十四年には三十八軒（註12）となっている。その後の趨勢については、綏遠通志によると、以前は二十八軒であったのが一九三五年現在では九軒に減じているとあり（註13）、康氏によれば清代には三十二軒、民国以来十四・五軒、事変前八軒であるという。営業の性質上倒産が始まると将棋倒しになって閉店するものが相つぐために、増減が著しいが、大体において道光時代が五十店、光緒が三十店、民国が十店という見当になる。銭荘と銀号の区別が明らかなのは光緒三十四年度だけで、銭荘二十九、銀号九となっている（註12）。

第十三表　銭行宝豊社の会首

年代	職名	会首名		資料
		正	副	

嘉慶2	副正総領	万和成	万和永	宝源永	G 16
道光10	郷総	天成永	大義生	天宝魁	M 6
11	郷総	天興美	大豊魁	明徳永	M 6
19	総領	徳盛興	復合盛	天徳合	G 71
26	(経理人)	徳和成	天興元	元慶長	P 32
29		広如恒	彩復号	元利昌	K 1
咸豊3	郷宝豊総社	広如恒	万興和	天昌徳	J 1
光緒2	総領	王清選(等)			註 11
6	郷宝豊総社	永生泰	裕盛泰	恒信泉	J 2
8	総領	亘興茂	信源成	万徳宗	G 46
19	副正総領	泰和昌	元利魁	大盛興	G 50
22	正総領	法中店	泰和昌	協和成	G 64
24	副正総領	連泉同(徐大齢)	義成徳(孫圭武)	裕盛厚(程顯栄)	G 51
31	副正総領	義成徳(王玉蒲)	長盛馨(関振業)	万昌永(蘇国昌)	G 54
宣統1	副正総領	謙益永	恒吉昌	大徳永	G 65
年代不詳	社長	賀徳芳			G 62

記録に現われたところでは、散戸の存在は官庁から通示を受けたり寄附金を出したりした場合にその名が出るだけで、ギルド活動の表面には浮び上ってこないのであるが、社会集団の基礎単位として、ギルドを支えこれを動かしていたことは事実であろう。

ギルドの会首について説明している記録は見当らない。そこで銭行の歴代会首の実例から帰納してみると、おおむね第十三表のようになる。まず名称であるが、正式には「総領」と呼ばれており、定員は嘉慶から宣統まで一貫して三名で、そのうちに正総領一と副総領二とが含まれている。任期は一年であって、全ギルド員が公平にかわるがわる総領となったものらしく、少くとも特定の店舗が会首の地位を独占するようなことはなかった。康氏によると、毎年二月十五日にギルドの全員が集って香をたき財神を祭ったのち、現任の会首を除外してその他の店舗がくじを引き、その場で正副総領を抽籤決定したという。この期日は帰綏道志にみえる銭行の総領交替期日と一致しており(註3)、第十三表に現われたように、総領が順序もなく当選しているというのも、くじびきの結果だとすれば無理なく理解できる。綏遠通志(註4)には輪流で当ったと見えているが、この場合の輪流は「かわるがわる」の意に解すべきで、順番ではなかった。民国以後は総領を「会員」と改称し、定員はやはり三名であるが、商務会々長選挙の日に、票決で定めた由である。ここでギルドマーチャントの会首についてふれておくと、銭行の場合はギルドの総領が十二社郷総を兼任した。このことは第十三表の示すところで、ギルド役員が同時にギルドマーチャント役員をも兼ねる習慣であった。郷総も総領も、個人が選ばれるのではなくて店舗が会首となるのであり、その代表者として店舗の経理が就任したわけである。第十三表に、会首として店名と経理名を併記し、また経理名だけを記している例が見出されるとはいえ、基本的には店舗名だけが記されているというのも、この事情を物語っているわけである。

銭行の事業の中で特筆すべきことは、同業者の質的並びに量的統制に、ギルドが直接のり出していた点であろう。

(1)新たに開業しようとする者は、他の銭舗の保証をもって宝豊社に出願し、その許可を得た後、銀百両という大枚の入会金を納めて、始めて営業ができるのであるから、二重の制限を受けていたことになる(註14)。(2)徒弟管理を行ったのであって、悪い徒弟はギルドに呼んで叱責し、なお聴かねば該店から逐い出して爾後どの店舗でも使わないという、威圧および追放による規制を加えると同時に、徒弟を殴打・罵倒したり、その他虐待を加えることを厳禁し、もしこれをあえてする銭舗があれば、徒弟の申し出によってギルドが該店舗に干渉を加え、弊風を一掃するという、双務的な保護規定を用意をしていた。要するにギルドの立場から徒弟の労働力を有効に使う方法について留意していたわけである。(3)日日の営業に関連するものとしては銭市の開催がある。銭市は通貨の価格を決定する取引所であり、特に商帖の売買が一番多く、銭舗以外の発行にかかる商帖についても、その信用はおおむね銭市における人気によって決定されるありさまであった。銭市の場所は最初は銭舗の間を当番でもちまわっていたが、後には商務会で開くようになった。銭市の開催に当っては総領が世話係となっている(註4)。一九二八年に廃止されるまで、帰綏の心臓として大きな仕事をしてきたのであり、宝豊社は銭市あるが故に、銭舗を拘束し得たばかりでなく、帰綏商工業の全般に対して優越した地位を占めることができたのである(註15)。(4)このほか目立った仕事としては、通貨価値の変動をめぐる諸問題について、同業利益の積極的な拡張または消極的な擁護につとめたことをあげる事ができる。高利貸資本はその性格上、商業資本と利害の対立を招く場合があり、また封建的な地主勢力と衝突することもあって、これらは要するに剰余生産物の奪い合い、とくに高利貸側の不当な割込みが原因であった。貨幣価値の変動を利用して農民や手工業者や一般市民から価値収奪を行うことになると、封建経済の根底をゆすぶるわけだから、官憲との摩擦も必至となり、従って全帰綏を敵にまわしての紛争を、まき起すこともしばしばであった。軍・官(A6)商(E28)工(C10)農(F5)などは、あげて銭商の通貨操縦に反対し、その専横を押えようと努力した。短陌銭問題・小銭問題・

虎盤問題などがその主な事件であるが、宝豊社は常に四面楚歌の中にあって、孤軍奮闘、究極の勝利を獲得しているのである。その間においてあるときは表面的には屈服し乍ら実際には裏面で自分の考えを押し通し（A6）、あるときは正面から要求を拒絶して（E28）綏遠城将軍の示達すら「頑レ法疲レ公視為二具文一」（E28）と記されているように事実上無視したわけであって、一般に慣習法として認められている「成規」さえ破壊して省みないという態度を示すこともあった（E28）。このように上下・都鄙の一致した反対をおし切って、銭商の集団的利己主義を貫徹することができたのは、銭行ギルドの団結の強さにもよろうが、末期的となった封建産業が現実に銭舗に依存せざるを得ないわけであったから、その実力の前に屈したとみるのが事実に近いであろう。

銭行も他のギルドなみに宗教団体的な匂いを立てていた。帰綏識略等（註3）には、銭行が六月十四・五・六日に財神廟で賽社を行っていたと記しているが、康氏は十五日が財神の誕生日に相当するので、犠牲をささげ香をたいて一同で叩頭するほか、演劇も奉納したと語っている。この大祭の間でも銭舗は営業を休むことなく、従業員は交代で祭典に参加し観劇を楽しんだということで、まことに銭行の面目躍如たるものがある。財神廟は道光以来銭行が諸社の中心となってその「経理」に任じたのであり（G4　G34　G41　G44　G45　G48　G53　G59　G62）、香炉（G64）祭壇（G65）を始め祭祀に必要なものはすべてギルドで用意し、その祭りも盛儀を誇っているから、ギルドとしては祭祀に力こぶを入れていたつもりなのであろう。

慈善事業については、銭行は二つの方面から貢献している。第一は虎盤捐であって、帰綏における公益・社会・教育事業などには、銭行の納める虎盤捐で支弁する場合が非常に多かった（註16）。この虎盤捐というのは、康氏によると、二種類あって、一つは両替に附随した強制的寄附金であり、銀十両を両替するごとに市銭十二文半または制銭二・五文（但し一両ならば市銭一文または制銭〇・二五文として計算）を強制的に納めさせたのである。第二は通貨投機の罰金として臨時に徴集するもので、その例としては道光二十五年に一千文（註17）、光緒二年に八千四百両、同五年には六千余両を、いずれも不正な通貨操作に対する罰金として銭行から徴集し、ギルドマーチャントが世話役となって、牛痘局・育嬰堂・済生店・義学などの設立と経営に当る財団の基金にあてたという事例をあげることができる（註18）。このほか銭行が自主的に寄附金を出して慈善事業を助けた場合もあって、康氏によれば、商団や消防隊を助けたことなどが主たるものであるという。ただし寄附金についていえば、いやいやながら最小限の金を出したのが大半のようで、少くとも消極的であり不熱心であった。そのことは慈善事業としては「応顥」が最もあらたかだとされている寺廟への寄附をみても、乾隆から民国にかけて玉皇閣（C1　C6　C9　C57）南茶坊瘟神廟（E12　E20　E26　E29　E33）什王廟内火神廟（P5　P7　P8　P12　P18）西茶坊関帝廟（Q3　Q5　Q6）城隍廟（M2）北茶坊関帝廟（N4）呂祖廟（S2　S3）観音寺（X1）新城娘々廟（T1）新城城隍廟（U1）新城関帝廟（V1）西竜王廟（Y6）などに寄附しているとはいえ、銭行の経済力からいえばお話にならぬ小額であり、大行等への義理を立てるために出しただけのときも多く、その他自分の面子を立て、或は懇請されてその場逃れに出したすて金の感の深い寄附金もあって、これによって銭行の慈善事業に対する態度の全貌が推測できるのである。

中国のほとんどの大都市に銭業会館が設立されている中にあって、帰綏銭行は総領の属する店舗で便宜的にギルドの事務をとっていた。銭行に対する風当りが強いため、建築を遠慮したものと思われる。ギルドの諸経費は年に二回計算し、全散戸からおのおのの公称資本の金額に応じて割り当てた「攤款」を徴収したわけであって、その間は総領がたてかえて支払う習慣であった。ギルドの団体性についていえば、銭行または宝豊社が自ら行為の行為の主体となり、個人や店舗と肩を並べて、寄附者一覧に名をつらねていることは、乾隆以来の多くの記録によって明らかであるが（G34　Q5　P7）、会員役員等に対してもギルドが独立の人格たり得たか否か、なお研究の余地がある。

銭業の近代化について略述しておくと、銭舗がその寄生的な性格のゆえに没落していったとき、これにとって代った資本主義的機構が、依然として非民衆的な新式銀行であったことは考えさせられる問題で、中共革命が必至となってくるゆえんである。帰綏に始めて出現した銀行は清末の戸部銀行の支行であって、戸部銀行が民国になってから中国銀行に引継がれたため、帰綏でも一九一四年に中国銀行支行となった(註19)。翌年交通銀行の支行も開かれている。地元銀行としては綏遠省銀行に相当する綏遠平市官銭局が一九二〇年に設立されたが、半官半民のもので銭舗もその主要な株主となった。官銭局への参加は、銭舗が軍閥と結びついてその地位を守ろうとし、かえって軍閥と心中する結果になった訳で、銭舗の運命の岐路であった。同年豊業銀行、一九二八年山西省銀行、一九三〇年保商銀行、一九三三年墾業銀行が営業を開始したが、豊業銀行以外は皆支行である。ほかに帰綏商務会が銀行業務を行ったことは前に述べた通りである。いずれも発券銀行であり、また普通の銀行業務も営んだことはもちろんであるが、軍閥と結托して税金や政府支払金などを扱い、官僚資本の支配力が顕著で、財政インフレによる銀行券の濫発によって民衆の富を略奪していった。また銭舗が商務会の一元兌換所・金融所や平市官銭局豊業銀行に対して積極的な援助を行ったことは、清代の大行が銭行と対立面が多かったのと、すこぶる顕著な対照をなし、巳倒を支えんとする前期的資本の統一戦線ができ上っている。銀行は銀元票・銅円票とよばれている、新式の銀貨または銅貨を価値尺度に用いた銀行券を発行して、それ等が通貨の大部分を占めたのに対し、銭舗の商帖は一九二八年の銭市廃止、一九三三年の廃両改元、一九三五年の幣制改革という風に逐次押しまくられて、漸く残された「譜洋」で面子を維持する状態であった。

もちろん、銀行が銭舗にとって代る過程は決して想像されるような簡単なものではなかった。第一に芽生えつつあった資本主義はなお極めて弱体であり、軍閥の経営していた官営工場を除けば、新式銀行と結びつくものはほとんどなかった。民衆にとっては銀行は官庁にすぎず、何の信頼も期待も置けなかった。第二に封建経済の地盤は意外に根強く、商工業全体としては少し位利息は安くても、面倒な手続と苛酷な抵当を要求する銀行に寄りつこうとはしなかったわけで、「朋友」という個人的信用だけによって、無抵当無制限無手続で融資を行っている銭舗は、依然として魅力ある存在であった。仲間的なつながりを基礎とする商工業の構造が変らない限り、銭舗の王座は容易に崩解すべくもなかったのである。従って民国以来の歴史において、銀行が整理を受け、商会や政府機関の助力によってかろうじて命を長らえているとき、銭舗は重なる打撃にもかかわらず金融界を壟断し、銀行券の価値を操縦してその死命を制しつつ、これを銭舗にとって有利な形で救い出すという、芝居の演出を行った。それが民国二十年代になると、近代中国における封建経済が帝国主義支配の手段として利用されているにすぎないことが、だんだんと明るみに出てきたのである。国民革命を経た後、一九三四年ごろに至って通貨の発行・預金および貸出等にわたって銀行の優位が決定的となり、利率の決定も銭舗の主導権のもとを離れるようになった。これは世界的不況による帰化城商工業の恐慌で銭舗が大打撃をうけた直後、それにつづくアメリカの銀政策で銀の価値が低落し、他方では毛皮類が「洋行」を通じて輸出されるようになり、京津との取引を通じて銀行に筋金が入ったことが、その原因だといわれている。次で事変とともに日本帝国主義の直接的な支配を受け、銭舗はこれに吸収されてしまうという最終的な事態に立ち至ったのである。そのときの事情は、一九三八年の蒙古政府の法令により、当時残存していた七銭舗一銀号は合同して蒙古聯盟実業銀行を組織し、銭舗は財東として最高一千股最低四十股の銀行株式を引受けて資本金を提供すると同時に、銭舗としての一切の業務を停止し、銭舗の従業員は実業銀行の行員として採用された。銀行は包頭豊鎮集寧などの銭舗をも逐次包含して資本金百万元となったが、一九四二年に察南および晋北で成立していた同種の銀行と合体して同和実業銀行となり、今日におよんでいる。

実業銀行の成立は帝国主義（独占資本）による経済統制が動機となったのであって、帝国主義が間接支配から直接支配に転換したことを物語るが、これによって銭舗の財東および従業員は金融統制に直接奉仕することになったわけである。これを反面からみると、従来銭舗がもっていた封建的なものは今度は実業銀行が背負いこんだことになり、実業銀行は銭行ギルドの影を大なり小なり引いているわけである。軍閥を通して中国を支配してきた帝国主義が、その軍閥と衝突して帰化城に自ら乗込んできたことは、彼等のあがきを物語るわけであるが、同時に、軍閥を通じて彼等に奉仕してきた銭舗が、帝国主義に最後の輸血を行うため、銭舗の血液のすべてを提供するように求められ、その主人公の親切な手によって「近代化」の美名のもとに解体せしめられたことは、旧中国の矛盾が集中的に現われた一幕である。こうなれば帝国主義が搾取される段階に直面していることも明らかで、新しい時代を迎える前夜祭が、誰にも知られずにくりひろげられていたというわけである。（註20）。

註
1　綏遠通志五十二経政九金融には、宝豊社の成立を乾嘉（乾隆嘉慶）の際か、と疑いをおきつつ記している。
2　厚和市商務会沿革輯覧頁十七には、公会成立を民国十七年にかけている。
3　帰綏道志巻廿二風土、帰化城十五社総領毎年更換日期。
4　綏遠通志　金融篇。
5　帰綏識略巻十七市集、鉄銭鈔票議（なおこの文章は帰綏道志廿二風土の巻末に、著者張曾の論として、また帰綏識略商集門からの引用であることを断って、附載されている）。
6　帰綏識略巻十七市集銭法（道志廿二風土はこれによっているが、多少字句を改めた部分もある）、綏遠通志金融篇など参照「A6」および綏遠通志金融篇。
7　綏遠通志一〇八　商業一、各県商業概況、帰綏県　銀号銭荘業。
8　帰綏識略巻十三義学（道光廿五年の事件）、帰綏道志（註11参照）。
9　帰綏識略（註9参照）。
10
11　帰綏道志巻廿郵政、捐助善挙姓名のうち、光緒二年の項に、宝豊社総領王清選等三十八家云々とみえる。

12　支那省別全誌山西省、頁八八五。

13　綏遠通志巻一〇八帰綏県・銀号銭荘業には、省会営業税処調査によるものとして「九家」としている。しかるに同書の帰綏県の項の最後には、商会調査によるものとして「十七家」と記している。商工業者のうち、商会には不参加の同業者もあるので、ほとんどの営業においては、商会調査の会員数の方が、営業税処調査による商業者数（税金納付者数）よりも少くなっている。従って銭荘の場合、商会調査の方が多いことはあり得ないので、十七の十は衍字と考えられる。

14　支那省別全誌山西省、頁八八六。

15　綏遠通志一〇八商業序。

16　綏遠通志金融篇。虎盤捐に関しては帰綏識略巻十七市集銭法（帰綏道志巻廿二商業銭法はこれと同文）、綏遠通志商業序などを参照。

17　帰綏識略巻十三義学。なおこの一千文は虎盤捐だとは記されていないが、その納付を受けた義学は官立のものであり、その條規において、本義学の経費は諸官庁で分担し、商民に負担をかけないことを明示している学校である。従って理由のない寄附金を、銭行に対して強制する道理がないので、一千文は虎盤捐と考えるのが妥当だと信ずる。

18　帰綏道志巻廿郵政。捐助善挙姓名。

19　支那省別全誌山西省、頁八八七。

20　帝国主義下の銭荘に関する叙述のうち、民国廿四年まではすべて綏遠通志金融篇により、事変後の事実については聴取に依拠する。また察南は外長城線以南の察哈爾省南部地域であり、晋北は内長城線以北の山西省北部地域で、察南・晋北は共に「蒙古政府」の行政区劃となっていた。

第二節　質屋と當行

綏遠通志には帰綏の質屋の歴史について、「昔話によると、帰綏の当業の草分けは「恒升当」であって、康熙年間に繁栄をきわめていたというのであるが、稽考すべき資料はない。今日の諸商家の賬簿をみると、道光元年に創立された質屋がかなりあって、それが咸豊同治の間に急速に発達したことがわかる」という記載を残している（註1）。当業はおそらく初期の大行に加わっていたと思われ、独立のギルド記録としては、乾隆二十年（C１）以前に遡ることができない。ギルド名として最も多く用いられているのはもちろん当行であるが、当行社（V１）と記していることもある。当局は嘉慶以後始まった名称であるが、嘉慶（E48　M２）道光（Q３　B24　M15　P12　K１）咸豊（J１　Q５　Q６）同治（I１）光緒（J２）宣統（M20）を通じて用いられ、とくに道光咸豊時代に用いられたことがわかる。また当商（Y１　U１）当店（C57）と呼ばれたこともあって、これなどはむしろ営業の名であり、ギルド名にはふさわしくないと考えられ易いが、当局当行も元来は営業名であるから、営業の名がギルドの名に転じた一例とみなすことができる。当行の存在は地味で、はなばなしい活動をしていないが、終始コレクティブギルドの一員であって七大社の一に数えられ、従って郷耆を出し得るギルドとして、着実に地歩を築いていた。民国以来同業公会を組織したが、その成立年代について、曹氏が民国十一年ごろといっているのは別に証拠もないようである。事変後も当業公会は存続していたが（P24）、一九四三年をもって金融統制のため当商は解散を命ぜられ、資本と人員と施設はこれをあげて株式会社「興亜当」に吸収されたので、ギルドもまたひとまず滅びたわけである。

当業は日本の質屋と違って、農民に対する長期の小額融資を行ったのである。春麦一毛作を主とするこの地方の農村では、春耕から秋稼までの期間が生産にも生活にも最も多くの費用を要する時期であるが、その頃になると前年度の収穫がつきて融資を必要とする農民が少くない。ギルドマーチャントが関係している帰化城の常平倉は約三万石の貯蔵を有し、農民の需めに応じて生産資金（米）の貸与に当るたてまえになっているが（註2）、これを利用できるのは中農以上であるから、真に救済を要する農民に実恵がおよんだか否か問題である。錢舗や銀号ないしは糧店からまとまった借金をすることができるのは、地主や上農であるし、個人的な村の高利貸では、あまりに利息が高い上に資金に限度がある。そこで中農以下が最も多く利用するのは当舗だということになる。一九四三年に帰綏の興亜当が扱ったところによると、入質者の七十％は農民であり、価格では六十九％が農村に貸出されている。質草としては衣類六十％農具荷馬車等の生産要具十五％で、以上のいずれも農家の必需品である。日本の質屋では小市民を相手に貴金属装身具などを扱っているが、当舗のような質草は皆無に近い。質草の鑑定は店の生命であるから厳重に調査した上最高で価格の五十％、通常三―四十％を貸すのである。従って一件あたりの貸付金額はほとんど十円ないし二十円の範囲で、平均一口十四円七角となっている。質札には偽造防止のために特別な文字で要件が記入され、判読さえ容易でない。貸出金の使途は種子や牛馬の買入などに向けられているものが多い。季節的には例年旧正月前から貸出額は増大し、八月までつづくが、中秋節以後は返済が貸出よりも上廻るのである。期間は六ヵ月で利率は月利三％である。期間内であればいつでも元利を支払うことによって質草の返還を受けることができ、期限になっても受取りにこないときは二ヵ月の猶予を与えた後、はじめて質流れとするわけである。当行が毎月一回競売会を開いて質流れ品を処分しているが、当舗の中には古着屋（估衣舗）を経営する者もある。帰綏市内の民衆が当舗から借入れているのは、貸出総額の三十％で、食糧を大量に買入れたり、蒙古および西北貿易に加わるために作る借金が目立ち、十月から十二月までに貸付が集中されている。これを当舗の資金運転の面からみると、農民が穀物を売って当舗に借金を返済する時期には、その金が市民に貸付けられ、農村が端境期にある頃には、都市の商工業が活潑で、前年の借入金が当舗にかえってくるから、それを貸付けることができ、当舗は都市と農村にかわるがわる金を廻して、フルに運転するわけで、まことに好都合にできているのである。当舗の貸出資金の一半は錢舗からの借入金をもって賄っているのであって、両者は相結んで高利貸資本を形成し、中小農民が剰余生産物を商品化する余地を、その発生に先だってつみとってしまうことに貢献したのである。また一部の当舗は官衙と結び、官金を借りてその資金とし、官衙は高い利子をとって、それを公然と年収の中に数えていた。これが「発商生息」として示される幾多の官庁記録の具体的内容をなしていたわけである。このほか、当舗が特定の糧店またはその背景にある地主と結んでいたことも周知の事実であるが、それは主として商帖を発行していた店舗と結ぶことによって、当舗としては貸付金の支払いにあてる商帖を借用し、糧店等としてはそれによって利子をかせいだわけである。こうしていわゆる官僚＝地主＝商人＝高利貸の支配体制が結成されたのであって、当舗はその不可欠な媒介体となり、またその一環として、つながっていた。

当舗は牙行であるといわれている。しかしながら聴取による限り、牙帖は民国十四年の営業税制定とともに始まったものであって、牙行税と引換にこの牙帖が発給されている。牙行税の税額は最初は年二十元であったが、後には五百元に達した。いう所の「牙帖」の形式は別に示したように(L 5)純然たる営業許可証で、清代に牙帖とよばれていたものとは全く類型を異にする。また事変以後はこれを営業牌照と改称している。従ってそこには仲買業務の実質も牙帖制度の履行も認められず、「牙行」といっても「特許商」という意味での牙行と解すべきであろう。

当舗の学徒は経理と同じ郷里の十五歳前後の青年の中から採用されている。もちろん、しかるべき知友などによって、店に紹介されてきたものであり、舗保も必要である。今日では入店に際して特別な儀式はなく、学徒たる期間中でも経理の喪に服する必要はなく、経理や先輩との間に家族制度の擬制が行われているという形跡は見当らない。年期は三年で、その間に店舗側が一方的に解雇することも徒弟が勝手に退店することも自由であるが、解雇された者はギルドに加入している他の当舗では一切雇い入れないという鉄則がある。休日に関する規定は全然なく、節期は特に多忙であって、正月の休みがせいぜいのところである。店内に住み、年額三十元ないし五十元程度の小遣銭を支給されるが、衣類の給与はなく、質流れ品を割合安く世話してもらえるだけである。普通一軒の当舗に三・四名の徒弟が住込んでいる。徒弟奉公を三年つとめた後、人物才能を認められた者は「労金」にとりたてられる。もともと労金とは賃金の意味であり、月給が支給される以外に、学徒時代と大して変った待遇を受けるわけではない。頂生意的に昇格する可能性があるのを楽しみに、労苦を忍ぶわけである。頂生意的には、七・八年も住込み、十分見込があると思われた者が選ばれる。労金は五・六人、頂生意的は五人ないし八人位が普通である。経理は正副の二名で、経営の責任者として、最高の身股（一俸）を与えられている。

財東は専東（一名）または朋東（数名）であって、多数が「集股」する場合はない。またいずれも無限責任である。聴取によると、財東は資本に関する問題については絶対的な権限をもっていて、頂生意的以上の身股についても自由に定めることができるのであり、経理は口が出せない。それでいて抽股添股等は、決算期に全財東および経理の同意があった場合に限って可能であるというのだから、聴取には矛盾が感ぜられる。決算は三年一回で、純益（紅利）は財股身股を問わず平等に一律に股の大小に応じて配分されるが、財東経理が相談の上で、配当すべきはずの金を一部分留保して公積金とし、店の資本を補強している。公積金は身股または財股を有する者が退店するとき、清算の上返還を受けることができる。帯財掌櫃すなわち経理を兼ねた財東は特別な例外であるというが、従業者側が学徒から順次昇格して最後に経理におさまることを原則とする以上、当然の帰結であろう。

当舗のギルドは帰綏における代表的な山西幇の一つであって、祁県太谷県文水県代県忻県の出身者を含み、いずれも徒弟制度から固めていって、各店の同郷性を封鎖的に維持している。同業の間で信奉されている宗教についてたずねたところ、「儒教」との答を得たが、その儒教の内容を尋ねた結果、いうところの儒教は関帝信仰を中心とするものであることがわかり、儒教の性格について改めて反省させられた。地域的には新・旧城の当舗を含み、そのうちわけは新城一旧城七の配置となっている。要するに社会集団としては、同業の「仲間性」を絶対化する手段として同郷関係を最大限に活用し、郷里における封建体制を店舗構成の中にもち込んだ点が問題の焦点である。関帝信仰も関羽が山西省出身者で、かつ武財神である点を買われたものと思われるから、やはり同郷関係の補強に利用したのであるう。新旧城を包括したのは、農村に散在している当舗に対して、都市の当舗を強調する意味があったと思われる。

乾隆四十四年にギルドに加入していた当舗は二十を数えたが（A11）、民国二十四年頃に八となり（註1）、興亜当に統一されるまで同様であった。当舗は全部ギルドに加入していた由である。毎年三月にはギルド会計の決算のために、五月十三日には会首選挙のために、それぞれ総会が催された。帰綏道志によれば、会首は十月一日に交代したとあるけれども、この日付は信じ難い（註3）。質疑応答によれば会首は「会頭」と呼ばれ、人品が高尚で経験の豊富な者が公挙されたのであって、店の大小新旧などはあまり問題にならなかった。定員は四名で、同時に十二社郷総を兼ねていたという。これを資料について勘案すると、まず会頭という称呼は、碑文扁額等にはなく、帰綏識略には総領と記しているが、それも当行について特に記した文字ではない（註4）。従って当行会首の名称は決定し難いが、ギルドマーチャントの役員は郷総と称していた様で、実例を見出すことができる（M6）。歴代の郷総を表示してみると、

第十四表　当行の郷総

年代	名称	商号				資料
道光10年	郷総	雙合当	宏盛当	泰享利	豊享当	M6
同11年	同	謙和当	久成当	繹和当	享盛当	M6
同29年		享盛当	泰享利	魁元当	復和当	K1
咸豊3年		統和当	景泰当	泰和当	泰享利	J1
光緒6年		天盛当	山盛当	義源当	元盛当	J2

第十四表に見えるように、泰享利や享盛当などのように再三郷総の任に当った者があると同時に、全体的には交替が徹底して行われていたことも明らかであるから、右の応答に現われた「公挙」の方式は事実行われていたものと考えられる。定員についても、十二社郷総との兼務であれば問題はなく、少ない当舗の中から四名を公推すれば、それでギルドマーチャントの役員も十分兼務できるし、また会首の椅子を比較的公平に、全体に廻すことも可能であったと考えられる。なお民国以来は会長制より委員制を経て最後は董事制となり、うち一名を董事長とした由である。

当行の事業については、多くを伝えられていない。第一にあげねばならないのは、「規矩」（しきたり）による同業内の秩序の維持であって、同業の間で認められてきた習慣に準拠し、営業方法や店内組織――たとえば利息とか徒弟管理等――の統制を行い、店内または店舗相互の間で紛争が起ったときには、会首が責任者となって解決を計ったという。第二は祭祀で、五月十三日を中心とする前後三日間、小東街関帝廟において賽社を催し、演劇なども型の如く奉納している。またこの日には総会も開き、当舗の経理全体が集って宴会をやったという。関帝廟に対しては、乾隆三十九年（B４）および道光三年（B24）にその修築を援助しているが、深い関係をもっていたわけではない。第三は慈善で、記録に残ったところでは玉皇閣（C１　C６　C57）南茶坊瘟神廟（E20　E12　E26　E29　E48）城隍廟（M１　M２）北茶坊関帝廟（N４　N14）什王廟（P７　P８　P12　P18）西茶坊関帝廟（Q３　Q５　Q６）観音寺（X１）呂祖廟（S４）玄天観（H１）財神廟（G２）新城娘々廟（T１）新城城隍廟（U１）新城関帝廟（V１）西竜王廟（Y６）など、各種の廟宇に喜捨しているが、その金額はきわめて零細でお話にならず、いいわけに出しているとしか思われない。寺廟以外に対しても寄附したであろうが記録に残ったものはなく、要するにきわめて消極的であったというほかはない。

当舗は巨商であったがそのギルドには公所がなく、財産も最小限の家具だけで、いうに足りない。会首を出している店舗の一部を事務所にあて、経費は会首がたてかえておいて、三月末に一年分の借金を全当舗が均等に負担している。均分については、店舗の大きさに大小がないので均分が適当だという説明を得たが、大きさに大小はあるが、分担金に区別を設ける必要がない程度の大きさであったことが、その真の理由であろう。綏遠通志（註1）によると、資本金は最高一万八千元最低八千元、年間の純益は最高五万五千元最低一万九千元となっており、大小はないわけではないが、他の営業に比較すると資本・利益ともに揃って大きいといえる。

当業も民国以来難航を続けてきた。その背景である農村の荒廃と、銭舗の没落による資金の欠乏とが重って、貨幣の需給に円滑を欠き、通貨の価値の動揺が長期融資をおびやかしつづけた。殊に事変以来の銭舗の統合とインフレの進行は、この苦難にあえぐ当舗にとって決定的な打撃となったのである。興亜当成立に際し、日本軍の金融統制政策が果した役割は、帝国主義を農村収奪の上に築く場合の、最後の仕上げを行ったわけであるが、当舗からいえば、解体の運命を目前にひかえて、その条件がどんなにみじめであったにしろ、とにかく完全な滅亡から救い出してくれるものでさえあれば、何にでもとびついて行くほかなかったので、彼らにとっては日本帝国主義が「救世主」だったわけである。このような條件のもとで生まれた株式会社興亜当は、帰綏にある八つの当舗が、最高四百株、最低二二〇株を引き受け、一株は額面百円、払込金五十円とし、ほかに当舗の持株の総計に等しい株式を、同和実業銀行がもつことになった。創立当初は、払込額三十万円であったが、後に包頭その他の当舗の加入によって、公称資本総額は百万円となっている。当舗の建物と施設は、そのまま興亜当の支当（支店）となり、総当（本店）は実業銀行厚和支行の一部を借りて設置した。学徒は練習生、労金は雇員、頂生意的は書記、経理は参事という資格で、いずれも興亜当の職員となり、財東の中から董事と監事を選んだ。昔からの当舗がそのまま支当に移行したので、陣容に大きな動きはなかったが、それでも次第に一つの企業体としての形をなしていった。職員と董事監事との関係は普通のサラリーマンと重役の場合と同じで、月給制・時間労働制・休日制をとり、身股制・無休制を廃し、食事の給与も中止して現物給与（メリケン粉）に代えた。いかにも安直な方法であり、旧い社会関係が温存されたことは明らかだが、一応は資本主義的雇傭制度（賃金労働）に移行したことになるわけであった。営業方法においては、質入の期間を一年とし、保留期間を廃止し、入質品の評価を合理化している。一九四三年度の利益配当率は一〇パーセントとなっている（註5）。このようにギルドと店舗を含めて協同組合的な一本の企業に発展させたことは、確かに転生への一方法である。しかし旧当舗のもっていた封建色は清算されていないから、職員たちには改善として受け取られず、農民などはお役所風になったといって興亜当を喜ばなかった。これは帝国主義の本質を職員や農民たちが本能的に感じとっていたためで、インフレ下において家父長的な給食を廃止すれば実質賃金の低下となるし、農民にとっては、利率が安くなったのでも貸付金額の割合がよくなったのでもないから、これで興亜当が歓迎をうけたら、むしろふしぎだというべきである。

註
1　綏遠通志一〇八商業一、各県商業概況　帰綏県、当業。
2　帰綏識略巻十五、常平倉。また帰綏道志巻廿郵政附倉庫、帰化城常平倉参照。
3　帰綏道志巻廿二、賽社、帰化城十五社総領毎年更換日期。会首交代の期日については、帰綏の主要なギルド名を列挙してそのほとんどが十月一日に会首の交代をやったと記しているのであるが、各ギルド別に考証してみると、そのほとんどが別の日に交代期日をもっているから、当行の場合にも十月一日が誤りである可能性は甚だ高い。当行の場合、これを証明するに足る積極的な証拠を、出すことはできないのであるが、右の事情から判断して、聴取の方が正しいと考えるのが穏当である。もっともこれはどちらにしても大した問題ではない。
4　帰綏識略巻十七、帰属市集。
5　吉山忠一氏の教示によるほか、「股份有限公司興亜当定款」「第一期業務報告書」（ともに興亜当編印）参照。

第七章　手工業ギルドと職人ギルド

中国における手工業ギルドについては、欧米学者の研究や根岸佶氏の業績などがあったが、最近仁井田陞氏が「中国の社会とギルド」を著わして、その研究史の上に不朽の布石をおかれた。仁井田氏は中国の手工業がヨーロッパの場合と異なるゆえんを分析して、商業資本の職場所有制にその特質を求め、「商人資本が直接に生産を我がものとする形態は、単に問屋的前貸制ばかりではなく、一人前の職人や徒弟を従属させつつ自ら一つの仕事場（職場）を支配する形態においてあらわれた。そしてこの商人的仕事場所有制とか商人資本的職場支配制とかいわるべきものこそ商人資本の生産支配において、中国、したがって北京ではむしろ重要な役割を果してきたのであり、かつ、その点に特色ずけ得べき性格が見出されるようである」と規定されている。すなわちヨーロッパの手工業は直接生産者である親方を中心とする手工業であるが、中国では商業資本がこれを支配しているので、職人は独立の企業者としてのび上ってゆくことが困難であった点に注目し、そこに手工業ギルドと平職人ギルドとの併立の基礎を求められたわけである。本章もこの立場を手がかりとして出発し、仁井田氏の問題提起を全面的に拡充しようと試みているのであって、おおむね左の理解の上に立っている。

中国における手工業の発達は帰綏製粉業ギルド（福虎社）などの例によって明らかなように、最初は農家の副業から出発している。それが仕事場を独立させる段階になると、当初は零細な企業であるけれども仕事場の従業員は農業から離れて専業となるために労働の生産性が高まり、次で徒弟制度やその延長としての職人制度を通じて生産技能は急速な進歩をとげ、労働の生産性の向上によって、ここに都市手工業が存在理由（レーゾンデートル）を発見することになる。この段階における仕事場は、舗長―職人――徒弟によって構成されているが、その中には企業に必要な商取引を受け持つ商業的要素と、直接生産に従う手工業的要素とが未分化のままで含まれている。ついで、企業を伸ばしてゆくには大資本ほど有利なので、小さい企業が合同して大経営を樹立することになる。同時に舗長といわれていたものが、固定資本の提供者（財東）と運転資本の導入者（頂生意的）とに分化して、商業資本はその両者の結合によって構成されるようになり、従業員も分化して賬房（商業部門）と工房（生産部門）の分業をみたわけである。商業資本の職場所有制の成立に伴い、賬房が経営の主軸となって商業資本の利潤の増大にすべての目標が集中されたのに対し、工房はつけたりとなって商業資本の命ずるがままに、商略に必要かつ有効な製品を生産することをその任務とする様になる。商業資本の都合では工房を解散して純商業に転身する場合もあった程であるから、一切の剰余生産は賬房に吸いあげられ、工房はあがったりとなって生産力は停滞状態におちいらざるを得なかった。こうなると手工業というのは第二義的で、その実体は商業であり、商業に必要な限度において、仕事場が附属設備として設けられているかっこうであった。単一生産に従事しているペンキ屋・仕立屋・大工・左官などは、舗長の分解が中途半端となって商業資本の仕事場所有制まではゆかなかったが、大量生産を前提とするものは製粉業に限らずすべてこうした段階まで進まずにはいられないのであった。舗長の仕事場という段階に止まっている場合でも、未分化ながら商業資本をかかえているわけであるから、本質的には商業資本の仕事場所有制に準じて考えられる。商業資本の価値収奪によって生産力が停滞すると、商業資本の利潤の源泉は枯渇することになるので、その矛盾を外部にふり向けるために、手工業ギルドは商業資本所有者の社会集団であるという性格を露骨にあらわし、団結による収奪強化に向って狂奔せざるを得ない。こうして外は大衆に被害を与え、内は職人を収奪しつつ、封建社会の全体を商業資本の下に屈従させるために、あらゆる努力を重ねていたのであるが、いつの場合でも反動政策は成功の可能性がないわけであるから、民国以後手工業ギルドは自己崩壊の急坂をかけおりる運命になったわけである。

職人は直接生産者としての本能的欲求から、商業資本の専制に対抗してその仲間的な利益の擁護に立ちあがる動きを極めて早くから起しているのであって、手工業の成立と同時に職人ギルドの萌芽形態は動き始めている。舗長の利益を擁護するギルドとして、代表的なものと言える呉真社や成衣社でも、その内部では独立職人がギルドのメンバーとして発言権をもち、平職人層の活動も見られるのである。職人ギルド成立の際にその担い手となった者は独立職人であって、彼等は商業資本の支配から離れて直接個々の消費者等から注文をとって歩き、自分の仕事場にたてこもることもできたので、商業資本の攻撃に対して一種の死角をなしていた。舗長型手工業でも職人ギルドが分化をとげている場合があり、靴縄業において店舗側の靴線行に対し、職人側の公議社が対立している実例などを見出しうるが、未成熟であるにしても舗長に商業資本の色彩がある以上、そこには職人ギルドの成立をもって答えられる原因があったわけである。完全な商業資本の職場支配の下では原則として職人ギルドが成立しているし（帰化城では百パーセント）、銀行社のような商業資本の生成が不十分なギルドでは、職人ギルドもまた分化の気配を見せている程度に止まっている。職人ギルドは同業の職人全体で構成され、独立職人と仕事場に雇われている職人とが連合戦線を張っているのが普通であるが、染物屋のように技術上の特殊事情から、独立職人の独立が困難である場合には、雇職人だけで職人ギルド（敬仙社）を組織することになる。職人ギルドは商工ギルドに比べてその仲間性がかなり民主的となっている。右の敬仙社の場合でも賃金闘争と賃金協定がギルドの主な事業であったわけであるが、職人ギルドでは総じて職人の仲間的な利益の追究が全面的におし出されている。その基底には職人の生活感情の共通性が脈々と流れ、共同体的な自覚が根強く存在したことは否定できないのであって、六合社が福虎社と争った場合のような、苛烈な階級闘争を展開し得たゆえんである。

手工業は封建社会の一環として重要な働きをしてきたが、それが資本主義に向って展開するということになると、あまりに障害が多すぎたので、ギルドの近代化は結局挫折してしまった。手工業の中に近代化をおし進める力が無かったとはいえない。商業資本にしても帰綏の手工業の一半は民衆を顧客とするものであって、商品流通の普及に貢献していたし、毡房（フエルト業）は全国的な市場の形成にまで進んでいる。資本構成の近代化には三つの道があって第一は財東が資本家となり、財股が株式となる方式であるが、こうした胎動は銀細工業（銀匠行）などに現われている。第二は身股が資本となる場合であって、製粉業では経理が資本家に進み、財東は寄生化してしまった。資本側の第一本の活動によって資本の原始的蓄積が進行していたのは事実で、内外蒙古や新疆からも収奪している。資本側の第一第二に対応する所の、職人側の賃労働化も進行しているのであって、仕事場の家父長的秩序が破壊されて家内奴隷的色彩がぬぐい去られようとし、封建的な隷属関係も著しく崩壊している。特に重要なのは職人ギルドの賃金闘争であって各職人ギルドがほとんど年中行事のように仕事の繁忙な時期をねらって賃上げストを行った結果、店舗のおかげで食べさせてもらえるのだという家族主義的な空気は薄くなり、食えるだけの賃金を要求する線が表面化していったのである。脱穀製粉業の場合に見られるように、独立職人の仕事場は問屋制の隷下に編入される可能性が最も高かったが、毛織物業などを始めとしてマニュファクチュアとなったのもあって、この独立職人の仕事場が拡大されて独立職人が資本家となり、平職人が労働者となって、自生的に資本主義企業を成立させた。これが第三の道で、独立職人が資本家となるこの形が近代化コースの本街道と言うべきものである。こうした近代化への胎動が見られたにもかかわらず、商業資本はついに仲買に終始して問屋にさえなり切らず、産業資本に転換することに失敗した上、職人もまた最後まで生産要具に恋々としてこれから解放されなかったので、プロレタリアートへの踏切がつかず、そのために商工ギルドの反動化は結局成功を収めて、職人ギルドの解放運動を制圧し、マニュファクチュアも仕立屋その他で見られるように特権マニュファクチュアとしてこれに隷属する形に再編成されていった。

阿片戦争以後は国際資本主義の進出があり、天津開港と京包鉄道敷設を二つの跳躍台にして河北の資本と労働力が流れ込んだが、帰綏の商業資本はこれらと結びついたり、排斥し合ったりしながら、全体としては買弁資本の役割を果してきた。国民政府の成立後はギルドを同業組合に改組する運動が進められ、商工ギルドの中に「公会」の看板をかかげる者が多かったが、それも要するに買弁化をおしすすめるというだけに終っている。日本軍がこの地方を占領していた当時、公会を軽工業協同組合に改組するよう指導したが、帰綏の手工業を日本資本の支配下におくだけで、近代化にはなんら役立たなかった。国民政府は職人ギルドを工会に改組するという方針を出したこともあるが、この政府が綏遠に進出するまでに反動化したので、後にはその仕事さえ危険視して、帰綏では全然工会への改組に着手していない。従って職人ギルドには表面的な改組もなく、衰微したままで事変を迎えたわけである。

応　答　者

(1)塗色業と呉真社
　李生財氏　呉真社会首。
(2)仕立屋と成衣社
　石輔卿氏　成衣業公会々長。河北省冀県出身。
(3)銀細工業と銀行社
　劉靄庭氏　首飾業組合長。
(4)染物業と染行義仙社

張鐸氏　染物業公会長。湧泉茂（染房）経理。

(5)染物職人と敬仙社

党全氏　湧泉茂老師傅。

(6)飲食業と酒飯行・仙翁聚仙社・餅行

李珠氏　飲食店業組合長、鳳林閣（飯館）経理。

(7)板場と合義社

王玉氏　一九四四年度合義社値年会首。

(8)精米製粉業と碾行青竜社・麵行福虎社・および六合社

梅子栄氏　米麵業組合長。

(9)釀造搾油業と缸油行

徐鎰齊氏　釀造業組合長、鎰生泉（缸碾房）経理。

(10)毛皮業と粗皮行成鎭社・帽行衡義社・栄豊社・義和社・東義和社

李永氏　粗細皮衣業組合長、崇義長（細皮房）経理。

(11)粗毛皮職人と東義和社

王有恆氏　厚和鎭副鎭長、回教徒、粗皮職人出身。

(12)皮革業と靴行集義社

姚呈祥氏　皮革製品組合長、大東靴店経理。

(13)皮革・靴および口袋職人と意和社・西公議社・德先社

灉渓氏　西茶坊祖師廟住職。

⒁フェルト業と毡行毡毯社

韓泌氏　紡績製絨組合長、允和成（絨毛鞋帽舗）経理、左雲県出身。

⒂煆冶鋳物業と金炉諸社。

喬志興氏　一九四一年度組合長。

喬　英氏　一九四四年度組合長。

⒃木材関係手工業と魯班社

毛永和氏　木器製造組合職員。

楊宗貴氏　同右

⒄麻縄職人と公議社

劉城海氏　公議社会首。

第一節　塗色業と呉真社

呉真社の成立は雍正十年であると伝えられている。呉真社はこの年に祖師廟を建築し（E2）、そこに呉真社の名で紀念の扁額を掲げているのだから（E36）、ギルドの成立がそれ以前に遡る可能性を持っているのは事実である。乾隆年間にもかなりの活動を示し（E3　E18　E43　E44）、その後一九三三年（E122）を経て今日に至るまで、大した栄枯盛衰もなくつづいている。もっともごく最近になってから、一九三九年に同業者達は形式上「油漆公会」の名のもとに市商会傘下の同業公会を組織し、一九四三年に油漆公会は「木器製造業組合」の一部となってこれに吸収されたが、呉真社はその動きとは別に、従前通りの体制を今日も維持しているのである。

呉真社の営業内容については乾隆五十一年の扁額に、「油画行公立呉真社」(E48)とあり、また帰綏道志には呉真社を画匠だと説明している(註1)。油画行というのは油漆業および裱画業を略称したもので、そのうちの油漆業は建築物等にペンキなどの塗料をぬる業者であり、裱画業は家に壁紙をはったり、裱具をしたり、竹と紙の細工に着色を加えて葬儀用の模型の家・人・乗物その他を製作する業者である。実際は油漆業と裱画業とは兼ね合っており、かつ多くは裱画を主とするのであって、油漆業を主とする者はごく少ない(註2)。したがって呉真社を画匠と説明することは、正確な解説でないから日本人には誤解を起させ易いが、必ずしも誤りとは言えない。

帰綏の油画行は大同帮であって、新たに徒弟を採用するときには大同出身者に限って選衡し、他県の者は今日でも絶対にとらない。十三歳以上の少年で、かつ「舗保」を要する。今では礼儀や服喪などの点で家父長の権威を制度化し、家族制度の擬制を強制するようなことは行われていないが、四年の徒弟期間を通じて、経理の命令の下に家族としての生活を送り、徒弟がこれを誇りに感じているのは事実である。食事は店舗でたべさせてもらい、冬服および夏服各一着が与えられ、いうに足りない程度ではあるが小遣銭がもらえる。労働時間および労働内容は無限定であって働けるだけ働くのである。すなわち一日の労働時間に限界がなく、年間に休日もない。ただ正月の五日間と節期毎に二日間づつ、仕事から解放される。これらは要するに家族労働の準用にほかならない。徒弟期間の中途で舗を去ることも、去らせることも自由であり、徒弟満期の際に、その店で雇ってやるという習慣もない。満期とともに街頭に投げ出された職人は、やむなく独立の老師傅となって、自分の運命を切開いてゆくのである。

老師傅は現在総数二十余名に過ぎないが、いずれも徒弟を終えた独立の労務者であり、平素は各自の家庭に居住している。職人が常時特定の油画舗に属しているようなことはなく、老師傅に仕事を頼む人があれば、どこにでも出かけて行く。油漆裱画の店舗は注文を引受けたときの事情によって、その量が過大であったり時間が限られていたりする場合が多いので、その都度独立の老師傅をたのむことになるし、官庁・寺廟・店舗・民衆などが仕事をやるときにも、油画舗にたのまず、老師傅を指揮して自分の思う通りのものを作ることが多いのである。雇傭中は「日工」(一日分の仕事)に対する日給が給与されるだけで、食事もつかず、いわんや身股などとは全く関係がない。呉真社の老師傅はヨーロッパ中世の巡歴職人、Journeyman, Yeoman, fahrender Gesell に類似した存在であるといえる。

老師傅のうち資本のある者は舗を開くのであるが、常傭職人も雇えないほど利益の少い仕事に投資するものずきはないから、いづれも自己資本を用意しての開店であり、自ら帯財掌櫃となるわけで、財東はない。綏遠通志によると、油画舗の資本は甚だ少く、最高の者でも三百元にすぎないという(註2)。屋号を称することもなく、舗長の姓をとって、たとえば高画舗などと呼んでいる。舗長は経営面のみならず、自ら生産にも当り、徒弟を指揮し、重要作業だけは自分で受け持っている。仕事はほとんど全部受注生産であるから、必要に応じて臨時に老師傅を雇傭することは多いが、要するに「仕事場」以上には出ていない。商品を作るのとちがって危険が少いので、資本の小さい割合には大きな利益を挙げている。

呉真社を社会紐帯の面から見ると、社会集団としての結合に、有利な條件が少くない。店舗の開設地区は旧城に限られているし(註2)、徒弟制度を支柱として純粋に同郷関係者だけで仲間を作り、祖師信仰によって結合を強化している。それでも同業の点に問題があるため、ギルドの体制は複雑になっている。すなわち仕事の面からは裱画舗と油漆舗との別があり、油漆舗は建築業者と関係が深く、したがって土建業ギルドである魯班社に結合する可能性を持っていたわけである。油漆舗は清朝時代には裱画業からの兼業収入が多かったが、民国以後は洋館が増加し、ペンキの塗布が流行するようになったので、一面では魯班社に加入するようになり、いわば二つのギルドに重複して参加し、二重のギルド籍をもつ形になったのである（D18 D19）。舗長と老師傅の利害は対立関係を誘起する可能性はあったが、老師傅が独自のギルドを結成するには至らなかった。

それにしてもギルドが舗長だけの団体であることは、前記のような「仕事場」の立場を考えるためにもきわめて重要である。呉真社のギルド員は衆善（E3）衆弟子（E44）と言われ、散会（E122）とも称せられているが、呉真人の弟子である点からいえば、当然職人とともにギルドを組織すべきであるのに、実際は店舗だけの団体であり、老師傅の加入を認めていない。会員数は乾隆五十二年に十二（E44）光緒三十九年に十九（E118）民国二十二年に十八（E122）同二十四年に二十一（註2）現在は十一となっている。貧乏店主ばかりの集りであるため、ギルド員の地位は比較的平等である。また油画舗は全部ギルドに加入しているといわれている。ギルド員総会は「邀レ衆聚公議」（E32）とあるようにギルド員の公議（相談）をつくす事をその主旨とし、年一回大祭当日に開かれるほか、必要に応じて随時催されている。ギルドが慣例的に行ってきた平常の実務は会首に一任し、それについて衆が口をさしはさむ余地はなかった訳で、何か新しい事態のもとに相談を必要とすることがあれば、総会の議題となったのである。聴取によれば会首は四名づつ選ばれ、全ギルド員の平等な輪流によって、当番的に会首の席が廻ってきたよしである。任期は一年であるから値年ともいわれたが、近来値年正社長とも称するようになった。光緒三十九年（E118）、民国二十二年（E122）等の実例によれば、この会首制が行われていたことは確かであるが、それ以前は必ずしも四軒とは限らなかったようで同治九年には五軒（E32）であったという実例もある。

会首の李氏によれば、ギルドは主として老師傅の賃金を定め、その決定どおりの賃金制度を実施するために組織された社会集団であるという。現在老師傅の賃金は、ギルドの規定する定額制をとり、「日工」計算による均一賃金制が厳重な「規矩」であって、一日十元の公定が厳守されている。ギルドに老師傅を加えようとしなかった理由はこれで明瞭となる。このほかギルドが行ってきた事業には厚生施設があり、民国二十二年に義地を公置し、同業者およびその親族で墓地を購い得ない者を葬るための備えとしているが、この場合でも舗長はその親族でさえ恩典にあずかるのに、職人徒弟には門戸を閉していたのである（E122）。

南茶坊関帝廟の一廓を占める祖師廟の正殿は三間房であって、一間に一人づつ神像神位が置かれているが、その西端の一間に呉道子が祭られている。呉道子の前におかれた祭壇には「呉真社」の社名が入っており、また楣間に掲げられている呉真社の匾額は、乾隆および道光年間のものであって（E44 E55）、ギルドと廟との幾久しい関係を物語っている。帰綏識略等にも、ギルドが呉道子を祭っていることを記しているが（註3）、呉道子は「妙繪乾坤」（E55）「写生聖手」（E118）といわれているように、画く技術の創始者であると伝えられ、そのために油画舗の祖師と仰がれているのである。香炉など祭祀用の施設も整っており（E128等）、演劇の奉納および宴会を含む賽社も挙行された。祭祀の日取は一定せず、毎年適当な日を選んで行ったということであるが、帰綏識略等にも「不レ定レ日」祭典を行ったと記されている（註3）。賽社は民国以来停止され、今日ではギルドから年一回二円の手当を祖師廟の道士に支給して、香をたき読経をしてもらう事に、その名残をとどめているだけである。乾隆年間にはしばしば祖師廟の増築や修理を助けたのであるが、いずれも単に助善という程度に留まっていた（E3 E10 E18）。それが道光以後になると、金炉鉄社金炉銅社・公議社と共に、祖師廟の経理人となり、責任を以て一切の費用を賄う立場に立ったのであるから（E72）、神への信仰を口実にしたギルドの結束が、この頃から特に必要となったことがわかる。この体制は同治を経て（E32）民国十四年に到るまで（E121）、変っていない。

慈善に関しては、義地の経営も慈善の意味で行ったのであるし（E122）、祖師廟の支持もそのあらわれであるが、右の他にはあまり力を注いでいない。祖師廟に接続する関帝廟（E27）と瘟神廟（E33）に喜捨した例はあるが、これは南茶坊廟の一部であるから宗教事業の延長と見なすべきである。商業ギルドが自他の「面子」を立てるために慈善事業を広く薄く展開したのに対して、手工業ギルドは祖師信仰に生きるという立場から、ただその一筋につながって、狭いだけに熱意のこもった慈善事業を行ったわけである。

祖師廟の西廂房には乾隆五十一年にかかげた呉真社の門標が現存しており（E43）、その内部にも光緒三十九年に呉真社で作製した匾額があって（E118）、この一間をギルドの社房として用いていたことは疑いない。聴取によればこの社房の使用はギルドに一任されていた代りに、社房の修理維持もギルドの負担であったという。もちろん所有権は廟に帰属していたのであり、ギルドの財産ではなかったよしである。ギルドの諸経費を賄うために、呉真社ではギルド員および職人から、職人一日分の賃金（現在なら十元の工錢）を一年に一回「布施」として徴集し、これを経常費にあてるとともに、臨時費は別に必要な額をその都度あつめたのであって、これには何日分の工錢を徴集すればよいかを計算して会員および老師傅から平等にとりたてた。老師傅はギルドでの発言権は全く認められず、なんらの恩典にも浴せず、支配の客体としてのみ扱われたのであるが、負担だけは一人前に背負わされ、しかもこれを神への布施という名のもとに、恩恵という形で、むしろ布施を納めることに光栄を感じさせられていたところに、呉真社の巧妙なカラクリがひそんでいたわけである。

註
1　帰綏道志巻廿二、外小社行　呉真社。
2　綏遠通志巻一〇八　商業　各県商業概況、帰綏県油漆裱画業。
3　帰綏識略巻十八賽社。又、帰綏道志巻廿二賽社。

第二節　仕立屋と成衣社

中国では仕立屋を成衣局と呼んでいるが、帰化城の仕立屋のギルド成衣社が成立した正確な年は明らかでない。雍正甲子端月に成立したと伝える記録もあるが、これは民国十三年の重修にかかる、嘉慶九年の匾額に現れた創立年次であり（G18）、しかも雍正年間に甲子の年はないのである。乾隆五十一年に成衣社が存在したことは疑いなく（G14）仕立屋という職業が都会の発生とともに成立したことは確かであるから、そのギルドの歴史も古いことは間違いないが、火災で焼失したまま長年の間放置されていたギルド会館を、嘉慶九年に再建しているのであって（G18）火災で一切の古記録を失ったために、それ以前の正確な歴史は不明となったわけであろう。道光以後光緒迄の間の記録では（G29 G7 G8）、単に雍正中の創立といっている。当らぬとしてもおそらくはあまり見当はずれの推測ではあるまい。いずれにしても嘉慶九年がギルドにとっては再び積極的に活動を開始した年であり、その後は持続的にきびきびした動きを示しているが、何分にも小粒であって帰綏を動かす程の仕事はできなかった。帰綏道志にも帰化城外小社行の一としてあげられている（註1）。中国が資本主義の波をかぶってからも、成衣局は営業の性質上、手工業のままで対応できる面があり、今日でもギルドはその存在意義が認められている。もちろんこの場合、成衣局がミシンとアイロンを使用し、洋裁の手法をとり入れる等、技術内容の変革をみたばかりではなく、経営の面においても軍服学生服等の規格品の需要に応ずる被服工場として、新衣荘・軍衣荘などの特権マニュファクチュアが発生し、成衣局でもこれに適応（アダプト）する勢を見せている。聴取によれば、成衣社が成衣公会に改組されたのは民国二十三年で、新衣荘軍衣荘もこれに参加したよしである。事変以後は一九三八年に服装業公会と改称し、四三年に估衣公会を合併吸収するに到ったが、公会の名称にも日本語を華語として強制的に使用させたところに、占領軍の姿が見出される（註2）。成衣社の歴史はきわめて泥くさく、むしろその後進性の故に中国ギルドの諸問題を解明する資料の提供者として、われわれの注意をひきつけるのである。

帰綏道志が成衣社を「裁縫」と説明しているように（註1）、成衣局は注文をうけて加工を行うだけであるから、生産というよりもサービス業に近い。本来的な成衣局の構成を見て行くと、徒弟は同業公会規約（L19）に「工徒」として見えているのであって、ギルドも徒弟の管理にはかなり考慮を払っている。紹介者のある十二ないし十六歳の少年を採用するが、その際に規約によれば「保薦人」を必要とするはずであり、実際はさらに身許保証を厳密にして「舗保」を要求するのが普通である。入店の当日、新入の徒弟は舗長および祖師に叩頭の礼を行った後、その店の老師傅以上の先輩全部を招いて、自己の負担において宴会を行わねばならない。工徒としての年期中、徒弟は舗長に対して、父に対するのと同じ礼をとり、たとえばその間に舗長の死に際会すれば、子としての喪に服する。ちなみに徒弟の年期終了後に舗長が死亡した際、喪に服するか否かは本人の意志に任されたのであって「服喪しなくてもかまわない」といわれているから、家父長的身分関係の擬制は、年期中だけで一応消滅したわけである。ギルド規約によると、年期を三年と定め、この間は一切の費用は舗長の負担とし、裁縫の技術を習得させる。年期の中途で工徒が故なく退店することを厳禁し、万一これに違反した者があれば、それまでに消費した食費のほかに、損失金として在店一年未満の者は四十八元、三年未満は九十六元を補償する義務を課し、それをギルドが直接責任を以て徴集した上、舗長に交付する。もしも当人が逃亡すれば、保薦人の責任となることも規定している（第三條）。以上のギルド規約を、聴取によって得られた実状とつき合せて、比較検討してみると、工徒の義務は厳重に実行されているのに、舗長の義務（したがって工徒の権利）は公然と無視されていることがわかる。たとえば工徒の賠償義務は規定通り実施を見ていることを、石会長は誇らしげに語るのであるが、舗長の義務については、年期にしても舗で衣食を負担する場合は四年とし、食事だけ支給する場合に限って三年と定め、給金はいずれにしても支払われていないという報告であるから、規約は無視されているわけである。一年のうち、休日は正月一日から五日までと五月二十五日前後の三日間（大祭）および各節期（当日だけ）がそれぞれ全日の休業、二月十九日（南竜王廟々会）三月十八日（三官廟々会）四月十八日（新城娘々廟々会）がそれぞれ半日の休業となっている。一日の労働時間には規定がなく、暇なときには適宜休むこともできたが、仕事がいそがしければ夜間作業はもとよりのこと、深夜作業にしたがうことも多かった。このように労働條件は酷薄であったが、作業が比較的楽であるため、まだしも耐えることができたのである。

成衣局では年期を終えた職人は「工人」（工師）とよばれている。店内で起居する者が多く、通勤の場合でも、食事は店舗の給食による習慣である。ギルドで規定した正規の「工資」を与えられるが、身股はない。工資の算定方法には定額給と出来高払とがあり、以前は定額制が多かった。公会規約には月給制を厳禁するという一項があるが、実際は今でも定額給が一部で行われている。出来高払は衣服一件を仕立てるごとに、注文主から受取った仕立代の四割をその仕事をやった工人に与え、六割を舗長の収入とする定率制が普通である。それがギルド規約では工人三割八分店舗六割二分とすべきことを強調しているのであって、四―六制はもとより、右の主張以外の一切の工資の算定方法を厳禁している。（第一條）。しかし現実には四・六に分割する制度が大半の店舗で施行されており、規約はほとんど無視された形である。休業および労働時間のたてまえは工徒と大差がないが、店舗内での生活および作業規律においては、工徒よりもかなり自由で融通がきいたといえよう。

舗長はいずれも工人出身者であり、自己の資本だけに頼って店舗を開設している。全くの零細企業であって店舗数もまた多いのであるが、それでも成衣局の看板をかかげて営業を営むのは、限られたものである。徒弟を終えた大半の仕立職人は、このような店舗をはることができないで独立職人の群に投ずることになる。裁縫が家庭工業として広く成立する余地のあることとは、生産および需要の両面からいって、有利な條件がそろっているからであるが、そのために舗長と独立職人の区別はかなりあいまいで、ギルド側の取扱い上の区別にすぎない場合もある。ともかく技術の習得を終えた職人の多くは、生家に帰って特技を生かしながら、主として仕立直しに従う独立職人となるのである。独立職人は徒弟も職人もおかず、工人が単独で個人的に営業を行うのであるが、官吏・地主・大商店などが期限をきって独立職人を雇入れ、仕事を頼むこともあるし、成衣局が雇主となる事もあって、その期間だけは臨時雇職人として住み込むわけである。公会規約には、彼らを「散戸」と名付けているが、散戸の仕立代もギルドの公定価格によらせ、価格以下のサービスで客を吸収することを厳禁しているのである(第四條)。

成衣局は自己資本だけに依存するという点で、手工業としては単純な構成を今日までもち続けたのであるが、それは分業による大量生産に適しなかったためであり、したがってその條件をそなえた新衣荘・軍衣荘は特権マニュファクチュアまたは問屋制家内工業として発達する事になった。その多くは合夥制で、財東の資本を背景とし、身股を与えられている経理が、支配人の地位を占めている。経理の下には工頭があり、工頭は賃金労働者を指揮して生産に従ったのである。また直営の仕事場を持たずに、在来の成衣局をそのまま新衣荘軍衣荘の下請作業場として特約し、その舗長を工頭にあてるという形態もあった。前者の工頭は月給制で、後者においては請負制または出来高払となり、かつ必要に応じて前貸制をとっている。それで公会規約にも工頭の賃金は工人の例にかかわらないと述べているだけでなんら制約をおいていない(第一條)。工頭のほかに経理の助手としては「夥友」と名付ける事務員があり、品の受渡し、代金収支、注文などに従うのである。夥友は身股を与えられている者が多く、経理に昇進し得る可能性も大であって、賬房の中心ともいうべき存在である。新衣荘軍衣荘の財東――経理――夥友は、一般の封建的な商店と同じ構成をもつもので、それが問屋として仕事を引きうける場合には、これと特約を結んで下請作業を受け持つことになっている成衣局の工頭――工人――工徒を支配して生産に従うとともに、散戸を利用して作業の量を調節したわけで、要するに問屋制手工業と規定することができる。また軍服等は軍閥・政商と密接な関係をもつ営業であるため、そうした人々とつながりのある者、またはその代理人が財東・経理・夥友の中に加わり、比較的進歩した施設をもつ工場を設けて、賃労働者を使用しながら西服（洋服）の製造に当っていた。そうした工廠は民衆の商品流通に基盤をもっていないから特権マニュファクチュアと規定できるのであり、構造的には封建的な生産関係によってその中核が占められ、経済的には近代工業の成長を阻む役割をになっていたのである。

ギルドの社会紐帯を見ると、同業性の点では手工業（成衣局）と特権マニュファクチュア（軍衣荘新衣荘）の相違のほかに、成衣局と散戸との分離があり、ギルドの中心である成衣局だけについていっても、舗長・工人・徒弟が明瞭な階級的対立をはらんでいたにもかかわらず、斯業にあっては封建的な受注生産が支配的であり、これを裏付ける手工業的生産方法が特異な力をもって経営を支配して来たために、成衣社は一貫して単一ギルドとして全同業を支配することができた。資本主義的生産と競争せねばならない段階になると問屋制手工業と妥協して同業公会を組織し、軍衣荘等と反動的（封建主義的）統一戦線をしいて、帝国主義とさえも提携する可能性を残していたことは否定できない。かつ、この場合でも公会の基礎は「成衣局」であって、軍衣荘等が応援した形であるが、軍衣荘等も封建体制に依存する以上、ギルドを支援したのは当然である。同業者達が祖師「軒轅」の弟子として、信仰的一致点をもっていたことは、この生産様式の上部構造にあたるのであり、成衣社および公会の結合にプラスとして作用している。同郷関係では山西・山東・河北等の各省出身者を含み、山西省のうちでも大同・陽高等の各県に分れ、複雑多様な呉越同舟となっている。各県の出身者が各自の同郷関係を利用して注文主の発見につとめたほうが、お互の仕事の奪い合いを防ぐ道であったから、呉越の別があった方が同舟の共通目的を果すのに便利であったろう。地縁的にも開放的で、成衣社には、新旧城および附近の村落の成衣局を広く包括し、限定を設けようという気分は見受けられない。

成衣社の構成員としては、徒弟以外の全同業者を包括する体制が一応考えられていたのであって、舗長・散戸・工人はいずれもギルド員と認められている。この構成員を衆会（G18）合社行衆（G27）闔社人（G7）衆人名（G56）などと呼んでいるのであって、その数は光緒元年に五百三十五名（註3）同三十三年に二百七十名に達している（G56）。公会規約には、全同業の店舗および工人は、会に登録して会員証を受けねばならないが、特に工人で証書を持っていない者は即時就業を停止し、店舗は連合してこうした工人を使用しない方針であると規定している（第二條）。聴取によるとこの規約に限らず、加入強制は成衣社の伝統であるが、その実現もまた容易でなかったという。この規約には会員大会についても記しているのであって、経常費以外の臨時の支出を要する場合に大会を開く規定になっている（第五條）。従来から慣例として行われて来たことについては改めて相談する必要はなく、新しい負担を負わせる場合だけ、それについて協力を求めたわけである。ギルド員総会については、道光中にすでに「同社糾衆公議」（G29）が行われているのであって、「臨時総会」というところであろう。定期総会は祖師生誕祭の五月二十五日に開かれ、会首の改選と費用の分担を相談したが、ギルド総会の権限として明確に規定されたものはなかった。同業公会になってからの定期総会は正月元日（新暦）に開催され、公事の討論を行ったが、委員会が自ら責任を負い得ない問題を提出したときに、会員総会の議決が行われたのであって、その他の事項は事実上報告を受けるのと、えらぶところがなかったよしである。

ギルドは一応同業者の結集を計りながら、構成員の中に差等を設けて、その中から衆号（G36）衆舗戸（G58）をとり出し、職人とは異なる立場に置いて、ギルドに対する権利義務の擬制的な主体という地位につけていた。衆号は店舗という意味であって成衣局・衣荘・散戸を含んでいる。民国十三年に九十七戸（G58）を数えたが、現在は四十余戸となっている。公会規約には同業各号・商号・業主等として示されており、その中に舗長（舗主）と散戸とを含み、舗長は店で使っている工徒工人に関する問題についても、ギルドに対しては責任を負っていたのである。経費分担においても、業主と工人・夥友では、算定の基準を異にするが、それと同時にギルドに対する発言権の差等を設けた点が大切で、義務負担の区分はその伏線として張られていたわけなのである。

ギルドの領袖は通常「会首」（G19 G36 G40）といっているが、衆会首（G18 G58）衆首（G8）を会首と同じ意味に用いている例もある。会首の定員は九名であり、道光（G29）同治（G40）光緒（G7 G8）を通じて変化がない。その中の四つのポストは固定的に常任会首によって占められている。この四軒は老会首あるいは単に会首と称せられ、他の五名は四班会首として区別されている（G7）。老会首には改選がなく、欠員を生じたときには残りの老会首が相談の上で補欠の選考を行うのであり、一般の衆号とはつながりのない特権的存在である。四班会首に比して高い地位を占めているが（G7）、その声望は老舗たる伝統に基ずくもので、経済力よりも職人気質から出た技術の高さに対する尊敬がおもて立った理由となっている。四班会首と言うのは、舗長二十軒を五軒づつ四班に分け、三年ごとに一班づつ交代で会首に任じたところから生じた名称である。この二十軒は老会首に次ぐ老舗であり、老会首には及ばないが、ギルド内のボスとして聞え、補欠薦衡が行われるほかは固定していて、やはり改選はない。各班が三年づつ交代で会首の地位につくので、嘉慶八・九・十年会首（G19）道光二十一・二・三年会首（G29）光緒十六・七・八年会首（G8）等と称されている。会首はギルドの代表者で（G19 G36 G7 G8等）、会の実権を大体掌握している。ギルドの重要問題は「衆会首公議」（G58）「新旧会首公同議定」（G40）とあるように、会首全体の会議にかけた上で、ギルドの意志決定が行われ、これを一般会員に強制して事業を専制的に進めている（G18 G36 G40 G8 G58）。また会務の執行も全部の会首の公議によるのがたてまえである（G18 G58）。会首個人が権力をもっているのではなく、会首全体が集団として行動することによって始めてギルドを動かす力となり得たことは留意すべき点であろう。

会首の専制にギルド員を悦服させるため、一見民主的と見られやすい体制をギルド組織の中に設けていたのであって、その巧妙な擬制は大衆をまどわす力をもっていた。ギルドの事務を処理するために、老会首の中から正会首を、四班会首の中から副会首を、「仕事のできる人」すなわち事務的および政治的能力本位で推戴し、慣例的にきまっている仕事は、この正副会首に一任したのであるが、正副会首は形式上会員大会で推薦し決定する形になっていたのであって、これによってギルド員全体に対する支配を確実にしようとしたわけである。総会は全く翼賛的であって、実際はそれぞれ会首が相談の上決定した線を、のむかどうかが総会にはかられた議案の内容であり、賛成でない空気が濃ければ会首公議で再考するということはあっても、総会自体が反対をきめることは無意味とされていた。このほかに「協弁」（G29）を置いたが、協弁は会首ではなく、実質上はギルド事務遂行のためにおかれた事務員であり使い走りであって、正副会首の手足にすぎなかった。協弁は右の二十四軒以外の業主（舗長および散戸）の中から大会の席上人物本位で推挙され、工人工徒には協弁となる資格を認めなかった。道光中の定員は六名であったが（G29）、近来も同数である。協弁は会務に対する発言権は与えられていなかったけれども、施行の実務にたずさわっていたから、運用上のサジ加減を加えることはできた筈で、それによって会首専制の弊害を軽減するという効果をもたらしたわけである。したがってあらゆる意味からいって協弁は老舗専制の支柱であり、会首の権限をおびやかすことなく、しかも小業主をギルドに引きつけ、これを支配する上に、この上ない道具立てとして役立ったのである。こうしてギルド員は正副会首と協弁を選出したような幻想を与えられて、その会務執行に服従する義務を感じ、業主は協弁に選ばれる権利をもつ点において、職人と違う特権階級としての自己満足を覚え、舗長は四班会首となる日を待ちわびてギルド会首にとり入ろうとし、会首はその中に特権的な老会首を含んでいたにもかかわらず、「共同体」的な公議を通じて全員が歩調を合せることによって、専制権力を発揮するに必要な商業資本の力を、結集することに努めたのである。

同業公会の役員は、会首の伝統にちなんで委員九名を置き、元の正副会首を正副会長と改称し、他に一名の常務委員をおいている（G60）。委員選挙については規約の上では民主化されて、老会首および四班会首による推薦制度を廃止し、会員大会において無記名投票による直接選挙を行うことになったのである。もっとも委員の被選挙権を舗長に限定し、選挙権を工人・散戸に限定している点において、ギルドの遺制を残している上、実際はこの無記名投票は一度も実行されたことがなく、人材本位で「公推」するのが実状であるといわれている。公会は舗長全体の共同体として、ギルドの専制体制を拡大再編成したことになるが、それは協弁を廃止し、普通の事務員を雇傭している点にも現われている。委員の任期は総て一年となり、大会の期日に応じて、交替の時期は一月に改められた。

成衣社の事業は、営業上における舗長の利益を集団的利已主義の形で擁護しようとした点に、そのねらいがおかれていた。職人まで含めて、同業者の全部をギルドに加入させた上、工人に対する賃金を公定するとともに、散戸を含めた業主の仕立代を公定したのであるから、いわば成衣局散戸の同盟によって、内は労働力を安く買いたたき、外は製作の手間賃を高くつり上げて、その間の利潤をできるだけ大幅に拡げた上、「免紛岐」ということを強調して、右の前提に立った意味での秩序を、各層に承認させることにつとめたのである（L19）。ギルドの規矩が明瞭に舗長の利益を代表しているにもかかわらず、舗長は都合によってはギルドの規約に反して賃金等を定める場合も多く、一方、工人等にはギルドに服従することを強いたのであった。同業公会になってからも、舗長が自分では規約に反して委員を独占しながら、ギルドに対する工人の義務を厳重に履行することばかりをせめたてたのも同じ事情である。舗長の集団的利已主義が最高の倫理であるから、ギルドの規約に違反して封建的正義をふみにじったとしても、舗長はそのことが必ずしも不当な行為だとは考えていなかったのである。

聴取によれば、ギルド裁判はかなり権威をもって行われていたという。ギルドの秩序維持が主なねらいであったろうが、徒弟や工人が店舗内の問題をそこに持出しても無意味なため、実際は業主間の紛争が多く取扱われている。問題が起ると当事者と会首が集って討論をつくした上、調停の成立を計り、それができない時には会首が裁断を下すのである。裁決に不服であれば、ギルドマーチャントや官の法廷に持ち出すのは自由であるが、その例はほとんどないということである。

助葬については、一九四〇年に城南の升星板申村の南方の戸口地五畝一分を買い、貧しい同業者の遺骸のために、永眠の場所を与えたのである（G60）。手工業ギルドが義地（共同墓地）をもっているのは、むしろ普通であるが、同業公会となった後、しかも事変の最中に設立した点が注目される。

同業は軒轅帝を祖師として信仰している（G35　G36　G7）。成衣社の伝えるところによれば、軒轅帝は姓を公孫、名を軒轅といい、土徳をもって黄帝となった人物であり（G7）、文明を開き衣装を発明したので仕立屋仲間の祖師と仰がれたのである（G43）。財神廟の東北の一廓に祖師廟を設けたのは雍正中といわれ、後に一度焼失したが嘉慶九年に再建した。その入口である中門の正面には「成衣社」の三字をうきぼりにした磚（煉瓦）の門標をはめ込み、成衣社がこの祖師廟を専用していることを誇示している（G29）。祖師廟には軒轅帝がまつられているほか、神農も陪祀されている（G7）。成衣社は各時代を通じて廟の修理（G18　G29　G36　G7　G8　G58）、塑像の彩画（ぬりかえ）（G29　G36）、祭具の整備（G40　G56）等に努力を払い、しかもこれを独力で仕遂げて、外からの寄附は一切受け付けなかった（G7）。廟の管理のために、財神廟の住持を住込ませて平素における奉仕に当らせ、年に一度の大祭は成衣社が直接たずさわる習慣であった（G18　G29）。大祭は五月二十四・五・六日の三日間にわたって挙行され（註4）、二十五日が祖師の誕生日で、上供（おそなえをする）（G36）、焼香（香をたいて皆で神に祈る）（G36）、念経（読経）などの行事があるが、その日はギルドの全員が仕事を休んでこれに列席し、黄帝に叩頭の礼を行い、終って大会に移ったのである。この祭典は今日も継続して行われている。このほか従来は三日間を通じて財神廟の舞台を借りて演劇の奉納を行ったが（G18 G29 G36 G40）、歴史ある行事も、近来は経済的理由によって中止の余儀なきに至ったという。なお聴取によれば、成衣社の宗教は「仏教」であるが、仏教とはこのような内容の民間信仰をさすわけである。それはともかく、成衣社が今日まで祖師への奉仕をつづけたのは、信仰をかきたてることによって神威を高め、ギルド全体の結合を絶対化しようと考えた所に真のねらいがある。したがってギルドの全員の参列を強調したわけであるが、同時に演劇を通じて一般の顧客にとり入る点でも、ぬけ目なくたちまわって来たのであって、このねらいは一応成功を収めたと見なすことができる。

慈善事業としては、義地の設立の外では、財神廟への寄附に集中している。乾隆五十五年（G2）嘉慶九年（G18）道光十一年（G4）同二十二年（G29）咸豊七年（G34）同九年（G36）同治八年（G41）光緒元年（G7）同二年（G44）同七年（G45）同十六年（G48）同十八年（G8）同二十九年（G53）民国十三年（G58）等古今を通じて色々な機会に金を出したり、募金の世話を行ったりしている。右の中には祖師廟の修築費等を寄附した場合が多いわけであり、財神廟自体の補修費であっても、祖師廟との関係から財神廟に寄附したわけであろうから、信仰対象に関連した慈善と言ってよい。したがって成衣社としては、自分達の生活に直接つながる方面だけに寄附金を出し、一般的な慈善は全然省みなかったわけで、集団的利己主義の直裁な現れをここにも見出すことができる。

ギルド事務所の沿革については前に記したが、この一廓は最初から成衣社の「公所」として出発した建物であり、ギルドが一応完全に支配していた（G8 G9 G29）。ただその支配権がどの程度のものかについては疑問の余地もあったようで、これをめぐってギルドと財神廟との間に紛争が起っている。廟側としては祖師廟の区域を成衣社が独占するのをやめさせ、そこにも財神廟の支配権を及ぼそうという見地から、前記の「成衣社」と記した磚匾をとりのけるように成衣社にせまった。問題は発展して官憲の手に移ったが、道光二十二年に官の裁決があって、旧来どおりギルドの独占使用が認められ、ただ成衣社は祖師廟の修理を担当する義務を負うことが正式にきめられたのである（G29）。これによって支配権に対する明確な線がひけたというわけではなく、財神廟も名目上の支配権は留保していたのではないかと考えられるが、少くともその使用に関する限り、成衣社の排他的な支配権が確立したのは事実である。光緒十八年における祖師廟の構成は、三皇殿（神殿）・社房（事務所）・火房（台所）の合計四室を囲んで、門楼と墻壁がそびえ立っていたのであるが（G8）、この構成は嘉慶以来今日まで変っていない（G18 G58）。門楼は中門の形式で、今日もその中央に問題の「成衣社」の磚匾がはめ込んである。門を入ると右側が一間の火房で、左側が二間の社房となっており、いずれも粗末だが大きな建物である。つきあたりの中央が三皇殿で、軒轅神農伏犠の像をおくところからこの名がある。陪祀の神は影がうすく、神農については光緒元年の関係記録に見出されるが（G7）、伏犠についてはは論及した記録が見当らない。聴取の際にもギルドの祖師をたずねたところ、軒轅についての応答があっただけで、その他はギルド人の意識に浮び上って来ない程度の陪祀であったと思われる。ギルドの役員や職員がつめている社房は会議室兼用の事務室で、社房の内外は多数の匾額で飾られている。

ギルドの事務費はギルド員の会費で賄い、事業費はその都度寄附金を募って支払うことになっている。規約によると、業主および会員は毎月一日から十五日までの間に会費を完納することになっており、工人夥友の会費は業主がおのおの雇傭員の分について責任をもつのである。会費には数等の区分を設け金額に差異があったことも述べられている（第五第六條）。現在は業主は甲等乙等丙等丁等とし、それぞれ月額五・四・三・二元の会費をおさめ、夥友工師は一律に八角となっている。ギルド員は月会費の他に、祭祀慈善等の費用にあてる「布施」を負担する。布施は会首が責任者（主善）となって募化を行う形をとり（G18 G58）、一般会員は抽抜すなわち会費に準じた、なかば強制的な天引寄附金をとられる。会首は主善であるから、募金を事業とするもので、自分自身はそれによって企業的な利益を得てもさし支えなく、もちろん抽抜を出さないのである。もっともたてまえとしては「随心」すなわち各自が出そうと思うだけのものを寄附することになっている（G36 G56）。会首の表面上の寄附額は一般会員より多かったと言われるが、実際の寄附額はそれとは一応別であると考えたほうが間違いがない。公会規約には、特別の費用は会員大会の議を経て籌集すと規定している（第五條）。右の布施の募集に関して大会を開いた場合を想像すると、本規約の意味が理解できるわけで、ギルドの伝統を制度化したものといえる。

ギルド規約については、道光年間の記録に「旧章」によって財神廟との紛争を解決したことが見え、この決定に異議が無かったと記されているから（G29）、権威ある規約が存したことは疑いないが、その旧章の内容は伝えられていない。現在おもてむき届け出ているのは「厚和市服装業公会章程」であって、これは同業公会法に合せて、厚和市内の多くの公会が共同で作製した章程であり、会名・会址・営業名・委員定数だけを各公会で補記するほかは、共通に配給された規約内容を文字どおり活版で押したものである（註5）。それでも補記事項によって成衣・軍衣・新衣・估衣の各業がこの公会に参加していることと（第七條）、委員数が総計九名となっていることとが明らかとなり、これだけは公会章程の生きた内容をなしている。ところで現在同業公会が実際に使っている規約は、これとは全く別個の「厚和市服装業同業公会規約」であり（L19）、一九三九年十二月一日に制定されたものであるが、このほうには成衣公会の通則にあたる内容を盛込んでおり、実情にふれた点がはなはだ多い。ギルド以来の習慣もかなり豊富にとり入れられており、この規約には含まれていない現行慣習の中の「生きている伝統」と、あわせて研究することによって、旧ギルドの規範をさぐり出す上に役立つところ少なしとしない。またこの規約が舗長の利益を主張する点において、いかに巧妙且露骨な階級的主張をうち出しているかについては、前に論及した通りである。規約が強制力をもつには、ギルドの共同体としての圧力が何よりものを言ったわけであるが、このほかに、第二條に「各号および工人は会章に従うべし」と規定し、第七條に「商号および会員は大会の議決に服従する義務あり」と述べたのち、もしこれに違反した者があれば、それが業主（舗長・散戸）の場合には警察官署に対して告訴し（第一・四條）、工人ならば全舗長が共同して職場から追放し（第二・三條）、工徒には罰金（第三條）をもって臨むと言う処罰條項を設けることによって、強制力を補強しているのである。処罰項目の中に官憲の力をもち出すことは異例であり、仮にもち出すとすれば、むしろ職人等に対するものであったはずであるから、この規約が舗長を処罰して会規に従わせるのに官憲の利用を明示している点は注目に値する。唯舗長全体が彼らの利益のために規約を無視する行為があった場合、これを取締る方法がなかったことは明らかで、処罰條項は故意に公平を装ったものと考えられる。規約の内容を見ても、散戸工人徒弟の管理と、加入強制および会費を主な問題としているのであり、舗長が共同で職人等を規制することが真のねらいであったことを問わず語りに示している。ギルドにとって大切な事業であった祭祀・慈善・助葬及び裁判に、本章程が通則的な規約であるにもかかわらず、ふれるところがなかったのも、このためであろう。

註

1　帰綏道志巻廿二、外小社行。

2　估衣行・估衣公会については、第四章第十五節で述べた。

3　資料G7には、成衣社が社外の人からは絲毫の費をも募らなかった事を明記した上、寄附者の名前と寄附金額の一覧表をかかげ、五百三十五人を列挙している。従ってこの数が闔社人のほぼ全員を示すものと考えてさしつかえない。

4　資料G18および帰綏識略巻十八、賽社。又帰綏道志巻廿二賽社にも記され、質疑応答の結果とも一致する。

5　この帰綏の諸公会共通の規約はL15に例示した。

第三節　銀細工業と銀行社

銀を材料にしている加工業としては、周知のように、銀通貨（馬蹄銀）の鋳造にあたる銀炉及び銀号と、装身具などの製造に従事している銀棱があった（註1）。銀棱のギルドは雍正十年（C19）以前から存在し、帰綏における最も古いギルドの一つであった。銀炉業と区別して示すために、細銀行（C6 C7）銀作行（P12）銀匠行（C1）等と記されたこともあるが、通常は単に銀行（C19 C23 C28）とよばれていたようで、帰綏道志（註2）にも帰化城の小社行の一として「銀行」をあげ、これを銀匠のギルドと説明しているのである。もっとも嘉慶以後、各ギルドが競って「〇〇社」と名乗るようになってからは、銀行よりも「銀行社」の方が普通の名称となったようで、道光三年以後（C60 C61）民国十七年（C91）に到るまで、多くの場合銀行社と名乗っている。このほか「銀行勝会」という宗教団体としての名称もあって、銀行社の祭器具にギルド名を記入する場合は、しばしば使用されているが、銀行社銀匠社などと記名した祭器もあるから、それも絶対的ではない。首飾業公会と称したのは、国民政府の統制に服し、同業公会法等に依拠して造ったポーズであって、事変前（C94）から事変後（P24）にかけて用いられている。その後一九四三年には日本軍の方針に基ずき、その「工業保護政策」に便乗しようとして、軽工業組合であることを標榜し、「首飾業組合」と改称している。勝会といい、公会・組合といっても、それぞれの時期において銀行社が示した一つのポーズに過ぎない点では共通している。

銀棲は指輪耳輪などを造る手工業で、銀を主材料とするが、金もかなり用いられ、洋白（白銅）も量的には少からず使用されている。近来は鍍金（めつき）包金（金銀を外側だけかぶせたもの）が多くなり、このほうが多額の手間賃がかせげるので有利と考えられている。また宝石も利用されたが、最近は材料難のためあまり用いられなくなってきた。装身具といっても、金や宝石はその原産地である新疆省・ロシアから西北貿易によって輸入され、帰綏の銀桜で加工した後、おもな消費地である京津に送られたのに対し、銀・洋白は京津から輸入された原料を用いて加工し、その製品はほとんど蒙古に輸出されたのである。蒙古の貴族は頭の上から足の先まで、銀をもって飾りたてることを誇りとしていたので、蒙古人あるいは蒙古貿易商人が帰綏の銀桜で注文したり、買上げたりした装身具は、予想外に多量であった。貴金属には中古品の売買が多かったが、帰綏市内の住民は主として売客として店頭に現れ、農村の地主層の多くは買客として店先に現れたことも興味深い。装身具の売買は普通は顧客が直接店舗にやって来て商談を進めたのであり、銀桜は堂々たる構えの小売施設を大街に面して設けていたから、その点では商店であったが、店舗の構成は純然たる手工業者で、商業専門の従業員は一人も含まれていなかった。これは取引額に比して取引件数が少く、おもな取引時期が隊商の帰還から出発まで——すなわち、十月から年末までに限られ、顧客も一定の「朋友」を主とする傾向があったというような諸條件が重なっていた上、何よりも取引自体が専門的な技術者としての知識を必要としたので、商法よりも技術が大切であった為である（註3）。もっとも、ギルドには銀楼のほかに金店（金舗・金局）（C59）が加入しているから、商人も皆無ではなかった。金店というのは黄金の地金貨幣と金製の装飾品・装身具の製造販売に従う者であるから、加工を伴った仲買卸店というべき営業内容をもっていたわけであるが、帰綏の金店は、西北貿易の隊商を待ちかまえて金銀宝石を買いあつめ、これを地金または製品にして北京方面に送ることを目標にしていたのであって、その中の金の地金のほうは便宜上「銀炉」に依囑して「馬蹄金」にしてもらったので、「金炉」（鋳造部門）を設ける必要がなく、金細工の部門は事実上銀楼と営業上の差異がなかったので、金店といっても、収買部門の商店組織が確立しているという一点を除けば、銀楼と大したちがいはなかった（註4）。

徒弟は各銀楼に四五名程度で、銀細工職人として必要なあらゆる技能を学ぶとともに、店舗の雑用や客の接待にも使用されている。最初徒弟契約が結ばれるに先立って、舗保が必要であるが、徒弟制度は今日では残滓を留めているにすぎない。すなわち採用條件としての同郷關係の制約もなく、入店および徒弟滿期の際の儀式もなく、徒弟期間中に他店に転ずることも自由である。年期も不定であるが、普通は五年ないし七年となっており、技術の關係で他のギルドより長いのである。しかし徒弟には十三・四歳の者を採用しているから、徒弟滿期の際の年令は他の営業に比して遅くないわけである。正月の半カ月と各節期の一日づつのほかに、休日は与えられていない。待遇は他の営業に比すれば良好で、衣食の支給を受けるほか、初年度で年額約三百元の手当があり、年々昇給する。経理の喪に服するような習慣はないが、日常の生活および労働において、家族制度的な秩序が維持されていることは事実である。

以前は一つの経営のうちに十数名の老師傅（職人）を擁する者が多かったが、今日では十名以上を雇傭している銀樓はない。老師傅は直接生産者であり、封建的な労務者であるが、同時に原料を鑑定して買入れたり、製品を販売したりすることも彼等の大切な仕事であった。大きな店では実際上この二つは分業化する傾向に向っていたが、商工は現在でも未分化のままである。また商才を認められた者は、手先の器用なものより大体において優位に立っていたことも見逃せない。給与には、出来高払制と月給制の二種があり、月収は通常百余元である。少数ではあるが身股を与えられている者もあって、その点では商業従業員的な性格を帯びているわけである。

経理は老師傅出身の技術者であり、技能的にも熟練したうでをもっているが、彼自身は余り現場の作業には当らない。自分の店の財東となることは許されない習慣であるから、帯財掌櫃となる事はない。財東によって聘任され、俸給は月給制で、月二百元前後であり、他に必ず身股を与えられている。財東は無限責任を負う出資者で、三・四人の朋東が普通である。銀樓においては資本に関する限り財東の専決にまかされており、三年ごとの決算期には他の財東や経理の主張にかかわりなく、勝手に抽股することができるし、また添股倍股及び経理自身の身股については、経理の同意を必要とせず、財東全体の意見だけで自由に決定できた由である。公積金は「厚沉」と呼ばれているが、開店時の契約文書および三年ごとの更訂契約に基づいて、紅利の中から所定の割合で積立ててゆくのである。銀樓における財東の出資條件は、「自由な資本」にやや近い形になっているが、それでも財東間には共同体的な制約が相互にはりめぐらされており、無限責任の條件でしばられ、かつ投資の主旨が商業資本である点も、一般の手工業以上に明確である。經理は出資者としては取扱われず、身股は単なる給与となっているかわり、經営に関しては、經理が全権を掌握しているのであって、財東は干渉しない。老師傅に与える身股さえ、經理の決定に一任され、經理の手によって三年ごとに更新されていくわけである。經理は經営に関しては権威をもっているが、同時に老師傅徒弟も家父長的な徒弟・職人制度からある程度解放されている点では相対的な自由を得ている。したがって銀樓の現状は解体過程にある手工業として受け取るべきで、財・身股制の近代化をも含めて、かなり自由な体制に移行していることが認められるが、全体としてはなお封建的な生産関係が抜き難く鞏固であることは論ずるまでもない。

ギルドの結合関係を眺めてゆくと、先ず社会集団の基礎となっている同業関係において問題となってくる点は、金銀舗の区別ではなくて、經営者と被傭者の対立である。老師傅が賃金をめぐって店舗側と対立する以上、職人が銀行社のギルド体制を自分たちの仲間的集団としてうけとることは困難であり、その場合、一部の老師傅に身股が与えられていたり、經理が老師傅出身であることが、対立関係を糊塗し、ないしは融和するのに多少役立つとしても、これを解消さすことはできない。そこで同業性にかわって持出されたのは、祖師を中心とする信仰関係で、ギルド結成の基礎條件として強調されているが、これには經理老師傅ともに一応異論なく、ギルドが、一見宗教ギルドの観があるゆえんである。同郷性の点では大同幇としてまとまっており、郷里における封建的秩序がギルドに持ち込まれて、ギルドの社会体制に安定性を与えてきたが、近来河北人の進出が著しいといわれている。その理由として劉組合長は

「河北人は才能があるため」という説明をしてくれたが、京綏鉄道の開通と相前後して、蒙古への輸出よりも北京への輸出が重要となり、河北資本の進出となったわけで、資本主義経済の浸透による変貌と考うべきであろう。徒弟制度の解体を始めとする銀行の近代化は、こうした歴史的次元において生じたものと思われる。ギルドには新旧城の同業を包括していた由で、地域的限界線に基く排異は大して重要でなかったと思われる。他の商工業と比較すれば、新城の比重は割合に重く、新城の銀匠舗街には同業者が集中し、事変前には五軒の銀楼が店舗を開いていたのである（註3）。要するに銀行社は宗教的同郷的な諸関係に助けられつつ、商業資本の支配をうけ入れた共同体として成立していたのであるが、その基盤はあまり固いものではなかった。それにもかかわらず崩壊または分裂を免れることができたのは、営業の性格によるところが多いのであって、貴金属を扱うには多額の資金を要した上に、銀細工という非大衆的な商品が大衆の需要と結びつかず、従ってすぐれた老師傅が独立職人として店舗から独立し、市場の開拓を進めることができなかったためであろうと思われる。

聴取によれば、銀楼の各店舗は銀行社の「会員」であり、店舗に属する老師傅は「在会」であるとのことである。歴史的に遡って考えて見ると、会員にあたるものは「衆号」（C59）として、在会に相当するものは「衆師徒」（C60 C61）として、記録されている。衆号は銀楼であるから屋号を以て示されるのが本体であるが、その実体は経理であるため、店舗の代表者として経理名をかかげている場合も少なくない。衆号の数は雍正十年に二十六（C19）乾隆三十一年に二十九（C23）道光三年に二十九（C59）民国二十四年に十八（註5）現在十二であり、概ね銀楼の盛衰に比例して増減したものと思われる。銀楼は全部ギルドに参加した由であるが、たとえば民国二十四年においても金銀舗二十五の中で十八経営がギルドに参加しているにすぎないから、全員参加は一応のたてまえであって、実際問題としては銀行社の会員でない銀楼もあったと思われる。衆師徒は老師傅であるから勿論個人名で示されている。乾隆五十九年に七十八人（C28）道光三年に九十二人（C60 C61）で、この方は一部の参加に終ったわけであろう。

ギルドの役員としては、銀樓の中の大経営だけが三家づつ交代で会首に任じ、その任期は一年で、毎年改選されたという。大経営が役員を独占した理由をきくと、小経営は人手がなくて会首を引き受けず、また老師傅は会員ではないから会首になり得なかったということである（註6）。ところで、帰綏にある大部分のギルドは、会員に関する記録を余り残していないのにひきかえ、会首については比較的多くの資料を残している。しかるに銀行社においては、会首に関する歴史的記録を全く残していないのである。それは銀行社の本来の構成が会員を主体とする民主的な体制をとっていた事を示すのであるか、それとも表面上ではすべてのギルドの事業を会員の名によって行い、会員の「面子」を立ててゆくことによって、ギルドに悦服させようとした、巧妙な支配体制の現われであるのか、不明というほかはないが、劉氏のいうような大資本の専制が何時頃から行われたかを論証することはいずれにしてもできない。小経営や老師傅が会首になれなかったことについて、劉氏のあげた理由は、おざなりな弁解であって、それは大経営の専制による富の集中の結果として小経営がギルド問題を省みる余裕を失ったということであり、議論としては原因と結果をとりちがえた解釈だというべきである。大経営による寡頭専制の歴史はともかくとして、会員と在会とを区別し、衆号だけに会首となる資格を認めていた点が、本質的な問題であって、老師傅がギルドに参加しながら会員とは認められず、ギルドの実体が経理のための社会集団として終始したという以上、組織面を貫くものは経理が集団の力で商業資本の利益を実現するために結束して作った仲間的結合であるというほかはない。なお聴取によれば首飾業公会においては、三名の会首を常務委員にあてたのであり、首飾業組合に改組してからは、委員を組合長・理事・監事と改めたが、大経営の専制体制として、会首制度が「共同体」の役割をになったことに、変りはなかった訳である。

ギルドにとって最も大切な事業は、地金の買入価格と製品の販売価格を会首が相談の上で協定し、その価格を同業者全体に強制したことであるといわれている。しかも劉氏は、徒弟制度や老師傅に関してはギルドが絶対に関与しなかったことをくりかえし述べている。この応答によると、経営内の問題は自由とするのに対し、顧客との取引には協定を加えたわけになる。これは一面に於ては同業者が共同戦線を張って銀楼の利益を擁護したことになり、ギルドとしてもその必要はあったと考えられるが、反面からいうと、こうした協定が守られた場合には大経営にとって有利であるのに反し、小経営は発展を封ぜられることになる。殊にその価格が会首によって決定せられるのであるから、地金の手持が多く、また臨時雇を増すことによって生産量の調節がきく大経営にとって、有利な線が出る可能性の高かったことは、当然といわねばならない。

事業の第二は祭祀である。聴取によると、ギルドの祖師は金花聖母と欧陽真人であるという。調査当時、玉皇閣内の聖母殿には金花聖母が中央におかれ、他に陪祀が二体あった。聖母殿を銀行社が単独で支持して来たことは明瞭であって、殿内におかれている各種の祭器などで銀行社以外のネームのはいったものは皆無であるし、その内外にかかげられている匾額類も銀行社関係のものばかりで、「雙腕神功」（C28）「功偉聖作」（C61）「元神默運」（C59）「神恩広覆」（C23）など、いずれも銀細工技術の発明者としての祖師の功をたたえ、同業がその神恩の惠沢に浴していることに対し、感謝の辞をつらねているのである。清代には九月九日を中心に、前後三日間、演劇も奉納した由であるが、現在は九日に菓子などをそなえ、一同で香をたいて叩頭するにとどまるという。

事業の第三は慈善である。これには毎年酷寒期に「放米」と唱えて貧民に穀物を一袋づつくばったほか、寺廟への喜捨をおこなっていたと劉氏は述べている。後者については、主として祭祀との関連において行われていたようで、玉皇閣とは特別な関係を持ち、玉皇閣としても「本廟の銀行社」（C9）と考えていたのであって、乾隆（C6　C7）同治（C57　C69）光緒（C74）民国（C91　C94）を通じて援助をつづけてきた。これ以外に火神廟（P24）観音寺（X1）

呂祖廟（S4）などにも寄附したことがあって、慈善の対象を広くとっている点では商業ギルド的であるが、それにしても手工業に特有な、信仰対象に寄附を集中する傾向も、明瞭に認められるのである。

玉皇閣の一部には、騾店社と共用の社房があり、両社で「公立」した門標は今日もこの社房にかかげられている（C94）。聖母廟との関係から玉皇閣の中に社房を与えられ、これをギルドの公所としてつかっていたことは疑いないのであるが、劉氏によると「銀行社には公所がなく、ギルドの事務は会首の家を適宜利用してやってきた」という報告になっている。騾店社との共用であるため、社房は秘密を要する事務をとるのに不便であり、いきおい会首の家も相談等を行う場所として使用されたことであろう。殊に宗教的行事の少なくなった民国以後は、玉皇閣内の公所から足が遠のいていったものと考えられる。こうして歴史ある社房も、実際に利用していないと、会首でさえその存在を忘れてしまうような有様となり、会首の家だけでことが足りる程度に、事業も縮少されていったのである。似たようなことは、ギルド規約についても起っているのであって、規約の問題を劉氏に尋ねたところ、章程はないとの答えであったが、邢煥文氏の厚意によって、「厚和市首飾業組合章程」を入手することができた。これには劉氏を含む三名の発起人が署名した上、印章までおされており、劉氏が組合成立と同時に組合長となり、私の調査当時も在任中であったことがしるされている。劉氏がこのように深い因縁のある章程を忘れていたのは、この組合章程が生きた規約ではなかったためであろう。帰綏には商務会が世話人となり、同業公会法を引写しにして、各軽工業組合が共通に使用し得る條文を作製した上、印刷に附した「組合章程」があり、首飾業組合でもこの章程の中に前記の組合成立の事情とか会長名などを書き入れ、役員について補訂を加えただけのものを、規約として用意していたのである。これは「官庁に報告するための章程」であって、政府の組合統制に、表面上歩調をそろえるという以外には、何等の意義も認めておらず、したがってギルドの実体とはほとんど関係のないものであった。邢氏は日本領事館のために資料を集めていたので、組合としては官庁に届け出るために作られたこの章程を邢氏に提出したのであるし、劉氏はこの章程を普通の意味での規約とは考えておらず、従って平素は念頭に置いていなかったので「規約はない」と応答したわけであろう。いずれにしても、ギルドの実用上余り意味のないものは、社規であろうと、社房であろうと、すべて消滅するにまかされていたことは興味深い。

註 1　加藤繁博士「支那経済史概説」頁一三九。ちなみに帰綏では銀爐は金爐社（第七章第十三節）の中に、銀号は銭行（第六章第一節）の中に、それぞれ含まれている。

2　帰綏道志巻廿二、帰化城外小社行。

3　銀楼の営業の一端は、綏遠通志巻一〇八商業一、各県商業概況、帰綏県金銀珠宝業に記されている。

4　金店と銀楼は、十九世紀以降になると、中国全体を通じて金銀店とよばれるようになり、その間の差異がほとんど認められない実状であった。

5　「註3資料」に二十五家となっているのに対し、同書の帰綏県の末尾のところに「銀物業十八家」と記している。前者は税務署の調査であるから全体を、後者は商務会調査の結果であるから同業公会参加者を示すものである。

6　厚和市首飾業組合章程には、発起人として三名が署名し、組合役員の定数を組合長理事監事各一としている（第十條）。この章程は後述のように軽工業組合共通で協定作製したものであるが、首飾業組合の章程では、原案にあった副組合長等の項目をけずり、理事監事を各一名として三名の役員とした程であるから、旧来からギルドの会首が三名であったと言う聴取も、あながち根拠のないこととは考えられない。

第四節　製紙業と紙行社・紙房社および公義社

帰綏識略によると、帰化城の近傍には紙房があり、麻紙・草紙を作っていたというが（註1）、その状況は今日もかわらない（註2）。中国ではどの都市でもその城内または近郊に製紙業の仕事場ができているといってよいくらいで、これは一般的な現象である。帰綏の製紙業者のギルドは最初「紙行」あるいは「紙行社」とよばれ、乾隆中葉以前に遡り得る歴史を持っていた。紙行社のギルド員は「衆号」といわれていた紙房であり、「在会」の衆姓は老師傅等であり、衆号衆姓を包括してギルドが組織された状況は、あたかも銀行社の如きものであったと思われる（註3）。しかしながら衆号と衆姓の利害関係は根本的に矛盾しており、ついに衆号の紙房社と衆姓の公義社の分立を見るにいたった。商業資本側のギルド紙房社が成立したのは乾隆五十四年以前に属し（F14）、職人側のギルド公義社は少くとも咸豊以来の記録を残しているが（F25）、その対立関係は光緒十七年の南竜王廟重修の場合にも認められ、また帰綏道志にしるされた帰化城の小ギルドの中にも、両ギルドの名は含まれていて、紙房社が店舗のギルドであり、公義社が職人の団体であるという説明もついているのである（註4）。現在紙房社には同合泉・公盛源・復興魁・復盛泉・復興泉・徳興昌等が店舗単位で参加しているのに対し（註2）、公義社は紙行社中の衆姓の後継が作った団体であることを自任している（F12）。

このように最初は紙行という単一の組織に属していたものが、十八世紀の末に紙房社と公義社とに分れて相対立するに到ったのは、工賃を中心とする経済的利害にその主因があったことは想像に難くないところで、商品流通に伴う階級対立として考慮せねばならぬ問題だと考えられる。こうした動きは銀行社にもあったのであるが、銀行社においてギルドの分解をくいとめ、職人を店舗側ギルドにつなぎとめる上に力があったと考えられる宗教にしても、紙房社と公義社ではむしろ信仰を異にするに至り、一つのギルドにまとまることは宗教的にも不可能となったのであって、かつては同じ団体に加わっていた両ギルドであるだけに、対立は深刻なものがあったのである。信仰の面で熱意を示したのは職人ギルドのほうで、南竜王廟の一角にある文昌閣の階下には孔子に陪祀して蔡倫と眼光菩薩が祭られているが、その蔡倫を信仰していたのが公義社であった。公義社は咸豊八年に廟の楽楼（奉納芝居の舞台）に、「揚聖徳、頌神庥」と題した匾額をかかげているから、少くともその頃から演劇の奉納をやっていたわけであるが、ひきつづいて宗教的事業に力をつくしたのであって、光緒十七年には廟の西禅房の重修を助け、これを社房として利用することも許されるようになった。爾来、公義社は、ギルドの大祭の準備をしたり食事の用意をしたりする場所がないというような不便を解消することになり、ギルドの事業について相談したり処理したりする場所として、社房を活用することも出来たが、代りに南竜王廟の経費の五分の一を負担することになったのである（F９）。祭祀の日取は八月二十一日で、賽社は当日だけであった（註５）。帰綏識略には蔡倫は紙工の祭るところとあるが（註６）、文昌閣にある神位は「蔡祖師の神位」となっていて、祖師を祭るという態度を明示している。これに反し紙行社の宗教的行事は全く不明である。紙房社も祭侯を南竜王廟に祭るというのであるが（註５）、紙房社の匾額は文昌閣ではなしに奎星楼にかかっているから、同じ蔡倫でもこのほうは奎星楼内の蔡倫に帰依していたものと思われ（F14）、また祖師として祭ったのであるかどうかも明白でない。紙房社の祭日は三月十六日であるが（註５）、社房もなく、南竜王廟に寄附した例はあるが、同じときに公義社の寄附した金額の三割にも達していない（F９）。紙房社も公義社も表面的には蔡倫信仰という共通の目標をもっていたようにみえるが、その内容においても、顕著な相違があったわけで、技術に生きる職人たちが、より強力に職祖神を押したてて、その加護を求めたことは十分首肯できるのである。

最後に組織に関して一言すると、公義社は光緒中には値年糾首十四名によって代表されている（F９）。これだけの事実によって万般を推すことはできないが、老師傅ばかりの団体であるだけに、比較的平等な輪流によって、値年が交代したのではないかと思われる。このほか製紙業者について論述を要する点は多いのであるが、委細は薩拉齊・包頭等の紙業に譲り、ここでは職人ギルドの成立がみられたという事実を報告するだけで満足することにしたい。

註
1　帰綏識略巻三十五、土産貨部。
2　厚和特別市概況（一九三九年七月市公署編並発行）頁三一。
3　「F12」によると、これは乾隆三十九年に紙行社の衆姓が「敬立」した匾額を、咸豊十一年に公義社で「補立」したものであり、紙行社衆姓を継承する者が公義社であったことを示している。紙行社に衆姓がある以上、衆号のあることは自明の理であり、衆号衆姓が単一ギルドに包括されているとすれば、生産関係の範疇を等しくする銀行社の場合と同じような体制になっていたのではないかと想像できる。
4　帰綏道志巻廿二、帰化城外小社行。
5　帰綏識略巻十八及び帰綏道志巻廿二、賽社。
6　帰綏識略巻九、龍王廟。

第五節　染物業と染行義仙社および敬仙社

第一項　染物屋と染行義仙社

染物業の経営者のギルドは、嘉慶十六年（C８）から民国十七年（C91）までを通じて義仙社と呼ばれ、民国二十四年（C94）から事変後の今日までは（P24）、染業公会と称している。帰綏道志（註１）では、染行と義仙社を別々の団体とみなし、後者に対して染匠という説明を加えているが、染匠（染物職人）は徴仙社と名付ける全く別個の団体を組織しているのであって、帰綏道志の著者の思い違いと考えられる。染行の称はおそらく嘉慶以前から清末に至るまで、ときに用いられたこともあったと思われるが、正式の名称ではなかったようで、記録には現われて来ない。また東亜同文書院の調査になる支那省別全誌「山西省」には（註2）「染房社」についてのべているが、このギルド名は誤りではないとしても、俗称にすぎないであろう。とにかく、染物は一応誰にでもできる作業であるが、技術の進歩と美しい衣服に対する欲望の増進が、平行的に高まるにつれて、高級な技術を驅使し、専門的に各種の染色を行う業者が、現われて来る段階となるのであって、染房の成立は他の手工業よりも少しおくれていたはずである。こうした事情から義仙社は嘉慶道光時代に全盛期をむかえたのであって、それ以前は多くの顧客を得るだけの剰余生産力が、農村なり蒙古なりになかったわけであるし、またそれ以後は資本主義におしまくられて、一歩づつ退却を余儀なくされていったのである。

染房は、注文をうけて加工するのであるが、反物はもとより、染料も注文主が持込んできて、単に手間賃だけをかせぐのが普通である。注文主は帰綏の呉服屋・雑貨舗が第一で、農民・帰綏の住民・ラマ廟等がこれにつづいたが、近来は農民が唯一の顧客となった。もともと農家の家内工業から分化したもので、紡績製糸から染色工程だけが独立したというわけであるが、呉服屋などがもってくる布類も、多くは農民の手になる「土布」であった。染料としては植物性染料も鉱物性染料もあるが、その中で最も多く使われたのは藍と紅（べに）であり、美しい色彩を出すには種々の花の汁を用いたのであって、いずれも石灰水を混用した。染色は原理としては簡単だが技巧を要したので、出来不出来の差がいちじるしかった。農村の副業としてはその手にあい兼ねる染色加工の注文が、染房にとっては最も安定した得意先であったが、それさえも農家の手織がマニュファクチュアや近代的工場の製品におわれて減少していくにつれて、需要が少なくなっていったのはぜひもない。帰綏の染房が発展したのは、蒙古や西北地方への輸出用品が大量に発注されたことが原因となっていたわけで、たとえばラマ廟からは、赤や萌黄に染める法衣や帳幕の注文が出たほか一般の民需用の反物についても色々と注文が出たのであって、ラマ廟は自家消費の目的で発注すると共に雑貨舗や呉服屋と同様、商品として輸出する反物の染色を依頼していたのである。ラマ廟は内外蒙古・青海・西蔵に散在しているものと互に連絡をとり、輸出商として重要な役割を果していたわけで、廟の収入としても、この種の布類の取引は重要な地位を占めていたといわれる。したがって外蒙の放棄が間接的には染房に打撃を与えたわけであるが、その前から輸出商品が「京貨」におきかえられており、地元商品が駆逐されていたのであって、中国がマニュファクチュアへの過程を進んだ時期に、帰綏の織物および染物業がたちおくれたことが、最も致命的な問題であったということができる。

道光年間における染房の構成を見ると、染匠の中に師長・工人・徒弟の三段階があり、その上に経営者があったことがしるされている（C10）。経営者は「掌櫃」とよばれ、いずれも技術者出身であって、各染房ではその身股の大小の順序に従って、大掌櫃（経理）二掌櫃（副理）三掌櫃（協理）四掌櫃とよばれている。主として店舗の経営にあたるものであって、「掌櫃」すなわち、金庫をあずかっている者としては、商人出身の様に上手な綱渡りはできなかったけれども、染房では商取引よりも反物や染料を見分けて染上げの効果を高めるようなプランを作るほうが大切な仕事であったから、染房が新しく開設されたり、あるいは掌櫃に欠員が生じた際には、いつも「工人」の中から人選が進められていた。この点では染房の掌櫃は銀楼の経理と同じような立場にあるものということができるが、その性格を検討してゆくと重要な差異も見出されてくる。まず染房の掌櫃は一人ではなしに数人の共同体となっていたのであるが、これは単に数だけの違いではなく、店舗に対する発言権が資本構成の面にまで拡大され、その代り責任についてもまた強化されたために、経営全体の管理を担当し得るだけの経営陣の強化が行われた結果なのである。資本に関与し得るようになったので、掌櫃が同時に財東として投資し、「帯財掌櫃」となることも許されていたが、事実問題としては極めて稀な例であったといわれている。財東は経営には直接干渉を加えず、「合同」の契約に従って間接的に関与するほかは、利潤の配当を受けるだけであった。決算期には、財股身股を区別することなく、股数を通算して配当を行い、次の三年間について新な契約を締結したわけである。その際、添股抽股を行うには、財股のほかに身股の所有者全体の同意を必要としたが、殊に経理の発言が決定的な力を持っていたと言われている。公積金は経理財東の相談の上で決せられ、また必ずしも公積金がおかれていたとは限らないのである。いずれにしても染房の経営主体は財東ではなく、経理（掌櫃）にあったことは明らかで、中国の手工業の基本的類型に更に一歩近ずいた形態といい得るであろう。

義仙社の社会紐帯としては何よりも同業団体であることが第一條件で、その他の紐帯は重要さにおいて比較することができない。また同業の範囲から職人層がぬけ落ちて、商業資本所有者の同業という線が明確になっている点が重要である。同郷関係ではかつては山西幇であったが、今日では河北省と綏遠省の出身者も少なからず含まれている（註3）。染房が旧城だけに開かれているので、帰化城の社会集団となっているが、農村の染房に対抗する気持があった程度で、必ずしも閉鎖的な地域性を強調するものではなかったと思われる。仏教徒の集団とはいえ、後述のように、その信仰対象に問題がある。職人ギルドである敬仙社との対立は全く生産関係にもとずくものというべきで、その他の條件として例えば信仰等がからんで深刻さを増したとはいえ、ギルドの性格を決定するような本質的な問題は、含まれていなかったのである。

ギルドは染房だけによって組織されている。同治十年には徳盛泉などの十四経営（C67）、事変前には同業公会加入者だけで十経営（註4）、現在は十五・六経営がこれに参加している。ギルド員の大会も必要な場合に開かれる程度だが、その際には一経営から掌櫃が一人づつ派遣されて大会を構成する。会首は「総領」と呼ばれ、定員は二名である。五軒ないし七軒の「大舗子」とよばれている大きな染房だけが、総領となる資格をもっていたのであり、順送り交代制（輪流）でその席についた。張氏は会首が大舗子に限定された理由として、総領になれば自店の世話が十分できないから、小経営の染房ではこれにたえ得ない点をあげて説明している。同業公会になってから、総領は常務委員と改称し、定員も三名となったが、事変後は更に会長（正一副二）と改称している。しかもこの間を通じて依然として委員・会長は大舗子の輪流にゆだねられ、大舗子の間では平等であるが、小舗子には全く無縁のものとなっている。大資本の集団的専制は根ざす所が深く、封建反動の時期を通じて支配的であったと思われる。

ギルドの事業をみると、義仙社が舗の結社であるといっても、それが経営者の利益を代表する掌櫃のギルドにほかならぬことは明らかである。義仙社が最も力こぶを入れていたのは染色手数料の公定で、現在は布一疋の加工料が二十元であり、染料を染房が負担するときには、染料の種類によって百元ないし二百元が加算された。工人に支払う工賃の公定も、これと並んで重要な事業とされていたのであり、それには敬仙社との協定が必要であるといわれている。賃金問題は道光年間にそうした手続きをふんだ実例を見出すことができるから、由来久しいことは明らかである（C10）。第三は経営に関する共同事務で、ギルドマーチャントや官憲との交渉を一括して担当し、ギルド員の共同負担及び共同利益の配分を処理したわけである。第四は祭祀であるが、ここにも神威によって集団的利益の実現に努力するという階級性が現われている。もともと義仙社という名称は、梅仙・葛仙の二仙翁にちなんだものであって、ギルドでは玉皇閣の三皇殿内にこの二仙翁を祭り、正月十一日に祭祀を行っているという。また以前は大祭の日に経理が集って宴会を行った由である。帰綏識略等には、義仙社が玉皇閣で正月十一・二・三日に賽社を行ったと記している（註5）。従って二仙翁の祭祀を行った点では異論がないのであるが、祖師として祭ったという記録は残っていない。染房が各自の仕事場に祭っているのは「財神」であり、染物業が手工業であるといってもその経営者の信仰対象は手芸人すなわち技術者の立場からは全く離れ、商人として財神を祭る所まで来ている。その染房がギルドとしては二仙翁に帰依しているのであるが、これは手工業として成立した頃からの伝統によるものと思われ、一方、財神信仰は染房が商業資本として再構成されて行くにつれて発生したのであろう。商業化の結果として会員個々の信仰とギルドの祭祀が矛盾することになり、義仙社としては仙翁信仰に財神的な意味での致富の祈りをこめるとともに、職人をギルドに引付ける手段に利用しようとした。これは職祖神に対する信仰態度としては明らかに邪道であるが、店舗としてはこうした意味で祭祀をつづけることにさえあまり熱意がなかったわけである。このほか慈善事業を行っているが、その態度も祭祀と連関してかなりあいまいである。玉皇閣に対しては恒常的な支援をつづけ、嘉慶（C8）道光（C9）同治（C57　C69）を経て民国（C91　C94）に到るまで建物の修築その他に対する寄附を惜んではいない。ただ常に単なる援助者の立場において加勢するだけで、責任者としての地位につかず、また玉皇閣の「経理」として廟の経常費を受持とうとしなかったのは、右の信仰態度の反映であり、いわばごまかしの慈善にすぎないことを示している。この他に十王廟内の火神廟や（P12　P18）観音寺（X1）西茶坊関帝廟（Q6）西竜王廟（Y8）等にも喜捨を行っていて、慈善からいえば「広く残く」と言う商業ギルド的な態度が明確に現われている。

ギルドは公所として特定の建物を使用せず、事務所にあたるものは、総領となっている染房を、順次もちまわりで利用したといわれている。義仙社の職員として、事務員一名を常傭していたから、それによって僅かに事務所としての面目を保っていたわけである。ギルドの財産もなく、経費は会員への「攤派」によって支出したが、攤派は経営の大小によって染房を上中下に区分し、各等級ごとに分担基準を設けて負担額に差等をつけていたのであった。

聴取の際には章程はないとのことであったが、その後邢氏から厚和市染業公会章程をおくられた。ただしそれは事変後に厚和市の各同業公会で共同して定めた章程で、名称・所在地・委員定数・定期会員総会期日を書き込むようになっているが、その他は全く共通で、公会法に準拠した団体であるという形式をととのえるために、表面上設けた規定にすぎないから、平素はこれを社規として意識しておらず、社会規範としての意味は大してなかったようである。張氏の応答によれば、ギルドの秩序は成文化されていない「とりきめ」によって維持されてきたのであって、罰金と除名が主として用いられた脅迫手段であり、かつ懲罰手段であったよしである。

註
1　帰綏道志巻廿二　外小社行。
2　支那省別全誌第十七巻　山西省　頁七四三―四。
なおこの調査は明治四十一年に、東亜同文書院第六期生の手によって行われたものである。
3　蒙疆銀行調査課編「蒙疆に於ける華人商工業資本」（昭和十四年同行印行、蒙疆産業調査資料第四輯）頁一五九には、「厚和商工業人的系統」の染業の項下に、山西省出身のみの同業者団体たることを記している。しかしながら、その総数は僅か四経営となっているので、到底そのまま信用することはできない。
4　綏遠通志巻一〇八商業一、各県商業概況　帰綏県跋文。
5　帰綏識略巻一八賽社。帰綏道志巻廿二同文。

第二項　染色職人と敬仙社

敬仙社は敬僊社ともしるされているが、音は同じである。嘉慶八年（C29）から光緒二十二年（C14）を経て民国に至るまで活動をつづけて居り、国民革命後は敬僊業公会（C44）と称した。全盛はやはり嘉慶道光の頃で、会員数も多かったが、染房とともに逐次没落し、事変前にも商会に加盟しておらず（註1）、一九三八年以後はほとんど有名無実のありさまとなっている。

敬仙社は「芸業之人」（C10）の団体だと道光社規に記されているように、染房の手芸人のギルドであった。職人仲間の頭株は「師長」（C10）とも呼ばれているが、普通は「師兄」又は「工頭」と称せられ、仕事場の差配であった。工頭には身股を与えられている者と、そうでない者とがあり、また実際に染色労働に従う者と単に監督に任ずるだけの工頭とがあった。敬仙社が工頭を会員としては認めず、単に賛助員として加入させる方針をとった（C10）のは、工頭の中間的な立場によるのである。社規によると一般職人（工人）には「正用工」と「帮用工」の別があり、前者は一人前の職人として、染房に傭われているもので、後者はその指揮に従って働く補助職人であった。正用工も帮用工もギルド員としては衆師・衆師傅（C10）とよばれていたのであって、師傅すなわち工人であることが、ギルドの構成員の資格を決定していたわけである。徒弟は、社規によると入会を許されず、職人候補者と言う意味で負担だけを課せられていた（C10）。徒弟制度は今日では非常にこわれ、封建的な制約は残滓にすぎない状態である。たとえば採用の條件も、責任能力のある保証人を立てるだけでよく、舗保も同郷性も問題にならない。年令も二十歳までは採用される。入店のときにも財神に叩頭するが、掌櫃・師長・工人には挨拶するだけでこと足り、家父長制による身分的制約を受けることもない。ただ生活および労働において、舗の「規矩」に従うことは絶対的な條件であり、この規矩によって事実上家内奴隷的な地位におかれ、不払い労働に従事する運命になったことは見のがせない。年期は三年で、この間は衣食の給与を受けるだけで、賃金はもらえなかった。年期の途中で辞職することも他の染房に転ずることも自由とされている。労働日はきまっておらず、時間的には日照時間一ぱいが一応の指標となっているし、休日としては冬季の十一・十二・一の各月は結氷のため操業ができないので、休業するしきたりであった。年期が終れば工人としての資格が認められてギルドにも加入するが、その際の雇傭條件は当事者の自由となっている。このような状態は解体後における徒弟制度の実状であり、資本主義の侵攻を受けない以前の、嘉慶道光時代と同日に談ずることはできないのであって、たとえば同郷関係にしても、かつては大同帮に限定されていたといい、また祖師信仰を中心にその弟子たる意味で、たがいに兄弟又は父子の関係をもって結ばれ、家族制度の擬制がみられたということは、道光社規によって明らかであるから、封建的家父長制が崩壊過程をたどって現在の状態となったことは十分に推察できるのである。

会員は衆師・衆師傅のほか、単に衆とも称せられている（C14）。いずれにしても工人が個人で加入し、その総数は嘉慶十五年に百三十九人（C32）、道光四年には百三人（C37 C38）、道光二十五年には百七十五人（C10）、同治十一年には百九人（C29）、光緒二十二年には九十六人（C14）であった。事変前には二十余人に激減し、今日では十余人となっている。正用工と帮用工の別を明らかにすれば、道光二十五年には六十六人（正）と百九人（帮）である（註2）。以上のようにしばしば会員全体の名を記録していることによっても、ギルドがデモクラティックな面を持っていたことがわかる。ギルドの総会について、社規には、ギルドの意志が「衆師傅公議」「衆師公同相商」（C10）によって決定されたと明記している。もちろんその総会がどんな権限を持っており、またその議決が全体の意志を真に反映した結論を出したか否かは明瞭でないけれども、働く者の間には、生産関係における支配・被支配の関係はなかったから、共同体的な互恵平等の原則が流れていたことはたしかである。

会首（C30 C31 C32 C10 C54）は社首（C29）ともいわれている。二十八名で構成され、その中に正会首一名を含んでいる（C30 C31 C10）。道光の社規に会首は正用工の中から出すことを規定しているが（C10）（註3）、正用工が輪流で会首となり、その中の適任者が正会首となったのであろう。今では会員数が二十人に達しない位であるから、会首一名を輪流できめるだけである。会首はギルドの執行機関として、ほとんどすべての責任を引き受けて来たのであった。

ギルドの事業として何よりも重要なのは工賃の決定で、義仙社と交渉し、賃金協定を行ったのであるが、そのために職人層の団結が強く要請せられたわけである。賃金のきめかたにはいろいろな方法があったと思うが、道光二十五年の社規では、正用工は月二千八百文帮用工は二千二百文の月給定額制とし、それを足銭で受け取ることを規定しているのであって、違反する者があれば罰金三千文を敬仙社に納付させることになっていた。なお今日の敬仙社には賃金の公定を行う力はなく、染房と工人が個々の相談によってとりきめるままに、放置している実状である。

敬仙社は祭祀についても賃金問題に劣らない程重要視していたわけで、義仙社とは全く対照的である。玉皇閣内の三皇殿は、もともと天皇・地皇・人皇の三皇を祭っていたのであるが、敬仙社ではこれとは別に軒轅聖祖（黄帝）・梅仙翁・葛仙翁の三皇の神像と神位を殿内に安置して、この三皇を祭る寺廟にきりかえ、嘉慶十五年にも後の意味における三皇聖祖の神像のペンキを新たにぬりなおしている（C32）。この中の梅仙葛仙を「仙翁祖師」（C10）として「万世師祖」（C54）と仰ぎ、「神靈有レ感、伝二万代之妙一」（C14）と神恩に感謝しているのであって、染色技術を発明し、これを万代に伝えて恵沢をたれた祖師への信仰は絶対的なものであった。もちろんその場合「獲レ福履レ享」（C10）すなわち現世における利益と幸福が、信仰の結果として得られることに、期待をかけていたわけであるが、現実的な利害と関連することによって信仰が地につき、それにつれて職人的ないっこくさで祖師への敬重が深められていったものと思われる。義仙社の祭日とは日取をかえて、敬仙社では七月二十一・二・三日に賽社を催し、祭礼の後に宴会が行われたという。道光社規にも「諷経礼祀」について記しているが、サービスによる商業宣伝の意味もあった演劇の奉納を、敬仙社はやらなかったと考えられるのであって、帰綏識略等にも演劇があったようには記していない（註4）。三皇殿に対しては終始誠実な支持を与えており、嘉慶十五年（C32）道光二十五年（C10）などに単独で補修に当ったほか、祭具の整備にもつとめている（C14）。その関係から玉皇閣全体に対しても援助をつづけ、道光八年（C9）同治二年（C59）光緒七年（C74）民国二十四年（C94）等に、いずれも義仙社とほぼ同額の寄附を行っている。しかも玉皇閣以外に対して慈善を行っていなかったということも、職人ギルドの特性といえよう。

道光社規には、ギルドの収入として布施錢・月児錢・罰金をあげている。「布施錢」は宗教的な事業に支出するための財源である。これに二種あって、一つは会員等が身分上の昇格をしたとき、祖師に感謝する意味で寄附金を出す場合であり、新たに師長（工頭）の任についたものはしかるべき額を、正用工に昇格した者は三千文を、帮用工となったものは二千文を、徒弟入門者は一千文を、それぞれ寄附する規定になっている（註5）。他の一つは、祖師に奉仕する意味で出す、ギルドの宗教事業に対する割当金で、寄附しただけそれに相当する幸運が神の恩寵によって与えられるたてまえになっている。従って約束された幸福の大きさに不平等が生じては困るので、寄附金を次にのべる月児錢に比例して割当てているのである（註2）。「月児錢」は会費に相当し、正用工は百文帮用工は七十文を、毎月徴集されている。「罰錢」は収入の面よりもギルドの意志を強制する点に眼目があった。敬仙社の会計制度は事業項目ごとにそれに要する経費とその財源になつている収入とを直結した形で個別的に予算と決算を立て、ギルド全体としての収支を考えることはやっていない。収入面では納付期日の厳守が要求されており、遅れた者からは罰金五百文を徴集する規定がある。以上のような道光社規に現われた会計規定は、金額等のこまかい点では後に改正が加えられたが、骨組には変化がなく、その主旨は清末まで守られて来た。民国以来は敬仙社は無力化して賃金の決定を行う力を失ったので、この会計方法も一朝にしてすたれ、「楽捐」の名の下に、大体において負担能力に応じた寄附金を、おぼしめしだけ頂くという形で徴集するようになった。

ギルド規約としては、しばしばひきあいに出した道光社規が記録に残っている。これは全文を代理石に刻んで公示しており、ギルドの主要な問題を網羅的にとりあげた「通則」であるという点において珍らしい存在である。その内容も散文的ではあるが、充実したものといえよう。

註

1　綏遠通志巻一〇八商業一、各県商業概況帰綏県、跋。

2　道光廿五年社規の碑の碑陰に、寄附者名額表がある。これには千文を寄附したものと七百文を寄附した者とが、それぞれ区分して列挙されており、前者は六十六人後者は百九人となっている。社規によると、正用工の月児銭（月会費）百文に対し、幇用工は七十文であるから、この名額表が正用工と幇用工とを区別して、会員名を列挙したものであることは、疑いないところである。右の事業に対して、会員は第二類型の布施銭を、月児銭の十倍づつ寄附したというわけである。

3　敬仙社公議碑記（C10）の最後に、経理会首人として廿八名をあげ、各一千文の寄附を行ったことが記されている。この事業について一千文の布施を出したのは正用工だけであるから（註5参照）、会首が正用工から選ばれていたことを推定し得るのである。

4　帰綏識略巻十八賽社。また帰綏道志巻廿二。

5　この種の布施は、高額の入会金を徴集する制度によってギルド加入を困難にし、ギルド員の数を制限する効果をねらったものとは思われない。なるほどその金額は小額とはいえないが、禁止的高率課税と考えることは到底不可能である。また徒弟や師長のようなギルド員以外からも金をとっているのだから、これは入会とは何の関係もなく、従って入会制限とは無関係であることも明らかである。この場合、宗教的な意味のほかに、徒弟は将来を頼むという意味で、師長は離脱紀念の意味で、それぞれ挨拶を含んだ寄附を行っているのである。

第六節　飲食業と酒飯行仙翁聚仙社及び合義社・餅行

第一項　食堂喫茶店と酒飯行仙翁聚仙社

酒飯行の名は、乾隆元年（B14）以来、乾隆時代を通じてしばしば現れているが（B2 N14 P5 E12 B16 P7 B4 T1 C5 P8 E19 G2）、嘉慶九年（E20）が最後で、この年仙翁社と改称した。同年（E48）以後、嘉慶（Y6 M1 M2）道光（B24 V1 P12）の時期には、仙翁社に関する記録は少くないのであるが、道光二十四年（P12）ないし二十六年（B71）の頃から、三転して仙翁聚仙社と称せられるようになり、咸豊（Q5 Q6）同治（C59 P18）光緒（B14 S3）の間は仙翁聚仙社として活動を展開している。これと平行的に仙翁社（或は偲翁社）（E26 E29 Z2）ならびに聚仙社（C69 S4）が、咸豊から民国にかけてそれぞれ単独で活躍している。元来酒飯行には、飲食業者が広範に参加しており、最初はその内部に明確な専門化もなかったわけである。それが帰綏の拡大、とくにギルド等の社会集団の発達につれて、飲食よりもむしろ人々が集って相談したり雑談したりしながら、社会の問題を共同討議する場所が重宝となり、その専門店ともいうべき茶館（清茶館）が増加したので、ここに飲食店の分化となって道光二十五年前後に清茶館だけで組織した聚仙社の成立をみることとなり、いきおい仙翁社の方は残余の飲食店のギルドということになってしまった。しかしいろいろな関係から両者が共同で団体を組織する必要も認められていた様子で、仙翁聚仙社が単一のギルドとして別に編成され、活動をつづけてきたのである。酒飯行の時代にはギルドマーチャントとは直接関係がなかったと考えられるが、仙翁社と改称した頃からコレクティブギルドのメンバーとなったのではないかと疑われるのであって、少なくとも嘉慶十七年当時は、仙翁社として大行に参加し、その総領を出している（M1）。聚仙社も道光二十三年（M7）から二十九年（K1）の間に、大行を構成する団体となり、清末（M20）に到るまでその地位を維持していた。ただし、仙翁社も聚仙社も大行の中では指導的な地位に立つことはできなかった。国民革命以後、酒飯業公会ならびに茶点業公会として商会所属団体となり（註1）、事変後もこの両公会は存続していたのであるが（P24）、一九四〇年に日本軍の統制政策に従い、回教徒の飯点業公会ならびに餅行（註2）と合同して四団体で飲食店営業組合を発足させるにいたった。

飯館のうちその四分の三は便飯館とよばれている大衆食堂で、小市民の外食や商談の場となるばかりでなく、一般家庭や商家などでも、三度の食事をこの飯館に請負わせている者がかなり多い。酒缸といって、黄酒（米を原料とするもので日本酒に近い）を醸造し、これを飲ませるとともに、酒の肴を出す店もある。巨商としてギルドで雄視しているのは飯荘即ち宴会料理を主とする高級料理店約十軒で、他に小数の菜館即ち専門的な料理店が、広東料理・精進料理等の看板を出して門戸を張っている。巨商の中には野菜を作る農場を経営し、食用にあてる家畜家禽を養っている店もあり、醸造業を兼ねるものもある。これ以外に屋台店が、すこぶる多いのであるが屋台の店はギルドにはいっていない（註3）。一方清茶館には点心舗・包子館・稍美館などが含まれているのであって、点心というのは間食程度の簡単な食事を意味し、包子稍美は共に点心の一種である。各店ではそれぞれ得意の食品を生産して店の看板とし、いずれも午前中は一般市民に店頭販売を行うのであって食料品店の役目を果すが、午後になると主に清茶にそえてそれぞれの食品を店内で喫食させるのである。そのために茶座を設け、散座（大衆席）のほか、雅座（特別席）をそなえるものもあって、市民に商談や社交の場所を提供し、ときには民衆裁判の裁判所として役立つこともあったのである。お客は最小限清茶はとらねばならないので清茶館の称がある。清茶館で茶座を設けずに食料品の販売を専門とする店もあるが、それはいずれも老舗であって、名物といえる程度の権威ある食品を作り、そとでの販売だけで経営を維持しているのだから別格である（註4）。

店舗の構成をみると、財東は無限責任の出資者である。近来は有限責任の財東も生じたが、有限とするためには最初に契約書「合同」にそのことを明示せねばならないのであって、それがなければ無限責任とみなされた。朋東の場合が最も多く、これには出資について推進力となる者がいて、自分の親戚知友を説得して廻り、ともどもに財東として共同体的なグループで投資を行うわけであるが、この朋東のほかに専東或は集股の場合もあった。「合同」には決算を行う時期や収益の配分方法についてもあらかじめ規定しており、公積金は一割或は二割が普通である。契約の期間は三年となっていて、期間が終了すると収支の決算を行い、公積金として配分を留保された金額をも含めた純益全体を、財股に五割、身股に四割、身股を受けていない者を含めた全従業員に一割という割合で区分し、そのおのおのの枠内で各人の股に対する配当をきめていたものが多いが、中には財股六割身股三割従業員一割という契約になっていた合同もある。決算が終ると、契約の内容を改め、或いは元のままで再契約され、ないしは契約破棄の手続がとられる。更新の場合の、身股の増減や財股の抽股添股等については、財東および経理の全体の同意を必要條件とした。

経理の採用は財東特にその中心となって資本を集めた財東によって決定され、合同の中で経理の権限および待遇を規定している。純粋の商人出身者から選ばれることも、飯館の会計係・調理人・接待掛から昇格することもあり、適任者を選ぶというほかに、なんらの條件もないといわれている。一度経理に就任すると、飯館の経営については殆ど絶対的な力を持つのである。これは資本の面においても、財東の支出している固定資本に比して、その十倍前後に上る運転資本が、経理の信用と手腕によって調達されているという事情によるのである。したがって財股は身股と結びつくことによって商業資本としての真価を発揮できたのであり、身股の実体である借入金が経理の地位の根拠となっていたのである。

経理の下には先生と呼ばれる会計係と、夥計と老師傅とがいる。先生は書と算とをよくする者で、簿記・出納を主な仕事とし、帳場全体をあずかっているのである。夥計は客に対するサービスを主とし、店舗経営の助手としてあらゆる雑用を受け持っている。老師傅はコックであるが、常雇の者のほかに、多忙な期間には臨時雇も採用される。先生夥計及び常雇の老師傅の中で、身股を与えられている者は従業員の約半数程度であり、彼らの身股は経理の推薦により、財東と協議したうえで決定される。ただその利益配分は前述のように財股と通算されるわけではなく、報奨的意味の配当で、俸給の性格が濃厚である。身股の有無にかかわらず、月給は全従業員に与えられるが、小遣銭程度の定額給（現在四十元位）であって、別にチップ収入を山分けすると相当額（現在月七十元位）になり、身股のない者でもかろうじて生活できるといわれている。

徒弟は十五才から十八才までの青年で、紹介人と舗保は要求されるが、それ以外に條件はない。出身地については、料理の種類の関係で、江蘇料理は江蘇人というように、同郷の後輩に限られていたのであろうが、その制約も現在ではゆるやかとなり、各店舗を一応河北帮・山西帮・江蘇帮等と色分けできるという程度で、それも純粋に同郷一色ではない。徒弟の入門の当日にも、儀式宴会などは一切行われておらず、経理の喪に服するといった形で、宗父長的身分の擬制に服することもない。徒弟の年期は不定であるが、普通は四年ないし五年をもって満期とする。徒弟期間中は食事が給与せられるほか、月八元ないし十元の手当があり、別に三年ごとの総決算の際、店の利益の一部（前記のように約一割）が、先生等のもらっていた月給をも含めた、全固定給に対する按分比例によって賞与されるので、徒弟も僅少ながら右の手当に相当する分だけ、賞与のわけまえにあずかることができたのである。今日では低賃金の少年労働者としての面をもっているが、一定の時間を定めて労働力を売ったのではなく、四六時中家内奴隷的な條件のもとにおかれていた上に、コック等になる者にとっては唯一の道の第一段階だという点も注目される「学満」後の雇傭は保証されていないが、同時に、徒弟として働いて来た店舗に就職する義務もない。休暇は正月に一ヵ月、節期毎に三・四日で、一年間を通じてのべ六十日位の休業がある。徒弟も板場・帳場・客席に分れて専門的に見習う訳であり、学満後にはそれぞれ老師傅・先生・夥計となる。店舗で働いている常雇使用人の半数ないし三分の二は、徒弟によって占められているのであって、前資本主義的な労働組織の特色を示している。

ギルドの社会紐帯についていえば、同業の点では絶対的なものはない。営業関係からいっても飲食業全体を一個の営業と考えることができると同時に、飯館業清茶館業に区分することも、或は更に細かい営業別に従って、同業を限定することも可能であり、単一のギルドとなる可能性も、分立したギルドとなる可能性も、ともにあったわけであって、その範囲のきめかたは全く相対的なものである。それよりも重要なのは店舗(経理)の仲間的結合として酒飯行が結成されているのに対して、従業員がどういう態度をとり、店舗側がこれをどう扱うかの問題である。もともと商業資本の同業と、職人の同業とは、本質を異にするのであるから、従業員の存在を無視するか、或はノミナルな地位を認めることによって、一方的に隷属さすことができれば、ギルドは一本となるが、従業員の一部に主体性を主張する者がでてくると、ギルドは二つに分れて対立せざるをえない。この場合問題を複雑にするのは酒飯館の常傭ではない老師傅の存在で、彼等は、就職先としては飲食店の臨時雇をつとめるよりも、官庁・商店・富豪の家などで働く時期の方が長く、事情によっては小さい独立の店舗又は屋台を開いてその経営に当ることもできる。個人経営であっても、店舗(商業資本所有者)と認められた場合には酒飯行に参加することになるが、失業した職人の一時しのぎの生活手段にすぎない屋台程度のものは、勿論ギルド加入を認められない。ある意味ではこの独立職人が老師傅側ギルドの推進力となっているだけに、同業の限界は微妙なものを含んでいる。酒飯行の宗教性は同業性に附随して生じた現象であろうが、表面的には同業性よりもむしろ宗教性がギルドの基盤としてうたわれているのであって、共通の信仰対象をもつことは全同業者の結合を促す客観的な理由とされ、労資の一本化に根拠を与えている。仙翁・聚仙社といった社名にも現れている酒仙信仰は、これに結びつく仏教徒であれば、経理といわず職人といわず、仏弟子としてギルドに加入することを至上命法とするわけであって、この点だけでも単一ギルドへのテコとして利用できる條件なのであるが、その上に、回教徒を全然除外しているので、反回教の立場で結束を強調し得るようになっている。清真（回教）料理の飲食店と酒飯行の飲食店では、同業といえない程の相違点もあったわけで、原料の仕入先、原料の種類、料理の方法、顧客の範囲などにわたって相違していたから、互に連絡をとって一つのギルドにまとまる必要はなく、むしろ競争相手という関係であった。しかし同じ飲食店として協調したとしてもふしぎはなく、これを敵にまわしたのは商業資本の選擇によるのであり、敵を設定することによって老師傅たちを引きつけようとした訳である。回教徒飲食店も対抗上別にギルドを作ったのであって、清代の清真社から民国の飯点業公会に至るまで、酒飯行とは敵対関係に立ち、最近まで同調し得ない溝を互に深めあっていたわけである。酒飯行の同郷関係は、同業の区別によって規定されていたのであるが、今では綏遠籍となっている者を含めた広義の山西帮が七割、河北帮三割となり、江蘇帮は数軒あったが、今では総て閉鎖されたということである。多郷的ギルドが二郷的ギルドに単純化されたというところであろう。昔の江蘇帮については、乾隆年間のギルド会首に南京館が選ばれ、咸豊年間には江蘇齊がその任についていることからも、裏付けられる（第十五表）。酒飯行の地域的な限界では、新旧城の店舗に限ってギルド加入を認めたということである。村落の酒飯館との対比によって、都市の同業者に優越感をもたせ、ギルドの権威を高め、社会集団としての結束を固めようと考えていたのであろう。いずれにしても、ギルドの成立を必至にしているような社会紐帯はないが、商業資本が社会集団を結成しようという場合に、積極的またはネガティブな意味で、社会紐帯として役立ち得る要素が、錯雑した形で存在していたのは事実である。従っていかなる点にギルドの内面的な共通性を求めて、同業関係に肉づけを行うかは、種々の可能性をはらんでいたわけであるが、最初は割合に大らかな立場で幅広く同業関係を設定し、意識的に激しいものをもたないにしても、漠然とした形では社会紐帯の重複＝三重結合が行われていたのである。それが阿片戦争の前あたりから急角度にギルドが反動化するにつれて、商業資本を中心とする結合力の強化が作為的に強調され、宗教性・地域性の利用においてある程度の成功を収めると同時に、その矛盾もまた表面化して仙翁・聚仙両社の分化となり、老師傅との対立を生じたわけである。これに派生して清真社との角逐や江蘇帮の消滅といった現象が起っている。その場合に、同業の営業種別にもとずく対立には、敵本的または便宜的な点もあり、ことに仙翁・聚仙の両ギルドはむしろ協同歩調をとる場合が多く、友好関係を常態としたのであつたが、階層の区分にもとずく酒飯行・合義社の両ギルドは、基本的にいって利害が矛盾しており、ともに天を戴くことができないといった対立関係に立っていたのである。

酒飯行仙翁聚仙社においては飯館・清茶館などの店舗がギルド員となり、実際上は店舗を代表する経理の団体であったといわれている。また近来は比較的大きな店舗だけがギルドに加わっていたというが、民国三年度の仙翁社の会員は十三名にすぎない（L2）。民国廿四年には仙翁社が十五の店舗によって構成され、聚仙社が三十の店舗によって構成されているが（註1）、この年官憲に税を納めていた飯館は四十一、清茶館は四十五を数えているから（註3・註4）、零細業者が商業資本をもたないものとしてギルド加入を認められていなかったのは事実であろう。

ギルドの会首を年代順に表示してみると（第十五表）、乾隆年間には酒飯行総領が十二軒あり、道光以後は仙翁聚仙社総領または仙翁聚仙社総甲六名を出している。これを個々のギルドについて区別していえば、仙翁社総甲（B48）と聚仙社総甲があり、光緒九年には前者は四名、後者は二名となっている。聴取によれば、会首は全体の会員の中から選ばれたのではなく、大きな老舗が特権的にその地位を独占していたのであって、仙翁社では会首となる資格を与えられている店舗は七軒に限られ、その中から四軒が任期一年の輪流方式で総甲に就任したという。聚仙社では会首資格を

第十五表　仙翁聚仙社の会首

年代	職名	会首名	会首数	資料
乾隆1	酒飯行総領	太平園　○園館　新○○　永○○　興盛館　昭餅館　裕源館　万岩館　清泉居　新泰園　竜池館……	11	B 14
35	酒飯行総領	○○園　天楽園　南京館　豊盛館　福○館　福成園　全盛館　永盛館　福盛居　天順居　泰○園　万春園(a)……	12	B 16
道光10	十二社郷総	金谷園　天明園　義興館　和合楼(b)万会館……	4	M 6
11	十二社郷総	日昇園　長盛園　天声館　新盛居……	4	M 6
29		真咏館　鳴鹿園　永香館　永順元……	4	K 1
咸豊3		五宜園　景福居　宏盛元　江蘇齊……	4	J 1
光緒6		慶陞園　万祥元　四盛元(c)景星元(d)……	4	J 2
7	仙翁聚仙社総領	万○園　万○園　○隆園　四盛元(c)景星元(d)合勸○……	6	B 14
9	仙翁社総甲	聚樂會館　雙義元　万祥園　同泰園……	4	B 43
民国3		康存有　中林岐……	2	L 2
不詳		太和園　和合楼(b)永春銘　殿○園　広和楼　姜祿園……	6	B 16
不詳		万春園(a)大西園　慶三元　富三元　福興館　信義源……	6	B 14

説明　1　アルファベットは、二度以上現われる屋号に付した番号である。
2　右に表示したもののほかに、真咏館（嘉慶廿四年）福興館（道光元年）慶陞園（光緒十六年）がそれぞれ（　）内の年度に会首となっている（第二表）。
3　○は文字不明のところである。

もつ老舗五軒の中から二軒が同じ様に当番で総甲の地位についたわけで、かつ、両社からそれぞれ正会首（仙翁）と副会首（聚仙）を一名づつ出してギルドの「総領」とし、この総領団にギルドの実務を掌握させていた由である。もっとも老舗専制体制が歴史的にいつ頃から始まったものであるかは問題で、第十五表に現われた範囲では、寡頭専制が行われていたという明確な徴候は光緒以来顕著となっているわけであるが、その気配は光緒以前から動いており、ギルドが反動化するようになった結果、老舗専制という動脈硬化的な貴族主義があらわれたものと考えられる。なお帰綏道志によれば、総領は両社ともに九月一日に交替したということである（註6）。

ギルドマーチャントの会首である十二社郷総については、両社から二名づつ計四名をその定員としている。道光十・十一年の例から推察すると、改選の際に留任は認めなかったものと思われる。十二社郷総と仙翁聚仙社の総領の兼務も禁じられ、ためにギルドマーチャントの郷総を辞職した翌年、ギルドの総領にあげられるというような現象も起っているのである（光緒六・七年）。郷総および郷耆をギルド内でいかにして選定したかは明らかでない。

ギルドがねらいとしていた点は、営業その他に関して経営者が共同歩調をとることにあったと思われる。李氏によればギルドでは茶や料理の値段を均一にすることを始め、納税もギルドで一括して取り扱い、何か問題が起ると、それがギルド内の紛争であれば会首が調停に乗出し、ギルド外との係争であれば当事者に代つてギルドが官憲なり他の社会集団なりとの交渉を引受けるという調子であった。こうして、同業についての一切をギルドという篩にかけ、その枠にはめた形で、解決していったのであるから、同業全体の歩調を整えることができたという話である。李氏の見方からすれば、祭祀の共同はいわばその内部の問題の一つであり、慈善事業は外部との交渉の一端だということになろう。ギルドでは乾隆以来、小東街関帝廟内の酒仙を祭って来たのであり、現に多くの匾額がこの廟に残っている。帰綏道志に「（八月）十八正日仙翁社祀二酒仙一在二小東街一」（註7）とあり、又帰綏識略に「（八月）是月有二聚仙社一。祀二酒仙一在二小東街一」と記しているように（註8）、酒仙のため、仙翁社は八月十八日に、聚仙社は八月中の某日（きまった日はなく適当な日を毎年選定して）に祭典を行ったわけである。この点について、両書の記載とは多少くいちがいがあるが、李氏の応答によると、仙翁社は八月十二・三・四日に、聚仙社は八月十八日に、該廟で演劇の奉納を含む賽社を催したのであって、仙翁社は竈神の、聚仙社は酒仙の、誕生日をお祝いするという意味であった由である。元来仙翁も聚仙もともに酒仙の仙をいただいてつけた社名であり、ことに竈神はすべての家庭で祭っているので、手工業ギルドの主神として祭られたとは思われないから、李氏の報告のうち祭神の点は記憶の誤りであろう。祭祀の期日については、帰綏識略等にも時に誤記があり、又近来変動を生じたことも考えられるのであって、どちらが正しいともいえないのであるが、聴取は歴史事実については必ずしも正確な報告を伝えているとは言えないので、一般的な叙述としては識略等による方が穏当であろう。守護神か祖師かについても食い違いがあって、聴取では祖師として祭るというのであるが、歴代の匾額の題には、神の徳或は力をたたえる文字のほか、特に祖師であることを示す字句は用いられていない。李氏の応答が必ずしも正確でないのは、ギルドが祭祀について積極的な熱意をもっていなかったためであると思われる。次に慈善について概観すると、社では祭祀の場所であった関帝廟のために、乾隆二十年以来しばしば建物の修築等を助けるとともに（B2 B4 B24）、牌坊を独力で維持して来たようでここには社の匾額だけが掲げられている（B14 B16 B48）。祭祀用の施設を用意している事はいうまでもない（B71）。しかしどちらかといえば祭祀に関連した慈善事業には冷淡で、むしろその他の慈善を手広くやっている傾きがある。この点については、酒飯行は外部からの要請に応じて金銭を寄附する形をとり、なるべく均等に各方面に寄附するかわりに、ギルド員への個別的な申出はことわったと、李氏は報告している。記録に残っているものとしては寺廟関係以外は明らかでないが、南茶坊関帝廟（E12 E19 E20 E48 E26 E29）玉皇閣（C6 C57 C69）十王廟（P5 P7 P8 P12 P18 P24）を始め、西茶坊関帝廟（Q5 Q6）呂祖廟（S3 S4）城隍廟（M1 M2）西竜王廟（Y6 Y8）新城娘々廟（T1）新城関帝廟（V1）等、新旧城並びに近郊の寺廟に対し、乾隆時代から事変後の今日まで、終始手広く寄附をつづけ、商業ギルド的な慈善事業のゆき方を示している。もちろん十二行の勧募に対して「面子」のためにつきあった点もあるが、ギルドの経済力に比して、慈善を広く展開していたことは否定できない。しかもその場合にギルド員に対する個別的要請を、共同体として処理する意味を含んでいたとすれば、寄附に対する神恩の応報を均等に享受し、個別的な負担は軽減できたという点で、一石二鳥の妙案であり、ギルドの信仰対象をさしおいても、多方面に寄附を行った理由がうかがわれる。しかもこうした宗教・慈善を通じて、ギルドの共同體的専制支配が確乎たるものに高められたことは、疑うことができない事実なのである。

現在の飲食店営業組合は、すべての飲食業関係者が一応白紙に帰って組織した組合でありながら、実際はギルドの伝統が根強く尾をひいているのである。組織の面では餅行に属した餅子舗の百余を始め、回民の飲食店も総て入会さすことにしたので、会員は二百余に達し、そのうち飯館清茶館の同業者は約六十で、仙翁聚仙社に加入していた者は更にその半数にすぎず、旧ギルドの枠は一応清算されたと見られ易い。然し組合は今日でも酒飯館茶点館の共同組織というたてまえであり（章程第三條）（L21）、全会員をこのいずれかに分類していることや（第廿八條）、会員に対して会員総会を中心とする多くの民主的な権利が与えられているにもかかわらず（章程十二―十八條・廿三・廿四・廿七條）、その総会さえ必要に応じてときに開かれるという程度で、会員の権利が事実上無視されていることなど、いずれもギルドの伝統が影響している。会首は廃止され、会長一、副会長二、監事三、評議員六、主事一が総会によって選出される規定となり（第六―八條）、この役員選挙には特権を持つ会員も、十分な権利を与えられていない会員もなくなって、皆が平等な資格を与えられた。事実、個人経営の者も委員に就任するようになったのであるが、それは酒飯行同業に限ってのことで、回民飲食店及び餅子舗は役員となる資格を実際において与えられていない。彼等が貧乏で、役員になって会務を手伝う暇が無く、役員になり手がないために、この習慣が行われているという話である。この説明はもちろん事実であるが、同時に役員が酒飯行だけによって選ばれたというのは、ギルドの傳統によるわけで、舗の大小の問題ではない。飲食店から役員を出す場合でも仙翁社以来の習慣を重んじて、飯館から八名、茶点館から六名の委員を推挙している。その上に、章程によれば、組合の基本的会務は委員会に決定権があり（第十七條）、会務の執行も委員の分掌に属し（第九條）、財産帳簿および会議記録の類さえ、会長の許可がなければ、何人ものぞき得ない規定であったから（第廿六條）、ギルドが会首の団体であったという伝統を反映して、会員よりも委員が組合の主体となる傾向を帯びていたという事ができる。またそのために、委員となる資格をもたない回教徒等の権利は一層有名無実となっている。会長は内外の一切を事務的に代表し（第九条）、組合の財産の管理に当る者であるが（第卅條）、その会長には旧会首の中から選ばれることが絶対的な習慣であるという。

組合は事業の面においては、価格の統一と営業（衛生等）の改善、会員の融和及び紛糾の調停、官命の実行と業務の調査研究等を、組合章程の中でうたっているが（第廿條）、このうちにはギルド以来のものが多い。価格統制については、現在では米飯・包子・稍美・餅等の主食や、過油肉等の大衆的基準的な菜（おかず）並に湯（スープ）点心などの十七品目について公定価を定め、かつこれを実行しているが、この様な常食の価格を定めることはギルドでも実際にはやっていたことで、それが経済の実状にそった規準価格を指定する限り、物価統制の実を発揮し得たものと考えられる。祭祀慈善は章程には特に言及していないが、「その他必要な事業」として予算が計上されており（第二十條・三十八條）、事実上両社の賽社を継承して、八月中に二回組合主催の大祭を開いている。一方仙翁聚仙社の事業中には見出されなかった事項で、組合章程の中にある組合員及びその家族の助葬と救済に関する規定は（第二十條・三十八條）、次項においてのべる職人ギルドの事業を継承したものである。仙翁聚仙社の経済の立て方は明瞭でないが、組合では酒飯館では六等(十六元――二元)、茶点館では五等(十二元――二元)の区別に従って毎月会費を納めさせ、大会にかけて予算及び決算を決定している。このほか章程には、組合収入の二割を公益事業救済事業の積立金にあてるという規定が含まれている(第十八・十九・三十一・三十八條)。

以上のように組合には資本主義に対応するために必要な新粧が、機構全体にほどこされ、一応は近代化されているのであって、少なくも表面上では広義の同業者全体に民主的権利を保障した組合となっているが、その実態を詳細に検討してみると、旧いギルドが根強く影を引いているのであって、主要な点でギルドの延長にすぎないことを示している。組合という仮面をかぶってはいるが、ギルドシステムの擁護という反動的役割を受持っている事がかくしきれない場合も、一二にとどまらない。酒飯業の構成には、封建的な生産関係が相当温存されているといえるが、それがそのまま組合に反映しているわけである。したがって再三引用した「飲食店営業組合規約」(L21)にしても、その紙背をのぞくと仙翁聚仙社のギルド章程が生き残っている。いわんやこれが現実に施行されている状況をみると、伝統的習慣と矛盾した規定が設けられても、事実上棚上げにされてしまったり、著しくゆがめられたりする場合が多いことは、認めざるを得ない。組合規約が相当にずさんであり、たとえば章の分けかたにしても適切でないのは、やはり組合自体が持っている苦悩の表現とも受け取れるのである。

註

1　綏遠通志巻一〇八商業一、各県商業概況　帰綏県、跋。
2　餅行については、本節第三項においてのべる。
3　綏遠通志巻一〇八、帰綏県、飯館業。
4　綏遠通志巻一〇八、帰綏県、茶点業。
5　蒙疆銀行調査によれば、綏遠廿七、山西二、晋北一、京津一、河北一となっている(蒙疆に於ける華人商工業資本、頁一五九)。

6　帰綏道志巻廿二、帰化城十五社総領毎年更換日期。

7　帰綏道志巻廿二賽社。なお帰綏識略巻十八、賽社には酒仙の二字を除いて記している。おそらく帰綏識略の原文は、道志の文と同じものであろう。

8　帰綏識略巻十八、賽社。又帰綏道志巻廿二同上。

附註　厚和市商務会沿革輯覧(元怡如編、商務会発行)頁四に、仙翁社を染房業、聚仙社を茶館業としている。染房業はもちろん義仙社と思いちがえたもので、明らかに誤りである。

第二項　板場と合義社

飯館・茶館の徒弟をおえた者は、前項でのべたように料理職人として社会に出るわけであって、その一部は飯館・清茶館に入り、また一部は一般商店・官衙ないしは個人の住宅に「老師傅」として就職するが、屋台を出して流しの料理屋となり、あるいはそれが成功して小さい店舗をもったものも少なくない。就職した者でも、契約の期限を定めずいつでも解約し得る「月工」ないし「日工」が普通で、常傭の年工は極く小数にとどまり、身股を受ける者は更にその半数となっている。被傭職人は食事付の場合が普通で、労働時間も無制限に近い。板場はかなり放浪的で、封建的な隷属関係が余り固定化しておらず、飯館などの保護を受ける者が少数であったから、労働條件としては封建制のわるい面ばかりが強化される危険性が大きかった。しかし、これに反撥する可能性もあったわけで、彼らは失職すれば屋台店に転じ、新たに主人を見出すまで食いつなぐことが容易であった。よるべのない職人達は本能的にギルドを作ることになるわけであって、合義社は乾隆三十五年にはすでに成立しており(E13 E14)、おそらく酒飯行と大して隔りのない時代から存在していたものと思われる。近くは一九三五年(E123)の記録も残っており、現在も命脈を保っている団体である。

ギルドには、前記の職人の中から身股のある者を除外した飲食業関係の老師傅が参加しているから、階層的同業性を主要素とする職人ギルドとして規定できる。ただし旧城で生活する者に限定して、それも一部の有志が加入しただけであり、新城や車站（京綏鉄道帰綏駅周辺にできた新市街）の職人は含まれていない。また回教徒の老師傅も参加していないから、階級性において貫徹しているとはいえない。もっとも、回教徒を除外したのは、その業務内容の差異も多少考慮せねばならない條件であって、主に豚を使用する中華料理の料理人と、羊肉牛肉の持味をいかした特殊な清真料理のコックでは、仕事の内容が一応別だということもできる。それが宗教にも関係を持ってくるのであって道教の祖師を退け、アラーの信仰に生きる回教徒の料理人を、合義社同人が同じ祖師の相弟子と考えないのも一理あるが、もとをただせば営業内容の相違に由来するわけである。この点で合義社は意識的に地域的・宗教的な排異をうち出し、ギルドの強化を計っていたと考えることができる。これ以外の社会紐帯は問題にしていないのであって、たとえば人種的な区別にしても、蒙古人の老師傅は合義社に加わっているから、職人ギルドが民族的な偏見にとらわれて、民族別に漢回両ギルドを組織していたように考えることは謬見である（E123）。蒙古人が板場として漢人老師傅と同様な技術を身につけている限り、ギルド員になるのは当然のこととして、一般から何の抵抗もなく承認されていたのであるが、彼らの主な雇傭先は、蒙古人の家庭や、蒙古官庁ではなかったかと思われる。同郷関係はもちろん無制限である。酒飯館の場合に、たとえば河北帮の店舗であれば、該店に採用された各県出身の老師傅の中、河北省出身者のみが身股を与えられて、逐次経営の中枢部にはいってゆくのであるが、職人ギルドとしては、身股のない者だけを組織して行くのであるから、商業資本の制約にもとずく同郷関係とは無縁であった。職人ギルドが同郷関係の枠を設ける場合もあったのであるが、飲食業に関する限り、超同郷性がかえってギルドの結合に役立ったと思われる。

合義社では会員を「会首」と呼んでおり（E75）、会首に散会（会員）と幇会（職員）と正副当然会首（会長）の区別を設けている（E123）。「散会」は一般会員という意味で、乾隆年間には二十名以上（E14 E40）、道光九年五十五人（E75）、同十二年四十一人（E78）、民国二十四年二十五人（E123）となっており、現在は約四十名である。これらの實例によるとほとんどの会員は個人名を以て表わされているが、少数ながら屋号を称しているものもあり（E53 E54）、これは屋台や小店舗の屋号であると思われる（註1）。合義社は散会のエネルギーをギルド活動に対して積極的に引出す働きかけを行っており、重要な問題を散会の会議にはかるのはもちろん（E123）、その執行についても経理人として散会の中から責任者を選出させて、実行に当らせた場合が少なくない（E53 E54 E58 E68）。「正副当然会首」は会長に当る役であるが、散会の中から輪流でその地位につくのである。大した指導力はないが、会員が平等に会長となる制度であるから、民主主義の線にそっている点において特に注意すべきである。「幇会」は幇弁会首の略称で、正副当然会首の補佐役という意味であるが、幇弁には適任者が推薦されて常時会務の執行に当り、どちらかといえば会の役員というよりも職員に相当する役である。正副会首および幇会の任期は一年であるが、最近の四年間は改選をおこたっている由である。

ギルドの事業は、老師傅の賃金をひきあげる努力に集中されてきた。雇傭先は各方面にわたるとはいえ、仙翁聚仙社との話合で、全体の相場が決定できたわけである。現在は月給七十五元で、食事が別に給与される習慣になっている。第二は助葬であって、ギルドの義地（一畝余）を全会員に開放しているほか、死者の為に会長が寄附金を集めてあるく習慣がある。この義捐金は、全く楽捐（自由寄附）で、死者と親しい関係にある者ほど多額の寄附を行ったのである。

第三の事業は祭祀である。帰綏識略（註2）等によると、正月七・八・九日に南茶坊関帝廟で賽社を行っている。信仰対象は関帝であり、祖師という意味で祭っていると、会首の王氏はいうのである。関帝信仰については匾額にも記されているが（E123）、関帝は酒仙としてかつぎ出されたのであろう（註3）。今日も会員参列のうえ、香をたいて祭典を行っているが、実際は不参加の者が多い。祭祀用具は一応整っている（E123）。関帝廟に対しては、乾隆三十六・七年の重修を主催し、社で記念碑を立てているが（E13 E14）、其後も乾隆（E19 E45）嘉慶（E20）道光（76）咸豊（E26 E27）同治（E29 E32）光緒（E33）を通じて、再建・補修・増修などが行われるごとに、助善としての援助を惜んではいない。主催者になることをさけたのは、合義社の経済的及び社会的地位を考慮したためであろう。慈善は神のおかげに対する「お礼」として行っているのであるが、「功徳」をも考慮していたことはいうまでもない（E123）。祖師廟以外に対する慈善事業に手を出していないのも、職人ギルド的である。なお王氏によると、ギルドには財産も章程もなく、経費はすべて楽捐でまかなわれていたということである。

註

1　関帝廟には嘉慶廿五年の匾額が二枚あり、合義社会首として屋号十七を羅列している。二つの匾額にあげられている十七の屋号の名をくらべて見ると、もちろん同一である（E53 E54）。これはギルド員の中、小店舗や屋台などの屋号を有する者だけが、金を出しあってかかげたものと思われ、いずれにしても異例である。

2　帰綏識略巻十八、賽社、帰綏道志巻廿二同上。

3　仁井田博士によれば、酒仙には杜康・李白・呂洞賓等がかつぎ出されているのであって、関羽を酒仙とした実例はない（中国の社会とギルド、頁七八）。合義社の場合は恐らく仙翁社に対抗するため、偉力の絶大な関帝の神威を利用する目的で、関羽を祖師として迎えたのであろう。

第三項　乾パン屋と餅行

帰綏の大衆が日常用いている食品は「大餅子」と呼ばれている乾パンで、幅が十五センチと十センチ、厚さが一センチ内外の大きさである。小麦粉を材料とし、多少の塩分を加え、鉄鍋にのせて焼いたものであるが、上手に作るためにはかなり技術を必要とした上に、熱料の関係から家庭で造るよりも、専門店で扱ったほうが安価に供給し得るため、一般家庭からの需要がすこぶる多い。綏遠通志によると「大餅子は労働者・農民・貧民の必需品であったわけで、物価の上り下りも大餅子一個の価格が標準となっていた。清末には大餅子一枚が制銭二枚と交換されたが、銅円（新式銅貨）が始めて用いられた頃には大餅子五枚で銅元一枚という相場であった。その後逆に大餅子一枚の価格が銅円二枚となりさらに四枚となったのであるから、物価は遂に二十倍になったわけである」と記している（註1）。餅子舗は大餅子の製造販売業者であるが、事変前には新旧城合せて四十九軒を数えたという（註2）。大した施設もいらず鉄鍋一つをそなえつけさえすれば、あとは製品を窓口や攤子で売却できたから、小手工業として経営するのに適し、二・三人の職人徒弟をおいて、小さい仕事場で製造販売を行っていた。需要者が近所の店で買求める所から、餅子舗は互に一定の距離をおいて散在する必要があったから、巨大な店舗に育つ可能性は少なく、従って商業資本に食われてしまったり、階級分化をおこす可能性もあまりなかった。

餅行は乾隆二十六年（P5）以来存続し、今日では形式上飲食店組合の中に加入しているとはいえ、ギルドはこれと平行して組織を維持し、今も残存しているのである。火神を祭神とし、十王廟の一部である火神廟と特殊な縁故を持っていたのであって、ギルドはこの廟の経理の一人に任じている（P7）。その他の慈善事業として、玉皇閣（C1）南茶坊瘟神廟（E12）などに寄附を行っている。

註1　綏遠通志巻五二、経政九、金融。
2　綏遠通志巻一〇八、各県商業概況、餅饃業

第七節　精米業と碾行青龍社

脱穀はもともと農業における一作業であって、農閑期の余剰労働力を利用できるという関係から、独立の手工業として分化することが、久しく妨げられていた。それが手工業として独立するようになったのは、消費者の欲望が高まり、高級な脱穀作業による「精米」の需要が広まった為で、この仕上げ工程が独立の営業として成立することになったわけである。帰綏では碾房即ち製米業者は大行に含まれていたので、そのギルド碾行は、乾隆中葉になってからようやく芽を出している状態である(E14　C1)。嘉慶九年(E20)まではもっぱら碾行と称せられていたが、乾隆末期に碾行社(E19)の名も現われている。嘉慶十一年(Y6)以後はギルドマーチャントの改組と関連して青竜社と名乗るようになった(註1)。大行の分解にともなって独立した碾行は、急速に行動的で有力な団体となり、コレクティブギルドでは当初からこれを構成しているギルドの一つと認められたばかりではなく(M1)、その領袖としての地位を与えられ、麺行(製粉業ギルド)と交替で郷耆のポストの一つを独占することができたのである。しかも実際上の慣例として、郷耆は麺行からはあまり出さず、碾行がほとんど毎年のように選出していたわけである。その後道光廿九年以後咸豊三年以前のある時期に大行から除名せられ、光緒六年から同十七年の間に帰参を許されるまで、三・四十年の間、ギルドマーチャントから締出されていたという事件もあったが(第一表参照)、その理由は明らかでない。復帰と同時に旧来の地位を回復しているから、青竜社の勢力の消長にもとずくものでないことは明らかで、おそらく

ギルドマーチャントの指導権を握っていた店行と米穀の市販について衝突した結果、その仇をうたれたのであろうと推察される。聴取によると、同業公会に改組されたのは一九三三年だということであるが、一九三四年に米莱業公会（G59）と称している事実は確認できる。事変後は米業公会といっていたが（P24）、一九四〇年七月一日に米麵同業組合を組織し、すべての碾房は一応この協同組合に加入して、その組合が単一の企業体として活動することになったので、青竜社はギルドの歴史にかつてない萎縮をみる運命となった（L20）。

帰綏道志（註2）には、青竜社を以て「碾米」を業とする者の団体と説明しているが、いうところの米は穀を脱しただけの粒状の穀物の謂で、帰綏では大米（こめ）よりもむしろ小米すなわち黍（きび）稷（高粱）粱（あわ）秫（もちあわ）等のいわゆる雑穀を主として精米したのである。原料は綏遠盆地を始め、後套（五原盆地）前套（オルドス）及び後山（蒙古高原の南部）が原産地であるが、購入の際には原則として帰化城糧店の仲買を経る必要があった。精米の方法は日本において江戸時代に行っていたやりかたとあまり変らない。受注生産だけでは急な需要に間に合わないため、商品を店頭にならべて卸小売を行い、さらにその一部を河北省山西省に輸出した。また米（粒状の穀類）のほかに、麵（メリケン粉などのような粉食用の穀物粉）・酒・油などの商品を店先において、その小売りを行っている。このうち麵は製品を磨麵舗（第八節）から買入れる場合もあり、自分の家に製粉機を備えて生産を行うものもあって、麵舗を兼営する形の碾房が少くなかった。酒も同様で中には缸房（醸造業）を兼ねる者もあり、遂には営業の主点が醸造部門に移され、碾房を従として営むにすぎない者さえ出て来た。油は農民が副業的に造った各種の油類を持込み、殊に山油（後山に産する油）が有名であるが、碾房としては糧店の仲買を介して買付ける場合が多かったのである。後には碾房の中に搾油業を兼営するものも現われ、やがて聯号（一応は細胞分裂を行った形だが、兄弟店が連絡を保ちつつコンツェルン化した企業形態）という形で農村に油房（製油所）を設けた者や、帰綏に仕事場を設立して原料を買入れ、植物性油の製造に従う者などが発生してきた。油房の発達は大規模ではないが、二十世紀に入るとマニュファクチュアと認められるものも勃興していた点は注意を要する。第十六表の乾隆以来のギルド会首にも、永源碾房といったふうに碾房と称するものが十（のべ数は十三）であるのに対し、湧泉油房等油房名のものは四（のべ数は八）を数えることによっても、油房型経営が碾行の中でかなり重きをなしていた事情が推察できる。この表の乾隆四十年の会首の中に復興店という糧店を含んでいるが、糧店が自ら碾房を経営し、中にはそれを主業とする者があったことを物語っている（第十六表）。外見的にいえば、青竜社は碾房油房缸房等の連合ギルドともみられるし、そうした一面があることも事実なのである。碾缸油の三房は穀類加工の手工業である点では共通しており、同じ原料をつかい、同じ様な商品を店先にならべているのだから、流通過程においても共通するところが多く、いきおい多角的な兼営に乗り出して行くことになつて、事実において、互に切離しては考えられない事情にあったわけである。ただ少くとも帰綏の企業としては碾房が大黒柱であり、表向きの看板は油房でも市内の仕事場の営業内容では碾房と認められる者が多かったので、精米業としてギルドを結成するほうが合理的であったと考えられる。この三業はいずれにしても農村に仕事場をもっている点では農村工業の大宗であり、各村落にはその地元の資本や労働力と結合した仕事場を設け、財閥の企業支配に似た形の子会社的な碾・缸・油房を、綏遠盆地一帯にバラまいた上、その有機的な連絡を密にしていたのであるから、都市の商業資本による農村支配の面でも、また農村工業が都市の商工業に譲渡されこれを規制した点でも、大きな役割を果してきたのであった。

碾房は農村の労働力が直接流入するのにふさわしい産業部門であり、しかも前記のように農村の仕事場と結びついていたので、その圧力をうけて手工業的には最も未成熟な條件のままで停滞していた。徒弟制度は全くルーズであって、徒弟採用の際でも舗保のある十五歳ないし二十歳の青年であればよく、同郷関係、従って郷里における身分的な條件などは全く問題にされなかった。入店の日には祖師にではなく、財神に対して叩頭の礼を行い、また経理等には普通の礼を行えばよかったのである。しかも入店の当日、店舗側の負担において多少のご馳走が出たというから、手工業の徒弟というより、商業徒弟に近く、幼稚な段階にあったものと考えられる。経理によって、親子の身分関係に基く擬制的支配を受けるようなことはなく、もちろんその喪に服する必要もないが、住込で家族的生活を営むのであるから、店舗の家憲に従い、長上に対する敬と服従の義務を負ったのは当然である。新年節期などの習慣的な休日はあるが、毎日の労働時間は無制約であり、殊に労働内容は雑多で、家事の万端に追い使われていた。その間に製米技術はもとより、習字・算術から商人としての訓練まで受けており、仕事の面でも商工は未分化の状態にあったわけである。徒弟期間中の待遇は食事が給与され、月二十元の手当が小遣銭の意味で渡されるだけで、衣服を作るにも困っていた。年期は定まっていないが、六年で徒弟満期となる者が比較的多く、七八年から最高十年に達する場合もあった。この点は各人の才能に差異があるので、技術の習得に遅速を生じ、従って年期を予めきめて置くわけにいかないと言う説明であったが、いつになったら満期になるのか不定のまま、ずるずるとひきずるのであるから、早い昇格を期待する徒弟に「恭順」の面で互に競争させることになって、経営側にとって一方的に有利な條件であったことは言うまでもない。その代り、徒弟が中途で舗をやめることも全く自由であった。一つの店舗には通常四五人の徒弟が置かれていたのである。

徒弟は満期の暁には、夥友または工師として採用される可能性がある。「夥友」は主に商業を担当する従業員で、写賬（会計係）坐櫃（内勤販売員）跑街（外交販売員）等を含み、「工師」は専ら精米の労働に従う職人である。ただそれは一応の分化に止まるのであって、夥友は大なり小なり精米に使われるし、工師が店頭に出ることもしばしばであって、仕事の分担の便宜上、従業員の職分をそのときどきで区別しているにすぎない。夥友も工師も身股を与えられる可能性があり、成績によって昇進できる点でも平等である。従業員の身股については経理のめがねに一任されている。碾房には一般に五人ないし十人の夥友や工師がいたのである。

夥友工師の中、資本のある者は自ら碾房を開設する。「高碾房」等と姓を冠しただけの屋号をもっている経営は歴史的にも数多く見出されるが(第十六表)、おおむねこの種の帯財掌櫃の場合であり、比較的小経営のものに多い。碾房の主流はもちろん商業資本として完成された「字号」であり、財東の出資條件に従って店舗を開設した経理が、その商業的ならびに精米技術上の能力を発揮して、碾房の経営にあたったのである。経理には固定給のほかに身股が与えられている。経理は碾房の内部の従業員に対して支配権を持っているばかりでなく、外に対しても店舗を代表して一切の責任をになっている支配人であった。

財東は民国以前は総て無限責任であったが、今は大半有限責任となっている。出資額に比例して財股を立て、三年毎に経営の決算を行って利益配当を行い、新に出資條件を相談した上で新契約を訂結する。身股財股は対等な條件の下に持高に応じて紅利すなわち利益金の配分をうけるのであり、財股に対して別に官利(融資出資の際その金額に対して一定の利率で利息の支払を約束した場合の利子を官利という。官利は紅利に優先し、企業の収支を計算するときには先ず官利を天引きするのであって、その残額が紅利となる。)を支払うことはない。紅利の中、一割は支払を保留して公積金とし、店舗の経営資金に残して置く。公積金は公積賬に記入され、官利がつけられ、財東または頂生意的が退店する場合にその当人の積立てた分だけが償還される。公積金は借入金であるから店舗に欠損が生じたときにも優先的に支払われ、赤字の穴埋に流用されるようなことはない。契約内容の改訂は、財股の場合には添股抽股共に財東の同意があれば可能であり、経理も相談は受けるがその反対などは問題とならない。身股については、夥友工師の分は経理の提案と財東の同意によって決定し、経理の分は財東が定める。経営については経理が、資本については財束が、それぞれほぼ決定権を持っているのであり、両者の権限の分界線は、かなり鮮明にひかれている。

同治六年の斉竜福虎社商賈章程誌（G6）に「居二是地一冢二是業一者ハ咸入レ社ニ」とあるから、同業全部がギルドに加入しているというたてまえになっていたわけである。もちろんこの規定では加入を強制し違反者を処分するというところまではいっていないから、事実問題として「咸」の実体は百%ではない。たとえば回民経営の碾房は同業と考えられていなかったようである。宗教的にいうと仏教徒以外の同業者をギルドから排除するという考えかたは、ギルドの結束を固める手段としてかなり厳重にとられてきたようで、同業公会に改組されたとき、始めて基督教徒および天主教徒の公会参加を見、組合となってから回教徒も加入を認められたのであるが、厳密に言えば公会または組合への参加は必ずしもギルドへの加入とはいえないのである。仏教徒の碾房であっても、営業内容にたち到ると同業の限界はあいまい模糊だと言わざるを得ないのであって、多角的な企業を行っている以上、碾房であるか麺舗飩房油房であるかは相対的な区別に過ぎず、従って同治社規の「是業」にしても、いずれのギルドに属するのが適当であるかは、各店舗の仲間的な相談にまつほかはなかったのである。社規の「是地」は新旧城を包括した由で、新城では碾子房街に大半の碾房が集中していた。同郷的制約は徒弟制度に応じてぼやけており、山西省出身者といってもそれが忻県崞県代県祁県五台県など、府北（太原府以北の山西）府南（南部山西）にまたがった多くの県に細分されていて、その合計が全同業者の約八割を占め、それに帰綏の本地帮（地元人仲間）を中心とする綏遠省人が約二割となっていた。要するに、碾行が社会集団として結束したのは、天然自然の條件によるものではなく、商業資本が人為的に「同業」の範囲を劃定して、その結集をうながしたにすぎない。同治章程もその一例と見なすべきものであるが、碾行の人々が自分達の同類と考えていたのは、いわゆる「漢人碾房」の中で都市手工業と認められていた者であり、彼らは必ずしも同質のものではなかったが、これを意識的に結束させて碾行への加入を要請したのである（註3）。仏教徒以外の者は量的にはいうに足りなかったのであるが、ギルドの結束を固めるために彼等がギルド主流の仮想敵に廻され、彼らとの対抗関係を強調することによって、ギルドの共同体的擬制を固める手段に利用されたのであった。

ギルドは碾房を単位として構成されている。散戸と称せられたギルド員は、清代には数十軒からなっていたが、民国二十四年には十六軒に減少した（註4）。二月二日の大会において、米穀の原料仕入価格および製品の販売価格の協定と、会首改選を相談するほか、ギルドの運営には大して関与するところはなかった。この点は、散戸の利益は会首によって正しく代表されていたので、特に散戸としての立場から、発言する必要はなかったのだと説明されている。いずれにしても碾行の主体は会首にあったわけであるが、会首制度についてまとまった記録が残されていないので、歴代会首表（第十六表）によって帰納的に考察をすすめてゆくことにしたい。先ずその名称であるが、ギルド自体の改組発展につれて、会首も「碾行郷総」「碾行社郷総」「青竜社郷総」と呼びかたを変えている。郷総の定員は十二名であったと思われ、この表に十二名以外の会首団が例外的にかかげられているのは特殊な事情があった為だと考えられる。たとえば六名の場合は対になった扁額の中、一枚がなくなったために、半数の会首名のみが記録されているのであり、十一名は欠員一名を含む場合であり、二十三名はこの資料が二ヵ年にまたがった事件についての記述であるために会首もまた前年度会首を併せ列挙しかつその中に一名の欠員が含まれていたものと想像される。任期が一年で、交替の際に、原則として留任が許されなかったことは、道光十九年二十年の事例によって推察し得る。帰綏道志（註2）によれば、毎年の改選期は二月二日であったが、これは聴取とも一致する。改選の方法は「輪流」によったというが、第十六表によると、各時代を通じて会首に任じたことのある店舗数は二十軒ないし四十余軒であり、これがその時代におけるギルド員全体の数にほぼ相当するとすれば、ギルド員がすべて会首となる資格をそなえていたことになるのである。ところでこの表によって各店舗が乾隆から宣統までの間に、会首となった回数を調べて見ると、一回限りしか現われない者が最も多く、二・三回会首となったことが明らかな者は相当あるが、四回以上現われて来る者に到ってはまことに少数である。これは特権的に会首の地位についている店舗がない（あるいは少ない）ことを示すのであり、従って輪流が一応公平・平等に行われていたことを暗示するものである。こうした点から考えると、ギルド員全部に平等な機会が与えられ、当番制で会首の地位についたのだという梅氏の応答は、歴史的事実としてもある程度妥当するようであり、そうした原則が一応は通っていたものと推測される。

郷総の中には、総領と甲首が含まれている。総領は商賈章程によると二名で、毎年孟冬（旧暦十一月）に碾行中の品行端正な者を選んで薦任する規定になっている(G6)。官憲や他のギルドとの交渉は総て総領がこれを引き受け、ギルド全体のために奮闘している(G6)。しかも総領は単にギルド内の領袖であるばかりでなく、同時にギルドマーチャントの役員として、十二社郷総を兼任し、青竜社を代表して帰化城全体の問題について発言しているのである。第十六表中の道光十一年の十二社郷総がいずれも同年の青竜社郷総に含まれていることや、光緒十九年二十二年三十一年宣統三年の各年度において、郷総中から総領を出していることなどは、みなそのためだと言わねばならない。このほか総領が少くとも同治以後は正副各一名となっていることや、十二社郷総を兼ねているところから、その意味で郷総と呼ばれていたことなども、十六表によって明らかなところである。総領はこのように重要な地位につく者であったから、人材本位で選出されたのであろうが、その結果、総領に任ぜられて成績をあげた者は、次回の輪流で郷総となつた年に再び総領に推挙される傾向があった。人材本位であるから必ずしも老舗が繰り返し総領になったとは限らないわけで、むしろ有能な経理がいる間だけその店舗が集中的に当選し、その人が居なくなった後はばったり後を絶つという傾向がみられるのである。これらの点から言って、商賈章程に現われた総領に関する記述は、第十六表に示された歴史事実によって、うら打ちされたとみなすことができる。そこで甲首の問題に移るのであるが、表中にしばしば現われる甲首は、いつでも総領（郷総）の助手として、ギルド会首を構成している。また梅氏によれば、総領がギルドの指導者であったのに対し、甲首はその名の示すようにギルドの世話人であり、下働きであって、事務や使い走りに任じていたよしである。すなわち甲首は名目上では会首であるが、事実上は補助会首であり、会首の名を与えられたことに満足を感じて、ギルドへの無償奉仕に使役されることを喜びとしていたわけである。郷総が平等な当番制をとりながら、総領甲首の別でしめくくりをつけ、有能な経理すなわち巨商だけが事実上の会首（総領）を独占して専制を布いたのであって、しかも全ギルド員が会首になれるという共同体の擬制によって、事実上の専制に悦服したわけであるから、はなはだ巧妙な運営というべきである。

梅氏によると、ギルドの目的はギルドの内外に対して同業の公正な利益を擁護し、ならびにその増進を計るにあったといわれている。公的にはともかく、碾房の商業資本が集団的な利己主義を追究したことは明らかであるから、碾行の事業として特定の項目を羅列することは適当でない。対外的な問題にしても、実際は内部の問題に深いつながりを持つのであり、封建経済の自己矛盾ととっ組んで、積極的または消極的な彌縫策をつづけた訳である。ギルドが取り上げた問題を具体的に例示しながら、ギルドの意図をさぐってゆくことにしたい。

一　軍需用穀物（軍餉）の納入

帰綏は清朝政府の重要な軍事基地で、綏遠城に駐在していた満洲八旗および帰化城周辺で訓練されていた土默特蒙古軍は、戦時平時を問わず、軍隊用食料にあてる米穀を買い上げていたが、それは直接間接、碾行の手を通じて行う習慣になっていた。軍餉は浩繁であると記されているが、その総額を官と折衝し、さらにこれを会員に割りあてることが、ギルドの重要な仕事であった（G６）。納入と言っても代金は全然支払われないか、あるいは破格の値段で押えられたのであり、現物で納める税金と目すべきものであった。ギルドとしては負担の総額を少くし、分担の公平を期するのはもちろんであるが、同時に単に消極的に抵抗するばかりではなく、負担を負うことを逆に利用して、寄生的な官憲に恩を売ることに努めたのであり、官憲に対して青竜社を擁護することは国計を助けるゆえんであることを認識させたのであって、正面からこの利害関係を説いて、官憲を利用した例もある（G6）。元来国家権力は商業資本の上に一つの基礎をもっていたのであるから、税金をめぐるかけひきにおいては、国家と碾房は利害の相反する面をもっていたと同時に、商業資本の利益を擁護するという点では、立場を等しくした筈である。碾行としては職人達を抑えつけたり、他のギルドの勢力に対抗するために、国家権力を利用してその後援をたのむことが、当然のなりゆきだったといえるのである。

二　不正規税（攤款）の納入

官庁がその事業費等を賄うため、正規の税金以外に種々の課金を各ギルドに課し、または命令によらずに実際上ギルドの負担たらしめたことは、公然の秘密であって、その金は「一切捐助花費悉由社出」とあるように、総てギルドがせおったのである、この「攤派花費」（不正規課税の支出）は結局ギルド員が分担するほかはなかった。「需費較多」といわれているように、相当多額となる場合もあったので、ギルド員としては攤派を値切るために、ギルドが必要であり、会首を信頼する気持にもなったわけである。ギルドがこの負担に関して官憲とかけひきを行った際に、消極積極の両面の態度があったことは、軍餉の場合と同様であるが（G6）、さらにその分担金がギルド会首と官憲とのボス取引の材料に役立ったことは見逃せない点であろう。

三　ギルドの営業上の縄張りの充足

これは一般には表面化をはばかった事実であるが、「売買一切、貨物自応各帰各行」（G6）と商買章程にあるように、中国のギルドには商品の種類や販売の方法について一定の秩序と限界があった。その縄ばりは、流通過程全般に関係した問題であって、市井の規定と言われている伝統的な慣習により、各ギルドの営業分野が定まっていたのである。この縄張りを守ると共にできれば拡大していくことがギルドの任務であった。しかも秩序は経済界に変動があったときには自然に破れ、新しい條件の下で縄張りを設定するために、紛争が生ずることはさけ得ないわけで、その際にはギルド間に新しい協定が必要となり、有利な商慣習をかちとろうとして、各ギルドは異常な努力を払ったのである。碾行は、製米業者としては、農村の家内工業または手工業の中に競争者をもっていたので、市内の全碾房を結集して帰綏における小売の独占的支配につとめ、その地位は大体において認められていた。もっとも農民たちが客商として市内に入り、肩桃（荷ない売）で商品をかついで戸毎に行商して歩いたり、糧店と結んで店の一部を借り受け、小さい米の小売店を開くことも行われていたようである。所が同治初年に凶作があって、客商が大挙して市内に進出したため、帰綏の碾房は廃業に瀕するというさわぎになった。農村副業は農民が剰余労働力を転用して生産に当るのであるから、都市碾房は生産の技術や能率を別にすれば、価格において、ダンピングには大刀打できなかったところへ、凶作という事情で農民はどんどん帰綏に流れ込んだから、碾房は少からぬ影響を被むったのである。青竜社は客商の小売を阻止しようとしたが、客商は店行の勢力を背景としてこれに対抗したので、ギルドでは客商を「越行乱市」（ギルドの取引範囲を越え、マーケットをみだした）ものとして告訴するに到った。官憲も大行もこの告訴をもてあまし、七大行といわれたギルドマーチャントの主流の評議に委ねた。碾磨行の「坐賈」側と、店行の仲買店の利害が衝突して解決は困難をきわめたが、遂に妥協が成立して、青竜社としては戸毎に売り歩く客商の行商を、全面的に禁止することに成功するとともに、糧店内で客商が小売を行うことについては譲歩し、その代り糧店が責任者となって、客商の売上に対して米一斗について十文づつの行銭（ギルドが課する徴課金）を、青竜社に納めることになったのである。こうして古い市井の規程は更新されて、新しい流通秩序が成立したのであるが、この妥協の結果明らかになったことは、店行ならびに青竜社は同業利益の擁護を果し、営業の独占権を確保することができたのに反し、その多くが農民である行商と、一般消費者とは犠牲にされているという事実であって、商業資本の利己主義が大衆の収奪の上にあぐらをかこうと努めていた姿を、ここでも看取し得ることは興味深い（G6）。

四　ギルド員に対する営業規制

これも公然と行うのをさけた問題である。梅氏によると、ギルド内の歩調を整える点では、原料である穀類の買入価格と製米の販売価格の協定が大切であり、従ってこの問題は大会の議を経て決定され、その変更も大会にかけることになっていた。また碾房は日常使用する枡と秤とを、毎年二月二日にギルドマーチャントにある標準器と比較して是正する義務を負わされていたということである。その他営業に関する経営相互間および経営内の紛争はしかるべく取り上げて、公正な解決を計ることが、総領の任務であったという。

五　祭祀

来歴からいえば、青竜社の社名は四方宿の一である青竜神に由来するものであるが、ギルドが青竜神を信仰の対象に選んでいたのではない。ギルドの名称はおそらく碾行の拠点である財神廟が、碾行と親近関係にある麺行の拠点の玉皇閣と相対しており、この二廟が東西に相ならぶ所から、青竜（東宿）白虎（又は福虎、西宿）と称したものと考えられる。聴取によるとギルドの信仰対象は財神であったという。財神廟には青竜社から献納された扁額が今でも豊富に残っているが、その題字をひろって見ると、富国益民（G9 G31）積善宗祠（G12）司福沢、監財源（G13）、徳被万邦（G20）護国祐民（G22）約沢利沢（G23）惟是富（G25）道帡道神（G30）阜財解慍（G38）惟佑善人（G49）行道有福（G74）財源主（G78）等となっていて、どの時代のものも財神の徳を称えるためのきまり文句であり、信仰に対する気持からいえば神恩によって商人的な利益をあげ禍をさけることに期待をかけているだけで、手工業的な祖師への敬重は全然見当らない。財神廟内に青竜神の神位神像がないことはもちろんで、玉皇閣内にも白虎神の神像はないのである。帰綏識略等には、二月一・二・三日に財神廟で賽社を催したことが記されているが(註5)、財神廟の楽楼（舞台）には芝居にちなんだ文字を題した匾額が、道光二年以後の各時期に青竜社から奉納されているし（G74 G76 G77 G80）、道光十一年にも芝居の奉納に際して、東西の廂房を使用する権利の問題で応渾社と争っているから(G4)、賽社の由来は遠く、その歴史は久しいといわねばならない。

六　慈善

青竜社が慈善に寄せた関心が深かったことは十分に承認すべきであり、仕事の分野が非宗教的な面に及んでいた点でも、商業資本の特色がはっきりとうかがえるのである。先ず社会事業の面では、済生店の冬賑収養事業を応援するために努力したのであって、年々多額の寄附をつづけたが、その事業が停止されたのちも、省立救済院の収養事業と純一善社の放粥（冬季に、一日一椀の粥食を総ての希望者に無料で提供する）事業に米や金の提供を続けているのである(註6)。文化事業としては乾隆四十三年に財神廟内に独力で惜字爐を造り、爾来今日まで引き続き漢字の書かれている反古紙を集めてこれを焼き、その灰を西河（黄河の支流）に流すという漢字擁護運動に従事している（G6）。寺廟に対する慈善にしても、新旧城および近郊を通じて広く支持しているのが特色である。財神廟の主要な経理人の一人として、乾隆から今日まで引きつづき廟の修築などの責任を引き受け（G2 G5 G34 G41 G45 G48 G53 G57 G62）十王廟内の火神廟に対しても重要ではないがとにかく経理の一人として支援している（P5 P7 P8 P12 P18 P24）。このほかの寺廟に対しては、いわゆる「助善」すなわち慈善に賛助する者という立場に立っており、南茶坊瘟神廟（E12 E20 E48 E26 E29）玉皇閣（C1 C6 C9）小東街関帝廟（B4 B24）西茶坊関帝廟（Q3 Q5 Q6）北茶坊関帝廟（N4 N14）城隍廟（M1 M2）呂祖廟（S4）玄天観（H1）新城娘娘廟（T1）新城関帝廟（U1）西竜王廟（Y6

P8）等に大なり小なり寄附を行ったのであった。

以上のような諸事業を営むために必要な経費については、その一部を糧店から前記の事情で受け取っていたのであって、客商が販売した米穀に対して一斗について十文づつの課金を青竜社が徴集し得たわけである（G6）。ギルド内からは、各碾房に対して営業成績に応じて分担させたと言われ、また総予算を立てず、一事業ごとにその収支を公示するだけで、決算も特別には行わなかったよしである。

聽取の際に梅氏に対して青竜社の章程はないかとたずねたところ、無しという答であった。しかし本節において再三引用して来た同治四年の青竜福虎社商賈章程は、ギルド規約として模範的なものであり、右の答は聽取が古い歴史についてはあまり期待できないことを示す一例証である。この規約は帰化城の民政を司る蒙民理事府の公認を得たもので「蒙諭所定」であることも公表しており、組織・事業などについて包括的に論及した、やや通則に近い内容の「永遠章程」（G6）である。ギルドにはこれ以前から規約が作られていたのであって、そのことは同治規約に「旧有二成規一」と記されているので明らかである。同治規約はこの旧来の「市井規程」を改訂するために作られたわけであるが、旧規が成文のものか、それとも単なる慣習法であったかは明らかにすることができない（G6）。同治章程の内容は、ギルド慣行の中特に文章にして明確化する必要のあった事項を、歴史叙述の形体で成文化したものであり、具体的には店行等と営業内容の問題で争った際の紛争の経過とその結末を主とするもので、ギルドの制度全般を法文化する意図は持っていない。ギルド規約が官憲の公認を受けたというのは、きわめて稀有な事例に属し、同治規約は官憲の手に訴えられた事件であったために、そうした手続きをふんだのであろうが、国家権力とギルドとの結合が、どんな形態と実質をもっていたかを具体的に示している点で、貴重な資料を提供しているのである。

織物業等における農産物加工業のマニュファクチュア化にもかかわらず、製米業はいつまでも手工業として未発達のままで停滞し、職人ギルドの成立さえ見ないままで、反動化の道をたどったのである。製米業の後進性は植民地型「進歩」に地盤を与え、製粉業と相たずさえて、日本軍の支配下に米麵同業組合という産業組合を作った。規約によると、米麵類の生産販売の合理化とその振興を目的に組織した協同組合（合作社）で（章程第二條）（L20）、碾房からは碾一台毎に六百元を出資させ、これを一股（株）の財股として取り扱っている。現在碾房の中で組合に加入している者は七軒にすぎないが、ほかに麵舗（製粉業）が四十二軒加わっているので、このほうは電磨（電力利用の製粉機）を持つ者は一台ごとに五百元、馬磨（騾馬でひく石臼）は二百五十元を出資させて一股とした（章程第四條）。しかも財股は無限責任であり、無限責任の財股が出資したので、米麵業組合は当然「本組合資本総額無限」ということになった（同條）。財股を持つ者は組合員であり、その中から理事十名を互選し、理事は正副組合長各一名を互選したのであるが（註7）、理事等の任期は一年であるから、毎年改選が行われた（第十五・十六條）。組合員総会は年三回の定期総会のほかに臨時総会があって、事業計画・定款変更・組合員の処罰等に当り、会計報告を受けたのである（第二十・二十一條）。理事会の権限は章程には明示されていないが、一応組合員総会の権利として指定された事項以外の、一切の組合事務を掌握していたものと解せられる。理事には適材が選ばれ、毎日組合事務所に出勤して、組合の運営に直接従ったのであり、したがって職員と同様、相当な俸給が与えられていた。組合はその原料である穀類を一括して購入し、これを財股に比例して各碾房または磨麵舗に配分し、精米製粉などの加工に従わせた。加工に対しては手間賃が支払われ、組合ではその仕事を出すに就て手数料をとっていた。でき上った米またはメリケン粉などの製品は全部碾房等から組合に納入され、組合で価格および品質を統制した上で、流通機構に入れたのである（第十一・十四條）。この規約によると、原料の買付や製品の販売は組合自身の負担と計算において行うのであるから、磨房麵舗は与えられた加工を行うだけの、組合専属の仕事場にすぎない。各磨房がその内部構成について一応従来通りの体制でいくことは自由であったが、その営業内容は、組合から与えられた仕事をやって、規定通りの加工の手間賃を受取り、それと出資金に対する配当とで、それぞれの経営を支えることになる。しかもその仕事や配当金は股の大小がそのまま反映し、したがって収入は主要な生産要具（碾又は磨）の数に正比例する計算となっていたから、商業を中軸とする従来の店舗構成を維持することはできなかったはずである。この生産協同組合は生産能力の合理的な活用を目指しているようであるが、実際は利益の大半を組合が独占し、それを理事が適当に配分するのであるから、資本の本源的畜積にあたる資本の集中が、一般碾房からの収奪によって行われていることは明瞭である。組合員の協同（第十四條）の実相がこのようなものであるとすれば、合作社としての成功はおろか、生産力の低下は目にみえている。巨商の支配体制はここに最後の段階に入り、理事となった小数の商業資本家が、一見民主的な協同組合という形を通じて独占化を徹底させたわけであるが、この理事は顧問という名目で組合に雇われていた日本人と結びつき、その権威をかりて独占支配を絶対化していたのである。いわば戦時統制経済政策によってゆがめられた、封建経済の近代化（植民地的）にほかならない。

組合章程には規定がないが、梅氏によると、祭祀と慈善は公会から組合に引きつがれて、今も実施されているという。これも合作社自体に内包する封建的機構が反映したものと見なし得るであろう。同治の章程に碾房は坐賈として規定されている(G6)。合作社といっても、商業資本の支配と、徒弟制度および工師制度による仕事場の隷属は依然たるもので、手工業生産が営まれている限り、青龍社以来の伝統が、合作社に影をひいていることも怪しむに足りない。青龍社自身は旧い歴史と僅少な財産によって、僅に余喘を保っているにすぎない状態に追い込まれているが、碾房の封建制が解消しない以上、名目だけでも存続する余地は残されていたわけである。

註1 東亜同文会編「支那省別全誌・山西省」頁七三九に青龍社を「麺粉および紙類の取扱商の組織する所」といっている。以下青龍社に関して四行ほど簡単な記述を与えているが、ほとんど信をおくに足りる叙述はない。

2 帰綏道志巻廿二　帰化城十五社総領毎年更換日期。

3 都市手工業と農村手工業との間に限界線を設ける必要については、本書続篇で詳述したい。また、頁四二〇参照。

4 綏遠通志巻一〇八商業一、各県商業概況　帰綏県跋。

5 帰綏識略巻十八賽社二月。又帰綏道志巻廿二同上。

6 純一善社は一種の道教であり、類似宗教である。新城と旧城の中間に大きな貧民の救済施設を設立しているので有名である。

7 章程第十五條には、組合長一副組合長二と規定されているが、創立以来麺業から正組合長を、米業から副組合長を出す習慣になっているために、実際としては正副各一名となっていたよしである(L20)。

第八節　醸造搾油業と缸油行

一九四三年に日本の行った企業統制の余波をうけて、一部の缸房が企業を整理し、醸造専門を看板とする店舗が生れたのであるが、それまではすべての缸房は「磨米缸油」の看板をかかげており、缸房といっても大なり小なり碾缸油の三業を兼ねていたのであって、碾房中の巨商が醸造業を兼営している場合が多かった。缸房は酒の中でも高粱を材料とする白酒（一種の焼酎）を専門に醸造していたのであって、彼らだけで缸油行を組織していた。したがって米から造る黄酒の醸造業者は缸油行とは無関係で、その一部はドブロクの醸造に当り手工業以前であるためにギルドがなく、一部は仙翁社に属する飯館が兼業として造っていたわけである(註1)。油房もやはり油碾行であり、碾房中の巨商で、湧泉油房をはじめ、青竜社の総領をしばしば排出している(註1)。すでに前節に記したように、缸房油房はすべて碾行青竜社に属したのであるが、それと同時に同業団体として缸油行を組織したのは、醸造搾油業者としての立場から、独自の発言をする必要が少くなかったためではないかと考えられ、碾行ではそこまで手を伸ばしきれなかったのである。

缸油行は乾隆四十九年（C6）以来、乾隆（G2）道光（P12）同治（G41）光緒（G44 G45 G48 G53）を通じて存続している。ただ、そのメンバーが青竜社と重複するために、一般からは独立のギルドとしてうけとられたわけではなく、ギルドマーチャントにも単独で加盟するに到らなかったので、自らも美称に類する某社の称を名乗ることはしなかった（註2）。近代化についても大した反応を示さなかったが、事変後一九三八年に酒業公会を組織し、一九四三年に醤油・粉條・糖粉などの製造業者と合同して醸造組合を組織し、軽工業組合の一として、市商会傘下の一団体となったのである。

缸油房の構成は、碾行と異なる点はないが、いずれも大経営であって、公称資本、従業者数はともに大である。仕事場が倉庫とともに大半の面積を占めており、商取引のための場所はほとんどなく、小さい窓口を作って小売の需要に応じている。缸房は十五経営で、その中の五経営が今日では専門の醸造業者である。また油房は十二経営で、いずれも碾房を兼ねている。マニュファクチュアとしての油房は、帰化城では発達していない。

缸油行の事業は缸房油房としての立場の主張が主目的であったと思われるが、碾房との関連から、青竜社内での問題に止まったり、あるいは青竜社を通じて交渉する場合が多いので、缸油行が直接矢面に立った記録は、あまり見出されない。ほとんどの場合、一応独自の立場から青竜社と平行して、しかもその実は青竜社の驥尾に附して活動している。たとえば祭祀については財神を対象とし、大祭は青竜社と同日に同場所で行うが、一応は独立の立場からこれに参加する形式で行ったよしである。財神廟に対する支援は最も恒常的性格をもっていた（G2 G41 G44 G45 G48 G

53　G63）。慈善事業としてはこのほかに玉皇閣（C6）火神廟（P12）西竜王廟（Y8）等を対象とする寄附を行っているが、以上を通じて青竜社と離れて単独で行ったものは一件も見出されないのである。

註1　綏遠通志一〇八帰綏県、米麵油酒業。但し、油房に関し「向無専業。近年始有二三油房」とあるのは誤りで、前節にもいくつかの油房があったことを列挙しておいた。

2　帰綏道志巻廿二帰化城外小社行には、缸油行があげられていない。綏遠通志一〇八各県商業概況　帰綏県にも、商会所属公会中に缸油房をあげていない。

第九節　製粉業と麵行福虎社および六合社

第一項　製粉業と麵行福虎社　附　蒸籠行

帰綏において製粉業が農業から独立して専門の手工業になったのは、康熙時代のことと考えられる。そのギルドも康熙末には組織されていたに違いないが、麵行に関する正確な記録の中で、最も古いものは、雍正四年（C10）八年（C17）九年（C18）などの年号が記入されている扁額である。その活動は乾隆時代を通じてめざましいものがあるが、嘉慶九年（E20）を最後に麵行の名称は一応表面から消えている。福虎社がその後をうけたギルドの公称で、嘉慶十一年（Y6）から一九三七年（C95）までの間に、引き続いて多くの記録を残している。また製粉業者はギルドと同時にギルドマーチャントとも深い因縁を結んでいるのであって、大行の頃はともかく、十二行として再出発したときからのちは麵舗がこれに加わっており、コレクティブギルドの整ったのちは七大行の一として、その中でも指導的な立場に立っていたのである。また「碾麵行」（H1）という名称もあったほど、碾行（脱穀業）とは深い関係があり、往々にして連合ギルドを組織したのであって、ギルドマーチャントにも碾麵行から郷耆を一名出すしきたりになっていた。このように麵行は商業資本の利益を代表した手工業ギルドとして、帰綏に雄視したのであるが、帰綏の職人ギルドの中でも、最も活潑な動きをみせていた製粉職人の六合社と相対立して、労資の抗争が激烈をきわめた点でも典型的な例を示した。しかも光緒三十四年に六合社を解散させて、職人を福虎社に帰属させ、形式上では老師傅を含めた単一ギルドを再現することに成功している(R 2)。国民政府成立後は、民族資本育成の掛け声に呼応して麵業公会を組織した。聴取によれば、一九三三年のことであったというが、少くとも一九三五年(C 94)、一九三九年(C 96)等に麵業公会の名で匾額を残しているのは事実である。一九四〇年に日本軍の指導下に米麵同業組合を組織したが、これは前節でのべたように、協同組合の形式をかりて巨大な商業資本が最後の独占支配体制を作ったものである。ただし、このような外面的変貌はともかくとして、福虎社は公会や組合と平行的に命脈を維持してきたのであって(C 95)、これは旧来の伝統に基ずく儀式や財産などの関係もさることながら、産業構造が封建的である限り、ギルドの存在理由が消滅していないことによるのであろう。今日も最小限の規模においてではあるが活動していることは、聴取の結果によって明らかである。

帰綏道志には(註1)、福虎社を磨麵と説明しているが、磨麵というのは穀物の製粉を行うとともに粉末状の穀類の販売を業とする者であって、製粉に力点を置いて手工業者と考えたときには磨房といわれ、販売を中心に商店と考えた時には麵舗と呼ばれる。現在では磨房と麵舗は全く同意語であるから、両者を結び合せた磨麵舗という言葉も行われている。製粉には直径一メートルないし二メートルの石の挽碓を用い、これに長柄をつけて騾馬・驢馬または馬にひかせ、上臼を回転させることによって穀物をすりつぶすようにしている。この「馬磨」は久しく生産手段の中核となっていたが、民国以来ヨーロッパ式の鉄製製粉機にモーターをつけて動かす「電磨」が輸入され、逐次馬磨を駆逐し始めた。麵舗の中には製米業を兼ねる者が多く碾磨房と言われているが、製米を行わず、碾房から米を買ってきてその販売を兼営する者を仮麵舗と呼んでいる。小売の面では穀類全般を取り扱う店舗が多く、油や酒に及ぶ者もあったわけである。

一般に中国では製粉業は零細企業だと考えられているが、それは主として独立職人の経営している磨房を思い浮かべるからであり、そうした単なる仕事場だけの磨房は福虎社に入っていなかった。もちろん歴史的にいえば最初磨房が成立した時は、農村副業から独立したばかりの小資本の仕事場から出発したはずであって、帰化城でも最初は零細なものばかりであったと考えられ、乾隆年間になってからも、屋号を持たない個人経営の磨房がギルドの会首として選出される程度に、余勢を保っていたのである（第十七表）。しかし麵行が活動していた乾隆時代の大勢は、商業資本による手工業支配が一応完成していた時期であることも明らかで、当時の会首には永順舗等のような屋号を名乗る者が圧倒的に多かった（第十七表）。商業資本の集積のために企業合同が盛に行われ、それが大体ととのってきたのがこの時代だと考えられるのであって、麵行の会首表にでてくる三合舗・三合盛・三合義・四合成・四合隆・四合全・五合栄等の屋号は、その店が三個四個または五個の企業合同によって成立したことを示すものであるが、こうした磨房が会首となったのは乾隆年間に最も多く、道光にかけて福虎社の中で大きい発言力をもっていた。それ以後になると企業合同を必要としないほど、商業資本の職場所有が一般化したのである。

こうして成立した「商業資本の職場所有制」的磨房は、大まかにいって、経営に当る従業員（賬房）と、生産労働に従う従業員（工房）と、その上に立つ出資者とによって構成されていて、中国の手工業としては典型的な型に近い。賬房には経理と夥計と学徒とが属しているが、彼等は原料の購入・製品の販売などの商業部門を受け持つばかりでなく、店舗の経営全体に関する問題、すなわち資金の調達・生産施設の選擇・賃金の決定などを取り扱っている。

賬房従業員は一つのグループであって、夥計は学徒から、経理は夥計から、それぞれ昇格してゆくしくみになって居り、夥計には普通身股が与えられていた。工房には工頭の下に老師傅工徒があったわけで、その生産は賬房の指示によって行い、指示どおりの製粉作業を受け持ったのである（第二項参照）。資本についていえば、磨房のうちに零細な企業から巨大な資本を持つ者まで、上下のへだたりの著しいのが特色であるが、福虎社を支配している店舗はすべて巨商であった。これには前述のように企業合同で多くの零細資本を結集する方法すなわち集股によって、店舗を作りあげるのが一つの方法であり、この型では、小市民とでもいうべき人々が乏しい財布の金をはたき合って出資するので、多数の財東が協力する形態になる。一方では、大きな店舗や金持が一人（専東）または数人（朋東）で出資する方法が、大資本の優越化傾向と互に因果関係を保ちつつ発展してくる。東盛当は当舗であり、万和成は銭舗であるが、これらの名が福虎社の会首の中に見出されることは、当舗銭舗の中に、磨を備え磨工を雇って麵舗を経営したもののあることを示すものである。このように高利貸業者と結ばれたのはむしろ例外であるが、商工業に従事している店舗の出資にまつものはきわめて多く、第十七表にも、池木舗・興義森などの材木商が見出され、とくに徳和興・恒豊徳・万盛源・万盛興・万慶恒・永和新・永恒成・広和興・広興泰・隆順永・源意厚・意生徳等の碾房関係の店舗が多数を占めている。その中には麵舗として先ず成立し、後に碾房に出資した者もあったろうし、またその逆の場合もあったと考えられるが、いずれにしても青竜社福虎社の両社の会首表（第十六・七表）に共通して現われる屋号はすこぶる多い。このほか、麵舗が他の麵舗によって経営されることもあり、店舗ではなく個人の出資した事例も多いわけである。すでに蓄積されている商業資本あるいは高利貸資本の出資によって麵舗が成立する場合でも、店舗の資本構成はいろいろであって、既成店舗に出資されている同一資本がそのままで新店舗の事業を兼営することもあり、母店の財東が別に子店の財東となることもあり、更に母店自体が子店の財東となることもできるのであって、技術的にいろいろと工夫を加え得たのである。また身股を主として考えた場合でも、連号の形で経理以下が独立した別個の舗を立てることも、副号の形で経理の支配下に頂生意的を長とする半独立の舗を設けることも、あるいは構成上には全然区別を立てず、販売所や仕事場のみを多数置いて分号とし、物と人を適当に配置することもできた。殊に生産部門の仕事場を設置する手続きは最も簡単で、磨と工人を配置することによって、城内のみならず、郷村に仕事場を散布することにつとめたが、こうした形態は、すべての店舗が多少とも採っていたところだといわれている。

以上いずれの形式によるにしても、商業＝高利貸資本の所有者が、財東という立場において行った出資は、店舗開設に必要な固定資本を提供するに止まり、従って歳月の経過とともにそれが段々と寄生資本となり、高利貸的となって、店舗に対する重荷と考えられて来る傾きがあったのに対し、身股を中心とする出資は店舗の運転資本を賄う関係から、商業資本の中核として活動を行う方向に進んでいった。一面からいうと、商業資本は磨房と結びついて麺舗としての繁栄をねらい、経営の中心を商業部門において磨房の拡大再生産を阻げ、手工業としての発達がたちおくれる原因を作った。資本の集中という面からいえば、巨商による支配が一般化し、商業資本がすべての磨房を支配しているにもかかわらず、一企業に対する資本の集中とはならずに、膨脹した資本がある限度に達すると細胞分裂のような形で再分割され、一定規模の同型の営業を多数作りあげたわけで、量的な増大が質的な高まりを伴わなかった。そのために生産部門は小さい磨房も大店舗の仕事場も、磨と工人の数が違うだけで、構成的には全く同一であり、協業または分業に向う傾向を示さず、その生産力または購買力の向上によって市場の拡大や獲得に貢献するわけでは無かった。資本が大となり、営業的に多くの使用人と仕事場を擁し得たとしても、それは生産関係の合理化を意味するものでも、生産力の増大を成就し得るわけでもなく、単に商業資本の利潤を量的に増大するために、労働力を無用に濫費するに止まったのである。

ギルドではみずから「坐賈」と名乗っているのであって（G６）、経営の主体が賬房すなわち商業部門にあるために、商店として（麺舗として）の意識ばかりが表面化しがちであるが、事実は磨を持ち磨工を雇傭して生産を行わないものは麺舗とはいえず、生産機構を持っていることが基礎であり、磨房としての條件が営業の本体であった。磨を所有せず、従って磨工を雇っていない店舗は、どんなに盛に麺の売買を行っている舗であってもギルドに加入させないのであり、たとえば客商・行商等で麺の卸小売に従う者は巨商であっても麺行に加えていない（E22 G６）。しかも自らを坐賈として規定したのは、同業の範囲を商業資本をもつ店舗に限定し、ギルドから単なる仕事場だけの磨房を排除しようとする意図を持っていた為である。その限りでは全同業のギルド加入を強制する立場を明確にとっているのであって、すでに乾隆四十三年には、兼業的に磨を備えている者でも、零細企業の麺舗でも、全部強制的にギルドに加入させている。当時碾房の磨房兼営者の中には未加入者があったので、これをギルドの傘下に入れることが、そのときの強制のねらいであったようである（C27）。また麺行が全部の同業者をという場合、新城と旧城を含めた都市の麺舗に限られ、市外や郷村の同業者を含んでいないことに留意すべきである。麺は農民の主食であり、馬磨による限り生産要具は購い易く、また役畜の余剰労力を利用し得たのであるから、磨麺は最も普及した副業的な農村工業であった。それは商品生産を主とするものではなく、また徒弟職人制度による仕事場でもなかったから、磨房とはいえないのであるが、ギルドとしては、同業の地域的限界を設定することによって、その間に一線を劃し、農村工業という仮想敵を設定することによって、都市における同業者をギルドにひきつけることにつとめたのであった。同治四年のギルド規約に「居二是地一、蒙二是業一者、咸入レ社一」（G６）と規定し、地域性（居是地）と同業性（蒙是業）の二重結合において社会集団の線に合致する者は、当然その会員がギルドに加盟すべきであることを強調しているが、これは右のような歴史的背景を持ち、また今日でも生きた法として行われているのである。ほかの社会紐帯は、さして重要ではない。宗教的にはギルド自体は仏教教団であり、同業公会には基督教徒および天主教徒を、組合には回教徒をも加えているが、福虎社の空気は今も変っていないといわれている。こう聞くと宗教性は、はっきりしていると考えられ易いのであるが、いうところの仏教は祖師信仰にまつわるものではなく、経営側と工人側では所属の廟まで別々になっているのだから、同じ職業にある者が、同じ守護神を頂いているという意味での「同教」性も「教縁」も考えることができない。商業資本側だけが信仰的にまとまっているというわけでもなく、近来は類似宗教の一貫道が店舗側職人側の双方を通じて非常に擡頭してきたので、店舗側の玉皇信仰は有名無実となっている。ただ信仰または宗教的儀式を共通にすることを理由にして共同体という擬制を設定することが福虎社のねらいであり、ギルド結合に多少役立てることはできたろうが、それも職人ギルドを吸収するには役立たなかったのであるから、社会結合に対する自主的効果について期待するわけにはいかない。福虎社が宗教的な基盤をもっていたとすれば、回教徒を仮想敵におくことにより、漠然たる共感をはらませ得た程度のことであろう。また同郷関係についていえば乾隆年間のギルド規約に「外州本県親疎遠近に論なく、すべてギルドの規矩準縄に従うべきこと」という規定を設けている（C27）。現在では山西省内の各県を通じて合計約八割地元約二割という状況で、無制約が歴史的といえる。

福虎社は前述の意味での磨房すなわち麵舗によって構成され、これを散戸と呼んでいる。散戸は商業資本による経営であり、実質的にこれを代表するものは経理であるから、散戸を表わすには屋号の名と経理の個人名とを併記する方式を採っている（C90）。ギルド員の大会も開かれたが、「郷総邀同闔社公議」（C69）とあるように、これは会首が召集する必要を認めた場合に限って開催されたのであり、その必要性はギルド員に新たな義務や負担を負わせることを承諾させるときに生じたわけである。「共同体」に協力させるため、全散戸の「公議」に徴するわけであるが、郷総の提出した問題について賛成を求められているだけで、これに反対するのが関の山であり、散戸自体の民主的主張をギルドに反映する機関として公議が存在したのではないから、ギルド総会は翼賛議会にすぎない。ただ公議すなわち輿論があったことは、看過できない点であろう。なお梅氏によると、散戸は事業の実施についても応援にかり出されたが、これもその必要が認められたときに限られ、平常は社務に関係しなかったよしである。事変前の散戸は総計七十六軒を数えている（註2註3）。

歴代の会首表（第十七表）から帰納すると、最初福虎社役員は総領と呼ばれていたが、乾隆中葉以来、郷総と称せられるようになった。定員は雍正年間には四名、乾隆年間には八名である。もっとも、実際としては欠員があったりして、実員七名という場合も起っている。コレクティブギルド（十二行）が制度的に確立する嘉慶頃になると、福虎社を代表するギルドマーチャントの役員（十二社郷総）は四名と定まり（註4）、福虎社総領の四名をもってこれにあてた。このことは第十七表中の道光十年十一年二十九年等の事例によって明らかである。爾来総領は福虎社の役員であるとともに大行の役員を兼ねたのである。この四名以外に、なお一名の会首を設けているのであって、それは十二社郷総を兼務しないギルド会首を設ける必要があったからであるが、これには福虎社専任の会首が必要なときもありまた郷耆を福虎社会首中から出すときの用意でもあった。郷耆を該年度の会首以外から出したことも絶無ではなく、光緒十五年の天意正がその例であるが、この年には福虎社から二名の郷耆を出しているので、特別な例外と言うべきであろう。右以外の場合は、郷耆はギルド会首の中から推しているのであり、それを原則と考えて差支えあるまい。第三章でのべたように郷耆は十二社郷総を兼ねることができないのであるから、福虎社から郷耆を出すためにはギルド会首の中に郷総を兼ねないものを置く必要があったのである。このようなことから、十二社郷総を兼ねた総領四名とフリーな会首一名とをギルドの役員とし、両者を合せて「福虎社郷総」と呼んでいる。第十七表に、郷総として示された者がいずれも五名であるのはそのためであり（註5）、郷総の中に総領が含まれていることは光緒六年の事例に徴して明らかだと思う。民国になっても総領・郷総の制度は原則的には変化がない。些細なことをいえば総領の中に正総領一名副総領三名の区別があり、郷総以外に代表・会董等の小会首があったことを、記録は物語っているが、それも民国以後新たに発生したものであるか、あるいは清代にも存在したが余り重要でないために記述されなかったと言うだけのものであるか、不明であるが、いずれにしても大した問題ではない。

会首の選挙法をみると、帰綏道志には毎年十月一日に改選したと言っている（註1）。任期が一年で留任を認めない習慣であったことは、第十七表中の雍正八・九年、乾隆二十二・三年、道光三・四年、同十・十一年、同十四・五・六年、同二十九・三十年、同治一・二年、同六・七年、同九・十年、光緒五・六年、同九・十・十一年、同二十四・五年、民国十二・三年、同十五・六年などにおいて、郷総となった者の名前が、二年間または三年間連続して明瞭となっているので、その両（各）年度の会首名を対照することによって、帰納的に結論づけることができる。改選方法としては比較的広い範囲にわたって輪流による当番制をとってきたようで、第十七表に登場する会首の中、三分の二が一回限りしか現れて来ない屋号であり、重複して登場する者でも最高四回までで、しかも登場の間隔はかなり遠くかつ散発的であるという事実によって推定できるのである。この場合に兼業として製粉を行っていた者も輪流の範囲に包括され、前述の碾房当舗銭舗木舗等が皆会首にあげられているのである。これに反し、老師傅で独立したヨウマン的な磨房は、初めは会首になっていたが、後にしめ出されている。表中では初期の「関麵舗」とあるのがほとんど唯一の例であるが、関麵舗は前に記したとおり、磨房が商業資本の支配に帰するまでの時期の型態と見なすべきものである。帰綏における磨房の独立職人が闘争を行ったのは、主として嘉慶以後のことであるが、関麵舗は乾隆年間に会首となったのであるから、独立職人の問題とは時代を異にするといわねばならない（註6）。

会首の任務について言えば、福虎社の事業は「郷総公議」（C27）すなわち郷総全体の意見によって運営することになっていた。ことの大小にかかわらずおよそ郷総が責任を負い得る限りは、個々の会首ではなく、会首の共同体によって専制的に会務が処理されたのである。郷総が以下にのべるギルドの仕事を引受けて実施したのはもちろん、ギルドマーチャントでも重要な責任を帯びていたわけである。

ギルドの事業の主旨については、乾隆章程にも明示しているように、同業者全体の「公同弁理」すなわち共同歩調をとることによって相互の利益を擁護し、ぬけがけ的な奸猾な行為は、厳に戒めねばならないとされていたのであって、集団的利己主義の実行をうたっているわけである。この場合に、いう所の集団は、商業資本の立場における麺舖の集団であり、商業資本のエゴイズムを基準としていた点が、かなり露骨だったといわねばならない。

一　店舗内部の規制

相当こみ入った問題であるが、規制の対象になるのは常に磨工であって、労働條件の切下げによる商業利潤の維持あるいは拡大のために、ギルド「共同体」の圧力を巧みに用いたわけである。嘉慶（E22）から光緒（R2）の間を通じて、磨工の団体である六合社と労働條件をめぐってしのぎを削ったのであるが、闘争のはげしさはともかく、商業資本側のやりかたのあくどさにおいては、あまり類がないほどである。福虎社の行った資本攻勢は、磨工の賃金を低く公定したり、賃金支払に際して小銭の混用によって実質的に工賃を引下げたり、あるいは度量衡器によるトリックをたくましくして、舗内では大斗を用いて製粉の出来高を少なく測定する等の手段に訴えているのであって、明らかに「商略及び欺瞞」を用いていたわけである(E22　R2)。磨工に対する福虎社の行為を、ギルドの事業として平面的にならべてみると、賃金協定のほか、使用通貨の協定・度量衡の協定などを行ったことになる。しかもそれが持久性のある事業ではなしに、商略上の必要に応じて打った臨機の仕事であり、その都度主義で割出したその場限りの一時の権謀術数であり、したがって御都合主義で、有利なように随時更改していったわけである。

二　ギルド外の商工業者との交渉

記録に現われた範囲では、独立職人の磨房が市民等の注文で製粉を行う際の條件を規制して、麺舗と競争にならないよう一本釘をさすとともに、客商が磨房と結托して小売市場を荒すことを阻止し（E22）、青竜社と共同して客商の商行為に制限を加え、福虎社のギルド課税を客商からも徴収するなど（G6）、生産販売両面における競争者を各個撃破によって拘制し、おおむね成功を収めることができた。これによって独立磨房や客商はギルド外の企業でありながら、営業上では福虎社の拘束をうけ、その支配の下に立つ運命におかれたのである。

蒸籠行というのは、蒸籠（せいろう）の製作販売に従う者で、百工の内の一芸として認められた手工業者である。蒸籠行は魯班社（大工などのギルド）の内工（屋内で仕事をする細工人）の一つに数えられていたものであるが、魯班社には、それが混合ギルドであったためか、深く依頼するに到らなかった。蒸籠行は単独のギルドではあったが、事務所も事務員もなく、責任を負う者さへ判然としていなかったため、官憲は蒸籠の製作および修理を官から発注する場合に、その責任者として蒸籠行のほかに麺行を指名し、仕事や費用を分担させることにしてこの事務を両ギルドが共同で処理すべきことを定めた。従ってせいろうに関する官需は実際上麺行の事務所で一括して処理されることになり、ひいてはいつの間にか蒸籠行自体のギルド事務も、麺行が代って処理するようになった。こうなれば、官需の負担も蒸籠行に多く転嫁され、その他いろいろと利害の不一致を生じ、いつも蒸籠行が犠牲にされる傾きが強かった。麺行としては利己主義を発揮したままで当然のことと考えていたが、蒸籠行としては「苦楽不レ均（シカラ）」の不満が強く、それが破裂して、乾隆四十一年に一切を官憲に提訴するに到った。その要旨は、各ギルドは自治を旨とし、自分のことは自分で処置するのが当然で、外部の者によって行規が乱さるべきではないというにあった。しかし法庭で麺行が大いに自己の犠牲を力説した結果、麺行は他のギルドの内部問題には干渉しないという原則を承認するとともに、蒸籠の官需の負担は、蒸籠行が単独でひきうけることになり、特別に過大な官需のあった場合だけ、麵行も加わって二行で処理することが決定された。もともとギルドの自治と官需物資の負担とは全く別の問題であるにもかかわらず、麵行はこれをからみ合せて議論を進め、自己の負担を免れようと計ったのである。この判決は麵行の主張どおり、官需の責任を蒸籠行に転嫁したのであるから、麵行にとって一方的に有利な條件だと言うべきであって、この判決文を石碑に刻んで「不朽に垂れ」ようとしたのは当然である。蒸籠行はギルドとしての独立をかち得たとはいえ、それは当然の権利を認められたまでのことである。しかもその代償として微々たる生業をもって莫大な官需を永遠に背負いこんだのであるが、蒸籠を作っていた手工業者が、官憲の必要とする蒸籠を全部負担せねばならないという理由は毛頭なく、担税力に応じて皆が負担すべきものである。したがって直接的には麵行の税金を肩代りすることになって、文字どおりヤブヘビの結果を招いてしまった。これは明らかに不当な判決であるが、経済力の相違するギルドの争いの結果としては、落付くべきところに落付いたと評すべきである。蒸籠行はもちろんばんこくの涙をのんだわけであり、麵行の建てた右の石碑に対して、重要箇所の文字を抹殺してうっぷんを晴したらしく、碑文中の蒸籠行又は籠行とある箇所は全部鈍器を以てたたきつぶされている。ただそれが素人細工であるために、文字は判読し得るわけであるが、商業資本のエゴイズムと国家権力の重圧の下におしつぶされた民衆のはかない抗議であって、こうした直接行動は無意味であるけれども、蒸籠行の気持はよくわかるのである（C5）。

以上の二つの事件は、麵行が自己の利益擁護のために、麵舗以外の業者およびそのギルドと抗争する際には、集団的エゴイズム以外の何物も眼中になく、国家もまたこれを支援したことを示すものであって、要するにギルドは必要とあれば「恃レ勢違レ規」（R2）の不法をあえてしてまで、自己の利益のために努力してきたことを物語る歴史の一端にすぎないわけである。

三　課税の負担

麵行の負担としては正規の諸税は別としても、「軍需差務」すなわち綏遠城駐屯部隊の軍需品を始め、諸官衙や官吏の必要とする物品の徴発に応ずるほか、「捐助花費」として、なかば非合法的な賦課の攤派をうける等、まことに「繁多」であった(G6)。現物徴集は麵を主として納入したわけで、「軍餉浩繁」(G6)とあるゆえんであるが、それ以外に前述の蒸籠のような実例もあり、また現金や労働力の提供を求められることもあって、総計すれば容易でない分量となっていた。ギルドの立場としては、できるだけこうした負担の総額を少くすることにつとめたのであり、さらにその一部を他のギルドや顧客に転嫁する等、秘術をつくしたわけであるが、それにも自ら限度があるので、自己の頭上に降りかかる官需を「持正公派」(G6)すなわちギルド員に公平に分担さすことが、ギルドの重要な仕事となっていた。それとともにある程度「国計」を助けることに協力して、国家権力がギルドに依存する体制を作りあげ、この体制を逆に活用して、官憲をギルドの後盾として利用繰縦し、国家権力をギルド目的に奉仕させるという点でも抜目はなかったのである。たとえば蒸籠行との紛争の際には「不レ致レ悞レ公」すなわち麵行の努力によって、官需の蒸籠の製造と補修が、完全に果されてきたことを強調し、これを理由として蒸籠行に対する麵行の支配が正当であったことを官憲に承認させているし(C5)、また客商等と争ったときには官需を多く請負っていることを根拠として麵の販売について独占権を獲得すべく工作につとめ、いわば條件付の Zunftbann を獲得したのである(G6)。官需を仲介にして国家権力とギルドが密接に結びつき、それがギルドの仕事としても重要な一部をなしていたということは、官需の内容の一端が、福虎社によって自己の負担が強調された時に、始めて明らかになったという事情からも推察できるのであり、この方面の資料が特に同治章程に集中してみられるゆえんである。

四　祭祀と慈善

福虎社が祭祀や慈善を行う意味は、前の三事業と同じく、共同利益の追求にあり、ただその目的を他力本願すなわち神威によって達成しようとした点が違うだけである。福虎社が掲げた匾額の題は、「統二宇宙一、包二万象一」（C36）のような神の徳をたたえたきまり文句に限られており、「共沐二神庥一」（C71）のような神の力をたたえた文字か、この神威にすがり、徳沢に頼って、現世的な福祿壽のめぐみや、災厄の退散に期待をかけていたわけである。ギルドの大祭については、帰綏識略等によると、六月五・六・七日に、玉皇閣において賽社を催した由であるが（註7）、聴取に徴すると、右の期間、供物を整えて祭典を行い、同業者は香をたいて叩頭し、終って犠牲にささげた羊の丸焼きで会首・事務員・道士が会食をやったほか、民国以前には演劇の奉納もあったということである。信仰の対象は「玉皇大帝」であるといわれているが、玉皇殿にかけられている匾額の中、福虎社の献じた額はいずれも玉皇の神像に配されていることによっても、玉皇大帝との因縁は歴史的事実だと考えられる。ただ、製粉業と玉皇との間には両者を結びつける特殊な故事来歴はなく、道教の最高神である玉皇をかつぎ出して守護神に仰いだというに過ぎないようである。福虎社が玉皇を財神として期待しただけで、祖師信仰につながる宗教観の片鱗も見せなかったことはギルドの性格を知る手がかりとしても重要である。なお福虎の社名から予想し得ることは白虎神をギルドで祭っていたのではないかという点であるが、そうした形跡は全く見当らない。玉皇閣との因縁は、乾隆二十七年の修築（C1）以来、単独（C1 C2 C6 C9 C57 C69 C91 C94）あるいは他社と共同して（C7 C74）営造の経理に任じ、一九三五年の補修（C94）を経て、今日まで続いている。もちろん玉皇殿に限定するわけではなく、廟内にある三皇殿火神殿馬王殿観音殿奶奶殿等にも奉仕を行っており、従ってこれらの諸殿にも匾額を献じている。

聴取によると、福虎社は青竜社と共同で各方面の社会事業に寄附したというが、慈善事業のうち歴史的に証明し得るものは寺廟への喜捨だけである。玉皇閣以外では南茶坊瘟神廟（E12 E20 E48 E26 E29 E33）什王廟（P7 P8 P12

P18）西茶坊廟（Q3 Q5 Q6）城隍廟（M1 M2）北茶坊関帝廟（N4 N14）小東街関帝廟（G2）呂祖廟（S4）玄天観（H1）観音寺（X1）西竜王廟（Y6 Y8）新城娘々廟（T1）新城城隍廟（U1）新城関帝廟（V1）等、新旧城および近郊の道仏の寺観を網羅している。この中には形式上共同主催者の一となっている例もあるが、麺行の看板を利用しあるいは寺廟側のギルドに対する気嫌取り政策として、この形がとられたにすぎないのであって、実質的な寄附額は単なる援助の程度に止っている。慈善の面では広く浅くという商業ギルドの特色があらわになっている。

ギルドの事務所は玉皇閣内の一棟（三間房）がこれにあてられている。聴取によれば、これは福虎社の財産であるということである。すでに乾隆四十三年頃には、ギルドの用務はすべて「赴廟」「至社房」すなわち玉皇閣内の公所で取り扱っているので、用件のある人はそこに出向いて行って処理していた事が記されており（C27）、その歴史の古いことを知るべきであろう。この記録には総甲と呼ぶ主任職員がいて、ギルドの事務の為にかけ廻っていたことを述べているが（C27）、その下に職員および夫役数名がいて、平常の雑務に当っていたよしである。

経費分担の方法に関しては、乾隆四十三年の規矩（C27）に規定があって「麺行では古くからの習慣によって、行錢を磨の数に比例して徴集している。それで新たに磨を増設したり、あるいは除去した舗は、直ちにギルドの公所に届け出ねばならない」と指示している。この原則は最近まで行われてきたのであって、磨を所有するものはすべて磨の数に応じて行錢を納めるのであるから、商業資本家の所有する磨でも、職人の所有する磨でも、あるいは本業であろうと兼業であろうと、ないしはギルド員たると否とにかかわりなしに、生産要具に対してギルド課金を要求し、それによって経費を分担させて来たわけである。店舗に雇傭されている磨工職人は普通は行錢を要しないことになるが、自ら生産要具を所有する磨工に限って分担を強制されたことになり、独立職人はもちろん分担金を免れることはできなかった。なお電磨が登場して以来、馬磨二個をもって電磨一に相当するものとして計算する習慣ができている。以上のように行銭はギルドの賦課した税金のようなものであり、ギルドの経費を分担することと、ギルドにおける発言権をもつこととは、全く別々になっていた点は注意すべきである。また同治四年の商賈章程によって、客商の販売した麵の代価の中から、一觔（斤）に付き半文の行銭を福虎社に納付させる権利を与えられ、この行銭を取立てている(G6)。なお、ギルドの収入としては、前記の乾隆規矩によると、行銭のほかに布施と罰金があったことを記している。罰金は「入廟公用」として神への贖罪の形をとっており、布施は原則的には宗教慈善事業に対する寄附であるが、これも磨の数に応じて割当徴収（攤派）するのが原則であった(C27)。

ギルドの成文化された規約としては、(1)乾隆四十三年の麵行規矩(C27)、(2)同治六年の青竜福虎社商賈章程(G6)、(3)一九四〇年の厚和市米麵業同業組合章程（L20）の全文が、われわれの手に残されている。このほかにも規約があったことは同治章程の中に「旧有二成規一、世相沿ル」との文字があり、規矩として守られたものが古くからあったことを示している。もちろんそれは成文化されていたものか否か明らかでないが、とにかく右の三つの規約はギルドの社会規範としてはサンプルにすぎない点に注意しておきたい。このうち(2)(3)は青竜社と共通に採択した共同社規であり、前節においてすでに触れた。(1)は行費分担の釐正を目的とし、ギルド課金を胡麻化して、脱税している者を抑えるために作った細則であって、もとよりギルドの通則ではない。「制度立法は春秋の大義であり、賞罰公平はその心を誅めるゆえんである」との冒頭の句に引き続いて、ギルドの規矩準縄は毫も紊すべからざるゆえんをのべ、強制力を賦与するために罰則を設けて、たとえば磨の数を正しく届け出なかった者は、麵舗なら罰銀三両を、兼業者や零細企業の磨房なら罰戯三期を、徴課すべきことを規定している。この規矩は匾額に記して社房にかかげ、公示の方法によって一般に周知させたのであるが、公示は法規としての効力を高め得る点をねらったものと考えられる。

米麵組合については前節で述べたが、綏遠の主要な農産物が麦である関係から、米麵組合の主流は麵舗にあったわけで、組合長もこちらから出している。日本軍の米穀統制政策の波に乗ったのは、麵舗としては官需に対応した場合と同じような気持からであろうし、その方針のもとに営業統制を加えたといえる。従って組合の事業に祭祀慈善を組入れており、福虎社への寄附金を支出しているが、福虎社では組合からの補助金とは別に、各麵舗から布施を従来どおり徴収している。もっとも組合に尾を引いている福虎社の影を、あまり大きく評価してはいけないのであって、むしろ残滓にすぎないとみなすべきである。組合は合作社（産業組合）として規定し得るが、帝国主義下における商業資本の活路として、合作社の機構が利用されていた点を問題にしなければならない。ただ系譜を作製するならば、青竜社が組合に及ぼした影響以上に、濃い血のつながりを、福虎社と組合との間に認めないわけにゆかない。

註

1　帰綏道志巻廿二　帰化城十五社総領更換日期　福虎社。

2　綏遠通志一〇八商業、各県商業概況、帰綏県、米麵油酒業。

3　東亜同文会編「支那省別全誌　山西省」には、福虎社について「製粉業者すなわち碾房これに属す。その数約四十戸あり」（頁七三九）と記している。「製粉業者すなわち碾房」はいうまでもなく矛盾であり、四十戸もまた信ずるに足りない。

4　第十七表の中で、道光十六年の総領は三名となっており、これが唯一の例外であるが、一名は欠員となっていたものと思われる。なお光緒卅四年の八名は、前年度の総領名を、あわせ記したものであろう。

5　第十七表では、同治十年と光緒三年の郷総は六名となっている。その中間の同治十三年は五名であるから、なんらかの事情で、該年度の実員がのべ六名という形になったものと考えられる。

6　同治四年の青龍福虎社商賈章程（G6）によると、青龍福虎社では旧来の成規により、毎年孟多（十一月）に両社の中から品行端正な者四人をあげて総領としたということである。青龍社では二名を会首にあげているから、福虎社の総領も二名となり、この点は矛盾する。なお総領の改選期は帰綏道志には十月一日としており、道志の記述は必ずしも正確ではないから、どちらが正しいかはきめ難い。この規定は青龍社を主とする者であるから、章程の内容を一応紹介するに止め、会首については実例によって帰納した結果を本文の中において記述したわけである。

7　帰綏識略巻十八賽社六月。又帰綏道志巻廿二、同上。

第二項　製粉職人と六合社

六合社は乾隆三十六年に創立された職人ギルドである（E22）。嘉慶（E20 E48 E22）道光（E22 E76）咸豊（E26 E27）同治（E29 E32）光緒（E33）（註1）を通じて存続したが、その歴史は福虎社との対立抗争のくり返しで、福虎社はその同盟者である官憲を利用し、弾圧や結社禁止を加え、六合社はそのつど、官憲側から「私に六合社を立てる」（R2）といわれたような、非合法団体の立場に追い込まれた。そのあげく、光緒三十四年に解散を命ぜられ、会首は無期監禁、会員は福虎社に従属、ギルドの財産は福虎社に没収となった（R2）。しかもその後も巧妙かつ大膽な賃金闘争を続けていたよしであるが、民国以後は電磨のために職場を奪われ、頽勢日に甚だしく、今日ではほとんど有名無実の有様となっている。

帰綏道志では、六合社を外小社行の一つに数え、磨麺匠と説明している（註1）。ところで磨麺匠すなわち製粉職人といっても、その中にはいろいろな種別（各色）があり、「磨工各色人」（R2）とも記されているゆえんである。事情を解説すると、磨麺の職人は麺舗の店舗構成の関係から、一生涯職人で終る仕組みになっていて、経理に出世することも、別に財東を見つけて新しい店舗を開くこともできないように概ね運命ずけられていた。そこで有能な職人は店舗を離れ、自前の磨房を作ることにつとめたのであって、零細な金をためて独立職人になることが、職人の夢だったといえる。この独立職人は、Journeyman に相当する者であって、ささやかながら自分の磨を所有し、自己の仕事場で製粉に当ったのである。製粉加工の注文主としては、麺舗の下請加工を引き受けたほかに、麺を売る客商と結んでいる者もあり（E22）、公私の機関や大商店専属の磨房となったり、御用ききに廻って各方面の商人や一般市民の注文を受けたりしていた。いずれの場合でも出来高払で、製粉の手数料を受け取るのであった。労働力を売って賃金をかせいでいる点は賃労働に近く、生産手段を所有している点では資本家的で、過渡的な存在だったが、資本主義の進展につれて階級分化を起し、ある者は電磨を買って資本家となり、大部分の者はプロレタリアートに転落していった。この独立職人こそ六合社の支柱であり、六合社の歴史は独立職人の盛衰の歴史であるといっても過言でない。独立職人は最初六合社を結成し、つづいて久しい間ほとんど独力でこのギルドを支え、後になって傭職人の磨工が六合社に参加するようになってからでも、独立職人がギルドの主流であったことは自他ともに認めるところであった。職人ギルドの解体が階級分化の帰結であることは言うまでもない。これを磨工としての第一身分とすれば、多くの者は独立職人となる前段階で足ぶみしている第二身分の者であって、彼らは麵舗の工房に職人として雇傭されている「鋪戸傭覓工人」であった（E22）。傭職人は最初は六合社と無関係であり、嘉慶年間になってから、六合社と関連をもったとはいえ、なお大部分の者はギルドに加入していなかった（E22）。それが道光十四年に社規をもって全員加入が決定されたのち、始めてギルドの一翼として活動に參加するに至った。嘉慶年間に出された告示によると、麵舗に雇傭されている職人すなわち「麵舗櫃上之人」は一日六斗の麵をひくのがノルマであり、これに対して日給が支払われていた（E22）。聴取によれば、この種の磨工にはもちろん身股などはなく、年工または短工として雇傭されただけであつて、毎日ノルマだけ働いていれば月給二吊が支給され、もし六斗のほかにさらに四斗を加えて毎日一石づつ製粉するならば、月に一吊八百文の手当が追加支給される習慣であったという。これは嘉慶告示と互に関連して理解し得る事実である。職人となるためには先ず麵舗において、徒弟すなわち「在内習学工芸」として働かねばならなかった。徒弟は嘉慶年間までは六合社と関係をもっていなかったが、道光社規によって、ギルドの「在会」の地位を与えられた（E22）。以上の三種の磨工は、互に相違するところが多く、したがってギルドに加入した年代においても、加入後の地位においても相違があったのであるが、麺舗のギルドである福虎社を念頭に置いて考えてみると、彼等はいずれも舗の利害に直結されることなく（たとえば身股等）、むしろ麺舗の支払う工銭に依存し、「頼ニ身力ニ賺レ銭」とあるように、労働力を売って「工価」すなわち賃金を得る「工人」である点で共通している（E22R2）。徒弟はやや立場を異にするが、磨工の卵であって、将来も経理・夥計の線には縁がないのであるから、養成中の磨工としてこれを遇することは、人情として当然のことである。このように互に対立関係に立つ商工の二階層が、別々にギルドを結成するのは当然であるが、その中心は近代化の基礎條件である賃労働の問題であって、封建的な生産手段の有無からいえば、独立職人はむしろ福虎社とギルドを一つにしていたはずである。職人の中でも麺舗の中にいて封建的な制約を免れることができなかった傭職人のたちおくれに反し、独立磨工はそれだけ独立性が高かったので、賃金問題をひっさげて立ち上り、六合社では終始主役を演じて来たことも、決して偶然とはいえない。

六合社の社会集団の基盤は、磨工の同業性につきるといって差支えない。磨工の性格のうち、賃労働の面での同一性がギルドの強みである反面、「諸色人」としての差異が弱点となるのであり、封建色と近代色が入りまじって包蔵されていることがその発展を複雑にしたものと予想される。同業関係に附随して、宗教的には福虎社とは別に、ギルドの廟と祭神を選定しており、かつ、祖師信仰の形をとっていたのであって、信仰に対する熱意においては福虎社の比ではなかった。地域的には道光社規に「闔境」（E22）の参加を規定しているから、加入強制の限界線を市街地（新旧城）に限定していたわけである。しかし地域性の点だけなら福虎社と同じ條件にあった訳であり、同郷性でも福虎社と異る点はないから、これ等の面からは両ギルドが対立せねばならぬ理由は出てこないわけで、地域性同郷性等の條件が、ギルドにとって本質的な問題とはならなかったことを示している。

帰綏にいた磨工は総計五百名ないし七百名に達したといわれている。道光年間の六合社の規約によると、この磨工がすべて個人の資格で「入社」したのであるが、「本社人」は独立職人に限られ、独立職人だけが会首となる資格（被選挙権）を持っていたことを明示している。したがってギルド員がいわば正会員と準会員に別れるわけである。工徒は「在会」であるから会員とはいえず、会友とでもいうべきところであろう。会首には独立磨工が輪流で当ったと言われているが、この応答はやや厳密さを欠くように思われる。すなわち会首には二つの種類があり、その中の一つは「毎歳充膺」（E22）と記されているように、年々交代していた「値年会首」（E126）であり、他の一つはギルドの領袖が常任的に当って来た「総会首」（E126）であった。日常の問題は値年会首が世話を見、重要な事件は総会首が司った。値年会首は十二名（E47　E86　E126）（註2）で、総会首は三名（E22　E126）を定員としていたのである。

ギルドの事業は、工賃の点で福虎社と対抗し、有利な解決を獲得するという目的に向って、すべてのエネルギーを集中していたと考えられ、そのかけひきで、福虎・六合の両社は火花を散らした。福虎社側は「工価尅扣」（R2）すなわち工賃の値下げと、不良通貨の混用による支払金額の実質的な引き下げと（R2）、雇傭磨工に対する一日の責任製粉量の引き上げ、あるいは大斗の使用によって主として独立職人の仕事の量を過少に見積ろうと企図するなど、あらゆる奸策を弄したわけである（E22）。豊富な経済力、官憲との結託、事業主あるいは発注者としての有利な立場等、要するに「恃レ勢違レ規」（R2）すなわち経済的および経済外的な勢力をたのみとして、社会的慣習に違反してでも、手段をつくして剰余価値の拡大に努めているのである。これに対し、六合社側は、仕事がいそがしい時期を選んで工賃の値上げを要求するとともに、小脚銭の名目で、店舗から独立磨匠に原料や製品の運送費を支払わせる運動を起すなど、手取金をふやすことにつとめ、例えば嘉慶二十二年に製粉の注文が山積している実状に乗じて、東麵なら八文・南麵なら五文・北麵なら三文の小脚銭を、それぞれ麵一斗の工賃に添加させると言う條約を獲得している（E22）（註3）。また防禦的には大斗・悪貨の使用や、雇傭工人の責任製粉量引上に反対し、その阻止につとめたのである（E22 R2）。これらの交渉に際し、福虎社とは「相商」（E22）すなわちギルド間の団体交渉によって、話合をつけようと努力したのはもちろんであるが、その背景となった闘争の手段としては、福虎社と帰綏の官憲との結託に対抗するため、福虎社と直接連絡のない上級官庁特に山西巡撫に訴えてみたり（E22 R2）、工人が相結んで集団で麵舗に押しかけ、「滋擾」をもっておびやかすこともあったが（E22）、最も頻繁にかつ有効に用いられたのはボイコットであった。聴取によれば、仕事がいそがしい時期になると、職人ギルドのボイコットが毎年のようにくり返され、それは半ば年中行事であったと報告されているし、「糾衆罷工」（R2）の記録は光緒中にも見出し得るので、これが相当に効果を発揮していたことは事実であろう。官憲は立場上一応公平を装ったのであって、六合社の提訴も鷹揚に受け付け、判決を下す場合にも福虎社の違法行為である大斗や悪貨には禁止を命じ、麵舗側に対して工人保護に当るべきことを訓戒したりしているが（E22 R2）、要するに口頭禅に過ぎないのであって、こんな警告が守られるくらいなら紛争が起るわけがなかったことは、百も承知のはずである。しかも職人側に対しては、分に安んずべきことを強調し、工人の分際で団体を作り資金を集め賽社を催すなどはもってのほかだと結社の禁止を命じ、特に滋擾・罷工などの闘争手段や上級官庁への越訴を憎み、弾圧を加えつづけてきたのであった(E22 R2)。六合社が同盟軍として目をつけたのは麵客商で、独立職人と客商が結べば福虎社と市場を争う可能性があったので、その統一戦線にもちこもうと努力したが、客商が福虎社と妥協して六合社と離れたために、結局は発展しなかった。これには福虎社が逸早く手を廻して、製粉の條件は客商も麵舗も同一でなければならないという告示を嘉慶中に公布し、六合社と客商の結びつきを遮断した点もあるが（E22）、客商側が問屋制家内工業を推進するだけの用意を十分にもっておらず、特に商業資本が産業資本となることが困難であった上に、職人側にも近代化を促進する意欲が必ずしも高まっていなかったから、客観的條件がそろっていなかったというほかはないのである。

ギルドの目標が明確になっていたことは明らかであるが、しかも六合社が表面的には宗教ギルドと自称してきたのも事実なのである。嘉慶年間の碑文に「六合社会本為ニ演戯酬神一而設」（E22）と記しているように、六合社はもともと演劇を奉納して神恩に報ずるために組織した団体であると、自らことわっているし、道光年間の碑文にも六合社は自己の歴史を賽社の団体として敍述している（E22）。これについて思い出されるのは、光緒三十四年にギルドが解散を命ぜられようとしていた際に、会首等は六合社は「酬神演戯」の団体であるから弾圧を受ける理由がないといって、極力解散を免れようとして努力した事実である（R2）。宗教ギルドというポーズをとることは、官憲や福虎社の弾圧をさけるための戦術であり、櫃上の工人や徒弟を共同戦線に立たせる理由にもなっていたことは疑いない（E22）。しかしこれは単なるヂェスチュアに止まるものでなく、手工業者の祖師に連なる迷信的な信頼が根本であって、もしもこの根底がなければ、ヂェスチュアは内外に対して何の意味も持ち得なかったであろう。職人は打算的な商人よりも神を信ずる点でははるかに古かったが、せめて神とともにあることに救いを見出しているという追いつめられたその古さが、新しい社会を築くために彼等の団結をうながし、変革のためのエネルギーとして役立ったわけである。磨工の祖師は協天大帝であって、南茶坊関帝廟内にこれを祭った（E22）。賽社は、道光年間には八月一日から三日迄であったが（E22）、帰綏識略等にも同様に見え（註4）、光緒年間でも供物を整え酬神演戯を熱心につづけている（R2）。この賽社は六合社の力のデモンストレーションであるから、福虎社等の神経には非常にこたえた。そこで官憲に手を廻し、「工人の分際をもって芝居の奉納を行うがごときは分に過ぎた行為であり、貧苦の匠人の金を集めて無益の事業をなすが如きは当然禁止さるべきである」との理由で（R2）、嘉慶二十二年には八月中を通じて、社人が社内に立ち入るのを禁止し、賽社の開催を不可能ならしめたのである（E22）。六合社がこうした圧迫をはねかえして祭典をつづけたことは右に記したとおりであり、その後も「厳ニ牽ジ禁止一ヅ」（R2）た末、ついに解散命令を受けたのであった。祖師は法律を超える力をもっており、禁令によってなくなるはずはないというのが、ギルド側のゆるぎない信念であったから、その後も弾圧に屈することなく祭祀をつづけていたのはもちろんである。

慈善は祭祀に附随して行われたにすぎない。南茶坊廟のうちでは関帝廟（E76 E27）瘟神祠（E20 E48 E26 E29 E33）祖師廟（E52）に対して寄附しているが、公所をおき、祭祀を行う場所を借りるかわりに、南茶坊廟に対して約束した経済的援助の義務を果した程度のことで、廟の事業についてその経理に任じたことは一度もない。また南茶坊廟以外に寄附した記録も無いのであって、祭祀と慈善を特定対象に集中して行うという、職人ギルドのゆきかたを示しており、この点でも福虎社とはよい対照であるというべきであろう。

ギルドが解散を命ぜられた際に、六合社の「房産」は福虎社に与えられ、福虎社ではこれを売払って城銭一千三百吊を得ている（R2）。六合社が南茶坊に社の公所を設けていたのは少くとも嘉慶以来のことで（E22）、「房産」はおそらくこの社房をさすものと思われる。もちろん房産とあるだけで、所有権があったのか、それとも占有権にすぎなかったのか等は問題であるが、これを売却している以上、ある種の財産権を設定していたことは明白である。社房に会首が連日集って相談したこともあり（E22）、祭典用具もおさまっているという次第で、あらゆる点でギルド活動の根拠地となっていたのである。

ギルド経済は、「楽捐」によって支えられたのであって、その金額に大小の差はあるが、とにかく全員がこれを負担し、麵舗に雇傭されている工人はもとより、徒弟も布施を納めることになっていたと、道光年間の社規に記されている（E22）。光緒中も「布施を勒抜して歛銭」していたのであるから、同じ方法が採用されていたと思われる（R2）。梅氏は、楽捐といっても一定の基準があり、最初の年は入会費の意味を含めて銅銭六百枚、その後は毎年二百枚づつ出す習慣であったという。銅子児時代はさもあったであろう。布施は理論上大祭の費用にあてるものとなっていたが、おそらく大祭のときに年間経費の清算を行い、所要の布施を徴集したと思われる（E22 R2）。六合社が「外債」すなわちギルド員以外からの債務をもっていたことは、六合社が解散を命ぜられたのち、その外債が房産売却費の一部で返済されている事実によって明らかである（R2）。外債をもつことは六合社に限らなかったろうが、たまたまこうした事件のために表面に出たわけで、その点で六合社の事例は珍重すべき史料を残したわけである。

ギルド規約としては、道光十四年に制定したものが、成文化された社会規範として、今日に伝えられている唯一の存在である。この規約は従来の「社規」が不完全でしばしば紛争をひき起したので、本社の公議を経て「章程」し、徒弟以上すべて入社して応分の布施を納むべきことを決定している（E22）。すなわち道光章程は旧規を整備したものであり入社の強制と布施の義務を明確にする点にねらいがあった訳である。

社名について附言すると、六合社のほかに六行（E22）と称した例もあり、老師傅のギルドで行を称したものは、帰綏では他にないようである。六行は六合に由来したものに相違なく、六合は協天大帝にちなんで天地四方を意味する文字を選んだものと思われる。

註

1　帰綏道志巻廿二帰化城外小社行。

2　E126には、実際上総会首三名値年会首四名が現われているにすぎないが、この匾額の題が「守流木」とだけ記されているのでも明らかなように、もともと今一枚の額と対をなしていたのであり、今日では失われた部分に、値年会首のつづきが記されていたのであろうと思われる。

3　東麵南麵北麵は一等粉三等粉四等粉と言う意味であり、一等粉は小麥粉である。三四等は明らかでないが、おそらく三等は玉蜀黍で、四等は大豆であろう。

4　帰綏識略巻十八賽社八月。また帰綏道志巻廿二同上。

第十節　大衆向毛皮の鞣加工業と粗皮行威鎮社および東義和社

第一項　粗毛皮鞣業と粗皮行威鎮社

中国では、剝いだまま応急の手当をしただけの獣皮を「生皮」とよび、それを鞣して使用できるように仕上げた場合に「熟皮」と名付けている。熟皮の中には、絨毛のついた毛皮すなわち黒皮（大皮）があり、白皮をさらに粗皮（大衆向の毛皮）と細皮（高級毛皮）とに区分している。粗皮・細皮・黒皮などは、それぞれ獣の種類を異にしているが、鞣の技術としては共通するところがあり、ことに幼稚な段階では大して技術上の差異もなかったので、同じ業者がこれらの獣皮をすべて取り扱っていた。したがって生皮を鞣して熟皮を作る鞣業者は、乾隆中葉までは熟皮行（N14）と名付ける単一のギルドを組織していたわけである。しかし生産力が発達するにつれて鞣の技術に分化を生じ、その用途においても、流通のルートや再生産の方向においても、別別になってきた関係から、乾隆二十年代に熟皮行は三個のギルドに分裂するに到った。粗皮行（N4）はその一つであり、嘉慶十一年以後は威鎮社と称している（註1）。威鎮社はギルドマーチャントに終始席を占めているが、有力な地位にいたわけではなかった。近来は近代的な社会集団を結成している。この点について李氏は一九二八年に同業公会が生れ、一九三八年同業組合に改組されたと述べているが、この報告は人の記憶が正確でないことを示す一例であって、たとえば一九二八年には同業公会法が公布されていないのであるから、帰綏粗皮業公会が誕生していたとは考えられないし、組合に改組された年代にしても、一九三九年には粗皮業公会と名乗っていたことが確実であるから（P24）、その前年に改組が行われているとは信じ得ない。組合の沿革については、同組合から邢煥文氏を通じてよせられた報告によると、一九四二年の日本軍の毛皮統制政策に対応し、細皮業とともに軽工業組合の一つである粗細皮衣業組合を組織したのが始まりだという。このように紀年については記憶違いがあるらしいが、粗皮業公会・粗細皮衣業組合と次々に組織されていった点は、李氏の記憶の通りであろうと考えられる。

粗皮房は旧城南大街に軒をつらねて製品の販売を行い、また原料の購入に任じている。この販売所にも商取引だけに従事する者（夥計）を置かず、独立の賬房も成立していないのであって、経理以下総て職人出身者であり、職人が交代で販売所に勤務するのであるから、商業的機能が生産に密着して行われていたことは否定できない。粗皮房は羊や山羊の毛皮を扱うのであって、その原料は、生皮を皮荘から仕入れるほか、皮販子が店頭に持ち込んだり、または皮市で割安品を買付けたりするのである。鞣作業に用いる薬品等の購入も重要である。粗皮房はこれらの商業機能を果すため繁華街に設けた施設とは別に、町はずれで、附近に空地の多い場所を選んで仕事場を設け、ここで鞣作業を行っている。商品価値の生産よりも、注文を受けてきたものを仕事場で精製する使用価値の生産が普通で、修繕・再生・加工などの補修的な作業さえ少くない。購入または委託をうけた生皮は、まず櫛で浮毛を掻き取り（搔取られた毛は羊毛として販売）、水にひたした上、鏟刀をもって肉面を削り汚物を脱し（栓打）、石鹼をもって脱脂する。以上の準備作業が終ると、缸（大がめ）に水を張って皮硝・塩・澱粉（麵）を溶解させた上、原皮をこれにひたし、約三週間おくのである。その間に手でもって毛皮を揉みあげ、柔かくなると水から引揚げて陽光に晒し、乾けば再び缸に投ずるといった作業を繰り返すことによって、鞣化したわけである。皮硝は製塩の際に生ずる残渣で、塩化ナトリウムを含む硫酸曹達であるが、中国在来の製鞣法ではごく普通用いられたものである。帰綏の粗皮房でも道光以前から使用しており(B８)、帰綏識略にもその製法が記されていて、蒙古の特産物だということである（註４）。他の補助材料である塩も蒙古岩塩を使用し、麵は通常は粟粉を使っている。このようにして鞣化作業が終ると、仕上げ工程に入るわけで、先ず肉面（裏側）を刮刀で削り柔げ、さらに鏟刀を用いてきれいに地はだを整える。裏漉きを終れば、毛面（表側）に毬を掛け、櫛で浮毛を整理し、最後に荒毛を抜き取れば、これで仕上げは一応完了し、熟皮（泡皮）ができ上るわけである。これから縫合作業に移るのであって、裁断と縫合せによって形状が一変し、それぞれの用途に適した使用価値をもつ製品ができ上るのである。製品には半成品と完成品がある。半成品は衣料の裏地として仕立てられた毛皮であり、これにおもてぎれを縫付ければ衣服や寝具ができ上るように大小の大きさを考えて、その形が作られている。種類はいろいろあるが、大体において次節に記述する細皮の場合に類似し、ただ、働き着として幾分大きく作られている点が、細皮とのちがいだといえる。完成品は皮襖（上衣）皮褌子（ズボン）皮帽子（ボウシ）皮褥子（フトン）皮坎肩児（胴衣）領子（襟巻）手套（手袋）皮襪子（足袋）等で、いずれも肉面を外側にし毛皮が身体につくようになっている。粗皮は一枚一枚の毛皮の大きさが細皮などよりも大きく、皮も丈夫であるから裁断縫合は比較的容易であるが、それでも価値以上に見せかけるためには相当な熟練がいる。粗皮房においては、激しい労働で体力を要する鞣化作業までを年少の職人が受け持ち、勘と技術を必要とする仕立てを老巧な熟練工が受け持つという形で、一応の分業が一般的に行われている。もちろんこれは社会的分業であるが、生産力を高める効果は小さくない。粗皮房が使用している生産要具は、簡単な道具ばかりで数も少い上に、多くは容易に自製し得るもので、取り扱いの上でも熟練度により巧稚の別が生じ易い。家庭と仕事場の分化さえすっきりしたものではなく、仕事場は流れ作業とはなっていない上に、鞣工と縫工の別にしても、少くとも前者は後者を兼ねているし、基幹作業である鞣工程の中に分業がもちこまれていない。主な作業は人の労力に依存し、労働力の浪費・消耗は甚だしい。これは作業内容が単純で協業や個別的分業による生産力の高まりが不十分であり、しかも製品の価値を実質以上に見せようとする商略的な生産方針の下に、前近代的な剰余価値の収奪を伴った生産が行われていたことを意味するわけで、このままでは近代化の方向に進むことはあり得ない。仕事場の製品はふたたび市中の販売所に廻され、受注品のほか、完成品は卸小売でさばかれて、主に綏遠農民の冬季の衣料となり、半成品の方は一部は華北華中に輸出され、一部は店頭で販売したわけである。粗皮は勤労大衆が最終的な消費者であり、生産は堅牢安価を旨としていたが、天津開港後は次第に中流および上流階級も顧客となり、特に半成品においてその傾向が顕著であった（註5）。

粗皮房の人的構成を見ると、商業資本と結びついて整備された場合でも、経理以下に商工の分業が完成されておらず、各人が店舗と仕事場を兼務し、技術者が商業にも従っている。頂生意的は各粗皮房に普通数名づついるが、いずれも積年の努力を積み重ねて来た、その店の老師傅中の功労者である。受け持ちは裁断・縫合・商務などの重要な仕事であって、その人の能力次第で経理となる可能性があったわけである。身股および財股は他の手工業とほぼ同じであるが、頂生意的がすべて職人出身者であるために、身股が賬房に限られている様な店舗とはちがっていることと、経理が仕事場を直接指揮するので、工頭がいない点が、商工未分化の仕事場らしい特色を示している。頂生意的以外の老師傅は、正用工が長工、帮用工が短工という区別はあっても、いずれも単純な雇傭契約で働いて居る職人である。給与には月給制と出来高払制とがあるがどちらも近代的賃金ではなく、普通は一年たった時に清算されるまで、すべての給与は自動的に店舗の貯金にまわされていた（註6）。職人の数は割合に多く、一店で最高五十余名の老師傅を擁する者があり、少くとも十名以上を採用している。徒弟は年期も不定であり、採用條件についても同郷その他の限定はなく、また家父長制による擬制もないのであって、徒弟制度の特色はほとんどなくなっているように見える。しかし、詳細にしらべてみると、少年工とよばずに徒弟と称していることが、かならずしもだてではないことがわかるのであって、その採用の第一日に店舗に祭られている関帝と軒轅帝に叩頭する儀式があるのも、かつての徒弟制度の名残りであり、また店内に居住し、食事の給与をうけることによって、四六時中生産その他のあらゆる仕事に無制限に使役されたという点も、家内奴隷的な環境下にあるものと評すべきであろう。離職の自由は原則的には認められているが、実際は免職のみが勝手に行われ、辞職は自由にはできないという実状で、職業選択における封建的な制約が依然残っているし、年額数十元の俸給だといわれている不払労働に近い給与も、徒弟のみが耐え得る條件なのである。完全な技術を身につけるまで教育を行うという口実のもとに、年期を定めず、五六年間徒弟として苦しい作業に追いつかうのであって、しかも「学満」は恩恵として認めてやるのだという態度である。年間における労働暦としては、冬季には結氷するし、秋季も寒冷で缸の溶液の温度をなめしに必要な限度以上に保って置くことが、技術的に不可能であるかあるいは経済的にひきあわないので、毎年三月から八月までの間はもっぱら鞣作業に従事し（皮工）、仲秋から十一月までは縫合や材料買入および製品販売に従い（門柜）、十二月から二月までは休業する。老師傅はこの間は離店帰郷するのである。

粗皮房は生産要具・分業・生産関係等の面からいって中世的な色彩が濃厚である。労働者数の多いことも幼稚な技術と制約された労働暦のためであって、生産の近代化とは一応関係がなく、マニュファクチュアへの過程にある拡大された仕事場とは考えられない。経理・頂生意的・徒弟の労働はもとより自由ではなく、老師傅といえども食事付舗内居住の関係で、生活全体に家族主義的束縛をうけている。主観的には技術を誇る職人気質に貫かれ、客観的には賃金・労働時間・労働内容等を通じて賃労働とはおよそ縁遠い條件が支配しているのが、粗皮房の生態である。しかも受注生産が商品生産以外に、軽からざる比重を占めているし、経済外的強制の点でも、手工業段階にあることを一応は規定して差支えあるまい。またこれを卸売商として規定することもある程度までは可能であって、商業用建物を持ち、広く卸小売を行うとともに、生産はこれに必要な限度内において、附属的に行ったものと考えられるのである。もちろん小生産段階にある以上、商品生産の点において単なる手工業とは区別せねばならないし、商業として規定するにしては、もっぱら商業のみに従う従業員を欠き、商舗として完成された独立の組織（賬房）もない。販売のための生産よりも、生産のための販売が主流であることからいっても、それが他の手工業のように賬房を従えた商業資本によって支配されていないという條件から考えても、生産力の増進によってマニュファクチュアに進む方向を、辿り易かったわけで、ただそのためには生産関係の変革が要求されていたわけである。また財東の資本は、自由な資本ではなくて封建的な商業資本であるし、資本蓄積を原蓄に結びつけることなく、商略による利潤を食べあらしていたので、賃労働も分業も実質的に打出すことができないことは明らかであった。

この点で重要な事実は、粗皮業には以上に記したような粗皮房のほかに、数多くの個人経営の仕事場や、商業資本からは一応は独立した形になっている老師傅が存在したことである。粗皮業は、その原料である生皮の購入が容易であったし、生産を行うにはかならずしも巨額の資本金を必要としなかった上、価格の点で少し譲歩すれば、勸工場や農村を巡回する定期市商人団や客商などが買ってくれるので、零細企業には好都合な條件にあった。加うるに大資本の粗皮房にしても、零細企業を温存する必要があったのであって、これは粗皮業は冬期には労働力を遊ばすことになるので、大経営ではなるべく常傭老師傅を小数に止めるのを有利とし、仕事が多忙なときには臨時雇をたのむか、あるいは零細企業を下請工場として利用し、そこに発注したのであって、両者が互に特別な関係にあることを、公然と表明している場合もあった。職人は粗皮房の雇傭力に多くを期待できないので、現在どこかに傭われている者でも、いつかは失業がさけられないことが予想される訳であり、老師傅自身の仕事場を造っておいて失業にそなえ、あるいは友人が零細な資本をもって個人的な皮房を開いているのに協力する等、失業の際に困らないだけの用意はしていた。その中には前記のように大資本の粗皮房を親工場としている者もあったが、両者の間で前貸制度が普遍的とならず、したがって問屋制手工業が一般化しなかったのは、職人のプロレタリア化が未熟だったためである。その結果、両者は下請の面で利用し合うと同時に、顧客の争奪では互に競争し合うことになったわけである。大企業は独立職人なしにはやっていけないが、反面において、その独立職人と顧客の奪い合いを演ずることになり、また下請価格をめぐって鎬をけずり合うという矛盾に置かれた。これは粗皮房が資本主義化していなかったためであるが、大企業が発達すればするほどこの矛盾の増大も避け得なかったわけである。独立職人としては彼らがプロレタリアとして成熟していなかったことが、商業資本と互に競争せざるを得ない運命を規定したのであり、その古さが商業資本の古さと摩擦して、階級闘争の生ずる原因となっていた。少し言葉をかえて説明すると、粗皮房も独立職人も、規模に大小の差こそあれ、ともに仕事場の主人であり、原料や製品の価格などの面で協力し合う必要があったわけで、しかもその協力が鞣料金・仕立代を中心とするものでありながら、これが同時に下請料金の基準となる点で、両者の利害が衝突せざるを得なかったのである。なお独立職人の中には自分の仕事場を持つだけの資本を蓄積し得ない老師傅も少くなかったわけで、彼らは巡歴職人となって生れ故郷の郷村や、景気のよさそうな都市をかけ廻って注文をとり、或は粗皮の修繕を引き受け、時には他の職業（苦力等）に従って糊口をしのぐとともに、粗皮業の繁忙期には月工または日工として粗皮房の臨時雇となったのである。粗皮房にとっては季節によって大幅に動く雇傭量に対して、労働力の需給に調節を与えてくれた点で独立職人は重宝であると同時に、注文主のうばい合いでも、雇傭時の賃金でも、利害が対立していたわけであるから、要するに店舗と独立職人の関連性は、同じ矛盾を到るところでさらけ出していたものというべきである。

社会集団としては同業の範囲をきめるについて、問題があったわけであるが、中でも大経営と零細経営、商業資本家と老師傅の利害をどう調節するかということが、ギルド仲間の範囲をきめる際の、線のひきかたとなってあらわれている。これを決定しているのは生産関係で、零細企業はそれが商業資本に発展しつつあるのか、それとも独立職人の仕事場として賃労働への過渡期に入っているかによって、商業資本側につくか職人側につくかを選択している。商業資本家と職人の対立は、明確に階級対立の形をとっている。経理はすべて老師傅出身であり、一面老師傅は兼ねて商取引に従っているにもかかわらず、生産関係に基ずく対立は絶対的で、それがギルドの対立となっているのである。身股も職業未分化も、階級関係を変えることができないことを示している一例である。これは必然的に宗教の面にも関連して来るのであって、威鎭社が関帝信仰に結集したのに対して、老師傅は黄帝（軒轅帝）を祖師と仰いで職人同志が相互に「軒轅弟子」としての兄弟分関係を擬制したから、等しく仏教といっても信仰の意義対象に相当のひらきを示している。資本家側は仲間が結集する立地的な場として旧城を選び、城内の同業だけに限定した社会集団を組織している。店舗が南大街に集中しているのは商業上の便宜によるよしであり、仕事場が郊外近くに点在するのは皮を乾かす場所としてその周囲の空間地を利用し得たためといわれているが、旧城に限定した積極的理由は、皮類の集散地として帰化城が持っていた立地条件に帰せらるべきであろう。なお粗皮房は同郷関係では河北帮と山西帮に大別される。河北帮は寧晋・晋県・東鹿の三県出身者から成っているが、この三県はいずれも河北省中部にあって相隣接し、以前は晋州に属していた地域であって、帰化城には粉皮房（軍人官吏などの使用する緑色の制服の裏側につける毛皮を供給する）として新たに進出して来たものである。山西帮は定襄・大同・代州など府北（太原府以北）の各県に分れていて統一がなく、同一の粗皮房の中に各県人がゴチャゴチャにまじって採用されている。もっとも各経営では財東経理について出身地に単一の同郷関係の枠を持たせることによって、帮の別を設けているが、それも個々の店舗の仲間性をねらっただけで、ギルド全体が同郷関係を通じて封建的に規制されたという形跡はない。要するに河北帮は特権商人として進出したのであろうし、山西帮は徒弟職人に対する管理を貫徹できなかったために、同県関係を限定することができなかったわけである。なお以上の問題を社会紐帯の面からとらえるならば、同業性の問題が支配的であり、同教性・同域性・同郷性などの條件は、同業性の問題によって支配されているという結論になるわけである。

ギルドは衆舗戸（B8）によって組織され、粗皮房が単位となり、実質的にはこれを代表する経理がギルド員となっている。ギルド員の数は道光十四年には百四十を数え（B8）、その大半は零細企業であって、当時はなお零細企業が夢をもっていたことがわかる。しかしながら現実の問題としては大企業の発展の結果、小企業は沒落して独立職人に転化して行き、ギルドからも脱退または消滅していったのである。事変前には会員数二十二（註3）となっていてその中の約半数が僅にふみこたえた個人経営であるが、今日では大経営数軒を残すだけで（註8）、零細企業は全くギルドから姿を消したといわれている。「閤社公議」（B8）のあったことはもちろんであるが、それだけで公議が民主的であったとは考えられない。

歴代のギルド会首を表示して見ると（第十八表）、「威鎮社総領」というのがこのギルド役員の正式の呼び名であったことがわかる。会首の地位は固定的で改選はなく、定員も不定であって、現任の総領の仲間内だけの話しあいで、随時増員・補充または除名を行ったといわれているが、この表では道光十二年と十三年に同じ粗皮房がひきつづき会首となっており、十四年にはこの六経営に一経営を追加して七名の総領で陣容をととのえている。李氏によれば会首には大経営全体が任じた由であるが、商業資本を背景として商品生産を押えている大経営が、そのままギルドを支配し、会首の地位を独占したという訳である。これに反して零細企業は下請工場としての性格を大なり小なり帯びていたので、会首となる資格を与えられなかったのであり、ギルドの問題について発言することは不可能になっていた。威鎮社がギルド員には粗皮房を広く迎えていたとしても、零細企業は服従だけを求められていたわけであり、実質的には支配の客体として迎えられていたのである。すなわちギルドの主体は、巨大な商業資本を擁する粗皮房の共同体であって、彼らだけで独占していた会首による商業資本の専制体制であったと評すべきである。ギルドマーチャント

第十八表　威鎮社の会首

年代	職制	会首名	資料
道光12	威鎮社 総領	復興賀　義和泰　大盛全　合興永 徳興魁　万錦成	B 8
13	威鎮社 総領	復興賀　義和泰　大盛全　合興永 徳興魁　万錦成	B 26
14	威鎮社 総領	復興賀　義和泰　大盛全　合興永 徳興魁　万錦成　興盛成	B 8
29		復盛興　世興成	K 1
咸豊3		復盛興　通義元	J 1
光緒6		復聚永　恒聚永	J 2

の役員としては、威鎮社から大行総領だけを出していたが、李氏によれば、大行総領は威鎮社総領の中から人材本位で選定し、正副総領一名ずつの合計二名が定員で、任期は一年となっていた。人材本位という点では徹底しており、新設の店舗や比較的小資本の経営からでも、あるいは粗皮房の経理ではなくて、頂生意的からでも、とにかく人物次第で適任者を選衡し、威鎮社の立場を有利に導き得るものをギルドマーチャントに送り込むことに努めたといわれている。民国以降もその制度には本質的な変化はなく、おおむね墨守されていたということである。要するに威鎮社のギルド組織は、粗皮房の企業体制の反映であり、社会集団の力によって商業資本の支配力に対し経済外的強制力を賦

与するために仕組まれた「共同体」体制であったことは、注目に価する事実であろう。

ギルドの目的が、経営に基礎を置く同業利益の擁護にある以上、外に対して粗皮房の利益を守り、内においては商業資本の利潤を高めることが、威鎮社の事業のすべてに共通する基本線だということになるであろう。その一例として皮硝店事件を眺めてみると、皮硝は前述の様に鞣作業に用いる主要な薬品であるが、皮硝客商が生産地から車を曳いて帰綏に乗りこみ、大十字街に「売皮硝車」を連ねて市場を開き、粗皮房は必要なときにこの市に行って皮硝を買うのが「不易の陳規」であった。ところが道光十二年十月に劉璞が中心となって復泰店という皮硝店（仲買店）を開設し、すべての「売硝車」を該店にひきつけて、その仲買ぬきで自由販売を行うことをやめさせてしまった。この結果、粗皮房は復泰店に出かけて行くことになったが、皮硝の価格が統一されるばかりか、新たに佣銭（運銭）を徴収されることになったので、憤懣やるかたなく、ついに威鎮社総領が「闔社公議」をもって皮硝店廃止の請願を行うに到った。しかし皮硝店開設には客商たる売硝人の支持があり、また帰化城同知（都市の行政長官）以下の府庁の官吏とも諒解があったようである。威鎮社の申請をうけた府庁では、その可否について郷耆の意見を徴し、郷耆は客商側の見解を聴いて答申した結果、府庁は告示をもって皮硝の売買は復泰店について行うべきであるという決定を下し、威鎮社の要請は却下された。

この場合威鎮社が主張したのは、(1)「価銭増長」すなわち売手が統一されるために皮硝の価格が高くなる。(2)「謀利罷市」すなわち価格をつりあげる手段として、不売同盟のストを行い、皮硝商人が不当な利益をむさぼることになる。(3)「斗器出入」すなわち皮硝を量るますに不正があるという三点であって、具体的な事実を指摘して皮硝店一個の不当な利得のために全市民が損害を受けるということを主張していた。一度完敗したとはいえ、屈せずに工作をつづけていたが、特に官憲や郷耆にはかなり黄白を散じたと思われ、同知が交替したのを機会に威鎮社から再度請願を行った結果、ついに目的を達して、皮硝店の廃止に成功したのである。

こうして新たに出された道光十四年の告示によれば、旧規による取引方法が民の便に沿うゆえんであるから、従来開かれていた大十字街の市集（市場）で自由に取引を行うことにして、皮硝店の開設を禁止するとともに、市場での取引には市斗を使用すべきであると規定している。市斗に就ては、威鎮社が帰化城の慣例的な規準に合した公正な斗器二十個を作り、郷耆の検査を経たのち、さらに府庁で調査の上烙印を押すという念の入った手続きが必要で、これ以外の「ます」は厳禁することになったのである。威鎮社では以上の皮硝店事件の顛末と、道光十四年告示を刻んだ石碑を立てている（B8）。これによって威鎮社は、外に対しては取引秩序や度量衡に就て努力を払っていたことがわかるのであって、しかも強引に補助材料のマーケットにまで支配力をのばし、それを官の命令によって保障させるという芸当を演じたのである。結果論としていえば、ギルドとは直接関係のない他業の仲買店を禁圧し、客商の取引を威鎮社の管理下におき、しかも国家権力が威鎮社の背景に立っていることを明らかにさせたという成果を収めている訳である。このほか威鎮社はギルド内部に対しては職人管理を行い、老師傅の給与を決定したのであって、日常の問題として最も争われたのが給与問題であったのであるが、その詳細は次項に譲ることにする。

ギルドの祭祀は小東街関帝廟において行われた。信仰対象は関帝で、五月十八日に単刀会を行ったという。前述のように、各粗皮房では関帝と軒轅帝を祭っているが、ギルドとしては武財神の関帝だけをとりあげたところに、商業資本の利益を代表している威鎮社の性格を見出すことができる。祭典が当日だけであることは帰綏識略にも記されており（註7）、李氏の応答にも示されている。なお李氏によると清代には演劇の奉納を含む盛大な賽社が催され、今日でも香をたいて会員一同叩頭の礼を行い、祭典は熱心に支持されているよしである。威鎮社は関帝廟の修築を助けたり（B24）、香爐の奉納（B71）を行ったりしているが、祭祀の場所に対する寄附としては冷淡と評すべきである上に、お祭が一日限りである点から言っても、祭典に関する李氏の報告は、やや誇張されたきらいがある。なおこの廟にかかげられた威鎮社の匾額は、いずれも「聖学在ツ茲ニ」（B26）といったふうの、関帝の徳をたたえる文字を題しており、祖師として祭っているのではないことを物語っている。

慈善では、各種の寄附に応じたと報告されている。実状は寺廟関係において玉皇閣（C57）南茶坊瘟神廟（E48 B26 E29）城隍廟（M1 M2）十王廟（P12 P18 P24）観音寺（X1）西茶坊関帝廟（Q3 Q5 Q6）新城関帝廟（V1）西竜王廟（Y6 Y8）等に対する寄附を行っているが、いずれもお座なりであり、一流ギルドとしての面子または大行に対する面子から、最小限度の寄附を、余儀なく行っているという感が深い。また商業ギルド的な広く浅くという傾向の発露であるともいい得るであろう。

ギルドには財産はない。道光年間には小東街関帝廟の西廊を社房としていたが（B8）、近来正総領の家を連絡所としてもち廻るようになったのは、専任の事務員を置くことができなくなったからである。成文の社規もなく、筆者の手許にとどいた「厚和市粗細皮衣業組合章程」も、日本軍の統制下において、厚和市の同業組合が共同で採択した規定にすぎないから、粗細皮衣業組合固有の規約とはいえない。

註1　威鎮社が粗皮行であることは、李氏の応答はもとより、帰綏道志（註2）綏遠通志（註3）厚和市商務会沿革輯覧（頁四）などにも記されている。しかるに支那省別全誌・山西省には威鎮社の項下に、「粉皮房」と称する「製革をもって帽子上衣袍衣褲子帯紕等を製するもの之に属し、恒亘湧・徳和永・春泉泰・中泰恒等数家あり、おおむね蒙古口外地方における牧畜業者より直接仕入れるもの多しという」（頁七三九）と説明している。粉皮は粗皮の一種（後述）であって粗皮そのものではない。その他の点でも製革即ち皮革製造を行うのは熟皮房であるし、それにつづく帽子等は帽行（細皮業組合）靴行・成衣社等に所属する衣服製作業者の生業であって、粉皮房・製革業とは無関係だというべきである。威鎮社・粉皮・製革・帽行

等はそれぞれ別別の存在であり、前記の文は全く前後の自己撞著甚しいものがある。同業者数も事実と相違し、原料について、直接仕入を行ったというのも疑わしく、短い三行の記事であるが、その中に信頼し得るような部分は見出し得ない。

2　帰綏道志巻廿二　帰化城十五社総領毎年更換日期。

3　綏遠通志一〇八、各県商業概況、帰綏県跋文。

4　帰綏識略巻卅五、土産貨属。

5　粗皮の生産過程については、聴取によるほか、南満洲鉄道株式会社臨時経済調査委員会資料第十六編「支那毛皮」（三田了一・富樫熊雄著）、頁九二―一一八を参照。

6　近代的賃金は、毎月一回以上、一定の期日に、通貨で全額を直接労働者に払うのが原則である。

7　帰綏識略巻十八、賽社五月。

8　厚和特別市概況（厚和市公署編印）頁三〇によると、民国廿七年の調査として徳和永等十一軒（全部大経営）をあげている。その後統制のため停業が多く、聴取によれば、正式に操業しているのは二軒だけで、その他に実績の程は明瞭ではないが実際に裏口営業を行っていたことの確実なものが、少くとも三軒はあった。

第二項　粗毛皮業の職人たちと東義和社

東義和社は、自分自身ではなんら歴史的記録を残していない。その名称は帰綏道志に、帰化城外小社行の一としてのっており、羊皮匠という説明を与えられているから(註1)、少くとも光緒時代にこのギルドが生れていたことは確実である。民国二年頃解散したというが、もちろん証拠はない。

羊皮匠では余り上手な説明とはいい難いのであるが、東義和社に参加していた者の範囲は、老師傅全体を包括していたのであって、身股を持っている老師傅も、一定の舗に雇傭されることなく、個人的に仕事を持っている独立職人も、店舗とはいえない程度の仕事場の持主（工頭）も、すべてこの中に含まれている。したがって全老師傅を糾合する一種の身分的な団体であり、商業資本が所有している粗皮房とは対立関係にある労務者の団体であった。それでいて奇妙な事に、東義和社はその会首として、そのときどきの威鎮社総領をそのままいただいていたのである。この場合、東義和社の会首は東義和社のギルド員ではなく、現任の威鎮社総領である者が、総領となっている期間だけ、単に商業資本側ギルドの役員であるという理由によって、東義和社の正副会首を兼ねていたのである。ここに封建的な支配関係の下に立たされている老師傅ギルドの一つの姿を見ることができる。

東義和社も表面上は「唱戯」（芝居の奉納）のための団体ということになっている。南茶坊関帝廟の中の軒轅帝を祭り、四月四日に大祭を催すというのであるから、おそらく細皮老師傅の職人ギルド「義和社」と合流して行ったものであろう。王氏によれば黄帝を祖師として祭り、祖師に対する信頼はきわめて厚かったということで、職人意識の流露とみなすことができる。「布施」という名目で金を集め、ギルドの一般経費もその中から支出している。

東義和社が宗教団体であることを、どんなに高く評価するにしても、ギルド員の主な関心が賃金の問題にあったことは明らかである。毛皮職人の賃金を決定する方法については、商業資本家側に属する李氏の応答によると、東義和社と威鎮社が協議してきめるのであり、両社の事業としては賃金協定以上に大切な問題はないと言われている。また若いころ粗皮房の徒弟や職人として生活していた王氏の報告によれば、帰化城の粗皮業界では毎年仕事が忙しい時期になると、工人側がきまって賃金の値上げを要求し、威鎮社がこれに応じないときはしばしば罷工（スト）に突入した。いそがしい季節にどんどんと仕事ができ上れば、粗皮房としてはそれだけ利益になる訳であり、利益の一部を増給に廻して職人の労働意欲を高めるのは当然のことだと主張した。威鎮社もこれには反対できなかったので、必要に応じて先手を打ち、幾分かの増給を自発的に行うことによって、東義和社の出鼻をくじくことが多かった。また職人ギルドのストが年々繰返されるのに対抗するため、各店舗とも平素から常傭の老師傅の人数を最少限度に止め、繁忙期には多数の臨時雇職人を、日傭あるいは出来高払で採用し、人件費のきりつめ策を行った。両ギルドとも市況にはきわめて敏感で、自分に有利な瞬間を巧みに利用して賃金の引上げまたは切下げのために手をうち、互にしのぎをけずったのである。例年十二月から翌二月までは休業するので、老師傅もなかばは故郷に帰り、東義和社も冬眠期に入るが、三月から八月までは鞣作業のシーズンで、この短い期間に一年分の仕事をやってのける必要があり、それも水温や晒の関係上暑い季節ほど短時間にでき上るし、日照時間も長いのであるから、好景気であれば罷工を行うのに絶好の條件だったわけである。中秋から年末までは仕立てのシーズンであるが、裁断縫合は高級な技術を要し、毛並や色合を考えて材料を有益に使いこなすことは、商品価値の一半を決定する條件なので、この期間は熟練工にとって罷工のチャンスとなっていた。両社の抗争は清末において最も激しく、罷工はほとんど年中行事となっていたので、その戦略も巧妙をきわめた。罷工が年中行事となっていた状況は、粗皮以外の職人ギルドでもほぼ同様であったといわれている。なお王氏は、民国以来は市況が沈滞し、抗争も少なくなったと述べているが、民国以後の事情については市況が振わなくなった原因をもふくめて、小商品生産の解体が真の問題点だと言うべきであろう。

粗皮房の常備となっている老師傅も臨時雇の独立職人も、下請工場的な小さい仕事場も、賃金（手間賃）に関する限り、その利害は同じ「老師傅」として一致し、頂生意的であっても身股による利益配当よりも、短期間に賃金で荒かせぎを行うほうが有利な場合が多かったから、職人ギルドに加入して活動したといわれている。東義和社としては全老師傅の共同がなければ有利なかけひきは不可能であり、労働力を高く売込むためには、全階層の団結が必要であった。その代り不景気となれば、東義和社は有効な対策を持ち合せていないので、経営側の便宜に屈し、賃金値下げは必至となって、ギルドの力は著しく弱められたのである。最近では停業状態にあるので、各粗皮房はなるべく職人を解雇し、解雇できない頂生意的だけをやむなく店においているという状況にたち到ったが、そのため多数の老師傅が粗皮房を離れ、失業苦にさいなまれているにもかかわらず、東義和社は手をつかねて空しく職人が餓死するのを待っているような無気力さである。こうした弱点はあるが、東義和社が労働力の価格を引きあげるために、労働力の需給の状況を正確に判断して、ストライキを武器とする攻勢に出ていたことや、労働者の団結を計り、頂生意的をも巻き込んで戦ったことは、近代化への一里塚として注目に価する。しかもこの條件は大なり小なり職人ギルド全体に共通するところと考えられるのである。

註1　帰綏道志巻廿二。

第十一節　高級・中級の毛皮製造業と帽行衡義榮豊社ならびに義和社

第一項　高級毛皮業と帽行衡義社

帽行の歴史は熟皮行の分裂とともに始まるのであって、粗皮行に參加した者以外はすべて帽行に結集した。したがって帽行には細皮（高級毛皮）のほかに、羔皮・猸皮・小羊皮などの、粗皮と細皮の中間に位する中級毛皮類製造業者が加わっており、これらの毛皮がいずれも帽子等の製品に仕上げられるところから、帽行と名乗ったものと思われる。帽行は乾隆二十七年以来（E12）乾隆後半を通じて相当活潑な動きをみせ、嘉慶九年を経て（E20）同十七年頃まではたしかに存続していたのである（M1）。しかしこの中に含まれていた高級毛皮業の細皮行と中級毛皮業の羔皮行の分化は、当初から帽行の内部においては或る程度進行していたようで、乾隆三十六年に「細皮行」という部分ギルドを作っていたグループ（P7）は、嘉慶十一年には衡義社（Y6）と称する公然たるギルドとして活動しており、他方の中級毛皮業も嘉慶十九年には栄豊社（M2）という団体名のもとにその姿を現しているのであって、帽行としての組織を残しながら、同時にこの両社がそれぞれ独自の立場で小さい仲間的集団を作っていたのである。大行（コレクティブギルド）に対しては、嘉慶十七年にはなお帽行として参加しているが（M1）、十九年には衡義社と栄豊社がそれぞれ独立したメンバーとなっているから、帽行はこの前後において名実ともに解体し、帽行の下部組織であった両社が、完全に別々のギルドとして公認をうけるに到ったわけである。その後もこの両ギルドは安定した状態を楽しむことができず、営業の盛衰につれて、大行における地位も、時代によって激しい消長が見られた。たとえば衡義社は同治から光緒初年にかけて大行のメンバーとしての地位を失い、光緒中葉に一度浮び上ったものの、宣統に入ってまた失格している。相手の栄豊社は一層みじめであって、衡義社とともに大行からしめ出され、その後、光緒十七年頃まではどうにか命脈を維持したのであるが（A6）、やがて光緒三十四年までの間にギルドは解体して、同業者は衡義社に合流し、もとの鞘に収まってしまった（註1）。以上の沿革によって示されているように、封建制の矛盾が拡大されて行った時期に、グループ別に分裂して行った熟皮房は、資本主義の圧力によって封建制が消滅しようという段階になると、再び単一の熟皮房に帰るという過程を辿ったのであって、その後、国民革命によって細皮業公会となり、さらに粗皮業と合流して粗細皮衣業組合を組織し、今日に到っている。

細皮にはいろいろな種類の毛皮が包含されているが、それぞれ時代の推移につれてはやりすたりが顕著であり、ギルドの盛衰にも直接影響を及ぼしたのである。帰綏道志には衡義社を「細毛狐狼社」と説明しているが（註3）、これから察すると、清末時代には狐・狼などの中級細皮が主要な商品であったと思われる。今日ではさらに下落して細皮の最下級の猫などを主に取り扱っているが、需要の都合によるものと言われている。下級細皮に向ったのは、中国の開港以後細皮中の高級品が順次輸出品にあてられるようになり、国内市場から姿を消して行ったので、帰化城細皮房で手がけるものが年年低下したというわけである。道光時代までは蒙古新疆寧夏青海に産する高級細皮を広く取り扱っていたのであり、第九表に記載した毛皮はいずれも細皮房で精製にあたった商品であった。その中でも貂は官吏の礼服の材料であり、庶民は使用を禁止されていたが、帰綏には満洲の旗人や蒙古の貴族が集っていたので、かなり需要があったわけである。貂皮の一種である掃雪皮や、豹皮およびそれに類似した猞猁皮は、中国人が最も珍重した細皮であった。狐類はこれに次で高く評価されていた。狼・犬・いたち・りす・さる・うさぎなどは概して安価で利益も少く、ことに猫類は当時の細皮房がこれを細皮として扱わないのが普通であった。同じ獣皮でも、帰化城で取り扱うものは、酷寒の蒙古高原を原産地にひかえているために、温暖地に産する細皮よりも品質がすぐれ、華中方面にまで販路をのばし得たゆえんであった。産地のほかに、捕獲の時期や毛皮の大きさや毛並の具合などによって評価に大差があったといわれ、鞣や縫合の都合によって価格が著しく相違した点でも、粗皮房の場合以上であった。開港後はまず高級品が高価に輸出され、次でいたち・犬・兎・狐等の中級・下級品も擬製品の原料として輸出されるようになった。そのために細皮の価格は騰貴する傾向をたどり、一般中国人の購買力ではとてもついて行けない高価を呼んだので、輸出に廻った毛皮商は繁栄したけれども、国内市場を生命とする細皮房は大きな打撃を受けた。とくに帰綏では満蒙貴人の没落による購買力減退と相まって、猫皮の利用から粗皮房への転向となり、遂にギルドの再統一をみたわけである（註4）。

細皮房は粗皮房とちがって経営に任ずる賬房と、生産にしたがう工房とが截然と分離され、従業員が専門化している。原料等の買付は賬房の仕事で、生皮を帰綏の皮荘・皮市で求めるほか、皮販子の持込を買うこともあった。工房でこれを鞣した上、衣料または衣料材料に仕上げ、賬房に廻して販売するのである。買客は蘇州・常州を第一とし、北京・天津の皮客がこれに次いだ。清朝時代にはこれらの消費地から客商が帰綏に集って来て、争って購ったのであるが、民国以降は帰綏の細皮房が出張販売および通信販売に努めねばならなかった。このほか地元消費者の注文生産が量的には最大の売上げであり、また店頭で小売を行った分もばかにならなかったと言われている。

工房の構成は次項に譲り、賬房だけをとりあげてみると、義和社の咸豊七年社規に（E27）、「徒弟」「学芸者」と、「頂生意之人」とが現れている。徒弟には賬房で働く住柜的と、工房に配属されている手芸的とがあって最初から分業になっている。住柜的は経理が知人の紹介で同郷の後輩を雇入れるのであり、十四歳ないし十七歳の者が多い。吉日を選んで採用日が決定され、その当日が来ると、「進舗」の儀式があっていよいよ住柜的となるわけであるが、儀式の際に賬房に祭られている関帝または財神に叩頭し、経理および従業員に礼を行い、つきあいを求める。次の日に紹介人のところへ回拝（お礼まわり）に行く。これで正式に採用されたわけで、経理の指導下に入るが、家族制度による身分的な拘束はなく、経理の喪に服するようなことも行われていない。仕事は賬房における雑用が多いのであり、給与は食事のほかに小遣銭が出るだけで、衣服は紹介人が支給する習慣である。徒弟年期の規定はなく、成業の見込みがなければいつでも追出されるが、普通五六年たてば頂生意的となって「学満」と認められる。もちろんそれは本人の才能によって早められることも遅くなることもある。

頂生意的は大掌櫃と小掌櫃に大別される。大掌櫃には経理・副理・協理・写賬（先生）を含むのであるが、細皮房の中には協理・写賬をおいていないものもある。小掌櫃には坐櫃的・跑街的を始め、右以外の商業従業員を含んでいる。掌櫃はそれぞれ仕事に分担があって、経理副理協理は経営全体の運営に当り、写賬は会計係で、坐櫃的は内勤を引受け、跑街的は外勤の一切を受け持ち、いずれも主任以外に補助者を置いている。頂生意的にも薪金（俸給）は与えられているが、生活に必要な最低限を賄い得るか否かのすれすれの程度である。また金額もほぼ均一であって経理とかけだしの頂生意的でも、多少の開きはあるがその差額はきわめて僅少で問題にならない。身股すなわち「生意」は、最初に一厘が与えられ、最高の一俸（十厘）に至って始めて一人前の商人として扱われる。三年ごとに当人の成績に応じて改訂されるのであって、小掌櫃の身股の昇降は経理が決定し財東が声明（発表）するが、経理の身股は財東が決定する。身股は原則的に財股と同じ地位にあるものと理解されている。細皮房の暖房では夥計はすべて身股をもち、身股をもつものはすべて掌櫃（主人）であるが、その中で大掌櫃だけが真の掌櫃であって、小掌櫃はその手先にすぎないし、また経理が実質上の掌櫃で副理以下はその助手として扱われていた。このことは身股が経理の分身といわれる場合に、その「分身」の権威主義的構造を具体的に示すものとして注目に値するのである。

財東には専東と集股とがあり、また有限責任と無限責任がある。しかし正式の開店の場合は無限責任に限られていたのであって、有限の者は信用がなかった。添股抽股には財東と頂生意的の全体が同意することを必要とし、公積金も財東・頂生意的が相談の上適宜決定する。もっとも公積金はこれを欠く店舗もある。身股が資本として財股と同じ発言権を持つ場合に、それが互に相手に干渉し制約するという双務的な立場に立っていたことは、商業資本の特色を示すものであって、仲間的結合による連帯性が、資本の前期的構造の基礎になっているわけである。

社会集団の基盤となっているものは、同じ仕事に従事している点での共同性すなわち同業性であるが、同業といっても細皮以外に粗皮やそれに近い羔皮等の加工業者を、単一のギルドに包括するか否かが一つの問題であり、経営者（頂生意的以上）と老師傅の利害に一致点を見出して同業として無理のない結合関係を保ち得るか否かが、もう一つの問題である。熟皮行・帽行・衡義社・栄豊社の離合集散は前者に基ずく社会集団の推移であり、職人がこれらのギルドに吸収されるのか、それとも職人ギルドを組織して対抗するのかが、後者による階級分化の問題である。これにからんで宗教性における相違があり、経営側の商人的な財神信仰に対し、老師傅の職人的な祖師信仰が対照的である。地域的には細皮房以下いずれも旧城に集中しているが、それが一つのギルドにまとまるにしても、二つ以上の結社に分れるにしても、これを決定してゆく上に大した役割は果していない。同郷性では大同幇といわれ、全従業者の九割は大同の出身で他の一割が各地ということになっている（註2）。それらがギルドの結合を強化したことは疑いないが、同時に決定的な紐帯とはなり得なかったわけで、ギルドの離合集散になんら直接的な作用を及ぼしていない点では、地域性と同じように第二ヴァイオリン的存在にすぎなかったわけである。

帽行等の各ギルドは店舗によって組織され、一応すべての同業がギルド員と見なされていた。同業といっても商業資本に組合された共同体（店舗）が全体として一単位となっていただけで、個人はギルドの構成分子となることができず、店舗の従業員はもちろん、商業資本としての体裁を整えていない仕事場、すなわち独立職人が個人で開業している店舗も、「在会」と認められることさえなかったという。もっとも、この聴取が、歴史的事実としてはいつ頃まで遡って考えることができるかは疑問である。近来ギルド員の数ははなはだ少く、事変前にも（註5）現在でも、わずか三軒にすぎない（註7）。個人的な経営も近来はほとんどなくなってしまい、事変前で五軒程度であった（註6）。開港以前は両者ともに相当の数に達していたであろうが、開港後は市場が狭められ、生産量が減少し、ことに毛皮の国際価格が変動するにつれて、細皮の価格が激しく動揺をつづけたので、小資本のものは相ついで倒産してしまい、咸豊時代にはすでに少数の大経営が生残っていただけで、商業資本をもたないものは、存在したとしても全体からいえば問題にならない程、微々たる勢力になっていたのである（E27）。

会首には正副総領各一があり、店舗の経理の中から人格才能ともに適当な人物を選んで擁立したのであって、毎年正月二十七日に改選を行ったよしである。総領交替の時期については帰綏道志に四月一日とあるから（註3）、いずれとも決定的に言うことはできない。このほかにギルドマーチャントに加入していた間は、その役員を出したはずであ

第十九表　衡義社出身の大行会首

年代	商号名	職名	資料
道光10年	三盛玉	十二社郷総	M6
11年	万慶魁	十二社郷総	M6
29年	大勝玉		K1
咸豊3年	広発源		J1

って、「十二社郷総」（M6）一名を出していたことが第十九表によって明らかである。なお李氏によれば、同業公会になってからは、役員の名称上の変化として、総領が主席（正副）と改められたようなことはあったが、実質においては大した変化はないということである。

衡義社の事業は同業利益の擁護につきるといわれている。すなわち李氏によれば、ギルドは官に対しては税金などの負担について交渉を重ね、課税は生産された品について、ギルドで税を代徴した上、一括して官に納付するという調子であった。このほかギルドが外部との交渉に当る際には、ギルド全体の力を社会集団のもとに結集して巧みに活用し、問題が発生すれば、直ちに衡義社から必要に応じて働きかけたのであって、官・郷耆・各種ギルド等に対して交渉を行ったということである。これと並んでギルド内部の統制に関しては、工賃の公定を行ってきたのであるが、工賃については次の項において詳述する。なお李氏は、販売価格等の公定は行わなかったと述べており、工賃以外は経営側の自由に任されていたということである。いずれにしても内外に対して商業資本の利益を守ることに努めていたことは明らかで、これを「同業利益の擁護」という表現であらわしているわけなのである。

祭祀は正月二十七日を中日とする前後三日間、三賢廟で「団祭」（ギルドとしての祭典）を行い、演劇の奉納も行ったが、民国以来この大祭は中止されているという。この李氏の応答は、日取については前述のように十分信をおくに足りないし、三賢廟と衡義社の関係を証明する資料もない。ただ、三賢廟には関羽が陪祀されているから、関帝信仰の意味で賽社を催したとしてもふしぎではない。

慈善は「広く浅く」の方針で行っている。乾隆三十六年に火神廟を修築した際、その経理（責任者）の一人に任じているが、この場合は大行の義理によるものと思われるのであって、市内の重要なギルドはすべて名を連ねている（P7）。その他の場合に衡義社が経理を引き受けた例はなく、援助の金額がお座なりであったことも否定できない。寄附の対象は財神廟（G2 G34 G41 G44 G45 G48 G53）南茶坊瘟神廟（E12 E20 E26 E29）十王廟内火神廟（P7 P8 P12 P18 P24）を始めとし、玉皇閣（C1 C6 C9）西茶坊関帝廟（Q3 Q5 Q6）城隍廟（M1 M2）観音寺（X1）北茶坊関帝廟（N4）小東街関帝廟（B24）新城娘娘廟（T1）新城関帝廟（V1）西竜王廟（Y6）等にわたって色々な時期に慈善を行っている。右のほか、光緒二十八年に帰綏兵備道から「急公好義」の匾額を与えられており（K2）、火災・水害などの善挙又は義挙に関して功労があったことを物語っているのであるが（註8）、その内容については具体的に伝えられていない。

李氏によると、ギルドは清朝時代には三賢廟内に社房を借りて公所としていたが、同業公会となった頃からそれが使えなくなり、会首の店舗をもち廻りで事務所にあてたという。ギルドの経済力が特定の公所を維持できる程度まで進んだのち、再びこれを放棄するようなことになったのであろうと思われるが、三賢廟の「公所」については証明できない。李氏はギルドの会計についてものべているが、財産といっても別にないので、各ギルド員から毛皮等を生産するごとに、一件「いくら」と金額を定めてギルド賦課金を徴集し、所要の経費を賄っていたよしである。また成文のギルド規約もなく、「粗細皮衣業組合章程」はかならずしも規約とは考えられていなかったと言われている。

註1　支那省別全誌・山西省によると、衍義社は「皮行の組織せる栄豊社と、細皮行の衍義社と合併せるもの」(頁七四〇―一)という説明になっている。「皮行の栄豊社」とあるのは明瞭に誤りであるが、本書の編纂の少し前あたりに衍義・栄豊の両ギルドが合併したことは、一応ありそうな話だと思われる。この調査は明治四十一年に東亜同文書院の生徒の手によって行われているから、光緒卅四年に相当するわけである(頁七三六および凡例)。

2　支那省別全誌では註1に引きつづき、直隷出身と言っている。おそらく誤りであろう。

3　帰綏道志巻廿二、帰化城十五社総領毎年更換日期、衍義社。

4　細皮の需給に関しては満鉄臨時経済委員会編「支那毛皮」頁一一九―一六四に、一般的事実が述べられている。

5　綏遠通志一〇八商業、帰綏県　跋。

6　綏遠通志一〇八商業、帰綏県　皮貨業。

7　厚和特別市概況(厚和市公署編印、民国廿八年七月)に三軒(三勝玉・復和元・公義泰)の細皮房をあげ、その中の一軒(公義泰)は熟皮房だと記している(頁三一)。聴取によると現状も右と同様である。なお正確な統計ではないが、蒙疆銀行の調査によれば七軒で、これには独立職人の仕事場もいくらか含まれていると思われる(蒙疆銀行調査課編「蒙疆に於ける華人商工業資本」頁一五八)。

8　「急公好義」の四文字が、火災(消防)や水災虫害などの防止に功績のあった団体や機関に対して、賞として与えられた匾額に、最も好んで題されたことは、今堀「北平市民の自治構成」(文求堂印行)、頁七五・九九等参照。

第二項　高級毛皮の職人と義和社

帽行に加わることができなかつた細皮房の職人やその関係の仕事場をもっていた独立職人が、義和社を組織したのは、乾隆四十七年だといわれている(E28)。引き続いて乾隆(E19 E45 G2)嘉慶(E20 E49)時代にも活動をつづけ、光緒三十年(E117)に至るまで、相当な足跡を残しているが、民国五六年頃解消したよしである。封建社会の解体に対する歴史的役割をになって登場し、これを果し終えるとともに解消したことになろう。この間概して活潑な動きを見せているとはいえ、ときによって隆替を免れることができず、ギルドの箍がゆるんで「社事弛廃」(E27)を来した時期と、その再建「重整」(E27)に成功した時期とが、交互に現われていることは指摘できる。

細皮房の工房は、細皮の加工を行う仕事場であるが、加工の技術的な過程は粗皮の場合と大体において類似している。とはいえもちろん細皮独得の作業もある。生皮を「河裡洗」すなわち河水または流水につけて汚物や脂肪を除去するところから開始され、その際に特別な脱脂作業は行っていない。この準備作業が終ると鞣作業にかかるのであるが、その際粗皮の様に塩を加えず、また皮硝もやや分量を減らし、代りに谷米粥(あわがゆ)と粟米麺(黍粉)を多量に入れる。このために特に磨を備え製粉を行う細皮房もある。以上の補助材料を水に溶して缸に入れ、二三百枚の細皮をこの鞣液中に浸し(泡)、普通は三十日、酷暑の時期には二十日間位放置しておいた後、細皮をとり出して(出缸)、三日間陽光に晒すわけである。仕上作業では鏟渣すなわち澱粉や硝を除くのが相当に面倒で、棒でたたき落した上、ていねいに金櫛をかけている。裏淹および穿掛も粗皮よりはていねいに行わねばならない。この熟皮はそのままでも使えるが、必要があれば染色作業に廻して着色を行う。ただそれは特別な技術を要し、布地を染める以上にむつかしいので、刷毛做房(乾式毛皮染色業)または染色鍋房(濕式毛皮染色業)に注文を出して着色させる場合が多く、帰綏の細皮房の中に独立の染色部門を持っている者は見当らない(註1)。

細皮房にとって最も大切で複雑なのは縫合作業である。細皮の材料になる獣は野生のものが多いので体軀が小さく毛皮一枚の面積が粗皮より狭小となっているので、同じ大きさの着物を作るにしても枚数でいえば粗皮の数倍ないし数十倍の毛皮を縫合することになる。皮も薄いので縫付けるにはそれだけの技術を要することになり、細かに手間をかけて針の目を密にする努力だけでも大変である。しかも細皮は種類が極めて多く、とり合せに苦心を要する上に、同じ獣毛でも毛並みと色合をそろえながら腹部・背部・脚部等を各々別々に縫合せ、製品としての品質を一本にまとめることが必要である。毛並や毛の長短・精粗・硬軟、ならびに皮質の厚薄・硬軟を適当に配合しなければ、製品のでき栄えならびにもちを著しく損じ、同じ原皮をつかいながら製品の価格を甚しく低下させることになる。いずれにしても裁断ととり合せには特別な技能を必要とし、縫付もまた熟練を要するので、縫合作業には分業が行われる。工頭が取り合せ、ベテランの老師傅が粗縫し、縫工がていねいに縫付け、針工が衣服などに仕上げるのである。縫合を終えて完成された製品には、衣服の材料として仕上げられたものと、衣服そのものとして完成された製品があって、この点は粗皮と同様である。衣服の材料に仕上った製品には、大襖（大掛・旗袍等のような長い上衣の裏地に適する型に作り上げた毛皮）、斗蓬（マントの裏皮）、小襖（半身又は七分身位の上衣用の裏皮）、坎肩児（胴衣となるもので小襖の袖をとった形）、領子（襟巻用毛皮）、袖頭（袖口毛皮）褥（敷物用で狼皮狗皮などを仕立てる）等があり、最近は洋服や洋式外套の裏毛皮も作られている。いずれも消費者や成衣局（仕立屋）が衣服を仕立てる際に、この材料を買って表地と縫合せると、たちまち裘ができ上るように一切の用意ができている。完成品としては帽子が主であって、襦子緞子等ととり合せ、或は帽子屋から半製品の布帽子を買って来て、これに毛皮をぬいつけたのである。清朝時代には文武官僚の礼帽・防寒帽である裡窩耳帽（耳覆を附けた丸帽）・毡帽（フェルト帽に耳覆を附けている）および回教徒が好んで使用したいわゆるトルコ帽などがあり、特に礼帽は貂を使用した高価な商品であった。民国以来は狗皮兎皮猫皮等の細皮の帽子がよく出たことと、形も飛行帽型が普級し、米式軍帽型がこれに次ぎ、在来の型はその後塵を拜するようになってしまう等、同じ帽子でも内容的には随分変ってしまった。ただ帽子を好んで着用する風習だけは依然たるもので、礼帽の伝統に基ずくものと思われる。帽子以外では、毛皮の屑または不良毛皮を利用して、耳套と手袋足袋（手套襪子）を盛に製造している。

工房の内部構成については、咸豊七年の義和社の規矩に示されたところと（E27）、聽取による結果とが、ほとんど一致している。工房には工頭がいて、職場に規律を与えるとともに、技術指導を行いつつ細皮の見計らい等の重要作業を受け持ったわけである。その下に老師傅がいたが、これを仕事の種類で分類すれば、縫工・鞣工・針工等の別があった。縫工はもっぱら裁断と縫合に従う者で、熟練工がこれに当った。鞣工は準備作業から仕上げ作業までを含めた鞣作業の全体を取り扱うほか、縫合も手伝うという中堅工である。針工は帽子手袋等の製作に当るお針子で、軽輩だと考えられている。次に職人を雇傭関係で分類して見ると、工頭と老師傅の中には、身股を与えられている者と賃金だけを受け取っている者とがあり、また常傭職人と長工（一年契約）と短工（日傭または月傭）の別もあった。常傭職人は特に解雇されない限り、雇傭関係では一応恒久性を認められている者であり、長工は毎年二月に雇傭契約が結ばれてその年の十一月までの身分や労働條件が決定されるが、次年度については保証のない者である。短工は臨時雇で、針工としては女子も採用され、鞣工であれば作業が繁忙な時期に必要数だけ雇われたのである。職場では短工の数は少くないが、正規の老師傅とはいい難く、むしろ苦力に近い存在であった。雇傭條件のいかんにかかわらず老師傅の給料はすべて出来高払制であったから、常傭職人であってもその当人が労働をおこたったり、店舗に仕事が無かったりした場合には、雇傭関係では安定していても実際の収入面では減収または無収入となってしまったのである。職人を生活形態の上から分類すると、三度の食事を店舗が提供する場合と職人がおのおの自分で賄うものとがあり、これに関連して住込と通勤の別があった。一般に食事は店舗持となっており、それだけ家族的な待遇を与えられたわけであるが、反面これによって四六時中店舗にしばられて家族制度的な制約を受け、賃金さえ自由な支払を受けることができず、封建的な仕事場の規律が貫徹していたことも見逃せない。職人は経済的には食事附が有利であったが、身分的には食事にしばられない自前の職人となることを希望し、店舗でも地位の高い職人に対して自前となることを認めたのである。なお食事つきの職人は多くは住み込みであったが、食事は店でとり、勤務が終ってから家庭に帰る者もあった。通勤者には常傭の高級な老師傅で家族をもち家庭生活を営んでいる者と、店舗とのつながりの薄い短工とがあった。短工の場合は労働能率を高めるために家族主義的な擬制を加えるのだが、それが昼間の労働時間だけに限られ昼食を与えて夜は家に帰すのを原則とした。短工には苦力代用の日傭もあった。店舗で重要な意味をもっていた通勤者は、その腕を買われた独立老師傅で、結婚して家庭を持っている者が多かった。いずれにしても通勤制は労働時間の無制限な延長を困難にし、無償の時間外勤務による剰余生産力の搾取を制限した点において賃労働に一歩近ずいたわけであるが、とくに独立職人は賃金の額においても最高給を得ていたのであり、ギルド活動においても義和社の中心をなしていたから、封建的な労働條件をきりくずす上にかなり積極的な意義を持っていたといえる。

普通細皮房において徒弟を終ったものは年工の糅工に採用され、十年ぐらい経た後常傭職人となり、熟練を重ねる中に漸次縫合を受け持つようになって、ついに完全に縫工に移行する。この熟練工の中に独立老師傅となって通勤する者と、身股を与えられて細皮房の子飼の職人となり、ついに工頭となる者とができた。身股は普通その細皮房で徒弟から始めた生えぬきの職人に限って与えられ、他の店舗で徒弟を終えた、「家の子」でない者は、原則として頂生意的に採用されなかった。それだけに、独立職人は家の子すなわち家内奴隷的でないことを特色とし、細皮房で雇ってくれないときには、直接消費者から注文をとって歩き、また小営業的な商品生産に対してささやかな貢献を続けたのであった。

咸豊社規によると、賬房に属するものを一切ギルドに加えておらず、工房の従業員でも身股を与えられている者は「一概不究」すなわち絶対に義和社のメンバーに入れないのである。工頭であっても頂生意的でなければギルドに加入できたが、細皮房は高度に商業的となっているので、身股は経営側の利害に即応する面が多く、この点を考慮した結果、身股をもっている者は一切義和社に入れなかったのである。また「住舗學芸者」すなわち徒弟は職人でないために加入を認められていない。工人の中でも「地上為レ芸者」すなわち裁工と、「案上為レ芸者」すなわち縫工と、「日後出レ舗為レ芸者」すなわち通勤の職人とに限ってギルド員の資格を認めており、老師傅階級の中で出来高払賃金を受けている者だけを結集して義和社を作ったということになるのである。また細皮房の歴史からいっても、開港前には相当多数存在したと思われる個人企業の独立老師傅による小経営は、義和社に参加していたと考えられるが、道光四年度の会首の中に、屋号が三個発見されるのは（E59　E62　E63）、この種のものが屋号を称していたのであろう。開港後、個人企業の細皮房は、階級分化によって、そのほとんどが賃金労働者的性格を多少帯びた独立老師傅となり、このため義和社の中で屋号を持つものはなくなってしまった。いずれにしても義和社は職人階級の社会集団であって、その職人階級の性格と範囲を、ギルド自身の手で明確に規定している点で、吾人に貴重な資料を提供してくれたわけである。階級的な同業関係以外の点は、ギルドの結成にとって、主観的には材料となっていない。たとえば同郷関係について調べて見ると、大同六割代県三割渾源一割であるから、府北に属する山西省出身の同郷ギルドと規定しても差支えないわけであるが、この大同は明らかに経営側の影響であって、同郷性だけについていえば、義和社を別に作らずに大同帮でまとまったほうが筋が通ったはずである。細皮房の中には賬房とは別に、工房をある地方出身者で固めることもあり、それが工房と賬房との対立の契機をなしていた場合もあったと言われている。しかしこれも利害の対立が同郷関係における差異を作りあげたというまでのことであって、ギルドの同郷性としては衡義社が偏狭な一業一郷的ギルドであったのに対し、義和社が一業多郷的ギルドであった点が重要である。義和社では同郷関係を利用して一部の者の特権意識や集団的優越感をデッチ上げる必要がなく、どんな地方の出身者でもみんな抱容していったのであり、労働者が地域社会を超越して、有利な労働條件を提供してくれる場所があれば、どこにでも出かけて行った、そのはしりとして眺めることができる。その他宗教性では軒轅祖師に結集し、地域的には旧城に限定されているが、いずれも同業性に附随した要素であり、ギルドの結合を助けたことは看過できないが、ギルドの社会集団としての基礎條件ではなかったのである。

ギルド員は衆人名（E12）闔社人・社中人・社之人・本工之人（E27）などという一般的な名辞で呼ばれ、特に会員であることを表現した称呼は現われていない。聴取によれば、ギルドには職人全体が加入していたというが、咸豊規矩にも入会の強制を強調した文字が見出され（E27）、全員の参加が原則であったことは、一応認められる。しかし実際には、ギルドを現実に支持している職人の範囲と数は、その時々の事情によって相当に変化があったことと思われる。たとえば咸豊規矩にしてもそれが生れたのはギルドを支持しているのが糾首だけとなり、会員はほとんど無関心に近い状態に陥ったので、こうしたギルドの形骸化傾向を打破するため、特に入会の強制を社規でうたったわけなのである（E27）。この規約には全体の公議による会務の運営についても規定しており（E27）、また実際に一年一回程度の大会も開かれているが、公議は結局「支持を求める」と言うことであり、ギルドが活潑に動いている時は公議があったわけで、会員が支持しなくなれば公議自体がなくなると言うだけのことであった。したがって公議は全体の意志のあるところを察することではあっても、会員の権利とか大会の権限というようなことは、問題が別であり、ギルド員の主張を反映さす民主的な行き方ではなく、ギルドの意志に翼賛するという権威主義的な機構につながっていたのであった。

義和社の会首は糾首ともいわれた。公称としては、嘉慶（E46　E49）から道光初年（E124）までは糾首、道光四年（E59　E62　E63）から光緒三十年（E117）までは会首が用いられたのであるが、実際としては相通じて用いている。会首が会員であるか否かに関しては、咸豊規矩に糾首不糾首を問わずいずれも本社之人の中に含まれることを明示しており（E27）、会首もギルド員であることは疑いないようである。会首数は十余名から廿余名に及んでいる。この中に大会首と小会首があり、咸豊社規には大会首は会規を定め祭祀に任ずる者であり、小会首は大会首の決定に基づいて会務の事務的な進行を計るものであると規定している。なお社規には大会首を糾首と呼び、小会首を値年会首（またはこれを略して単に会首）と名付けているが、それは一応区別して見たまでのことらしく、同じ社規の文中に別の箇所では糾首を広義の会首と同意語に用いて居る。聴取によれば、大会首は真の意味でのギルドの領袖で、正会首副会首の二名から成り、小会首は事務員格で、定員は不定となっていた。毎年五・六月頃改選され、人格才能を標準に、皆で評論して推薦したが、正副会首は適当な期間留任し、小会首も留任を禁じられていなかった。民国以来、会員減少のため小会首を廃して正副会首のみを残し、ギルドの運営をこれに一任したということである。会首は個別的に行動したのではなく、「糾首公議」（E27）のように、会首の相談でことを運んだ。会首は一応専制的な機構になっていたが、ギルド全体の共同体的な利益を代表し得る者が会首となっていたので、ギルド員の個別的な利益はともかくとして、その共同体的な利益は擁護されたと思われる。会首の専制権力が職人全体の利益に奉仕することによって生じ、共同体の枠をふみはづして会首個人の利益に走ることになれば、その権力が解消するたてまえになっていたことは、同じ専制権力でも商業資本の場合と相異する点である。

ギルドの目的が賃金（工資）の値上げにあったことは疑う余地がない。細皮は種類が多いので出来高払制を採り、製品の品目に応じ、さらに各工人が分担した作業の種類に応じて、賃金を公定したのであるが、細皮製品の販売価格は日日激しく変化するので、これに対応して行われる衡義・義和の両社の賃金折衝は複雑を極めたと言われている。賃金闘争の際には経営者（商業資本）側は身股を与えている老師傅を腹心とし、豫め常傭工人を減らすためになるべく臨時雇や年工などに切替えておき、特に独立老師傅に渡す仕事を少くする戦術に出たゝに対して、工人側は多忙を極める夏季の鞣のシーズンや秋季の縫合期を利用してストに訴え、賃金引上げの目的を達したと言われている。独立老師傅は細皮房だけで賃金を稼いだのではなく、官衙・軍隊や百姓・町人からも手間賃をかせいだのであるが、後者による賃金も細皮房との間に協定された価格が結局は準用されるので、賃金・手間賃の問題はいずれにしても衙義社との折衝にかけられていたのであった。

義和社はギルド結成の当初、南茶坊関帝廟内に祭祀を行う施設を設けているが、道光二十六・七年にこれを拡大して、同廟の一廓に三間房の神殿を中心とする祖師廟を建て、咸豊七年に牌坊を設け山門等の修理を行った（E27）。現状についてみると、この一廓は南茶坊廟の中央に位し、正面入口に壮麗な牌坊山門が南面して設けられ、広い前庭をへだてて、北面する楽楼（舞台）と相対している。山門を入れば相当広い神殿があって、職人ギルドが単独で支えている廟としては稀に見るりっぱなものであり、これを建築した当時の細皮業の経済力、特に工人たちの所得が推察できる。帰綏識略によると、義和社は四月三・四・五日に南茶坊で賽社を催しているが（註2）、その歴史を遡ると少くも道光五年には祭が行われており（E69）咸豊七年にも復活挙行しているのであって（E27）、ときに盛衰を免れることができなかったにしても、由緒ある祭典であったと考うべきである。義和社の祭祀は祖師軒轅皇帝に対する「弟子」としての責任をつくしている。職人達は祖師を尊敬して形而下的な体裁を整え、その結果として祖師の神威を高め、ひいてはその功徳による恩沢に浴したいという希望をたしかに持っていたが、祖師に悦服して「勇躍」（勇んでわれもわれもと）神への奉仕にはげんだことも事実であって、こうしたギルド人の宗教観については咸豊碑などに記すところがある（E27）。祖師廟牌坊の正面に「義和勝会」と大書した額があるが、義和社は勝会であり、宗教ギルドであることを表看板にしているのであって、糾首の第一の責任として祭祀を指定し、もし祭祀の日に糾首が缺席すれば、罰金として羊燭五觔を納めねばならないという規定を、咸豊社規にかかげているほどである。各細皮房では関帝と軒轅帝を祭っているが、衙義社と義和社の祭祀を考え合せるときに、その意味は明瞭となるであろう。

公益事業としては、道光五年に帰化郡一帯に疫病が流行したとき、義和社の糾首等が瘟神廟で祈禱を行い、そのかいあって疫病も治ったので、ギルドでは「諷経献戯」を奉納するとともに、ことの次第を記した額（牌）を瘟神廟に献上して、神恩に答えているのである（E124）。職人ギルドがこのような公益に関する事柄に努力するのは、もちろん例外で、疫病のようなよくよくの問題に限って乗出したものと思われる。慈善事業は、寺廟への寄附に限られている。乾隆六十年（E45）道光十年（E76）には共同主催者の一人として、同治九年には単なる援助者として（E32）、それぞれ南茶坊関帝廟の修築を助けており、瘟神廟に対しても乾隆から光緒までの間に五度（E19 E20 E26 E29 E33）寄附金を出している。しかしこの関帝廟も瘟神廟も祖師廟と同じ一廓にある綜合寺観の一部であり、相ともに南茶坊廟を構成しているのであって、殊に関帝廟修築の主催者となった時代は義和社自身が関帝廟の廂を借りていたのであるから、宗教事業と切離して論ずることは不可能である。右以外では財神廟（G2）呂祖廟（S4）観音寺（X1）に寄附しているだけだが、この程度の寄附であっても、職人ギルドが信仰対象と関係のない方面に慈善の手をさしのべた点において、記憶さるべき事実である。

義和社には財産というほどのものはないが、祖師廟を事実上ギルドの公所として利用し、事務員一名を置いて、庶務に当らせていたという。ギルドの経済は咸豊七年社規によると、

一　会費　「布施」と称し、賽社に先立って納入する定額制の一年分の会費である。この年には鞣工二百五十文・縫工四百文・値年会首四百五十文・通勤老師傅五百文と定められていた。

二　入会費　細皮の工徒（技術徒弟）となる者は四百文・徒弟から老師傅に昇格した者は三千文（昇格直後の春秋二季に分割納入）・帰綏細皮房の徒弟を経ずに老師傅として採用された者（他地方で徒弟を終ったのち、帰綏細皮房に雇入れられた時など）は五千文の入会費を納めねばならない。なお細皮業従業員であっても、義和社とは将来とも

関係のない者からは入会費を徴収しなかったのであって、たとえば最初から身股付の老師傅として採用された者などは右の五千文を徴収される気遣いはなかった。

三　寄附金　学徒又は頂生意的は、祭典の時、希望者に限り四百文を布施することができた。

四　罰金　ギルドに経済外的強制力を賦与することが本来の主旨であるが、いろいろな項目をあげて罰金の金額を明示し、ギルド会首であっても違反者は免れることができない制度になっていたのである。

今日では、ギルドの規矩としては咸豊七年重整章程（E27）の全文が伝えられているに過ぎない。だが咸豊社規の中に、義和社には従来から「旧規」があって、酬神献戯を行うことと、その費用の分担法を定めていたと記し、なおその詳細についてもふれているのであって、例えばギルドの賦課金はすべて九十（一文銭を九十個たばねたものを百文と称し流通さすこと）によって納付する義務があり、時の通貨が九十以下になっているときには、九十の実質価値に換算した名目価値における賦課金額を納付し、九十以上になっているときには、その時の通貨で賦課金を受取ることにしていた点などを紹介している。なお、この旧規については「屡有二旧規一」と記されていて、何度も改訂されて来たことも明らかである。咸豊章程はその後を受けて制定されたもので、本質的にはギルドの会費に関する規定であるが、義和社の沿革祭祀等にもふれている。会費の項目や徴集額については前にのべたが、九十による徴集についても、右に述べた旧規通り実施せよというのであるから、通貨の実体が八十前後であった咸豊年間ならともかく、同治の六十光緒の五十（ときには十七まで落ちたこともある）とその実質が低下するにつれて、徴集の名目上の表示金額は上昇をつづけ、ギルド員の負担は加重されたと考えられる。徴集の時期方法についても、社規には四月五日に会首四名を全細皮房にさしむけ、このときまでに全額を納付させることを定めている。なお咸豊章程には会規に強制力を持たすための罰則も規定しているのであって、分担金の納付を怠り、または情を知って徴集を裕恕した会首は罰金三千文、「九十」の規定に違反した者は罰金五千文、糾首が祭典に出ないときには罰として羊燭五觔（斤）をギルドに納めさすこと等が、その具体的内容である。しかしこの章程の「序」に賢明にも指摘しているように、規矩は全同業が悦服して始めて意味があり、これによって秩序を与え、ギルドおよびその事業の永続が期せられるのである。章程が行われるのはギルド員が楽しんで従うからであって、罰則は一部の非道を予防するところに目的があり、罰則の故に強制力を持つとは限らないのである。ギルド規約が共同体的強制によって実施できるものである以上、ギルド員の一般的な希望を参考にして、規約の修正もやらねばならないが、その規定の内容が慣例または伝統によることを明確にすると、皆の支持を得ることが容易であったため、そのときどきで必要とされた規定を、過去の慣例に托して制定する場合もあったのではないかと思われる。

註 1　満鉄臨時経済調査委員会「支那毛皮」、頁九二―一二五参照。ただしこの調査は奉天を中心とした満洲の毛皮を対象として行われ、帰綏の場合と相異する点が少くない上に、必ずしも正確な調査ともいえない。

2　帰綏識略巻十八、賽社四月。又帰綏道志巻廿二、同上。

第三項　羔皮業と栄豊社

栄豊社は中級毛皮の業者の団体であるが、最初この業者はすべて帽行に加入しており、その下部団体として次第にだんだんと組織を固めていったのであって、嘉慶十九年頃帽行が解体されたとき正式に独立の一ギルドとして発足したのである。しかしその生命は約百年しかもたず、光緒三十四年頃までに羔皮業は細皮業に吸収され、ギルド員は衡義社に参加したわけであって、その概略の事情については第一項で述べたとおりである。前にギルドが独立したのは営業の発展によって一個のギルドを組織するだけの実力を備えたからであり、そのことは大行の経費に対して帽行が受け持っていた賦課の分担歩合十四厘を、ギルドの分解によって両ギルドに分けた際に、衡義社が五厘、栄豊社が九厘という割合で分割していることからも察知できる（第三表）。この頃が業者として最も好調にあった時代だと思われ、その経済力によって栄豊社も大行のメンバーになることができたのであった。天津の開港後は国際市場の影響をうけて異常な繁栄と深刻な不況とが交互にギルドを訪れ、同治年間に大行から脱落したこともあり、ついで一時景気を回復して衡義社とともにギルドマーチャント復活を認められたりしたのであるが、結局は同業者数の激減のために、ギルドは解散の余儀なきに到った。

帰綏道志には、栄豊社を小羊羔皮と説明しているが（註1）、羔皮とともに猾皮も大切な製品であった。羔皮は生後六十日以内の小羊の毛皮で、猾皮は同じく山羊の嬰児の毛皮である。羔皮の毛は自然に美しいカールをなしており、皮が軟かく保温にも長ずるので尊ばれた。羔皮の一種である羔叉皮は羊の胎児の皮で、皮が薄く毛が光沢に富むので、保温上はともかく、婀かな美服を仕立てるのに適しており、近来非常な市価を呼んでいた。猾皮のほうは、カールしている黒色の毛皮は尊ばれたが、その他は羔皮に及ばず、猾叉皮も同様である。また多少の技巧を施せば羊皮を羔皮または猾皮の模造品に仕立てることができたが、実はその作業が、羔皮房の仕事としては利益が多いので、かなり重要視されていたのである。これらを精製するための原料皮は、多くは皮荘から購入され、準備作業・鞣作業・仕上げを経て縫合に到るまでの過程も細皮と大同小異である。衣服の材料として作られた製品には、大襖・斗遂・小遂・坎肩児等があり、領子は作っていない。また褥子は劣質の猾皮をこれにあてる場合もあるが、例外というべきであろう。完成品では帽子を主とし、手袋・足袋も少くない。市場関係も細皮に近いのであるが、粗皮が概して大衆向けであり、細皮が官僚地主大商人を消費者に持っていたのに対して、栄豊社は中流階級を目あてとしていたわけである。清の中期までは都市の市民や商人に喜ばれていたが、開港以後は細皮とともに上層階級を争い、海外市価の変動に苦しみながら、両ギルドはほぼ同じような盛衰のあとをたどっていった次第である（註2）。

ギルドの組織は粗皮行に類似している。独立老師傅の開設している個人経営の羔皮房を含めたすべての同業者が、経営単位でギルドを組織し、そのうち商業資本が所有している羔皮房だけに会首となる資格を認め、その会首の中から正副総領を選出したのであって、しかもギルドの総領が同時に大行の郷総を兼ねる習慣になっていたということである。この応答は歴史的な記録と矛盾がないようで、会首は咸豊五年には総甲と呼ばれているが、いずれも店舗名ばかりであって、その定員は六人であったと思われる（C53）。総領の交替期日は、帰綏道志には十一月一日となっているが断定はできない（註1）。独立老師傅を栄豊社に加入させたことは、ギルドの支配力の拡大に役立ったと思われるが、独立職人の企業を加入さすことになれば、細皮行とたもとを分つほかはないので、これが栄豊社の独立の一因

第二十表　栄豊社の会首

年代	職名	会首名	資料
道光10	十二社郷総	天和興　四盛永	M6
11	十二社郷総	天和景　徳泰玉	M6
29		長興隆　義和徳	K1
咸豊3		興隆盛　天義盛	J1
5	総甲	徳順會　天合成　集義鈺 天発永　広合成　玉成永	C53

となった。しかし商業資本の羔皮房は衰退し、清末にはこれがいうに足りない程度に凋落してしまったので、両ギルドの合同する素地はできていたわけであり、商業資本の保守合同となったわけである。

ギルドの事業において特筆すべき問題はない。李氏は祭祀を玉皇閣で行っていたというのであるが、帰綏識略によれば賽社は玉皇閣河神廟で催されているから、栄豊社の信仰対象は河神であったと思われる（註3）、羔皮を鞣すに先立ち、河水で洗滌して汚物を除去するとともに脱脂することが大切なので、これにちなんで河神を祭ったのであろう。いずれにしても河神は自然神であるから、祖師として祭ったのでないことは明瞭である。その賽社は十月一・二・三日に行われてきたが、このほかに八月中に適当な日を選んで九竜灣において唱戯を行ったことが同書に記されている。

慈善事業としては、祭祀の場所である玉皇閣の修築には主催者の一人として面倒をみており、自ら多額の寄附も行っている（C57　C69　C74）。その他の寺院とは衡義社と同じく広く浅いつきあいとなっており、南茶坊瘟神廟（E26　E29）西茶坊関帝廟（Q3　Q5　Q6）十王廟内火神廟（P12　P18）城隍廟（M2）観音寺（X1）小東街関帝廟（B24）新城関帝廟（V1）西竜王廟（Y8）などに寄附しているが、衡義社にならった場合がほとんどのようである。

註1　帰綏道志巻廿二、帰化城十五社総領毎年更換日期。

2　羔皮等の品種は、「支那毛皮」頁三六―四二、参照。

3　帰綏識略巻十八、賽社に「栄豊社在玉皇閣河神廟」とある。帰綏道志はこの文章をうつしながら、栄豊社を栄福社と誤記し、河神廟の三字をおとしている。（巻廿二賽社）。

第十二節　皮革の鞣および製品製造業と靴行集義社・意和社・西公議社

第一項　皮革業と靴行集義社

熟皮行が分裂したのは、第十節で述べたように、乾隆二十年代のことであって、熟皮の中で皮革を扱っていた黒皮（大皮）房が、単独でギルドを組織したのはこの分裂の結果だと考えられる。事実「靴行」とよばれた皮革業ギルドは乾隆二十七年にはすでに成立しており（C1）、嘉慶九年（E20）に到るまで靴行または靴行社（E19）の名のもとに、かなりの活動を展開している。嘉慶九年には集義社と改称し（E48）、コレクティブギルドに參加したのであるが、爾来大行内ではB級ギルドの筆頭として、終始ギルドマーチャント構成員たる地位を保って来たのであって（第一表）、ギルドが堅実な歩みをつづけていたことを示している。民国以来皮革は軍需品として重きをなしたが、価格の暴騰や暴落がつづいた上に、軍閥や匪賊の略奪をうける場合でも一番にねらわれたので、ギルド員の交替が著しく、ギルドはほとんど瓦解の実状となり、同業公会の編成もできなかったほどである。事変後始めて皮革製品同業公会の結成を見、一九四一年六月皮革製品組合と改称し、一九四四年十月二十三日に皮革製品製造業日華統制組合に改組されたが、これらは直接集義社の伝統をつぐものではなく、皮革統制の為に設けられた御用組合にすぎない（註1）。

靴行の名は靴舗に由来するものであるが、靴舗は黒皮房と同じ営業内容を持っている。綏遠通志によると、黒皮房は生皮をなめして熟皮とし、さらにそれを用いて靴と鞊（鞍）を製造すると記しているが（註2）、乾隆年間における靴行会首の中に三義鞊房（G15）と名乗る靴舗があったほどで、乗馬の盛んな蒙古だけに、古来鞍はかなり重要な製品であった。また帰綏道志には集義社を説明して「靴鞋舗」の団体だと記しているが（註3）、寒地であり、貿易基地であっただけに、フエルトや布その他を利用して鞋を作ることも盛んであって、同業公会章程も生産品を皮件（皮革）・皮靴・鞋と大別しているほどである（L18）。要するに、生皮を買入れてこれをなめして皮革とし、さらに皮革などを使って靴・鞋・鞍などの第二次生産物を製作し、受注生産以外に皮革および皮革製品の卸小売に従事したのが、帰化城の黒皮房であり、鞋舗であった（註4）。それが組合となってからは、日本軍で管理していた満蒙毛織株式会社の下請工場に組入れられ、少くとも表向きは原料の入手及び製品販売のルートを完全に押えられて、満蒙毛織の仕事だけを請負い、原料も製品も会社もちで、靴舗は単に渡された仕事の加工を行い、所定の手間賃を支給されるだけのことになっていた。

鞋舗は賬房と工房とに分れている。賬房において商業的業務に従っている者を「前辺的」といい、工房において加工に従事している者を「後辺的」と名付けているが、集義社の主体となっているのは賬房である。賬房の構造を眺めてゆくと、まず徒弟制度は今日ほとんど瓦解しており、その残骸を拾い集めてみても徒弟制の大要を推察することは困難である。店舗の有力者の知人である紹介人があっせんして、十六・七歳の青年をつれてくる。條件があえば採用されるのであるが、おめみえ（進舗）の際にも徒弟満期（学満）のときにも特別な儀式はなく、経理等に普通の挨拶をすれば足りる。平素の生活は家庭的であるが、厳密な意味での家父長制は行われておらず、たとえば徒弟が経理の喪に服するようなことは全くない。年期は不定であるが、三四年で学満となるのが普通とされている。徒弟期間中の労働日は賬房全体のそれと共通であって、休日は年始に六日、各節期に三日づつ与えられる習慣であり、一日の労働時間は無制限といわれる。現金の支給は今日でも年額百円（第一年次）ないし二百円（年年遞増）で小遣銭にも足りず、食事と衣料は店舗支給で、しかも恩恵として与えるというたてまえであるから、この点は全く封建的である。学満後本人はいずれも夥計への昇格を希望するが、その可能性は少い。賬房の徒弟は四五名程度の場合が多い。夥計では頂生意的が非常に少く、経理でさえ身股の無い者もあって、ここにも消滅に瀕しつつある封建制が認められる。財東が専東を除いてほとんど有限責任となっているのは、身股の消滅と相応ずる事実であって、資本が共同体的制約から解放されつつある事を示し、近代化への過程を辿っているものと認められる。唯有限責任であっても抽股等には経理の同意を要するから、完全な自由ではない。専東は一部の小経営の靴舗に限られ、その多くは帯財掌櫃となっている。決算は三年ごとに行われ、身股は財股と同等の待遇で利益配分にあずかることができる。公積金制度をとる者は小経営には皆無であり、大経営でも少い。公積金として天引きする割合は財東と経理が相談の上決定し、万金賬に記帳される。利益配当の相談が終ってから、次の一期（三年）における出資條件をとりきめて「合同」を作製するが、一度合同で決定した條件を変更することは、所定の期間中はできない相談であった。

靴舗が賬房によって動かされている以上、集義社が皮革関係の商業資本をもって社会集団の基盤とすることは、必然のなりゆきである。皮革関係といってもその内容は多岐にわたり、主要な営業上の重点をどこに置くかによって、靴房・鞋房・鞊房・黑皮房（狭義には製革のみを行う者を指す）等に分類することができるが、これによってギルドが分裂したり、部分ギルドを作ったりするような傾向が認められないのは、すべての靴舗が大なり小なり右の諸営業を併せ営んでいたためで、商業資本としてはこの全体を包括した団結が必要であったのである。もちろんその結果として賬房と工房の対立、経理と老師傅の利害の衝突・商業資本と労働者との抗争が、集義社と意和社の対立として、表面化することはさけられない。集義社の宗教は祖師信仰に立つものであり、賬房系統のギルドとしては異色である。したがって職人ギルドとは帰属する廟や宗教行事を故意に分けているだけで、信仰対象も信仰の内容も同一であるから、この点からいえば両ギルドは一本になるのが正しいはずである。それからみてもギルドの宗教性は社会集団の性格を決定する力をもっていないことがわかるが、もともと個々の靴舗従業員の信仰は必ずしもギルドの祭祀の線と一致していないし、殊に回教徒靴舗が少数ながらギルドに加入していたから、商業資本の設定した信仰に基く共同体は、擬制にすぎないことを認めざるを得ない。地域性では旧城の同業だけに限定しているようであるが、新城および近郊郷村に靴舗の無かったことを利用して、流しの業者（第三項参照）に対抗する意味から、城内同業の結束を企図していた点も考慮すべきであろう。同郷関係についていえば道光時代には交城人が優勢であったが（P11）、靴舗資本・労働力・市場関係などの点で交城県と結びつく必然性がなかったので、徒弟を同郷人に限ることからくずれていって、客籍の土着化や河北資本の進出となった。今日では綏遠・山西・河北の三省にわたって広く各県の出身者を含み、ほとんど限定がないといってもよいありさまである。この地域性や同郷性もギルドの本質的な属性ではなく、ギルドの擬制にすぎない点で宗教性の場合と同じ條件にあった。靴舗関係のギルドには集義社と意和社・西公議社があったわけであるが、上記の二紐帯は右の対立を決定し、各ギルドの性格を規定ずける上に積極的な役割を果していないのである。意和社が旧城の枠にとらわれておらず、土着人が多くて山西人や河北人が少いとしても、それは言わば同業性の区分がもたらした結果であって、せいぜい商業資本が、対立を色づけるために、擬制を設定する根拠として、宣伝材料に利用したぐらいが関の山なのである。

ギルド員としての内容を表示する称呼は、歴史的記録の中から見出すことができないのであって、彼らの「面子」を立てる必要があまりなかったことを示している。聴取によると、集義社は靴舗だけによって組織され、職人や独立職人がギルドのメンバーとなることは絶えてなかったといわれている。以前は三十軒ほどあったというが、事変直前のギルド員数は二十七八軒を数え（註2）、今日では十一軒となっている。公会の規章によれば（L18）、公会の重要な事柄で決議を要する條項は、臨時総会に上提する規定であって、その際に会員は議案を提出し、これに関する発言を行うことができた。又会員が歩調を合せて公会を助けねばならないことも述べている。規章の主旨は、同業全体を公会の方針の下に統合し、商業資本の集団的利己主義を実現するためにその協力を要請することにあったわけで、なるべく会員の自主的活動によって「協力」が生れることを期待し、翼賛の限界内において民主主義的諸制度が行われていた。規章によると、右の臨時総会以外のすべての大会は、全部会長が招集することになっており、姚氏によると会員の公会に対する責務は民主的なものではなく、ギルド的な義務をつくすところにあったと言うことであって、翼賛的民主制のカラクリは看過できないのである。

ギルドの役員は総領とよばれ、定員は四名であった。道光以後は極めて限られた範囲から選ばれたのであって、第二十一表に見られるように、同じ店舗が繰り返しその任についている。すなわちギルド員の中で巨商の仲間だけが総領の地位を独占し、たらい廻し式に総領の椅子に座ったので、会首の顔ぶれが固定していたわけである。交代の方法では、機械的な平等を念願にしていたようであって、総領の任につく資格を持っている靴舗を四軒づつ組合せて一班とし、各班が当番式に総領となったのである。総領のほかに会首と言われるものが、二名ないし数名おかれ（註5）、その数は必要に応じて定められたので、スタッフの総数は年によって変動があったわけである。会首は総領よりも広い範囲から選ばれているのであって、ギルド員全体の中から適任者が指名されたのではなかったかと想像される。会首といっても実態は役員というより事務員に近い役割になっていたようであり、ギルドの代表者の名を掲げる場合に、総領の名だけを記載して会首に及ばないのが普通であった（註6）。ギルドマーチャントの役員である十二社郷総は、集義社から四名選出することになっているが、これは総領を選挙する場合と同一の巨商グループ（班）が、総領とは別に、当番制で順次その任についたため、定員が四名となったのであって、いずれにしても郷総選挙には一般の靴舗は相談にあずかることができない習慣であった。班員は一応固定しているが、靴舗の栄枯盛衰による欠員補充は行われていたのであって、たとえば道光十年度に郷総となった班は道光十九年度にふたたび総領となり、同二十九年度にには十二社郷総に推戴されたのであるが、十年度の班員四名の中、三名が同十九年度の総領に当り、また二名が同二十九年度の郷総に任じているわけで、重出の度に新顔が補充されている。欠員がなければもちろんそのメンバーは不動であって、咸豊三年と光緒六年度の郷総を比較すると、同じ屋号が顔をそろえていることがわかる。郷総と総領が兼務することなく、別別の班が就任していることは、靴舗がギルドとギルドマーチャントとを切離して考えていたことを示すものである。以上はいずれも第二十一表によって帰納したところであるが、帰綏道志によれば（註3）、集義社総領は毎年三月十八日に交代する習慣であったということである。

同業公会には委員・常務委員・正副会長がおかれていた。事変中に、反民主々義的な空気の中で生れた公会であるから、近代化への志向はきわめて稀薄であったと考えられるのであって、姚氏によれば、公会にもちこまれてくる日常のこまごました問題に到るまで、万事委員会が責任をもつたてまえであったということであり、ギルド以来の伝統である巨商専制は依然として解消していないようである。公会の重要な事業やその経費については、毎月一回開かれる常務委員会において決定し、会長は決議およびその執行のための推進力であり責任者であった。又委員以上は毎日公所に行き、雑務の処理にたずさわった（L18）。組合になってから役員は監事・理事・組合長と改称しているが、実質的には公会の委員・常務委員・会長の延長にすぎないという。委員等を選挙する方法については、規章には規定がないが、姚氏によれば毎年投票選挙によって改選したということである。ギルド時代のように、公然たる特権制度によって巨商を助けることは無くなったに違いないが、老舗の寡頭専制が一掃されたとは考えられないのであって、専制が姿を変えて現れたものと見るべきであろう。事実、投票を行ったために巨商の当選が一層確実になり、巨商の中でも有力な者が恒久的に再選されて、役員がほとんど交代しなくなっているのである。大資本の支配が圧倒的となったこの時代には、投票法のほうが大資本の実力を一層正確に組織の上に反映し得るので、形式的には特権層を解消して民主的投票法を採用した方が、結果的には露骨な巨商専制の実をあげることができたわけである。殊にこの段階では日本の皮革統制が圧倒的で、下からの近代化の芽はつぶれたように見え、巨商は自信にみちていたのであつた。

ギルドの事業をみていくと、商業資本側の協同によって営業成績をあげるためにあらゆる努力を払っていることがよくわかる。そのために職人が抑えられていたのはもちろんであるが、全同業者が協力した自然の結果として、巨商が有利になるように巧妙に仕組まれていたことも見落してはならない。公会となってからでも、靴舗の幸福と利益の追究が同業公会の目的であり、皮革業の公平な利益を謀り、経営の発展につとめることが公会の事業のねらいであると、「規章」にうたっているが、それもやはり経営者側の立場から見ての打算であって、老師傅などはいずれにしても犠牲にされていたのである。

一　製品の小売価格の協定　公会規章には、協定価格を増減し、暴利をむさぼる者を厳罰に処するという一項がある。これは政府の低物価政策に協力すると言う公会の方針を示したものであるが、姚氏によると、以前は製品の価格を一定の水準の所で維持し、利潤を人為的につり上げるために、価格協定が行われていたということである。この種の協定価格が常に設けられていたとは限らないけれども、販売価格の操作によって、流通過程の中から利潤を引出して行こうとする努力は、商業資本の本来的な身構えであって、ギルド統制はその必要が認められた時期に、あるいは公然と、あるいは隠密の間に、実行されたことであろう。

二　賃金の統制　規章には老師傅に長支（俸給の前貸し）を与えることを禁ずる規定を設けているが、集義社は職人の賃金を規制することをあらゆる時期にやってきたのである。たとえば道光二十二年に、老師傅側ギルドと手間賃を協定し、その厳密な実施に努力したのであって、一部の靴舗がひそかに多額の工賃を支払うことを恐れ、こうした者があった時には厳重に処罰すべきことを決定している（Q19）。工賃を統制する具体的な方法は、それぞれの時期によって異なるが、労賃を可能な限り切下げることによって、剰余生産を商業資本の手許に確保することは、靴舗の一貫したねらいであって、金額や支払い方法をめぐる資本家側の切下げ策は、巧妙をきわめたということである。

三　工師雇傭の統制　規章には、現に他の靴舗に雇われている工師を引抜くことは、義を省みず会の平和をみだすものであるから、厳禁するという一項を設けている。引抜きの際には多くは賃金で釣るので、工賃統制にも連関する問題である。靴舗としては優れた腕をもつ職人を雇っておくことが必要であるが、その労働條件を低くしておきたいという希望も持っているので、この互に矛盾した要求を共に満足さすために、職人に転職の自由を与えないで、店舗側が必要とする限り、該店との雇傭関係を永久化する社会規範を設けることになったわけである。

右の規制はいずれも経営の利潤に関するものであって、ギルドとしてはできる限り販売価格を高く釣り上げ、賃金を低く設定するために、全靴舗が共同動作をとることをもくろんだのである。それは消費者と職人に不当な犠牲を払わすことによって、商業資本の利潤を商略により太らせようというのだから、経済の自然な動きに矛盾するような場合が多く、政策としては無理であった。また共同体的な統制は、均一化した小売価格や既往の労働條件の固定化によって、巨商だけに繁栄を与えた。小資本の店舗が協定を破って安売りで販路を開拓し、高く支払って工師を獲得しようと努力したのは当然であり、事実上こうした店舗の出現はさけ得ない状勢となっていた。集義社を同業公会に切替え、官憲の力によって統制を維持しようとする努力が払われたことは、その最後のあがきと見なすべきであろう。

四　官憲との交渉　店舗の獲得した剰余生産が、国家機関や官吏にまき上げられるのを最小限にくいとめるため、ギルドは巧妙なレジスタンスを続けたのであって、税および攤款のギルド代徴を行っていたというのも、その点にねらいがあったと姚氏は述べているのである。

五　祭祀　集義社の信仰対象は孫臏であるといわれ、財神廟内の財神殿に陪祀してある孫臏像に帰依していたのである。しかも集義社は孫臏像の前に「治履師祖」（G15）「妙伝履術」（G42）「百靈始祖」（G47）などと題した匾額を献じているから、乾隆以来光緒までの間を通じて、孫臏を祖師として信仰していたことは疑いない。祭祀の為に財神廟の東西両廊（廂房）を使用して来たが、道光十一年には他の十二社とともに、その使用権を再確認させている（G4）。祭祀の日取が三月十七・八・九の三日間であることは、帰綏識略に記されているが（註7）、総領の交替期日をその中に含んでいるから、ギルドの総会を兼ねた形の賽社であったと思われる。なお祭祀は同業公会には引継がれていないようである。

六　慈善　財神廟に対しては、主要な支持団体の一として乾隆以来重修その他を主宰し（G5 G34 G41 G44 G45 G48 G53 G62）、十王廟のためにもその中の火神廟を支援する意味で共同主催者の一に任じている（P5 P7 P8 P12 P18）。火神廟に力を貸したのは、ギルドマーチャントが混合ギルドの性格をもっていた頃からの伝統によるのであるが、集義社などが今に到るまで協力し、支援しているところをみると、コレクティブギルドは仲間的な関係によって結合されている団体であって、単なるよせ集めでないことを考えさせてくれる。集義社が「助善」として援助して来た寺廟には、南茶坊瘟神廟（E12 E20 E26 E29 E48）を始め、玉皇閣（C1 C6）城隍廟（M1 M2）西茶坊関帝廟（Q3 Q5）北茶坊関帝廟（N4）小東街関帝廟（B24）新城関帝廟（V1）新城娘々廟（T1）西竜王廟（Y6 Y8）等があって、新旧城および近郊に対して慈善を行っている。この中には大行とのつきあい上やむなく寄附を行った場合もあったと思われる。つきあいの点では大行関係の社会事業および公共事業に寄附したといわれているが、記録に明確な証拠が残っている実例は見当らない。

ギルドの章程には成文のものはなく、僅に厚和市皮革製品業同業公会規章（L18）が伝えられているに過ぎない。

この規章は事変後の新しいものであって公会の目的・組織・事業などを十三條に順序よくまとめあげた総則であり、様式としては一枚の紙に印刷され、額に入れて公示するようになっている。社会規範として見るならば、簡章とでもいうべきものであって、委曲をつくしておらず、これで公会の概要を把握することはできないが、あまり同業公会法にとらわれることなく、まじめに公会の問題点について規制を試みているから、公会の規約としてはすぐれたものと評すべきであり、その中からギルドの遺制と公会の新制とを、ともに検出することができる。

註

1　集義社が靴行の後であり、靴舗のギルドであることは、同治十三年集義社が祖師廟に掲げた匾頭に「妙伝履術」と題していることでも明らかで、帰綏道志にも集義社を靴鞋舗と説明し（巻廿二、帰化城十五社総領毎年更換日期）、支那省別全誌「山西省」にも、皮靴舗の団体としている（頁七三九）。しかるに厚和市商会沿革輯覧だけが集義社を「庫倫業」と説明している（頁四）。これは明らかに誤解であって、編著者である元怡如氏が集錦社と混同したのであろう。ちなみに同書は集錦社に対し、外蒙業と註しているが、外蒙業と庫倫業とは同じ営業なのである。

2　綏遠通志一〇八、帰綏県皮貨業。

3　帰綏道志（註1に同じ）。

4　支那省別全誌山西省に、皮鞋舗は羊皮を主とし、馬皮これに次ぎ、水獺皮・狼皮・貂皮などの取扱い額も少くないと記して居る（頁七三九）。これには記憶の混乱があるわけで、皮鞋舗は皮革だけを鞣しているのであるから、右の中馬皮だけは間違いないが、その他は取扱っておらず、しかも馬皮以外の県皮すなわち牛皮駝皮などを落している。もっとも製品の材料としては、羊皮などが多少使われているが「主とする」程度ではなく、ましてここにあげられている細皮類は全く問題にならない。要するに省別全誌の記述ははなはだしく不適当であり、また多くの誤謬を含んでいることを示す一例である。

5　G15にあげられている総領は十八名であるが、これには乾隆五十二年度総領のほかに、事業を始めた乾隆五十一年度の総領をも併記したのではないかと思われ、そうすれば総領四名会首五名となって最も普遍的な定員数と一致するわけである。もちろんこれは単なる仮定による推測で、決定的に言い得べきことではなく、従って会首定員はしばらく数名として置いたのであるが、いずれにしても会首数の問題は大して重要性をもっていない。

6　総領は通常右の四軒を意味するのであり、本節においてはすべて総領の文字をこの意味で用いて置くが、総領にはこのほかに会首を含めた全役員をさす場合があった（G15　G37）。これは全役員を表わす言葉が無いために、仮に用いた用法であって、特別な例というべきであろう。

7　帰綏識略巻十八、賽社。帰綏道志巻廿二同上。

第二項　皮革職人と意和社

意和社は靴匠と説明されているように（註1）、靴行に対立している皮革業関係の老師傅のギルドである。意和社は乾隆四十七年（Q8）以来民国六年（Q31）に到るまでの間に、かなりの足跡を残しており、帰綏道志にも帰化城の外小社行の一として記録されているが（註1）、最近では歴史的使命を終えて衰滅しつつある状態である。

靴舗の工房は、皮革そのものを製造するとともに、靴およびその部分品や、その他の皮革製品等の生産を行っている。仕事の上での分業は、大まかではあるがさい然と区分せられ、例えば靴底の裁断とその仕上げは、道光中においてすでにべつべつの人が受け持って流れ作業でやっていたのである（Q19）。工徒から老師傅に昇格すると、職人の身分となるわけであったが、道光二十二年の意和社行規によると（Q19）、職人に「做活人」すなわち靴舗に住み込んでいる常傭職人と、「外工」すなわち独立老師傅とがあり、外工も靴舗が必要とする期間だけ靴舗に雇傭されていたのであった。外工の方が高級な技術者であるから、身分的にも解放されていたのであって、靴舗に雇傭されていない期間はもちろんのこと、雇傭中でも靴舗以外から注文を受けて、その製造に従い手間賃をかせぐことは自由であった。做活人は外工になるために精進努力したわけで、生産要具を所有することにつとめたのであるから、プロレタリアートとしての自由からは遠かったが、それでも賃金をうけていた点では賃労働に近かったのである。外工は商業資本の支配を直接うけていない点で、small masters に向って解放されつつあったといえる。傚活人と外工は必らずしも同じ利害関係の下に立っていたとは限らないが、賃金を得ていた点で共通し、老師傅たる身分において同一であった。靴舗すなわち「舗家」に対しては、共同戦線を張って賃金と労働力との取引契約を有利にするために、意和社に結集して活動していたのであって、外工にとっては、舗家との間に結ばれた手間賃によって一般市民の注文に対する手間賃の相場も決定されたので、舗家との賃金契約が二重の意味で重要になっていた。しかしながら、一面からいうと独立職人は商品価格をつりあげる必要上、集義社と相許す点があった上に、自分で雇っている職人に対する賃金や労働條件を引下げるためにも、外工が傚活人より高い地位を要求することになったのであり、一部の独立職人は舗家と相たずさえて闇取引による個人的エゴイズムを発揮し、仲間を売ったりしたために、意和社の内部に微妙な空気が流れていたのである。

傚活人および外工はすべてギルド員すなわち「閤社人」（Q24）となっているが、ギルド員全部の人名を連ねた匾額もあって、その面子は十分立てられており（Q8）、「閤社公議」（Q4）も行われていて、形式的には会員の地位は認められていた。ギルドの役員は「値年会首」（Q31）とよばれているが、ギルド員全体が順次その地位につき、毎年交替してゆくのであって、平等な輪流を主旨としている。道光三年の記録には「閤社人」の中に「本年会首」と「未当者」の別が設けられているが（Q24）、これは会首がギルド員の中から順番で選ばれ、会首となっても依然としてギルド員である点に変りなく、また現在会首の地位についていない者は総て会首の候補者であって、その番がくるのを待機していたことを示しているのである。会首は社を代表して外部との折衝や事業の推進に当っているが（Q28）当番制による以上、適任者が会首の地位につくとは限らないから、ギルドの重要な事業には、別に「経理人」を配してこれには適任者を推挙し、経理人と会首が相談の上で運営するわけであって、しかも実際には経理人に委ねる形をとっていたのである（Q9 Q12 Q19 Q31）。

前項で記した皮革製品業公会規章（L18）の中に、工師（職人）の賃金規約および工師引抜きの禁止條項に違反した者があれば、靴舗側と工師側との連席の会を開いて、処罰について相談するという規定が見出されるが、賃金の問題は意和社にとっても最大の関心事であった。職人の賃金を公定することにして、これを労資の両ギルドが相談の上納得のいく線で協定してゆくという「行規」を定めたのは道光以来のことであるが、この行規もやはり両ギルドの賛成を得て定められた意和社の社会規範であった。それが制定される直前の状態は、賃金の不均衡によって労資ともに困っていたので「人心不齊」「苦楽不均」の現実を打破するために行規を設けたというのであるから、このような賃金統制をギルド間の協定によって打出すことが必要であったと同時に、それが破られ易かったことも推察できるのである（Q19）。商略による利潤を前提とする限り、適切な賃金の設定は技術的にみて困難である上に、価値法則が貫徹していないのであるから、賃金の協定は表面的な規律に止らざるを得ない。各店舗が必要に応じて闇取引的な高賃金を支払って工師を確保することは、事実上不可避であったし、闇賃金は優れた独立職人の場合に多かったが、彼らはギルドの行規にしばられていない第三者を顧客に持っていたから、その方面の需給状態が協定賃金に対する圧力となることも、さけ得ないところであった。なお今日伝えられているこの道光行規は、毛鞋（毛皮を内側に張った布鞋）と毡底（フエルト底）の工賃に関する協定であり、他の作業には別に行規があったと思われる。この内容をサンプルの意味で紹介してみると、毛鞋舗では做活人と外工とを問わずすべて日給制をとり、フエルト底または毛皮の裁断は一日十足分を責任額（ノルマ）とするが、責任額以上製作した場合はおのおの一足分について做活人なら一文半を、外工なら二文づつを、追加支給すると規定しているのである（Q19）。外工に対して做活人以上に支払っていた原因は、その技術に対する評価として説明することもできるが、優遇によって外工に高能率を発揮させたほうが、店舗の利益になった点を考慮してのことであろう。この行規はあくまで一例であって、賃金は種々な方法で支払われ得るし、また両ギルドがすべての作業にわたって協定を結ぶことは不可能であったと考えざるを得ないが、このような形の行規に成文化されなかった場合でも、事実上における賃金協定は必要に応じて随時結ばれていたのであって、意和社としては有利な協定をかちとるために、全力をあげて戦って来たのは当然である。

帰綏識略等によると、意和社は五月二十六・七・八日に西茶坊で賽社を行っているが（註2）、西茶坊廟との因縁はおそらくギルドが成立した時代に始まったのではないかと考えられる。西茶坊廟の一角には古くから祖師殿があったが、久しく修理が行われず、雨風でいたんでいたのを、道光三年に意和社が独力で修築を加え、これに帰依したのである（Q4）。その当時意和社が献納した楹帖などは今に残っているし（Q14）、同年の匾額もあるが、これには「玆我師」と題しているのであって、その頃から祖師信仰であったことを示している。祖師が孫臏であることは、現に殿内に残っている神像ならびに神位によって疑いなく、この神像については前記の道光碑にも記述がある。祭祀は「報ニ神恩一」ということを標榜して、その主旨によって行われ、ギルドをあげて「同心悦服」して盛事を助けたと記されている（Q4）。専属の廟を持ち三日間も賽社を催すことは、職人の経済力からいえば異常な熱意なしにはやれないことで、祖師につながる職人気質の純粋さもさることながら、これをかきたててゆくことによってギルドの統一を固めようとした意和社の努力も評価せねばならない。これは道光時代に限られたことではなく、興亡盛衰の歴史を辿りながら最近まで続いて来たのであり、意和社の事業としても重要な一つであったと信ぜられる。

慈善事業がギルドの信仰対象への支援に集中していたことは職人ギルドの通有性であるが、意和社も全力を西茶坊廟に注いできた。すなわち前記の祖師廟以外では、祖師廟と同じく西茶坊廟を構成している関帝廟（Q6　Q28）三官廟（Q3）白頭古仏廟（Q35）などに、共同主催者（主善）の一として、あるいは単なる支持者（助善）として、喜捨にはげんでいるが、その他では財神廟（G2）観音寺（X1）に特殊な関係から（註3）寄附を行っているくらいのものである。

祖師廟内の一棟の建物は、社房としてギルドの専用事務室となっており、炕などもあって、ギルド員（社人）の宿泊所を兼ねていた（Q31）。ただし今ではうちすてられていてほとんど廃屋に近い状態である。湛溪氏は社房はギルドの財産ではないといっている（註4）。ギルドには収入の源泉となる財産もなかった。所要の経費は均分を旨として、全会員が平等に均攤したということである。道光三年の祖師廟の建築には千文づつ出しあい、値年会首だけが多少色をつけて一千二百文出しているのは（Q4）、やはりこの原則に従ったものと理解される。均一の会費制度は組織とも関連して職人ギルドが民主主義的であったことを示すわけであるが、収入の多い独立職人の負担が相対的に軽くなっていたことも否定できない。

意和社の行規としては道光二十二年の工價規定が残っている（Q19）。制定の手続きにおいてはギルド員の同意を経ているのであり、その意見によって章程を定立し、公議によって意和社の公立行規となったことが記されている。したがって当時の状況にあわせて、輿論の反映もあったと思われる。集義社の同意を経ているが、主体となったのはもちろん意和社で、両ギルドの合立章程の形をとらず、意和社だけの単独の規約である。しかも規約に違反する者に対しては、それがギルド員であれば傚活人でも外工でもともに罰金一千文を課したのに対し、それが舗家（集義社所属）であれば三日間演劇の奉納をやらせて、その費用をもたせるという重課を強制した。商業資本側を職人ギルドの社会規範に服従させたわけであって、これが規定どおりに行われていたとは思われないが、老師傅といえども、ギルドの力によって舗家を処罰する権利をその掌中に収めていた点は注目すべきであろう。もっとも職人ギルドの社会規範が舗家によってうけ入れられたとすれば、その内容が舗家の利益にも合致したからである。行規の目的は人心を齊しくし、苦楽を均しくするにありといわれている。商略の下においては少数の舗家あるいは老師傅が闇取引的に結托して利益をむさぼり、全体に迷惑をかけることが多かったので、封建的な秩序の回復によって大多数の舗家および老師傅の立場を救おうとしたのが、この行規のねらいであった。したがって意和社はもとより、集義社の支援をもかち得る可能性があったと同時に、封建反動の逆コースを進んで自ら破滅につき進む危険性も高かったのである。なお行規の内容は工賃に関する特殊な規制で、通則ではない。

ギルドの団体性に関しては、店舗や個人とならんで事業の経理人となっているし（Q５）「我社等目覩心傷」（Q４）と記されているような人間的な情感をたたえているのであって、自然人に近い扱いになっていたことを附記しうるだけである（註５）。

註
1　帰綏道志巻廿二、帰化城外小社行。
2　帰綏識略巻十八、賽社。又帰綏道志巻廿二、同上。
3　観音寺に寄附したのは、その頃貧民の間で流行した観音信仰の関係によるものと思われ、財神廟内には集義社が奉祀している孫臏像があるので、やむを得なかったものと思われる。
4　渊溪氏は西茶坊廟の和尚であるから、廟の財産権を大切に考えるのは当然で、応答の際に意和社の社房に対する支配権を、実際以上に軽く答えているきらいがないとは保証できない。
5　「我社等」の等は具体的には粮行銭行などを指している（Q４）。

第三項　靴職人と西公議社

靴舗には皮革そのものを作る仕事と、その皮革を材料にして消費材を作る仕事とがあったのであるが、皮革製品業の中で最も重要な商品を作っていた製靴業については、皮革以外の材料を使用する場合が多く、製革業とは切り離して製靴業の分業をみる可能性が高かった。もっとも商業資本をもつ店舗としては、靴舗に商品をそろえておけばよいわけであり、その製作は各種の製靴職人に依嘱すればことが足りたのであるから、問題は職人側だけの分業に限られていたのである。職人としては製靴技術が発達し、特殊な専門的技能に分化してゆくにつれて、製革職人の範疇にはつつみきれない製靴職人が増加していったのであって、職人ギルドとしては意和社から西公議社が分れて独立することになった。

元来中国では布靴を作ることは家庭婦人のつとめであり、すべての婦人が家内仕事として製靴にいそしんでいたのである。布靴は軽作業で製作が容易なため、婦人子供の片手間仕事に適しているし、自分の好みを生かして作るので興味もあったから、婦人の手芸としては裁縫以上に要求されていた（註1）。したがって趣味的副業的な家内仕事が、注文または商品生産に従うことにより家庭工業に転じ易く、手工業の成立が困難であったが、靴底などの比較的面倒な仕事だけを受け持って部分品・半製品を販売したり、綿入れ・フェルト等を材料とする防寒靴を作ったり、皮革を利用して耐久性のあるものにしたり、刺繡を加え材料を選ぶ等、素人では手の届かない高級品を供給することになれば、手工業として成立する余地があったわけである。靴職人は特別な技術者でなければ、家内仕事に押されてしまうわけであるが、そのかわり特技さえあれば、中国人が靴に対して異常な関心をもっていただけに、十分商売になったのである。靴職人は靴舗に雇われたり、その下請をしたりするだけではなしに、独立職人として消費者に直結した仕事に従事したが、そのため「行商」として村や町を巡歴し、小さい仕事を見付けて歩くことになった。靴舗は独立職人に対抗するため地域性を強調したのであるが、靴職人は反対に超地域性を発揮することによって、広く消費者へのサービスにつとめた。靴は消耗が早くその需要は高かったのであるが、独立職人としてはサービスの一端として靴の修理にはげむことが、靴舗の盲点をつく意味でも必要であった。独立職人の中には修理を主とし、あるいは修理を専門にやっている者さえあったほどで、これによって広くかつ有利な市場を掌握することができた。修理という特殊な生産は、協業および大量生産にとって完全な死角をなしており、零細な需要が無数にしかも散在して存在し、一定の時間的な間隔をおけば繰返して注文がとれたので、巡歴職人にとって有利な條件が重なっていたわけである。

西茶坊廟の白道古仏殿にゆかりのある団体として、同治以来の記録を残している公議社は（Q25 Q26）、廟の住持の言によると、靴職人のギルドであって、この社会集団は今日も存続しているとのことである。その成立年代は意和社よりもはるかにおくれているのであって、意和社の因縁で西茶坊廟の一角に祖師廟を見付けてギルドを発足させたのは清朝末期であったと考えられる。すなわち光緒末の著作と考えられる帰綏道志には、「公義社」に「釘鞋匠」という説明を附し、外小社行の一としてあげているので、その前から公義社が活動していた事になるが（註2）、義と議は同音でもあり、相通じて用いられる場合が多いから、これを靴職人ギルドの記録と考えて差支えないと思う。ギルドの名称としては、民国六年に祖師廟の修築を行った際、これを「公議社」の事業としている記録もあるが（Q31）、靴職人ギルド自身が書き残した資料には「西公議社」（Q32 Q33）の名を用いている。したがって元来は帰綏道志にあるように公義社が正しい名称であったと思われるが、南茶坊廟に拠る製繩業者の公議社、あるいは南竜王廟による製紙業者の公義社と区別するために、祖師廟が帰化城の西端に位する西茶坊にあったところから、「西」の字を冠して呼ぶ習慣が生れ、民国以後は西公議社と自称するようになったものと思われる。

ギルド員は、「鋪戸人名」（Q26）「閤社人」（Q32）などと表わされているが、具体的に出てくるのは個人名が多く、鋪戸といっても「張鞋鋪」のような形の、単に屋号を称したというだけの独立職人に過ぎない。ギルド員の数は同治十二年には二百二十、民国二十二年には六十三となっており（Q26 Q35）、超地域的な団体であるために、加入や脱退にはギルドの実力を正直に反映して、かなり浮動性があったものと考えられる。ギルドの役員は正式には「値年会首」（Q32）「新旧値年会首」（Q35）とよばれていたのであって、その名称が示すように、一年の任期をもって交替する当番制度をとっていた。ギルドの意志を決定したり実施したりする際には、会首全体の「公同議定」に待ったわけで、闔社人はその結果の報告を受けるに止まった（Q28 Q32）。当番制をとっているために適任者が会首の地位につくとは限らないので、ギルド員に対する指導力において、あるいは会務担当の能力において、不十分な会首がその席を占めている場合もあったから、ギルドの重要事業には、別に実力と熱意のある者をあげて「経理人」とし、その事業に関する全権を委ねるか（Q25 Q26）、あるいは会首と同等の資格において（Q32）、議決および執行に当らせる方法をとっていたのである。要するに西公議社は、職人同志の間には直接的な支配隷属の関係がないので、共同体的な民主的社会集団となっていたが、それが確固たる機構とはなっていなかったから、ギルド員の離脱や役員の専制を防止し得るような民主主義体制ではなかったのである。

ギルドの目的は靴行集義社に対抗して靴職人全体の利益を擁護することにあったといわれている。ことに農村に広く進出し、都市においても帰化城に出てきた農民や、比較的貧しい市民の注文を把捉するために、集義社の行きかたとは異った、前述のような独自の営業方針を確立し、その線に沿って共同動作をとることが、ギルドの重要なねらいであった。靴舗との賃金闘争もギルドの使命であったが、その面では意和社に及ばなかったといわれている。もっとも、史料に現われた限りでは、表面的には宗教ギルドとしての性格のみが濃厚である。白頭古仏殿は西茶坊祖師廟の一耳房（建物の左右に耳のようにつけられた附属的な室）にすぎないが、公議社が単独でこれを使用し、またその維持の責任をになってきたのであって、同治十二年（Q25 Q26）民国六年（Q32）同二十二年（Q35）等に、独力で修築或は補修を行っている。白頭（白豆）古仏は「神靈顯応、庇佑羣生」であるために、ギルドによって祭られたのであるが、根本は靴匠の祖師であり、靴職人が白頭古仏の「弟子」であるため、ギルドの祭祀の対象となったわけである

（Q26）。祖師といっても公議社が独立していない時代は、意和社に属して孫臏をいただいていたはずであり（註3）、それが分化した後に白頭古仏をかつぎ出したのであるから、人為的作為的な関係で結ばれた新しい信仰対象にすぎないが、それでも祖師信仰に対する特別な純粋さによって、ギルドの結合が強化されたことも看過できない事実である。光緒二十四年には戯台（舞台）と鐘樓鼓楼山門を（Q28）、民国六年には戯台を（Q31）、それぞれ補修しているから、この時期までは演劇の奉納が行われていたわけで、貧しい職人の団結が、何ものかを強く求めていたことが推察できる。

註1　鞋の製作は主に自家用品・贈答品として作られるので、商品としては大した意味を持たない。この種の事情は中国人の家庭で生活した人なら誰でも知っているのであり、Lin Yu tan: Moment in peking などの文学作品にも現われている事実である。

2　帰綏道志巻廿二、帰化城外小社行。なお、ここには小ギルドの一として、公議社（麻縄）公議社（紙匠）西公議社（皮貨行）をあげて居る。

3　靴職人やそのギルドが孫臏を祭っていることは、北京の場合にみられるのであって（仁井田陞博士「中国の社会とギルド」頁一三二―四、二〇六―一五）、意和社から分離した後も孫臏をいただいていたほうが、むしろ自然だと考えられる。

第十三節　フエルトの製造・加工業と氈行氈毯社および忠義社

第一項　フエルト業と氈行氈毯社

中国ではフエルトを氈または氈毯と呼んでいる。帰綏の氈行は少くとも乾隆二十七年（C1）以前から存在していたギルドであって、ギルドマーチャントにも参加し、その部分ギルドから漸次独立の体裁を整えていったようである。毡毯社と改称したのはおそらく嘉慶十一年（Y6）頃のことだと思われ、その当時もやはりコレクティブギルドのメンバーとしての地位を認められているが、旧来の毡行と呼ぶ習慣もその後しばらく続いているのであって、嘉慶十九年（M2）頃に及んでおり、毡毯社一本になったのは道光以後に属するとみなすことができる。ギルドは宣統四年（M20）にも命脈を保っているが、国民革命以後は毡毯公会（G59）が表向きの団体名となった。事変後は毡業公会（P24）と称したのであるが、日本軍による獣毛統制政策は厳重になる一方で、その協力体制として毛織組合・巴盟毛製品製造統制組合・紡績製羢組合が順次つくられ、毡業も絨毯業や近代的な毛糸毛織物工場とともにこれに参加する運命におかれたのであった（L22 L23）。もっとも韓氏によるとこの間も毡毯社はそれなりに温存されていたよしで、毡房ではギルドと御用団体とを別々に分けて考えていたのである。大行におけるギルドの地位は嘉慶十七年（M1）以後も終始変らなかったが、一面からいうと余り発展がなかったわけで、B級以上に浮び上ることはできなかった（第一表）。公会または組合は市商会に所属しているが、その前後から営業は衰退の一路を辿り、今日では微々たる存在となって、廃業の一歩手前までおいつめられている実状である。

毡は粗悪な獣毛を固めて作った毛製品であり、敷物状となっているのであって、広さは疊の一疊分から十疊分ぐらいまで、厚さは二三分から一寸ぐらいまでが普通である。その材料としては羊毛または山羊毛が用いられるほか、牛毛及び駝毛を混用したり、ときにはこれを主材料に用いたりする場合もある。単にこうしたフェルトを製造するだけではなく、フェルトに加工した製品も作ったのであって、蒙古人の移動家屋（包）を始め、帽子・靴・敷物・寝具などが主なものであった。このほかフェルトおよびフェルト製品にはいろいろな品質形状および用途があったわけで、清代の記録にも粗悪な毡毯を達毡といい、駱駝の背に置いて積載荷物との摩擦を防ぐのに用いたものを駱駝屉と名付けたと記されている（註1）。天津の開港以前は獣毛が蒙古から盛に輸入され、しかもその用途が割合に少なかったので、原料が豊富で安価となり、毯業はかなり有利な地歩を占めていた。開港後は獣毛が輸出品となってブームと恐慌を交錯させた上に、清末以来輸出用絨毯の生産が開始されて、帰綏は中国でも著名な絨毯の産地となったので（註2）毯業と絨毯業は原料の入手と製品の販路において競争関係に置かれたわけである。第一次大戦による好況の後、世界恐慌に見舞われたので、民国二十三年に綏遠省政府は獣毛輸出の不振に対処するため省直営の毛織工廠（毛織工場）を作り（註3）、これと前後して、民営マニュファクチュアによる毛絲および毛織物工業が勃興して来たのである（註4）。以上のような内外における毛織物工業の圧力の下に、毯業の運命は一歩づつ追いつめられていったのであって、民国元年の外蒙独立で市場と原料において致命傷をうけ、民国以後に再三発生した内蒙古の冷害による羊の減少、天災人禍に基ずく綏遠の農村の疲弊など、悪材料ばかりが山積したのである。そのため毯房は毯の生産よりも獣毛の仲買を重視し、内外の毛織業者に対して獣毛を供給することに力を注ぎ、フェルト生産自体はほとんど往年の面影を見ることができないほど衰微してしまった。

毯房の生産機構は全く手工業的である。民国十年頃から「趙記工廠」などと工廠名を称するものができたが、それも独立職人が仕事場を大きくし、工人の数を増加して規模を量的に拡大し、マニュファクチュアの形をととのえたというわけのものであって、商業資本の毯房はかえって前記のように商業に転向してしまったほどである。現在は総て日本軍の発注によるもののみを扱っているのであるが、封建制と買弁性の結合を示す一例であって清代以来の毯房は注文生産を前提にしていたのである。もともと注文生産方式では、好況の際には注文が百パーセント殺到するのに対し、不況の時には職人を徒食させないために注文がなくても生産を続け、始めから滞貨となることがわかっている商品を、作らざるを得ないのであるから、職人の労働力を商品化することは考えられないわけである。毯房の生産は商略を助ける手段にすぎないから、「低劣な製品を作って専ら暴利をむさぼらんとする目的」（L23）を、常に持っていたと記されているように、価値以上に見せかける「偽瞞」が生産の目標となり、労働の生産性を高めることは考えられていなかった。こうした毡房の停滞性が、その衰退の原因であることはいうまでもない。

毡房は道路に面して商店風の施設を構え、ここに賬房をおいて経営に当らせた。商店施設といっても、店頭における卸小売も行わないではないが、顧客がまぎれ込んで来た場合に限られるのであって、店先に商品をならべて置くようなことはなく、注文主と相談する場所として、応接室を用意したと考えたほうがわかりが早いわけである。毡房は坐賈としての行きかたではなく、「行商」としての取引に重点を置いていた。坐賈の仕事場である生産施設（工房）は商店施設の奥に配置されていて、普通は数十メートル平方程度の広い庭と、長い建物とから成っている。倉庫を附設し、また傍門によって道路から直接車馬を乗入れることもできたのである。賬房を中心に清明節と仲秋節の前後に、原料の買付を行ったのであって、清明は綏遠平原の農村において、中秋は蒙古高原の牧畜地帯において、それぞれ羊毛が最も長く伸びており、これを過ぎると脱毛が始まるというその時期に当っていたのである。毡房は　餃七的」を羊の産地にそれぞれ出張させ、羊の剪毛を行ってこれを集貨した。餃毛的は毡房の保護の下にある「運商」（商品を輸送し乍ら販売又は収買に当る商人）又は夥計であって、フエルトの原料の有利な買付に従うとともに、製品の注文を募って歩くことに重点を置いていた。これとならんで毡房の盛衰を左右する上に、きわめて重要な役割を負わされていたのは「皮販子」であり、毡房の客分として特別な関係を結び、事実上外交員に等しい役割を引受けていたのであって、原料の集貨にも従事したが、どちらかといえば製品の販路の開拓に活躍した。運商たちは一応独立の経紀であるが、それぞれ契約関係のある毡房内に起居し、保護と援助を受けることもひとしおであると同時に、外部からは店員とみられるほど隷属の程度も大きかった。毡房は獣毛の取引に関する限りでは毛荘であったわけで、獣毛買付に関しては、蒙古貿易の諸業者が外蒙古と新疆を主な商圏としたのに反し、毡房は後套およびオルドスを含む内蒙市場を舞台にしていたのであって、余分の獣毛類の売却を依托したり、不足分の購入の斡旋を頼む関係から、皮毛店とも交渉が多かったのである。毡房は農村や放牧地帯における第一次産業の生産物（獣毛）を、直接あるいは客分の運商を通じて購入し、これを原料として第二次産業の生産物（フェルト）を製造した上、ふたたび農村及び放牧地帯に供給したのであって、毛荘との区別から考えても、フェルト製造が毡房の本質的な仕事であり、手工業として規定できるゆえんであるが、原料の供給者であり同時に製品の注文主である農牧業者の獲得が、営業の成績を決定したのであって、企業としては全く中世的商業に依存していた。その意味から行商はなるべく広い活動範囲を持ち、なるべく遠隔地との通商を展開することがのぞましかったわけであるが、それがどんなに拡大されたにしても、商品流通を促し近代化をすすめることとは、直接的な関係はなかった。

徒弟には工房に入って生産に従う工徒と、賬房に属して取引を見習う学徒とがあって、両者は最初から区別されている。十五ないし十七歳で徒弟となるが、特別な條件をそなえたものだけを採用するような習慣は、今ではなくなっている。徒弟の年期も不定であって、一応三年を基準にしているが、短縮または延長することもでき、きわめてゆとりのある考え方をとっている。年期の途中で解雇し、または辞職することも自由である。礼の制度などからみると、家族的な身分関係の擬制によって、家父長権の支配をうけることはなくなっているが、住み込みであるために、生活全般にわたって「家族的共同体」による制約を受け、商業資本の規律に従い、伝統的な生産方法または商習慣を身につけねばならないのであって、実質的には家父長権による権威主義の支配が残存して居る。給与としては食事のほかに小額の手当（現在は最初の年は年額百元、以後遞増して最高年額六百元程度まで昇給する）が支給される。休日制度を見ると、正月に約半カ月、節期毎に二三日づつの休暇が与えられ、月二回（一日十五日）の定休日もあって、新旧の習慣が併存しているわけである。普通の毡房には三名から五名程度の徒弟を置いていたということである。

職人としての身分を認定する「学満」（徒弟満期）とともに、一応従来の雇傭関係は消滅するが、店舗側が適任と認めた者は、老師傅（工師）または夥計（労金）として、毡房に再採用される。賃金は老師傅の場合には出来高払制によって計算し、夥計には固定給制度で支払う。身股は夥計の中の一部分の者に与えられるだけで、工房側は頂生意から全く除外されており、工頭でさえその権利を賦与されていない。経理は頂生意的であって、商業資本の一部を構成している。経理の選衡は財東の意嚮によってきまるわけで、欠員の補充の場合でも頂生意的の選挙によってその地位につくことはない。司賬の昇格が多いとはいえ、老師傅が選ばれる場合もあり、他の店舗から適当な人を抜擢して経理に迎えることも自由である。経理は名目上毡房を代表するだけではなく、実質的に経営全般について責任を持ち、工頭は工房における作業自体をうけもつだけで、企画はすべて経理が立てたのであった。

財東の中には有限責任の者もあるが、ほとんどは無限責任であって、後者が財東本来の姿であったということである。添股抽股倍股の條件は、有限責任の毡房では合同において規定しており、無限責任の店舗では、決算期に財東と経理とが相談の上、全員の意見が一致した場合に可能となった。出資者の共同体が個々の出資者より優越していたのが、本来の構造であろう。決算は三年ごとに行い、「合同」の規定に従って純益の配分をすませた後、次の三カ年に関する契約の内容を定めた。利益配当は無限責任の場合には身股財股を通算して、持株の大小に応じた按分比例を行い、有限責任の場合には最初に純益の総額を財東と頂生意的の間で折半または六（財）四（身）に分けて、そのおのおのを各人が所有する財股または身股の分厘に応じて按分する方法を採用している。公積金を置かない店舗も多いが、置いている場合には有限責任の店舗ならば合同に規定している比率（一割二割など）に従い、無限責任の店舗ならば身・財股所有者の合議に待ち、ともにその収支の一切を万金賬に記帳する。次期の契約で重要な問題は身股の改正であるが、経理の身股は財東の相談で決定できるし、夥計の分は経理の推薦通り財東によって認められる習慣であった。なお以上の財股に関する制度の異同を通じて、無限責任制が「老法子」であり、有限責任が近年始まったものであることを、聴取の際にくりかえしくりかえし解説されたことを、重ねて附言しておく。

社会集団形成の基盤を考えて見ると、毡行は「毡房」のギルドであって同業性を基礎とすることは明らかであるが、徴視的には営業の重点の置き方によってフェルト製造業とフェルト加工業に区分することができ、その中でさらに加工製品の種類による区別も行われている。また帽舗と称している数軒の店舗が毡行に加入している（G28）といった調子であるから、毡房と他業との限界が必ずしも明確でないことは事実であり、毛荘との区別にしても同様である。なお、近来の同業組合には毡房が参加しただけではなくて、広く毛糸毛織物業者を含み、かつその組合員全体が組合に加入していない満蒙毛織会社（実質的には日本商社で、帰綏では省政府が立てていた毛織工場をも管理し運転した）の支配を受けていたので、毡房としては、毡毯社を組合と切離して考え、従来通りのギルド体制を存続させた次第である。また工房と工廠では構造に開きがあり、工廠が近代的企業を目指すものである以上、同業の範囲は問題をはらんでいるが、この点は商業資本を結合するという線で整理され、毡毯社として貫かれている。したがってギルドの同業性には便宜的な條件が多く、商業資本による結合だけが客観性をもつということになろう。毡毯社が毡房を経営している財東頂生意的の共同体のギルドであり、実質的には賬房のギルドとなるゆえんであるが、そのために工房の立場を代表することは不可能となって、ここに経理を代表者とする商業資本家に対し、職人層が別箇の組織を持つことになる。毡毯社と忠義社の分立は階層の差異に基くのである。

ギルド員の同郷関係は漠然たるもので、せいぜい広義の山西系ということができる程度であり、それも積極的な意味をもっているわけではない。応答にあたられた韓氏（山西省左雲県出身）によれば、毡房は皆山西人であったが、それも省内の各県にまたがっていて、特定の府県に集中するような現象はなく、かつその過半は今では原籍をすてて帰綏県籍を称している。ただし毛絲毛織業者の中には河北人が多いので、組合員を分類すれば綏遠省五割、山西省三割、河北省二割となるのであって、これがギルドと組合が一本にならない一つの理由だとのことである（註5）。

宗教関係でいえば、毡毯社は仏教宗団であるが、会員個々の信仰は同一とはいえず、毡房と毡行が必ずしも信仰態度をひとしくするわけではなく、また賬房と工房とでもその立場を異にする（後述）。毛糸毛織業にはキリスト教徒が多く、これは教会の指導によって斯業が発達したためである。

毡行に参加した者が、単に帰化城または帰綏の同業者だけではなく、帰綏県にも限定されなかった点は異とすべきであろう。道光二十年のギルド員は、本城毡房および帽舗など二十三店舗、四郷毡房七店舗、後山毡房十六店舗に大別して示されているのであって、帰化城・四郷・後山の三段階になっていることがわかる。旧城が一つのグループであり、都市の同業者の集りである。これを囲んで帰化庁（県）の東西南北の四郷に散在する毡房が第二のグループに含まれ、県城を除く県下郷村の同業者全体を結合するわけである。さらに帰綏県を北に越えて行くと、後山すなわち陰山山脈（大青山山脈）以北の広大な内蒙古高原に出るのであって、この地方一帯の毡房が第三のグループを形成している。この三つのグループは、大体において帰化城を中心とする同心円をえがいて重なりあっていることが注目されるのであって、各段階はそれぞれ市場としての重なりあいを意味するものと思われる。包頭の毡房のギルドである「絨毛社」も、包頭市内の毡房のほかに後山毡房、孟県（山西）毡房を包括しており、それ等が単一のギルドに結集したのは、絨毛の採毛や買付および販売における利害の一致に基ずくものといわれている（註6）。多くのギルドが都市の同業者だけを結集し、その結合を高めるために郷村の同業者を商売仇としてむしろ仇敵視している中にあって、毡房のギルドだけは都市・郷村・後背地それぞれの特性を尊重しながら、その間の協力関係を重視してきたわけである。その理由は隷農制下における市場の拡大に求めらるべきものであって、フエルトのような民衆の必需品が農牧地帯の原料ならびに購買力に依存する手工業によって加工され生産されるためには、生産が郷村の仕事場で行われ、畜産物とフエルトとのバーター取引が盛になってくる必要があるわけであって、都市の毡房や工房も取引の重要な部分を原料生産地において成立させるために、郷村の手工業と連絡を持たないわけにいかず、一方郷村手工業もその製品を蒙古に輸出したり、北京山西などの消費者と結びつくためには、都市のギルドにわたりをつけないわけにはゆかない。もしもそうした協調を欠くならば、四郷や後背地で羊毛等を買入れたり、フエルトを内外に供給する仕事は、すべて帰化城の仲買店や仲買卸商・貿易商などの掌中に渡り、毡房は下請工場に転落せざるを得ないのであるから、毡房の特殊な営業内容を維持するためには、都市の枠を越えて、同業を広く結集する以外に道がなかったはずである。また単に奥地での需給のみを問題にすれば、行商は総て同じ條件におかれていたわけであるから、毡房の客分となっていた行商の活動が、市場全体を統括するギルドの成立をうながし、毡房をそうした形にまとめあげることによって採買した商品の確実な取引人をつかまえておく事が望ましかったわけである。毡毯社が濃淡の別を考えながら、しかも商圏内の全同業を包括する体制をとっていたことは、組合にまで影響を及ぼしているのであって、帰綏における毡業以外の組合が皆「厚和市某業組合(公会)」を称している中にあって、この組合だけが「巴盟毛製品製造組合」と唱え、その章程の中に綏遠省（巴盟）内全体の同業者を、会員としていることを述べているのである（L22）。

毡毯社の組織については、資料不足のためにほとんどわからない。ギルド員は、韓氏によれば七軒であったというが、これは事変前の毡業公会員の数と一致する（註7）。また民国以前の会員数はかなり多数に上るが、一経営の平均規模は小であったといわれている。会首は「社首」（N12）ともいわれているが、公式には総領（G28）と称している。定員は二名で、任期を一年とし、大経営の輪流によったよしであるが、第二十二表では定員が多分二名であったと推

第二十二表　毡毯社の会首

年代	職名	会首名	資料
道光10	十二社郷総	興盛義　永興義　昌興徳	M 6
11	十二社郷総	天泰和　天興合　徳泰玉	M 6
20	総領	万新成　広聚長	G 28
29		長盛徳　復盛永	K 1
咸豊3		永興恒　慶興泰	J 1
光緒6		乾元成　元興成	J 2
不詳	社長	戴祥芝	G 62
民国32	組合長	曾金山（徳義成　経理）	
33	組合長	韓　泌（允和成　司賬）	

付記　組合長は組合からの報告による。

定されるだけで、それも決定的にはいえない。しかし帰綏道志には正月一日をもって総領の交代が行われたことが記されているから、韓氏の応答で清末の状況を推察することは許されてよいだろう（註9）。会首は内外の事務に当り、外に対して、ギルドを代表している（N12）。なお毡行から出しているギルドマーチャントの会首は郷総とよばれ、道光十一年までは三名、その後は二名となっている（第二十二表）。組合についていえば、事変前における毛織物工業は、毡業のほかに、絨毯六・毛布六・毛衣二を数え（註8）、事変後新規開業が続出したので約四十軒に達したが、やがて日本軍の統制をうけたために、その大半が停業したという。正副組合長・委員二・監事一を「公推」の形をとって推薦したので、実際には大経営輪流による大資本専制となっている。それが組合章程（Ｌ22）および運営説明書（Ｌ23）に記す民主的選挙法の実体なのである。規約によると、会員総会を尊重して組合の基本線は総会が決定し、その執行だけを役員会に委ねることになっている。

韓氏によれば、原料の買入価格と製品の販売価格を協定して、利潤の確保につとめることがギルドの事業の主眼点であったということである。同業者の関心に従い、優良な獣毛を多量に買い付けてこれを天津毛荘などになるべく高く売却することと、実質はとにかく表面だけはりっぱに見える見かけ倒しのフェルトを作り、あるいは工賃を低くすること等によってフェルト生産費を安くすることに、ギルドの努力が注がれたのである。ギルドの強制力によって商業資本の歩調をそろえ、毡房共通の利益に関して協調すると称して、消費者や一般従業員の犠牲を強い、不当利得をかせぐことが、社会集団のねらいであったわけである。その点は組合章程（Ｌ22）および運営説明書（Ｌ23）に、原料の共同購入・購入資金の共同借入（銀行より）・市民の欲望および時代の要求に適合した商品の製造・原価計算による適正価格での販売をうたっていることからもよみとれるのであって、商略および偽瞞の放棄をもって、組合の目的であり事業だとしているのは、少くともこの規約が生れる頃までの毡房の実状とギルドの態度を物語っていることになろう。又その伝統をついでいる組合にしても、この規約は語るに落ちた資料を提供しているわけである。

毡行が官民の連絡機関となり、会員の親睦機関となった点も、ギルドの重要な機能であったといわれている。集団的利己主義の一環としてその必要性は十分認められるが、特にあげるほどの事例を記録上見出すことはできない。説明書および章程にも、同様の項目をかかげているが、買弁化を正当ずけるだけのことで、上意（官憲の方針）下達が期待されていたにすぎない。このほかギルドの事業として重要なものに祭祀がある。聽取によれば、ギルドの祭神は毡毯古仏で、民国初年までは六月六日に賽社を催してきたのであるが、韓氏はその場所を失念したという。現在帰化城内で毡毯古仏の神像が置かれているのは財神廟であるが、道光十一年当時すでに毡毯社は財神廟の支持団体であって、財神殿において賽社を行い、その際は殿の東西両廊（廂房）をギルドの臨時社房にあてている（G４）。帰綏識略等にも毡毯社が六月五・六・七日に財神廟で祭を行ったことが記されている（註11）。その点包頭の羢毛社が包頭の財神廟において六月六日を中心に前後五日間、祭祀を行ったというのとも符合しているのである（註10）。毡毯古仏が祖師として祭られたのか、あるいは財神として祭られたのかは不明だと言わねばならない。ただ帰綏毡行が財神廟に対して、咸豊（G34）同治（G41）光緒（G44　G45　G48　G53）民国（G59）を通じて修築などを助けているが、各回ともその責任者とならず、単に「助善」としてごく僅かな寄附を行うだけでお茶をにごしているところを見ると、祖師とは考えていなかった公算のほうが高いわけである。

ギルドの慈善事業は、寺廟に関するもの以外は明らかでないが、寺廟の場合は商人根性が現れている。対象となったのは前記の財神廟のほか、十王廟内火神廟（P５　P７　P12　P18　P24）同じく城隍廟（P８）、玉皇閣（C１　C９　C57）南茶坊瘟神祠（E12　E20　E26　E29）城隍廟（M１　M２）西茶坊三官廟（Q３）同じく関帝廟（Q６）、観音寺（X１）北茶坊関帝廟（N12）小東街関帝廟（B24）新城関帝廟（V１）西竜王廟（Y６）などで、広く浅くというところであるが、このうち金もうけの神が大半を占め、病気や死への恐怖が残余の動機を占めている。右のうち火神廟に対しては、助善となったり経理の一人となったりであるが、経理の場合も全く名目だけで、実質上助善と異るところはない。その他はすべて助善としての寄附であるが、寄附額は全く僅少で吝嗇と評することができるし、また大行に対する面子上やむなく支出した場合も少くない。

ギルドには専用の公所がなかったので、会首を出した毡房の一部で事務をとり、専任の職員も設けず、会員の中から輪流で事務に奉仕させたといわれている。財神廟内の社房の使用権も、単に祭祀の時に使用し得るだけで、他の諸社と共同して管理することになっていたから（G4）、常時の弁公所として利用することは不可能であった。組合となってからの事務所および事務員の組織も、ギルドの時代と同じである（L23）。財政的にも確立しておらず、ギルドにとって必要な支出は一応会首がたてかえて支払っておくわけで、そのうち巨額のものは直ちにギルド会員に割りあてて徴集するが、零細なものや中途半端な金銭は、年末に清算して次の会首にひきついだ。ギルド員には、各舗の営業成績に応じて、按分比例により、「攤派」式に負担させたよしである。組合になってからは、章程（L22）運営説明書（L23）によると、予算制をとり、前年度の営業成績によって会員を数等に分ち、各級ごとに差額を設けて、毎月会費を徴集する制度になっているが、韓氏の応答によると、実際上はギルド以来の方法がなお襲用され、会員を甲乙丙丁の四種として、各種別にその負担比率を定め、攤派によって決算をつける制度が行われてきたということである。

乾隆四十五年に三賢廟の修築が行われた際、この事業の経理人となった六十一名の中に、毡行の名を見出すことができる。六十一名のうち最も多いのは屋号であり、個人がこれに次ぎ、毡行は他の三つのギルドとともに経理人の一人となっているわけである（A2）。また嘉慶十五年の匾額には、屋号五十の間にまじって毡毯社の名が見出される（M10）。火神廟修築の経理人となったのは毡毯社だけではないが（P5　P7）、行為の主体となることができる点においては、ギルドも店舗も自然人と異なるところがなかったわけである。

註1　帰綏識略巻卅五、物部、土産、貨属、氈。

2　Tientsin Carpet Industry (Nankai University Committee on social and economic research, Industrial Series(2))
平野義太郎編訳「支那の民族産業」頁二四一。又綏遠通志（註8参照）にもほぼ同様の記述がある。

3　綏遠通志巻一〇八商業序。

4　手工業による毛織物業が従来絶無であったわけではなく、牛毛毯という牛毛を材料とする織物が作られ、穀類を入れる袋とされていた。ただそれは全く粗悪なもので、羊毛または駝毛による近代的毛織物業とは何の関係もない（帰綏識略巻卅五、貨属、毛毯。また註8参照）。

5　蒙疆銀行調査部の「蒙疆に於ける華人商工業資本」によれば、一九三九年現在で帰綏の毡業は晋北が三軒、山西が二軒となっている。本書の内容はほとんど信頼し難いが附記しておく。

6　小川久男「包頭における皮毛店皮荘」四（満鉄調査月報昭和十六年十二月号。十七年一月満鉄調査研究資料として別册単行本となる）。頁五二一――七。

7　綏遠通志一〇八商業一、帰綏県。ただしその最後にあげられた商会調査の毡業公会員数による。同書同上の毛織品業の項には五軒となっているが、これはとらない。

8　綏遠通志一〇八商業一、帰綏県、毛織品業。

9　帰綏道志巻廿二、帰化城十五社総領毎年交換日期、毡毯社。

10　小川久男前掲、頁五七。

11　帰綏識略巻十八賽社。又帰綏道志巻廿二同上。

第二項　フェルト職人ギルドと忠義社

忠義社が毡房の工人によって組織された職人ギルドであることは、韓氏の応答によって明らかであるが、帰綏識略にも忠義社が五月四・五・六日に十王廟で旃檀古仏を祭ったことについて記述している（註1）。その他の歴史的記録としては、道光二十四年に十王廟内の火神廟に一千文の寄附を行った事実を見出し得るから、少くとも阿片戦争以前からギルドの活動が始まっていることは疑いない（P12）。なお包頭の毡房工人は「忠義公社」と称しているが（註2）、単に名称が類似しているというだけではなく、互になんらかの交渉または連絡があったものと考えられる。旃檀古仏は毡毯古仏と同じものであるが、忠義社が同じ信仰対象をもちながら、毡毯社とは廟を異にしていることは、信仰内容に相異するところがあったためであろう。「忠義」社と称していた点から考えてみても、祖師信仰を忠実に守っていた仲間同志の団体であることは、動かないところだと思われる。

註１　帰綏識略巻十八賽社、なお帰綏道志巻廿二では旃壇古仏の「古」が脱落している。
２　安斉庫治「包頭に於ける絨毯業」（満鉄調査月報昭和十四年五月号）頁七六。

第十四節　鍛治鋳物業とそのギルド

第一項　鍛冶鑄物屋と金炉社・金炉鉄社・金炉銅社・公義刀剪社

鍛冶屋はこの地方に農民が定住するようになると同時に営業を始めたと思われるが、後世の記録によると、彼らが金炉社を組織したのは雍正十年だということになっている（Ｅ２　Ｅ31）。金炉社が雍正十年祖師廟に（Ｅ36）、雍正十三年社房に（Ｅ38）、それぞれギルドの名をもって掲げた匾額は今なお残っているが、雍正十年は祖師廟が建設された年であり（Ｅ２）、匾額もその記念のものであって、必ずしもギルドの成立年代を現すわけではない。康熙に遡ることができるとは保証しないが、ともかく帰化城で最も古いギルドの一つであり、ギルドマーチャントとは無関係に成長していった手工業ギルドであることは間違いない。乾隆年間にも盛に活動しており、嘉慶（Ｅ47　Ｅ21）を経て道光二年に到るまで、金炉社一本で煆冶鋳物業者を広く包括していたのであったが、主流は「鉄炉」が占めていた。「銅炉」が金炉社を脱退して独自のギルドを組織したのは、道光二年から六年の間のことであり（Ｅ72）、同じ頃に刄物煆冶も分離して公義刀剪社を組織している（Ｅ128）。両団体が独立したのちも、金炉社は残余の鍛鋳業者によって維持されたのであるが、名称の上では金炉銅社と区別するために金炉鉄社と呼ぶ習慣が始まっているのであって、道光十年

（E77）頃からは、金炉社と金炉鉄社とが相なかばして用いられているのである（註1）。金炉鉄社と金炉銅社とは、分裂後においても友誼的な関係を失わず、共同動作をとった例が極めて多い（E72 E77 E128 E33 X1）。民国になってからも両者の提携は続いているが（E121）、事変後の一九四一年には同業公会として一本にまとまって煆業公会となり、一九四三年には軽工業組合をなのって煆冶鋳物業組合と改称した。この場合にも、鉄炉のほかに、当時一経営だけになっていた銅炉が欣然参加している。公会または組合というのも、うわべの形式を整えただけで、内容はギルドであるというのが実状に近く、その上に金炉鉄社金炉銅社も解散したわけではないようである。本節においては叙述を簡単にするために、銅炉等が脱退する以前の段階における初期ギルドを金炉社と称し、分裂後の金炉社および金炉銅社をそれぞれ鉄社および銅社とよび、煆業公会および煆冶鋳物業組合を公会および組合と略称することにするが、これは全く説明の便宜にいずるものであって、原史料に現れた記述を右の標準に従って統一的にあらわしただけであることを、あらかじめことわっておきたい。

金炉社の「金」は、金属の意味であるが、「五金」と同義語に用いられ、金銀銅鉄錫を包括した意味に用いている場合が多い。「炉」は、辞海に盛火之器と説明しているが、華北では石炭などを燃料とする高熱の発生装置をすべて「炉」と呼んでおり、その中には「フイゴ」も反射炉も含まれている。鍛冶鋳物業といっても、扱う材料に五金を含むから、各金属の性質あるいは用途に従って生産の技法を異にする上に、鋼鉄をきたえる鍛冶と、軟鉄などで鋳物を作るのとでは大分方向が違うので、炉の専門に従って事業内容に分化を来すことはさけ得ないわけである。道光二年即ち金炉社分裂の直前には、ギルド内に以下のような多くの業種が包括され、それぞれ部分ギルドをなしていたのである（E71）。

(1)　大小炉、三十三経営。鉄煆冶であって、犁元（そり）鋤板（くわ）水車（畜力利用の水汲器）杓子（しやく）

鐽子（除草用くわ）鉄鍬（角形のすき）等の農業用の生産要具をおもに作っていた。
(2) 生鉄行、六経営。鉄鋳物業者で、その製品には炉ロ・炉面・炉條・鉄ト・鏵鍋・洋炉子・炉盤などの家庭日用品が多かった。
(3) 刀剪行、二経営。双物鍛治であって、切刀・草刀・鎌刀などを作った。これより前、乾隆三十二年には右街刀舗が（E11）、嘉慶十七年には復興刀舗が（E21）、いずれも金炉社に加入しているが、肉を処理するナイフは蒙古人からの需要が高かった。
(4) 錫銑行、八経営。錫およびその合金によって鋳物を造るものである。
(5) 釘鍛行、十経営。釘および鍛（針）などの製造に当るものである。
(6) 銀炉行、四経営。銀または稀には金をもって馬蹄銀型の地金貨幣を鋳造するものである。貿易業との関連から銀貨を鋳造することは都市の大きさに比して盛であり、嘉慶十七年に四達銀号その他の銀号が、金炉社に在籍している（E21）。のちに金融業者になった者が多い（第六章第一節）。
(7) 銅炉行、六経営。水壺・銅杓・銅盤・瓢子その他、銅の鍛治および鋳物による家庭用品を製作しているのであって、金炉社内でも重きをなしており、たとえば嘉慶十七年には銅炉が祖師廟修築の経理となっている（E21）。のちには銭舗の注文をうけて私銭（砂銭小銭）の鋳造に従った。

鍛治鋳物業は農民を主な顧客とし、製品の販路はもとより、原料の供給でも農民の廃鉄・廃銅を直接回収し、または製品とバーターで交換する等、お互に強く結ばれていた。帰綏市内では鉄舗・錫舗・銅舗等の金属商人が鉄炉などに対して所要の原料を供給し同時に製品を買上げているのであって、金炉行にとっては農民に次ぐ「客人」である。もっとも鉄舗等の商品も最終的には農民を主な消費者とし、またそこから廃材を集めているのであるから、結局は農民との取引になるわけである。銀炉銅炉についていえることだが、鋳貨業者から仕事をもらっているうちに、これに隷属したりあるいは彼等自身が金属商人や金融業者に変質してしまう場合が多かったことは、「手工業」者が実は商人である以上さけることができない運命であろう。なお帰綏の官庁方面や一般市民は、生鉄行にとっては需給の両面でつながりを持っていたけれども、生鉄行以外との関係は大して密でなかった。その意味で鍛冶鋳物業が終始農民に近い産業部門であったと考えることは、十分理由があるように思われる。

このように隷属的で農村的な手工業経営においては、商業資本もまた身股と財股に分化しておらず、財東がないので仕事場の所有者が自己資本で一切を賄ってゆくほかなかったわけである。もっとも銀炉銅炉の中には専東の出資を仰いでいる経営を見出すことができるのであって、そこでは経理に身股を与えているから、分化の可能性もあったわけであるが、金炉社全体からいえば例外として取扱うほかないのである。舗長は自ら仕事場に出て直接生産に従事するのであり、当人の技術と指導力は大切だといわれている。商業や金融方面の仕事は、生産の大半が廃材との交換で注文を引受けている関係上、原料買入や製品販売等は割合に簡単で、経営上の問題ではあまり骨が折れない。職人の数も少く、現在八人以上の老師傅を雇傭している炉は見当らない。老師傅には、食事のほかに月額固定給百元ないし三百元を支払っているが、身股はない。雇傭期間は新年・端午・仲秋の三節を区切りとする四カ月づつを一応の基準とし、節期がくれば舗長側の都合で退職させたり、あるいは職人が自発的に辞職することは自由とされているが、そうした申出がない以上、自動的に次の節期までの再契約が結ばれたことになる。一旦契約が成立した以上、節期の中間において舗長の都合で契約内容を変更したり、あるいは解約したりすることは許されないと同時に、老師傅側においても同様に違約解約ができないことになっていた。この規矩は極めて厳重で、今日もなお確実に守られているということである。徒弟には絶対服従による技術習得だけが要求されていた。舗長の知友の紹介があればよいのであって舗保を必要とせず、また同郷関係による制約もない。入門の際は祖師と舗長に叩頭するが、徒弟満期のときには儀式めいたものは行われていない。舗長の喪に服するようなことはないが、生活全般について舗長の家父長的な監督指導に服している点では、家族制度の擬制もある程度行われているとみなければならない。年期は三年で厳重に守られ、中途で離店することは絶対に禁じられている。休日としては新年に廿日間、節期ごとに三日間づつ休業があるので、これを利用することができる。給与としては衣食の支給をうける以外は小遣錢（年額二百元前後）をもらう程度のことである。今日では一経営に一二人の徒弟を置いているのが普通である。

社会集団の基礎構造はかなり複雑である。同業という点では、第一に煆冶鋳物業として一つのギルドに結合されるような事情にあるのか、それとも前述の七行がそれぞれ別個の同業として、個別化されたギルドを組織しようとするのかは、ともに可能性を含んでいる。さらに重要な点は、舗長と職人とが互に同業としての意識を分ちあっているのか、それとも仇同志として対抗し、別々のギルドを組織しようとするのかが問題である。この二点については、封建経済の安定期には統一の可能性が強く、その崩壊化が進むにつれて内部的矛盾が激化し、分裂の可能性が高まったものと考えられる。同郷関係では、鉄炉等はいずれも河北・山西・綏遠等を含んでいるとはいえ、どちらかといえば河北帮に近かったのに反し、銅炉は代帮（山西省代県）銀炉は祁太帮（山西省祁県および太谷）であった。そのために金炉社としてまとまっている間はその差異が問題にならなかったのに、部分ギルドを意識的に強化する必要性が高まって来ると、銅炉などが同郷性をダシにして個別的なギルドを組織するようになった。この二行が特殊な同郷的結合を示したのは、貨幣鋳造について山西省の金融業資本と結びつく必要上から生れたのであり、旧来の金炉社から分離する理由として、同郷性を持出すことは対内的に効果があったわけである。宗教的には、祖師信仰に結合されているのであって、祭祀の故に全同業がギルドに加入していると報告されている。老子の弟子として行動することが総合的な、あるいは個別的なギルド結合を助けたことは疑いないが、ここでも単一の団体で祭祀を行うことも、それぞれのギルドが個別的に祭祀を行うこともできたのであるから、第一義的な意味は持っていなかったわけである。地縁的な限界でいえば、鉄炉等は新旧城および附廓区域に分散しているのに対し、銅炉等は旧城のみに開かれている。しかもギルドはいずれも旧城内の同業者に限ってギルド員となる資格を与えており、同業公会になってからも、新城や車站（停車場附近の新市街）の鉄炉等の公会加入を事実問題として認めていないのである。この地域的な限定は、農村手工業との間に一線を引くための工作であるが、都市を個別的に考え、隣接の綏遠城でも同じ地縁につながるものとは考えていなかった点も留意すべきである。いずれにしてもこうした諸條件がからみ合って、ギルドの離合集散が展開されたのであるが、それは舗長がどの範囲の仲間を語らって集団的利己主義を追求するときに最も有利になるかという、利害打算から割り出されているのである。社会紐帯はどの條件にしても相対的な根拠を提供し得たに止まるが、ただ職人との対立抗争だけは変らない対決を要求してやまなかったのである。

ギルドの組織を見ると、分裂前と分裂後とでは様相を異にしている。金炉社は前記七行を傘下におさめていたが、その各行は金炉社内の団体ではあるが、独自の立場で行為の主体たり得るギルド内のギルドすなわち「部分ギルド」と規定できるのであって、たとえば乾隆三十二年に錫行・定緻行（釘鐵行と同音）は金炉社の募化に応じて布施を行っているのである（E11）。金炉社は各行の区別を越えた全体の組織であって、鉄炉も経営ごとにギルド員として金炉社に加入しているわけである。部分ギルドとの関係からいえばその上部組織となっているが、部分ギルドによびかける時でも、互に対等に話しあい、独自の行為を行っている限りでは、社会集団として平等な立場にあったのである。分裂の後はこうした二重の結社関係を一応清算し、下部組織が別別の独立したギルドとなったので、各店舗や職人の上にギルドと部分ギルドとがかぶさることはなくなった。金炉社は最初は単純なギルドであったものが、のちに部分ギルドを生じて複合ギルドに改組され、三転して個別的な単純ギルドに分解していったのであるが、これは熟皮行の場合や大行の発展と共通する現象であって、商業資本の矛盾が展開してゆく姿といい得るであろう。

金炉社のギルド員は衆姓（E2 E18）とよばれ、鉄社および銅社の衆（E32）も同様である。舗長や職人などの個人が会員となっているが、これは資本の未成熟を反映するものである。複合ギルドの段階においても、ギルド員が部分ギルドごとに区分して示されることはあっても（E71）、部分ギルド自体に会員資格が与えられたことを示す実例はなく、舗長が会員と認められてきた点に変りはなかったのである。会員数は乾隆二十二年には約百五十（E2）、同廿七年には百四十（E10）、同五十一年には二百七十（E18）、嘉慶十七年には四百二十（E21）に達し、その中に屋号名と個人名とを含んでいるのであって、分裂後の場合も同様である（E31等）。屋号は具体的には舗長を表わすのであるが、表面的には店舗（鉄炉など）を示す言葉である。形式的には階層による対立をのり超えて、いずれも会員となっているが、大体において経営ごとにひとまとめにして掲示されている。また個人名は老師傅を指すのであって、大体において経営ごとにひとまとめにして掲示されている。また個人名は老師傅を指すのであって、喬氏によれば、実際は店舗が単位であり、職人は単に「面子」をたててもらったにすぎないということである。だが名目だけにしろ職人の加入を許しているのは手工業の分解が進んでいないことを示すものである。ギルド総会すなわち「閤社公議」は分裂前にも（E18）分裂後にも（E32）開かれているが、総会が開かれた実例を見ると、いつでも新しい経費の分担を強制する手段として使われているのであって、これからみても職人のギルド加入は彼等をギルドの方針に服従させる手段であったと言うことができる。したがって面子を立てる必要がなければ屋号だけをあげて職人名を全く省いたギルド員名簿を、公けにすることにもなるわけである（E71等）。

金炉社の会首は雍正以来ギルドの代表者となっているが（E38）、乾隆廿二年には廿四名（E2）嘉慶十七年には卅五名からなり、その全部が屋号であらわされている（E21）。会首数が多いのは傘下の部分ギルドから代表者を集める必要があったからで、部分ギルドの会首を網羅したものが金炉社会首となっていたと想像される。しかも部分ギルドの代表者は舗長に限って選ばれたので、金炉社会首からも職人をしめ出すことになってしまった。それが分裂後の鉄行等になると、舗長専制を一歩すすめて大経営専制に向う傾向を示したのである。喬氏によると、各行には大会首と小会首とがあり、それぞれ大経営と小経営を代表していたのであるが、職人は代表者を小会首に送ることさえできなかったのである。たとえば鉄社では六軒の大経営から正副二名の大会首を輪流で推し、約四十軒の小経営から四名の小会首を輪流で出したが、何百という老師傅からは一人の会首を出す道さえ開かれていなかった。しかも厳密にいえば正副会首だけが会首であって、実際にギルドの指導権を握っており、小会首の実体は使い走りの補助員で、雇員代りに会務の執行に追い使われ、正副会首の命令を実行するという意味で、会首の分身すなわち小会首とよばれていたわけであった。任期はいずれも一年で、それぞれの枠内における輪流は公平に行われていたという。銅社でもほぼ同様な組織になっており、大小会首がおのおの一名で、大会首は大銅炉の、小会首は小銅炉の輪流によって選ばれたのである。要するに会首制度は大経営の寡頭専制体制になっているのであって、小会首制を設け小経営を平会員に加えることによって専制支配に協力させるという巧妙なシステムが樹立されていたわけである。同業公会には鉄社の正副会首がそのまま持込まれ、小会首は公会や組合の書記・職員として引継がれたので、専制体制は公会・組合にうけつがれているわけである。以上は喬氏の応答を整理したものであるが、その実際の効用はともかくとして、こうした制度が歴史的に遡って、いつ頃から行われていたかを調べてみると、同治八九年には会首は四・五名であり、大小会首の区別も明らかでないが（E31　E32）、個人はなく屋号ばかりが名前を出しているから、会首が店舗によって独占され、職人の利益を代表する者がいなかったことは確かである。聴取に示されたとおりの制度は清末以後確立したのではないかと思われるが、それ以前から店舗の独占支配はあったわけで、その点は雍正以来変らなかったものと思われる。いずれにしても老師傅はギルド員として参加を許されたにもかかわらず、会首は舗長が独占していたのであって、ギルドは実質的に舗長のギルドであり、職人には、金炉社すなわち舗長を支持させるために、名目的な加入を許していたにすぎなかった点は、終始変らなかったわけである。

喬氏によれば、ギルドの目的は、外に対しては同業利益の擁護につとめ、うちに対しては秩序の維持に当ることにあった。そのために前者については他のギルドやギルドマーチャントと交渉し、後者については当事者に対して裁決や調停を与えた。秩序維持の点では舗長相互間の紛争もあるが、主なねらいは老師傅および徒弟をできるだけ舗長にとって有利な條件の下につなぎとめることであって、家父長的権威を伴つた封建的な社会規範を、ギルド生活に貫徹さすことが、金炉社の本当の願いであり、ギルドの基本的態度であったという。こうした喬氏の応答の内容を、歴史的に裏付けるような史料は見当らないが、ギルドが舗長の利益を代表する立場を、終始とっていたことは、ギルドの組織からみても首肯できることである。

ギルドの事業として重要な地位を占めていたものに祭祀がある。乾隆二十二年の碑文によると、金炉社は雍正十年に祖師廟を建てて以来、引続き祖師として「公輸子」(魯班)を祭っている(E2)。しかるに嘉慶十七年には太上老君(老子)を祖師にいただいており(E21)、同治八年には太上老君を主神とし、魯班祖師(すなわち公輸子)と呉真祖師とをこれに陪して祭っているのである(E31)。喬氏も「老子」だと報告しているが、ギルドの祖師には移り変りがあって、時代によって鍛冶鋳物技術の発明者が魯班になったり老子になったり、あるいは復数になったり一人になったりするのだから、結局の所、祖師は便宜的にきめ得たのであり、絶対的なものではなかったことを物語っている。祖師が誰であるにしろ「その福を受ける者は将にその報を奪ぶべきである」(E10)とのたてまえから、ギルドでは逐年祖師廟およびその附属施設の拡充を行い、祭典を挙行しているのである。廟宇の修築は雍正の創建に引きつづいて乾隆（E2 E10 E11 E18）嘉慶（E21）道光（E72）同治（E31 E32）民国（E121）等に再建または補修を行っている。演劇を奉納するための楽楼（舞台）についても乾隆二十二年に修繕を施し（E10 E21）、その後も修築を続けているから（E21）、賽社の由來は久しいものと考えられるのであって、帰綏識略等（註2）にも金炉社は七月廿一・二・三日と二月十四・五・六日とに祭典を行ったと記している。ギルドの大祭が一年に二回行われるのは異例であるが、喬氏によると、右の日取は鉄社と銅社が各自で別別に行った大祭を併挙したもので、いずれも極めて盛大に行われ、供神・領牲・焼香・叩頭・唱戯を含み、今日もなお鼓匠を雇い犧牲を型通りそなえて、はでな儀式を行っているという。また大祭にはギルド員全員の参加を強制し、故なく参列を怠る者は、ギルドから除名するのが規矩だということである。香炉を始め（E128）祭器祭具も整っているから、喬氏が語っているような盛儀ではないにしても、祭典が近年まで続いていたことは確かである。金炉社は早くから祖師廟の経理人に任じ、経済的な支持を与える責任者となっていたが、道光年間に同じ仲間の公議社・金炉鉄社・金炉銅社がおのおの二股、呉真社が一股を受け持ち、廟の必要経費を股数に比例して割あてる原則が確立して以来（E72）、同治を経て（E32）今日まで、その方式は守られている。もっとも特別な事情があったときは、四社で負担を平等に均分したり（E121）、あるいは別の比率によって分担した例もないではないが（E128）、祖師廟の経理としての責任分担は右の基準を狂わしておらず、ただ責任額以上の負担を負う場合に、四社以外の祖師廟関係の団体とのつりあいなどによって追加分が金額を異にするため、分担総額からみると各社の分担金額の比率と本来の股数との間に開きが出てきたりするわけである。また以上の宗教事業は金炉社と鉄社・銅社だけの問題らしく、たとえば公義刀剪社は祖師廟に寄附したことはあるが（E128）、廟の経理となって股を持ったわけではなく、単なる助善として金を出すというその場限りの関係に過ぎない（E32）。祭祀はもちろん別々に行っているわけで、銀炉社は九月八・九・十の三日間玉皇閣で賽社を挙行している（註3）。ただ祖師の変更が可能であるとすれば、祭典の日取を動かすこと等はさらに容易であったと思われる。いずれにしてもギルドの権威を神威に結びつけようとする茶番劇であるだけに、参列の強制をはじめ表面上のにぎやかさは格別であった。

金炉社の慈善事業は、宗教事業に準じて考うべきものである。善行に対する応報が期待できる限り、慈善に手をさしのべたと思われるが、寺廟以外については資料が失われているので確かめることができない。祖師廟に接続している瘟神廟には乾隆（Ｅ12）嘉慶（Ｅ20　Ｅ48）咸豊（Ｅ26）同治（Ｅ29）光緒（Ｅ33）を通じて強い関心を示しており、同じ條件にある軒轅廟にも寄附を行っている（Ｅ27）。瘟神には疫病をさけたいという願いがこめられ、軒轅（黄帝）には技術の発明者として敬意を払ったのであろうが、祖師廟との因縁もみのがせないところである。このほか魯班廟に金炉社が寄附したのも（Ｄ２）、やはり信仰関係と目されるのであって、鍛冶鋳物業の祖師であった魯班に期待を寄せたのであろう。しかし鉄社および銅社が観音寺に（Ｘ１）、銅社が呂祖廟に（Ｓ４）喜捨しているのは純然たる慈善行為だと考えられる。金炉社のゆきかたは商業資本ギルドよりは狭く、職人ギルドよりは広いが、どちらかといえば前者により近いと評し得るであろう。

ギルドの公所は、祖師廟内に設けられている。その東廊および西廊には、雍正十三年（Ｅ38）ないしは同治八年（Ｅ97）に掲げられた標札があり、いずれも単に「金炉社」と記されている。この社房には雍正以来しばしば補修を加えているが（Ｅ31）、今では破損のため使用にたえないので、近来は正会首の店舗内でギルド事務をとっている。公所が破損したためか、今日では金炉社等のギルド規約の成文化したものは残っていない。現在の煆冶鋳物業組合は、市商会所属の軽工業組合が共同で採択した章程を準用する方針であるというが、これもまだ実行されていない。それにもかかわらず、喬氏の応答によれば、ギルド生活を現実に規律している規矩はあるわけで、今でもかなり厳重に守られているということである。その内容をおして尋ねたところ、前述のギルド祭祀への全員参加・徒弟年期の厳守・

老師傅の雇入および解雇の手続が、主要な点であるということで、その中の職人管理について重ねてたずねたが、具体的な事柄を引き出すことはできなかった。

註1　帰綏道志巻廿二には帰化城の「外小社行」の一として金爐社をかかげ、銅鉄匠という説明を加えている。この項には引続いて銀行を銀匠、呉真社を画匠、義仙社を染匠と説明しているから、銅鉄匠の「匠」も手工業というほどの意味であろうが、もしも銅鉄匠という解説が正しいとすれば、金炉社は金炉銅社等の分立後も、従前通りの鍛治鋳物業者全体の団体として清末まで維持されたことになる。しかし帰綏道志の外小社行の項は、義仙社と染行とを重複して併挙したり、呉真社を画匠と説明したりして、不正確であるから、この解説だけを拠りどころにして、金炉社の性格を規定することはできない。碑文などの史料についてみると、E72およびE128には金炉社と金炉銅社を肩を並べた形で列挙しているから、道光六年以後の金炉銅社は金炉社以外の団体だということになる。同治九年の重修祖師廟誌には、この修築を支援した人々について詳記しているが、最初の題名および碑陰の寄附者名額の中には金炉鉄社と金炉銅社をあげているのに対し、最後の経理人の項には金炉社と金炉銅社とを並記している。この場合、金炉社と金炉鉄社とが同一の団体であることは明瞭であり、金炉社と金炉鉄社は相通じて用いられているわけである。したがって帰綏識略の序述は誤りであり、金炉社は鉄匠と註すべきだということになる。

2　帰綏識略巻十八、賽社二月および七月。また帰綏道志巻廿二賽社に同文あり。

3　帰綏識略巻十八、賽社九月。帰綏道志巻廿二、同文。

第二項　鍛治鋳物職人と鉄匠閤行・銅匠閤行

乾隆二十二年に金炉社が祖師廟の楽楼を建設したとき、社外の人々から布施を求め、寄附者の名前と寄附金額の一覧表を作って石碑にほりつけたのであるが、この「社外各善士」の中に、銅匠閤行と鉄匠閤行の名が見出され、いずれも銀二両一錢二分の寄附を行っている（E3）。銅匠閤行・鉄匠閤行が金炉社にとって社外の団体であり、しかも金炉社の事業に応援する程度の因縁のある団体であったことはこれで明瞭であるが、畜氏によるとこの両行は銅炉および鉄炉の老師傅のみによって結成された社会集団で、今日でも余命を保っているということである。

この両行は雍正十一年に祖師廟に匾額を掲げているから（E37）、その歴史は金炉社と同じ頃に始まるものと思われる。金炉社の部分ギルドとして鉄炉行・銅炉行が成立するよりも前に、経済的利害において舗長と対立する立場にあった老師傅が職人ギルドを組織していた事は、生産関係に基く剰余生産物の奪いあいが、手工業の歴史とともに古く、かつ本質的であったことを示すものである。ことに金炉社は職人をギルド員に加えるようなことをやっており、舗長自身も祖師信仰の上にたち、商業資本家に分化するところまでいっていなかったにもかかわらず、職人はこれにごまかされることなく、職人ギルドである鉄匠閤行および銅匠閤行のもとに結集していたのであって、そのことは職人ギルドが手工業のもっている矛盾から生み出された、手工業にとって不可避な産物であることを物語っている。金炉社・鉄社・銅社が舗長の立場を代表したのに対し、銅匠鉄匠の両行が老師傅の立場から、有利な雇傭契約を獲得するために、職人同志で歩調を合せて努力したのも当然であろう。両行が雍正年間にかかげた匾額は、老子の神像の前にささげられており、「万代宗師」と記されているから（E37）、この職人ギルドが古くから老子を祖師と仰ぐ立場をとっており、祖師信仰によって結ばれた宗教団体としての純粋さによって、社会集団の結束を固めようとしていたことも理解される。ただ、職人ギルドの人から実情を聴き取ることができなかったために、詳細な点が一切不明なことは、非常に残念である。

第十五節　木材関係の諸業と魯班社ならびに公議社・徳先社

第一項　大工・左官等の諸業と魯班社

木材に関係のある営業やギルドはかなり多い。(1)木店すなわち木材仲買業のギルドである木店行は、乾隆（B4）から光緒（S16）を経て現在の木店公会に到る系譜のうちに、その社会集団としての活動を示している。(2)轎車・馬車・牛車などの製造販売を行う車舗は、車行・車舗社・魯班車舗社といわれているギルドに結集したのであって、嘉慶（D11）から道光（P12 X1）咸豊（P16）光緒（S16）を経て最近の車舗公会に至るまで引きつづき活動している。(3)かご・箱・ちりとり等の家庭用品の製造販売に従う業者は山貨行（註1）を組織し、嘉慶（D14）から光緒（註2）にかけてギルド活動を続けたのであるが、のちに葦蓆山貨公会に加わり、彼らだけの社会集団を持たないようになった。(4)木舗すなわち木材の製材販売と棺の製造販売に従う業者は松木行を結成し、嘉慶（D14）以来その健在振りを示したのであるが、後に木料公会を結成した。(5)木匠といえば日本語の大工よりずっと広義の手職人で、造船・家具・細等の製造職人を含めたものであるが、帰綏ではこれを二つに大別して、外行すなわち家屋の建築に従う大工と、内工すなわち屋内作業の技術者とに区別し、その中の内工を更に細別して、おのおの製造する商品の種類によって棰子行（てばこ）・蓏細行・蒸籠行（せいろう）などとよばれ、それぞれ個別的に小ギルドを形成していた。(6)石匠すなわち石屋は石行に結集し（D14）、(7)泥匠（瓦匠）は左官であって泥行（D14）を組織していた。ところでこれらの手工業の多くは、現代の日本でも職人仕事のままで余命を保っているのでもわかるように、大量生産には不向きであり、註文主の希望を生かしながら単一生産を行っている点で共通性をもっていた。その上これらの職人は総て魯班を信仰していたから、これを手がかりとして大同団結を行う可能性もあったわけである。帰化城の魯班廟は康熙五十七年に建てられたという言い伝えがあるが(D8)、そこには雍正三年の匾額が現在でも掲げられているし(D10)、乾隆十五年にはこの廟の建て直しを行っているので(D1)、創建年代に関する伝説は、よしんば当らないにしても、あまり見当はずれではあるまいと考えられる。この魯班信仰を一枚看板にしている社会集団「祖師勝会」は、その由来が極めて古いといわれており(L6)、おそらく廟とともに始まったのではないかと思われる。最初は宗教ギルド的なものであったかもわからないが、おおむね木材関係手工業者のギルドとして活動することになったのであって、嘉慶初年には木舗車舗がその中心となっていた(D12)。嘉慶の中期に、祖師勝会を解体して個別化された諸ギルドに分化する傾向が決定的となったのであるが、個別的ギルドを認めながらその全体を魯班社に加入させようとする動きも高まり、この結論として、嘉慶末期には松木行・車行・山貨行・石行・外工・泥工の六団体でギルド連合を組織し(D14)、道光九年には魯班社の名を持つ社会集団となって、その章程を制定するに至った(L6)。右の改組には、ギルドマーチャントがコレクティブギルドとなった場合のことが刺戟を与え、これにならって混合ギルドを組織する方向に向ったことは疑いないが、封建体制の再建強化をねらった支配者層の意図に基ずき、封建反動への再編成が行われたことは明らかで、ギルドの反動化がはっきりした姿をとったものと評すべきであろう。従って魯班社はその後もひきつづき強化されているのであって、木店が道光中にこれに加入したのち(D7)、同治(D8)民国(D19)を通じて協力している。また車舗木舗が木・石・泥匠とともに道光(D7)咸豊(D16)同治(D8)光緒(D9)民国(D19)の間、相変らず魯班社に参加していたことも疑いない。混合ギルドの成立によって、もとの祖師勝会から分化した六行や、新魯班社になってから加入した諸ギルドなどが、それぞれギルドとしての独自性を放棄したのではなく、木店行・車行・

山貨行など、旧来の組織をそのまま維持し続けている。従って各人は混合ギルド（魯班社）にも個別的ギルド（たとえば車舗魯班社）にも加入していたわけで、二重の団体にそれぞれ参加してその構成員となり、組織の重複を招く結果となったが、この状態は事変直前までつづいている（D18）。民国以後も魯班社が同業公会に改組され、あるいは商会に加入する等のことは一切なかった（註3）。日本軍が帰化城を占領した後、表面上は日本の現地機関（蒙古政府）の「指導」方針に従い、一九三九年五月一日をもって木店公会・車舗公会・山貨公会・木料公会・木匠業公会を独立させ、各公会は商会の傘下に加わり、石行泥行は切り離されて厚和鎮公所労務組（註4）の所管に移った。次で一九四三年四月一日に、木料公会・車舗公会・木匠公会は油漆公会（註5）とともに木器製造業組合に統合され、山貨公会は葦蓆公会と合体して今日に到っている。しかし魯班社自体はこれによって解体したのではなく、「魯班石木泥公会」（L6）の名称の下に従前通りのギルド組織を持ちつづけているのであって、その構造も、参加した業者の範囲も、事変前の魯班社と異なるところはなかった（D19）。日本軍の支配によって生じた変化といえば、これまでのギルドの二重組織が魯班公会と同業公会の重複となり、魯班公会が魯班社と大同小異であるのに対し、同業公会は単に名称だけの変化ではなく、ギルドシステムの瓦解とも言うべき変貌を伴っている。ただその変化は、行政に関係のある部面において顕著だから、ギルドの機構が実際にどの程度変化したかは別の問題だと考うべきである（註7）。

魯班社に属する人々の経済活動は、営業の区別からいっておおむね三種に分けることができる。第一は仲買店で、普通木店がこれに属している。木材は、以前は黄河上流の水運を利用して、甘粛寧夏から流されて来たものが多く、普通は皮筏の骨組になっている丸太を（註11）、河口鎮や包頭でおさえたものが多かった。のち山西省内の寧武・代県・朔県から持ち込まれる古木材の取引がふえ（註6）、近来は西北貿易不振のため、むしろ後者を主とするに到った。木店は各方面の需要者の代理店として、不足勝な木材の買付に従ったのである。店舗の構成をみると、取引のために経理夥計学徒などの商業従業員が配され、財東頂生意的や身股財股の條件などとともに、すべてが普通の仲買店と大同小異である。魯班社の第二のグループは商業資本の職場支配下にある手工業で、製造販売業者であり、内工の各舗を始め、車舗・山貨舗・木舗・石舗をこの中に数えることができる。大きな企業であれば財東と賬房の抱合いを基礎として、取引過程のから利潤を吸いあげることに汲々としているわけで、工房は単なるお雇いにすぎなかった。小企業の場合には商業資本が未分化であるために、舗長が経営を掌握し、老師傅徒弟を含めた仕事場が成立していたが、その仕事場の構造はいわば盆栽状になっていたわけで、大企業に伸びなやむ状態のままに、貧窮と落伍が特色をなしていたといえる。大企業であっても注文を受けての生産が原則であり、小企業の商品生産も一部に止まった。原料のうち、木材は木店その他から代金後払いで借受け、石材は大青山から切出して来る客商の手から購うというふうであったから、原料を供給する商人の支配下におかれる危険性も高かったわけである（註6）。第三のグループは独立職人であり、木匠石匠泥匠がこれに属した。ただし、内工の大半は家庭工業または手工業だと考うべきであるし、石匠の中にも石局・石舗・石廠と称する手工業的店舗が含まれているので、これらは独立職人の列からは除外せねばならない。独立職人である木匠等は、東家（注文主）と契約して、一定の仕事を請負い、手間賃をかせいだのであるが、生産手段と労働力を提供するだけで、原料購入を含めた単一生産の全過程を請負う訳ではなかった。たとえば外工の場合は、家屋建築が日本に見られるような建築請負制ではなく、東家（家屋建築人）またはその代理人が木材・石・瓦・セメントなどの材料を整え、家を作るのに必要な加工だけをやらせるために、木匠石匠泥匠を雇傭してこれに日当を支払うか、あるいは一定の作業を請負わせたわけである。もっとも、仕事の内容によっては、木匠が泥匠の工程をも含めて請負う場合もあったわけで、たとえば壁を作る際などに一間四方で厚さ一尺の壁を何円という形で契約することもできた。これらの請負を「包攬」（L7）というのであるが、それは加工に関する請負であって、生産全体についての請負ではない。独立職人の仕事場は一般に工頭一名・工人二——三名・徒弟一——五名から成立っている。「工頭」が経理と呼ばれることはないよしで、商業資本といえる程のものをもたないし、経営者とは認められていなかった。請負などに際しては東家との契約に任じ、配下の職人を日傭で出すときは、ボスとして仲介に当る代りに、その賃金の頭をはねるのであった(L6 L7)。老師傅は「工人」といわれている。彼らは独立職人の仕事場に属しているが、そこに雇われているとは限らないのであって、むしろ平素は工頭を通じてその周旋をもって東家に雇傭されている形になっており、工人の日給または出来高払の賃金も、工頭を通じて東家から支払われたのである。即ち実際上は工頭の支配を受け、封建的な関係によって隷属する傾向が見られたのであるが、手工業の工人が舗長に雇われている場合と違って、工頭に雇われているわけではなく、形式的には自由労働者として、東家との賃金契約の下に立っていたのであった(L7)。工人は「大工」ともいわれていて日本語とも相通ずるのであるが、これは徒弟を「小工」と呼ぶのに対して「大工」という言葉が使われたわけである(L6)。徒弟は小工のほかに工徒または簡単に「徒」(L7)と言われている。その性格は店舗の徒弟と大差がなく、工頭が郷里から十六七歳の青年を必要数だけ採用してきてこれを仕込むわけである。衣食住は工頭が支給するが、俸給はない。工頭に対して父に仕えるのと同じ「礼節」をつくす必要はなく、工頭の死去に際会すれば、最も遠い親族すなわち緦麻親に准じた喪に服するといわれている。休日としては正月の半箇月と、五月端午節、六月二十日(魯班誕生日)、七月十五日(干蘭盆)、八月十五日(仲秋節)、冬至の各一日であるが、外工には事実上冬季の五ヵ月はほとんど仕事がない。年期は三年半で、その内容は「三年学満半年謝師」といわれ、御礼奉公半年を含んでいることが注目される。御礼奉公は石・木・泥匠を通じて行われてきたという。魯班社の社規は、「三年の期限を厳重に守ること、万一途中で中止する者があれば、どの仕事場でも該人を絶対に雇傭しないこと」を規定していたが、今日ではかなりルーズになったよしである。「徒満」(L7)をもって老師傅の身分と待遇が与えられることはいうまでもない。石木泥匠の存在形態は、独立職人の仕事場としてはごく普通の事例だとみられるが、質疑応答によって得られた事実を、道光（L6）および民国（L7）の魯班社社規によって、歴史的に再構成して見ると、この百年間に大した動きがないことがわかる。

魯班社は社会集団の基盤がすこぶる複雑で、その結集にはいろいろ困難があったと考えられるが、個別的に組織されている諸ギルドは比較的問題が簡単である。(1)ギルドである以上、同業性に基ずく仲間的結合をうち立てているはずであるが、同業の内容とそれを結合に持込む力が問題である。同業の内容からみると、個別化された各ギルドには石行の様に舗長と独立職人とが混在していて複雑な内部事情を予測させるものもあるが、単純にまとまっているものが多い。一応類別しておくと、木店行は商業（仲買業）ギルド、車行・松木行・山貨行・蔴繩行・蒸籠行・棡子行等は手工業ギルド、外工と泥行は職人ギルドとなり、これらが分化独立した理由は首肯できるのである。これに反して以上の業者を包括する魯班社は、初期の段階においては営業上の分業も進んでいなかったので、木材関係の単一生産手工業として互に助け合っていたわけであるし、後期に入った後も取引関係によって結ばれた、ゆるい同業性が認められるから、ギルドないし混合ギルドとして、存在理由があったには違いないけれども、その間の利害の矛盾が顕在化する可能性の方が一層大であったと考えられる。従ってその結合は同業仲間の間で自然に湧いたというのではなく、商業資本が強引に押しつけていった「作られた仲間性」であり、仲間的結合を経済以外の力、とくに魯班の神威に求めねばならなかった程である。(2)仲間関係を経済以外の面で見出す場合に、経済との関連から、同郷性が利用されることが多いが、木石泥匠は大同と帰綏、車舗は大同であるのに対し、木店木舗山貨舗などが中部山西の各県出身の客帮であるから、個別的ギルドに対してはその結合を助けるけれども、かんじんの魯班社にとっては出身地を異にする雑多な人々の集りとなって、同郷仲間だという理由がつかない訳であった。乾隆十五年の魯班廟修築の「経理糾首」

の出身地を列挙してみると、山西省でもその北部の雲中郡・定襄県・崞県と、中部の祁県・太谷県・介休県・楡次県にわたっていることが明らかになるのであって（D1）、この事実は、多郷的ギルドの悲哀を推測させるに十分である。もちろん山西幇として包括すれば、魯班社といえども一応の同郷性を主張し得ない訳ではない。また民国以後は京綏鉄道の開通と河北省の旱害とによって、河北省出身のいわゆる「外来石木泥人」（L7）が進出することになったので、魯班社ではこれを極力排斥するとともに彼らに対して山西出身者の五倍のギルド賦課金を徴収する等、露骨な圧迫に出ている有様である（L7）。したがって同郷性の問題は、魯班社にとって遠心力としても求心力としても利用できる可能性をはらんでいたが、出身県の労働力や資本と交流を行いつつ、郷里における封建的な社会関係をギルドに持ちこんで、ギルド「共同体」を出身県と同じ社会体制に組立てるという意味において、同郷性を主張することはできなかったのである。(3)ギルド員は魯班信仰につながる点で共通していたし、各ギルドの求心力が魯班社の求心力とも平行していたので、祖師勝会・魯班社といったギルド名にも示されているように、魯班の弟子としての仲間性が人々をギルドにしばりつけ、魯班の神威という後盾がギルドにとっては金鵄の輝きとなっていたわけである。細かい点をいえば、木店行・車舗行などは、元来魯班廟以外の廟に関係し、魯班に帰依したのちも旧来の廟との関係を断とうとしなかったのであるから、終始一貫魯班だけに結びついて来た爾余のギルドとは、魯班信仰の熱意において量的な差異があった。また木店などは、たかだか保護神として魯班を祭ってきたに過ぎないのに対し、その他のギルドは祖師として敬仰したのであるから、商業ギルドと手工業ギルドとの間には信仰において質的な差異があったといわねばならない。しかし魯班との関係も、これを信仰するということも、ギルド側によって創作されたり宣伝されたりした神話的要素が大きかった。宣伝はできるだけ強い線で行われることが有効であった上に、祖師であっても守護神であっても、魯班の神威を高めるためには、その信仰をあふりたて、宗教的行事などを盛大に行う必要があったので、魯班信仰を絶対的なものとして強調してゆくことに、ギルドの方針は一定していた。これにあえて異議を唱えることは容易でなかったから、心の中ではともかく、少くとも表面だけは宗教の点で歩調をそろえることに成功していたのである。(4)地域性の問題では、都市と郷村の対比において帰綏市内の同業者を結集さすという方針が、ギルドの結束力の強化に多少の貢献を行った。この点も細かくいえば木舗は新城旧城相なかばし（註6）、山貨舗も新城の同業者を包含していたのに対して、その他のギルドは旧城に集中していたから、魯班社としては多少チグハグの感を免れないところだったと考えられる。以上の社会集団構成上の諸要素を概括すると、個別化された各ギルドは重複した社会紐帯によって安定した「共同体」的基盤の上に自己の姿を見出すことができたわけであるが、一方の魯班社の方は多くの複雑な事情をはらみつつ、どうにか「共同体」的地盤を構成し得たことがわかる。しかもその場合に、石泥木匠を中心とする独立職人が強く団結して、ギルドにおいて発言権を持ち、また舗長層がギルドの推進力となったことが、仲買店や商人的手工業を大量に含んでいた魯班社であるにもかかわらず、内部調制を可能にした理由であって、魯班信仰もその上に立てられていたから、人心をつなぐことができたのであり、それを最近の同業公会にまで持込むことができたゆえんであると思われる。

魯班社のギルド員は合社人（D3）衆同社人（D8）同社芸人（D6）同会（L7）衆会（L7）衆（D8）等の文字で表わされている。芸人（D5　D6）という言葉は祖師の弟子という意味で用いられ、同社芸人もその考えから名附けられたのであろう。ギルド員を表示する言葉としては他にあまり例がないように思われる。魯班社の碑文に記されている歴代の会員名簿を見ると、その中には各時代を通じて屋号と個人名とが混じて含まれている（D6など）。この点を明らかに示すために、「舗戸人名」（D19）「舗戸人員」（L7）の活動について記しているギルド記録もある。舗戸には商業資本が経営している店舗はもとより、「劉石舗」「魏木舗」のような形の、舗長の下にある未発達な手工業経営もその中に含まれている。人名（人員）というのは職人ギルドに属する人達と、舗戸に雇傭されている工人等をさすわけである。道光および民国のギルド規約によると、個人会員は独立職人の仕事場では工頭と工人に限るのであって、御礼奉公中の徒弟は工人に含めるが、年期未満の徒弟は会員とは認めないことが規定されている（L6 L7）。また木舗山貨舗車舗等の仕事場に雇傭されている工人徒弟についても、右と同様に取り扱う規定が設けられている（L6）。ギルド員の権利義務を紹介した資料は見当らないが、結果からいうとギルドの規約を制定したり、金をあつめたり、廟の修築について相談したりするときなどには、「衆同社人聚集公議」（D8）「閤社公議」（L6）「各舗戸人員公議」（L7）「同人言談議妥」（D19）という手続きを履んでいるのであって、一応ギルド員の公議に徴していることがわかる。したがって、形式的であるにしても少くともギルド員の協力を必要とする事態が生じたときには輿論が尊重されている。会員全体の名前を記録した事例も多く、その概数は道光七年に三百五十（D4）二十一年に三百（D7）、同治十二年に二百二十（D8）、光緒十七年に百七十（D9）となっている。

魯班社の役員について見ると、道光九年および一九四一年の章程には、会務全般を司る会首（値年会首という）と収入役にあたる当家会首とを、主な責任者としてあげている（L6 L7）。このほか道光九年章程には、会首を助けるものとして、帮辦会首と旧会首（前年度の値年会首）に論及している。聴取によると、現在でも値年・帮弁・当家とよばれている、三種の役員があるわけで、単に会首といえば値年会首を意味するという話である。値年会首が会首と略称されることは、魯班社の会首表にも例示されているように、道光以来の慣例なのである。ギルドの会首が、嘉慶の記録では魯班社参加の各ギルドごとに区分されており、其後も各分野からの代表をもって構成されていることはこの表の示すところである。毛氏は魯班祖師から言って石匠が大徒弟、木匠が二徒弟、泥匠が三徒弟と称せられ、これが義兄弟の順序であると説明しているが、嘉慶年間の諸会首も、この順序に従って記述されている。義兄弟の順序

第二十三表　魯班社の会首

年代	嘉慶二十三年	道光二十一年	同治八年	光緒十七年	民国二十五年
資料	D 14	D 7	D 8	D 9	D 18
種別		会首	値年会首	（値年会首）	正副会首
石行	一	石鋪（石局）木店車鋪を含む四十の屋号	石鋪木店を含む十四の屋号	石鋪木店を含む十四の屋号	屋号名十二
山貨行	二				
木店行	零				
松木行	六				
車行	五				
外工	四	個人名十	個人名十四	個人名十四	零
泥行	一				

附記
1　光緒十七年度の役員の種別はD9に記載されていないが、D8から考察することができる。
2　民国廿五年度は漆舗一を含むほか、営業（ギルド）別は不明。ただし個人名を全く含んでいない。

は、ギルドの実力の順序とは無関係であって、兄弟でも実力のある弟があり得るし、義兄弟でも同様である。道光以後においても石行（大徒弟）・木店行松木行車舗行（二徒弟）・泥行外工（三徒弟）はいずれも会首を出している。それぞれの分野が選出し得る会首の数は、必ずしも固定していないが、おのおのその時代としては、定員があったわけで、嘉慶の制は道光章程の会首数と一致しており（註10）、また同治八年から光緒十七年までは、定員関係が変っていないことがわかる（第二十三表）。会首は、個別化された各ギルドから選出されているけれども、各ギルドの会首ではなくて魯班社の会首であり、魯班社会首を示すにはそれを所属ギルド別に区分して記すことなく、単純に魯班社会首として列挙している場合が多い。なお、会首名簿には屋号名と個人名とを包含しているのであって、その場合個人名は独立職人で外工および泥行出身の会首であり、屋号名はその他のギルド出身の会首を示すわけであるが、会首のなかには独立職人または屋号の下で働いている傭職人の代表はいないのであって、その点からいえば魯班社は独立職人以上の社会層の結社だということになる。そのかわり、これらの階層の内部では「共同体」的な行きかたをとっているのであって、階層の全体が交互に会首の地位を占め得るように、一年交代の「輪流」が行われているというが、「値年会首」と名乗る以上一年交代の当番制であったはずであるし、歴代の会首を比較しても、一度会首となったものが後になって重ねてその地位についている事例は無いという点から見ても、輪流は比較的平等に行き渡ったものと考えて差支えない。値年会首の中に正会首・副会首の別が生じたのは民国以後のことと思われるが、毛氏によれば、各ギルドごとに一名を正会首とし、その他が副会首とよばれたということである。帮弁会首は値年会首になる資格をもっていないギルドから選出されたといわれている。たとえば内工に属する各ギルドは、いずれも帮弁を出しており、また山貨行も魯班社の改組が行われた嘉慶道光頃には値年であったが、その後転落して帮弁を出す地位におとされた。民国以来石行も値年から帮弁に格下げとなっている。帮弁も一年交代で輪流制によったのに対し、当家会首のみは信用ある老舗が選ばれて、固定的にその地位を独占したよしである。この両者はともに普通「会首」として扱われず、記録には値年会首の名のみが記されて帮弁・当家には及ばないため、歴史的変遷を十分辿ることができない。

会首の権利義務について総括的に記録した史料は見当らない。道光章程によると、値年会首は会費徴集の責任者であって、各職場を廻って自らその集金を担当するわけであり、値年を辞めた次の年度にも会費徴集を援助する義務をもっていた。また祭祀もその職務であって、これに参列する義務についても同章程に記されている。民国章程ではギルド裁判の裁判官となり、会規違反者の処罰をなすべきことが規定されている。またギルド規約にはうたっていないが、祖師廟の修理などが行われた際は、いつでもその経理に任じている（D7 D8 D18）。会首の任務がこれだけに止まるものでないことも明瞭であって、以上の規定または実績から推察すると、魯班社会首はおそらく会務の全般について、名目的にも実質的にも、指導的な地位にあったと考えられ、しかも会首全体の公議に徴した上で、決定したり実施したりする必要があったわけである。帮弁会首については、道光章程では祭祀に参列ずる義務を規定しているだけであるが、出身ギルドに関して値年会首の責任を分担したものといわれている。当家会首については、道光および民国の両章程ともに、ギルドで集めた金を受取ってあずかり、値年の要求に従って支出するという、純然たる現金保管人として、規定しているのである。

ギルドの目的は外に対しては同業の利益を擁護し、内に対しては営業の秩序を維持するにあったといわれている。これを具体的に掘り下げていくために、魯班社が実際に行った仕事を検討してみると、最も重要なのは営業規制であったと考えられる。民国章程には仕事の請負に関する規範を定めているので、その主な内容を紹介すると、(1)請負は四月一日から七月十五日迄の期間に限ること、(2)外工に対する給与は東家（発注者）が支払うべきものであるから、東家が賃金を支払わない場合があったとしても、工頭はその責を負う必要はなく、これに従わない工人はどの仕事場でも一切つかかってはならないこと、(3)請負の仕事には業者同志の間の「暗争自辱」（ぬけがけを争って請負価格を下落させてしまう）を許さないことなどが規定されている。この営業規制が意味するところのものを、いろいろ引出して行くと、魯班社が単にその傘下の個別的ギルド相互間における問題を調整し、いわば営業規制の大綱だけをきめて行こうとしたのではなくて、直接各ギルド内の細かい問題について（ここでは外工の内部に対して）営業規制を制定

魯班石木泥公會

戍紀七三六年六月廿日献戲之期花費
照舊協同衆會石木泥各舖戶人員公
議石木泥内外掷工人等每一年拔伊
佈施工錢三天倘有不遵會規者公同
會首罰洋三元 再者 謹四月初一日工人
息舍至七月十五日為止包攬外工
歸東家所出如東家不出與工頭
毫無干涉如其不遵協同會不許僱
用如若用者罰用伊之家石木泥工頭
包攬二行者每一年出佈施洋二元本
年因物價一切昂貴所入不敷需用秋
再加二元共合四元禁止包攬工程不許
暗爭自辱本會倘有外來石木泥人等
包攬工程現拔佈施大洋十元本廟倘
有工程添補隙護同商議拔回佈施洋
多寡交與當家會首存放不許私自
借用如不遵會規者協同會首公罰
此據示明永為後証
魯班木石泥公會具
戍紀七三六年　月　日

発動し、魯班社自身がその責任をとっていたことがわかるのである。この点からいえば魯班社が単一のギルドであって、ギルド間の連絡協議会的な存在ではなかったことは明らかである。また営業規制を行う場合にとって来た基本線をみると経営（ここでは工頭）相互間の問題については、競業を極力排除して仕事場が有利な條件で注文をとることができる体制にもち込み、経営内部の問題については経営側（工頭）が利益になるように社会規範を方向づけていって、他の従業員（工人）に犠牲をかぶせたわけであるから、要するに経営側の集団的利己主義を計ったというにつきる。そうした意味からいって、魯班社は「経営者の共同体」であり、その団結によって内（職人）外（注文主）から富をかせぎ出そうとしたわけであるが、一般職人は被害者であるから「共同体」の外にあったといわねばならない。しかも魯班社においては、工人をギルド員として加入させていたわけであるから、これは全く経営者が工人を支配する便宜的な方便として利用していたに過ぎないことは明らかである。魯班社が経理・舗長・工頭および財東の利益を代表している社会集団であり、経営者としての共同利益のために営業内容の種別を超えて大同団結していたことは営業規制の面からも理解できるのである。

第二はギルド裁判である。道光および民国章程にはともに会規違反者に対する処罰を規定しているのであるが、その判決は「倘有下不レ遵二会規一者上、公二同会首一罰……」「如不レ遵二会規一者協二同会首一公罰」とあるように、会首の会議によって決定せられ、会首はギルド裁判について判事の立場に立つわけである。ただし魯班社に対する犯罪については、検事の仕事にも当ることはいうまでもない。

第三は祭祀である。魯班廟には魯班のほかに有巣子が陪祀されている。魯班は靈佑と天才とによって、「巧二定方円一」（D14）「平直方円準縄之矩」（D6）を発明したわけであるが、石匠木匠泥匠はその第一第二および第三の徒弟で、先師の発明した技術のおかげで生活する途が開けたのであるから、魯班は無窮の恩沢を垂れたものといわねばならない。したがってこれらの同業者が相結んで神事を行い、この恩に感謝し酬報の意を表わすと同時に、それによって先師の神威を増し、「神靈顯祐」（D13）の加護にあずかろうとしたわけである（D6）。この魯班廟との関係は祖師勝会以来のもので、終始一貫変らない支持を贈っている。特に重要なのはギルド大祭で、「大供過会」は六月二十日の魯班誕生日を中心とする前後三日間とり行われ、中日の二十日には午前十時と午後二時に食事を供え、ギルド員の大会と宴会を開くほか、三日間を通じて演劇を奉納したという。この「典礼享祀の祭」（D6）「酬神献戯慶祝勝会」（D8）は道光同治以来引続き行われているのであって、道光章程には、当日値年会首が廟に参拝しなければ、蠟燭を十斤（帮弁ならば五斤）、罰金として納めねばならないことを規定し、民国章程にも演劇の奉納に言及すると共に、所要の經費を布施として分担することについても記している。今日では演劇こそ中絶したが犧牲をささげ敬紙を献じて、敬神の祭典を続けている。祭祀の日取も変化がない様子で、同治碑には六月十九日から三日間とし（D8）、民国章程に六月二十日と規定している。ただ帰綏識略等には六月十七・八・九日と記されているが、これはおそらく張曾氏の思いちがいだと思われる(註8)。このほか三月二十日と十二月二十日を「小供神」となづけ、犠牲をささげてちょっとした儀式を行ってきたが、これは今日では中止されているよしである。祖師廟に対しては道光十四年(D6)同治十二年(D8)光緒十七年(D9)にペンキの塗直しを行い、道光二十一年に旗桿を造り(D7)、最近では一九三六年(D18)と一九四一年に大きな手入れを行っているのであって(D19)、筆者がここを訪れた際にも輝くばかりの真新しさに一驚した次第である。

第四は慈善であるが、魯班廟以外では、光緒十七年に南茶坊瘟神祠に寄附したぐらいのもので(E33)、その点でも職人ギルド的な行きかたをしている。魯班廟は歴史的にいって久しい間魯班社が単独で支持し、かつ使用してきたところであるから、ギルドではその建物や施設を自己の所有と考えており、毛氏も木匠業公会等の公会はなんら廟に対する発言権を持たないと語っている。廟の一番奥の南面した正殿が、魯班等の神像をおいている神殿であって、その前庭をはさんで左右に位する東西の社房が、ギルド公所の機能を果す場所となっている。魯班廟にはこのほか「看廟人」の宿所や大門など合計十三間から成る建物が、間口が狭く奥行の深い、割合広い境内に立ちならんでいる。看廟人については道光章程に「跑廟人」として現れており、会費徴集や会首呼出しなどの使い走りに当っているのであって、名目は廟の番人であるがその実は魯班社のボーイである。

魯班社の収入の基準となるものは「布施」(L6 L7)であった。布施の徴集方法はだんだんと改善されているが、これによって「隠蔵遺漏」すなわち計画的ないしは過失による布施の脱漏を防止したり(L6)、あるいは貨幣価値の変動に対処したわけであって(L7)、その度に社規を改めて布施の割当方法を更新している。こうした変化はあるが会費制度の基本線は一貫しているのであって、会員組織をそのまま反映して、店舗(舗戸)に対する布施と職人から徴収する布施の二本建になっていたわけである。この中の前者については、商業または手工業ギルドの会費制度が援用されているし、後者については手工業または職人ギルドの会費制度が適用されているのであって、混合ギルドの面目を発揮している。この結論を敷衍して説明したいと思うのであるが、先ず舗戸の布施に関しては、道光章程の記述によると、ギルドが各舗戸ごとに負担能力をしらべて分担の際の基礎金額を定め、「攢銭牌」を作製してすべての舗戸名とその負担する金額を一覧表にしておくわけである。値年会首はこの牌を一枚づつ持っており、毎月みずから戸別訪問を行って所定の会費を徴集して歩いたのである。なお会費はすべて足銭（制銭百枚を一百文として通用させる場合で、貨幣が名目価値どおりの実質価値をそなえている体制）で納めねばならないとか、納付の責任が舗戸にあることなどを、こまごまと規定しているのであって、道光章程は細則に近いものといえる。この攢銭牌は十四枚作られたというが、十四は魯班社会首のうち、舗戸の会首を出している四ギルドすなわち石行松木行車行山貨行の会首数の合計に相当する（第二十三表参照）。したがって舗戸の会費の徴収には、各ギルドごとに該行出身の会首がその責任を引受けていたものと考えられる。現行の制度は、毛氏の教示によると、魯班社では各ギルド別にそれぞれ基準を立ててギルド員の資格（責任能力）を甲乙丙丁戊己の六等に区分し、各等級ごとに、それに属する舗戸がギルド費を分担する際に算定の基準となる数字を定めているのであって、各店舗に対しては前年度の営業成績に応じて各行別にその等級指定が行われる。実際に会費を徴集する場合には、魯班社が所要の費用を右の分担歩合全体に対する按分比例で割りあてて行くのであり、舗戸としては各行の各級別に定められた負担比率に相当する金額を布施として納めているのである。道光時代の方法も、技術的には現在と同じような等級別割当制をとっていたか否かは明らかでないが、負担能力別による按分比例制の基本線においては、少しも異っていないわけである。

職人に負担させた「布施」は、外行泥行石行と内工に含まれている各行の工頭と工人、ならびに前記四行の舗戸で使用している工人等を、対象とするものであるが、これがさらに経営主すなわち工頭の布施と、使用人すなわち工人の布施に区分されている。道光章程によると、ギルドでは木匠石匠泥匠の工頭の名簿とでもいうべき総牌を一つ造り、ここに記帳された工頭には魯班社から「火印大籤」が渡される。大籤を持つ者は毎月五十文の佈施を納めるが、それだけの負担に耐え得ない者があれば皆の公論に委ね、その人に適当する負担額を定めたという。工頭の布施は一応均一であり、弾力性はもたせたが差等を設けていないのが特色である。なお、布施は足銭で納めねばならないという注意書がついている。民国章程にも工頭の布施に関する項目はあるが、その金額は明記されていない。しかし二つの工程（たとえば木匠と泥匠など）を兼ねて請負う工頭は従来年額二元の布施であったが、今回四元に引上げると記されているところからみると、この改正によって、一般の工頭は二元、二業にわたる外工の工頭は四元となったのであろう。このほか魯班社に加入していない石木泥匠の工頭には十元の布施を強要しているが、これは前に述べたように河北系の同業者への圧迫を目的とした Zunftbann の特例規定である。民国章程においても工頭の布施は定額会費制をとり、その金額が比較的僅少である点でも、道光章程の衣鉢をつぐものといえよう。

工人の「布施」であるが、これについては道光章程に詳述されているので、その要点を紹介してみよう。この章程で工人といっているのは、舗戸すなわち車舗木舗石舗山貨舗等で働いている老師傅と、内工外工石匠泥匠等の工頭の下にある老師傅とを包括するほか、徒弟年期のあけた者すなわち御礼奉公中の職人もこれに準じて取り扱っている。工人は、魯班社で発行している「火印小籤」を、仕事につくと同時に手渡され、この小籤をもっている間は当人の工資（給与）の多寡に応じて、毎年二日分の日給を一年分の布施として天引されたのである。ただ舗戸に雇傭されている工人は、業種によって一年間の就業日数にかなりの開きがあり、外工のように夏だけしか仕事のないものに比べて、年間所得が著しく高額に達する者もいるので（註9）、負担の均衡を計るためにこうした工人に対しては小籤一人分の分担金よりもやや増額した布施を納めさせることが定まっている。なお工人が布施を納付する際に使用すべき通貨については、九八（制錢九十八枚を百文と認定する通貨計算方法）でもよいことになっている。小鑱を持たない工人があった時には、舗戸あるいは工頭は当人を即刻解雇せねばならないし、解雇された工人をもう一度採用することは、該舗はもとより他の作業場においても許されない規定で、とくに舗戸や工頭が工人となれあいで小鑱を無視することを厳禁し、これが発見されたときは舗戸工頭から倍額の罰金を徴収したわけである。各作業場では十日に一回づつ会首工頭跑廟人の巡回が行われ、規定どおりに小鑱の「散頒」が行われているか否かが、全工人について調査された。こうした手段によって、工人から布施をとりたてるために、水も漏さない布陣がしかれていたわけである。工人布施の徴集には舗戸工頭が責任を負うのであるが、その結果ギルドは仕事場における舗長工頭の権威を保障する立場に立つことになる。また外工および泥行の値年会首と各行の帮弁会首は、それぞれ所属の行の工人布施を徴集しているが、工頭布施も同様であったと考えられる。次に民国章程を見るとこれははなはだ簡単で、全工人は毎年三日分の工錢を布施とすべきことを述べているに止まる。負担の基準が二日分から三日分に引上げられているが、何日分かの賃金をもって布施の年額にあてている点では道光章程と同じである。これは職人ギルドで広く行われている会費制度であるが、この制度は賃金の公定が前提になって始めて意味を持つわけだから、魯班社でも賃金統制を行っていたことが推定できるのであって、工人の小鑱を特にやかましく取締ったのも、おそらく賃金統制のためではなかったかと考えられる。

布施はギルド分担金の基準となったのであるが、一応その収入は社の「勝事」すなわち祭祀の費用にあてることになっており（L6）、とくに大祭の費用を賄う立前であったことは（L7）、道光および民国章程が等しく唱えているところである。したがって布施の名目で会費を集めるのではなく、布施はあくまで祭典の費用を支弁するために徴集されていることを承認すべきであって、罰金などが「入社公用」（L6）に供する習慣となっていたのとは、明瞭な差異がある。しかしながら、他面からいえば布施が総てのギルド賦課金について標準を与え、一切の魯班社の経費は布施を準用して徴集するのが原則となっていた上に、魯班社の弁公費（事務局の費用）は布施から支出することになっていたから、実質上会費としての性格を帯びていたことも否定できない。この点は時代が下るにつれて会費的となる傾向を辿っているのであって、民国の章程では魯班廟の建築および設備に要する費用は社の義務負担とし、その多寡は舗戸人員の商議によって決定し、これを布施として徴集すべきことを規定している。これらの収入の保管および出納を当家会首に委ねてきたことは前に述べたが、民国の章程には魯班社の金をわたくしに借用することを厳禁する規定を設けているのであって、この金を貸付けて利息をとりギルド収入の一部にあてると同時に、その保全のため、あらゆる注意を払っていた様子が察知できる。

魯班社はその内部が複雑であるために、なるべく成文規約を作るようにしてきたのであって、「立社之規」（D6）は、魯班社とともに始まり、魯班社とともに移り変っていったわけであるが、その中で今日まで残っているものは、くりかえし引用した道光および民国の規約だけである。名称はそれぞれ「社規」（L6）「会規」（L7）となっている。内容は、道光九年社規は社規制定の由来・布施・祭祀・罰則から成り、一九四一年度の民国会規は祭祀・布施・営業規制・会計方法・罰則を含んでいる。社会規範としてはいずれも経営者の仲間的利益を守ろうとする階級的立場から、「共同体」的な結合を強化しようとする傾向が強い。しかも民国章程が、「共同体」の圧力によって、ギルド員以外の外来の同業者に対し、ギルドの意志を一方的に強制する規定を掲げたことは、社会規範の限界を考える上で留意すべき点である。こうしたねらいを持つ成文規約が、どれだけ実効をもち得たかは問題であり、それも階層により、ギルド員・会首またはギルド外の別によって、受け取りかたも違うことであろう。むろん規約自身の中にこれに強制力を賦与するような規定が含まれているのであって、道光規約には社規を捉敬させ規定を厳守させる努力を強調した上、違反者については「社中公議」（輿論による圧迫）・罰金規定・解雇追放・「挙官究治」（官憲司直の後援）などの方法に訴えてでも服従させるといって、百パーセントの実効を期待しているし、民国会規においても罰金・追放その他の公罰をもって臨んでいる。しかもこれらの「條例」が「永遠不朽」に行わるべくもないことはあまりにも明瞭であり、社規の実効は社規自身の力を離れて、魯班社の歴史の流れによって決定されていたのである。

魯班社をもって混合ギルドと規定し得るゆえんは、その構成員が別に組織された多くのギルドに分属するとはいえ、舗戸人員が魯班社のギルド員であり、その共同体として魯班社が成立していること、会首は個別化されたギルドの会首ではなくて魯班社の会首であり、魯班社の事業はそのギルド員が分属している各ギルドとは関係なしに、魯班社が直接、経営者の共同の利益を擁護する上に必要な問題をとりあげて、集団的利己主義を発揮している点に見られるわけである。すなわち魯班社は明らかに一個のギルドを成しており、単なるギルド連合ではない。その構成員には多くの職業や階層を包括しているのであって、経営形態からいえば仲買店・商業資本の所有する仕事場・舗長の個人経営にかかわる手工業・独立職人の仕事場などにわたっているし、生産関係からいえば、経営者と工人が共に含まれている。同郷性宗教性地域性のいずれをとりあげても、多くの内的差異が見出されるのであるが、同時に共通性も豊かに含まれ、社会紐帯全体としては魯班社は総合される可能性と、各ギルドに分離する可能性を同時に含んでいたのである。これがために単純なギルドとしての初期魯班社が解体されて、それぞれの特殊性を生かし得るように個別化された各ギルドの成立となったわけであるが、それと同時に全体としての経営者の共同体を強化する必要もあったので、魯班社は混合ギルドとして再発足したものと考えられる。魯班社が工人に対立する経営者ギルドであることは明瞭であるが、その中に含まれている木石泥匠などの独立職人の存在によって、商業資本ギルドに比べれば幅のある行きかたをしている点でも混合ギルドの特質を示し、舗長共同体となっているのである。魯班社はその内部が複雑であるだけに、「共同体」としての擬制を確立することにはかなり注意を払っていたようである。会員大会は翼賛機関として一応権威を持ち、会首も経営者間の比較的平等な輪流に委ねられていたのであり、特に各ギルド間の均衡と会首制度における複雑な協力体制は、混合ギルドらしい特色といってよいものである。

それにしても魯班社は事業や経済の上から考えても、その組織の場合と同じように、経営者の利益を代表している点では極めて露骨な態度をとっているが、それで押しきれるか否かは大きな問題だといわねばならない。同じ経営者といっても利害関係を異にする独立職人の発言が、どこまで魯班社を動かし得るかによって外工・泥行などの職人ギルドの帰趨が変ってゆくわけであるし、単純な雇傭関係にある工人と徒弟とは身股制の保証もなく、したがって利害の対立・矛盾は極めて鮮明であったから、外工泥行以外でも独立職人とともに魯班社に対抗する職人ギルドを打出してゆくことが必至の状勢になっていた。ただ、犠牲にされ勝ちであった工人が、老師傅のみのギルドを個別的に組織しただけで、その全体を統一した魯班工人ギルドを結成し得なかったのは何故であろうか？　それには魯班社が少くとも表面的には諸業を包容する混合ギルドで、商業資本ギルドとは同一に論ぜられない点もあるし、またそれが魯班に対する信仰という魔術で胡麻化され支援されて、工人たちの祖師への異常な――祖師信仰の中でも、木匠等のそれは今日でも抜群である――敬愛により、階級関係の焦点がはぐらかされてしまったことも、大きな理由となっていたろう。単一生産という仕事の内容から、大工左官の類は職人の中でも近代化の線から最もはずれた存在であり、封建的なボスの支配力は圧倒的で、いわゆる土建業特有の後進性の故に、木石泥匠の工人が抜き難い隷属的な性格をもちつづけていたことにもその原因が求められる。職人ギルドは、工頭と工人が同じ階層に属するものとして共同体的な関連の下に結び合された時に生れ、そのどちらを欠いても職人ギルドを成立さすことは不可能であった。にもかかわらず、外工などの工頭は老師傅に結びつくのではなく、経営者的な立場に立って、工人の労働條件を規制するのにいそがしく、魯班社としてのつながりが工人に対する利害関係より優先しているように思いつめていたという事情が、第一に考慮されねばならないであろう。工人は独立職人と統一戦線を張ることができず、工頭の中に全職人のギルドを結成することをのぞまない分子が含まれていたから、魯班工人ギルドの成立する地盤はなかった訳で、せいぜい魯班社の中にそうした要求をもり込むという幻想によって、自己満足を覚える程度に止まったわけである。

註

1 東亜同文書院編、支那省別全誌十七巻・山西省には、山貨行を木材店と誤っている。頁七四四。

2 帰綏道志巻廿二、賽社、帰化城外小社行の中に、山貨行をあげ、「盆碗笤箒等類」と説明している。

3 綏遠通志巻一〇八、商業一、各県商業概況、帰綏県の末尾に商会参加二十九行をあげている。

4 厚和鎮は日本軍の占領期間、厚和市公署の下におかれた地方自治体で、帰綏の新旧城と車站（駅附近地区）を含む市街地区を管轄している。

5 油漆公会については、本章第一節においてのべた。なお、油漆業は家屋にペンキを塗るもので、事変前から魯班社に加入している（D18 D19）。したがってこれを魯班社参加のギルドの一つとしてとりあげる必要があるが、呉真社において説明したので便宜上重複をさけた。

6 綏遠通志巻一〇八、商業一、各県商業概況、帰綏県木石業。

7 帰綏道志巻廿二、賽社帰化城外小社行には魯班社に対して、泥木石匠という説明をあたえているが、正確な註釈とは言えない。

8 帰綏識略巻十八、賽社六月の項下に「十七・八・九日誠意社在リ延寿寺前ニ魯班社在リ魯般廟ニ」とある。魯班社の前に「十九、廿、廿一日」と挿入すべきところであろう。又帰綏道志巻廿二賽社にも識略と同じ文が掲載されている。

9 綏遠のような寒冷地では、屋内作業と屋外作業で労働日の開きが大きく、また作業の性質によっても、仕事のできない期間の長短に大きな差異がある。

10 詳細な説明は魯班社経済のところで行う。

11 皮筏は獣皮等を輸送するために、獣皮の浮力を利用して組まれたもの。詳細は本書の続篇におさめる予定の「南海子」実態調査報告中の「黄河上流の水運」に譲りたい。

第二項　麻縄職人と公議社（註1）

麻縄の製造販売業者である蔴線舗は、商業資本側の力を結集するために、彼らのギルド「蔴線行」を組織している（B4）。しかし蔴線舗は魯班社に属している内工の一部分であるために、そのギルド活動もおおむね魯班社の盛名の中に没せられ、今日では木器製造業組合の中に包括されているので、目立たない存在として終始しているのである（註2）。一方、蔴縄職人は魯班社等の保護を受けることができなかったので、その老師傅だけの職人ギルド「公議社」を組織し、蔴線行とは対立関係に立って活動したわけである。公議社の創立年代は明白でないが、嘉慶二十二年以来（E51）、道光同治光緒を経て民国十四年に到るまで（E121）、比較的多くの記録を残しており、今日もなお存続している職人ギルドである。

綏遠通志によると、帰綏における蔴線舗は八軒あって、いずれも旧城に開設されているが、資本額は最高一千二百元にすぎず、手工業中の小商であると記されている（註3）。店舗とはいえ個人経営で財東もなく、職人あがりの成功者が、ささやかながら自已資本を投じて舗長となり、職人徒弟制度による仕事場を開いている状態である。職人の中のおもなものは独立職人であって、特定の経営に固定的に雇われているわけではなく、蔴線舗や一般官民の需要に応じて随時雇傭される以外は、自宅で麻縄を作っているのである。蔴線舗には通常一・二人の長工の老師傅も傭われているが、その賃金は出来高払制であって、麻縄一斤につき何銭（現在二角）という手間賃を支給されるのみである。原料は舗から渡されるが、生産要具は老師傅自身で所有しているものを使用する。雇傭期間中は舗内に居住するものが多いが、その場合でも食事は給与されず、身股はもちろん与えられていない。常傭職人のほかに短工が雇われている。麻縄舗は臨時職人的な條件で仕事場を一貫させているのであって、必要に応じて短工を採用したり解雇したりした。臨時職人となった者も下請のような形であり、平素は独立職人として生活を立てていたのである。蔴線舗は仕事場をなるべく小さくして、その生産を独立職人の下請に頼ろうとしたのであり、この仕事の技術的な事情から、こうした経営方針が要請されていた。右の仕事場の條件なら、店舗に出て働いても、家に仕事を持ち帰っても、どちらでも差支えないわけでいわば臨時職人と独立職人との差別は労働する場所が違うだけであった。

徒弟制度では封建的制約がかなりすたれている。弟子入の條件として舗保は要求されているが、同郷関係の限定はなく、舗長等に家族制度的な身分上の制約を強制されることもない。年期は三年で、その間仕事場の中に起居して、舗長の命令のまま生産に従事し、生活を送るのであるが、舗を辞めることは自由であるから、強制には自ら限度がある。その待遇は、舗自体が貧困なため、かなり酷いが、それでも食事のほかに小遣銭程度の手当も出ている。年間における休業日は新年の半箇月と節季の各一日だけだし、労働時間も随時夜間作業をまじえて苛酷にこき使われたのであるが、手工業一般の例と比べて特に待遇が悪かったとはいえない。

公議社の社会紐帯はきわめて簡単で、職人層の仲間的結合といえる。同業性という点では、独立職人も蔴線舗に雇われている職人も、仕事の手間賃だけで生活しているので、賃金引きあげのために団結して蔴線舗や一般顧客に当ろうとしていたのである。しかも職人の生活感情における共通性は、賃金に限らず、むしろ生活全般を貫いていたものとみて差支えあるまい。祖師魯班を信仰していることでも、それだけなら麻縄舗と一致しているのだが、舗長のギルドが魯班廟に帰依したのに対し、公議社は南茶坊祖師廟の魯班を祭っているのであって、祖師を受け取る気持に本質的な相違があったのであろうし、職人同志の宗教感情には互に強くかよい合うものがあったはずである。これ以外の條件を形式的抽象的にとりあげて見ると、社会集団の結合を強めるような要素はないわけで、同郷関係にしても、全くばらばらでまとまりがないし、地域的には旧城周辺の貧民窟に散在している職人をすべてギルドにだきとっているわけであって、帰綏市内の同業者だけに限定しようというような気持はもっていなかった。しかもこの点にこそ職人ギルドの前向きの姿勢を認めるべきであって、こうした土地からの解放はプロレタリアート発生の前提であり、一般に職人ギルドの場合には、同郷性や地域性で特権意識や排他的観念を植えつける必要がなかったことは、原則的にみとめ得るようである。

老師傅は全員ギルドに加入しており、かつ、平等な立場でその運営に当ったといわれている。「邀レ衆聚二公議一」（E32）と記されているように、大切な問題は全ギルド員（衆）が集って輿論に聞いた上で決定するたてまえであった。ギルドの実状は会員総会もほとんど開かれず、万事を値年に委任しているという状態であったが、それでも意志はよく疏通したといわれている。ギルドの役員にはギルドの衆の全員が平等にたずさわる仕組みになっていた。そのために一班六名の班を作ってギルド員全部をどこかの班に加入させ、各班が順番に交代で値年会首の任についたよしである。この一班の人数は時代によって異動があり、同治九年には四名になっていたが（E32）、当番制を徹底させていた点は興味が深い。ギルド員の総数は道光二年に三十二名であり（E70）、事変前に三十余名、今は十六名だといわれているが、こうした会員全体の名前を記録に残していることも、民主的な伝統を示すものであろう。

ギルドの主目的が、工賃の協定について、蘸線行と争うことにあった点はいうまでもない。共同体的な性格は助葬に現れているが、こうした相互扶助が、職人の気持を一つに結びつける上で重要な働きをなしていたことも否定できない。職人ギルドには彼らだけで互助的な助葬事業を営んでいた者が多いが、死後も共同体を持ちつづける気持があったからであろう。公議社も専有の義地を持っており、創置年代は不明であるが約二畝の面積がある。その上ギルド員が死亡した際には金を出しあって棺を買い、死後安らかに眠ることができるような保障を与えあっていたのであって、民国以来は二元づつ出す規矩となっているが、最近はインフレのために、葦しか買えぬ実情である。また葬式のときには会員中一名が埋葬に奉仕する規定もある。義地・施棺・擡埋がそろっているので、死後については最少限の満足が保証されていた訳になる。職人ギルドが祭祀にはげんだのも共同の福祉を増進する気持からであるが、歴史的記録による限り、公議社は宗教ギルドと見まがうほど、この方面に力を入れているのである。祖師廟の東の一間には魯班が祭られているが、その祭壇は公議社が用意したもので、総ての祭具に社名が入っている。嘉慶二十二年に掲げた匾額には「巧奪天工」（E51）と題してあって祖師に対する気持を表わしている。毎年三月二十日の魯班の誕生日を期して挙行された公議社の大祭は、民国初年までつづけられたわけであるが、儀式はなかなか盛大であって焼香の焔は高くまい上り、奉納の演劇は多くの人をひきつけたという。今でも小規模な祭典は行われている由であるが、帰綏識略等には三月二十一・二・三日に賽社を行ったと記しており、日取の点はいずれとも断定を下し兼ねる（註4）。公議社と祖師廟の関係について述べるならば、第十四節に記しておいたように、この祖師廟はもともと魯班廟であったわけであるから、公議社は金炉社の驥尾に附して魯班を祭っていたものと思われる。しかるに嘉慶十七年頃から金炉社の祖師に変動が起って老子を第一に奉ずることとなり、それにつれて祖師廟も老子を主とするようになった。自然の勢として祖師廟の魯班は公議社が引き受けることになり、魯班に奉仕する上で、ギルドの責任は非常に重くなった。右に記した嘉慶二十二年の匾額もその反映である。公議社は祖師廟の「経理」の一にあげられ、その修繕等のためには他の三団体とともに道光六年（E72）十年（E77）同治八年（E32）民国十四年（E121）を通じて常に世話をやいているし、同じく右の各社とともに香炉の献納（E128）を行ったりしている。したがってギルドの祭祀についていえば、麻縄業の労資両ギルドは二百年にわたって同じ祖師を別々の廟で互に独立した祭典を競いながら祭ってきたことになるわけである。公議社の慈善事業としては、祖師廟に全力をあげているのであって、これに接続する瘟神廟（E29 E33）に寄附したのを別とすれば、玉皇閣（C57 C69）の「助善」となったのが唯一の例外である。この点も職人ギルド的な行きかたの特色を示しているわけで、祖師と純粋な関係を保つためには、それ以外の神威に期待することを、潔しとしなかったものと考えられるのである。

祖師廟との関係が深まるにつれ、その廂房を公議社の公所として利用することになり、道光元年に厨房の修築を行っている（E56）。その後も社房の修理を行ったが、今日では使用されておらず、事務所としては会首の家を随時利用するという。また成文の章程もない由である。

註 1　公議社は公義社とも記されている。たとえば同治九年の祖師廟重修碑に、題と本文には公議社と記し、経理人の項と寄附金額の場所では公義社となっている（E32）。両者共に嘉慶以来並び行われているが、公議が多く用いられているので、これを正しい文字と仮定し、本節ではこれに統一しておく。

2　木器製造業組合は「内工」が軽工業組合に改組されたもので、官から配給された章程を持つ擬装ギルドである。

3　綏遠通志巻一〇八、商業一、各県商業概況、帰綏県蔴縄業。

4　帰綏識略巻十八、賽社三月。なお帰綏道志巻廿二には三月廿一・二・三・四となっているが、四は日の誤りであろう。

第三項　米袋職人と徳先社

口袋は穀物入れに使用する、丈夫な木綿また羊皮で造った袋で、持ち運びに便利になっているので、穀物を市場や納税に向ける際に、好んで用いられている。穀物であれば正確に五斗入れることができ、つぶせば小さい敷物や信玄袋として利用できる。莫大な需要がある上に、毛皮はもとより、布でも極めて丈夫なものが必要なため、縫合に専門技術を要するので、農家の手で自給することは困難であり、内工の一種である手工業が成り立っている。しかしその生産はほとんど独立職人の手によって営まれているわけで、彼等は口袋舗でも働くけれども、普通は仕事にあぶれて自分の家に帰ってその製作を行い、みずから販売と修理のために市中や郷村をかけまわって暮すのであって、そのなかばは農家の子弟が都市の口袋舗の徒弟となって習い覚えた技術を生かしているのである（註1）。

徳先社（Q3　Q5　Q6）或は徳先平安社（Q11　Q17　Q24）は、口袋職人のギルドであるといわれ、嘉慶十九年（Q11）から同治二年（Q24）までの間に、多くの記録を西茶坊廟に残している。ギルド員は七十名から九十名までで、そのうちに舗戸を含まない、純然たる職人だけのギルドである（Q11　Q24）。会首の制度も明らかでないが、組織はギルド員全体の手で動かす体制であったと思われる。関帝を祭神としていたことは、関帝殿にかかげた匾額に「万古英風」（Q11）「義貫古今」（Q17）「乾坤正気」（Q24）等と題していることによって察せられるのである。関帝廟ではその経理の一として、咸豊九年の修築等に当っている（Q5　Q6）。その他廟内の三官廟創建に助力した例もあるが（Q3）、慈善の形態としては、職人ギルドの特色を示しているものと評すべきである。

註1　口袋が漕運の際のトリックの対象となつた事情については、大清実録四三・道光三年十月巳巳の条に記述があり、穀物は原則として口袋に入れられていた様子である。

第八章　牧業ギルド

中国では牧畜業はかなり盛であったが、その多くは遊牧という形態をとっていたために自然に支配され易く、一朝にして家畜の大半が死亡するような破目になったりして、賽の河原に石を積むという感が深かった。内蒙古では駱駝・馬・羊などの牧畜が盛であるが、その多くは遊牧であったため、拡大再生産の確実な基礎を築くことは期待できなかった。同じ牧畜といっても、ヨーロッパでは農牧を一体とする家畜の飼育であり、高い労働の生産性の源泉となっていたわけで、牧畜業の形態の相違が、近代社会を生み出して行く場合に、東西洋の運命を分つ一つの要素になったといわれている(註1)。勿論中国でも家畜を飼育する業者が無かったわけではない。これから述べようとする京羊荘もその一つであって、飼育であるために巨大な富を蓄積することもできたし、それが手工業的な生産様式の下において行われていたので、かなり労働の生産性も高かったのである。しかし何といっても都市の金持を相手にした企業であり、国民大衆の生活に食い入ったものではなかったので、農牧一体の形で農業生産に貢献することができなかったし、大衆の購買力によって支えられ、再生産の基礎をうることができなかったので、原料購入や販路の面で遠距離商業に頼ることになって、そのために企業自体が巨大な商業資本の直接的な支配下におかれることになってしまった。すなわち、せっかくの飼育にもかかわらず、これを大衆のものとすることができなかったために、アジア的な牧畜業の枠を越え得ないで終ったのである。

張旺漢氏は京羊荘「三丁房」で多年老師傅をつとめた当年七十五才の古老である。回教徒の中の顔役である王有恒氏が、その仲間である張氏に連絡して下さったので、職人側から見た京羊莊について、正確な報告を得ることができた。以下は張氏の話を整理したものであるが、牧畜業は手工業と本質的には相違するところがないというのがわたしの印象である。京羊莊では商業資本が漢回の対立を利用することによって、その独占利潤を維持するのに成功している。この点では、手工業でもあまり類がないと言い得るが、それも相対的な差異にすぎない様に思われる。もっとも京羊莊だけで牧業ギルド全体を割切って考えることはさけねばならない。

帰綏の牧畜業はもともと回教徒の独占する所であって、帰綏に羊肉を供給するため、羊の飼育を行っていたのだという。ところで京羊莊のギルド福隆社は最初から漢人ギルドであるから、羊の飼育場が漢人資本の支配する仕事場に切替えられたのち、商業資本家たちによって組織されたものと考えざるを得ない。福隆社の成立は道光廿二年であるから（N9）、阿片戦争の直前に商業資本の職場所有制が支配的となっているわけであり、中国の自生的な近代化の道が閉されるとともに外国の干渉戦争が始まったことを物語る一例である。「福隆社」の名称は、道光（N19）咸豊（N15　N5）同治（N20）光緒（N10　N13）を通じて行われているが、福隆京羊社（N5）福隆羊社（註2）などと呼ぶ例も見出されるのである。京羊莊はこの間を通じて水ぶくれ的な富を握っていたが、民国初年の外蒙独立で羊の供給源を失ったのでたちまち瓦解し、業者は相ついで閉店してギルドも解消したという話である。

綏遠通志によれば、京羊莊は蒙古および西北貿易によって帰綏に流入した羊を、大量に買いしめたのであって、常に二十余万頭を飼育しており、清代には巨商の一に数えられていたのである（註3）。蒙古高原から輸入された羊のほか、帰化城の羊橋その他でもなるべく痩せた羊を安く買入れ、これを郊外の牧場で飼い、穀物を与え、しかも運動させないようにして、ブクブク太らせるのがその牧業の内容であった。こうして目方にして約倍に肥った頃、京津方面に供給したのであるが、北京の徳勝門外馬店街に軒をつらねている羊莊がその直接的な買客であった。

京羊荘の構成は経営を担当する賬房と、実際に羊の世話をする工房から成り、両者の間には截然と一線がひかれていて、全く別世界といってよかった。賬房側としては経理夥計学徒を含む従業員と、財東とがあって、身股財股などの問題も普通の商工業の場合と同様である。また徒弟には同郷人しかとらなかったので、すべて山西出身者であったわけである。一方工房の牧人は全部回民であり、単純な長工として雇われている牧場勤務の職人であった。京羊荘には普通三名の「頭児」がおり、一名の頭児には十名の「活養的」が配せられ、一人の活養的で約三百頭の羊の世話を引受けた。したがって三名の頭児で羊一万頭の世話ができたのである。活養的の見習生として、その下働きに従った「下苦力」が置かれていたが、これは十名以下の荘が多かった。ほかに大師傅（コック）などがあり、これも皆回民である。牧人の待遇は極めて低く、頭児は工頭で年額六十ないし七十両、活養的は老師傅で年俸約二十両、下苦力は徒弟で約十両の給与であり、身股は頭児にも与えられていなかった。いずれも住込みで食事は店舗が持ったのであるが、それだけ労働條件も無制約となり勝ちであった。工房はいかなる意味においても経営とは結びつくところがなく、また独立職人への道も開かれていなかったから、収入は巨大な商業資本の圧倒的な力に押えつけられて、みじめな生活状態をつづけることになったわけである。

福隆社は京羊荘の全体が加わった共同体ではなく、その中の巨大な数家だけで構成したギルドであった点も見のがしてはならない。民国元年当時は三丁房・協盛公・協盛玉・元盛泰・天義徳・協和義の六軒で作っていたのであるが、この六つの京羊荘はいずれも三万頭前後の羊を養う大経営であり、他の群小業者とは段違いの企業規模を誇っていたという。歴史的に遡ってみると、光緒三年には六経営（N10)、道光廿六年には四経営（N9）で構成し、それ以前は回教徒の工房だけが活動していた時期で、ギルドを成すだけの大企業が無かったものと思われる。この数少い京羊荘がギルド員すなわち「衆」（N10）であって、衆の相談によってギルドの運営が進められたわけである（N10)。その中の二軒づつが輪流で「社首」（N5　N12）となり、一年交代で会務を直接担当する習慣であった。社会集団の基礎は極めて固く、大牧業資本の共同体としてまとまっていたのであるが、その上これを補強して行くために、いろいろな仲間性を巧みに設定していた。たとえば、同郷関係によってギルドを固めたのは、工房を押えるために山西幇と回幇の対立を利用して、暖房側全体の仲間性を強調することにねらいがあった。また、郷村の小牧畜業者に対する排異から、地域的には旧城の京羊荘に限ってギルド加入を認め（その牧場が郷村にあることは考慮の外においている）、宗教的にも北茶坊三賢廟に集ってその神威と取引したのであった。ギルドがこのようなすっきりした共同体にまとまったことは稀有な場合だといって差支えないが、それだけに職人側は手も足も出なかったわけで、職人ギルドを作る可能性は全くなかった。

ギルドの事業は、記録が少い上に、応答者が牧人側だけからしか得られなかったため、詳細な点はわからない。祭祀としては、四月中に三日間北茶坊において賽社を行ったというが、帰綏識略（註2）等にも同様にみえている。北茶坊三賢廟とは、福隆社の結成と同時に関係をもったのであるが、その後も福興社と共同で、経費を折半して建増や（N9）修繕（N10）を続けている。三賢廟のほか、同じ北茶坊廟を構成する関帝廟（N11　N12　N15）大仙廟（N13）の修築を援助しているが、このほうはあまり熱心でなく、善挙といってもおつきあいの程度に過ぎない。

註
1　大塚久雄「生産力における東洋と西洋」（近代資本主義の系譜所収）。
2　帰綏識略巻十八、賽社四月。帰綏道志巻廿二風土。
3　綏遠通志巻一〇八、商業、序。

第九章　サービス業ギルド

バーヂェス氏 J.S.Burgess は北京のギルドについて調査を行った際、プロフェッショナルギルド the professional guild の範疇に属する一連の業者すなわち製造品を作るのではなく、彼らのサービスを売る俳優・理髪師・物語り師・盲人遊吟師に関して興味ある敍述を残している（The guilds of peking, New York 1928）。しかしプロフェッショナルという言葉は、必ずしも右の範疇を代表する用語として適当でないし、またバーヂェス氏以外には右のような用法に使用している人はいないと思われるので、本書ではわかり易いようにサービス業ギルドという名称を用いることにした。ところでこのギルドはバーヂェス氏が述べているように手工業ギルド the craft guild の一種ともいい得るのであって、帰綏では理髪師・賭博師・俳優・武術師（輸送保護業）などのサービス業者が見出されるが、その店舗構成や職人徒弟制度においては、手工業と特に区別しなければならない点は見当らないのである。しかし手工業ギルドと相違する点はもちろんあるわけで、それが単に製造品の有無ということだけではなく、程度はいろいろであるが、とにかくこのギルドが都市と言う地域性の枠を乗越えて地方的または全国的な規模で結成されていることと、商業資本側のギルドに対立する職人だけのギルド the yeoman gild, Journeymen's society の成立を見ていないことが、手工業とサービス業とを分つゆえんとなっている。しかもこの異同の三点は商業ギルド特にその分派である輸送業ギルドと一派相通ずるところがある。サービス業が商業的性格をもっていることから来るのであろうが、それだけに手工業よりも後進的で、仕事が寄生的であり、封建制の根強いことは目立つ点である。

応答者

(1)理髪師と浄髪社。
王翰臣氏　長盛永理髪館舗長。理髪業同業組合長。渾源県出身。

(2)賭博師と長壽社・長壽平安社。
呂星五氏　厚和市倶楽部総務部長、興亜合作社々長。なお倶楽部と言うのは一九四四年から五年にかけて現地政府が公認していた賭博場である。

(3)武術師（鏢局）
陳栄祥氏　徳勝鏢局鏢師。

第一節　理髪師と浄髪社

帰綏に理髪業者が居を構えたのは、聚落成立の当初に遡ると考えられるが、そのギルド浄髪社の沿革については、ギルド自身が道光十一年に作成した記述によると、康熙年間に祖師である羅真人の神位を南茶坊関帝廟内に安置し、これを中心とするあつまりが自然に生れてきたところから始まって、雍正年間には独立の祖師殿を関帝廟内に建設し、そのギルドが「浄髪社」をなのって正式に発足したということである（E24）。同様な記事は光緒年間の碑文にも見出すことができるのであって（E34）、この伝説が年代的に正確であるか否かは保障の限りでないけれども、羅祖廟とともに逐次発展していったという事情を、ギルド人が無理なく受け入れていたことは疑いない。浄髪社の活動を伝える確実な記録としては、乾隆卅二年（E12）卅六年（E14）四十九年（E21）六十年（E45）等に残した足跡が早いほうであって、その後清末まで、一弛一張をくり返している(E33)。民国以後は理髪公会と改称しているが、普通の商工業者でないために継子扱いをうけ、一九三五年当時でも帰綏市商会とは関係のない、孤立した公会となっていた(註1)。一九三九年に改組して理髪組合となり、市商会に参加したが、調査当時、その親日的な空気は帰綏の他ギルドには見られないところであった。

帰綏道志が浄髪社を剃頭の行と説明しているように(註2)、清朝時代には頭をそり、弁髪を整えることが、「浄髪」の内容であったわけである。それが「理髪」公会の時代になると、洋式理髪(女子の美容を含む)を主とするようになり、技術的な内容はすっかり変化している。しかし店舗の構成は舗長の経営する手工業であって清代と同じ組立になっているし、業界で多数を占める独立職人が、店舗に協力するかあるいは流しの散髪屋として街頭に出ているといったような事情も変らないのであって、理髪屋仲間の社会構成の点からいえば、浄髪も理髪も一貫したものとして取上げねばならない。

聴取によると、徒弟制度はかなり厳重である。徒弟に採用される者は舗長の郷里の子弟に限られていたのであって、この原則は近来は必ずしも厳重に固執されていないけれども、村落における封建関係が、そのままギルドに持ちこまれる傾向が解消するには至っていない。年齢は十三才から十六才までで、舗保あるいは個人的な保証人(人保)を必要とする。入門の当日、祖師と舗長とに叩頭の礼を行っているし、入門後における日常生活でも、家族制度の擬制は略完全に行われていて、食事の作法や朝晩の挨拶はもとよりのこと、舗長が死亡したような場合には、子としての喪に服するのであった。ただし近来は家族制度から派生して来る義務(例えば服喪)を守るか否かは本人の自由意志に委すようになってきた。労働日としては新年に五日、各節期に一日づつの休業があるだけで、晝夜勤務し、衣食の給与を受けるだけで俸給はない。徒弟期間は家によって同一ではなく、三年半と四年の二種類に分れている。年期を完金につとめさすという点では全く強制的で、万一中途でやめる者があれば、それまでに徒弟のためにつかった衣食の費用を弁償させた。「一人前に役立つ頃になって逃げられてはたまらない」というのが店舗側の言い分であるが、一人前の労働力をただで期限一ぱい使うのが徒弟制度だという主張を、何の疑いも持たずに表明していることになろう。もっとも年期の強制も今日では守れなくなっている。年期が終れば、優秀な者は老師傅として採用されるが、その保証はもとより無い。ギルドの徒弟管理は教育の面において厳重であったといわれているが、その余波は現在の組合の章程（L8）に及んでいるのであって、ギルドの目的の一つとして徒弟の教養を高めることをうたっており（第三條第四項）、その目的を達成するために公会に全徒弟の名簿を備えつけて（第五條第三項および第廿四條）、研究会講習会を開いて徒弟を参加させているのである（第廿條）。教育といっても技術の練磨に主眼がおかれているのであって、舗長としても技能的に優れた職人を擁していることが、顧客を引きつけるためには不可欠な條件であったから、徒弟教育を厳重にすることが雇傭者側の利益になったことはもちろんであるが、それを個々の理髪館に任しておかずにギルドが直接管理に乗り出したことは、仲間的利益の追究がギルドによる強制力を必要とする段階にきていたことを物語るものである。老師傅の大半は独立職人であることをたてまえとしているのであって、籠に収めた七つ道具を天秤棒でかついで町や村を流して歩く旅鳥の生活を続け、ときには他人の経営する理髪館に場所を借りて歩を止めることもあるが、後者の場合でも舗とは単純な協力関係にあるだけで、各人は自分の担当した理髪に対し、その料金およびチップの六割を報酬として受取るのであるから、一種の出来高払賃金制による短工といえよう。もちろんこの他には何等の給与もなく、食事も住居も提供されていない。大きな店舗では一・二人の職人が常傭となっているのであって、これは舗長の身分的な支配下にある普通の長工または短工である。舗長はいずれも老師傅出身で、資力ある者が理髪館を開いたわけである。舗長は舗全体の一切に対する責任を引受けねばならないのであった。これは家族制度における家父長の責任からきているのであって、組合章程にも同業組合の会費などについては、従業員の分までも舗長が責任をもってまとめる義務を規定しているほどである（卅六條）。舗長以外に出資者はなく、財股身股などは一切設けられていない。理髪館という営業の性質上、大量生産ができない上に、需要から言っても隣近所の顧客を集めるために小企業が一定の間隔を以て散在することが望ましく、大資本が支配に乗出す余地は余りなかったと言ってよい。理髪業は吳真社などのような舗長経営の手工業と構造を一にするものであり、仕事場としては徒弟の搾取の上に成立っていたので、後進的な性格が強かった。

浄髪社が舗長を基盤とする社会集団となったことは、以上の経過からいって自然の帰趨であるが、その下に理髪業全体を結び合せることは、かなり困難であった。同業関係といってもそこには舗長・独立職人・職人の三巴の対抗があり、賃金（手間賃）をめぐって利害の衝突が避けられなかった。もっとも反面においては相補的な点もあり、舗長を中心にいえば流しの業者とは協定によって理髪料引上げなどで共同する余地が高く、短工的独立職人とはもちつ持たれつの連関性があり、常傭人や徒弟は独立職人と互に牽制し合うことで、皆の労働條件を引下げることに奉仕してきた。舗長としてはギルドを一本にまとめてゆくために、相当技巧を必要としたのであり、宗教などが巧みに利用されたのである。理髪業者の羅祖信仰は相当徹底したものであるが、これを「菩薩道」（E34）、すなわち仏教と呼んでいるのであって、ギルドの最大の支柱となっていたのである。ただ個々の従業員の信仰は必ずしも祖師につながっているとは限らないのであって、ドン底生活にあえぐ職人にとっては希望がかなえられるときには羅祖に強く結ばれ、ギルドの権威も確立するが、それがはずれると羅祖を見すててしまうわけであって、今日では一貫道などの秘密結社的類似宗教に入る者が少くないし、天主教および基督教徒も（新教）総数の約二％に達している。同郷関係もギルドの結束に貢献してきたのであって、かつては山西帮としての仲間意識が強かったというが、今では一部分は土着化して帮意識を失い、また新たに河北省出身者の流入を許したので、非山西人が四割を占めるほどになってしまった。更にどの地域の同業を結集してギルドを造るかも苦心の存したところであって、原則として、帰化庁（県）全体の理髮業者を傘下におさめている。そのことは光緒十二年碑に「闔郡の同業が同心共力して社を組織した」（E34）とみえているし、現在の章程にも厚和市（帰綏県）全体の地区をもって管轄の範囲とすると記されているのであって（第二條）、城内と郷村を含めた、全帰綏県に属する同業者を包括していることは、手工業ギルドにはみられない特色である。独立職人が郷村を歩き廻る点では手工業も同じであるが、手工業は生産物から離れられないので、都市の生産力によって価格や手間賃を割切って考えることができるのに反し、サービス業は無形の商品を売って歩き、人口の点からも郷村の比重はすこぶる高いので、郷村の同業者を仮想敵に廻して都市の同業者を結束さす様な芸当は不可能となって来る。むしろ県全体を対象とする組織を考えたほうが、県外の同業者との対抗によってギルドの結束をうながすという点からも、意味を持っている。しかし一面からいうと、店舗を構えている市内の理髮館にとっては、郷村に根拠地をもっている独立職人が市内に流入して顧客をうばってしまうことは直接ひびく問題であるが、ギルドを拡げて全県的な組織にしたときにはこれを阻止できないので、帰綏の都市地域だけのギルドを作ろうという考が起り得たはずであるし、都市に住む独立職人にしても自分達が貧しい農村におしかけてゆくことよりも、農村から流入する商売仇を排除したほうが賢明だという考えになるのも当然である。こうした要求を満足さすためには都市の同業者だけを結集して商工ギルド型の体制を作ることが必要となって来るわけである。この互に矛盾する二つの要求をともに満足させて行くために、淨髮社は二重組織をもつギルド構成をとって来たのであって、闔郡といっても実際の問題としては、先ず帰化城と綏遠城の業者だけで組織を作って、闔郡淨髮社の第一次的な組織とし、これをギルドの主力としている。この体制に呼応して、互に肩をならべる団体で、闔郡淨髮の部分ギルドとなっている淨髮社が、県下の町村にそれぞれ組織されたのであって、畢克齊などに設けられた淨髮社は部分ギルドの一例である。県内全体の理髪業者が組織しているギルドが「閤郡浄髪社」の第二次的組織であって、部分ギルドの会員が帰綏の淨髪社に加入し、これに包攝された構成をとっているわけである。たとえば畢克齊の理髪業者は、畢克齊淨髪社には第一次的会員として参加しているが、同時に閤郡淨髪社にも参加しているのであって、この場合には自然第二次的会員ということになり、あまり発言権をもたないわけである。閤郡淨髪社の構成からいえば、帰綏市内にある業者だけが閤郡淨髪社を第一次的に組織しているのであって、彼らにとっては閤郡淨髪社が唯一の組織であるから、第一次的会員としての資格を持つことになり、郷村の同人よりも優越した特権を振い得たのに対し、第二次的会員はギルドの主体というよりもその支配の客体という面ばかりが強調される結果になっている（註3）。この二重体制は現在の章程でも採用されているのであって、帰化城および綏遠城内の同業者は支部を作らずに直接「厚和市理髪組合」を組織しているのに対し、県下の主要な町村には支部を設け、郷鎭の同業者は支部を通じて本部に加入する規定になっている（第四條）。畢克齊支部の例でみると、支部は本部とは不則不離の関係に立っている実状である。

聴取によると、ギルドは店舗によって構成され、具体的には舗長が会員であった。店舗従業員の中の老師傅と、流しの理髪屋とは「如会」であって会員ではないし、徒弟は如会とも認められなかったよしである。これを章程に照合してみると、理髪営業者は正組合員、理髪技術者は準組合員とし（第二條）、徒弟はさらに別扱いにし（第三・五・廿條）、流しの理髪屋は技術者のうちに含ませている。従って公会規定にいうところの営業者・技術者・正組合員・準組合員は、聴取における舗長・老師傅・会員・如会に相当し、公会規約の方は日本軍占領下にあったため、日本式漢語を使用していたものと考えられる。記録をたどってゆくと、かなり遡った時代においてもこの二種の区別は見出されるのであって、例えば道光十一年（Ｅ24）および光緒十二年（Ｅ34）の記録には、「合社舗戸」として分類され一〇

○堂」の名をもって現われてくる店舗名と、「合社人名」として分類された従業員及び流しの業者と思われる人名とを、それぞれ区別して掲げているし、会費にも舗戸と衆姓人名の別を設けているのである。現行章程においても、正組合員だけが真の会員としての権利義務を享有しているのであって、入退会・議決方法・事業・会費などの條項を見ると、理髪組合が舗長の組合であり、共同体の看板の下に、実際は舗長の利益を擁護することに汲々としていた事情が、種々の面から指摘できるのである。

会員（舗戸・正組合員）は会員総会と役員を通じて、ギルドに接触してきた。会員総会には如会（衆姓人名・准組合員）の参加も認めていたが、道光・光緒の例に従えば、衆姓人名は役員から報告を受け、協同を強いられるだけで、積極的に意見を開陳することさえできなかった（E24　E34）。現章程では、大会に準組合員は參加し得るが、出席した準組合員の意志は、舗長の手を通じて発表してもらうことになっている。職人を雇傭している正組合員は、部下の職人の意志をとりつぐ義務を負っていたが（第十四條）、独立職人については、正組合員のうちで特に厚意的に代理発言を引受けてくれるものがあれば、これを通じて議事に參加し得るというだけで、権利としては何も認められていなかった。古いところでも大会が会員および如会の負担に関して開かれた例があるが（E24　E34）、現章程によれば年一回一月に定期総会を開き、前年度の事業および会計報告をうけ、新年度の営業時間、料金・休日などの営業規制、組合の事業費・事務費などの予算、規約・職員聘任などの決定と、役員改選を行うことになっている。また必要に応じて臨時大会も開き得るし、会員には組合に備え付けているはずの各種帳簿の閲覧権を通じて、監察権も与えられている（第七・十二・十三・三十七・四十・四十六の各條）。なお規約にははっきり示すことは憚かられているが、ここで会員というときには一応第一次的会員だけを指すのであって、特に必要が生じた場合に限り、第二次的会員をも前者に準じた條件のもとに招請したといわれている。

役員は糾首（E60　E61　E34）と呼ばれている。正会員が交代でその地位につき、毎年「廟会」を以て任期満了となったのであって、「輪流」は公平・平等に行われていたよしである。道光四年に六名（E60　E61）、光緒十二年には七名（E34）の糾首を出している。組合では正副組合長と董事七名が大会において無記名投票により選ばれる規定になっているが、昔からの慣例に従って被選挙権は正会員に限ってこれを認め、準会員には選挙権だけを与えているのが実状である。しかもこれはギルド以来の不文律だから、自明のこととして規約にも示さなかったのだといわれている。なお章程には、組合長は組合員全体を統括し、董事は重要事務に参与し、役員会は総会の準備・組合員の制裁・臨時会費の徴収・慶弔表彰の決定などを行うことを規定している（第六・七・八・十・十三・三十四・四十二・四十四の各條）。

ギルドの事業として第一にあげねばならないのは、営業規制に関する事項であって、その立場は舗長の仲間的利益を守ろうとする線で一貫している。その前提として営業の独占権 Zunftbann がギルドにあることを主張しているのであって、これにはギルド員でないものがギルドの承認なしに理髪業に従事するのを許さないという実績を保証するために、同業全体のギルド加入を強制している。加入強制権 Zunftzwang の規定は、現章程にもその條項を加えているほどである（第三十條）。ギルド内部に対しては、まず業者間の競争を防止する必要があり、理髪館の新開業は実際上ギルドの承認がなければできなかったと言われている。章程のうちに定められている條項としては、理髪料金・休日制度及び営業時間について協定を行ったほか（第十七條）、他の理髪館に雇われている老師傅の引抜きを禁止し、その店の承認があった場合に限ってトレードを認めることにしているのは（第二十二條）注目すべき規定であって、職人の手間賃を釘付けにするため、舗長の共同を要請したわけである。また、章程には老師傅と徒弟の管理を厳重にすべきことを規定しているのであって、彼らの教養および技術を向上さすために、特に「教育董事」を任命して訓練に当らせ（第三・十・二十條）、優良な老師傅・徒弟は組合長の名をもって表彰を加えるとともに（第四十五條）、劣悪なるものは解雇処分に付した上、解雇されたり勝手に逃亡した老師傅についてはギルドからその者の姓名をギルド員全体に通知し、いかなる舗でもこうした者を再び雇入れてはならないと述べている（第二十一・二十二條）。なお雇傭については阿片患者の雇入を禁ずる規定も設けている（第二十九條）。以上の管理方針は、老師傅等の技能を向上させるとともに、職人を柔順で舗長の思うがままに働いてくれる、双隷的人間類型に入れはめようとするもので、全経営者の協力を呼びかけ、鞭とあめの両方を合せ用いたわけで、ギルドの階級性を顕著に示している。この規制によって職人はギルドの教育に服従する義務を負わされ、店にたてつくことは追放を意味するので、忍従以外に道はなく、他の店舗に移る自由も剝奪されてしまった。労働條件が最悪の状態におかれていたことは当然の帰結であろう。

第二は互助である。組合員相互の親睦は組合目的の一つであるが（第三條）、章程では会員およびその親近の死亡や傷病に対する弔慰金の制度を規定している。その内容を検討すると、正会員には非常に厚く、准会員に薄く、徒弟には全く及んでいないのであって（第四十一條）、互助と言っても舗長だけの互助であり、職人には多少のおこぼれが行くが、徒弟は人間なみに扱われていない。なお章程にはないが、「蕹頭墳」と呼ばれているギルドの義地があったことは、帰綏識略に記されており（註4）、現在も郊外に十七畝の土地を有している。なお王氏によれば貧困な死亡会員に対する施棺も近年までは行われて来たが、最近のインフレで棺を買うには数百元を要することになったので、今は停止されているよしである。

第三はギルド裁判である。官の法令とギルドの規約を守ることは、組合の目的の一つであって（第三條）、規約違反には役員会の議決により罰金を徴集することを規定している（第十三條及び第二十七條）。王氏によると、実際問題としては、経営内または経営間の紛争が多く、秩序維持を主な観点として調停を行ったよしである。

第四は祭祀である。浄髪社が最初宗教ギルドとして出発したものかどうかについては、なお検討の余地があるが、「勝会」（E34）と称して、少くともこれを表看板にしていたことは疑いない。浄髪の祖師は羅真人である。羅祖は理髪を発明した神で、同業者はその芸業を習って衣食するものであるから、祖師として敬重するわけであるが（E24）、「護佑群生、祈保平安」（E34）即ち守護神としての意味も同時に込められていたのであって、現世における世俗的な幸福が得られ、あるいは禍がさけられることを期待して、祖師の神威にすがってきたのである。祖師信仰は神威によってギルドの権威を保障することになり、祖師の相弟子だという関係を擬制することによって、仲間的団結に絶対性を与え、しかも羅祖の弟子としての序列に従って、舗長や先輩を師長または師兄として敬重させることになったので、階級的秩序を保障する上に大盤石の重さを以てのしかかってゆくという効果を生んだ。前述のように羅祖の神位は康熙年間に南茶坊廟に設けられ、雍正年間に祖師殿として独立の神殿を持つに到ったと伝えられるが、さらに乾隆・道光・光緒の修築を経て今日に及んだわけで、外観的にはギルドの歴史は祖師とともにあったという観がある（E24 E34）。祖師の神威は祖師廟のりっぱさで決定され、祖師信仰の擬制がギルドにとっては生命線なので、右のような外観を呈することになったわけである。同じ理由によって毎年一回ギルドが主催して盛大な祭典を行い、誠心誠意祖師の神威を増大させることによって、ギルド員の幸福の増大をはかったのである。羅祖の誕生日は道光年間にはまだ定っていなかったらしく、単に「七月中」と記されているだけであるが（E24）、光緒十二年には七月十三日の聖誕を期して大祭が開かれているのである（E34）。これは加上説の一例とみることができ、祖師の傳記が後世になって附加されていく事情を物語るものである（註5）。なお大祭は三日間にわたって催されたのであるが、帰綏識略等には七月十一・十二・十三日に開かれたといい（註6）、王氏は七月十二・十三・十四日であったというが、おそらく後者が正しいと考えられる。いずれにしても貧乏な理髪師の経済力からいえば、聖誕日の前後三日間にわたって賽社を催したことは、浄髪社の祭祀に対する熱意の程を物語るものである。賽社の内容は民国八年頃までは演劇・焼香・叩頭・犠牲・宴会が含まれ、その後は菓子を献じ焼香叩頭を行うのみになったということである。また全員参加が原則であったが、不参加も自由であったと報告されている。

第五は慈善である。済生店に定期的寄附を続けたよしであるが、記録的に論証し得るのは寺廟への喜捨だけで、祖師廟は別としても、南茶坊の関帝廟には責任者の一人として（E14　E45）、瘟神廟（E12　E20　E48　E26　E29　E33）老君廟（E32）軒轅廟（E27）には助善として、各時代にわたり寄附を行っている。南茶坊以外では観音寺（X1）に捐助している。このほか現行章程によると、経費の剰余金の五十％は「公益」にあてることが定められており（第三十三條）、熱意としては見るべきものがあるけれども、財力の点から公益事業の効果には多くを期待し得ない。

ギルドには独立した事務所がなかったといわれているが、現在でも組合長の家で事務をとっている実状である。また事務職員も、章程では文牘兼会計・事務員・夫役の三名を置くことになっているが（第六條）、実際は一名もいない有様であって、組合にそれだけの経済力はない。事務組織は全く貧弱で、役員だけの手によって何もかも運営している状況である。

ギルドの経済についていえば、王氏は財産といえるようなものは何もないといわれている。もっとも、前述の義地があるはずだし、また章程によれば、経費の剰余金の半額は基金にくり入れ、銀行郵便局等に貯蓄すべきことが定められているから（第三十三條）、多少の財産はあったに違いないが、質疑応答の中から財産関係のことを聞き出すことは、至難であるといわねばならない。財産があったにしても、ギルドの経費が主に会員の分担金によって賄われていたことは事実である。会費は最初正会員だけが負担し、「布施」の名目で、毎日各人が五文づつ積立てていたのであるが、道光十一年に経費不足のため制度を改めて会員（舗戸）の布施を七文に値上げするとともに、准会員（衆姓人名）からも二文づつ徴集することになった（E24）。その後右の金額は必ずしも固定化することなく、時代とともに実情に応じて変更されたのであって、聴取によれば、老師傅は一個子児（日本の旧二銭銅貨大の新式銅貨一枚）になっていたという。とにかく道光以後は老師傅にも会費を納めさせるようになったのであるが、それまでは名実ともに舗長のギルドで、会費を納めることが特権であったし、その後も差別意識は長く尾を引いたわけである。現行章程によると正会員は各自の店舗備え付けの理髪用の椅子一脚ごとに毎月五角を、准会員は各人毎月五角を、組合費として納めることになっているが（第二十五・三十四條）、今日では事実上五角は二元に改められている。このほか、臨時費の割当ては役員会の決定によって徴集できるが（第三十四條）、会費と同じ分担比率によって割当てる場合と、これによらずに自由寄附の形にする場合とがあったということである。支出金の内容をみると、ギルドの事務費は右の会費を以て充当するのであるが、事務費の大半は「車馬費」という名目の下に董事の懐中にころがり込む習慣である。車馬費は章程でも公認されているが（第三十八條）、今は月額で組合長五十元・副組合長四十元・董事三十元となっている。事業費はすべて臨時費として扱われ、個々の事業別に分割して独立会計となっているが、その総額を計算すれば相当多額に達したはずで、特に祭祀の費用が筆頭を占めていた（E24）。民国以来事業費は縮少の一路を辿ったといわれている。章程によると、組合の財産および会計を司るのは会計董事で、現物と帳簿をつき合せて整理を行い第五・六條）、予算決算は総会にはかることになっているが（第三十二・三十三條）、大福帳によってその実態を把握することは、外部の者には容易でないようである。

ギルド規約として、成文法と不文律の区別を立てることは、大して意味がないように思われる。現在残っている規約では、道光十一年のものが最も古いが、社の歴史・祭祀・会費などについて詳述したものであって、石碑に刻んで公示している（E24）。規範となった内容が古くから行われてきた習慣であることを強調することによって、伝統的権威に基ずく強制力を主張するとともに、一部分は新たに改訂された條項を含んでいるので、これについては神威を援用し、またその必要性を力説している。なおギルドの社会規範として成文規約を立てるのは、特に必要性があった場合に限られているのであって、成文規約はそれだけ強い拘束力をもっている反面、それが無視されている場合でもあまり問題にならないときもある。現在の「厚和特別市理髪同業組合規約」（L８）は一九三九年一月に組合成立と同時に作られたもので、総則・役員・会議・事業・会計・慶弔・表彰・附則の八章を四十七條に分っている。同業公会法と現地政府の政策に準拠し、官製の要素を含まないではないが、「生きた法」をかなり正確に成文化したものであって、ギルドの歴史に則しながら、組合の実状に合せた社会規範として、比較的高く評価できる。ただし組合の全貌を写し出す「通則」という点では全く落第であって、重要な事項でこの規約にのせられていないものが多々ある反面、行われてもいない規定を掲げた点が少くないことも、上来指摘してきたとおりである。

この規約の中には、組合が組合の役員・正組合員・準組合員や、組合雇傭者（職員）・徒弟などの組合構成員以外の者に対し、褒状・賞金または賞品を与えて表彰する規定を含んでいる（第四十四・四十五條）。この場合には手続き・方法からいっても、組合が組合員に対する行為と、組合員以外に対する行為とで、相違する点を見出し得ない。したがって組合は組合の役員や会員等の構成分子に対しても、第三者に対する場合と同じ形で行為の主体となることができたのであって、構成員に対して、行為の主体たり得たことは、組合が高度の団体性をもっていたことを示す訳になろう。この点から言えば、組合は法人格に類するものといえるのであるが、規約が組合の実態に則しているか否か、また浄髪社の時代でも同様にいうことができるかどうかは、別個に判断すべき問題であろう。

理髪業では徒弟制度を基礎とし、徒弟および老師傅の労働力の搾取の下に、経営が維持されたのであるが、独立職人は自らの自由な労働に従う点で、独立の営業者であった。ギルドの組織事業経済を通じていえることは、理髪館の舗長の独善の下に、彼らの利益を擁護する点で極めて露骨なふるまいが多かったということである。老師傅には犬にビスケットを与えるというような意味において、名目的な利益を享受させることはあっても、いかに一方的な犠牲を強いてきたかということは、いまさらくり返して指摘するまでもあるまい。それにもかかわらず、職人ギルドを発足さすことさえできなかったのは、サービス業に特有な非近代的性格が独立職人を強くとらえていたためだと考えられるのであって、「もみ手」的な点では商人に近かったと評すべきであろう。

註 1　綏遠通志巻一〇八、商業一、各県商業概況、帰綏県には、市商会所属二十九公会をあげているが、理髪業者をその中に見出すことができない。

2　帰綏道志巻廿二、帰化城外小社行。

3　「続中国封建社会の機構」所収の畢克齊淨髪社参照。

4　帰綏識略巻十九、済恤　漏沢園。

5　加上説と言うのはいうまでもなく富永仲基が最初に考え出し、顧頡剛氏や内藤湖南博士が発展させたものであって、古い話として伝えられているものほど、実は後世になつて「加上」された新しい話であるという、歴史学上の有名な法則である。

6　帰綏識略巻十八、賽社。また帰綏道志巻廿二、賽社も同文。

第二節　賭博師と長寿社・長寿平安社

長寿社は宝店すなわち職業的な賭博師のギルドである。直接的な記録としては光緒七年（C74）以前の史料を見出すことはできないが、その創立は同治十年に遡り得るものと思われる（C11）。長寿平安社は長寿社と構成員を等しくする団体であるが、玉皇閣内の大仙廟の祭祀のために組織している宗教ギルドで、同治十年（C11）の立社以来、清朝時代を通じていろいろな足跡を残している。今日では長壽平安社は事実上解散され、長寿社が宗教に関する仕事をも包括して取り扱っている。

宝店（C11）における賭博業は、一名ないし二名の舗長と、数人ないし数十人の従業員とによって処理されている。賭博師はいずれも遊俠の徒であるが、舗長は親分として、子分の上に君臨し、従業員同志も兄弟分の関係を作っている。手工業者と違って家族制度の擬制においては完全に貫徹しており、家族制度の通例に従って、舗長は従業員に対する限界のない家父長権をもっている。したがって労働條件にしても全くとりきめがなく、ただで働かされても文句がいえないかわり、普通は家族的な待遇と温情で包まれているのであって、親分の封建的な親心と、子分のこの恩に対する感謝の念の中に、奴隷的な搾取関係が一応は覆いかくされている状態である。賭博場のかけひきは、技術というよりも一つの空気であり、きわどい芸当を演ずるので、徹底した家族的構成が必要だったのであろう。舗長の支配力は絶対的であるが、従業員に子としての利益を享有する可能性が残されていた点でも、一般商工業の比ではなかった。宝店の内部では、賭博師特有の仁義に基ずく訓練によって、特異な人間類型がうち出されているのであり、そこでは職人徒弟制度以上に仲間性の仮面をかぶった人間性の圧殺が行われているにもかかわらず、博徒の世界に仁義道徳の美しい人間関係が存在しているかのような錯覚を、人にも与え自らも信じているほど、その人間改造は徹底したものであった。しかも宝店の舗長達が互に親子兄弟の盃を交しており、また帰綏以外の遠近各地の宝店との間にも、同様の現象が認められるのであって、「家」の関係は全国的規模において普遍的となっていた。

宝店は、東新店・北棚店・南棚店・西轎大店（C73）などというふうに、いずれも某々店と名乗っている。賭客の中をとりもつ点では仲買的な性格を持ち、また官憲の公許を要する営業であるから、特許商という意味において、牙行を称したのであるが、仕事の性格からいえば、普通の意味での牙帖を持っているわけではなく、商品の仲買に従ったわけでもないから、牙行とみなすことはできない。賭場に現われるのはお金であるから、通貨の流通とくに政府が通貨を収縮させる手段としては、大きな働きをしているけれども、宝店はもとより金融業者ではない。希望のない社会に一獲千金の幻覚を与えるのが賭博であるから、その幻覚を味いたい人々にサービスすることは、理由があったわけであるが、せっかくの富もそれが再生産に投じ得ない仇花であるだけに、いろいろな社会悪をまいたことは否定できない。帰綏識略の著者張曾は、「一銭圧十宝、十箇駱駝不了」という俗言を引いた上、賭博が一文の金でも巨額の取引ができるので、万一の幸運を頼んで、衣食に窮している乞食まで、借金して賭博に加わる状況を語り、賭博のために一生を誤る者が多く、官で禁令を出しても、効果はないと記している(註1)。

賭場は常設的ではなく、官憲が十日・半月・一月・二月などと期間を限ってその間だけ賭場開設を特許したわけである。その特許を受けるには、競争入札によって賭場開設中における賭場税を一括していくら納めるかを請負い、最高の札を入れたものに落札するわけである。こうして特許を得た者は、その金を前納して賭場を開張し、賭場に関する全権を委ねられる。期間が終れば賭博場は一応閉鎖されるが、引きつづいて次の入札を行う場合もある。入札額が官憲の期待する金額に達しなかったときとか、あるいはその他の理由によって落札が行われないこともある。賭博場といってもごく短期間開かれるだけなので、アンペラの小屋掛けであったりする場合が多く、北棚店・南棚店の名が生れてくるゆえんであるが、普通の商店の店舗を、一時借りあげている場合もあって、西轎大店は車店を借りていたものと考えられる。右の入札には誰でも参加し得るが、通常は土地の顔役か財界の有力者である場合が多い。またそれは名目上の落札者で、実際には数人の有力な出資者が合同して臨時に組織した、合夥の企業体で引き受けているのが普通である。土地の有力者が皆で一つの合夥を組織し、それが相談の上で擬装入札を行うことは珍らしくないが、ときには官憲が一枚その中に加わっていることもあって、入札といっても公正なものではない。また合夥出資者の中には必ず二三の有力な宝店が含まれ、賭博場の差配をこの宝店が引受けるのである。期間が終了すれば、合夥の出資額に応じた財股と、右の宝店に与えられた身股とによって、利益の配分が行われる。宝店は財股と身股を合せ持つのであって、普通の店舗における帯財掌櫃に相当するわけである。賭博場は合夥に加わった宝店が、それぞれの出資額に比例した規模をもつ店を開くのであるが、自店だけでは人手等が不足な時には、舗長同志が子分または弟分になっている宝店を雇入れた形で下請をやらせ、自店の営業所としておくのである。この雇われた宝店は、期間を通じて場所と人とを提供し、その代償金を受取るという、単なる雇傭契約によって、元締的な宝店と結ばれているに過ぎない。営業所では宝店の舗長が宝官あるいは坐官と呼ばれる賭博場の指揮者となって賭博を開帳する。請負金額のいかんにかかわらず、合夥に加わっている宝店は営業成績をあげるために全力を尽すのであり、営業所となっている弟分や子分の宝店で行われた賭博もその収支はあげて元締的宝店の手に移して計算される。このように宝店はあるときは合夥に加わって元締となり、またあるときは場所と人とを貸して単なる営業所になるが、親分・兄弟分の宝店が加わっている合夥に落札をみた場合には、いずれにしても賭場を構成することになるので、事実上、誰に落札しても賭博場が受持てるしくみになっていた。また帰綏の宝店が太原などで開張することもあり、帰綏での開張に天津の宝店が参加することもあって、営業区域が非常に広範囲にわたったのも、宝店の舗長相互間の身分的なつながりによって、どこにでも出かけて行って、一枚加わることができたからである。

長壽社は帰綏の宝店によって構成され、これをギルド員としていることは、光緒碑にも記されている（C11）。行人とか同行とか呼んでいるが、社では必要によって経理人を定めて仕事を運ぶだけで会首の制度を設けず、会務は同行において議決し執行していったのである（C11）。業者全体が宗族の擬制によって整然たる秩序の下におかれている場合、ギルドがさらに会首制によって規律を厳にする必要はなかったものと思われる。

呂氏によれば長壽社の事業は、宝店の営業を助けることに限られていたのであって、宝店相互の連絡を密にして入札や合夥加入を有利に運び、営業所を貸しあうことによって利益を再配分するとともに、賭場にはさけ難い紛争や事件の処理に任じてきた。それだけでも多忙であったために、営業以外にわたる事業はすべて長壽社から切り離し、長壽平安社がこれを引受けたと言われている。平安社は玉皇閣の大仙廟の祭祀を主な任務とするもので、大仙は老齢の仙翁であるところから長壽社の名を称したのである。旅に出ることもしばしばで、生命がいつもおびやかされ勝ちであった賭博師としては、事件がなく、長壽が保てるよう、神に平安を祈ったのはもっともなことである。その神恩に感謝するとともに、将来も神助をうけることによってさらに一層「求レ福、遠レ禍」の成果があがることを期待し、闔社の興隆を願望するという気持から、同治以来毎年三月一日――三日の間、ここで演劇を奉納している（C11）。また平安社は同治年間に義地（共同墓地）を購入したのであって、貧困のため埋葬ができない寄居の同行に対して墓地を提供し、これを安らかに眠らせ、枯骨の暴露を防いだ（C11）。どこから来た賭博師であろうと、帰綏に寄居する者であれば世話をみたというのも、長壽社らしい行きかたである。その他に慈善の意味で、光緒七年に玉皇閣に（C74）、同十七年に呂祖廟に（S4）、多少の寄附を行っている。このように祭祀および慈善事業を平安社に委ねるのは、一応意味のあることではあるが、長壽社がすでに長壽の字を持っているくらいであるから、これは二枚の看板を掲げたというだけのことで、組織としても事務的にも、社会集団としては事実上一つになっていたものと思われる。

註1　帰綏識略巻十九、済恤。

第三節　演劇人仲間、梨園

帰綏では、旧正月から十月まで、ほとんど連日市内のどこかで演劇が行われていたのであって、ときには二・三カ所で開かれているときもあった程である。こうした状況は故旧も語り、帰綏識略等にもかなり具体的に記されているのであって（註1）、演劇人も市の内外に相当住んでいた。演劇にも風潮があり、時期によって盛衰を免れ得ないが、民国以来急速に衰退して、今では僅に農村で需要がある程度となった。協進劇場は現在市内唯一の劇場であるが、ここにもときに山西劇や京劇がかかる程度で、大半は映画が上映されている。清朝時代にこの演劇人達は東茶坊の三郎廟において、唐玄宗を祭っている（註2）。玄宗は梨園の創始者であるため俳優の祖師と仰がれていることは、中国を通じて言い得るのであるし、河南ではその廟を老郎廟とよんでいるから（註3）、この三郎廟は演劇人だけで支持してきたものと考えられる。また帰綏識略には梨園墳が存在したことを紹介しているが、その義地がかなりの規模を持っていたことも明らかである（註4）。こうした事実によって演劇人のギルドが存在したことは疑いないが、今回は演劇人の消息通をうることができず、二箇所の遺址も、ついに調査もれとなってしまったために、その社会集団の実態は今のところ不明のまま残されている。

註
1　帰綏識略巻十八、賽社、帰綏道志巻廿二賽社も大体同文。
2　帰綏識略巻九、壇廟。
3　仁井田陞、「中国の社会とギルド」、頁七八・八三。
4　帰綏識略巻十九、済恤、漏沢園。

第四節　輸送保護の武術師と「鏢局」

辞海を見ると、鏢術に達した武士を鏢といい、行旅を保護して盗劫を防ぐことを保鏢といい、保鏢を接受するところを鏢局というとある。鏢局とは輸送の保護にあたる業者ということになろう。古来中国において匪賊の多いことはいうまでもないが、実際は村鎮や都市がきわめて孤立的排他的で、地方官や土豪などが、通過する貨客に対して迫害を加えるのを常としたから、土匪と同様に、これらの兵匪官匪法匪の劫掠から免がれるために、鏢局の存在が必要であって、全国の通邑大都にはいずれも鏢局が開設されていた。鏢局は驃局鑣局（註1）などとも記され、必ずしも一定しないが、音はみな Piao（1）であって、票すなわち飛びまわるという意味であろう。鏢局が貨客保護のために飛び廻ったところから、この名を得たのではないかと思われる。なお鏢は後述のように武器の一種であって、鏢局でこの武器を盛に用いたためにその名を得たと加藤博士は説かれているし（註2）、辞海ではこの武器に熟達しているものを鏢という点に注意しているが、武術師は鏢だけを重要視したわけではないから、鏢と鏢師が特に関係があったとはいえない。いわんや標鏢などの字も用いられるのであるから、「飛び廻る」という意味を表わす音を借りただけのことで、武器との因縁はあまり重視すべきではあるまい。

中国の近代化、特に運輸機関ならびに通信機関金融事業の発達は鏢局の活動範囲を日一日と狭め、現今その残存するものは極めて稀である。しかしながらこれらの近代的な機関に、かえって鏢局の性格が残っていて、銀行に私的な護衛兵「保鏢」が雇われていることや、鉄道に「警務段」と名付けられる会社の傭兵がいて貨客の保護に任じていること、また郵便局では中国独得の緑色の制服を着用する郵便手に対しては、戦争や治安のいかんにかかわらず、いかなる場所にも自由に往来することを原則として許していることなどは、古い鏢局を新しい皮袋の中に見出す感があるのであって、外国に見られない特色である。すなわち近代化しつつある封建社会の縮図であって、鏢局もその意味において研究の好題目たるを失わない。

前節に記した旧城（帰化城）北門内大西巷の協進劇場の傍に、「徳勝鏢局」と大書した看板を掲げている家屋があった。市役所がすぐ近くにあったので、友人大石良雄氏をたずねて行って談たまたまこの問題に及んだところ、大石氏と机をならべていた王民政科長が、傍でその話を聞いていて、「徳勝鏢局の陳栄祥氏なら親しい関係にあるから、何なら紹介の労をとってもよいですよ」という好意ある申し出をされた結果、一九四四年十一月二十九日陳氏を訪れて一日詳しい話をうかがうことができた。得勝鏢局はもと湖北省河口に開かれていたものであり、陳家は山東省徳県の出身で世々武術をよくし、陳氏の父君の時代に得勝鏢局の経理となったことがあった。氏も幼より武術を学び、斯業に従うこと二十余年に及んだという。民国以来鏢局の必要もなくなってきたので、その所有の馬で馬車業を営み、武術師のたしなみである接骨と膏薬を、最初はサービスで始めたものを後に副業とし、六十三歳の今日まで生活してきたわけである。わたくしの注意をひいた看板のある家は、昔得勝鏢局の帰綏支局が置かれた場所であるが、今は他人の住家となっている。陳氏は廃局とともに九竜灣二十一号にある現在の家に転居したが、今日でも鏢師時代に使っていたいろいろなものを一揃い所有しており、昔の香りをかぐに十分であった。陳氏は無筆であるが、鏢局の生字引として貴重な存在といわねばならぬ。以下は氏から聴き出したことをそのまま記録したものであって、私の希望にまかせて譲られた若ぶりの陳氏の写真とともに、鏢局関係の一つの資料として紹介しておきたいと思う。

鏢局も一個の営業であるから、一般の店舗と同じように、単なる出資者としての財東と、経営に従う経理、ならびに老師傅・学徒から構成されている。財東は一人のこと（専東）も数人のこと（集股）もあるが、無限責任であって店の損害に対しては徹底的に責任を負うとともに、利益に対しては出資額に応ずる財股に比例して配当金をうける。

得勝鏢局の陳氏、旗は鏢旗である。

その方法は、紅利については経営者に与えられている身股と平等に、股（株）数に応じて按分比例による分配が行われたのであるが、官利や公積金については陳氏が財東でなかったので、よく知らぬよしであった。財東は通常「外行」すなわち鏢局については門外漢であり、単に資本について関与するのみであって、実際の運営は適当な人を経理に頼み、全部を委せたのである。

経理は優れた武術者であるとともに「好人」（信用できる人）であり、「有学問」の人で斯界に顔のきく、定評ある人物であることが理想とされた。店の経営や部下の統制は皆彼に一任せられ、外部に対しては局を代表する責任者であり、局の盛衰は一にかかって経理の信用と腕とに帰するので、経理の人選が財東の最大の仕事となっていた。経理には俸給のほかに身股が与えられ、紅利に対して利益配当が行われた。

老師傅は通常「鏢師」「鏢客」などと言われ（註5）、経理が武術と人物を見て雇い、または学徒の中からとりたてたのである。一局に四・五人から十余人位（註6）

いて、実際の財物輸送に当る人であるが、平素は俸給がなく、局で食べさせてもらって局内に居住し、輸送に出たときに荷主から謝礼と酒手とを支給されたのである。身股を与えられ、紅利の配分にあずかるが、成績の良否によって身股は決算期ごとに改訂された訳で、その判定は経理の胸一つできまった。老師傅はなるべく多くの身股を提供する店を選んで移って行くのであり、優れた経理ほど傘下に優秀な老師傅を集めていることになる。財東につながった老師傅は経理にとりたてられてゆくが、その好運に浴する場合は極めて稀である。

学徒は老師傅たらんとする見習生である。学徒たり得る者は十三歳ないし二十歳位の少年で、店舗の保証（舗保）を立てて入門するのである。入門は同郷の先輩をたよって行くとは限らず、また宗教を異にしても差支えない。しかし徒弟制度は厳重で、入門後は経理や老師傅を師と仰いでその訓練に従うのはもとよりのこと、入門の際には経理に対して叩頭の礼節を行い、以後彼を父と仰いで、子としての義務を守り、師の死に際しては父に対すると同様の喪に服したのである。入門後は最初はちょっとした雑役に使われ、次第に武術の修練と精神訓練とを厳格に受ける。特に盗み・温順でないこと・人を罵ることなどは厳におさえられ、阿片・酒・煙草などもみな禁じられている。こうして三年ないし五年間、武術師にとって必要な心身の鍛錬をうけ、腕も人も十分信用できると認められる段階になったとき、経理によって鏢師に昇格させてもらえるわけである。陳氏もこの規律をよく守ったので、まだ四十歳前後としか見えないほどのわかわかしさで、彼の「太太」（おくさん）を知らない人には、とうてい華甲を過ぎた人とは思えないほどである。（前頁写真参照）。（註3）

鏢局に輸送の保護を依頼する人を「送老客」と呼んでいる。送老客が依托するのは人物のほかに、綢布（絹）などの貴重物資や金銀等の通貨と手紙が主なものである。送老客には官民士商共に少くなかった。行先は中国全土で、新疆広東などにも出歩いていた（註4）。最初に依頼品の内容や道路の難易によって鏢礼すなわち保護手数料を決定し、合同（契約書）を作製した。輸送中に紛失すれば、合同に記載されただけの原価を賠償するのであるから、保障保護であったわけである（註7）。元来「保鏢」は責任を持つ鏢の意であって、信用のある局はいかなる犠牲を払っても保障に任じたから、貴重品の輸送には信用ある局が選ばれ、こうした局はいよいよ大切な托送品を獲得できたのであった。契約のできたものは局であずかって置き、その地点向けの物が相当まとまったときに鏢師がつきそって出発する。貨客の輸送は輸送業者がこれに当り、船車を利用して運搬するが、鏢局は馬を所有しており、鏢師は騎乗で随行することが多かった。車が一二台のときには老師傅が一人ついて行き、四・五台になって二三人、六車以上になると四人を越した。警備には「鏢旗」と呼ばれる旗を立てて保鏢たることを示した。得勝の鏢旗は五七九頁の陳氏の写真に出ているように三角形で、白地に赤く鏢名およびその所在地を染め出し、周囲に紅い鰭を附している（註8）。鏢師の服装も長衫を著しく太く作り、一見して鏢師たることが目立つようにした（註9）。武器としては槍・太刀・刀を馬や荷車につけ、七節鞭・鏢を身につけていった。太刀はナギナタ、鏢は手裡剣のような利器で鋼鉄製の三四寸の矛先に赤い綢布の尾を附け、擲射によって相手を倒すもの、七節鞭は鞭の革の部分を三メートルの長さの鉄鎖とし、その先に矛先をつけ、相手の足または頭を攻撃する武器で、平時は小さく折りたためるから、鏢とともに暗器となった。鏢師はこれらの武器の使用に熟達した武芸者であるけれども、武によって賊を退けるというよりも、鏢局の顔と縄張りとによって安全に通行するのが本体であって、陳氏も開口一番、賊に会っても戦わず、理を説いて走らすのが鏢師であると、大いに力説されたぐらいである。したがって鏢局は地方の土豪や匪賊と相当に連絡があったわけである（註10）。連絡のない匪賊や劣紳や官吏に出会い、了解がつかず戦闘となって敗れたときには、局から改めてすぐれた鏢師を派遣して、口舌または戦によって物を奪い返すまでやめなかったという。こうしてついに勝を得れば、話をつけて改めて縄張りの中に入れたのである。旅行に要する費用は別に荷主が負担するが、目的地についた上で、改めて「合同」に記された手数料と、鏢師が個人的にうける謝礼とを受けとり、宴会によって労をねぎらわれるのがつねであった。これで保鏢は終るのであるが、その鏢師は該地の鏢局に行ってしばらく滞在し、帰途を利用できる保鏢の寄托品を紹介してもらって、帰路に上るのである。人の保護を依頼されて引き受けた場合の保鏢の方法も、物の場合とほぼ同様であった(註11)。

局を構成する者のうち、帯財掌櫃すなわち財東としての出資者を兼ねている経理が、経理たるの故をもって同業者と認められる場合のほか、財東はいずれも「外行」として問題にされなかったことは前に述べた。営業にたずさわる者は「内行」で、内行には山東出身者が最も多く、河南がこれにつぐが、他の各省出身者も皆いるから、出身地に制限があるわけではない。唯武術の盛んな地方から多数の鏢師が生れることは、自然の帰趨である。民族的には漢族のほか、蒙古人満洲人回々人（トルコ人）にも斯業に従うものがあり、したがって宗教的には仏・ラマ・回教が信奉されているありさまである。これは直接的には学徒を入門させるとき、出身地・民族・宗教に拘泥しなかった結果であるが、本質的にいえば、他の商工ギルドのように偏狭な排他主義を援用する必要がなく、むしろ地域的民族的な枠を設けないほうが広い商圏にまたがる遠隔地輸送に適応し得たからであって、サービス業の特色ということもできる。それでいて内行の者は皆同業としての意識が強く、全国の鏢師は皆「朋友」で互にあらゆる便宜を計り保護を加えあうのであった。陳氏の言葉を借りると、「吃一家人的飯」で家族としての親近感を持ち、鏢師はどこの鏢局でもねぐらと食事の供与をうけた上、ワラジ銭を与えられ、仕事の心配もしてもらえた。「一家人」たるゆえんは全国的規模で経理と鏢師学徒の間に親子兄弟の関係が擬制されていることに基ずくのであって、各局の経理にはさらに師父があり、全同業者が互に宗族の輩行のような網の目につながっていて、その頂点に祖師として関帝と岳飛が考えられていた。陳氏の宅においてもこの二祖師は極めて鄭重に祭られている。こうした徒弟制度につながる系譜以外に、同業者の間には二人ないし五人で義兄弟の誓を立てている者も多く、それが一家人としての近親性に寄与した点は見のがせないが、陳氏はこれが本質的な重要性を有するものではないといっている。要するに鏢師は職業上全国の同業を一つのものとして連絡せねばならないから、地方別の地縁性を第一義的に考える必要はなく、帰綏のように鏢局の少いところではギルドを組織するまでもなかった。かりにギルドを作ったとしても孤立した形で地方的に固まる可能性はなく、少くとも擬制された家族制宗族制が同業全体に貫徹している場合、ギルドといった体制が必ずしも必要ではなかったといい得るのであって、ギルドを必要としないほど帮として深い団結を持っていた点は、否定し得ないところである。むしろ青帮の例のような家廟につながる全国的組織の一環として、地方ギルドが構成されることになったと思われ、その点は賭博業の長壽社も同様であった。

註

1　加藤繁博士「標局について」（社会経済史学四巻六号）には標鏢鑣のほか、驃も用いられていることを指摘している（頁一〇八）

2　加藤氏、前掲頁一一〇。

3　（写真説明）陳氏が手にもっているのが太刀、馬に刀と鎗をつけ、刀についた布が鏢の一部である。うしろに旗をたてているが、太った強そうに見える服装と共に、保鏢たることの「警戒色」である。

4　加藤氏は標局に大局と小局と二種あり、小局は近郊、大局は遠方への輸送を引き受けたと論じている（前掲頁一〇九）

5　加藤氏は鏢友と通常言われたことを指摘される（前掲頁一〇九）。

6　一店に対する老師傅の人数は、加藤氏によれば二・三十人ないし百人であり（前掲頁一〇九）、久下司氏によれば廿人ないし廿五人ということである（頁五）。店の大きさによって人数に相違があったのであろう。久下司氏の調査は須田正継氏が指導していた、西北事情研究所の事業の一つとして行われたもので、昭和十八年七月廿日発行（油印）資料十三号「鏢局」として発行されたパンフレットの報告があり、本節と同じく徳勝鏢局について陳氏からきき出したものである。久下氏の調査と筆者の調査とは、調査目標が大分異なるが重複する点もあり、その場合必ずしも同様の回答に接していない。そうした例は一一列挙することとした。このパンフレットを恵与された須田正継氏に対して深厚なる謝意を表したい。

7　加藤氏は、鏢局は賊に護送財物を奪われた場合には、必ずこれを賠償するように説く人もあるが、孫占鰲氏のいうところによれば、必ずしもそうではなく、賊を伐って財を奪いかえし、依頼者に返戻することにつとめたようである」（前掲頁一一〇）といわれるから、保障の点はすべての鏢局がそうであったとは限らぬであろう。久下氏も陳氏から賠償したと聞かれた上、さらに賠償の支払能力の関係から、鏢局は公表している資本金の範囲内の物しか輸送を引き受けなかったという応答を得ているが（頁四）、後の点については、にわかに信用し兼ねる。

8　加藤氏の調査された会友鏢局も同様の鏢旗を用いているから、これは全国に共通なものであろう（前掲五七九ページの写真）。なお辞海によれば、晝は鏢旗をさし、夜は鏢燈を掲げて区別したことを記しているが、私も一九四〇年夏福島一郎氏（当時ハルピン博物館長、張之洞顧問として多年危険な旅をつづけられた人）から、同様の話を聞いたことがある。

9　久下氏は陳氏から、帽子および靴も特殊なものを用いたという話をきいていられるが（前掲頁七、頁十）、陳氏は私には「靴帽は」通常のものを用いたといっている。

10　久下氏によれば、匪賊には毎年数回金品を送ったという（頁三）。

11　久下氏は張家口の鏢局たる東広王・西広王は北清事変による西太后の蒙塵に際し、西安まで送り届けたことがあるという事例を記している（頁一―二、十二）。ちなみにこの「王」は「玉」の誤植であろう。

第十章　読書人ギルド

魯迅は短篇「孔乙已」において、長袖の衣服をつけている一読書人が、その寄生生活による貧窮と背徳の故に、百姓町人の嘲笑の対象となっている姿を、いきいきとえがきだしている。難解な中国の語文に通ずることは、それが初歩的な程度であったにしても専門的技能と見なされていたが、事実はこれに熟達した読書人であっても、それが大衆の生活や生産とつながりをもっていなかったために、読書人であることによって生活を立てることは容易でなかった。したがってどんなに小さいポストであっても、仕事をもっているほどの読書人は、孔乙已のようなことにならないように、神に祈るお祭位はやる気になったろうし、その仲間が相集って組合を作り、集団の力によって寄生の分け前をつりあげることに努力したのも当然である。読書人は教育を受けているが、価値を生み出す教育ではなかったから、仕事が無いのは当然であり、仕事についているとすれば、他人の懐中をねらっているような仕事になり勝ちであった。読書人には徒弟制度のような仕事場につながる訓練はなく、職人制度や資本とも関係が無かったので、その組合は商工ギルド等とは意味も性格もいちじるしく違っている。しかしこの組合も集団的利已主義を追究する点では中世的な団体であったし、また一応は仲間的なつながりを持ちながら実際はお役所の封建的な空気が組合に持込まれていたのであったから、封建的生産関係の上に立つ社会集団という意味において、ギルドと呼んで差支えない。帰綏にある一般官庁の胥吏が組織している三義社をはじめ、財務胥吏の徳義社、教師の崇文社、フリースギルド専従職員の栄徳保安社などを読書人のギルドとして数え得るが、栄徳保安社の敍述は便宜上第十二章でのべることにする。

第一節　帰綏の一般官庁の胥吏と三義社

内蒙古では、周知のように対人支配（属人主義の政治・裁判）が布かれている。その中の蒙古人支配に関しては第十四章に譲ることとし、先ず漢人支配の官僚機構を概観してみると、帰綏の上にのしかかっている地方官僚のヒュラルキーは山西巡撫――綏遠城将軍――副都統衙門――帰綏道庁――帰綏府庁・管獄巡検署という系列になっていた。このうち清朝時代には「撫台」とよばれていた山西巡撫は、綏遠地方の最高責任者であって、帰綏の訴訟事件などで「撫台」の裁決を仰いだことも起っているが、何分にも太原府にある衙門（お役所）であるから、帰綏の官僚とはいえない。長城外の一帯の支配は綏遠城将軍が実権を持っており、山西巡撫にしても将軍と相談することなしに、政治力を振うことは不可能であった。しかし綏遠城将軍は、満漢蒙を通じての綏遠の支配者であって、漢人が将軍に対して直接越訴した事件も生じているが、その本職は満洲八旗の将軍であり、漢人支配については山西巡撫の下に置かれていたのであって、その実務は副都統衙門に一任されていた。

「副都統」はもともと綏遠の満漢人に対する目付役の立場にあり、その役所は乾隆二十七年以来、帰化城北門内路西にある現在の市役所の位置（第十三図）に置かれていた。どの役所でもそうであるように、この衙門の実権も胥吏が握っていたわけであるが、その連中だけで作っていたのが「監督班」という公務員組合であった。「帰綏道庁」は中国内地における道庁と同様、管内の治安・銭穀・刑名等一切の事務の監巡に任ずる官衙であって、帰化城の西北に位置し、民衆を直接支配する点では、最も権力を振ったのである。その胥吏は官僚機構の組織として快頭班・快二班・西頭班・西二班の四班に分れて事務を分掌していたので、胥吏たちの組合もそのおのおので独自の団体を作ることになった。道庁は道憲を除くと正規の官僚定員がなく、総てを胥吏幕友で運営する状況であった。「帰化府庁」と言うのは帰化城蒙古民事府（光緒九年に帰化城撫民理事府と改称）衙門の略称であって、道の指揮下に民衆と具体的な折衝をもっていた官庁である。府庁は道署の西隣に位し、「同知」（長官）の下に、胥吏等は快班・西班・巡撫班の三班に分れて事務をとっていたので、ギルドもこれに準ずることになった。同じく道の下に「管獄巡検署」があり、道署の東に位し、裁判等に任じたのであるが、その胥吏は巡司班を組織していた（註1）。

三義社はこれらの対漢人支配を司っている諸官衙――それ等は極めて接近して建てられているし、密接な連絡もある――の、漢人胥吏が組織している社会集団であるが、各官衙毎に組織された団体のピラミッド的連合体という形をとっている。すなわち、道庁の各班は連合して道四班を、府庁では府三班を、それぞれ組織し、これに監督班と巡司班を加えて、四団体で三義社を構成していたのである。この連合体も単位組合も、共に行為の主体となったのであって、たとえば「府三班公社」は土地祠に磬を献じたことがあり（Z1）、またその快班などの各班が行為の主体となった記録も非常に多いのである（註2）。

連合体である関係から、三義社には会員というものがなく、ただ四公社から代表をあげてこれを会首と呼んでいる。今歴代の会首を表示してみると（第廿四表）、会首定員は固定的ではないが、一応の標準はあったわけで、年代によって多少の増減が認められる。また三義社の会首というよりも単位公社の会首としての性格が一層鮮明に浮び上っているのであって、いわば各班の利益代表としての色彩が強く、連合体としての結合がそれほど強くなかったことを示している。胥吏の組合が彼等の仲間的なエゴイズムに立った権力の掌握と、コンミッションの獲得のための共同戦線の展開に努めたことは疑う余地がない（註3）。この点については、官庁が民衆生活といかなる関連の下に立っていたかを見きわめる必要があるわけであって、結果からいうと胥吏は大衆の負担になるだけで、その福祉に寄与したことはなく、威圧は加え得ても権威は保ち得なかった。したがって胥吏はギルド的な体制をととのえて、団体の力で

第二十四表　三義社の会首

公社別＼年代		道光元年	道光二十四年	咸豊十年
監督班			＊＊	1
道四班	快頭班	1	＊＊	14
	快二班	1		
	西頭班	2		
	西二班	2		
府三班	快班	11	＊＊	20
	両班	7		
	巡捕班	＊		
巡司班		2	＊＊	2

附記　1　道光元年度はQ3、二十四年度はQ20、咸豊十年度はQ23によった。
2　道光元年度においては監督班がなく、巡捕班は「会首等」とあるのみでその人名が記されていない（＊で示す）。
3　道光二十四年度においては、原資料が班名のみを掲げ、その会首名を記していない（＊＊で示す）。

寄生的な搾取につとめるほかに道がなかった。もっとも三義社は表面に現われた限りでは宗教ギルドとしての装に終始している。帰綏識略等によれば、三義社は六月八・九・十の三日間、西茶坊において賽社を催したということであるが（註4）、西茶坊の三官廟は三義社が道光元年に創建したものであり（Q3）、そのギルド名も天地水の三義（官）にちなんだものと思われる。ギルドの祭祀はもちろん三官殿が建設されるより前から行われてきたのであって、嘉慶年間に三義社から献じた匾額が今も残っているが（Q10）、その後三義社はギルドの解散に至るまで（Q28）、西茶坊廟全体に対し「慈善」にはげんでいるのである（Q5　Q6　Q3　Q4）。

官庁は国家の機関であるから、民衆の上に立って秩序を与えたのは事実で、たとえばギルド間の紛争が官の裁決を仰いで解決された例は少くない（B8　E28　G6　E30　A6　R2等）。しかし官庁から命令や法律が出たとしても、官憲の力だけによって執行して行くことはもとより不可能であった。民衆が各自の利害に従ってあるいは支持し、あるいは反対するのに対して、胥吏が権力によって押切ろうとしても、押切れるとは限らなかったわけである。法律命令が公けにされたとき、それによって利益をうける団体が、これに悦服したり、あるいは積極的に支援したのはもちろんであって、一応その力が強いときには、胥吏は威丈高になって強行して行くことであろう。だが、これを不利益と考える団体は「玩法疲公、視為具文」（E28）の態度で無視することになるので、このほうが圧倒的に優勢だときまれば胥吏はあえて動かない。反対派の力がはっきりしないか或は誤算した場合には、胥吏は権力の行使にとりかかって強い抵抗を受け、時には黒星になったりすることになる。たとえば銭法問題にしても、大行を含むほとんどすべての諸団体が、官の調停案を誘導し、官憲の命令が発せられた後も積極的に支援を送ったわけであるから、官憲は多数派の支持の上に立っているつもりであった。しかし銭業ギルドは官の命令に背反して実行せず、数度に及ぶ調整のくり返しも、すべてが無効に帰し、結局は銭舗の勝利に終った。官憲は金融問題に関する限り、経済力を持たない弱小派を支持していたことになるわけであって、そのために官の面子は丸つぶれとなり、一見巨大とみられ易い国家権力が実際には事大主義的なうわすべりを続けているだけで、大して実力のないことを完全に暴露した。官憲は中立を誇示するのが常であるが、事大主義に立つ限り、地主・商業資本の味方となることが第二の習性となっていた。銭法問題の場合には、嘉慶道光以後の中国では、商業資本に代って高利貸資本がむしろ真の主人公となっていることを官僚が忘れていたのであって、商工業が銭舗の支配下に立っていたのであるから、官憲の命令もいかんともならないのが、当然すぎるほど当然だったわけである（E28　A5　A6　R2）。民衆による官憲の利用は、結局の所地主・商業資本・高利貸の利益をどう守るかの問題であって、官憲の中立主義も階級性をかくす手段にすぎず、そのことはたとえば六合社の賃金斗争の場合などに、はっきり示されている。これに対し、官庁の民衆に対する搾取はしばしば不法と横暴に流れ、地主や商業資本家の生活を破たんさせることさえ少くなかった。民衆団体は外柔内剛の秘術を尽して、平常、官の徴求を最小限に食い止めるために努力しているが、限界を越えて極端に甚しいときは、表裏からこれに抗議し、非法を撤回させた。また時にはその成果を石碑に刻んで、永遠に遵守させようとしたこともある。しかもなお官憲は自ら法を無視し、大衆の暗愚に乗じて依然不当な収奪をつづけることをやめなかったのである（A3　F4　F10　R1）。胥吏は官庁の「ぬし」であり、寄生虫的存在であった。したがって、彼らは相結んでなし得る限りの収奪を擁護し、「たかり」を強化するほかに、殆んどなんらの能力も持たず、その団体たる三義社も社会の進歩に役立たないばかりでなく、社会悪の一病巣として終始する傾きが強かったわけである。

註1　帰化城関係諸官庁は大体帰綏識略巻十一、公署による。また綏遠通志巻三十七民事十四団防を参照した。官庁の名称や任務・組織などについては、資料A3　A9　B8　G4　G6　M3　N1　S5その他に徴することができる。なお清国行政法巻一、頁二九九参照。

2　三義社の組織の沿革は、三義社会首表によってほぼ明らかである

3　胥吏の性格については宮崎市定博士「王安石の吏士合一策」（桑原博士還暦記念東洋史論叢）参照。

4　帰綏識略巻十八賽社、帰綏道志巻二十二、風土、賽社。

第二節　財務胥吏と徳義社

清代における財務官庁は、各地方で必要に応じて設けられたものが多い。帰化城には税務庁（Q7）総務局（Q5）税局（註1）などと呼ばれている財務官庁があるが、その統属関係は明らかでない。ただ、庁・局と称しているのだから、帰綏道以下の一般官庁に属するものとは考えられず、山西省布政司（藩台）綏遠城将軍・戸部のいずれかに所属する出先機関として設置されたものと思われる。財務官庁の胥吏の団体たる徳義社が、三義社と別に独立していたゆえんもここにあるのであろう。

さて徳義社の名は咸豊五年に始めて見出されるのであるが（Q6）、それ以前から、徳義社とはなのらなかったにせよ、とにかく財務胥吏の集団的な行動は見られるのであって、たとえば乾隆三十二年に税務庁として泉席贇以下三十八名が西茶坊に匾額をかかげているし（Q7）、その後も引き続き活動しているのである。咸豊五年の事件も総税局（Q5）或は徳義社（Q6）として、官衙名とギルド名を同意語に用いている程だから、官庁の仕事ともつかず社会集団の行為ともいい切れないかっこうになっていたものと思われる。徳義社は光緒（Q28）を経て民国六年（Q31）にいたるまで、引き続き記録を残しているのであって、西茶坊廟の和尚である湛溪師も、民国以後「税務人員」が祭祀を行ったことを記憶している。帰綏識略等には、税局徳義社が九月十五――七日に、西茶坊で祭祀を行ったと記しているのであって（註1）、その信仰対象は関帝であったと考えられる。右のほか呂祖廟に寄附する等（S3）、慈善行為があったことはたしかである。なにぶん、今は解消している団体なので、詳細は遺憾ながら不明である。

註1　帰綏識略巻十八、賽社。帰綏道志巻二十二風土、賽社。

第三節　教師と崇文社

清朝時代には、私塾・義塾または家塾の教師は、経済的に恵まれない状況にあった。教師の団体的結合も余り固くはなかったが、それでも帰綏道志には、清末における帰化城の「外小社行」の一つとして崇文社を掲げ、教書先生という説明を加えている（註1）。南竜王廟の一角に二層楼の文昌閣があって、階下には孔子を、階上には文昌帝君を祭り、ここは読書人による献額で埋っている。和尚の言によれば、崇文社は文昌帝君の祭祀を行っていたということである。

註1　帰綏道志巻二十二、風土、帰化城外小社行。

第十一章　プロビンシアル・ギルド

モース氏は Morse H.B, The guilds of China, 1909. Shanghai. p. 39—54 において中国のギルドの一つとして the provincial club という一項を設け、会館 Huei-Kwan 公所 Kung-so などをこの中にふくませて、ロンドンにある Steelyard などと比較しながら、要領のよい敍述を残している。また根岸佶博士「支那ギルドの研究」の「同郷団体」もきわめて実証的な優れた論文である。帰綏には同郷会館がないので、こうした問題を全体的に扱うには適しない上に、調査の重点をこれに置かなかったので、質疑応答にしてもごく概観的なことを張蘭田氏（前出）からうかがい得たにすぎない。したがってこの章は、この種の社会集団の歴史的役割を考える手掛りを得る程度で、満足するほかはない。

都市の発達は外来人の移住を除いて考えることはできないのであるが、外来人は各自の郷里の出店を作るような形で来住して来るのであって、移住さきでは、官吏・地主・商人・手工業者・農民等の別を問わず、お互に同郷人として助け合う習慣になっている。中国では各省はもとより、各県にしても、それぞれ風俗習慣言語等を異にしているので、他郷に移住した当初は同郷仲間や故郷とのつながり無しに生活することは不可能だといっても過言ではなく、自然同郷団体が生れることになるのである。この団体は各界の人を含むので徒弟制度には必ずしも関係をもっていないが、中世的な社会構造をもち、仲間的な集団的利已主義を貫徹しようとしているのだから、プロビンシアル・ギルドと名付くべきものであろう。都市が成長してゆく最初の頃は、プロビンシアル・ギルドが民衆生活の中核的存在であったが、産業が発達するにつれて、ある者は商工ギルドに転化し、またある者は多くのギルドに分解し、ないしは分属していったのである。こうしてプロビンシアル・ギルドはだんだんとやせ細ってゆき、その役割はこれらの諸団体に譲渡されて行くのであるが、その最終的な解体は封建体制の消滅時を待たねばならないわけである。

帰綏に発生した幾多の社会集団の中で、プロビンシアル・ギルドは最も古い歴史を持つばかりでなく、最も早く一般的に形成された団体であって、帰化城が商工都市として膨脹しつつあった時期においては、極めて重要な地位を占めていた。プロビンシアル・ギルドが成立した年代を見ると、汾孝社は康熙四十四年（P1）以前に、また誠敬社は康熙六十年（A2）以前に成立しているのであって、その他のプロビンシアル・ギルドにしてもほとんどすべて雍正乾隆に遡り得るものばかりである。こうしてプロビンシアル・ギルドが広範に組織された時期はギルドマーチャントさえまだ十分羽翼を伸ばすに到っていなかった時代であるから、大衆にとって最も身近な社会集団であり、大衆の生活を守るとともに、大衆を支配していたわけである。この時代にプロビンシアル・ギルドは郷里の封建的な社会機構をそのまま都市に持込むとともに、都市の産業を郷里の産業との関連のもとに、少しづつ向上させていったのであるから、きわめて重要な役割を果していた事情がうかがわれるのである。プロビンシアル・ギルドとしては乾隆中葉頃までがその全盛期であって、一応この頃までに歴史的使命を果しており、乾隆以後は商工ギルド等にバトンを譲って歴史の舞台からは遠ざかっている。もっとも個々の団体についていえば、その後もいろいろな変遷を辿りながら命脈を保っているものが多く（註1）、ある者は一時は衰頽の極中絶の状態に陥ったのであるがその後再び回春の息をふきかえしており（A4　N6）、ある者は乾隆中葉を最後として消息を絶っているというふうで（E14）、その運命は単純にいう事が出来ない。ただ民国に入った頃には昔日の面影はなく、交通の発達と土着化とによって自然消滅となる傾向が強かったが、それでも事変直前まで活動を続けているプロビンシアル・ギルドもあったし（G59）、また京都社が河北同郷会に組織されたという例もあるように（註6）、同郷会に改編されて命脈を保つことも一つの風潮であった。

プロビンシアル・ギルドがどの範囲の同郷人を集めた団体として組織されているかを問題にすると、第二十五表のように省またはこれに准ずるものとしては京都社と陝西社があり、山西社はない。したがって交通の難易ということから考えて、交通距離が比較的遠隔地の場合には省を単位とするプロビンシアル・ギルドが成立しているわけである。これに対して隣接する山西省の場合には、一段狭い範囲の同郷関係が重視せられ、府・州・県を単位とする団体が成立している。府社としては誠敬社（太原府）上党社（潞安府）雲中社（大同府）が、州社としては忻州社蔚州社代州社があり、さらに県社としては二県連合で晋陽社汾孝社応渾社、一県単独で壽陽社祁県社太谷社文水社寧武社交城社平遥社陽曲社太原社楡次社介休社定襄社崞県社盂県社が組織されている。府社が雅名を用いているほかは、名称を一見すれば直ちに結社の性質を理解し得る。一体「同郷の範囲を広くするに従って団結力薄弱となり、狭くするに伴って団結力が鞏固となり、一県だけでできたものが最も鞏固であるということは、自然の勢い、当然の理といわねばならぬ」（註2）とすれば、多くの社が県単位となっていることは当然の理にかなうものである。ただ厳密にいえば団結力は他のいろいろな条件——郷里からの遠近・人数・伝統・親疏・同郷性以外の社会紐帯の関係など——によって支配されるのであるから、県社より府社が、さらに省社が、結束が弱いと、単純にきめることはできない。プロビンシアル・ギルドが、同郷関係を基礎にする以上、移住先における職業・身分などは問題でなく、またそこに定住しているか一時的な寄留かも問う所ではない。たとえば壽陽社は光緒七年当時において、帰綏および県下四郷に居住して貿易に従う者と、毎年壽陽県からやって来るが、仕事がすめば家族のいる郷里に帰って行く客商とで組織されているのであって（A4）、同郷関係さえあれば、郷村にいる者も、あるいは客商でも、参加し得たわけである。殊に客商こそはプロビンシアル・ギルドの本来の主体であって、商工ギルドと区別されるゆえんもこの点に見出されるのである。

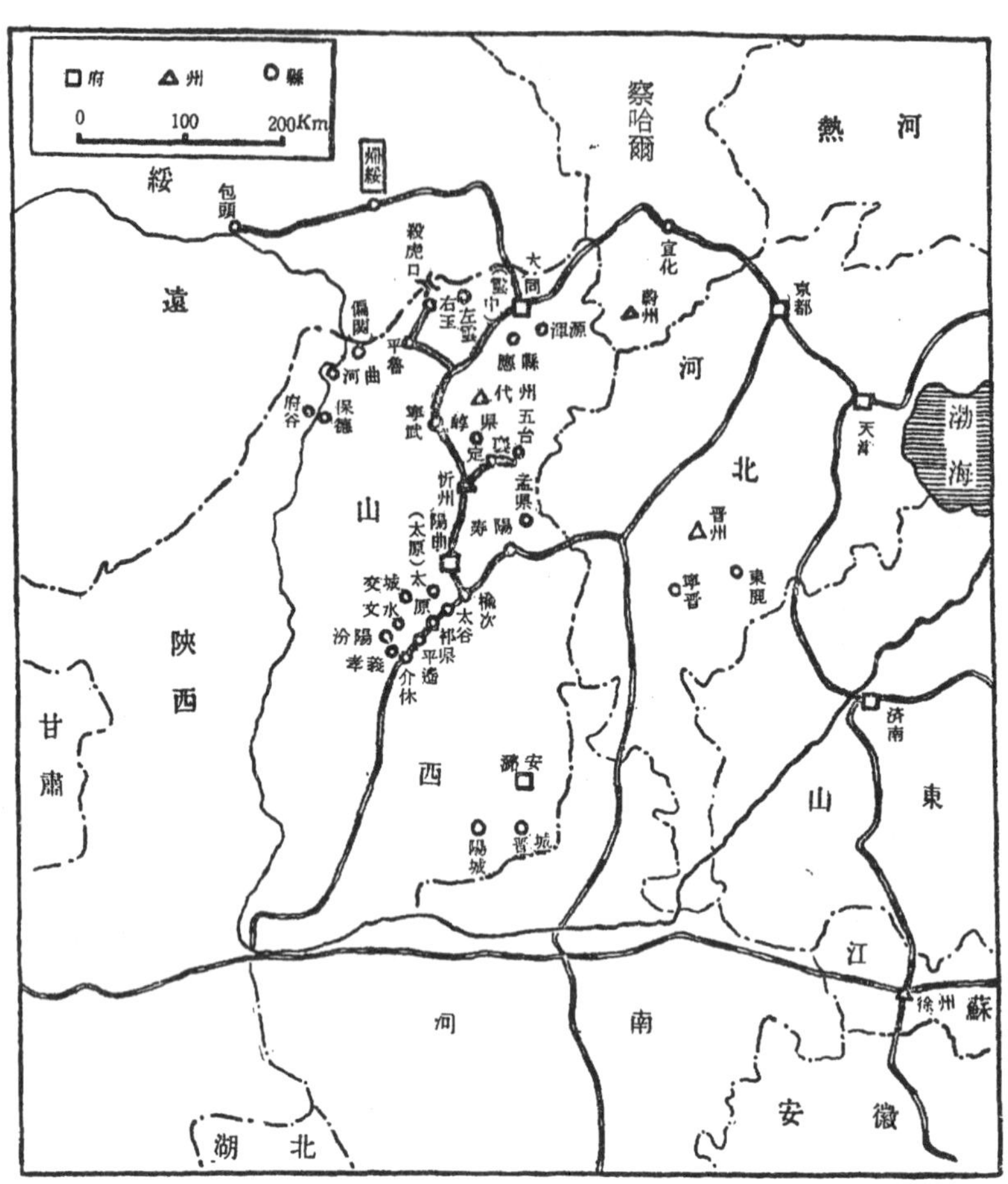
□府
△州
○縣
0
100
200Km
察哈爾
熱
河
綏
遠
包頭
殺虎口
大同
宣化
京都
天津
渤海
河
北
山
西
陝
西
甘
肅
河曲
保徳
府谷
寧武
忻州
太原
陽曲
楡次
太谷
祁県
平遥
介休
孝義
汾陽
文水
交城
五台
代州
寿陽
晋州
東鹿
寧晋
潞安
晋城
陽城
済南
山
東
江
蘇
徐州
河
南
安
徽
湖
北

第七図　帰綏の同郷団体

一他郷に出でて貿易ないし労働に従事する者は、いずれも皆土着人から区別されて客帮または羇帮と称せられ、客帮は土着人その他の圧迫に対し、自家防衛のために同郷の誼によって団体を取り結んだ」（註4）のであるが、この客帮が出身地を離れて数世代を経た後でも、なおかつ土着人と区別されたのは、全く郷里との間を往来する客商が、彼らを出身地に結びつけて離さないためで、「永住する客帮」と「一時寄留する客帮」とは相対的な差異に過ぎず、本質的には同じ客商であったからである。清朝時代を通じてギルド関係の碑文に現われる人名がおのおのの籍貫（出身地）を頭註的に冠している場合もあり（F33　C86）、同郷関係に対する意識は極めて鮮明であった。要するにプロビンシアル・ギルドは出身地を離れて僑居する同郷関係者の社会集団で、その同郷の範囲はきわめて恣意的にきめられていたが、出身地と居留先との交通の難易に比例して拡大される傾きが、一般的には認められるようである。

根岸佶博士によれば「会館は三合会のように色彩が濃厚でないというだけであって、準血族団体となるものである」（註3）ということであり、同郷団体は同族に準じた形で組織されるのが原則である。帰化城でも初期のプロビンシアル・ギルドには血族的な感覚が強かったのであって、誠敬社が康熙年間に「異姓同胞」（A7）と題した扁額を三賢廟にかかげたというのも、この意味において解釈できる。新天地に移住する人々は、出身地でもっていた同族関係をたよって移住する事が多く、移住先では同郷人の間で結婚するから、いくつかの同族が同胞として結び合されることになる。同郷関係を基礎とする社会集団が宗族に準じた体制をえらぶことになるのは偶然ではない。

会員は姓号（A4）衆姓（P2）などと称せられ、家族（姓）または店舗（号）が単位となっているのであって、要するに家族的な生活単位（衆姓）によって構成されているわけである。同郷人の全部が参加するのか、それとも有志のギルドであるのかについて、壽陽社では城内および四郷に在住あるいは来往する商人は全部当然会員となるべきであると見なし、会費負担の義務を規定している（A4）。同族に準じて考える以上、全部の加入は自明のことと考えら

第二十五表　プロビンシアル・ギルドの祭祀と慈善

社名	祭祀 期日	祭祀 対象	祭祀 廟	慈善
京都社	七月六―八日	三皇	三官廟	
陝西社	二、三月中	関帝	小東街関帝廟	B2 **B71**（小東街関帝廟）
代州社	二月十二―四日	財神	十王廟	
誠敬社	三月廿三―五日		三賢廟	A2 **A7**（三賢廟）
晋陽社	四月七―九日	関帝	南茶坊	E1 E6 E8 E15 E25 E27 E45 E76 [E26] [E29]（南茶坊廟）
交城社	同右	地蔵	十王廟	P2 P4 P11（十王廟） C7 C9（玉皇閣） **N25**（北茶坊関帝廟）
祁県社	五月一―三日	関帝	小東街関帝廟	B2 B6 B10 **B71**（小東街関帝廟）
上党社	五月四―六日	瘟神	南茶坊	E20 E26 E29 E33 [E27] [E45] [E76] **E85** **E92**（南茶坊瘟神廟）
雲中社	同右	財神	財神廟	G2 G34 G41 G44 G45 G48 G53 G59 G63 **G4** **G5**（財神廟）
寧武社	同右	関帝	関帝廟	B2 B4（小東街関帝廟）
介休社	同十二―四日	関帝	南茶坊	E6 E13 E14 E26 E45 E76 **E9**（南茶坊関帝廟）
崞県社	同右		財神廟	G2 G4 G34 G41 G44 G45 G48 G53 G62（財神廟） **A8** 三賢廟
盂県社	同右	関帝	北茶坊	N5 N6 N7 N12 N15 [N13]（北茶坊廟）
太谷社	同廿四―六日	関帝	関帝廟	B2 B4 **B71**（小東街関帝廟）

楡次社	同　廿六―八日	関帝	南茶坊	E4 E13 E14 E16 E27 E47 [E26] [E76] （南茶坊廟）
文水社	五　月　中	関帝	小東街関帝廟	B2 B4 B9 **B71** （小東街関帝廟）
忻州社	八月十四―六日	関帝	関帝廟 同右	B2 B3 B6 （小東街関帝廟） Y2 Y4 Y11 （西竜王廟）
太原社	九月十二―四日	関帝	南茶坊 関帝廟	E6 E13 E14 E27 E45 [E7] [E26] [E76] （南茶坊廟）
壽陽社	同　　右		三賢廟	A2 **A4** **A12** （三賢廟）
蔚州社	同　十六―八日		財神廟	G2 G34 G41 G44 G45 G48 G53 （財神廟）
応渾社	同　廿四―六日		財神廟	G2 G4 G34 G41 G44 G45 G48 G53 G62 （財神廟）
汾孝社	九　月　中		十王廟	P1 P8 P9 P10 P17 P22 （十王廟） **S4** （呂祖廟）
平遙社	不　　詳	関帝	西茶坊	E14 E17 E27 E45 [E26] [E76] （西茶坊廟）
陽曲社	同　　右	関帝	西茶坊	E13 E14 （西茶坊廟）
定襄社	同　　右	財神	財神廟	G1 G2 G3 G4 G34 G41 G44 G45 G48 G53 G62 （財神廟）

説明

1　社名および祭祀の日取と場所、代州社の主神については帰綏識略等（註1）によって記した。

2　各団体が祭祀の対象にいかなる主神を奉じていたかを判定するためには、各社からささげた匾額や祭壇の位置がいかなる神像や神位の前におかれているか、あるいはその団体がいかなる主神を奉じている廟の主要な社首になっているかによって想定したもので、その不確実なものは記入をさしひかえた。

3　祭祀を行う場所としての廟名も2とほぼ同じ方法で判定したわけであるが、慈善との関係からも推定を加えた。

4　慈善については廟毎に区別して、その事実を示す資料を記した。ただしB2等は祭祀を行う廟の建築（創建・修築・増築・彩画）を行ったことを、**B71**等は同じく匾額・香炉その他を献じた事実を、また[E26]等は、該社が祭祀を行う廟と同じ一廟内にある他の廟の建築を行った事実を、それぞれ表示するものである。

5　現地調査の際に、重要な事実を記載している資料のみについてノートしたため、各団体が扁額を掲げるといったような比較的簡単な行為を行っている場合は、ほとんど本表には現われていない。

6　本表については、右の資料にあるままを記したため、誤謬または不当・不完全と目される点が少くないが、その詳細は本文六〇三頁について見られたい。

れ、これを原則とするたてまえで組織された団体が多かったと思われるが、一面からいえば同族に準じたつきあいをしている同郷者だけが、他の同郷人とは無関係にプロビンシアル・ギルドを作った場合も考えておかねばならない。役員は会首（A12 P2）社首（N5）等と称せられている。社を代表し、ギルドの事務をみたことは問題ないとしても、その選挙法・会議・権限などについては明らかでない。役員以外に、実際に社を牛耳っていた長老の存在なども予想できるが、具体的に記述した資料は見出されていない。

根岸佶氏によれば、同郷団体には　一　同郷の誼を厚うせんとする社交団体　二　職業上の利益を保護増進せんとする経済団体　三　守本尊を奉祀し共同の丙舎と義塚とを設備する宗教団体　四　貧困者を扶助する善挙団体　五　共同の危険を防衛する保護団体　六　家族的観念を有する準血族団体の六種類があるといわれている（註5）。各々のプロビンシアル・ギルドがそれぞれの個性をもち、事業面における重点の置き方を異にしていたのは事実であるが、この団体を以上の六つに分類し得るというよりも、すべての同郷団体がこうした方向の事業の全部または一部を志向していたと考えたほうが適切であって、右の諸目的に適う事業を大なり小なり兼ね営んでいたのである。壽陽社の目的は「同心共済」（A4）にあったというが、公私のあらゆる面で、同郷人は「相帮」として無條件で便宜を計りあう習慣であり（註6）、ギルドの事業においても限度がなかったといえるのであって、殊に乾隆以前は商工ギルドが十分発達していなかったので、その役割のほとんどはプロビンシアル・ギルドの肩にかかっていたと思われる。しかし相幇は義務を伴わないのであり、同郷団体の事業は臨機応変で、一定の責任をもたされたものは少いのであるが、近来に到るまで一般的かつ恒久的に行われた事業として資料の上に伝えられているのは左の四つである。

第一は公所の経営である。プロビンシアル・ギルドとしては、公所は世俗的な業務を担当するためにも、あるいは祭祀を行ったり、連絡や会議の場所として使用する上でも、欠くことのできない重要な拠点であった。その一番簡単なものは、社房と呼ばれている程度の事務所であるが、いずれも独立の建物ではなく、ある廟の一部を借用している場合が多い。中には廟内の一棟または数棟の建物を、いろいろな社会集団が共通の公所として使用していることもある。共用の公所の場合には、共通といっても各団体が平等の使用権をもっているとは限らない上に、その個性も複雑なので、公所使用の範囲・目的・部位・日数などについて、各団体のもっている希望が互に矛盾する場合もあり、紛争を招くことも多かった(G4)。そこで自由に使えるようにというので、一社が一棟を独占している形の公所が生れてくる。小東街関帝廟の中にある忻州社・祁県社・文水社などの社房がその例である。しかしこの程度では門や中庭が共用となるので気兼ねが少くない上に、狭隘にすぎてギルド活動を十分行うこともできない。従って四囲に塀をめぐらした独立の一廓(普通は中庭に面して建てられた三棟または四棟の建物から成っている)を一社で独占することが公所の基準的な型になっている。南茶坊廟の平遙社、十王廟内の汾孝社・代州社・交城社などがその例である。狭義の意味における公所は、この程度の規模をもつ団体事務所を指すのであって、単なる社房よりも明確なギルドの占有権または所有権が成立しているところに特色があり、その事情を公示する目的で、碑や匾額を数多く残している。公所を同郷会館と同一視する事は適当ではない。会館の中には一棟の茅屋といった程度の貧弱なものがあるし、公所といっても数個の独立家屋を連ね、宏壮な施設を誇っている場合もあるから、規模の大きさは一概にはいえないのであるが、それにしても整った会館は、神殿・戯楼・事務所・集会所・住宅・旅館および取引所を含み、その建物の四囲を貸店舗でとりかこんでいるのであって、所有権も明確になっている。模式的にいえば共用の社房から次第に拡充されて独立の公所となり、それが内外の施設を充実していって、会館として完成されると理解し得るわけで、発達の段階に一応の区分を立てることが必要である。盂県社の記録などは、帰化城の公所は通邑大都の会館と同一のものだと主張している(N6 N12)。その理由として、公所も会館も同郷人がときによって相集まって相談し、また祭祀を行う場所であるから、本質を同じくするというわけである。公所は事務所・集会所・住宅としての意義を大なり小なり果しているし、神殿や戯楼は公所内に特設するまでもなく、廟の施設を利用すれば十分であるから、祭祀の場所としても完全である。したがって公所は構造上の差異にもかかわらず、会館が備えている機能を果すことが一応可能となっていたのであり、会館に進む前段階のものと考えてよいわけである。

第二は祭祀である。第二十五表によると、各社は毎年一回一定の日を定めて三日間づつ、郷土を代表する神のために祭典を催し、その神を祭っている廟と特別な因縁を結んでいることがわかる(註7)。信仰対象として関帝が多いのは、山西省の各県が関帝を郷土の守り神としている関係からで、特に関羽の出身地である太原府以南の各県からは、圧倒的な支持をうけている。財神は商人が多かったためと思われ、これは府北各社を主とする。京都社では三皇(天神地神禹王)を祭っている由である(註8)。同郷神は極めて限定されており、陪祀を加えれば多少の動きがあるにしても、なおかつ同業ギルドとは対蹠的とさえいえる。祭祀の期日は五月と九月がほとんどであるが、これも郷里から客商がやって来て仕事を開始したばかりか、あるいは大体の仕事の山がみえた時期に当るわけであって、最も多くの同郷人が参会し得る時を選んだのである。したがって日取については、主神の誕生日に行ったとは限らないし、郷里の祭日の日取を踏襲している場合もあったが、全く意味の無いものも多いのである。ただし第二十五表の中で、帰綏識略等によって示した祭祀の日取については、その正確さに疑いが無いではない。たとえば汾孝社は康熙（P1）同治（P17）を通じて三月三日に大祭を行っていることは確かであって、表の「九月中不定日」というのは大いに疑わしい。光緒七年の記録を見ると、壽陽社は中秋節を期して行う習慣であると自ら記しているわけだが（A4）、表では九月十二―四日となっている。現在忻州社では五月十七―九日に西竜王廟で演劇を奉納しているが（註9）、近年になって日取りを変更したのでなければ、表の記述と矛盾するわけである。もちろん咸豊から光緒にかけての記述である帰綏識略等の日取りが、康熙以来の歴史を通じて変らなかったか否かは別個の問題で、日取りが変るということ以外に、祭典が未だ開始されていなかったり、その反対に中絶してしまったような場合が、当然予想し得られる。民国以後は相ついで中止されたようで、事変後には同郷団体による演劇の奉納は、ほとんど行われていないのである。なお祭祀を行う場所について、帰綏識略等に関帝廟と小東街関帝廟とを区別して記しているのは不当であり、南茶坊北茶坊などとあるのも不正確である。祭祀の方法については特にいうべきことはないが（註10）、各社で祭壇をはじめ香爐（B1）鼎爐（N85）など、祭祀に必要な道具立てを、故郷の風習になぞらえて一通りそろえており、それぞれの郷土色をもり込んだ祭典であったと理解して差支えない。

第三は終葬である。帰化城の周辺には、各省府州県単位の共同墓地がかなりあって、遺骸を郷里に帰葬し得ない者のために、小故郷を提供している。理論上、郷里の延長と考えられている墓地を用意することがプロビンシアル・ギルドの主要な存在意義であって、殊に乾隆以後世俗的な活動がほとんど停止されたのちも、その団体が解消しなかったのは、他の社会集団では肩代りできない終葬事業を、受け持っていたためだと見られている。各社では名簿をそなえて、共同墓地に葬った者の氏名・死亡及び埋葬期日などを控えておくのであって、他日遺族が柩を掘り起して本籍地に改葬しようとするときには、いつでも識別できるよう、用意しているのである。中国の寺廟はいずれも郷里に帰葬するまでの期間、棺をあずかる場所となっていたのであるが、プロビンシアルギルドが祭祀を行っている廟へ世話をして、寄托する上に特別な便宜を計っていたものも少くない。ただ多くの大都市の同郷団体が行っていたように、丙舎（棺を埋葬の時期まであずかる所）を単独で経営する同郷団体は無かったようである。なお貧困な同郷者のために、葬式の費用を与え、あるいは棺を給与することも、かなり普及していた事業であるが、今では廃絶してしまった由である。終葬への援助は、同郷団体の代表的な事業の一つであったが、鉄道開通と汽船の発達のために郷里への帰葬が比較的容易になったことと、同郷人の一半が帰綏に土着したことなどのために、今では多くは有名無実となり、同郷団体自身がそれにつれて廃れていったことは確かである。

第四は慈善である。実は終葬も慈善の一つに違いないのである。寺廟に対してプロビンシアル・ギルドがとってきた態度を見ると、自分が祭祀を行う廟のみを対象とし、少くともそこに重点を置いているのが特色であって、第二十五表にも顕著に示されているところである。慈善を行うについても、同郷人に限って恵沢が及ぶ方向をとり、余裕があるときないしは止むを得ないときに限って、その余沢を他に推し広めたことは、同郷団体の集団的利己主義を示す一般的な傾向の一端だといえる（註11）。

同郷団体の規約は、成文のものとしては会計規則・義園（丙舎義塚）規則などが普通だといわれているが、壽陽社の会計規則（A４）などもその一例と言えるであろう。規則は、通則よりも事務規定に類するものが一般的ではなかったかと考えられる。

註
1　帰綏識略巻十八、賽社。また帰綏道志巻廿二、風土、賽社。
2　根岸佶「支那ギルドの研究」頁七九。
3　根岸佶、前掲頁一〇三。ただしここでは十分な説明や証拠の提示が行われているというわけではない。

4　根岸佶、前掲頁、七五―六。

5　根岸佶、前掲頁、九〇―一。

6　内山完造氏「鄕の一つ」（「生ける支那の姿」頁六―十一）。

7　交城社は十王廟内に社房を持ち、祭壇の配置からいっても地祇を祭っていたに違いないが、北茶坊関帝廟内にも祭壇を備えている（N25）。これは二神を別別に異なる廟で祭ったのか、また、その場合にどちらかに重きを置いていなかったか、ないしは年代によって信仰対象を移したのか、疑問のままで保留して置く。

8　笠木熾馬「蒙疆に於ける土俗信仰」（巴盟興亜協進会本部印行、蒙疆民俗資料第一輯）、頁六三。

9　西龍王廟村の甲長である張遴氏の教示による。

10　根岸佶、前掲　頁九三―五参照。

11　根岸佶、前掲　頁九七―九。

第十二章　フリース・ギルド

アーミテージ氏 Armitage F. The old guilds of England. によれば、ヨーロッパでは手工業ギルドの成立に先立ち、八世紀から十世紀にかけて the frith guild が広く組織されたのであって、ギルド員相互間の平和の維持につとめ、併せて外敵の攻撃から自らを守ることを目的として、隣組的なつながりと信仰を基礎にした社会集団が活動したということである。フリースギルドが歴史上いかなる意味を持っていたか、また中国においては唐宋時代にそうしたギルドが存在したかどうかについては、諸学者の見解が必ずしも一致しているとはいい難い。綏遠の農村においてはその草創期以来、同じ街路に軒をならべている家が社会集団を形成していたのであって、これにならって帰綏におけるフリースギルドが発達したのも、雍正以前のことであるから、ギルドマーチャントや商工ギルドの成立に先立つ時代のことであり、幼稚な体制ではあるが相互扶助の意味で、存在意義があったわけである。しかしフリースギルドのような脆弱な体制では封建制を支えることができず、村落をはじめギルドマーチャントや商工ギルドの発達につれて、自然に消滅していったのである。その際個々の団体は商工ギルドなりギルドマーチャントなりに発展的解消をとげたが、新城の綏豊社のように、最後までギルドマーチャントに転化しきれずに終ったものもある。隣組的な性格は後継諸集団によってうけつがれたわけであるが、フリースギルド自体としては、ここに一応その前史を終えたのである。しかるに、阿片戦争が間近くなると、社会不安が深刻となり、商工ギルド等によって民衆生活を秩序だててゆくことが不可能となってきたので、隣組を復活してギルド等への支えとし、封建体制の不安動揺を少しでも軽減したいという希望が浮び上ってきた。十九世紀を通じて帰化城の目貫き通りに、平安社・闔街社・本街社などという名称を持つ再版のフリースギルドが大小となく組織され、中には重複して二重の隣組体制を持つ街巷もあった。だが所詮は再版であるから、古い皮袋をもって封建制の破れ目から流れ出る酒を補足的に包もうとしても包みきれるものではなく、ギルドマーチャントの一支柱として役立てようとしても、その社会的効果に多くを期待し得ない実状であった。清朝の崩壊とともに一挙に消滅し去ったのは当然のことである。

本章においては再版のフリースギルドだけを俎上に置いたが、これは史料の関係に基ずくのであって、前史については一般的に序述するだけの材料が無いのである。再版フリースギルドの場合でも、帰綏の副鎮長であり、職人出身の古老、王有恒氏の助けを借りたにもかかわらず、その実体には明確でない点が残されている。

街巷を基礎にもつ団体といえば、郷党制として古代からつづけられてきた官製の御用組合が脳裏にうかぶのであるが、その実体を眺めると、民衆生活を現実に動かすようなところまでは、到底いっていなかったと思われる。官製組合は時代と場所によって違っているが、綏遠省においては、雍正年間に保甲法が布かれることになり、治安警察をおもな目的として、十戸をもって一牌を、十牌をもって一甲を組織する法制が定められた。清末にこの地方の内地化が推進されたとき、光緒十年をもって牌甲を廃止し、すべての漢回人を里甲に編成したのであって、徴税を主なねらいとする戸籍を年々編制し、あわせて犯罪人調査に資し得る組織としたわけである。しかしこれらの保甲法や里甲法は、制度の如何にかかわらず、実施された様子は見られないのであって、一片の空文に過ぎなかったようである（註1）。帰化城の場合も、碑文等の史料による限り、保甲法・里甲法が行われた形跡は全く見当らない。しかも「官製自治」がこんな状態であったその時期に、隣組的な団体が自然発生的に民衆の中から芽生えてきて、ある程度までフリースギルドの体制をととのえ、ギルドマーチャントの補助組織としての役割を受け持っていたのであるが、その体制に対しても、官憲側は部分的に利用したにすぎないのである。

第二十六表　フリースギルドの概観

	社名	場所	年代	賽社	廟
1	平安社		道10(E76)—道24(E85)—咸4(E92)—咸9(E27)—同3(E29)—同9(E32)—光17(E33)		瘟神廟
	平安社	大南街大西街合立	道7(E23)—咸4(E26)	三月中(F23)(B)	同
2	大南街闔街	大南街	道5(E66)		
	太平社	大南街	道10(P26)—道12(P27)—同12(P18)—A	二月七—九(A)	火神廟
3	平安義社	大西街	道23(P29)—道24(P30)		同
4	平安社	大西小北両街	A	三月十—十二(A)	同
5	本街社	小東街	道26(B71)—A	八月中無定日(A)	小東街関帝廟
	本街平安社	同	嘉23(B22)		同
	小東街平安社	同	道5(E65)		同
6	小召前闔街	小召前街	道5(E64)(E89)—道7(E127)	正月中(B)	瘟神廟
7	通順社		A	正月七—九(A)	
	三元社	通順街本街	咸9(Q5)(Q6)	正月八日	西茶坊
8	純陽平安社	上栅街・小召夾道・官園・馬蓮灘・東順城街・大東街	光8(S7)	九月中(B)	呂祖廟

9 平安社	道署前街	A	八月中無定日(A)	
10 平安社	同知巡検署前街	A	同(A)	
11 平安社	東順城街	A	正月十四ー六(A)(B)	
12 平安社	東得勝街	A	正月中(B)	

説明 1 社名は大した意義もなく、便宜的に使用している様子であるが、資料の正確を期するために、差異を厳密に示した。

2 フリースギルドを持っている街および巷は、年代の項下にあげた諸資料と、賽社の項に引用した資料によって、明瞭となっているもののみを掲げた。

3 年代および賽社の項下に記した資料のうち、Aは帰綏識略巻十八賽社、ならびにそれを転載した帰綏道志巻廿二風土賽社によるもので、この叙述は大体において光緒初年の状態とみなすべきものであろう。Bは王有恒氏の教示によるものである。また三元社については西茶坊関帝廟の道士の教示によった。

4 祭祀を行った廟は2と同じ資料による。

第二十六表で明らかなように、街巷別に再版フリースギルドが組織されたのは、嘉慶二十三年小東街平安社が成立してからのことであり、また大多数のフリースギルドは道光年間にスタートしているのである。嘉慶末といえば、清朝の崩壊化がようやく顕著となり、封建経済の内的矛盾が、内乱や天災の続発として表面化した時代であったから、人心の動揺は覆い難く、社会不安に対する本能的なおそれが、問わず語らずの中にすべての人々の頭にこびりついて離れなかったのである。この状況に対応するため、民衆は自らの力によって街または巷を単位に結束を固める体制をとり始めたのであって、民衆の意欲によってフリースギルドが盛上ったわけである。帰綏の草分け時代の所産であるプロビンシアルギルドや、清朝封建社会の発展とともにあった商工ギルドに対し、その葬送曲とともにすべり出したのが再版フリースギルドである。従って最初から大した期待がかけられないわけで、いわば無氣味にふくれ上った商業資本のいたずらであり、自らの不安に対する空しい祈禱であったといえる。それにもかかわらず、フリースギルドは旧城の代表的な各街に相ついで生れていったのである。第二十六表にかかげた十二の例のほかに、平安社と称せられている団体の中には、その同類ではあるまいかと思われるものがかなり多い。もちろん平安社がすべてフリースギルドだとは限らないし、街巷の中で彼等の社会集団を作り得たものは一部にすぎない。大半が未組織のままであったことは、北京天津済南などの例でも同様である。しかしフリースギルドを作った道路が、帰化城の主要な街巷を大体網羅していたことは、この表だけによっても推察に難くないところである。又この種の団体が清朝の滅亡ま近まで相当活動していたことは、帰綏識略等に賽社の日取まで記録されているフリースギルドが六団体に達していることにも示されており（註2）、王氏の記憶では五社が、民国初年まで祭祀を続けていたということである。民国以後はフリースギルドによって気休めを行うにはあまりに封建制の瓦解が深刻であったためか、しだいしだいに解散してしまい、現在まで続いているものは皆無だといわれている。

清朝時代に活動していた十二のフリースギルドが、帰化城内でどんな分布を示しているかといえば、前にも述べたように大街あるいは街と呼ばれている、主要道路に面した一帯では、大体において組織ができている。強いていえば小南街などの二流の街には、未組織のものもないではないが、目貫通りは全部出揃っている。これに対し、小さい道路では、大街などに附属して加入する者があるほかは、その組織をみていない。街と社との関連の点からいうと、一街一社・二街一社・数街一社の別を設けることができる。一街一社は最も多い形態であり、フリースギルドの基準型とみなすべきものであって、街の入口を閉せばその中は安全な小宇宙となったわけである。二街一社は一街一社の変

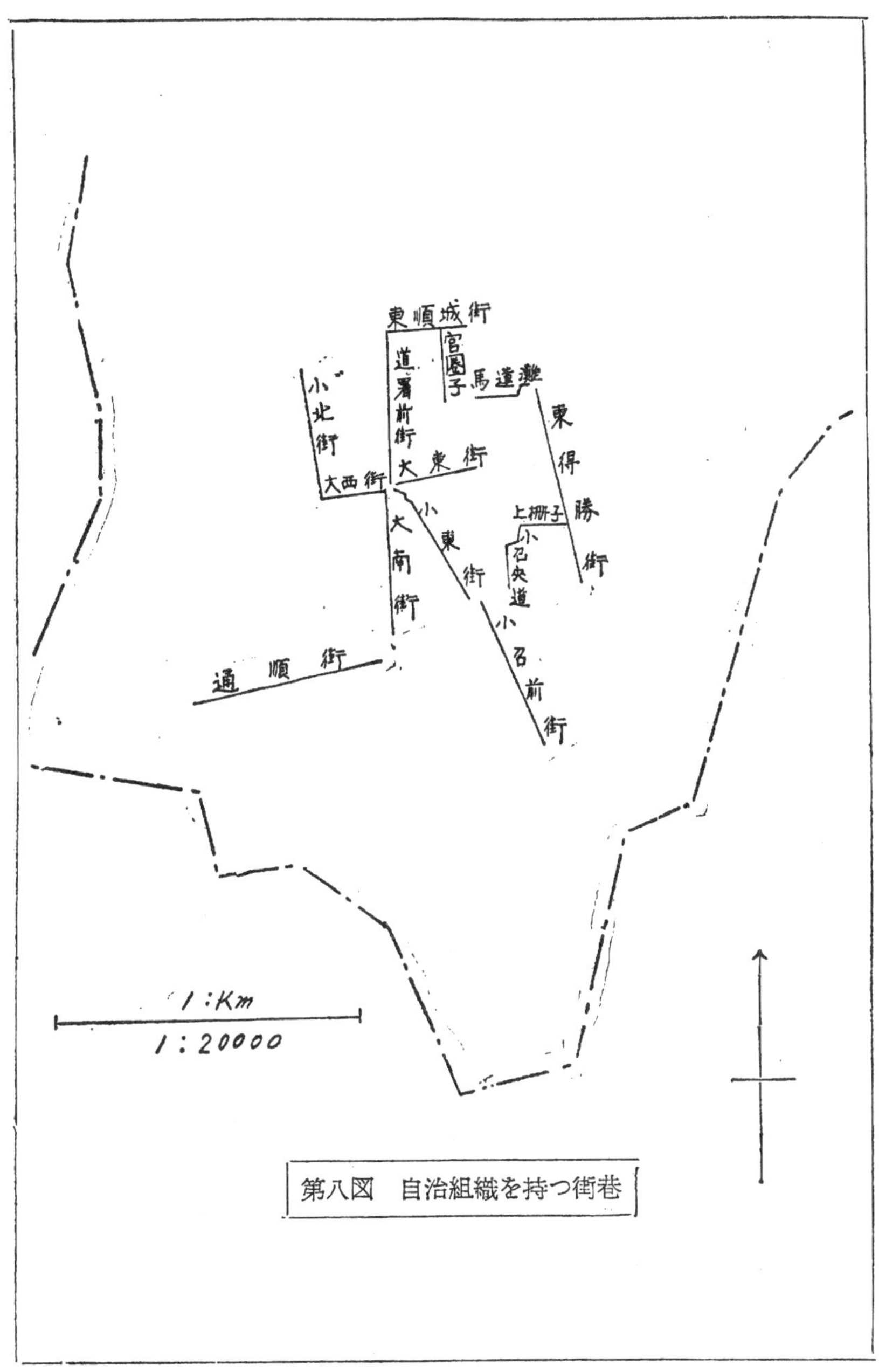

第八図　自治組織を持つ街巷

型とみられ、同時に数街一社に向う過渡的な型ともいえるのであって、いずれにしても中間的な存在である。たとえば大南街大西街共同で平安社を持っているのは、この両街が接続しているひとつづきの街であるためであって、大南街は単独で太平社を組織し、大西街も平安義社を持っているが、それと平行して両街をひっくるめた形のフリースギルドを組織する必要があったとしても、なんら不自然ではない。大西街小北街合立の平安社もやはり同じ様な関係にある。数街一社は市内の一定区域の中に含まれている諸街巷が共同で組織しているフリースギルドであって、たとえば純陽平安社は旧城内東北地区の諸街巷から成立っている。この場合、右の地区内に含まれている各街が、別に単独で一社を立てることはもとより自由であって、純陽平安社に参加している東順城街が、同時に単独で平安社を組織していることなども、その一例である。なお街と社とのこうした関係は、他の諸都市の街巷自治体にも、共通にみられる現象だというべきである。

フリースギルドを構成するものは、「闔街」の名の示すとおり、その道路に面するすべての家が自動的にギルド員に含まれるというような体制をとっていたのであって、大南大西街平安社は、街の「商賈居民」すなわち店舗と一般住民の全部を含むたてまえになっていたから、会員総数二百八十余軒に及んでいる。ただ、北京などには街巷の全体が参加するのではなくて一部の有志が組織し、または全体が加わるにしても実際は一部の有志だけで経営してゆくという様な第二第三の方式もあるから、帰化城でも全部参加した場合のみであったか否か疑問である。しかも全員参加といい有志参加といっても、実際は表看板だけの違いであって、全員参加の看板であっても実質上動いているものは少数だし、有志参加であっても支配の客体としては全員の支配を目指しているから、要するにギルド員の実体は渋然たるものであったというほかはない。唯右の平安社に、商店・仕事場・住宅などが区別なしに加わっていたという事実は、他の都市のフリースギルドでも同様であって、同じ街路に面している家並であることが一切に優越し、職業上の区別を問わないことが、フリースギルドの性格であったといえる。

役員は会首(E65)経理(E67 P27)などといわれている。王氏によれば、ギルド員の中の店舗が輪流でその役目を引き受ける慣習であったという。しかし史料を検索してみると、大南西街(E23)大南街(P26 P27)などのギルド役員は、店舗だけから成っているが、小東街(E65)大西街(P29)の会首には、屋号と個人名がともに現れて来るから、店舗だけで役員を独占するというのも、その街巷の事情によるようである。新旧会首(E65)とも記されていて、会首の交代が行われたことは明らかであるが、輪流が平等に行われたのか、それとも、一定の指導者間だけの輪流であったのかという点は、十分な根拠によって論証することができない。問題はギルド員の中のいかなる階層が、どんな手続きで会首に選ばれたかという点にあるわけだが、北京の例では、程度の差はあるが、紳董とよばれている商業資本家のボス集団があって、彼等は一般の会員から超越した支配階級となっており、紳董が会の全権を掌握している。フリースギルドがギルド員を結集するについては、単に隣合せに居住しているというだけの因縁では、共同体的な基盤が固いとはいえないし、それを補強するにしても宗教などでつなぎ合せるくらいで、そのご利益も、どこまで皆の信頼をかち得るかが疑問である。外部からしのびよって来る不幸や災害(人禍)に対して身を守ってもらうことは、痛切な希望には違いないが、「外」といってもその実体がつかまれていないのだから、漠然たる不安を敵にまわしての共同戦線とならざるを得ない。街巷の全員が参加するのか一部有志の団体であるのかが漠然としていたのも、その一因はこの辺に存するわけである。すでに会員間の内面的な共通地盤が脆弱である以上、会首がその地盤の上に立つことも大して意味をなさず、したがって会首が会員から超越した階層の独占するところとなったにしても、ふしぎはないが、同時に比較的民主的な体制が選ばれる余地もあったわけで、ボス連中にしてもフリースギルドについては必ずしも強引に専制支配を行う必要はなかったものと思われる。

帰化城の平安社が「保長」を雇傭していたことは、北京天津などのフリースギルド専従者に比して、名称上、権力支配的なにおいを感じさせるものがある。保長は保正と同じく保甲法によって定められた役員であるが、この場合はフリースギルドの単純な雇人であって、会首の命によって日常の雑務に従う者であるといわれている。平安義社の匾額に会首として十九の屋号を列挙した後、最後に細字で保長として三人の人名を附記しているから（P30）、このような制度は少くとも道光以来行われていたわけである。保長はほとんど記録にも残してもらえない程度の地位に甘んじていたのである。また平安社の保長は連合して栄徳保安社という読書人ギルドを組織していた。道光五年に栄徳保安社の経理人は二十六名に及んでいるが（M13）、おそらくそれが当時の保長の総数に近いものであったろう。微力な街巷組織の事務員が保長と呼ばれたのは権威主義の現われにほかならないが、一面綏遠においては、保長・甲頭など保行法にちなんだ名称が、村落などの事務員の名称として、割合広く行われているから、それにならったものとみるのが妥当であろう。保長の名から、保甲制度行われたという推定を下すことは、全く本末顛倒で、見当違いも甚だしいといわねばならないが、フリースギルドは法律で定められた官製隣組団体の責任を一部分果しているのだから、保長の名称が保甲法と全く無関係であると主張するならば、それはいいすぎである。

北京のフリースギルドは、消防・自衛・祭祀・公益などを、主な事業内容として選んでいるが、帰綏ではその範囲がずっと狭く、公益祭祀以上には出ていないように思われる。また公益事業といっても、北京のフリースギルドのように社会事業・文化事業・公共事業などにわたって広く努力しているのではなく、行き倒れ病屍体の処置と疫病防止に手をつけていたという程度である。行路病人の処置が、前記の官製「自治」制度によって作られている街巷団体の責任であることは、大行の章で記したとおりであるが、帰綏ではフリースギルドが世話をしていたのであって、街上に行倒れがあった際には、保長が死体処理専門の人夫を雇ってきて、これを孤魂攤に運ぶ習慣であり、その経費は保長が行倒れのあった街巷から集めたのである。死体はそのまま孤魂攤に投げて置かれるが、冬を越して清明節になると、大行が各街と共同して人を雇い、墓穴を掘り、これらの死体を埋葬するのであって、その仕事も保長が直接衝に当った。しかしこの事業も、理想的には運ばれていなかった。そのため地方政庁では光緒十九年に命令を下して、土地の凍っている期間はやむを得ないが、その他のシーズンにおいて、こうした屍体が見つかった時には、保長が直ちに人を雇って義墳（公共墓地）に埋葬させることにして、屍体が春まで放置されることがないように、保長に責任をもたせたのであった。つづいて光緒三十二年には、一層丁寧な処理方針が与えられたのであって、街上に倒臥があったときには、その街の保長が帰化庁に報告し、善局委員（慈善事業機関の責任者）から執照（証明書）を受けて木廠（材木屋）から棺を受け取り、人を雇って義塚に深坑を掘らせた上、死体を棺に納めて土葬に附し、本人の姓名郷里年齢を真四角な石に刻んで墓標とするほか、事の次第を記入した帳簿を郷耆公所で保管させた。この義務を完全かつ十分に遂行しないものがあれば、何街の保長たるを問わず厳罰に処するという一項も設けられている（註3）。なおこの場合棺の代金は善局から、雇人の費用はギルドマーチャントから、それぞれ支出される規定になっているが、実際はフリースギルドの支出をさけ得なかった。仕事を差配する点では保長の義務が明確であり、保甲法あるいは里甲法の屍体処理に関する責務は、フリースギルドにおいて負担すべきことが、公けに認められていたわけである。

疫病防止といっても、実際は単に祈禱を行うに過ぎないから、祭祀と一括して論じてみよう。帰綏のフリースギルドがギルド員一同の平安無事を祈ることを主目的とする団体であったことは、平安社という名称にも現れている。もっともこの社会集団の本来の名称が平安社であったか否かは疑問であって、むしろ闔街・本街社ないしは街巷名をとってたとえば通順社などと呼ばれていたのが、年の平安を祈る行事を行うところから、その行事を平安社あるいは太平社と呼び、転じて社会集団の名称まで平安社になったと考えることもできるのであって、第二十六表にかかげた社名にも、実際は社会集団の名前ではなく、社の行事の名称と解するほうが適当なものや、どちらとも解せられる例が少くない。しかし村落で普及していた街巷団体の中に、平安社と自称していたものが多かったことから考えても、最初から平安社と名乗っていたフリースギルドが多かったのは事実である。どちらの場合にしても、災を逃れ平安を祈るための行事を大切にとりあげ、表面的にはこれがフリースギルドの主要な事業となっていたことに変りはない。平安を祈るといっても、その中にはいろいろな事柄が含まれているのであって、まず火災の厄から逃れたいという気持は割合に強く、十王廟内の火神廟や呂祖廟内の純陽宮に奉仕する平安社はもちろんのこと、他のフリースギルドでも明らかにこうした願望を大なり小なりこめているわけである。疫病に対する恐怖も、南茶坊瘟神廟において祭典を行う平安社に限ってみられる現象ではなく、殊に疫病が流行し始めると、どの平安社もこの災厄からのがれるために、祈禱や宗教行事に熱中するのがきまりであった。このほか不作や不況を防ぐことも、村落の平安社以来のねらいであった。フリースギルドの祭祀には定期と臨時があって、定期としては第二十六表に掲げたとおり、一月から三月までと、八・九月に集中している。前者が祈願をこめた大祭であり、後者が感謝の意味の祭典であることはいうまでもないが、村落以来の伝統によるところが多いと思われる。祭りは三日間にわたるのが普通であるが、一日とする報告もあって、費用の関係上「中日」だけで切上げる風習を生じたのであろう。臨時の祭典はその必要が認められたときにはいつでも開催するのであって、全く臨機の行事である。一例をあげると、道光五年の秋、疫病が大いに流行し、冬期に入ってますます猛威をたくましくしたので、大南大西両街の同人が、災厄の退散を瘟神廟に祈願して、もしも神威によって願いのとおりになったならば、毎年三日間にわたる演劇の奉納を永久に続けることを誓ったのである。幸いに庇祐を以て疫病の消滅をみたので、両街で新たに平安社を組織し、誓いのとおり祭典を年々開催するに必要な成規を定めたと記されている（E23）。右の年には、大南大西街と同様の挙に出たものが多いようであって、大南街太平社（E66）小東街平安社（E65）小召前閣街（E64　E89）など、いずれも瘟神廟に扁額を掲げて謝意を表している。なお王氏が古老から聞いたところによると、平安を祈禱する際に人身御供を犠牲として献じたこともあったよしで、場合によってはいかにつきつめた感情を持つに到ったかが想像できる。祭祀を挙行する場所としては、第二十六表に示したように、それぞれの信仰の中心となっている廟で行ったものが多い。中国におけるフリースギルドの祭祀の一傾向として、その街上に一個の廟を建て、ギルド自身の手でそれを主宰して行く習慣が認められるが、特に南部山西はその徹底した場所柄だといえるのであって、魔除けの意味で、すべての街巷に守護神の祠を建てている。しかし帰綏のフリースギルドにはそれだけの熱意がなく、既存の廟を適宜利用しているので、街と廟とは一応別になっている。中には小東街の様にたまたまその街上に適当な廟があったため、そこを祭祀の場所に選んでいるような例もあるのだが、廟のない街が多く、あったとしてもフリースギルドの信仰対象としてはふさわしくないものも多いので、どうしても別々になる可能性が高かったわけである。いくつかの社はこれに満足せず、自己の街上において臨時に祭壇を設け舞台をしつらえ、そこで賽社を催しているのであって、これは街巷祠への傾向を志向するものであり、それが繰返されるうちに街上に廟を創建するようになってゆくわけである。何れにしても、慈善事業とも考えられる廟への寄附を、祭祀に関係のある廟に限って行っているのは、フリースギルドが単純に平安だけを祈念していたことを示すものであろう。大南大西街平安社は南茶坊瘟神廟の主持者の一となっているほか（E85　E26　E29　E33）、隣接の関帝廟にも寄附している（E76　E27　E32）。太平社は火神廟の修築を助け（P18）、小東街関帝廟に香炉を献じ（B71）、三元社は西茶坊関帝廟の修築の経理糾首となり（Q5）自ら財布をはたいている（Q6）。しかもこれらに対する寄附額がさまでの額に達していないことは、このギルドに対する世人の評価の程を示すものといってよい（註4）。

大南西街平安社では、布施を社の収入とし、祭祀の費用を主な支出として計上している（E23）。この点は会員制度に関係があるのであって、強制的に入会させると否とを問わず、街上につらなる全戸から会費を徴集するような形式をさけ、名目的にしろ布施としたことはこの社の性格に由来するのであろう。ギルド員の経済的な利益を直接掌握していないので、会費では徴集が困難であった上に、北京の場合のように武装自衛を行い、かつ国家によってその経費の徴集を公認されているというような特殊事情もなかったので、強制賦課は成立しなかったのである。

平安社の中には成文規約をもっているものもある。内容は三日間の賽社を永久に伝えるということであって、歴史叙述の形をとり、この約束が守護神に対するギルドの誓約として成立したゆえんを具体的に説明している（E23）。規約は公示の手続を踏んでいるが、神威の圧力もギルド員との契約に基ずくが故にギルド員を拘束するのであり、単純に神なるが故に権威をもっているとは考えていなかった点は注目に価するわけである。この規約は社規としてはおそらく典型的なものといってよいであろう。フリースギルドとしてはこうした成文規約を残したものが少いにもかかわらず、大同小異の社会規範が成立していたことも疑いなく、これを成文化したのは布施に関連して強制力を強化する点にねらいがあったと思われるのである。

帰化城の再版フリースギルドは最初から街巷に負わされた共同の運命を真に分ちあうだけの意気込みはもっていなかった。崩壊してゆく社会の動揺を心理的にかくし、官憲によって指定された義務を分担するというだけのことで、積極的に運命を打開してゆく用意は持合せなかったのである。官としてもギルドマーチャントとしても、保甲制の役割のごく小さい一端を代替負担さす以上に、多くを期待してはいなかった。それが再版フリースギルドの命運だとはいえ、北京の場合に比較したときはもちろん、滄県（河北省）のような小さい県城でも、武装による防衛体制を固めているし、華中華南では消防を中心とする公益事業を固めているから、それ等と比較していちじるしく見劣りがするのは事実である。帰化城ではギルドマーチャントの動きが比較的活潑であったために、その下に立つ街巷団体が独自の活動を展開する余地が少なかったことと、客商が多く、街巷の住人としての伝統があまり成長しなかったために、街巷を守ろうという要求が高まらなかったことに、原因するのであろう。

註

1 綏遠通志巻三十七、民事十四、団防序。

2 帰綏識略巻十八、賽社、又帰綏道志巻廿二、賽社も同文。

3 帰綏道志巻廿、郵政。なお、第三章第三節の廃骸所の項を参照。

4 本章に再三引用した北京におけるフリースギルドの状態（以下も同じ）については、今堀「北平市民の自治構成」（文求堂刊、一九四七年九月）参照。山西省の南部の運城は、一九四三年七月、山東省済南河北省滄県は一九四四年三―四月、天津は一九四三―四年にかけて実態調査を行ったが、いずれも未発表。諸資料と調査ノートは保有しているので、なるべく早く整理の上発表したいと思っている。

第十三章　村落および村落連合

十四世紀以来の中国農村は、土地（農地）所有者が共同体を作って、その集団の力で村を支配する形になっていた。村落というのはそうした土地所有者の社会集団を意味するが、共同体といっても成員の人格的な平等を前提とするものではなく、各人の所有地面積に比例した発言権を前提とするのであるから、大土地所有者の専制となる場合が多かった。「共同体」は単なる擬装であるが、これによって村落の階級性をごまかし、零細な土地所有者や土地を持たない村民に対して共同体の一員であるかのような錯覚を与え、村落の支配の客体である彼等にその主体であるかのような幻覚を持たせることによって、村の支配権力に進んで協力させたわけである。中国の村落構造を理解するカギは、この「共同体」にあったと思われるが、村の事業にしても、宗教・公益・慈善などと共同体的な看板をかかげながら、それが実際にはどぎつい権力闘争やエゴイズムの張合いに終始している。「共同体」が割れなかったのは官憲や商業資本や小作・雇農の圧力に対して、土地所有者の集団的利己主義を貫くことが、封建制を維持するために絶対必要な條件となっていたためであろう。また中・小農家の中から小商品生産者として成長する者が出てくると、「共同体」はその根元からゆすぶられたのであって、村の基盤も指導層もいれ替って近世村落に発展してゆく傾向を示したのであるから、そこには注目すべき問題をはらんでいるが、帰綏周辺の村では遺憾ながらこれも十分発展しなかった。

村落といっても、立地條件によっていろいろな特色をそなえたものが多いのであるが、綏遠の村落は、蒙古領主の封建的支配と戦って解放の條件を作り、またはそれを作り得なかったところに特色を見出すことができる。また、ここにとりあげた二つの村は、都市に隣接しているので、衛星村落としての性格をそなえているし、さらにその中の西竜王廟村は宿駅として、農圃村は園芸農地所有者だけの社会集団として、それぞれ特異な色彩を帯びている。都市におけるギルドマーチャントに相当するものは、村落連合であるが、四郷農民社はその一例であって、地方市場の成立と関連して、村落の機構をもう一つ大きく広げた形になっているようである。

応　答　者

(1)　宿駅部落の西竜王廟村

張達氏　西竜王廟甲甲長。なお、甲は事変中設けられた保甲制度で、村に当る。

(2)　園芸農と農圃社・村落連合の四郷農民社。

郝光綏氏　仁和郷郷長。仁和郷は西竜王廟に公所をおく行政区劃で、郡に当る。

盧文煐氏　仁和郷公所司計。

第一節　土默特における土地問題の発展

北方民族の居住する遊牧地帯に、漢民族の逃亡者や捕虜が、オアシス農業を主とするコロニーを形成したのは、匈奴以来しばしば現われた現象である(註1)。綏遠平原についてみても、戦国趙や秦代に置かれた雲中が、こうしたコロニーを漢族政権の下に奪回して、植民地とした最初のものであり、その後も漢族の郡県の廃置は何度もくりかえされている。元代には天徳軍とよばれたこの地方に、漢人の農耕民がいたことは、マルコポーロ紀行にも徴することができるし（註2）、延祐七年に建てられた甸城碑によれば、中田下田のみで上田がないとはいえ、墾耕は広く行われ牧畜も盛であったことがわかる。また農村では数村で一社を組織し、甸城の隣社は三村の連合体であるが、この連合体は道路修理の官命に応ずる代償として、一切の攤款を免ぜられていたことなどが記されている。元代の社制も自然村を基礎とし、それを利用包括して編制していた事情が、これによって推察できる（註3）。

遊牧経済に依存していた蒙古人は、植物と鉱物を原料とする衣料および食料を獲得する必要から、放牧をさまたげない程度で漢人コロニーを歓迎したと思われるが、農業を基礎とする漢族王朝にとっては、社会の内的矛盾の結果析出された流民が、北方に流出して行って、蒙古人のために南方的な生産物を供給することは、にがにがしい限りであったに違いない。具体的にいえば農耕生産物を独占的に掌握して政治的にも貿易上でも優位に立とうと願っていた封建的な官僚・地主・商人にとっては、その独占商品が北方で作られることは到底承認できないことであったに違いない。一方コロニー自体は、封建的な高率地代を逃れるために、より自由な天地を求めて移住した移住先で、漢族政権の下で認められたよりも一層狭い自由と高い地代を要求された場合に、そのジレンマをどう解決してゆくかという問題に行き当ることになり、コロニーの争奪や崩壊が民族間の紛争を招くことにもなって、オアシス農業は一瞬にして破壊しつくされることが多かった。こうして開墾と荒廃がくりかえされ、前代の開拓は次代に継続されず、急速な繁栄と没落のくりかえしが、辺境地帯の運命となっていたわけである。今日綏遠省内のいたるところに、廃墟となった城址を見出すことができるが、大半は古代以来の農耕地の遺跡であって、その多くは昔日の繁栄のあとを物語る何物をも残さないほど完全に破壊しつくされている。

明朝初期に無人地帯となった綏遠省は、土默特部の封建的支配の下において、ある程度の農業を回復したが、それも土默特部の氏族制部族制的総有による遊牧封建の存在によって限界づけられ、俺答汗の歿後かえって衰退をみたほどである。清朝は土默特部の勢力を削ぐために、氏族制を廃して官僚的な封建制を確立し、軍隊や官僚を養い得る程度の農耕化を認めていたが、漢族と蒙族が単一政権に支配されるようになったため、農民の移住が容易になったことが影響し、開墾がふたたび伸展した。康熙年間に平原地帯の農業化は一通りでき上ったのであって、出塞紀略にも「ここは土地も肥沃で、麥を作っているが、いつの頃から、かくも開拓されたのであるかを知らない」と記されており、豊饒な沃野となっていたところが少くなかったようである（註4）。雍正年間に入ると、大青山脈を越えて蒙古高原の開墾に従事するものが増加し、大規模な開墾計画も相ついで進められた。こうした趨勢のもとに迎えた乾隆時代に、封建制が完成期に入ったわけであるが、政府は乾隆初期に八旗兵を綏遠に駐在させることにして、その軍糧のために「大粮地」二万余頃を劃留した。この土地は新たに開墾を公認したことになっているが、実際は漢人農民の私墾による土地を、八旗の封建的領有に帰属させたのであり、漢人の土地所有権は認められず、農奴的耕作を強制された。一方蒙古人に対しては、その身分に応じて戸口官租地を与え、それを漢人に招墾させるという制度を立てたのであるが、実際はすでに開墾されている漢人の農地に対して、蒙古人が封建的な支配を行う権利を確認したに過ぎない。大粮地ならびに戸口官租地の設定は、一応開墾された農地の上に封建的な支配権を確立し、地代の収取を劃一化することにねらいがあったわけであるから、純然たる反動政策であった。戸口管租地は出典することを禁じられていたが、その後何度も法令を出して、出典された土地の回収を行い、蒙古人が経済的な事情で失った封建的支配地を、法律の力でとりもどしている。これは国家権力が何を考えていたかを物語るものであるとともに、封建地主の命運を告白している事実だといってよく、寄生地主はその反動政策を強行することによって生産力の低下すなわち収取の減少を招き、みずから墓穴を掘っていたわけである。直接生産者である農民の立場からみれば、政府が勝手に法律を作って彼等の苦心して開墾した土地の上に、封建地主を押し付けてきたのであり、次で高い金を支払って地代の徴集権を買取り、封建的支配権を名目的なものにしたと思ったら、一片の法令で反古にされた訳であって、それだけ再生産が困難になり生産力の低下を来すことになった。これがはなはだしくなると農民の逃亡・耕地の放棄となって嘉慶以後綏遠平原の耕地面積は年年減少し　土地の生産力も荒廃化をつづけた。漢人は封建的搾取がそれほど強くなく、処女地なるが故に土地の獲得が容易な蒙古高原の奥地に分け入って、新たな開墾につとめたわけであって、その方面の耕地面積は増加していったのである。平原地帯では漢人農民の減少による封建的危機が深刻となったので、嘉慶以後、農民は幾分地歩を固めることができた。結果として租価・典価・過約銭を支払うことによって、土地に対する有占権を強化し、借地の転貸転売が行われるようになった。こうして蒙古人は次第に封建地主としての支配権を失い、単に寄生地主として地代を受け取る権利を保留するにいたった。しかもその地代収取の権利さえ喪失する傾向をみせるようになり、少くとも漢人農民は條件つき所有権を獲得しようとする勢いに向っていった。

以上のような封建制の矛盾が清末に到って国防上および経済上の危機を招来する結果となり、政府としても内蒙古の開放によって、経済の建て直しを行う決意を要する段階になった。光緒三十二年に開始され、その後断続して今次事変の頃まで続けられた土地改革が、その具体的な現われである。結論からいえば、この土地改革は事実上成立している近代的所有権を形式的に承認する代償として、事実上消滅している封建的諸負担を農民に確認させようとしたところに特色がある。この場合は、少くともブルジョア的土地制度を確立すべきであったのに、かえって農民に條件つき所有権を背負わせようとする、相も変らぬ反動政策をつづけたわけである。その内容を具体的にみてゆくと、農民には現に耕作している土地に対して所有権を認め、その地券として戸部執照（民国以後は財政部執照）を与えたのであって、これによって現実に蒙古人自身が直接耕作している戸口管租地を除くほか、大粮地および官租地の土地所有権は名実ともに漢人に与えられた。しかしこの土地改革は無償で行われたのではなく、所有権を得た者から「押荒」と称する土地買入代金を徴集したのであった。またその所有権は條件付で、(1)「歳租」と称する地代を納めることと(2)過約銭として土地転売の際に買価の千分の五を土默特旗の戸司（財務部）に納入することが、義務づけられていた。歳租は官で徴集し、その中八割を政府が、二割を蒙古人が受け取ることになっていたが、民国以後、官租を歳租から分離して実質的に歳租の二割に相当する額を蒙租として残し、かつその徴集には蒙古人自身の収租権を認めて官の徴税から切離すことになった。この土地改革を蒙古人地主の側からみると、押荒の中の二割を分与され、また毎年歳租の中の二割（後には蒙租）を受け取ることができたとはいえ、失われつつあった封建的支配に終止符をうたれたばかりでなく、その支配権の大部分を清朝（官僚）によって肩代りされた形になったから、鳶に油揚をさらわれたという感を深くしたはずである。農民が実質的に確立しつつあった所有権を、公的に認められた代償として、一時的ならびに恒久的に背負わされた経済上の負担は過大にすぎた。ひとり清朝政府だけは、官僚的支配の下に半封建的農民を直接おくことによって、財源を豊かにすることができ、東路公司・西路公司などの官僚資本によって作られた特権的土地会社は、土地改革によって生じた富（押荒）をかき集めるのにいそがしかった。薩拉齊等で、農民または蒙古人が土地改革に反対する運動を起して一揆となり、そうした抵抗によって、国民政府の治下になってからも、なお土地改革は完成しなかった。要するにブルジョア的な農地制度が事実上成立しつつあった清末に、これを條件付の半封建的土地制度に置きかえようとしたところに、光緒二十七年から国民政府に到るまでの「土地解放」の意味があったわけで、近代的生産力の芽を中途半端な所でつみとった絶対主義的政策だと評すべきであろう（註5）。

註1　岩佐精一郎遺稿（岩佐伝一氏捐）「元代の和林」。
2　藤枝晃氏「マルコポーロの伝えた蒙彊事情」（東洋史研究、四巻、四・五号）
3　旬城碑は今日は行方不明のものであるが、張鵬翮は康熙廿七年に帰化城内でこれを見、奉使俄羅斯日記に紹介している。

4　出塞紀略五月十七日の條。もっとも、これと同じ時期に記録された「奉使日記」には、麥隴を作るも土地磽确とあるから単純に一元化してのべるのは誤りであって、いろいろな事情によって豊かな土地も貧しい土地もあったと考えられる。

5　本節は安齊庫治氏「清末における土默特両翼の土地整理」（蒙古政府地政総署調査資料二。同氏捐）によったところが多く、なお、同氏「蒙疆における土地分割所有制の一類型」（満鉄調査月報廿二の五）、八木富彌氏「前綏遠墾区整理及放荒租章程集、解題」（蒙古政府内政部地政科調査資料第三号）（安齊氏捐）を参考にした。もっとも、私見はかならずしも安齊氏の論旨と一致しているわけではない。

第二節　宿駅的な衛星村落の西龍王廟村（福興社）

帰化城の西方約一キロメートルに竜王廟があり、西竜王廟と呼ばれている。その西方に小部落があり、廟名をもって村名としているが、帰綏識略にも帰化城西部の一百十七村の一としてこれをあげている（註1）。この村は最初は官文書の送達や官吏の旅行を助ける駅伝の所在地として聞えたのであって、駅伝としての実際上の活動は、康熙三十一年に蒙古駅站が制度化されるよりもずっと以前に開始されていたのであり、その実績によって同年西竜王廟が蒙古駅站の一つとして認められたわけである（註2）。その後も宿駅としての役割を果しているが、村としては帰化城の衛星部落として発達を遂げたのであって、駅站もその一部分を受け持っていたわけなのである。村落の権力機構としては、雍正元年にはすでに村の「会首」があったし（Y1）、同治十三年には「地畝社」という土地所有者の団体が活動しているが（Y12）、清末にいたってこれを福興竜王社と改称し（Y13）、民国に至って略して福興社と唱えるようになり（Y11）、もって今日に及んでいるのである。このほか一九二二年西竜王廟村公所が設置され、一九三九年に甲公所と改称した。村公所・甲公所は官庁行政の下請機関と目すべきもので、土地所有者の社会集団である福興社とは、全く別のものと考えられており、両者は並行的に存置されて来たわけであるが、近来になって福興社をなかみとし村公所する運営方式が漸く軌道に乗り始め、両者を実質的に一体化しようとする形勢が動きつつあるわけである。

西竜王廟駅站はいわゆる「台站路」の起点に当り、外蒙古の庫倫や西蒙古の烏里雅蘇台・科布多に向う官吏や官文書の輸送を引き受けて、帰化城出発後の第一日の世話をしたわけである。蒙古駅站は蒙古人ばかりで編成され、蘇木（次章参照）の組織になっているのである。駅站としての蘇木は蒙古人五十家族をもって構成され、その長である蘇木章京・昆都を始め、保什戸・畢齊克齊などの役員から、站兵すなわち一般駅夫に到るまで、それぞれの職階と職務が与えられていたわけであり、編成は土默特旗の体制をそのまま用いていたのである。駅站員は無給であるが、そのかわり駅伝管租地が彼らの養贍地として分給され、ここで放牧を行って、自らの生活を支えるとともに駅伝に要する諸経費（馬匹の飼育・車の整備・官吏等の宿泊雑費）をその中から支弁する規定であった。しかし清代の蒙古人が放牧だけによって生計を立てることが不可能になっていたことは、他の戸口地の例からも明白であって、最初からかあるいは少くとも早い時期に、その駅伝管租地に対する私墾が行われ、漢人農民から受け取る租銀によって封建地主としての生活を営んだわけである。それが清末になると、放牧生活を捨ててもっぱら交通業者として生活を営むありさまとなり、駅伝管租地の封禁は全く名のみとなっていたのである（註2）。西竜王廟の駅伝管租地すなわち台站地が、どのくらい面積を有したかは明らかでないが（註3）、村の耕地の中に、駅伝管租地のほかに、戸口管租地を含んでいるのは事実である。農耕化が早く遂げられていたことは、西竜王廟村の農民が雍正元年に五竜祠を「田祖」として祭っていることからも察せられる（Y1）。もっともこの農民は戸口管租地を耕作していたのかもわからないが、前節で述べたように、駅伝の設定当時、この地方は大体において農地化していたし、帰化城に隣接する本村が、いつまでも原始的な放牧に頼っていたとは考えられないのであって、都市なみの生活程度を維持するためにも市民に販売し得る農作物を作ることになったはずである。したがって駅伝地といい戸口地といっても収租権者の立場が違うだけであって、農耕化の程度にひらきが生じていたとは考えられない。今日では両管租地は実質的に全く同様である。農民は以前は一畝一百文（市銭）今では一角の蒙租を支払い、耕作地の売却に多少の制約があり、かつ過約銭を納めねばならないが、この制約を除けば土地を支配しているから、條件付所有権を有するものというべきである。この間に寄生化した駅站蒙古人は、もっぱら運輸業者として働くようになり、その点で漢人の業者と肩をならべたわけであって（第五章馬王社参照）、生活の本拠も帰化城に移すことになったので、西竜王廟村は漢人の村となり、蒙古駅站自体は全く消滅して、あとかたもなくなってしまった。

村の総面積二七〇〇畝の中、二二〇〇畝は耕地である。この内水地（灌漑地）は百畝で、その全部が井戸水によって灌漑されている。灌漑用の井戸は七つあるが、いずれもハネツルベ式となっている。河に沿った土地もあるが、土地が高く水位の方が低いので河水は利用できない。土地所有型態では農地の不足が目立っているのであって、最高の所有者でも六十畝に過ぎず、また村民の中で土地を全く所有していない者が八分の五に達する。土地所有者の中五十畝以上もっている大農は七軒で、二十畝以上の土地所有者である中農が二十戸、それ以下の小地主は十七戸となっている。もちろんこの数字は村長の記憶に頼ったものであるから、あまり正確でない上に、おそらく実数よりは少なく見積られているのではないかと考えられる。次に経営型態を眺めると、自作地は合計二千畝に達するというから、右の農家の所有別分類が耕作別分類に準用できる。ただ大農の中には長工を雇っている者があり、また家族労働力に乏しい農家が農繁期に短工を雇傭しているといわれているが、その数はともに多くはないようである。小作地はのべ二百畝で、そのうち百二十畝は自作農が小作を兼ねて耕作している。純地主は皆無で、自作が三十六戸、自作兼小作が八戸、純小作が十戸となり、村民の半数以上が非農家である。水地では阿片と蕎麦（そば）白菜の二毛作が行われる。旱地では雑穀類を作ってきたのであって、谷子（粟）高粱糜子（黍）黍子（粡白）小麥等を主とするが、近年逐次馬鈴薯が増加し、今日では約七百畝がこれにあてられている。家畜も中農以上は耕作用に飼育しているのが普通だといわれているが、村公所の統計では村全体で牛四頭馬十一頭驢六頭騾三頭しかいないことになっており、これは徴発や課税をおそれて実数とはほとんど関係のない数字を発表しているものと思われる。農耕用以外では豚と鶏が多いが、中農以下も従事し、副業であって小規模なもののみである。要するに大都市に接続する農村であるが、水地が少ないため園芸農業としての発展が阻げられ、僅かに馬鈴薯で多少色彩をつけ始めた程度にすぎない。零細な土地所有と、圧倒的な自作経営が本村の特色であり、集約性が高度化されている。しかも農業では多くの村民を養うことができず、むしろ市内の人口が住宅などの関係から本村にあふれ出て、ここに住居だけを求めている感があるほど、都市に対する依存度が高いところに、衛星村落としての面目が認められる。

村内には店舗らしい店舗も仕事場らしい仕事場もない。農産物も帰化城の糧店その他に依頼し、金融面でも市内の当舗と個人的な高利貸が利用されている。一切の商品を、市内で買い求めていることはいうまでもない。村内の非農家がいずれも帰綏で働いているばかりではなく、農家も帰綏に依存することなしには生活ができなかったのである。現在全戸数百九十戸（人口七百余で男四百三十女二百七十）のうち、七十戸が市内で商工業に従っており、その内訳は、攤子による小売や、飯館その他の夥計老師傅、鉄匠木匠その他の手芸人、苦力などとなっている。農家といえども、小作農はもとより、中小農家の半数以上は冬季半年に及ぶ農閑期をしのぐために、餅子攤その他の、屋台や立売による小商売を行い、苦力などにも随時従ったのであって、農業だけで生活する純農家は三十戸に達しない。男女の人口比率が不均衡となっていることも、非農家が主として男子によって占められているために生じた現象で、故郷に家族を残した若い者のたまりとなっているわけである。

村落といっても、地畝社の名称が端的に物語っているように、土地所有者だけで作っている社会集団であって、「地戸」（Y８）だけが村の問題に発言権をもっていたのである。そのかわり尺寸の土地所有者でも地畝社（福興社）の「衆（Y11）であり「衆姓人」（Y１）であって、その数は、現在四十四戸となっている。しかも地戸が村について平等な発言権を持っていたのではなく、実際の会務に当るものは「会首」（Y１）に限られていたのである。張氏によれば、地戸のうち、所有面積の大きいほうから順に数えて十二人までを会首とし、そのメンバーは自ら固定しているわけであって改選はなく、欠員が生じたときに右の基準に従って補充するに止まった。会首の中一名づつ当番（輪流）で正会首の地位につき、他の十一名が副会首に任じたのであるが、地畝社の運営は全会首の合議に委ねられ、正会首は社を代表するだけであった。事務員として甲頭を置くが、これは純然たる社の雇員で、文字を識り仕事に役立つ貧乏人を傭い、年百吊の俸給を与えて村落に関するすべての雑用を引き受けさせた。特に不都合なことがなければ革職されることはなかったという。甲頭以外に事務員はなく、事務の多いときは臨時に地戸の応援を求めた。村公所が置かれた後、表むき正会首が村長、副会首が閭長を兼ねる傾向が出てきたが、事変後村公所を甲公所と改称し、村長を甲長、閭長を排長と呼ぶようになった。いずれにしても実際的な支配権を「会首共同体」が握っていることに、変りはなかった様である。西竜王廟村は駅站の土地がらであり、また経済的には都市に依存していて、農業が主な産業とはいい得ない状態であったにもかかわらず、福興社および村公所が、大土地所有者の専制の下におかれ、殊に土地を全く持たないものには村民としての名さえ与えられなかったことは、「村」の概念を考える上に看過し得ない点であろう。

社の事業はきわめて多方面にわたり、具体的な問題を捕えているのであって、「地方自治体」の実を備えているものといえる。⑴政治的な事務は、官の命令による税金・攤款・物および労役の割りあて等を、合理的に処置するのはもとより、村としても道路の修理や官への陳情など、なすべきことが多かったといわれている。村公所ができてからは、これを公所で扱う形式となった。⑵裁判は、村民の問題をすべて処理したが、命案（殺人など、人命にを衣裳とかかわる犯罪）などの重罪および国家に関連した犯罪は裁判しない習慣であった。民事事件は双方の主張を充分に聞いた上で会首が裁断を下し、刑事事件は笞杖のほか、罰羊（罰として羊を社に奉納）、罰戯（同じく演劇を奉納）、修廟（同じく廟宇修理費を出す）などの形で罰金をとったという。神への贖罪で落着する点が興味深い。(3)警察、防犯の意味で「看苗的」一名を雇い、農作物の看守に当らせた。看苗的には、社の所有する耕地二十畝を貸与して、俸給に代えたのである。保甲法が実施された様子はなく、相互に犯罪の予防や発見に努力する体制もなかったが、自然にその効果を持つことはあり得たという。なお、甲公所はこれを眼目として編成されたわけであるが、それを看板にしたからと言って、実効が特に上るということは無かったよしである。(4)教育機関としては、廟の一部が私塾になっている。教師一名は学生の納める束修（授業料）で生活しているが、福興社が塾の経営者となって種々の保護を与えてきたことは疑いない。村公所成立とともに村立簡易小学と改称し、教員一名学生三十名位の単級小学校となったが、実質的には大した変化もなかった様子である。事変後は市立小学となり、市公署教育局に移管されて形式的には福興社から切り離された。(5)公益に関する具体例としては害虫驅除や雨乞い等があげられる。竜王廟の一部は八蜡廟となっていて、その主神は劉将軍であるが、帰綏識略によると、劉将軍とは宋代に江淮制置使であった劉錡であって、蝗害を驅除して神に祭られたということである（註4）。福興社ではその祭祀のために、外廓団体として平安社を組織し、会首が平安社香首を兼ね、元宵節を中心とする前後三日間、演劇や高脚（高あしおどり）武術などの供物を奉納し、その年の平安特に蝗害の予防を祈ったのである。雨乞いは、日でりがつづいたとき、竜王に敬紙や点心を供えて祈願をこめたのであり、その結果降雨をみたときには、さきに竜王との間にかわした條件に従って神に対する謝恩の意味で小羔を献じ演劇を奉納したという。このほか村の公共の問題には、何くれとなく世話を見たことと思われる。(6)宗教的には、村名の由来となった竜王廟は、正しくは五竜祠であるが、雍正元年に創建され（Y1）、その後も地畝社でずっと支持を続けて今日に及んでいる（Y8　Y11）。五竜の内容は天・地・河・海・井の各竜王であるが、このほかに風神と八錯が陪祀されていることも、帰綏識略（註4）以来変らない。社としては雍正このかた「春祈秋報之会」（Y2）を営んできたのであるが、近来は六月六日に降雨を祈る意味で賽社を催すだけとなった。鼎（Y12）磬（Y13）など、祭祀に必要な祭具も一通り整っている。廟には和尚一人と徒弟一人がいて、約二十畝の香火地を耕作し、その収獲物をもって衣食の資にあてている。

以上は張氏の応答をおもな材料としている関係上、西竜王廟村における蒙古駅站としての性格を反映し得ないことはやむを得ないが、この点を別にして論ずれば、地畝社の諸事業は、通常の農村とほとんど変らないのであって、農業を中心とした施策を進めるという形で、実際には大土地所有者の専制権力を、経済外的強制力の発揮によって完全なものにしようとつとめ、そのために、官憲や神威をかついで権威の後盾とすると同時に、公共事業によって全村民を「共同体」の魔力の中にとじこめようとしていたのである。土地所有者の団体としては、まことに当然であるが、しかも村の生産機構からみると、それだけでは到底すまされないこともまた、誰人にも予測できるところであろう。村内の商工従業者は帰綏の各ギルド等に所属し、またはその支配をうけていたのだから、帰綏のギルドやギルドマーチャントが直接間接、村民に影響力をもったのはもちろんであるが、福興社自身が帰綏のギルドマーチャントの傘下におかれて支配の客体となり、その指示に従っていたことは、衛星村落の特色を示すものといってよい。たとえば村内には帰綏の義地四十八畝があり、ギルドマーチャントの支配の下に、西竜王廟の和尚と福興社とが実際の管理に従ったのであって、少くとも道光以来この義地に埋められる屍骸を帳簿に登記し、石碑を立て、清明節および十月朔日にお墓の手入を行うなど、ゆき届いた奉仕をつづけてきた筈であって、その仕事が常人のいみきらった方面のことであるだけに、これを引き受けた福興社の隷属性が推察できる（註5）。義地管理は福興社の慈善事業であるが、主として大行の力にまつものであった。竜王廟にしても、その修築に際して大行の援助を受けるほか、醇厚・福虎・集錦・青竜・当・宝豊・集義・威鎮・仙翁・衡義・氊毯・馬店・福隆・估衣・平義・義仙・栄豊・福慶・餠油・生皮・清水・腳店など種々のギルドに助けられているのであって（Y1　Y6　Y7　Y8）、福興社が独力で支持し得たのでは決してない。社の事業の表面だけをみると、大土地所有者の権力支配の為の事業という性格ばかりが、反映しているようにみえるのであるが、その運営には帰化城の圧力が直接間接加わっているのであって、ギルドマーチャントの出店という形が濃厚に現われていたわけであり、村民に対しても、商業資本への隷属ぶりを発揮していたのであった。

地畝社の財産としては、廟と香火地のほかに看苗的に貸与した耕地がある。また社の収入は、土地に対して賦課する攤派に依存しているわけである。西竜王廟村の土地は、社で保管して居る地籍によって決定されており、村の限界も各人の所有する土地の面積も、この地籍が唯一の拠りどころとなっているのであって、「人走、不走社」の原則を確立している。すなわち、他村居住者であっても、西竜王廟村の地籍に登記されている土地を所有する者に対しては、その面積に応じて負担を課し、また村内の者が他村に属する土地を所有していても、これについて福興社の負担を負わされることはない。村内居住者でも右の地籍にある土地を所有しない限り、なんら租税攤款を課せられないことはもちろんである。一九二〇年の竜王廟重修が、地畝攤派の余資でやっているところをみると（Y11）、攤款を土地に課する原則は今日と同様であるが、社の会計方法が必要金額をその都度徴集するだけではなく、ある程度の賦課を行って、余ったときはそれを貯めてゆく方針がとられていた様で、そのことを示す資料となっているのである。要するに地畝社は経済的には村内の土地に立脚するのであり、村の課金を、非村民からも徴集する意味において、社の組織との間に大きなずれがあったものと思われる。

註

1　帰綏識略巻廿、村荘。

2　小川久男氏「蒙古駅站とその土地関係について」（満鉄調査月報廿三の八）。

3　丈放殺虎口駅站河東西十二台地畝弁法（前綏遠墾区清理丈放並荒租章程集、前掲頁一七五）によると、帰化城以西の六個の台站は方四十里となっているのに対し、以東の六つの駅站は「四至長寛異数不等」とあって、各台站毎に相違していたことを示している。西龍王廟駅站は、その中でも大きな面積を占めたものと考えられるが、確かな資料はない。

4　帰綏識略巻九、龍王廟。

5　第三章第三節「ギルドマーチャントの事業」に詳述。

第三節　園芸農村の農圃社

農圃社は西園・三里営・五里営・辛辛板・西瓦窑の五部落が、共同で組織している村落であり、実質的にも形式的にも、この五部落の園芸農地所有者の団体である。五部落が共同したのは、それ等がいずれも帰化城の南方にある隣接部落であり、生産関係においても極めて似かよった園芸地農村であるためと思われる。帰綏識略によると、農圃村荘は丹津が開墾・耕作をやらせて開いた村であるというが（註1）、彼が都統であった康熙四十三年から乾隆二年までの間に、農圃村が開拓されたことを、証明するに足る資料は見当らない。ギルドマーチャントが丹津によって創立されたと伝えられている場合と同様、単なる附会に過ぎないのであろうが、丹津のお声掛りだということにして、外は官憲の収奪を防ぎ、内は選民意識によって、組織の強化をねらったものと考えられる。同治十年の記録には、農圃社の成立を雍正年間と記しているが（F28）、光緒になると雍正十一年に擬定した文献があり（F7）、これが現在も村民によって信じられている。南竜王廟に今日も存在している雍正十一年の碑（F1）がその根拠となっているのであろうが、同治時代にはこれにぼかして結びつけ、光緒になってはっきり断定を下したわけである。しかし該碑は五十家

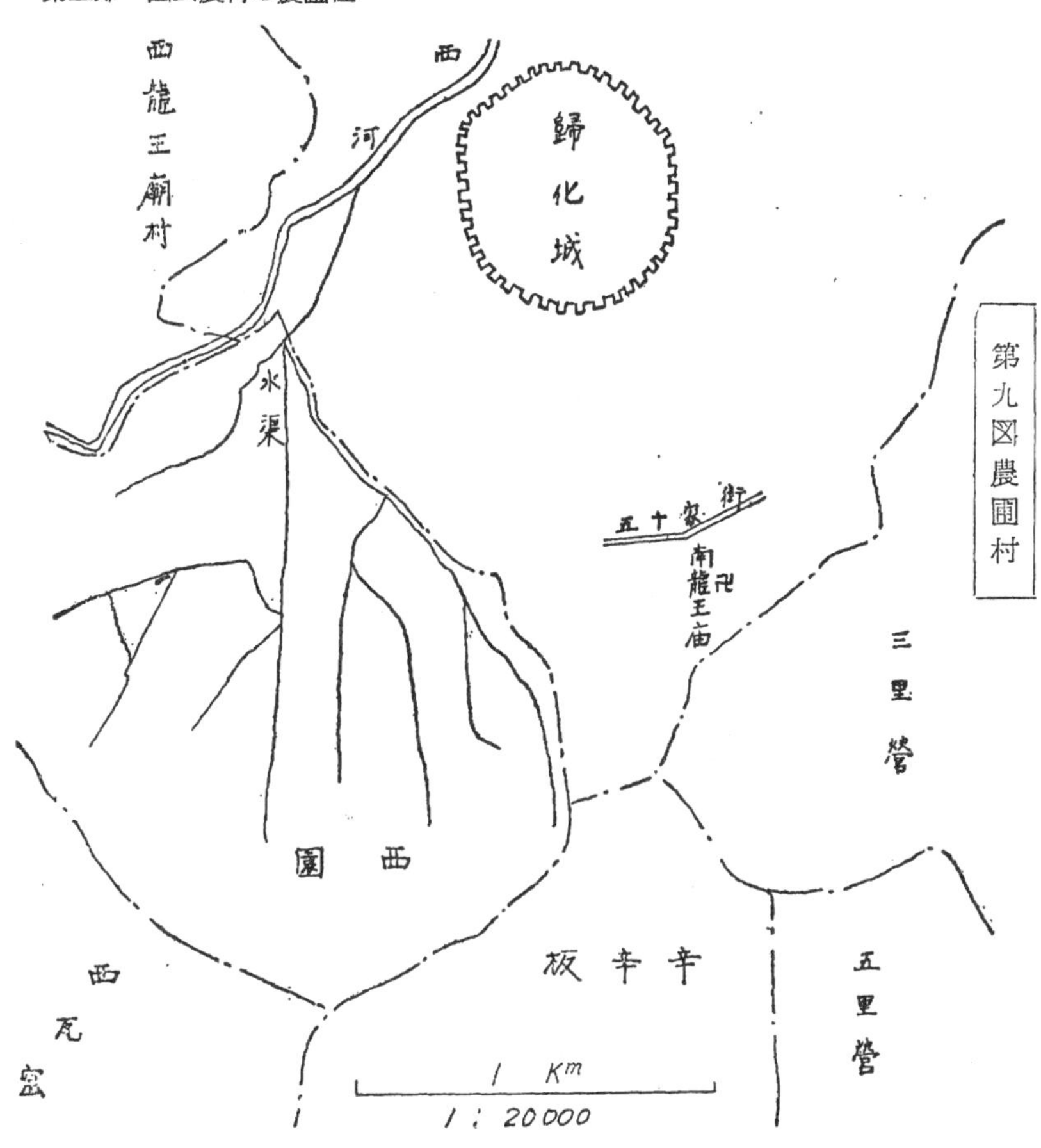

第九図　農圃村

村に関するもので、農圃村とは関係がなく、右の創立年代は「加上説」によって生じた伝説にすぎない。この五十家村も帰化城の南にあって、同治頃までは「村」と呼ばれていたが（F4 F5）、帰化城が南に発達するにつれて市街地となり、今日では市内に編入されて五十家街と称せられているのである。要するに農圃村の歴史は明らかでないが、その土地が開発された時代ということであれば、土默特旗の開拓政策とこの五村の立地的條件から考えて、おそらく俺答汗以来農耕化されていたものと想像されるし、それが農圃村として村落構造を整えた時代を問題にするのであれば、農産物がこの村で商品作物として作られる勤きが支配的となった時期、すなわち乾隆以後とみなすべきである。農圃社自身の記録としては乾隆四十九年に掲げた門標が（F13）最初のものであり、近くは一九四二年（F17）の扁額もあって、その間種々の資料を残しているが、民衆生活を支配する社会集団としての実体を備えていたようである。これに反し、綏遠において官憲が指導した行政村には、前述のように雍正の保甲法と光緒の里甲法があるが、農圃社が行政村と直接的な関連を持っていなかったのはもとよりのこと、行政村が農圃社と平行的に施行されたと考えられるような足跡も、何等留めていないのである。民国以後の村公所や甲公所も、記録の上では同様である。

農圃村の土地は土默特戸口管租地であって、現在でも左翼首甲の蒙古人と朋松召（註2）とが、蒙租を徴集している。蒙租は一畝一百文（市錢）であったがのちに銅錢五十枚となり、蒙票七角を経て今では一元二角となっている。蒙租のほかに土地の売買に対する過約錢も納めている。農民は土地がもともと蒙古人のものであったから、多少のお礼は当然だという程度の気持で、こうした負担を引き受けているのだという話であった。負担金額からいえば年をおって少額となっているが、農民には蒙古人達を封建的地主としていただくような気持はなくなっており、寄生的な存在として迷惑視している。唯自分たちの土地所有権を証明するためには、蒙租や過約錢を支払っている事実が何よりの証拠となるので、財産権保全のためにやむを得ず納めているというところであろう。いずれにしても旧領主と村民とは、社会生活の上において、ほとんど交渉を持っていない。

農圃村の総面積は約一万四千畝で、その中耕地は一万七百畝の多きに達する。所有形態をみると最高所有者でも百二十畝に過ぎず、百畝以上三戸、五十畝以上約百戸、二十畝以上約百三十戸、それ以下約百四十戸で、全体としては零細の二字につきる。また以上の合計三百七十余戸が地戸（土地所有者）となっているのに対し、土地を持たない住民は約二百七十戸となっている。次に経営形態をみると、純地主は約四十戸であるが、彼等はいずれも二十畝以下の小地主で、経営が成立たないため、土地を貸して自分は他に職業を持っている非農家である。その面積は累計して約五百畝となっている。比較的大きい土地所有者（大中地主）で自ら耕作するほか、余剰地を貸している地主兼自作農は二十戸で、その中の自作地は累計して約五百畝、小作地にしている部分が約七百畝である。長工は雇うが、所有している農地を全部耕作している者は約百戸で、大中地主が多いが、労働力の関係で小地主の中にもこうした経営形態をとっている者がいる。総計五千五百畝に達し、耕地の過半を占めている。純自作は百十戸で、中小地主を主とし合計二千五百畝となる。自作兼小作は約百戸で、小地主が多く、自作地一千畝小作地五百畝の見当である。純小作は約百戸で、小作地は合計七百畝となっている。長工として働いている者百三十戸を含めた農家は六百戸となり、他に農繁期には四百の短工（月工）を雇入れる必要がある。以上を通算すると、自営地は九千五百畝で、全耕地の九割、これに従う農民は四百六十戸で八割弱、平均経営面積は一戸当り六十畝、平均耕作面積は三十畝となる。ただし、大農と小農の開きはかなり大きい。一方小作地は総計千二百畝で、小作に従う者は約二百戸、耕作面積は自作を兼ねる者で十五畝、純小作は七畝となり、量的にも質的にも、自作農の圧倒的優勢が認められる。長工や小作農が本業だけでは食べられないのはもちろんだが、園芸農業の特色として農繁期には短工を多数必要とするので、その時期には市内から人手を借りることになり、農閑期には反対に自作農でも都市に出ていって働くことが広く行われている。

耕地の中、水地は三千畝で、井戸水灌漑によるもの二千二百畝、河水灌漑によるもの八百畝となっている。第九図にみえるように西河が西園の北端を流れているが、河床が低いのでかなり上流に灌漑用水の引込口を作り、用水期にはそこで西河をせき止めて、渠道（水渠・疏水運河）に水を落しこむのである。水渠は河に沿って西南に走り、西園地区に入ると、石填によって三枝渠に分れ、水は三等分される。その後更に七つの枝渠が順次分岐して合計十渠となり、これから畑に灌漑される。毎年三月に水渠の改修や石填の手入を行い、十一月の結氷期迄、必要に応じてその渠道から水をとって畑に注ぐことができるのである。西河の水量は全体としてはあまり豊かでなく、時期によりまた年によって、利用の期間や程度に自ら限度がある。殊に豊水期と渇水期がはっきり分れているのであって、豊水期には水がありあまる程だし、渇水期には全く水がない状態で、いずれにしても再配分には適せず、たとえば他の村落との間に西河利用の協定を行うことも、又村落内で水股を持つ者だけに用水権を与えることも行われていない。ただ、村落としてはその管理を自治的に行うことと、外部の者に対して独占権を保持して行くこととを念願し、必要に応じて努力を重ねたのであるが、それは水利事業というよりも村落の「共同体」的な性格の表現に過ぎない。この渠填は、乾隆初年に、地主達によって開かれたものと言い伝えられているが、認可を得たものではないから、法律的な根拠がない代り、蒙古人に水租を納めることも行われていない。独占的に利用しているという事実が、何よりも権利の保障に役立っていたわけである。渠の修理費などにあてるため、その渠道を利用して灌漑を行っている水地から、耕作地面積に比例して、攤款を徴集するのであるが、畑に水を落す際に水車などの人力を用いて水を導かねばならない條件の水地は、支渠から自然流水で導き得る水地に比べて、水のおかげを被むる程度が違うわけだから、労力を要する水地の面積は半分に計算して、按分比例を行うことになって居る。なお河水灌漑の水地は、西園に限られている。

農産物をみると、旱地では康熙年間に黍・豆・麥などを(註3)、乾隆中には雑糧を作っているが(註4)、近来は種類を増して谷子（粟）黄豆（大豆）黍子(糯白)糜子(黍)小麥大麥莜麥（裸麥）などの穀類と、馬鈴薯を栽培している。水地では商品作物なので変化が激しい。康熙時代には麻（亜麻）・葱・韮であったが、乾隆に入って煙草を主とするようになり（註3 4）、嘉慶年間には藍の栽培が盛になってその業者だけで靛園社を組織したばかりでなく、藍業者が農圃社の中核を占めるという状況であった（F16　F17）。同治年間には阿片が盛となり（F5）、光緒四年の禁令（F7）にもかかわらず相当な収量を示してきた。今日では各種野菜類と亜麻と阿片が、一―四毛作で作られている。水地は面積は狭いけれども土地の生産性では非常な優位を示し、民国九年に丈放（土地の面積を測定してその所有権を民衆にひき渡すこと）を行ったときには、水地の押荒（払下代金）は旱地の三倍ないし五倍となっているし（註5）、今日では五倍ないし十倍の地価を持っているのである。農圃社が「種菜之地」（F7）に基礎を置いており、園芸農業を主体とするのも、水地の生産力の反映にほかならない。

康熙年間に、農圃村の農家は鶏や豚を飼育しているが（註3）、同治以前に耕作用家畜を多数所有していたことも論証できる（F4 F5）。郷公所にある帳簿でみると、現在村全体で牛八頭馬八頭驢九頭騾四十三頭駱駝三頭羊四頭鶏六十四羽豚七十二匹となっている。もちろんこれは実数よりはるかに少い統計であって、徴発を防ぐ為に作られた仮空の数字である。たとえば騾が多いのは軍用にならないため、比較的正しくリストにのった為であって、これによっても何分の一かの数しか報告されていないことは、推察に難くない。ただ帰綏市街地の拡大によって野菜の需要が増加したので、水地の増加従って旱地や牧地の相対的減少を招いたことは事実である。その上園芸農作物は家畜に食いあらされる危険もあり、役畜の労力が人力にとって代られる傾向が現われているのであって、いたずらに手間をかける作業が短工の手によって営まれるようになったことは否定できない。現在でも、中農以上はすべて役畜を所有しているのであって、中には数頭飼育している者もあり、小農も土地を犁いたりする作業には、他家から役畜を借用して来るのであるが、なお絶対量の不足は顕著である。犂などは役畜を有しない農家でも皆備えつけている。このほか羊豚などの副業的な小家畜の飼育や養鶏は、子供達の仕事になっているのであって、すべての農家が小数づつ飼っている由である。

園芸農村の都市に対する依存度は非常に高い。労働力でいえば、農繁期を通じて農村側に莫大な需要があり、帰綏市内から雇傭されて来る短工は前述のように数百人に達する。しかし冬の半年は、長工や小作人を始め二百戸を超える貧農が帰綏に出て生活の資を求め、総戸数の半分以上が都市の諸方面で労働に従事することになる。また村内の非農家は百八十戸位で、帰綏の手芸人・小商人・役者・苦力などをつとめているが、彼等の一半は農繁期には短工として農家に雇傭され、農閑期には貧農が彼等の群に投ずるわけである。金融関係にしても、村内には全く融資機関がなく、必要な金策はすべて帰綏の糧店・当舗・銭舗・銀行その他富戸等から借用する。しかも野菜の販売によって返済されるため、返済率のよいことも期間の短いことも廻転速度の早いことも、一般農家の比ではなく、投資家側としても有利な取引といえる。

農圃村は典型的な園芸農業に立つ土地がらであるから、村内に居住する園芸農地所有者によって農圃社が組織されたとしても、ふしぎではない。この場合「村内」という條件は、前記五部落の区域内に居住する者であればよいのである。これに対して帰化城内とかあるいは他村の者が、五部落内の土地所有者になったとしても、その人は農圃社の社人とは認められないのである。また前記の「農地所有者」というのは、やはり右の五部落が支配している土地をいうのであって、農圃社のよって立つ基礎が「社地」（F6）にあったことは終始変らない。郝氏によれば農圃社の支配地は「社簿」に記載されている土地全体をさすよしであるが、他村の者が農圃社の支配地の所有権をもった場合には、「地帰社、人不帰社」という原則に従って決定されるのであって、所有者の住所にかかわりなく、現実に社簿に記載されている限り、その土地が農圃社に帰属していることは動かないのである（地帰社）。これを裏がえしにしていえば、社地の所有者になったからといって社人の資格が与えられるとは限らないから、その意味で人間は直接社に結びつけられはしない（人不帰社）ということになる。村外の人が社地を所有した場合は、その社地に対する負担は当然農圃社に納めることになったし、これと反対に社人が社外の土地を所有していても農圃社に対して社外の土地に関する賦課を負わされるようなことはなかった。つまり社に対する負担と社人の資格は一応別々の問題であって、負担を背負っていたからといって社人の資格は与えられないし、また社外の人だからといって負担を免れ得なかった。

社外の人に負担を強制できたところに権力機構としての農圃社の姿を見出すことができる。これをさらに突込んで追究すると、郝氏が「地随社走」という言葉で説明した原則となるのであって、農圃村の疆域は必ずしも固定したものではなく、社簿の記述につれて伸縮され、土地がそれに応じて推転していったわけである。村は土地（社地）によって規定されている社会集団ではなく、土地を支配している社会集団が村の区域をきめてゆくのであり、社簿の記述を決定する條件すなわち村の生産諸関係によって、村の境界線も書きかえられていったのである。さらに農圃村の場合に、その社地として「園芸農地」だけを指定していたことは、一般の村落とちがった園芸農村の特色をなしていた。この点について農圃社の光緒七年の規約には「種地」は社に帰すべきであるといい、さらに「種菜」の地は水旱を論ぜず、均しく社に入ると言っている（F7）。種地はこの場合は種菜地の略称に相違ない。種菜地は菜園子と等しく、野菜・阿片・麻類・芋頭（里芋）・山葯（馬鈴薯）など、穀類以外の栽培植物一切を含む、園芸農業用耕地の謂にほかならない。菜園子に水園子と旱園子があり、右章程に「水旱を論ぜず」とみえるゆえんである。しかも社に加入するのは社地の所有者であって、耕作者あるいは経営者ではない。右章程にも社地の売買転移は迅速確実に報告し、原簿の訂正をなすべきことを規定しているが（F7）、郝氏によれば現在もその点に変りはないとのことである。

農圃社が、その社会集団の基盤をいかなる点に置いていたかをさぐってみると、社会紐帯としてはかなり複雑な條件がこみ入っていて、これをまとめてゆくためには相当に「作為」を必要としたことがわかる。園芸農地所有者の集団だといっても、その限界を具体的にきめる場合に、基礎となる社地の決定が一筋縄ではゆかないのであって、実際に園芸地であって、社簿の記載から漏れていたり、または面積を少なく報告しているのが常に問題となり、所有面積の清丈（実地測量）と社簿の訂正が繰返された。しかし元来社地の性格が浮動性を帯びている以上、決定版というものはあり得なかったわけである（F6　F7）。その上村内のボスが巧妙に隠し田を作っていたので、徹底的な調査を行うことは許されなかったし、技術的な点でも物指しだけで測ることはむずかしく、一丈といってもその絶対量が不定であったから、相対的な正確さも期待できなかった。園芸農地所有者の「共同体」は、外に対しては強い排他性を示し得たにもかかわらず、内に対しては求心力が弱く、その全同業を包括しようにも包括し得ないという悩みがあった。また農圃村を地縁性による地域社会として捉えようとすると、前記五部落の境域外に居住する者を排除する立場は鮮明に出ているが、「共同体」内の歩調をそろえる段になると、そうはゆかない。居住の地域性では五部落はそれぞれ性質がちがっているし、また社地所有の地域性では、園芸農以外の農民や手工業者等を、支配の客体としてひきずって行けるか否かは問題であり、さらに園芸農だけでも生産諸関係は複雑で、小作・雇農がムシロ旗を立てないようにすることが必要となってくる。大土地所有者と小土地所有者の利害もまた必ずしも一致していなかった。地縁社会であるならば、こうした人々をすべて地縁の故に農圃社の中に吸収しなければならず、少くとも支配してゆかねばならなかったから、農圃社の悩みはかなり深刻であったと見てよい。同郷関係でいうと全員山西省出身者であって、まとまりがよいようであるが、実際は同郷団体としての色彩は表面に浮び上っていない。それは土着化してしまったため、客帮としての傾向が薄れたことが主な原因になっているが、一つには同じ山西省でも祁県・代県・崞県・忻県・定県・太原・交城などの出身者が混在しているので、連帯感覚がそれほど強くなかった事も影響している。宗教的にいえば、園芸農地所有者の中には回教徒が二戸あるが、これは旧城に居住しているし、また村内居住者にはもとの封建地主である蒙古人ラマ教徒五戸を含むが、農圃社でいっている意味での土地所有者ではないから、いずれも社とは関係がない。したがって農圃社に参加しているものは仏教徒ばかりだということになり、社人の信仰を社の祭祀に反映さすことができる筈であって、宗教を理由とする「共同体」によって、社人を農圃社の支配下につなぎとめる余地を残している。ただ実際には宗教的な感情がどの程度社人の胸中で燃えていたかは問題であるから、農圃社としてはその意欲をかきたててゆくことから始めて行かねばならなかった。このようにみてゆくと、農圃社の「共同体」としての性格は、擬制する可能性をもっているというだけで、自然に存在したわけではなく、園芸農地所有者がその結束を固めるために、そのときどきで有効な一線を劃しながら、共通性を発展的に創造し続けていったことが、了解できるのである。

農圃社の社人を示す言葉に衆（F6　F7）公衆（F37）散戸（F10）衆戸（F10　F8）などというのがあるが、これは一般人の意味であり、花戸（F10）は農家を、園戸（F6）園戸人（F27　F28）は園芸農家を示す名詞であって、いずれも会員という内容を表現する名辞ではなかった。会員に当ることばがないのは、彼等が村落の主体でなかった為である。もちろん、社人が農圃社の構成員である以上、ある程度の発言権があったのは事実であって、村落の重要な事業は「公衆議同」（F37）「本社公議」（F28）によって決定されているのである。しかし社人にこのような発言を行う権利または資格が与えられていたのではなく、詳細に調べてみると、公議に徴するのは、会員に規定以外の義務或は負担を課する場合に限られていたのであって、いわば特別な協力を要請するためにその発言を求めただけのことである。従ってその「公議」の場においても「会首齊二集シテ本社衆戸ノ一公議ス」（F8）と記されているように会首にイニシャティブをとられ、その指導の下に翼賛的に作られた公議をもち得るに過ぎなかった。社人が背き去ったならば村落は解体を余儀なくされるから、記録に現われないときでも輿論の力が大きく働いていた場合があったことは十分考えておかねばならないが、よほど特別な事態におちいらない限り、会員が会務に極めて消極的であったことも疑いないところである。

会首（F6　F8　F10　F13　F27　F35　F37）は社首（F7　F35）社長（F3　F7）などともいわれている。会首制度は歴史的に見て大きく推転をとげているが、最初に鄒氏の応答によって、現在の制度からみてゆくと、会首といって

第二十七表　農圃村の会首

年代	職名	会首名：正会首	会首名：副会首	会首名：小会首	資料
乾隆49年	会首	（永寧園等十名）			F13
嘉慶7年	新旧会首	（新旧計二十六名）			F35
同治10年	会首	三義園　大南園　福自園　李　海〔李恒章〕　純成園 趙栄料　朱華園　広興園　永興園〔郭　俊〕　天順園 楊樹園（恒盛園）（二義園）			〔F27〕 （F28）
11年	会首	董　寛　趙鳳池　会川園　龐刀長　自立園　四成園 高克譲　李樹園・悦泉園　天来園　天成園　于福来 永和園			F27 F28
光緒3年	会首	恒盛園 葛家園	悦泉園 李茱園	福自園　龐栄園　郭嘉穂　三合園 福厚園　会川園　徳和園　趙来福	F6
7年	社首	胡登鰲	郭照富	厚生財　王安成　永興園　郭　岐 王驥栄　福厚園　喬　斌　龐万貴 崔起盛　周　成　黄先登　通順園 喬振勝　趙根煥	F7
8年	会首	厚生財	郝壯興	劉秉仁　閻光耀　張明亮　任太和 豊盛園　張進仲・徳厚園　李玉栄 聶芝福　李玉華　徳興園　劉発財	F8

27年		徳盛園	新和園	集盛園　劉天福　同善園　楊　福 張孔亮　恒盛園　魏天魁　黎山園 周成春　天来園　楊生□　天成園 任栄会　三合園　陳　旺　張栄園 李　欽　自立□　張　□　四民園 高　全	F32

附記　1　同治十年度および十一年度の会首を示すために、F27とF28をあわせ用いたのであって、両資料をつき合せてみると、十年度の会首の中でF27にある季恒章と郭俊は、F28に出てくる恒盛園と二義園に相当することは明らかで、後者は農場名を用いたわけである。両資料を通じて一致しているものは問題ないが、このように人名で表わしたり園名をとったりしているために、呼びかたを異にしている場合が出て来るので、F27のみにあるものは〔　〕を、F28のみにあるものは（　）を附して示した。

2　光緒七年はF7によるが、その碑文は七年五月であって、離任紀念に立てられたものに相違ない。八年のは七年七月になっているが、六月の大会で選出されたばかりの会首が新たに建てた碑であり、本来八年度のことなので、表および本文はこの標準に従うことにした。特別な事情のある場合を除き、匾額碑文は会首の退任に際し、自己の功績を伝えんとする目的で立てたものが最も多く、祈願および紀念の意味で、就任時に作るものがこれに次ぐことは、常識といっても差支えない。

もその中に、本質的に村落の支配者としての内容をもった会首と、名前だけの会首にすぎないものとがある。この中の前者は正会首および副会首で、おのおの一名からなっているが、これは大土地所有者十家の独占で、「人好、弁事」すなわち人格者でしかも事務的政治的手腕の持主を、彼等の間で公推するのである。農圃社の一切の命令は正副会首によって決定され、かつ実行されたというから、真の意味での会首に当るわけである。第二は小会首で十八名から成り、右の十家以外の衆の公推にかかわるものであって、毎年五月十八日の大会で改選された。小会首の実質は「跑腿」（かけ廻って仕事をする）であり、正副会首の命を受けてその施行に当る事務員である。したがって農圃社には賃金を払って雇った事務員は置かれていない。正副会首および小会首の任期はいずれも一年であるということである。

ところで小会首の制度ができたのは光緒三年以来のことである。この年、正副会首等の大土地所有者が、肥沃な土地を広く占め、しかも脱税していることを、衆が官憲に告発したため、会首十二名は隠瞞の罪をとわれて拘引され、取調べを受けた。これを契機に種々の問題が派生したが、ようやく妥協ができて組織上の改革を行い、新旧会首の協力によって社を運営してゆくことになったのである（F6）。小会首はこの改革の際に設けられたのであり、それまでは会務にあずかり得なかった中小農家に、形式上だけにしろ会首の名を与えることによって、ムシロ旗を押え得たわけである。同年以前の実態をみると、大園芸農場だけが会首となっているのであって、乾隆年間には十名、嘉慶および同治には十三名、光緒三年には十二名の会首を出しているが、その会首となった者の名前は、園名または堂名で現わされている場合が多い（F13　F35　F27　F28　F6）。堂名はともかく、園名は明らかに大農園であるが、同一の堂名園名が年代を異にして繰返しくりかえし会首となっていることは、第二十七表によって明らかである。したがって光緒三年以前の時代には、小数の大農場によって会首の地位が独占せられ、大農場の中だけで改選が行われたものと考えられる。改選については同治十・十一年度には全員が交代して留任を見ていないし、執年会首（F6）の名もあるから、一年の任期で交互に会首の地位につき、大農場の「共同体」としての実をあげていたようである。それが光緒三年以後になると、正会首副会首および小会首の別を生じ、正副会首はおのおの一名であるが、小会首は光緒七年に十四名、八年に十六名、二十七年に十七名となり、そのうち園名をもつものはそれぞれ三・五および七で、ほかはいずれも個人名となっている。小会首数の増加は、おそらく衆の増加に関係した問題だと思われ、郝氏のいう小会首十八名はおそらく民国以来のことであろう。いずれにしても中小農場を加えた全体から、小会首を出すという制度が新たに設けられ、旧来の会首からは正副会首二名だけを出すように改められたのであって、その原因は中小農の活動に基ずく民主化への要求に存したことも明瞭である。新制度のもとにおける改選の方法は、値年会首（F10）の称もあるように、各会首共その任期を一年として毎年交替したのであり、交替の時期は、光緒七・八年度に見るように五月をえらんだ(F7)。大体全員の交代が行われるのが原則だが、再選も許されていたのである（F7 F8）。「輪臍」（F10）によったというが、輪流の方法は明らかでない。このように小会首は最初は正副会首にとって代り、あるいは少くともこれを牽制する意味をもっていたが、近来は郝氏のいう事務屋的存在に転落していったのであって、それが近代中国の運命の縮図であり、否その具体的な現われであることを見のがしてはならない。清朝末期における小商品生産の発展につれて、独立職人と共に封建体制をゆすぶっていた中小農場が封建体制と妥協して小会首の地位を得るようになってから、近代的生産力を生み出すことをやめて、ささやかな封建的企業主という立場を守ることに方向転換をしたため、次第に革新の意気を失って、封建体制に奉仕するように変質してしまい、小会首は単に正副会首の頤使に甘んじて、その力を全村に徹底させる道具に転化し、ついには大農専制の番犬をつとめることに、何の疑問も感じないばかりか、ただその努力が十分効果をあげ得ないことを嘆ずるだけとなった。

以上を通観すると、農圃社の会首制度の本質は、大農場主の専制体制として設けられた大土地所有者の共同体であり、それを園芸農場全体の「共同体」または全村民の「共同体」らしく見せかけた社会制度であった。一度は小商品生産者が自己の立場を代表する村落機構に組替えようとしたにもかかわらず、結局妥協してしまい、さらに堕落したので、もとの木阿彌に帰ってしまった。農圃村における封建的支配の勝利を物語るわけであるが、村の中堅的かつ圧倒的な存在である自作農が、ともかく一度は正面から不当な専制に反対して、新しい会首制を要求しながら、近代的農場に踏み切れなかったところに、日清戦争で敗退しなければならない原因があったし、清末における土地改革が失敗することになった所以でもある。これは自作農の構造において、封建的な殼を破り切れぬものがあったことと、長工短工などの農業プロレタリアート化が、帰化城をひかえているだけによけい不徹底であったことなどのためであろう。こうして中華民国を迎えたわけであるが、其後も社会体制の上では一層小会首の隷属化がひどくなった。もちろん上からの改革らしいものは出ているのであって、たとえば中華民国以来村公所が置かれ、事変後甲公所と改められたが、共に近代化の面では無意味であって、社の正副会首が同時に正副村長（後には甲長）となり、小会首が閭長（後には排長）におさまって、行政機構を社で支配し得る体制を作りあげているのである。

農圃社はすでに行政機構をも支配しているほどであるから、事業が多方面にわたることはいうまでもないが、聴取や碎文などに現われた限りでは、「共同体」的な性格を出すことに努めていたことがその特色といえる。これには貧農層から応答者を見出し得なかったというような制約も考慮せねばならないのであって、村落の事業がこうしたきれいごとで済むものでないことは、大農場と中小農場とがヘゲモニーを争いあったことからも明らかであるが、一面からいえばそれだからこそ村落「共同体」の幻覚を実感らしく感じさせるところまで、持込む必要があったわけである。これを具体的にひろってゆくと、

一　官事　農圃社の記録に「差事繁冗」（F6）と見えるように、官庁の命令を実行してその政治上の手足となり、あるいはその意をうけて事務を代弁する点では、極めて多忙であったといわれている。村民にとって最も大きな負担は官憲が必要とする蔬菜の強制買上であるが、農圃社は官憲に対して徴発量の可及的軽減を乞い、社人に対して負担の合理化につとめたのであって、農圃社はその役割を果すために生れて来た団体だとみられないでもなかった。負担

の均衡については光緒七年の農圃社規約において基本線を定め、水地に対して平等に割当てることにして、旱地からは買上げさせない方針を定めているが（F7）、それでも個々の負担割当をめぐる紛糾はたえなかったのである。負担総額の軽減についてはいろいろないきさつがあったが、光緒十九年に旱荒三年に及ぶことを理由として官憲に懇請した結果、永久に免除すべきことが特許され、撫民理事府の諭をもって布告させるという成果を獲得したのである（F10）。それにもかかわらず「不法詐歛」（F10）はあとを絶たず、今日にいたるまで、買上と称して実際は正当な代金を支払わない収買が続けられた。農民にとっては、最大の痛苦としてのしかかっているこの強制買上が消滅しない限り、生産の発展は期待できないのである。これに比較すれば税金などは軽少なもので、事変に到るまで包税制が実施され、村民に課せられる税金を農圃社が請負う形にして九十余元（年額）を納付すればよかったよしである。このほかに万人傘の資料がある。「元来万人傘は徳政碑と同様、本来は官吏の治政がよかった場合に贈るべきであろうが、徳政碑が虚辞である如く、万人傘も亦治政のいかんにかかわらず、贈らねばならぬ羽目に置かれ、また実際、官場現形記にもあるように、政績が悪くても贈ることを強制する官吏があった」（註6）と思われる。従ってよきにつけ悪しきにつけて政治家に対するアクセサリーとして贈ったのであるが、そのとりもちを行ったのが村落であって、農圃社が実際に善政を行った官吏に対し、民衆を代表してささげた場合があったとしてもふしぎではない。すなわち農圃社は、前述の蔬菜買上の免除を命じた同知に対し、敬頌廉牌をその役所にかかげ、当人に万人傘を贈っているのであって（F10）、これには免除の諭の実行に対し、当人およびその後継者に示すデモの意味も含まれているが、徳政を頌する意味があったことは否定できない。

二　公益　農圃社は村落「共同体」の擬装によって民衆の服従をかちとるために、村民一般にとって必要と認められる公益事業を採りあげることには、かなり努力を払っていたようである。質疑応答の中から拾うと、雨乞いは旱天が続いたときに行うのであって、五竜殿内の竜王に降雨を祈願したのち、竜王像をかつぎ出してこれを先頭に立て、頭に柳をまきつけた村民が像のあとに続いて、ラッパを鳴らしつつ村内を遊行するのである。そのかいがあって降雨をみると、謝恩の意味で賽社を催したという。害虫驅除については、郝氏等にたずねた所、気候が寒冷なので蝗がおらず、問題が発生していないとの答であったが、実際は年によって蝗害が発生している。蚄蚄殿はこのために設けられたものであり、古くは嘉慶七年（Ｆ35）に、近くは民国六年（Ｆ37）に、匾額を献じて感謝の意を表している。野荒しには「看青会」があって別に備えていたので、農圃社としては事務所を提供するなどして、これに声援を送る方針をとっていた。また道路修理にも村で人を雇傭して必要な工事を実施したといわれている。

三　祭祀　農圃社では社会集団の基盤を宗教的な面で深めてゆくために、宗教事業にはなみなみならぬ努力を払っている。南竜王廟の正殿は五竜殿で、ここに五体の「天仙水母娘々」すなわちいわゆる「五竜神母」が祭られているが、農圃社は、道光元年に掲げた匾額（Ｆ21）の中でもこれに対する尊信の意を表しており、切っても切れない因縁になっていた。光緒七年碑（Ｆ7）には、五竜神母廟で酬神献戯を行ったことを記しているのであって、日取は五月十七・八・九の三日間となっているが、帰綏識略には五月十八日に当日限りの祭典があったと記されており、帰綏道志には記述が落ちている（註7）。郝氏によれば、この村祭りは三日ないし六日間におよび、領牲・焼香・宴会が含まれていて盛大に行われたという。なお殿内には五竜神母の他に竜王の坐像があり、持運びができるように担架の上にとりつけたようなかっこうになっていて、平素は中央の前方に一段下げて置かれている。光緒二十年碑によると毎年五月二十八日に、竜王の神位の前で酬神の儀式を行ったということであるが（Ｆ10）、今日では竜王に対するお祭は中絶している。村ではこのほか、正月十五日の元宵節を祝うのであるが、農圃社が組織した唯一の外廓団体である平安社が主催者となって、その実施に当っている。平安社はこの祭祀のために特に設けられた農圃社の別働隊で、会首は農圃社そのままであるが、小作人や雇農などをこの催しに参加させるために、別な組織を作ったわけである。以上の二回（又は三回）の大祭のほかに、特別な宗教行事は行われていない。廟に居住する二名の和尚は、廟の香火地を耕作して自ら衣食の道を講じつつ、廟の管理に当っている。

四　慈善　専ら竜王廟の維持だけにつとめたのであって、それ以外では呂祖廟（帰化城）に寄附した記録があるに過ぎない（S4）。義地はないよしであるが、行路死者は便宜取計らい、帰化城ギルドマーチャントの孤魂灘に托して処理したという。全体として慈善事業にはあまり熱意がなかったようである。

以上の諸事業を営むために、事務と会合の場所として「公所」を南竜王廟に設けている。この廟は五竜神母を主神とするのであるから、正しくは「竜神廟」（F19）と呼ぶべきであろう。廟の大門には乾隆四十九年に掲げた農圃社の門標があって（F13）、少なくともその頃から公所を置いていたことがわかる。五竜殿の東廊（廂房）の入口に年代不詳の「農圃社」の額がある。この社房は「東社房」（F28 F8）と称して社で維持してきたが、嘉慶年間に竜王廟の西に隣接して先農廟が建てられた際、この東社房が同時に先農廟の西廊を兼ねる形となったので、それから後は主として集会所に使用されるようになった。「東社房」と対照の位置にある「西社房」（F28）は、三間であるが、面積は広く、中央が応接室、南側が事務室、北側が宿所（炕

第十図　南竜王廟略図

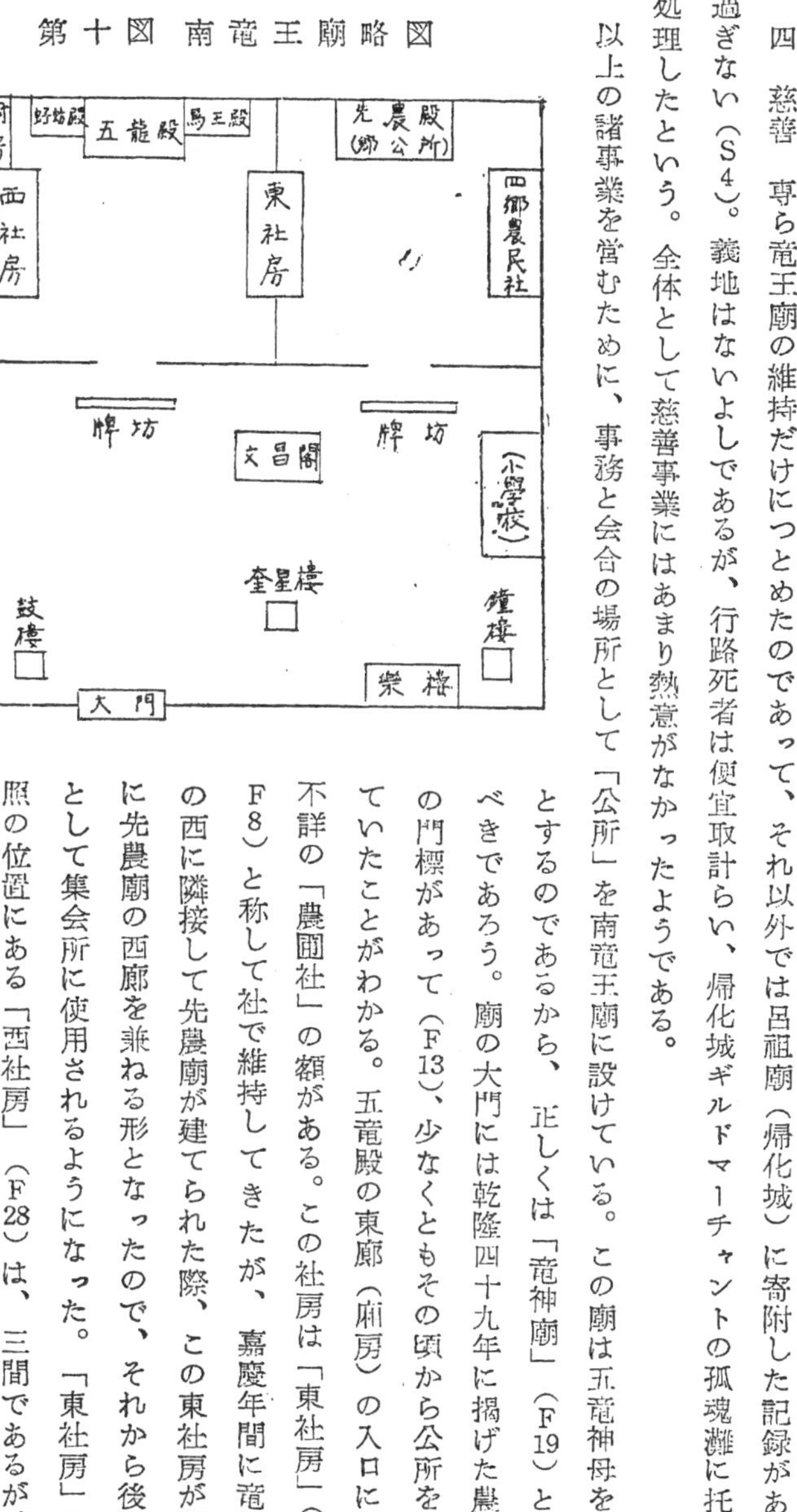

の設備あり）にあてられ、その宿所に接する耳房は厨房になっている。正殿は神殿であって、三間の五竜殿とその左右の耳房に当る馬王殿蚂蚄殿各一間から成立っている。中門の外に牌坊があるが、これも嘉慶九年に農圃社で建てたものである（F2）。農圃社ではこの竜神廟をもって自分達に専属する廟だと主張しているが（F9）、本廟が雍正十一年に修築されたとき、農圃社はなんら関係を持っていないのであるから、この主張は必ずしも正当ではない。乾隆以降は主として農圃社の力によって維持され、従って農圃社がもっぱらこれを利用して来たのは事実であるが、この時代になってからでも、光緒十七年における西社房の修築を、馬王社公義社と共同して行っているし、この両社が祭祀を行う際には、社房や厨房を使用することを認めているのであって、絶対的な独占支配を行っていたわけではなかった。農圃社がずばぬけて大きな発言権を持っていたにしても、竜王廟に対しては「主善」の一人として、その理事の一員にそなわったにすぎず、竜王廟を社の財産と考えることも、またその住職を社の雇傭人とみなすことも正当ではない（F3）。

郝氏によれば、社の財産として採砂地が二百畝あり、村民一般に開放して、採るに任せている。村外の者が採砂したときも、社としては干渉しないが、この場合には旧領主である蒙古人から「地基金」を徴収されるという。採砂地がいかなる事情で社に帰属するに至ったかは不明だが、蒙古人の有した「地基金」すなわち封建的支配権に由来する蒙租徴集権を、村人に対しては免除させているのだから、社がそれを蒙古人から買いとったわけなのであろう。村民以外にも解放されているところをみると、近代的な所有権は農圃社も持っていなかったように感ぜられる。

社の経費は「按畝攤派」（F6）によって賦課された。問題はその「畝」の算定にあったわけで、土地の良否による差等の判定と正確な面積の測定が技術的に困難であった上、社会的勢力を利用した人為的な不公正も加わって紛糾が絶えなかった。前述の光緒初年の事件は、大土地所有者の脱税を摘発することによって、官憲を味方にひき入れた中小農民が、負担の不公正を糾弾する形で火の手をひろげ、会首の全部が厳重な取調を受けるという事態にまで逐い込んでいった。しかし会首側が官憲に鼻薬をきかせたため、官憲側は急に穏便な解決案を決定し、「畝」の正確な数字を清丈によって測定することで話をごまかしたのであって、しかも会首にその査弁を命じた。この案に対して「衆には異論がなかったのに、奸究の徒は強をたのんで公攤に従わず、再び大小地主間の紛争を招いた」と記されているが、奸究といわれている貧農側の強腰に比して土地所有者は著しく妥協的であったことが察せられる。官憲は一応中立的な立場をとりながら、実質的にはあくまで大土地所有者に味方し、法庭は先の決定を再確認したのであるが、ただ隠瞞の地に対する公平な清丈を強行するように重ねて命じたのであって、これには官憲の絶対的支持を約束し、不正なものは、社において実によって調査弾劾を行えば、官が厳訊治罪すべき事を保障するとともに、これらの諸点を「諭」をもって告示したのである（F6 F7）。その結果社地は数頃から数十頃に激増した（F7）から、隠田が十倍に達していたことがわかる。次で光緒七年には右の成果に依拠した原簿が作製され、今後の異動は迅速正確に原簿の補正を行うこととして、その際面積をごまかして届出た者には罰金（一畝毎に旱地は半吊、水地は一吊）をもって臨む規定ができた（F7）。なおこの規約には、社の一切の経費を賄うために、「布施」の名目で右の「畝」に按分比例した金額を分担させる事を規定し、「畝」の算定に当り、水地は河水灌漑・井水灌漑の別なく旱地の二倍として計算することを定め、また布施の納付期限については、賽社の費用にあてる場合には賽社の期間内、その他の経費を賄う布施であれば九月十五日までとし、期限内に社長の手許まで納めない者からは、罰金と合せて割当金の三倍を徴集することなども定めている（F7）。水地旱地による区別は、二倍という割合は普遍的な原則と見なしてよいが、清末になってからその各々をさらに上中下に細分するようになった。これは清末の土地改革によって生じた変化だと思われる。要するに、農圃社は社地を基礎とする社会集団であるから、経費を社地に求めるわけであって、表面的には土地の良否や面積の決定・布施の徴集法などの税法上の技術的な問題が争われているが、その本質は土地所有者特に大土地所有者のエゴイズムと、これに反対する小生産者や雇農小作との衝突であったわけである。資本蓄積または労働力の再生産に必要な、公平な負担が要求され、それが中途半端で打切られたために、近代化が挫折するという経過を辿っていたことが、問題点なのである。

農圃社の規約としては、康熙年間に「社章」が立てられていたという説はしばらくおくとしても（F6）、社の準規が社の歴史とともにあったことは疑いなく、伝統となった習慣がいろいろな形で社会規範として村落を支配していた。慣習は必要に応じて発展的に改まってゆくし、時にはそれが成文化されたこともあったが、いずれも部分的な規定で通則ではない。従って章程とはいえ、その規定された事柄の歴史的および事件的叙述によって、問題の所在と処理の結果を公示する形をとっているのである。光緒三年の重立準規は経費分攤法の改正をとりあげ、同七年の重立章程はそれを拡充して社の沿革・社地・祭祀・経済・官需を、同二十年の社規は会首選挙法・祭祀・官需をとりあげているが、いずれも右の形式によって叙述されている。又光緒三年および七年章程では章程違反者は罰金のほか「稟官究治」すべきことを規定しているが、厳密に罰則がひとつひとつの項目について附せられているわけではない。また光緒七年の章程は、それが衆の公議によって決定されたことを記しているが、三年章程も同様の手続きをふんでいるのであって、会首専制を覆して公正な社規を設けようとしたものであるだけに、この場合は口頭禅的な「公議」ではなく、やや実感をふくませた公議として受け取るべきであろう（F6　F7　F10）。

註 1　帰綏識略巻廿六宦績、丹津。

2　朋松召は西茶坊に接して建てられたラマ廟で、小さいラマ塔を持ち、三流どころに位する廟である。

3　奉使俄羅斯日記。

4　帰綏識略巻卅六、税課、烟油酒雑貨税。

5　清理殺虎口等処台站地畝辦法（前綏遠墾区清理丈放並荒租章程集、頁一七八―一八二）によると、河東各台（農圃村を含む）では左の押荒を徴集している。

	園子水地	旱地
上地	三〇〇元	一〇〇元
中地	二四〇元	六〇元
下地	二一〇元	四五元

6　仁井田陞「大木文庫と大木さん」（東洋文化研究　創刊号　頁六九）

7　帰綏識略巻十八、賽社五月。帰綏道志巻廿二、風土、商集、五月。

第四節　村落連合の四郷農民社

四郷農民社は闔郷農民社（包頭Ａ６）ともいわれ、帰化庁（県）に属する四郷すなわち新旧城を除いた全農村区域の農地所有者の団体である。広い地域を支配することにより、局地的市場の形成に乗出して行く過程において、官憲や蒙古人等の封建地主の圧迫に対して、農地所有者の立場を擁護するとともに、小作雇農などの動きに対抗する為、地主上農層の団結を呼びかけたようである（Ｆ４）。創立の年代ははっきりしないが、嘉慶三年には相当はなばなしい活躍を展開しているし（Ｆ4）、同四年（白塔Ａ６）および同八年の扁額も現存し（Ｆ15）、同治年間の記録にも嘉慶中の創立と記しているのであって（Ｆ５）、嘉慶初年に成立していたことは間違いない。農民社は封建制の危機に際し、中貧農層の斗争を圧殺すると同時に、一面では強化されようとする寄生地主の搾取に抗して活潑な活動をつづけ、着着成果をあげていった。咸豊十年十一月に、銭法問題にからんで一度は帰化庁から解散を命ぜられたのであり、農民社が獲得していた一切の成果は抹殺され、社の記録および財産は沒収された。しかし地主上農層は弾圧によってかえって成長をとげたのであって、農民社の復活運動を巧みに進めてゆくとともに、旧来の組織を温存した秘密団体によって、従来からの目的に沿った活動を続けたわけである。その結果として、一年半後の同治元年六月には堂々と合法化をたたかいとることに成功し、帰綏識略や帰綏道志にもその存在が伝えられているのである（註１）。民国になって四郷農民社に対し、官製的な衣装として帰綏県農会という法律的な枠がはめられたのであるが、その後も農村の上に立つ大きな組織として、総商会とともに帰綏を二分する勢力を誇っているという状態であった（註２）。

四郷農民社は「帰化城農民之社会」（Ｆ５）であって、理論上、帰化庁（県）内の全農民（＝農地所有者）が参加するたてまえになっている。しかしこうした農民は、実質的には組織の主体というよりも、支配の客体に近いのであって、「衆姓」（F15）と称せられている農民大衆は平素は全く表面の舞台に浮び上ってこない。ただ重大な問題、たとえば銭法問題や復社事件などにぶつかったときには、一般農民のもっているエネルギーが、底力を発揮している（F5）。この社の平素の運営は、社首（F4 F5）に委ねられているのであって、後にあげる草豆問題・銭法問題・捉駅問題・雨乞い・廟宇修築・碑石建立などはすべて社首の名と責任の下に行われている。社首の上に立つのが「耆老」であって、「四郷公挙」（F5）によって推戴された名望家が、徳を以て農民社を率いてゆくのであり、最高領袖なのであるが、平素司るところは専ら祭祀に関することであって（F5）、政治的経済的な事業はおおむね社首に委ね、必要に応じて口を出したり、社首の詢究を行ったりするに止まった（F4）。

農民社は官衙の下請機関としての性格を持たず、蒙古領主や清朝の官僚と対抗し得る純然たる民間団体として、旗旆を鮮明にかかげているのである。またその活動範囲が四郷に広く及んだのも村落と相違する点で、たとえば嘉慶年間に東郷の白塔村三聖廟に匾額を献じたりしている（白塔A6）。それでいて恒常的に行っていた事業としては、表面的には宗教団体にも等しい祭祀事業だけであって、その他は必要があった場合に臨時にとりあげて行ったに過ぎない。しかし立社の動機にも明らかなように、地主上農層の擁護が使命なのであるから、そのときどきに取り上げて獲得した権利は少くない。耆老が社首の上に立っていることも、あるいは社規において何等事業要目を列挙していないことも、この点から考えてみれば、農民社の活動の機動性を示すものというべきである。

一　祭祀　嘉慶年間に南竜王廟の一角に先農殿を建設し、殿内に先農・后稷・田祖の三神を祭り、春には祈願、秋には報恩の意味で、酬神献戯を行うこととし、殿宇・牌坊・楽楼などを完備させた（F4 F5）。農民がこれによせた信頼は大変なものであって、農民社が結社禁止を命ぜられた際にも、その祭典ができなくなったために、春には旱害秋には風雹に見舞われたということが「一般に信じられ、これをテコとすること」によって再組織が難なく進行したというほど、神々によせる期待は絶対的であった（F5）。しかもそれが同時に「耆老」を通じて会首層を神に結びつけ、その支配権力を神威の後盾によって発揮する機縁ともなったわけである。祭祀の日取は固定していなかったようで、帰綏識略等（註1）にも四月中とあるだけである。

二　公益　咸豊十一年に、結社禁止中であったにもかかわらず、あえて旱害に対する雨ごいを行っているから（F6）、平素はこれが大きな事業となっていたことが推察される。このほかギルドマーチャントとともに、村落を共同させることによって、公益事業を展開したといわれている。

三　捉駅問題　捉駅とは農民の馬を非合法的手段によって略奪することで、清朝時代には牧場や農場或は街頭から蒙古人や官兵が、ほしいままに家畜をつれ去ることがなかば公然と行われていた（F4）。土默特旗文書によると、康熙乾隆の時代には、蒙古人が漢人の馬を盗んだ事件は実に多く、司直の手に移しても問題の解決は困難であった（註3）。嘉慶三年に、一蒙古人が駱駝および馬を捕えた事件があり、たまたまそれが商人の所有であった関係から、農民社は帰化城のギルドマーチャントと共同で道憲に提訴した。さいわいにも当時帰綏観察使であった齊布森は、愛民を旨とした善政家であったので、さしずめ提訴された問題を賠償で解決してゆくと同時に、捉駅を根絶する方法を規定した「章程」を立てたのである。これによると、捉駅と合法的な雇傭とを区別するために、官兵が農民等から車馬を直接雇入れることを一切禁止するとともに、所要の車馬は店行（穀物仲買店ギルド）から提供させることにしたのであって、その提供に要する費用を賄う方法として、店行は農民から委託された穀物類が売れたときに、代金の一部を「斗脚銭」として徴集することが認められるようになったのである。斗脚銭は最初は一斗につき半文であったが、銅貨価値の下落・車馬賃の上昇につれて、逐次高くなっていった。これによって捉駅が解決されたとは思えないが農村の荒廃化を防ぐ焦眉の必要性からいっても、右の章程が一応の成功を収めたのは事実であって、この方法が最近まで行われてきたゆえんなのである（註4）。

四　銭法問題　綏遠の農民にとっては、銅通貨（制銭等）が標準貨幣であって、価値尺度の標準となっていたし、現実に流通している主要な通貨でもあったが、帰化城の銭行（金融業ギルド）などが短銭小銭を使用したり、投機を行ったりして貨幣価値を操縦したので、それが農村に対する不当な搾取となった。こうした損失をさけるために、農民社は通貨の安定に深い関心を示すようになり、その努力がある程度成果を収めていたのである。農村と都市では政治と経済の諸条件を異にしていたので、農圃社は独自の立場で通貨を推持し、咸豊年間までは農村はおおむね満銭を標準とすることができたし、帰化城では銅貨（一文銭）十八枚をもって百文としていた光緒末期でさえも、畢克齊では六十八枚・薩拉齊は九十枚をもって百文とし、その実力に応じて対抗策を講じてきたのである（註5）。もちろん都市に隣接している農村などでは、経済的に対抗する力はなかったし、搾取を受ける点でも直接であり深刻であったが、その他の農村にしても、病源を衝くのでなければ真の安定はあり得ないし、病源をつくにしては帰化城の経済を動かすだけの実力をもっていなかった。そのために、経済外的な手段に訴え、ギルドマーチャントや官憲と結んで、銭行とわたりあったのであるが、結局失敗に終るほかはなかった。咸豊十年には社首が通貨問題をひっさげて、藩台すなわち山西省布政使に直訴したのであるが、これは従来の経験から帰化庁に訴えても奸商胥吏の結托で無効となるので、最高責任者のところへ持ち込むという離れ業をやった訳であって、一応形式的には制銭六十枚をもって百文に一定させるという解決案をかち得たが、それも結局は帰化庁の圧力で葬り去られてしまった。農民社はなおもくい下って、八十枚を百文とする案の実現に努力したが、官・胥・商・僧の結托によって行われた反動の嵐の前に、農民社がかえって解散を命ぜられるという悲運に見舞われただけであった（F5）。民国以後の農会が、商帖の廃止などを叫んで目的を達したことは大行の章でのべた。要するに通貨の変動による不当利得は、農村の犠牲において実現するのであるから、農民社が容認し得ないのは当然だというべきである。

五　官憲の物資徴発問題　官憲が草・豆を始め、麦・糠などを、軍需品や官庁用品として買上げる場合は、満洲八旗や土默特旗をひかえているだけに、略奪に近い條件で、強制的に取上げる傾きが強かったのであるが、その量が莫大なのはともかく、苛酷な徴発の態度および方法に非難が集中したのであって、徴発が始まると、「鶏犬も安んぜず」（F4）と言われたほど、深刻な不安をまき起したのである。農民社は最初から「応差の公所」として、物資徴発の処理機関であることを標榜していたのであって、社首などがしばしば官憲と條約を結び、その徴発をある限界におしとゞめるとともに、公正な代価を定め、なるべく有利な條件のもとで協力するように努力してきたのである。ただ、こうした條約やその由来を具体的に記録していた碑文が、廢社事件で毀たれたために、詳細なことがわからないのは残念である（F4）。

公所は嘉慶年間に建築されたもので（F4）、南龍王廟の一半を占めている。南面した正殿は先農殿で、神像などを飾り、東廊を事務室とし、西廊を農圃社と共同で使用し、このほか前述のように廟としての施設をいろいろ備えている。二個の石碑に記録した社規もある。社規は社の歴史を語る事によって、外に対しては農民社の利益を守り内に対しては「共同体」の事業を宣伝して、社規の権威を主張したのである。この社規が作られるまでに多くの碑文匾額を以て記録されて来た社会規範が、一度は全部破壊されたので、農民社の復活後、要点をまとめあげたのがこの二碑であり、従って社規としては、かなりととのったものとなっているのである（F4　F5）。

註　1　帰綏識略巻十八、賽社四月。帰綏道志巻廿二、風土、賽社。なお本書には農民社の秋祭に関する記述がおちているわけである。

2　綏遠通志・法団、農会。
3　江実編、「蒙古連合自治政府巴彥塔拉盟史資料集成、土默特特別旗之部第一輯」第八・十八・卅七・卅九・四十二・四十三・四十五・四十七・六十七・六十八各文書など。また同氏による同書飜訳第一号参照。
4　A3。F4。E30。帰綏識略巻廿六、宦蹟、齊布森。なお第四章第一節、第一項参照。
5　綏遠通志五十二、経政九、金融。

第十四章　蒙古人の社会集団

第一節　複合社会としての土黙特部の推移

オランダの経済学者ファーニヴァル氏は、「二つもしくはそれ以上の構成要素ないし社会秩序を含み、しかもこれらの構成要素ないし社会秩序が一つの政治的統一の中で相互に混合することなく併存している社会」をもって複合社会 Plural Society となずけている J. S. Furnival, Netherlands India, 1939（註1）。複合社会についてのファーニヴァル氏の理解は、オランダの植民地政策と結びついたものであって、理論的にも批判の余地が多いようであるが、歴史的に遡って考察してみると、一民族が他民族を支配して行く結果として、複合社会が成立した場合は、少くないのであって、封建制の特殊な形態として成立する可能性もあったと思われる。遼金が漢民族を支配してゆくためにとった体制も複合社会の制度化であって、契丹人なり満洲人なりに固有の社会制度は、これを国粋として保存するとともに、漢人に対しては、遼金の政権に奉仕する被支配民族として編成するため、彼等の封建的社会規範を温存したわけであった。蒙古人が元政権の下に中国を支配した場合も同様で、蒙古・色目・漢人・南人の四つの複合社会となっていたわけである（註2）。このように中国では昔からいろいろな民族が活動したので、政権をとった民族は一応独自の風俗習慣を維持しながら、被支配民族にも、彼等に対して割り振られた階級関係の枠内において、社会秩序を保たせるために、民族固有の伝統を生かしてゆくことを認める傾向があったのである。

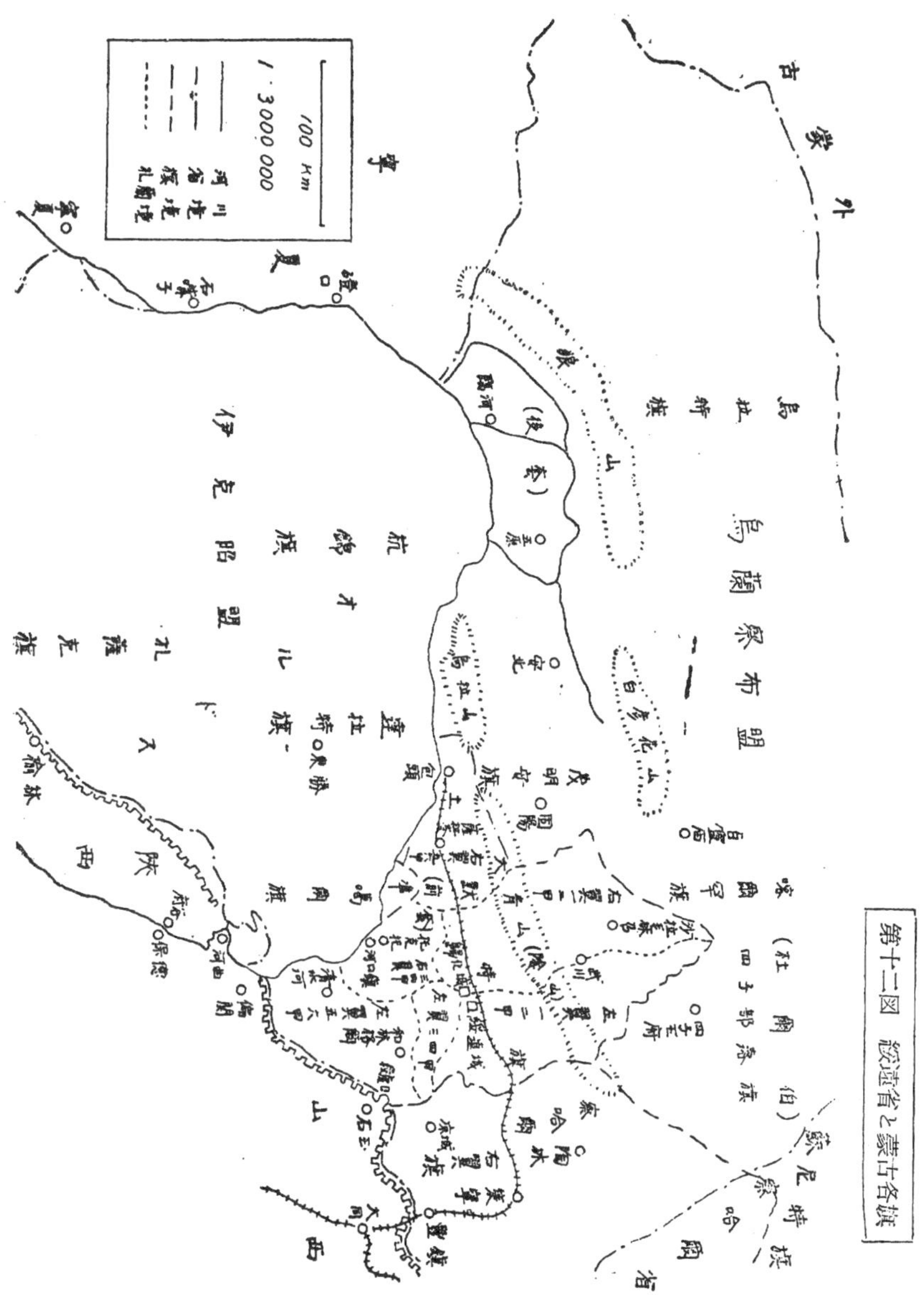

第十二図　綏遠省と蒙古各旗

清朝時代に内蒙古では、満蒙蔵回などの諸民族がそれぞれ独自の社会生活をもっていたし、その中の蒙古人だけでも察哈爾・土默特・錫林郭児・烏蘭察布・伊克昭などに分れて、特有の社会体制を選んでいた。その中、帰化城を根拠地としている土默特部は、かつてこの地方を支配していた民族だというばかりではなく、歴史的にも現代の問題としても、最も重要な非漢族なのである。しかも土默特部の発展を見る場合に、蒙古社会の内部構造の推移だけを問題にしたのでは、中心問題からはずれてしまうのであって、彼らが支配したと考えていた漢人農民との間の、生産関係の変遷が、蒙古社会の歴史を造っていたと考えて差支えないであろう。

蒙古社会の歴史的な発展段階について、ウラヂミルツォフ氏に聞いてみると、蒙古の社会は遊牧封建社会であって十一世紀から十三世紀までがその発端期、十四世紀から十七世紀までがその興隆期、十八世紀以降がその崩壊期であるという。その基礎を与えたものは自然経済であって、牧畜・狩猟を唯一の産業とし、封建貴族が全生産手段を掌中に握り、人民を支配し、剰余生産物を搾取して来たのである。一面彼らは、植物性の食料や衣料を、交換または略奪によって獲得する必要があったので、元朝の瓦解以後も南進の企図をすてなかったというのである（註3）。その掉尾を飾ったのが俺答汗に率いられた土默特部であるが、彼は長城内を荒したのち、政策を転換して中国本土（明）との間に貿易を開き、綏遠平原を開墾し、流通および生産によって、彼らの必需品を賄う方策をたてた。ここにおいて内蒙古の歴史は新しい頁を開くことになったのであって、牧場の一部は農場となって農業生産の上に立った封建制が開始されたわけである。こうして公共牧場は貴族の私有地となって、札薩克（旗長）を中心とする大名領国的な封建的所有への転換が行われるとともに、封建貴族とそれに附随した一群の人々が、都市生活を始めた。綏遠の開墾に当って、主要な担い手となったものは漢民族であるが、その一部は俺答汗自身が捕虜として略奪してきた漢民族であるし、一部は中国封建経済の矛盾が生み出した流民群であって、白蓮教徒の流亡民や経済的理由から逃亡して来たものが少くなかった。彼等はもちろん中国式の固定家屋を作り、その周囲に土城をめぐらし、人工灌漑による農業を営んでいたが、身分的には農奴（タリヤンボゴル）の地位に置かれていた。これによって綏遠の生産力は高まり、土默特部の封建的土地所有はいよいよ発達し、それだけ氏族的部族的総有制が解体していったにもかかわらず、依然としてカスト的な氏族制度を採っていたために、政治体制の矛盾が間もなく土默特の自壊を来し、清朝に併合される運命においこまれることとなったのである（註4）。

明末において、察哈爾部の林丹汗が勢力を拡大したとき、土默特部は簡単に屈服せしめられたのであるが、ついで清の太宗が林丹汗を追つて帰化城に迫ると（天聰六年）、今度は清に屈伏してその封冊を受けた。ほどなく清朝は土默特部が反乱を企図していることを理由にして札薩克を廃し、氏族的部族的組織を解体し、新たに満洲八旗に準じて軍事的政治的な官僚制度を布いたのである。これは実質的には解体しつくされようとしていた氏族制度を廃止し、それに便乗して大名領国的な封建制を官僚制度に切り替え、清朝的な隷農社会をうち建てたわけである。官僚制の下において蒙古人は軍人または文官に採用せられ、その意味で清朝に奉仕する反対給付として、戸口官租地の撥給を受けたのである。こうした制度の更改は、蒙古と中国本部とを清朝の政権下に統括したことと相まって、漢人移民の激増となり、遊牧や狩獵を行う場所は減少の一路をたどることになって、蒙古人は寄生化に次ぐに沒落をもってする段階に立到った。蒙古人が漢人に寄生し、寄生地主の存在が生産力の発展に対する障害となっていくにつれて、「蒙古社」という彼等の社会集団は結束を固くし、封建的特権の擁護または拡大を企図したわけであって、蒙古社の反動性はだんだん明確な姿を表わしてくるのである。それにもかかわらず、漢族農民の土地に対する支配権は日とともに確実になる一方であったから、軍事政治的な官僚機構である土默特の八旗制も、崩壊過程を辿る一方であった。清末になると、漢族農民の所有権は事実上成立し、これに違反すると農民の逃亡による農地の荒廃となるわけで、いずれにしても戸口地から地代をとりたてることは困難となっていた。清朝は表面上蒙地を開放し、漢人の土地所有権を承認するように見せかけて、実際には封建遺制を制度化した形の條件付所有権を与え、消滅しかけている封建制を可能な範囲で温存する政策を案出した。しかもこれを絶対主義権力の強化に役立てようとしたので、清朝政府が封建遺制によって生ずる地代の八割を獲得し、蒙古人は二割をうけとるだけという話になってしまった。光緒三十一年（一九〇五年）に開始された土地改革は、多少の曲折はあるが、とにかくこの方向で進んでいったのである。爾来蒙古人は涙金ほどの封建遺制にしがみついて、無意味な貧困に甘んずることになり、漢人とともに農民として立上る道があったにもかかわらず、それをとる者は極めて少い実状であった。

蒙古社の成立は乾隆十四年以前に遡りうるが（P４）、最初は蒙古会とよんでいる。蒙古人が官僚および軍人として活動していたときであり、したがって社は旗制と表裏一体をなす組織構造をもっていたのであって、旗——甲（札蘭）——佐（蘇木）の体制による官僚的ヒエラルキーが、蒙古社の体制でもあった。蒙古人の社会集団が同時に官僚機構をそのまま反映して、蒙古官吏の社会集団ともなっていたわけである。蒙古社は封建制を官僚体制におきかえて、彼らの寄生化を反動的に守ろうとしたから、生産力に対しては最初からマイナスの影響を及ぼしていたのであって、蒙古人の漢人化につれて、蒙古社の事業内容などは漢人の社会集団と多くをえらばない状態になってしまった。清末は蒙古社会の崩壊化におびえるあまり、蒙古社の活動が反動的に強化される傾向を示した時代である。中華民国成立後は絶望的と思われたが、日本軍の大陸進出時代には徳王などの活動があり、日本の反動政策を逆に利用することによって、蒙古人の封建的な権利を回復し得るように思われた。しかし実際には日本帝国主義の利用するところとなっただけで、反古同然の古証文がいまさら生きかえるわけはなく、蒙古人の青壮年がほとんど兵役に従ったりしたため、遊牧も衰微し、そのため軍人として僅に食いつなぐことになって一層貧困を加えるのがおちであった。要するに蒙古社は封建的な官僚制度の補強策として生れたもので、寄生的な封建地主が集団的利己主義を実現するために組織した蒙古人の社会集団であるが、生産力の阻害に役立っただけで、封建反動と運命をともにしたということができる。以下この蒙古社の問題をも含めて、土默特旗総管「森額」氏の教示を参考としつつ、複合社会の一環である蒙古人の社会集団に分析を加えていきたいと思う。

註
1 川野重任「ファーニヴァル複合経済論の構造と批判」(東洋文化、創刊号)。
2 津田左右吉「遼の制度の二重体系」(満鮮地理歴史研究報告第五)、箭内亘「元代の三階級について」(「蒙古史研究」所収)
愛宕松男「元代色目考」(蒙古学第一册)を始め、多くの論文がある。
3 ウラヂミルツォフ「蒙古社会制度史」(外務省第三課訳刊、昭和十一年)。
4 安斎庫治「清末に於ける土默特両翼の土地整理」(蒙古連合自治政府地政総署調査資料、第二号)。

第二節　生産関係

清朝が遊牧蒙旗に与えた基本的な牧地は、兵丁(ホワッグ Hawag)十五名に対し、幅一里縦二十里の草地となっている(註1)。どれだけ現実に給与をみたものであったかは問題であるが、八旗的な軍事制度に編成された蒙古人の社会集団に対して、一定の遊牧区域に限って放牧し得る体制を整えたことは、それまでにはみられない所で、官僚的ヒエラルキーに基盤を与えることになった。旗界を越えて放牧し得なくなった結果(註2)、旗界のオボの修理や(文書86 87)(註3)監視(文書6)が実際に行われたことは、土默特旗文書によっても明らかだが、単に旗毎に区分されただけではなく、旗を構成する遊牧群が、それぞれの牧地を持っていたのである。蒙古の遊牧法には家族で行うアイル Ayil 法と、大集団で行うキュリエン Kuriyen 法とがあるが（註4）、清代に多かったのは前者であって「牧畜は相変らず粗放的に行われ、家畜は野生の飼料で養われ、したがってときどきの移動遊牧が必要であったが、大多数の蒙古人の牧畜は以前の規模を失ってしまった。到るところ家畜の数が減少し、大群をなした遊牧は稀な現象となった。普通狭い範囲で、各家族または独立の遊牧部落（アイル）をなす二・三家族の小団体が放牧するに過ぎない」（註5）のであった。実際に「五頭の牛十頭の馬」（文書68）しか持たない一家もあったようで、ほし草の貯蔵さえ行われていないほど、技術的には全く後進的な方法に依拠していたから、アイルを主とする小牧群に分れて貧弱な牧草に生命を托することになったわけである。もっとも、キュリエン法が全く行われなくなったわけではなく、康熙五十七年の文書にも三百人からなるキュリエンの存在について記述している（文書42）。またキュリエン・イ・ダア（営長＝キュリエンの長）もあって、康熙十六年の文書によると、ある営長は旗に課せられた公課たる馬丁二十二人馬二百十頭駱駝二頭の中、一人で馬丁二人馬三十頭ラクダ一頭を負担しているから（文書4）、巨大なキュリエンも存在したのであろう。その他、地名に某キュリエンと称するものが少くなく、たとえば薩拉齊はチャガン・キュリエンであって、ここも以前は良好な牧場であったと思われる。牧地としては、旗の公共牧廠のほかに（註6）、官灘牧地または草灘牧地と呼ばれている札蘭（Jalan）（旗の下部組織）の公共牧場と（註7）、蘇木（Somu）（札蘭の下部組織）に属する小公共牧場、および各家の所有に属する牧地がある（註6）。時代とともに牧場の農耕化が進展した動機については、公共牧場を実際上支配していた首長の招墾または漢人の進出などが論ぜられているけれども（註8）、反動的に再編成された封建制のために、牧畜業が企業として成立たぬほど生産性の低下を招いたことに、根本的原因が求めらるべきであろう。いずれにしても「硬草の不良地」（文書84）を除けば個人牧場まで開墾されるようになり、同治以後には、牧畜は農業の副業となってしまった。キュリエンの如きは、乾隆以後は行われたという証拠が全くみつからないし、アイルさえも衰退の一路を辿っていたのである。元来家畜は一地に一定期間づつ滞在しながら一年かかって一定のコースを周回する習性を持っており、牧人がこれに附随して移動することによって、遊牧という現象が生れたのであるから(註9)、遊牧コースに当る草原が相ついで農民によって占拠されて牧地がなくなる場合、その被むる打撃は致命的といえるのであって、牧業の急速な衰退をきたしたのもまた怪しむに足りない。

狩猟の衰微は牧畜よりも一層甚しかった。「十九世紀においては巻狩は全く昔話となっていた。個人で行う狩猟も今や到る所において純然たる不定期の単なる副業であった」。そして輸出用の需要増加も、弓矢に代る火縄銃も、この衰微を救済することができなかった(註10)。康熙元年には、畋獵についても、旗界を越えて行うことを禁じられたから(註11)、土默特旗内には、利益にならない兎や鳥のほかに、これといった獵物もないこととて、狩猟による生業の途はほとんど閉されることになったわけである。

康熙三年に、勅命をもって厚和豪特(帰綏)における外蒙人の貿易、および土默特から外蒙に出張して行う貿易は禁止されたのであって、旗界監視員に取締りが命ぜられたが、同十九年に重ねてその実施を促している(文書6)。もちろんくりかえし命ぜられていることじたいが、この勅命の効力を物語るものであって、実際にはこれがなかば無視されて、外蒙貿易は続行されていたものと思われる。蒙古各旗の間においても、蒙古人商人による取引は依然として行われていたのであって、康熙五十八年にも土默特旗では「厚和豪特左旗のスクエの蘇木のアモゴランを始め六名、馬八頭立ての車に茶品物を積みて、ハラナの王府札薩克旗に商売に行く。これらの人々の、脚馬四頭、銃一挺、靭付の弓二挺、と言って来りたる章京バン札蘭ソボが推薦し報告し来りたる故、護照を与えたり」(文書51)という字句を記した護照を発給しているが、これによって当時の貿易状態をうかがうことができる。このころは中国から輸入された二輪荷馬車が広く用いられていたのであって、パンジャチ Panjaci と呼ばれる蒙古人の小商人が、軽快な移動店舗（ホスヘ Xosxe）をもって各旗をまわり、運送業にも従っていたのである（註12）。しかし時とともにその商権は漢族の手に移っていった。乾隆以後帰綏における取引はいうまでもなく、旗内のすみずみまで漢族の商人および高利貸業者の資本に制圧され、他の内外蒙古との取引さえも漢商の手に帰し（文書265）、蒙古人の商人は漢人商人の単なる販売員（ビチェーチ Biceci）となり、運送業者もその被傭人夫として、僅に命脈を維持するありさまになってきた（註12）。この衰退を来したゆえんは、遊牧経済の破産状態によって招来された、蒙古人の購買力減退に基ずく商業体制の変化に、蒙古商人が適応力を失ったことによるのであって、蒙古人商人は見返り品の購入や、蒙古製品の販売などにおいて、賒（かし売り）によるサービスを行うだけの資本も商才も持合せないという弱点を暴露し、蒙古人から相手にされなくなったわけである。ことに蒙古が国際市場の一環として登場するようになった同治以降においては、国際資本と結びつきを持たない蒙古人商人の勢力が、地を払ってしまったのも、またやむを得ないところであったというべきであろう。

綏遠平野の大半が農耕地となった時期は明白でないが、少くとも康熙中葉までに、農業が支配的となったことは疑いないようである（註13）。その時代になると、蒙古人自身が農業に関心を持ち、農地の地主に転化しつつあったのであって、康熙廿七年の文書によると、土默特両旗の蒙古人が、農地を所有し、蒙古米を生産し、その貯蔵のために各蘇木に倉を立てていることが記されているのである（文書11）。土默特の蒙古人に対して、兵役に対する給与という意味で、「人頭に応じて分割配当せられたる生計地」（文書77）すなわち漢語でいう「戸口官租地」が発給されたのは、乾隆八年頃から十三年頃にかけてのことで、逐次分与されたと思われるが（文書265）、戸口地にはよく耕作された熟地のみを与えているのであって（文書265）、蒙古人の経済的基礎が牧畜から農業に転換していることを明瞭に示しであり、一つの転機というにふさわしいものである。大規模な土地整理を行ったのであるから、そのころ土地を持っていなかった貧しい蒙古人で、新たに給付を受けたものもあったろうし、また有力な蒙古貴族がこれにかこつけて広大な土地を占領したような事実もあったに相違ないが、大体の主旨は分割配付といっても新しく給与を行ったというよりも、従来各自が持っていた耕地を整理し、合法化し、地均しをしたにすぎないことはいまさら論ずるまでもあるまい。また人頭に応じて割当てたというが、その割当量は蒙regular続供によると、兵丁に五頃与えたことになっており（註14）、土默特志には兵一名に種地（農地）一頃を、官僚には遞増して分ち与えたと記されているのである（註15）。兵丁（ホイッグ）を基準にしていたのであるが、このほか、台站の站丁・召廟のラマ僧・黒徒（平民）にも配分されたことは疑いない（文書265）。また人頭すなわち「各戸の人口に応じて」（文書32）割当面積を考慮し、官僚はその地位の高下に従って給与に差を設けたので、家族数が多ければ五頃位になったろうし、少ない場合には一頃に止まったものと思われる。いずれにしても土地の良否や過不足などを考慮する必要上、割当量の絶対的な数字をきめることなく、割当の条件だけを規定していたものと考えられる。

乾隆十三年には、蒙古人だけに土地所有権を認め、典によって漢人の支配に委ねられた土地も、一定期間を経過したものはそれぞれの順序をもって、元の所有主たる蒙古人に返還すべきことが命ぜられているが（註16）、この戸口地撥給という形を以て行った土地整理は、土地の支配権が実際の耕作者である漢人に移動しつつあった農地を、はっきりと蒙古人の手に掌握させ、漢人をして隷農的地位に甘んぜしめようとした、露骨な反動的処置であった。しかもこの場合、農地獲得に熱意を持った蒙古人が、封建地主としての地位を与えられた代償として、さらに鮮明に、その地位を保証してくれる旗の政治機構への依存性を意識し、官僚機構を通じて清朝に対する服属を強いられる結果となったのである。蒙古人にとっては、戸口官租地といっても、地券によって保証された近代的な所有権があるわけではなく、「契約なき土地」（文書82）であり、旗衙門の兵司に「各戸の人口に応じて、土地を割あてせられたる帳簿」（文書82）すなわち「冊檔」（文書217）を備えて、それを唯一の証拠にしたという次第で、封建的所有権が認められた土地にすぎなかったことは明らかである。

こうして固定化された封建制の下において、蒙古人が戸口地を利用して地主として生活する場合、耕作者との間に次の三つの関係が生れてきた。第一は牛犋地と言われている土地で大地主の蒙古人が漢人の小作人や長工を雇って農場を経営する形態である。「土地はもちろんのこと、役畜・農具から種子肥料にいたるまで、地主から提供を受ける。また農耕中は地主の伙房に住み込み、食糧から調味料の塩、煙草阿片にいたるまで、地主から借りうける。彼のもっているものは労働力としての肉体だけであり、農耕に必要な一切の生産手段は、あげて地主の配慮に依存している」（註17）。牛犋地については、土默特文書戸司の部に多くの実例が収められているが、封建貴族の一部は、その搾取の上に立っていたのであった。

第二は伴種地と呼ばれている。定额刈分小作制によるもので、小さい戸口官租地に多くみられるものである。伴種とは分収の意であって「土地を耕作し、その収獲を二分して、一半を自己がとり、一半を地主に提供する漢人地戸」（文書77）をもつ、対半分収が普通であろうが、なお新開墾の当初なら一九分収（地主一の意）二八分収などがあり、その他三七分収・四六分收・倒四六分収（地主六小作四）も豫想できる（註18）。この小作関係においては、土地以外の生産手段は、小作人が自ら所有するか、あるいは所有する人を雇い入れ、または用具のみを借受けるなどして、地主に頼らずに調達する。それだけ小作人の地位が独立的であることを示すわけである。小作年限については、一年限・短期・長期などいろいろであるが、「小生の父は自己の家産たる一塊十八畝の地を、本郷の木匠漢人竜鳳祥に地租を取りてこれを貸与し耕作せしめ、漢人龍鳳祥は死ぬまで常に耕作し続けたり。もし竜鳳祥が死去せるときは、土地を返還せしむる旨の、両方に契約書を作製して、両方にて所持しありたり。昨年漢人竜鳳祥は死去し、彼の息子竜自福が小生にこの十八畝の地を返還交付致度旨の契約書を作製して、小生のもとに交付し来れり」（文書78）のような終身を限る方法も割合多かった。これは耕地の生産力をあげるために農民側に安定した條件を賦与するとともに、地主の支配権の喪失を防ぎ得る限度を考慮しての結論であったから、好んで選ばれた條件となっていた訳である。地主と耕作者とは、文書を作製するか否かは別として、とにかく小作契約を結んで、あらかじめ條件をきめていたのであるが、定率刈分小作という限度の中でも契約期間や生産物の分割方法はいろいろであったと思われる。

第三は永租地である。理藩院則例に「禁止民人析算典当蒙古地畝」に関する詳しい規定があり（註19）、大清会典事例（註20）にも、民人が農地に対して租権以上の権利を持つことを認めないという條文がある。租に関しては、乾隆四十八年に、蒙古人の生活をおびやかさない限り公許されたのであるが（文書265）、典に関しては古来の慣習に基いて不当とされ、禁令は嘉慶十九年にも繰返し公布されている（註21）。また一定年限を経たものを蒙古人が回贖し得る慣習があり、それにならって乾隆十三年（註16）嘉慶十九年（註21）光緒七年（文書265）に、一齊回贖の命令が出ている。実際は守られないにしても、法規的にはここに限界があるわけであって、永租が農民の地権の極限となるゆえんであり、事実耕地の大半は永租の形をとっていたのである。土默特農地がほとんど漢人の開拓した所だとすれば「開墾永租」の存在は見易い道理である。更に貸金の代り又は対価交付の結果として「買得永租」が成立することも、かなり普遍的な現象になっていたであろう。いずれにしても「永遠耕種承業」が契約されている土地は多かったが、その場合でも「租をおさめありたる地」（文書82）であり、永租権の形式以上に出ることは許されなかった。租権の移動は認められるが、その際には必ず所有権者たる蒙古人に「過約銭」を支払わねばならない。蒙古地主からいえば、永租であっても小作契約は個人同志の間で結ばれただけだから、契約を更新する度に過約銭を徴集するのは当然であるし、これによって所有権を確保し得るわけであるが、耕作者からいえば租権の移転が自由でないことになる。また租権を地主が回贖することは不可能であるが（註23）、永小作権者が進んで租権を返還することは認められている。嘉慶十九年の規定によると、耕作者が原籍に帰り、またはその他の理由によって耕作を願わなくなったときには、未納の租や家賃などを押契・錢文で清算した上、土地を本主に返還することになっている（註24）。この年租権をさらに転典することも禁止せられ、これに違反した者の租権は蒙古人に還附され、受け取った金は罰金として没収された（註24）。「永租人はいかなる場合においても所定の地租錢を支払わねばならない。またその免除・減免も許されないし、この負担を銷却し買取ることも許されていない」（註25）。蒙古人側は毎年永租権者から小作料を徴集したのであるが、収租は「名目的には定額金納を明記する場合が多い。しかし現物でとり、それを金に換算することも稀ではない。」（註26）のであった。租の金額は清初に高く、今日では低いのであるが、租銀（両錠）又は租錢（貫文）で示され、ときには銀何両・錢何文というふうに共に要求されている（文書280 283）。収租権の相続（文書77 78 80 84 85）出典（文書80 280 283）売却は、蒙古人を相手とする限り自由である。収租権の相続や売租典租の際には、耕作者側にはなんら交渉する必要はないし、耕作者側としても収租権者の異動によって、権利の内容にわたって影響を受けることはなかった。租は今では蒙古人達自身が直接徴集するのであるが、それも収租権保護の手段であって、ともかく濃厚な封建的色彩を看取することができる。

安齊庫治氏は準噶爾旗河套地について「土地の私的所有は、基本的に次の二つの線を辿って発展したといい得る。一つの線は、支那農民の進出と其定着化とともに発展した土地の現実的所有、すなわち永租権の発展とその固着、他の一つの線は、特権的世襲的蒙古貴族による寄生的地主的土地所有、この発展は別の言葉で表現すれば、支那農民による下級所有権（Untereigentumsrecht）の獲得であり、蒙古地主による上級所有権（Obereigentumsrecht）の形成の過程であり、後者の寄生地主化の過程である」（註27）として、分割所有制と解されている。漢人農民に対する契約條件からいって、土默特の蒙古人は、準噶爾に比してかなり弱い支配力を持っていたに過ぎないが、ある程度までは、支配権の二重帰属が認められる。ドイツ中世の上級所有権は封建領主が持っているのであり、下級所有権は家臣ないし農民の権利である。前者が地主であり、貢賦を取り立てる権能を有するのに対し、後者は土地の用益者であり、租の負担者である。また前者が後者の土地処分について同意を与える権利を持っている。以上の点は形式的にみると、土默特の場合と類似するようであるが、封建制の基本的構造において、両者の內容には大きな開きがあると思われる。すなわち、ドイツにあっては、前者が後者に対し、身分的支配を行うと同時に保護を与えることを契約し、主従関係によって深く結合されているのであって、後者の所有権に対して封建的制約を加えるところが多く、もちろん先買権・復帰権を有していたのに反し、土默特においては漢族農民の独立的な地位は実質的に確立しているといってさしつかえなく、蒙古人がかえって漢人に寄生している狀態である。租権に加えられた制限なるものも、漢人が租権を守るために、蒙古人の保証を通じて清朝の権威にすがり、既得の権利を擁護する手段として過約銭等を納めたという点もあったのである。もっとも內蒙古の永租権は、単純にはいえないのであって、明代の土默特では乾隆以後の永租地よりも封建的支配権が強かったと思われ、今の準噶爾ではなおかなり優勢であるが、乾隆以来の土默特にあっては封建的支配権はごく限られた枠內だけの問題であり、蒙古人は一歩一歩と寄生地主に転化して行きつつあったのである。御恩と奉公によって結ばれた主従関係を伴っていない小作関係は、隷農制の特色であって、土默特の例を農奴的な二重支配に擬することは問題であろう。しかしこれを中国の東南諸省で行われている一田両主慣行に比較すると、ここでは土地そのものを上（田面）下（田底）に二分し、土地の支配関係が身分的関係に結合せず、田底権田面権はともにその各々の所有者において、互に自由に処分をなし得る狀態に置かれているのであって、殊に田面所有権が強力な内容を有し、田底所有権は Reallast に化する傾向さえあったのである。この場合でも、近代的な絶対的一般的な所有権が確立しているわけではないが、身分制度がからまってこない点で、封建的色彩が一段と薄れていることは否定できず、田面権の強さは土默特の永租権の敵ではない。したがってドイツ・土默特・東南各省の土地制度は、同じ土地の上に二つの支配権が成立している点において封建制とのつながりが考えられることから、形式的な類似性を認めることができるにもかかわらず、それぞれ異なった歴史的発展段階に属している二重支配であり、経済的役割においても異なった意義を有するものと考えられるから、これらを単純に比較することはさしひかえたいと思う（註28）。

土默特における牛犋地・伙種地・永租地を通観すると、牛犋地は農奴制の遺制であって、おそらく明代には支配的な形態であったと考えられ、伙種地は隷農制の初期に多く、永租地はその解体期である嘉慶以後に拡大されていったものと思われる。ただどの時代をとってみても封建支配は主として経済外的な力によって、崩壊を阻止しようとする反動政策にささえられていたわけである。今日でも牛犋地が烏蘭察布や錫林郭勒の奥地において行われているし、伙種地が封建的支配体制の強いところに残っているのはそのためであろう。こうした悪條件の下において、漢人農民は村落や村落連合を先頭に立てて、蒙古地主の封建支配をくずしてゆき、遂に嘉慶時代からのちは、実質的に所有権をもつ程度に、高まっていったわけである。そこで清朝は蒙古人の代りに国家の支配権を絶対主義の世界で確立しようとし、従来の蒙旗保護政策はこれを放棄する方針に転換していった。元来、綏遠平野の開拓は乾隆中に一応の極限に達し、嘉慶以来は農民が耕地を放棄して逃亡する時代となって農業生産の衰退をみたが、その反面同じ綏遠でも封建的搾取が充分に強化されていない地方では新開墾が進展していった。蒙古人の収租に関係するのはもとよりのことで、光緒に入ってからは蒙古人の収取して来た地譜（蒙租）の徴集が、全般的に困難となってきた。蒙古人は収租権の確立を希望して乾隆以来繰返された土地整理のむし返しを要求したが、内外総ての條件は封建制の維持が不可能なことをはっきり示していた。清朝も遂に政策を一転して、光緒三十二年に新目標に向う土地整理に着手し、漢人農民の管業権を支持して地価と引きかえに戸部執照を与え、蒙古人側の特権には苛酷な制限を加えて単に寄生地主として収租と過約のみを確保させる方針に出た。この方策も蒙人・漢人・政府各方面の立場よりする、あるいは近視眼的な、あるいはもっともな批判を浴び、両三回の挫折をみたが、民国以来も結局この方針を進展せしめるほかはなく、不完全ながらも絶対主義を確立し、農村を維持して蒙漢人の破局を延ばしてきたのである（註29）。

蒙古人は十九世紀以後封建地主として生活していくことができなくなったので、蒙古人自身による農耕が再び重要となったことは事実である。「相当多数の蒙古人は遊牧的な生活を捨てて、定着農民の生活へ移った。十八世紀、さらに十九世紀において、南蒙古の各地方、たとえばクク・ホト市……で、すでに多数の蒙古人が定着農民となっていた。……もちろん農民となった蒙古人も遊牧をやめはしなかったが、これは昔の遊牧と全然その性質を異にするものであった」（註30）。いうところのククホトは言うまでもなく帰化城である。農耕の第一は自作の形式であって、同治年間の例であるが、領催ナルンマンドルは「自己自ら耕作し居る土地は二塊ありて、合計四十畝なり」（文書77）という百姓になっており、驍騎校ジルガランの一家は、「自ら耕している田地」（文書84）を持っていた。第二は小作人になることであって、咸豊五年頃に、兄の死後、その土地の小作権を兄弟で争い、さらに小作料不払いなどから、複雑な訴訟となった事件があるが、その小作料は「残りの小生により耕作されたる五十七畝の土地の糧穀の半分をば母親に与えん。また残りの半分をば、草とともに小生が収納せん」というのであって、草を別にすれば、伴種による対半分収の制であったことは明らかである（文書85）。小作の條件は漢人小作人の場合と大体同様であったと思われる。すでに乾隆十三年時代に、旗の公地を民人に開墾させて数十頃数百頃の熟地を、わがものとしていた殷実な台吉

（貴族）がいた反面、無力な蒙古人がいよいよ困窮に陥ってゆくので、土默特旗では右の台吉に命じて農地の三分の一を割き、窮苦の蒙古人が耕種に従事できるよう、工作を行っているから（註31）、階級分化は隷農制が安定していた時代からのことである。ただ寄生地主化の進行につれて階級分化が深刻となったのは事実で、零細な戸口地では食うことができず、その土地を他の蒙古人に売って自分は小作人になったり、あるいは自作だけでは食えないので、小作地を借りうけたり、小商人・運輸業者となって収入を得たり、或は妻子が小作を行ったりしたわけであった。十九世紀における蒙古社会の変質も、蒙古人人口の激減も、主たる原因の一つを、ここに見出し得るのである。

蒙古人は土地だけでなく、水に対しても土地と同じ内容の支配権をもっていた。「祖先の残せし財産、固定家屋と領地、土地と水」（文書84）とあるように、土地と水は並び称せられる蒙古人財産であった。農民との間に結ばれた水小作の契約には、「河水および泉水の用水権を漢人に、やはり永租の形式で与え、それより租銀を徴収し始めた。これを水租と称する。灌漑用水権の移転に際しては、土地の移転の場合と同様に、買主は過約銭を原所有者たる蒙古人に納めねばならない」（註32）という、包頭東河村にみられるような永租型と、察素齊でみられるような、一年契約で何元かを納めて水股（水の使用権）を購う歳租型とがあったのである（註33）。このように、水利権が成立したゆえんは、乾燥地であるため、水が生産力に対して極めて大きな力を持ったからであるが、察素齊でもみられるように、水主（蒙古人所有者）の力がときとともに衰退をかさねていったこともまた土地の場合と同様である。

耕作者としての蒙古人が、水について租権を設定する手続きは、漢人耕作者の場合と同じように、蒙古領主に過約銭や水租を納めて水股（用水権）を設定したわけである。大黒河や黄河の水の利用については「蒙民合夥」すなわち蒙古人漢人合同で資本を出し合った上、築垻開渠を行い、各人が投じた出資額に比例して租権が与えられたのである（文書217 287）。このように農民としての蒙古人は、漢人農民と何の区別もなく、したがって共同して水租を守った訳であるから、右の場合、現実に存在していた問題点は民族の区別ではなく、生産関係の相違だったわけである。地主として生活するにしろ、自作または小作農となるにしろ、清代の蒙古人の生活は、遊牧を離れて定着に向っていたと言える。オトグ Otog あるいはユルト Yurt は屯営と訳され、本来は遊牧中における臨時の聚落であり、移動村落なのであるが、土默特文書においては、郷と訳され、蘇木の下部単位をなす村落を形成し「某スームの某オトグにすむ某」（文書77 78 80 82 83 85等）として記録に現われてくるのを常とする。オトグは移動式の包ではなくて漢人式の固定家屋から成っており、蒙古人がその家屋を所有しかつその中に居住していた訳で（文書83 84）、それを漢人に貸して自らは家主となっていた蒙古人もあった（文書91 274）。蒙古人は漢人の固定家屋からなる聚落を板申（Baishing）とよんでおり、内蒙古には今日も地名として某々板申というところが数多く残っているが（註34）、オトグは板申とは区別されている。それはオトグは最初はなお移動村落であった為と思われ、それが定住村落となったのは蒙古人の農民化によって生じた現象だと考えられる。帰綏のような大都市に定住する蒙古人が数多くなったことも（文書91）明末以後には余りなかった現象であり（註35）、地主化に則応するものというべきで、ともに蒙古人の生活が大きく変ったことを物語るのである。

生産関係を概観すると、蒙古社会の封建制を支えるヒエラルキーとしてのグサ Gusa（旗）・ジャラン・スームの結合に契機を与えて来たものは、公共牧廠と巻狩、戦闘による略奪ないし政治力による貿易であった。農業の上に立つ封建制となってからは、土地と水を支配する大地主が、貧困な蒙古人漢人の農耕者と対立しつつ、一応官僚的地主的支配の成立を可能にしたとはいえ、蒙古人の寄生地主化と、耕作者牧業者の流亡逃走となって、官僚的貴族体制の没落は免れ得ないことがしだいに明らかとなっていった。反動的な経済外的強制による封建制の維持策も十九世紀に到って事実上農民的土地所有の力に押されてしまい、絶対主義権力による封建遺制の保証によって最後の線をふみこらえたとはいえ、蒙古人の綏遠における存在意義が一応否定されたまま、今次の革命に臨んだことは明らかである。

註

1 光緒大清会典巻六十四。
2 大清会典事例巻九百七十九。牧地。
3 以下文書と称するのは、蒙古聯合自治政府巴彥塔拉盟史資料集成、土默特特別旗之部第一輯（江実編、巴彥塔拉盟公署発行）に収められた文書であって、数字は該書に付せられている文書整理番号である。土默特旗公署に十万余通の古文書が保存されている中から、選択して印刷されたものである。なお蒙研資料第一号として、右の中、兵司の部に収められた蒙文文書の飜訳があり、江実氏の手になるもので、蒙文よりの引用はすべてこれによった。
4 ウラヂーミルツォフ、「蒙古社会制度史」頁九七―九。
5 ウラヂーミルツォフ、前掲頁四五五―六。
6 矢野仁一「蒙古牧地の種類及び性質」（近代蒙古史研究　第十五章）。
7 安齊庫治「清末に於ける土默特両翼の土地整理」（滿鉄調査月報十九巻十二号）。
8 ウラジーミルツォフ、前掲頁三八四。
9 今西錦司、「草原で、しのこした仕事」（学海、昭和廿一年九月号）。
10 ウラヂーミルツォフ、前掲頁四五五。
11 大清会典事例（光緒）巻九百七十九。
12 ウラヂーミルツォフ、前掲頁四五四―五。
13 矢野仁一「支那人の蒙地開墾先蹤」「支那人の蒙地開墾起原」（近代蒙古史研究　第十二・十三章）。安齊庫治、前掲。
14 安齊庫治、前掲所引。
15 土默特志巻九、職官。
16 大清会典事例、巻九百七十九。
17 安齊庫治、「蒙疆社会構造の後進性」（中国評論二巻一号）頁二一。なお捉牛犋に関しては同氏が詳しい実態調査を行われ、「蒙疆に於ける土地分割所有制の一類型」（滿鉄調査月報二十二巻五号）に発表されている。

18 安齊庫治、「蒙疆社会構造の後進性」（前掲）頁三〇。
19 土默特志巻七、所収。
20 大清会典事例巻九百七十八、稽査種地民人。九百七十九、耕種地畝。
21 大清会典事例巻九百七十九、耕種地畝、（嘉慶）十九年度。
22 大清会典事例巻九百七十九、牧地。
23 光緒卅三年の土地整理に際し、永租地については蒙旗の回贖権を完全に覆滅する方針をとっている。（安齊庫治、清末に於ける土默特両翼の土地整理）。
24 大清会典事例巻九百七十九、耕牧、耕種地畝。
25 安齊庫治「蒙疆に於ける土地分割所有制の一類型」（前掲）頁四三。
26 安齊庫治「蒙疆社会構造の後進性」（前掲）頁三三。
27 安齊庫治「蒙疆に於ける土地分割所有制の一類型」（前掲）頁三六―七。
28 ドイツ中世の分割所有権及び中国東南各省の一田両主制については、総て仁井田陞氏「支那近世の一田両主慣行と其の成立」（法学協会雑誌六十四巻三号及び四号）（仁井田氏捐）による。
29 安齊庫治「清末に於ける土默特両翼の土地整理」（前掲）による。
30 ウラヂーミルツォフ、前掲頁四五二―三。
31 大清会典事例巻九百七十九。
32 新庄憲光「包頭の蔬菜園芸農業に於ける灌漑」（満鉄調査月報廿一巻九号、頁一二八）。
33 察素齊の水利権をめぐる具体的な解説は本書の姉妹編「続中国封建社会の機構」にゆずる。
34 安齊庫治「清末に於ける土默特両翼の土地整理」（前掲）。
35 ウラヂーミルツォフ、前掲頁四五四。

第三節　身分制度

蒙古社会においては領侯階級・役人階級・平民階級の三者が、生れた家柄によって身分的に区別せられ、カスト的封建制の内容をなしていたのであるが、清代の土默特においてはそれが残滓を留める程度になってしまった。身分制度の形骸化は、蒙古人の寄生地主化に比例して進行したことと思われる。まず領侯階級 Noyan というのは、元の太祖の十六世の孫といわれている俺答汗が土默特部の基礎を作って以来、その子孫が領侯の地位をうけつぐ特権を握っていたわけであって、明末の博碩克図汗に至るまで「汗」を称してきた。その子の俄木布は天聰六年清に降って閑散輔国公に封ぜられ、乾隆廿一年札薩克輔国公に昇格することができたが、同廿五年札薩克をとりあげられ、同四十九年世襲輔国公として復活したのであって、爾来今日まで襲爵が許されている（註1）。輔国公は大清会典に記されているように、札薩克に与えられた最下位の爵であるが（註2）、閑散輔国公は単に称号を保有するのみであって、領侯階級の特質である参議の義務 Consilium も補佐の義務 Auxilium も（註3）、全く持っていなかったのであるから、かれらには封建王侯としての実質はないというべきであろう。なおその一族に与えられた特殊な栄称又は特権としては雲騎尉十四名、前鋒校二十名を始め、驍騎校・筆帖式・廕監などを世襲させており（註4）、土默特文書にも世襲雲騎尉（文書266）前鋒校（文書245 266 274 276）などと称している者を見出しうるが、それらもやはり称号だけのことに過ぎない。

役人階級 Tushimel としては、蒙古中世に領侯の侍従または侍従武官であったキヤ Kiya（註5）の身分をもつ者が、康熙年間になお存続しているが（文書42 46）、清朝によって公認された法制上の役人身分としては、台吉と塔布嚢があり、康熙初年以来（文書5 6）清末まで、非常に多くの実例があって、ごく一般的に行われていた制度である。大清会典によれば、台吉は右翼旗に、塔布嚢は左翼旗に与えられた爵であって、おのおの一等から四等まであり、一品ないし四品に相当する。世襲のものと、一代ごとに一等を降爵する者とがあり、その区別は勅旨によるのである（註2）。台吉等には年班と称する参勤交代の義務があって、順治五年その制度が制定されて以来、隔年ごとに北京に上って貢物をささげ、手厚い拝領品をもらって帰ることになっている。清朝に対して忠誠を誓わすとともに、経済的に補助を与える一種の懐柔策なのである（註6）。土默特文書の中にも年班の際における台吉等の動静を伝えた記事を見出すことができる（文書2256）。台吉や塔布嚢の称号を有する者はきわめて多数に上るので、中には官吏になっている者もあるが、そのほとんどは閑散台吉・閑散塔布嚢であって仕事がなく、極貧状態の者さえ少くない（註7）。元来役人階級は領侯階級の家臣として身分的なつながりをもち、食禄を得て人民を支配し、それを通じて領侯に対する奉仕を行ったのであって、封建制度の統治機構を形成するところにその意味があったのである。清代の台吉は階級として民衆との間に封建的な支配関係をもたず、単なる官僚として民衆に臨み得た者以外は、事実上民衆の一員にすぎなかったわけで、役人階級と認めることはできない。ただ官僚としていえば、清朝から恩恵的な特権を与えられていたのであって、前記の年班のほかに、最下級の驍騎校を除くすべての蒙古官員は台吉等の役人階級から選ぶことが一応本筋となっていたのであり、身分制度の名残りがなお残存していた訳である。

平民は黒骨または黒徒（Xaracu）と呼ばれている。元朝時代、領侯は彼らに遊牧地を与えることによって隷属させ、労働地代である賦役に応ずる時以外は、自己の意のままに自由に働くことを許した。賦役・兵役・運輸賦役・証人などの義務を課しているほか、アルバン Album という家畜および畜産物に対する生産物地代を徴集したわけであるから、本来的な封建関係にあったものということができる（註8）。清代の蒙古においては、ハラチューの身分はなお残存しており、生れた氏によって台吉（塔布嚢）と平民は区別されていた。とはいえ、領侯との封建関係は清算されていたし、黒骨蒙古であっても、最高の官吏たる札薩克および協理台吉を除けばいかなる高官（たとえば翼長など）にもなり得たのであるから（文書80）、階級としての問題ではなかったわけである。

明代の土默特では、身分階級が封建制の支柱となっていたことは、推察に難くないところであるが、身分は氏族ごとにきまっていたから、氏族制がその具体的な内容をなしていたものと考えられる。清代の土默特においては、蒙古の伝統的な封建制は崩壊し去っており、身分階級も骨抜きとなっていたのであるが、身分の解消にまでは及び得なかったのであって、これは少くとも役人階級以上には氏族制が残されていたためであろう。康熙四十四年に役人階級では、族長を立つべきことが法律で定められ、「蒙古台吉等が族長を立てねば統属するところがないから、各族に族長を設けて同族内の酗酒行兇等の事を稽査させよ」と規定している（註9）。台吉塔布嚢などの地位が温存されたゆえんはこれによって推察できる。準噶爾旗においても、この関係は同様であって、田村氏は族外婚・同族会議・墓地のないことを理由にしてオマッグ（氏族制）の制度が行われていたことを論述し、平民社会にもやや弱い形においてではあるが、氏族が維持されていたものとみている（註10）。ただその氏族にしても実際に蒙古人の現実生活を規定していたのではなく、前代の遺制として、出身を明らかにする風習が残されていたにすぎない。

蒙古人が以上のような身分をもっていたのに対し、漢人の移住民や捕虜などは、こうした身分の外にあったものとみなして差支えないようである。元朝時代であれば、その最も多くの部分は隷臣(Unagan bogol)または奴隷(Bogol)に編入されたのである。このうちウナガンボゴルは農業が発展するにつれて農業生産に重要な役割を演じ、社会に対する貢献によって自己の地位を向上させていったわけであるし、ボゴルは元代においてはその数が多かったといわれている。ただ清代の土默特に関する限り、漢人農民がウナガンボゴルまたはボゴルとして取扱われたという事実を、記録の上で論証することはできない。賤民的な階層があったことは間違いなく、同治九年の文書にも一蒙古人が財産相続に当って祖先の残した財産の一部たる苦力を、分配していることが見えるし（文書74）、準噶爾旗の例であるが漢人の農業労働者が農奴（タリヤンボゴル）として扱われ、犯罪または捕虜によって生じた奴隷（ボゴル）も小数ながら存在していたことが確認できる（註10）。ただ清代土默特の場合、一般的にいえば、漢族移民等を蒙古の身分によって示した記録は見付からないのであるから、いかなる身分階級にも属さなかったと見るべきであって、身分が蒙古人に関してさえ形骸化しつつあった当時としては、漢族を身分的な拘束下におくことは極めて例外的にしか起り得なかったはずである。要するに蒙古人が漢人を身分的に支配していない段階においては、身分制度の存在意義が皆無に近かったのは当然であり、蒙古人自身にしても、身分制度を固執すれば官僚機構さえ成立ち得なかったと考えられるのである。

註
1　大清会典事例巻九百六十八。
2　大清会典巻六十四、札薩克。
3　ウラジーミルツォフ前掲頁四一六―三九。
4　土默特志巻九、職官表二。
5　ウラヂーミルツォフ前掲頁三九。
6　大清会典事例巻九百八十四。又土默特志巻四、法守年班。
7　大清会典事例巻九百七十八。
8　ウラヂーミルツォフ前掲頁三七九―九七。
9　大清会典事例巻九百七十八、族長。
10　田村英男「蒙古社会の構成的基礎単位としての蘇木」（満鉄調査月報　昭和十七年二月号）（満鉄調査研究資料　第六十四編　抽印本）。

第四節　蒙古社の構成

土默特旗は、清朝に降伏後、札薩克制を廃して満洲八旗にならった旗に再編成され、軍事的政治的官僚組織を持つようになったのであるが、これによって大清帝国という封建的な軍事国家の一分子に編入され、満洲官僚の統制を受けたわけである。清朝によって任命された政治軍事の最高責任者は、綏遠城将軍であるが、実際はその指揮下にある「副都統」が、蒙古行政を直接担当した。以下に述べる所の蒙古人の旗務行政は、すべて副都統の弁理を経る必要があったのであり、蒙古官僚の専擅は許されなかった（註1）。副都統は中央から派遣されて来るたてまえであるが、事実上世襲的であって、札薩克がもっていたような実権を掌握していた（註2）。形式的には副都統署衙門は蒙古の官庁ではなく、満人の官庁に属しているのであって、その権限は満漢蒙の諸民族全体に及んでいた。

蒙古人による蒙古行政の中心となるべき札薩克は、前述のようにごく短期間置かれたに過ぎない。廃止と同時に、補佐官であった旗務協理台吉（トサラクチ・タイヂ）が、その代理として土默特の最高の官僚となり（文書35）、康熙年間には盛んに活動しているが（文書18 35）、乾隆初期に札薩克が復活したとき、解消したようで、其後の記録には出てこないのである。大清会典に協理台吉をあげて「札薩克之輔、同ニ札薩克ニ弁ニ理旗務ニ」（註3）と説明しているが、会典らしい記述であって、その意味は右のように限られた清朝初期のみに、札薩克の代理人というたてまえで政治を担当していたものと解すべきであろう。

旗を左右両翼に分けることは、チンギス汗以来の蒙古の慣習であるが（註4）、土默特文書にも左翼旗（ジュクン・ガル）（文書42）右翼旗（バラウン・ガル）両旗（文書23）左右両旗（文書35 42）などの名辞が見出されるのであって、清初以来変らないようである。両旗にはおのおの一名づつ管旗章京（ジャヒロクチ）（文書41）がおり、管旗大官（ホシゴン・ギ・ジャヒロクチ・サイト）（文書56 58 59）旗長（ホシゴン・ヌ・エジェン）（文書11 42 44等）とも称せられている。土默特が清に降伏したとき、管旗章京であった古祿格（左翼）と託博克（右翼）は、札薩克制廃止の結果、おのおの翼を統括する重責をにない、崇徳元年、共に都統に任ぜられた（註5）。都統は総管（アムバン）とも呼ばれ（文書11）、民国以後はもっぱら後者が用いられている。都統には、初代都統の子孫が各々世襲的に任ぜられて来たが、乾隆二十年以来、参領中から選ぶことに改められた。このころ札薩克制の復活と廃止があわただしく行われ、その後は都統が再び土默特の最高責任者の地位を占めたのであった。また平民は都統となる資格を持たず、台吉または塔布嚢の身分をもつ者に限られたのであって、貴族制の名残を留めている。札薩克に代るものとしての伝統に基ずくのであろう（註6）。名称が示すように「統二管ス一旗之事ヲ一」（註6）を以てその職責とし、官制的にも社会生活の上でも、統率者としての実権を握り、有能な都統、たとえば丹津のような人材は、絶対的な力を振って漢人からも深く敬仰されていたのである。

旗長を首長とする蒙古行政の事務機構としては、土默特都統衙門（註7）または土默特総管衙門が置かれている。衙門の中には主に警察を司る兵司、戸口田土を司る戸司、兵丁の教練を司る操演営があり、ほかに蒙文文書を司る印房寓、漢文文書を司る漢稿房、財政を司る旗庫などがある（註8）。兵司等の三司にはそれぞれ翼長（ガラ・イ・ダア）（文書40 52 53 82 84）が配されている。これは蒙古名では梅倫章京（メーリン・ジャンギン）であって、「兵を管する梅倫章京」（文書10）「兵司の翼長」（文書82 83 84）などというふうにいわれている。印房寓以下の長は「総理督同両班章京」（註8）などと称せられた。これらはいずれも参領の中から任命されたのであって、たとえば「戸司参領」（文書202）などと記されるゆえんである。その下に多数の筆帖式（ピチクチ）があり、書記として、実務を担当した。

以上はいわば事務局であって、議決機関としての旗務会議はその上に乗っていた。旗務会議はフリルタイ Xuriltai

に代るべきものであって、普通蘇木章京（佐領）以上の官僚によって構成され、封印会・開印会・総会・臨時総会などとして催された。康熙三十四年の理藩院文書に、「本年十二月二十二日辰の刻に印を封じ、来年正月十七日辰の刻開印すべし。封印の日より後もし緊要事項あらば従前の例により処理すべし。該印封止および開始に際しては、札薩克自身および協理台吉等集合し、旧例どおり典礼あるべし。依而布告す」（文書30）とあって、封印会・開印会が年度末および年度始のフリルタイに相当し、同時に御用納めと御用始めの官庁儀式でもあり、型通りの典礼が行われたことも明らかである。この定期会合の席上、それぞれ年度末の事務処理、新予算を含む新年度計画の決定を行ったのである。フリルタイは夏至にも開かれ、開印会の決定事項の変更について相談したのであって、ちょうど半期の会議に相当する。このほか緊急重要議案があった時には臨時総会で協議するのである。佐領以上が官僚であると同時に旗務の方向を決定する主体でもあった点は、官僚的な封建制の本質を物語るものであろう（註9）。

旗の下部組織は札蘭 Jalan であり、漢語では甲 chia で現わしている。両翼におのおの六甲づつあり、甲毎に札蘭章京（ジャラン・ヌ・ジャンギン）がいてこれを統率し（文書4 6 9 12 18 21 51 80）、平時の政治や裁判は元より、戦時の軍隊指揮に至るまで、札蘭の責任者として権力を一手に掌握していた。札蘭章京は漢語で参領または恭領となっている。土默特全体で合計十二名となり、そのうち、翼長以下の旗衙門の長を兼ねる者が六名で、他の六名は直接旗務に関係しないわけであった。札蘭章京衙門は小規模な役所で、筆帖式などの小役人が雇傭されているにすぎない。

甲はおのおの五箇の蘇木 Sumun から成り、漢語では佐 tso で略示される。蘇木章京（スム・ヌ・ジャンギン）は佐領と漢訳され、全体で六十人となる計算である。この中十二名は参領を兼ねている。したがって佐領のうちには、翼長を兼ねている者もあるわけで、「翼長の蘇木」（文書84）が存するゆえんである。蘇木章京には世襲によるものと、「公中」（公議によってきめる）によるものとの別があって、これは各蘇木の慣習に従って規定されているが、両者の比例はほぼ相半ばする（註10）。大清会典によると、佐領は札薩克が台吉塔布嚢の中から壮健でよく衆を統括し得るものを選任するが、人が無ければ驍騎校の中から選び得ることになっている（註3）。規定はともかくとして、佐領は総管（都統）の選定により、理藩院から任命された官吏であって（註11）、部衆を統率して蒙古社会の中核となっていた。理藩院則例によると、特に治安に関して責を負っていたのであるが（註12）、土默特文書によってみても、犯人の捕縛（文書18）禁令の実施（文書6）高齢者の調査（文書35）等を行う際にはいずれも土默特旗から佐領に布告を廻し、失態があったときにも佐領に責任をとらせている。もちろん裁判官を兼ねた役柄であって、蘇木内の事件は佐領の判決に服するのが、慣例となっていたようである（文書85）。

昆都 Huntu は漢名では驍騎校（文書6 18 21 59 67 68 80 84 87等）といい、佐領の補佐役であって、失態については佐領と同一の責任をとっている（文書6 18）。唯その主な職務は軍事および警察方面であって、兵丁を召集したり（文書84）犯人の検挙（文書59）や護送（文書68）に任じたりしている。理藩院則例巻五十四限期によると、犯人検挙の際は、犯罪の性質に応じて期限を定め、驍騎校に捕縛の責任をもたせたのであるが、実例でもこの責任を果すことができないと免職にするといって、督責を加えているのである（文書59）。驍騎校は官の最下に列せられている者だが（註12）、前述のようにその選任は人材本位であり部衆内で有力なものを選ぶのであって、必ずしも貴族身分たるを要しない。しかも驍騎校は佐領に昇格する前段階と認められていたから、平民であっても驍騎校を経て蘇木章京となる者が多かった。その上、会典によると参領は佐領から、管旗章京は参領から、選任し得るのであるから（註3）、平民身分であっても参領以上になる道は開かれていたわけである。形式上は台吉等を本体とする立前であったが、実際にはこのたてまえは重視されておらず、平民が盛に活躍していたのである。平民にとっては、驍騎校は官界への入口であり、後は才能次第で高官に昇進することもできたが、登龍門といっても、警察事務を通じて平民をしばりあげることによって才能を認めてもらうわけであるから、平民を支配することによって「出世」するという、上昇転化の悲劇は覆うべくもない。このほか各蘇木には六名づつ博碩呼（ボシホ）（文書3 42 52 77 78 85）が任命されている。漢語では領催であり、全体で三百六十名となる計算である（註14）。地位は「旗衆」であり（註13）、「甲兵の領催」（文書80）であって官僚ではない。章京および昆都の指揮を受けて、判決の実施（文書85）・禁令の実行・犯人の調査（文書6 18）及び護送（文書52）などに任ずる小役人であったわけである。

蘇木は十五のアルバン（什戸）から成っている。アルバンには什戸長（アルバン・グル・ン・ダロガ）が置かれ（文書6 16 18 38 86）、法令の実行（文書6）犯人調査（文書18）高齢者調査（文書35）などについて官の命令を受領し、受領の際は捺印を行って、責任を負わされたのである。什戸長も旗衆であり、藍翎を許されるが官僚ではない（註15）。什戸長に関しては大清会典および事例に規定があり（註16）、蒙古では十家毎に一長を立てて、約束を稽査すべきことが定められている。しかし什戸長が統括すべき「什戸」は偶然または機械的便宜的に一括された行政上の区分にすぎず、なんら社会集団としての結合性を持たず、社会生活における基礎単位としての内容を備えていなかった。すなわち什戸は蘇木の下部組織ではなく、蘇木内において便宜上設けられた区分に過ぎなかったわけであり、什戸長は什戸の領袖ではなく、蘇木の小役人という扱いにおいて領催と全く同一の取り扱いになっていたわけである。

このほか、蘇木の下部組織と見誤られやすいものに、前記の郷 Otog がある。郷に血族を基礎とする社会集団としての性格がなかったことはいうまでもないが、その中には漢人さえ含まれていた。漢人が相当勢力を振っている場合もあって「（トムトのオトクのハランゴイ河に）当地より官吏を再三派遣したるも、彼ら官吏達は漢人『任発賓子』に付きいかなることが発生するやも測り知れざるため、避けて力を出すことができぬ。この種の漢人は法律政治の何たるかを知らず、かつて盗賊を家の中に住居せしめ重要なる事項の進行に錯誤をもたらしめたるは、懲戒処置せずんば後日訴訟の事件は完結し得ない」（文書68）というような、超法律的ボスを見かけるありさまであった。すでにオトグがアイマグ（同族部落）となり得ない以上、イルゲン Irgen（部族）あるいはオボッグ Obog（氏族）としての組織や、フリルタイ Xuriltai（集会）を中心とした汗 Xa'an（指導者）の組織は生れ出ずべくもないのである。郷は蒙古会とは無関係な聚落であり、その社会集団としての性格は「村落」的なものであったと考えられる。

蘇木は蒙古社会の基礎単位だといい得るのであるが、大清会典事例によって蘇木の役割を検討してゆくと（註17）、(A)土地制度の上では戸口地の撥給が蘇木の手で行われ、また蘇木の劃留した公共牧場が蒙古人の経済生活を支える上での不可欠な要素であったから、戸口地の管理や公共地の利用が基礎となって、その事実上の世話人である蘇木章京が蘇木の支配権を掌握したのであった。(B)政治的にいえば、(1)「定二其徭賦一」は封建制の基礎をなすアルバ Alba をさすのであり、これに現物税と役務があった。アルバは会典事例の規定では家畜数を標準としていたが、近来は戸口地の面積に比例させている。これは蒙古人が牧畜業をやめて、寄生地主に転化していったことの反映である。(2)「釐二其戸籍一」「制二其婚嫁一」は、蒙古人の家族制度が遊牧社会の常として、女性を中心とする展開であった関係から、社会制度維持をねらいとして蘇木がこれに関与する体制をとったのである。その他(3)「優二其賞恤一」すなわち社会事業的な問題や、(4)「示二其禁約一」すなわち、たとえば固定家屋を造り、演劇を聴き、漢文を用い、邪教を学ぶなどといった、蒙古人についての禁令を実行する事も蘇木の使命である。それらは概ね無視されていたとはいえ、蒙古社会の保守的な国粋保存をねらっていたものとみてよい。政治面では時代的な変化が著しいのであるが、(C)前述の裁判や警察方面と相まって、蒙古人の生活を支配することになったわけである。もっとも、蘇木の共同体的な性格は、札蘭や旗から切離して成立し得るものではなく、たとえば公共牧場にしても、甲や旗の牧場からしめ出されると、牧畜をつづける事ができなかったし、蘇木章京の権威にしても上級機関のうしろ盾があったからこそのことだったわけである。会典事例に蘇木章京が「以頒札薩克治」ことがその仕事だといわれているゆえんであって、封建制がそうした国家権力と結びつかざるを得ない理由であった。

蒙古が官僚制につながるという場合、その主な面は清朝の兵制の一班を担当していた点にかかっている。土默特蒙古では男子は十八才から六十才までの間は丁冊に編入され、三丁をもって一馬甲とし、総計して兵丁五千人の動員が可能であるという兵制になっていた（註17）。五千人の中には前鋒校二百領催三百六十披甲四千四百四十が含まれ、これで一軍団が編成できる制度であった（註18）。康熙年間においても、右の定員は変らないが、実員は三千二百ないし三千四百であり（文書42）、清末には一千名位にさがっていたといわれる。三年一度の戸籍の編査や、毎年二回それぞれ一箇月間に及ぶ演習、ならびに月一回の兵器馬匹の検査は、都統副都統参領佐領驍騎校領催什長等が責任者となって行うことになっているが、実際上平時の軍政は蘇木が、演習のみは操演営が、これに当るのであった（註19）。このように兵丁 Hawag に関する組織は、国民皆兵制をとり、それを動かすため、前述の官僚制が確立していたのであるが、軍事能力や軍隊制度としての実力は、はなはだ心もとない状況にあったといわねばならない。

土默特の封建制は蘇木を中心とする「共同体」的構成を保ちながら、これを政治的軍事的に清朝の支配の下に結びつけるため、官僚制度を採用し、傳統的な権威の下につなぎとめていたわけである。蒙古社はこの蒙古社会の構成をそのまま反映しながら、官僚を「共同体」の中に結び合せて、封建的支配の一支柱とする為の社会体制であったということができる。蒙古社の「会首」の役は、十二名の参領が自動的に受け持っていたのであり（P13 16 21 23 34 36 37 38）、且十二参領は左右両翼の首甲から六甲に至る各ジャランを代表して、名を連ねていたのである。会首として佐領の名を連記する場合もあるが（P15）、これも蘇木「共同体」を代表してのことであるのは、いうまでもない。このように蒙古社は蒙古の社会体制を通じて全蒙古人を代表し得る団体となっているが、直接的には、蒙古社は土默特の全官員の組織という形をとっており（P20 40）、驍騎校以上の官僚全員を包括する社会集団で、蒙古官僚の共同体だということもできる。官員の組織でありながら、同時に土默特の公共の団体と認められ、全蒙古人を代表して官員が会務の実際を司ってきたものと理解されているところに（P20）蒙古社本来の面目があるわけである。すなわち、一面からいえば旗衙門の官員の組合であり、その意味では十二参領のほか、翼長二名と操演営正堂が蒙古社の会首として列記されている事にふしぎはない（P41）。同時に旗・ジャランおよびスームを代表して各ジャンギンが会首となっているのである。今の蒙古社は土默特旗公署の科長（参領）股長（佐領）が会首となり、兵戸両司を含む全官僚によって組織されている。これも同様に理解さるべきであろう。もっとも蒙古社では、会首とはなのっていないのであるが、十二参領等が実際上会首の地位を占めて来たので、特に会首としてとり出す必要がなかったためだといわれている。参領が社を代表して来た実例は前にあげたが、会首以外はすべて「衆」である。参領等は蒙古社の権力を掌握して万事にイニシャティブをとってきたのであって（P15 P16）、参領等の官僚としての地位はそのまま組合の上に反映し、同時に全官僚が蒙古社の下で集団的利益を追究した訳で、これは蒙古社会そのままの縮図といってよいのである。

土默特旗と蒙古社とが、以上のように重複している関係から、社の事業は、実際上はともかくとして少くとも表面的には祭祀に限定されている。森氏によれば、蒙古社では三月十八日に十王廟で、九月九日に小東街関帝廟で、佐領（股長）以上が参集の上、演劇を含む賽社を、とり行ったということである。このうち秋祭については、帰綏識略によると、八日から十日迄霊佑社が該廟で賽社を行うことがみえるだけで、蒙古社のことには全く触れていない（註20）。また蒙古社は該廟に、物的な記念物をなんら残していないのである。蒙古人の社会集団が、祭祀の主神として関帝をえらんだとすれば、蒙古人華化の問題としても極めて興味深いわけであるが、それを確かめるよしもなく、かりに事実であるとしても、民国以来のことではないかと考えられる。ただ、土默特旗公署が文廟を支持し、その祭をおこたらなかったことから考えても、関帝の祭典はあり得る話で、右のような応答を得ることができただけでも、寄生地主の意識形態を察知する上に一つの手掛りを与えていることになろう。

十王廟は土默特公建の廟宇として一般に認められているが（P20）、事実は明代から乾隆中葉迄は（P1P2P3P5）漢民族が支持してきた廟であり、特に城隍廟として重んぜられてきたことは疑いない。乾隆十四年に十王廟内の地蔵寺の修繕が行われた時も、蒙古会は小額の寄附金を出したに止まっている（P4）。しかるに蒙古社では、乾隆二十九年に十王廟の一部をなす娘娘廟（聖母廟）の修築を引受けて以来（P6）、娘々廟を蒙古社で独占する気ぐみをみせ始め、今日ではこの一角は蒙古社に関する記録で埋められている。もちろん細かく見てゆくと、実際に蒙古人の力だけで修築した場合もあるが（P15）、十二参領が経理人であっても金はほとんど漢人が出している例もあり（P16）、一様ではない。その後も十王廟を構成する諸寺の内、地蔵寺とは関係を保っているが（P23P42）、城隍廟・火神廟などとは終始無関係である。つまり蒙古社は十王廟の中、乾隆中葉以後地蔵と娘々を祭ったに過ぎないわけである。娘々は道教の神であるから、関帝を祭るのと、華化の程度においてはえらぶところがないが、女性神に結びつくことは、中国人の社会集団ではほとんどみられないところだけに、蒙古社会の特色を示しているといえるであろう。帰綏識略等にも三月十七日から十九日迄、蒙古社が十王廟で賽社を行ったことを記している（註20）。廟内には僧侶を置き、香火地を購って僧侶の生活の資として来たのであるが、光緒年間にその僧侶が廟に附属する家屋および香火地を売却したので、これを非法として社で奪いかえすという事件が起っている（P20）。この事件は社会集団の財産が僧侶の自由にはならず、あくまで蒙古社の権利が認められていたことを示す、一ケースということができる。

註１　土默特志巻八、職官志。巻七、職官考。

2　大清会典事例巻九百七十六。

3　大清会典巻六十四。

4　ウラヂーミルツォフ前掲　頁三二四。

5　土默特志巻三、世系。

6　大清会典巻六十四、大清会典事例巻九百七十六。いずれも管旗章京の条。

7　土默特志巻四、法守二。

8　土默特志巻四、法守二。巻七、職官考。巻九、職官考。

9　田村英男氏前掲論文に、準噶爾旗の旗務会議について報告されているが、開会時期・参加資格・議事において多少の異同はあるが、大体において同様の行事をみることができる。

10　土默特志巻九、職官。

11　土默特志巻七、職官。

12　理藩院則例巻五十四。

13　土默特文書、6及び18。土默特志巻七及び巻九。

14　大清会典巻六十四。土默特志巻七及び巻九。

15　大清会典事例巻九百七十六。

16　大清会典事例巻九百七十八。大清会典巻六十四、編審。

17　大清会典事例巻九百七十八、戸丁。

18　土默特志巻七及び巻九、職官。

19　土默特志巻七及巻九、および大清会典事例巻九百七十八のほか、兵丁については文書3 4 6 7 19 24 43 52 80 85、前鋒校については文書36、月例検査は文書7 17 26、操演は文書225などによって、実証できる。

20　帰綏識畧巻十八、賽社。また帰綏道志巻廿二、風土　商業。

歸綏の資料

説　明

一　ここには原則として本書において始めて活字となった新史料だけを採録した。したがって地方志その他、何らかの書籍に収められたことのあるものは、史料価値が高くても、概して収載を遠慮した。ただ、例えばある金石文の一部分だけを収めたり、あるいは誤脱が甚だしい場合などは、本書の論旨を進める上に障害となるので、註においてその資料を収載したことのある書籍名などを解説した上、原資料の全体または所要の部分を採録しておいた。

二　資料は著者が現地で筆録したノートによった。凍傷にかかったりしながら筆寫したので、よく書けなかったものもあり、全部が全部、正確とはいえないと思う。ことに別に拓本を作製した場合には、いわば控えにとったノートであるだけに、疏略になりがちであるが、今となってはこれに依拠する以外に方法がない。他日、できればもう一度拓本をとり直して、補正を行う考えである。このような、やや粗雑な場合をも含めて公刊することは、著者自身不満に思っている点であるが、全体としては、正確を期することにつとめた史料採訪の成果であるのはもちろんである。たとえば、たたきつぶされて読めない石碑の文字を解読するために、二度も拓本をとり直したり、石碑の前に立ちつくして、いろいろと判読につとめたりしたような、調査旅行のあけくれが続いたわけであって、著者としてはこの資料ノートに限りない愛惜をもっており、後世の研究者に資料を書き残す者としての責任は忘れなかったつもりである。

三　碑文は、額・題・本文・担当者・紀年について、碑の表・裏・側面の順序で、要点だけを紹介した。もともと題のない碑が多く、碑陰・碑側を欠くものも少なくない。

四　匾額は、A43（二枚一対の場合）A10（一枚の場合）を例示すると、左のようになっている。印刷にあたり、配置はもとより、字の大小その他もすべて区別できなかったが、間隔を伸縮し、」の段落を利用することによって、

A 43

仁之極

宣統元年歳在己酉季秋下浣穀旦

義之盡

萬盛興　王經
聚生泰　馬禧
天榮店　徐仲華
四盛元　陳照宝
郷者　叩敬

匾額の意志を現わすことに努力したつもりである。人名などの順序も、額に示された秩序により、上位のものを前においた。人名のあとにつづく「等」と「叩」は、殆んどの場合、小文字であり、団体の職員や僧侶や刻字工の名も、会首に比べて小さくなっているから、そのつもりで判読されることを希望する。題には、草書や隷書が用いられている。

五　紙幅を圧縮するため、資料の全文を収めることができなかった。責任者などは、四に準じてあらわした例が多い。紀年についても「大清光緒二十九年歳次癸卯季秋月穀旦」とあるとき、「光緒二十九年季秋」とする等、簡略にして示した場合が少くない。寄附者のところは、とくに簡単にしたが、屋号名・人名などとある場合、原資料に

A 10

乾隆四十四年孟冬吉日立

献

三賢廟

弟子
高之霄
范戩
呉振基
陳緒舜

はその当人が寄附した金額をも併記してあるのはもちろんである。すなわち、さしあたりその金額が必要でない場合は（必要な場合は数字をかかげた）、人名・店舗名のあとに金額が示されていることを、本書においては（とくに断っていないときでも）省略したことを、理解していただければさいわいである。

六　従来専制権力の主体と考えられてきた官憲が、法令や命令を出した場合、それは実際には、民間の社会集団の要求に基づいて出されていることが多いという事情を、この史料集から読みとられるように希望する。現地では、孤立した官憲の命令は、殆んど発見できないのである。

A 三賢廟所在資料

1 重修三義廟碑文

(本文は讀めず)

大清雍正元年歳次癸卯季夏上浣之吉日立

糾首……(人名多數)

〔碑陰〕

(滿漢蒙の人名多數)

2 續修三賢廟碑記

……吾儕同人輒慨然有重修志捐貲募衆得九百餘金乾隆丁酉經營伊始奈工程浩大聚金不敷工甫及半資已無餘因復捐貲

募衆又得五百餘金……

	興順號	永盛隆	□□永	永興昌	萬鎰通	清□永	大成號	泰履中
隆盛全	德全碾房	大興臣	新承當	毡 行	天成永	通源益	興隆□	醉月居
元發陞	孟樓當	恒泰永	永隆魁	天相功	萬盛店	復興店	路麵舖	德勝社
經理人 永新廷	恒興隆	大興號	同泰號	永興錦	亨通號	永興照	合興永	寿陽社
興盛彪	公信店	廣源店	世寧泉	德成永	咸享寧	仁和當	永□園	誠敬社

富成號　恒聚店　興盛隆　通盛興　富香園　長泰店　永興隆　成榮碾房　延安店
合興順　天德當　源隆店　廣川衡　宝源店　天中永　陽和店　天成永

乾隆四十五年歳次庚子孟夏上浣之吉立

〔碑陰〕（寄附者とその各自の寄附額を列擧）

3　芳規久垂〔額〕

特授歸化城蒙古民事府加五級紀錄四次記功三次長　爲定議章程免累閭閻事照得歸化城地方」蒙民雜處供應差務各有專司近因奉文運送軍營」奏領茶塊需用烏拉經蒙古員役向城鄉民間及過往商旅捉拿牲畜越界送差短少駝馬等物以致」民人白海秀等並本城鄉總頭總等各呈稟」歸綏道憲轅下蒙發本府會同蒙員査審屬實除將所短白海秀等駝馬折價賠償外并議立章程」嗣後供應差使凡遇庫克撓爾額勒特王公貝子札薩克等每年進哨並奉」旨遣往外藩蒙古各部落祭奠官員以及軍營」奏准領運茶塊等差務設有需用駝隻車輛本府自行捐僱應付所有馬匹在於土默特十二參領所」管六十佐領各蒙古內籌修供應不許再行捉拿民人牲畜致滋擾累等因詳奉」道憲轉呈」將軍允准在案合行出示曉諭爲此示仰閤屬民商賈人等一體遵照自示之後如有蒙古復行捉驛爾商民等牲畜供應烏拉者許爾等桩稟以憑詳究各宜凛遵毋違特示」嘉慶三年七月十四日」右仰通知」告示押

〔碑陰〕　永定章程〔額〕

鎭守綏遠城等處將軍兼管右衞歸化城土默特官兵調遣宣大二鎭綠旗官兵散秩大臣昭毅二等伯世管佐領加三級永爲」出示曉諭事左司案呈嘉慶三年七月初十日據歸化道詳稱爲定立章程詳請批示飭遵以免擾累事案據民人白海秀等呈控」蒙古捉驛借端索擾并據歸化城鄉耆總領頭聰等呈同前事等情……（官で必要なものは買上げ、全般的に徴發を嚴禁）」嘉慶三年七月十四日　右諭通知」告示押」

4　永垂不朽〔額〕

重振寿陽社碑記

嘗思事之湮沒弗彰者有其人猶可從而擧之人之急公好義者遇其事則必起而成之此自然之」理也古豐」三賢廟神靈赫濯
殿宇森嚴在昔邑人通商貿易立社其間維持同心共濟協力胥成每歳中秋献戯三」期財雖屢費社尙豐餘由此以觀洵盛事也
迨後人心怠忽社事漸入荒凉有幾載不能献戯酬　」神嗚呼前人之作後人得而棄之豈不惜哉庚辰夏邑人集社議振興之亦
皆洽所願但社費空虛難」以驟擧因約在城與四鄕〔ママ〕貿易者以及每歳往來行商均各捐貲輸財䖍勉從事不數日而告厥成」何
易易也由是理達人和所廢皆興諸公屬予爲文以記之予亦思聖德無疆光被四表　神靈有」應賴及萬方敢以區區社事褻威
命之震聳乎是　神也諭眞有寶訓如聆晨鐘而聞暮鼓也覺世」有眞經如發愚頑而震聾聵也斯事不興何以護福今復有就能
不爲銘予不敏恭爲撰記請列前」楹以誌斯縁之由起並示後人之不忘歟所有捐輸姓號載之碑陰其餘社中經費條規另有簿
册」玆不繁贅」本邑平舒村　業儒　祁友廉謹譔并書丹

韓萬祿　永遠昌　世享店

経理人

任俊彥　邊懷義　義成旺　旧西玉成　住持　僧覺生募化

梁九如　周育德　復興玉　新西玉成　鐵筆　許正成敬鐫

明遠誠　永成泉　天順永

大淸光緒七年九月十三穀旦勒石

〔碑陰〕

（寄附者の名と各々の寄附金額）

（本碑は笠木輝馬氏「蒙疆における土俗信仰」――巴盟興亜協進會本部印行――頁八九―九〇に収録されているが、誤脱が多いので再録する。）

5　萬古流傳〔額〕

厳禁沙銭碑記

夫制銭之内攙使沙銭本干例禁近年化城間行攙使迄今愈行愈廣蒙」道憲安府主炳出示嚴禁並會郷耆等酌量改除後公議存沙銭者到三賢廟換取制銭所」兩相抵永絶後患如再有不法之徒仍蹈故轍稟官究治決不寛恕恐年遠無」據将沙銭毀鋳銅碑俾闔邑週知以昭炯戒於不朽云

天意正　王時中　興隆爐
十五社　三元成　郭際盛　金　王撫泗
経理人　郷耆　公立　火　徐　嚴
外十五行　泉徳店　趙　英　鐵　劉登雲
局　牛時源
復興湧　王　午　郭守弼

大清光緒十五年歳次己丑八月勒

（本資料は歸綏県志金石志補遺　禁止砂銭銅碑、綏遠通志經政九金融、笠木氏前掲頁五一などに収められ、笠木氏は碑の写眞を口繪に入れておられる。ただ完全な全文を記したものがないのであえて収録した。）

6　永定〔額〕

欽命鎮守綏遠城等處将軍庫奇勒巳圖魯克」出示曉諭事照得歸化城買賣之患在乎銭商之竊利權而銭商之竊利權由於銭法之無定章自光緒六年前」任山西巡撫曾　批定五五抵百歴任道廳皆假因時制宜爲詞不有實力奉行以塞私径因而銭商

逞詐取巧」以罔市利各行受制莫可知何至去年冬令錢底愈亂銀價則有名無實錢數則需多濟寡街市不通兵民交困」所以本將軍札飭前署歸廳德生認眞整理乃該署前廳陽奉陰違並未遵辦意以支吾遮掩交卸而去續經本」將軍傳問十四社因據稟覆獨寶豐社不遵本將軍復札飭現署道廳査明詳覆旋據該署道廳竟以爾社商掩」耳偸鈴之言率行詳覆是以本將軍批令該護道署廳仍遵前任巡撫曾　批示定章凡各行交易不論現成撥」兌概以五十五文抵百行使各行在錢行來往俗存錢文均按向來四標公議銀利行幾厘之息錢利亦行幾釐」之息銀利與錢利務必兩平不可畸重畸輕從此明定章程飭令曉示各行商永遠遵行不准再有紊亂茲據該」署同知平勝詳覆既稱傳諭四鄉耆十五社總領等遵照本將軍批飭遵行並取十五社切實甘結一面出示曉」諭但本將軍猶慮爾衆社商民未能深體本將軍爲爾永除弊根以均事利之意難免日久奸徒復萌故習誘惑」紛更除將如此定章辦理咨行山西巡撫外合行再嚴揭示爲此示仰爾十五社衆商民等知悉自此示之後不」論何行敢有唆狹倡率變亂定章或久而生懈不眞遵行或有奸商引誘取巧滋生弊端或有惡僧暗中播弄覇」作存容有一於此若有司詳明設別行首告抑捜訪査出本將軍直腸硜性定惡棍擾害地方律重處斷不稍」容倘有司不嚴査究治及知而不舉一併參辦決不姑徇各宜懍遵毋貽後悔照此勒石三賢廟俾爾永遠奉行　特示」

大清光緒辛卯年十月吉日立

〔碑陰〕

章程〔額〕

値年鄉耆

福盛源　郭九元

謙增當　趙璧瑜　醇厚社　威鎭社

復懋昌店　岳鵬展　集錦社　仙翁社

慶陞園　米毓秀　聚錦社　聚仙社

青龍社　毡禮社

天順永　趙耀亭　福虎社　榮豐社

新郷耆

懷古興　闞培基　當局　衡義社

東昇店　李淑於　集義社　馬店社

慶盛揚　劉正

住持　覺先　石刻　劉石舖

（本資料の本文のみは歸綏縣志金石志所收。今ここに全體を記す。）

7　晋省府屬衆姓人等誠敬社同叩献」異姓同胞」大清康煕歳次辛丑

8　崞縣社經理人（人名十二）」宇宙忠靈」雍正壬子仲夏吉日立

9　乾隆四十二年歳次丁酉穀旦」扶□□□」歸化城十二行公建

10　献　三賢廟」弟子　高之霄　范戩　吳振基　陳緒舜」乾隆四十四年孟冬吉日立

11　献　萬世不磨」當行」盛□□　永興□　仁和當　通源益　孟棲當　昌盛當　泰享利　享盛永　天德當　源泉湧
通盛興　泰和永　□盛永　大有益　三合當　聚錦當　隆泰當　天泰義　鼎吉當　興泰和」乾隆四十四年□□□□
吉日立

12　献　義高□左」寿陽社會首」恒泰源　廣益店　興盛岐　興隆義　仁□鋪　天玉成　廣泰興　□隆益　李萬榮　成
榮礒店　買耈元」吳金　趙秉成　傳春　郝□　興盛元　復興局　任德成　仁德林　梁惇仁　三合成　魏晋」乾隆四
十五年歳次庚子菊月穀旦」同叩

13　郷耆　崔忠宏　郭容潘　王瑗　高延弼」敬」忠義參天」乾隆五十八年歳次癸丑桂月穀旦

14　郷耆　富成號　永公店　天合景　永興錦　敬献」昭同日月」大清嘉慶三年歳次戊午孟冬上浣穀旦

15 郷耆 恒順店 協成玉 隆泰功 天長永 薫沐」□□□」嘉慶四年榴月
16 經理人 劉進孝 德盛社 會首 叩」献」難兄難弟」永慶舖 忠德舖 忠興舖 興盛舖 長發祥 三元岐 薛永愷
楊斌 劉喜 曹繼世 謝九習」嘉慶十八年菊月穀旦
17 郷耆 楊天祥 張淋 程厚山 梁永年 叩敬」護國祐民」嘉慶十八年菊月
18 嘉慶二十四年九月」天地同□」郷耆 晟盛永劉瑞 大合公王闕杰 眞味館梁廷恭」
19 郷耆 順玉成張儀 奎隆店郭天章 興合長侯封 三義永姚顯」義勇貫日」嘉慶二十五年應夷
20 郷耆 易興永王蒙深 復泰當梁佩琠 永遠店張國泰 福興鎭馮天貴 叩」氣蓋山河」道光元年辛巳菊月
21 郷耆 謹叩」隆玉昌楊震吉 萬享店張闕基」新盛局戴光順 恒盛號張瑛」慈佑」衆圖」大淸道光二年菊月穀旦
22 郷耆 賈鳳鳴 常佐輔 李義永 陳光瑞」宛然桃園」道光三年癸未陽月
23 郷耆 聚興元崔祥麟 恒豐店張名滋 億春永趙鴻瑞 宏盛當賈起雲 謹叩」天日同昭」大淸道光十年菊月吉旦
24 道光十三年九月穀旦」献 乾坤正氣」郷耆 復發永張汝霖 源隆店謝凌雲 恒禧永郭彥英 三長當曹興勳 叩
敬
25 郷耆」常勝隆羅光祥 天福泰武履謙 萬成店孫時榮 永合泉崔九峰」萬古英風」道光十四年菊月
26 郷耆」廣興庄張漢公 德新和釆國安 永遠昌馬維藩 義源當田政劉 叩」義貫古今」道光十九年菊月
27 道光二十三年菊月穀旦」興盛舖 王肉房 天合祥 福盛永 興泰和 元盛公 元盛玉 萬盛恒 德勝肉房 賀永
安」三合功 和合成 四合興 四義和 豐泉 德盛昌 世義成 三義成 李肉房 謝順」献 智勇同兄」德盛社閤
行公叩
28 郷耆 興合盛孟九享 昌盛店陳士謨 福泰興李天和 晉陽樓張臨鏞」咸有一德」道光二十四年桂月吉立

29 道光二十六年孟冬」聖學在玆」鄉耆　永積店孫全富　興合長賈致璧　德勝美韓正道　雨順店張貴杰

30 鄉耆　天德店錢晃　享興號柳廣滋　新同成車步利　二勝玉張國祥　叩敬」常德廣運」道光二十九年九月

31 咸豐四年無射」忠昭天地」鄉耆　田酒舖武成文　永遠店鄭瑛　意生錦郭芝田　魁元當張登泉　叩敬

32 同治三年桂月穀旦」名垂千古」鄉耆　義和敦賈寰　興隆店趙嘉德　福隆昌張萬安　慶西罔楊天鵬

33 同治四年乙丑應鐘月」義氣千秋」鄉耆　祥盛泰趙榮貴　永和店王烈　恒義公趙元勳　恒昇裕楊世泰

34 大清同治十三年歲次甲戌鞠月穀旦」英雄氣槪」鄉耆　田酒舖武威文　元盛店王若臣　聚源茂王臣榮　義合長段顯
昌　叩敬

35 鄉耆　大義永王開基　天德店劉濟川　天興奎袁靜沂　玉成公李樹本」威震華夏」光緒元年乙亥菊月

36 鄉耆　廣隆店趙嘉德　永和新劉芝綱　公合美張興業　藝生當車守訓」氣塞山河」光緒四年葭月

37 鄉耆　永濟昌李逢淋　萬盛店吳永年　享興號胡生茂　長盛泰張振鐸」德並天地」光緒五年菊月

38 光緒十九年九月」浩氣常伸」鄉耆　崇德榮王珍　萬盛店張鈺　意生德丁譓　日盛當溫啓璦　叩敬

39 光緒二十年甲午蒲月「威鎮漢清」鄉耆　義和敬謝榮　天榮店姚智　恒裕泰李鳳山　裕隆和武鵬程

40 歸化城撫民理事府樊」正公廉明」鄉耆　萬興昌丁燦　世興店王得照　永恒魁曹二德　三勝玉李體先」大清光緒二
十九年歲次癸卯陽月穀旦

41 光緒三十年吉鍾月」天地同流」鄉耆　元盛德陳必勝　崇德店徐福榮　意生錦王榮樂　福盛德李光連　謹叩

42 光緒三十四年八月」梲園斯在」（屋號十五）

43 宣統元年歲在己酉季秋下浣穀旦」仁之極」義之盡」鄉耆　聚生泰馬禧　天榮店徐仲華　萬盛興王經　四盛元陳照
寶　叩敬

44　大清宣統二年冬月穀旦」献　文武聖人」通順店苑瀛洲　福盛源郭九元　聚興順張吉士　四盛馨樊元善」四郷耆叩敬

45　乙未十月贈」心潤禪師法號悟寛」心身靜□」新旧郷總」牛星大　胡旨謙　李玉□　于聯陞」程藩　曹恒山　閔旺金發旺」元發陞　興盛彪　永新廷　隆盛全」中和昌　天元德　富盛號　恒復號」天成公　仁和泰　李雲龍　醉月居」公立

46　大清嘉慶二十年菊月立」三賢廟」郷耆　同泰號　□榮店　順義公　大順當　叩敬

47　(對聯省略)」同治十年□應南呂上浣吉旦」郷耆」源成店　馬戴富　牛光昌　信遠榮」孫繼曹　劉繼堂　高水茂戴璋」重修

48　光緒五年蒲月穀旦」郷耆　永遠昌　萬盛店　享興號　長盛泰」叩敬

49　(47と同一の楹帖)光緒十四年冬月吉日」郷耆」天生瑞　中興永　關繼禎　侯元聰」叩敬

50　光緒二十三年丁酉小陽月吉日」郷耆　德興店劉懷琳　天興奎魏槐榮　協成泉任賢才　元利魁許東泰

1――6は石碑。7――45は匾額。46は鉄香爐。47　49　50は楹帖。48は祭壇。21　43は二枚で一組となっている。

B　小東街関帝廟所在資料

1　重建關帝廟碑記

……商賈貿易輻輳於斯前古稱當未有如今日之盛者也城之東南數武順治戊子歲建有帝君祠宇……大殿三楹右側西殿三間列大士像左側東殿三間設金龍四大王神牛馬王像……

龍飛雍正八年歳次庚戌五月壬午上浣之吉

〔碑陰〕

（いたみのため一字も読めず）

2　重修關帝廟碑記　（乾隆二十年）

（本文　略）

〔碑陰〕

皮行社（32）　忻州社（27）　祁縣社（25）　馬王社（20）　太谷社（15）　生皮社（13）　金龍社（12）　陝西社（8）　文水社（8）　寧武社（7）　酒飯行（不詳）（他に店舗名八百五十およびその寄附金

（カッコ内數字は施銀何両の量目のみを示したもの）

3　關帝廟碑記　（乾隆二十年）

（忻州社で建てたもの。店舗名人名二百二十五を列擧）

4　萬古流芳〔額〕

（重修碑　乾隆三十九年歳次甲午年孟夏のもの。本文略。碑陰に、舗名人名にまじり、左の社あり。）

祈縣社（53）　皮行社（45）　太谷社（43）　雜貨行（40）　酒飯行（30）　金龍社（24）　生皮社（23）　文水社（18）　寧武社（15）　當行（14）　碾行（13）　麵行（10）　蔴線行（4）　木店行（2）　（數字は施銀某両の略示）

5　（捐助者名額碑）

經理糾首　十二行

〔以下多數の屋號名に捐助金額を附して列擧〕

乾隆五十七年七月

6　關帝廟重修碑記

城之東南數武有關帝廟焉今那商民恭沐神庥……順治戊子歳建修……乾隆庚戌春商民同住持公議改建務期永久一擧識

間人人樂從各願輸貲……

乾隆五十七年七月

〔碑陰〕

皮行社　〔復盛興施銀十両　永興徳施銀十両　其他店名合計百十五軒　最高八両最低二分の施銀〕

忻州社　〔略〕

生皮社　〔三合成施銀二十両など合計百二十の屋號　蒙古人商店を多く含む〕

金龍社　〔合義恭など百五十四經營〕

祈県社　〔略〕

7　流芳百世〔額〕

生皮社重修樂樓並補修耳台裝修廟宇碑記」……本城關帝廟建蓋已久東殿　馬王西殿　觀音自庚戌歳大爲修葺煥然一

新迄今二十餘年風雨蝕剝殿宇減色……因邀請本社募化金銭鳩工重葺……捐資姓名勒石以誌不朽

〔公立社施銀五両を始め、多數の屋號と個人の名を施銀の両目と共に列擧〕

募化布施會首　〔量興業など店舗名人名計廿八。その中に尓力圪圖　哈力嘛児などの蒙古人を含む〕

經理立碑會首　〔梁隆など店舗名人名廿八、その施銀合計二十兩〕

大清道光二年十月初八日

8　千秋烱鑒〔額〕

威鎭社奉府斷案敍刻碑誌

歸化城賣皮硝車在大十字會集買皮硝人俱從街市購買歷年已久陳規不易至道光十二年十月內忽有劉璞等在民事府」魁大老爺案下稟懇開設復泰店糾令賣硝車皆載入伊店剝抽店運錢翻改一郡陳規又勾結賣硝之陳世公控稟賣硝之人俱願載入」劉璞店中等情蒙　府諭令鄉耆査覆嗣經鄉耆稟覆並未傳問買賣皮硝之人籠箝以兩相情願具覆威鎭社總領復興賀郭醇」祿義和泰李士英大盛全梁福湧合興永趙良臣德興魁王倫昌萬錦成郭成等閤社公議具稟在案十一月初八日蒙　府出示」令賣硝買硝者俱歸劉璞之店在案威鎭社稟訴一槩不准威鎭社人等均言硝車入店不惟價錢增長謀利罷市斗器出入弊端」皆出劉璞一人得利致閤郡人受害不意數日之間舊府交印新府」文大老爺上任威鎭社興盛成秋三旺復興賀郭醇祿義和泰李士英大盛全梁福湧合興永趙良臣德興魁王倫昌萬錦成郭成等投遞」鳴情蒙　恩明鑒斷令賣硝買硝仍照舊規在街市交易不准入店永不准開設硝店飭令劉璞當堂具結復令威鎭社人等將斷」案刊於　神地示衆垂後威鎭社奉斷刻碑立於小東街」關帝廟大殿前西廊房　斷案附後」（第二・七・十の各段落の最初はいずれも三字抬頭）

案據威鎭社總領復興賀郭醇祿義和泰李士英興盛成秋三旺大盛全合興永德興魁萬錦成等閤社公議具稟在案事緣劉璞」趙維德等糾令硝車入店售賣等情一案査歸化城皮硝一項聽民自便相沿已久並無爭端嗣據前情業經本府審明斷令買賣」皮硝仍循舊章在街市售賣不准入店其量硝之斗俱用市斗赴府較驗烙印毋須額外加增漁利抑勒并飭令威鎭社修公平市」斗二十支交該鄉耆等加意較量送府驗准烙印飭發在案永久無弊此例刊于　神地照常無改凜之遵行毋違飭示」特授歸化城蒙古民事府加五級紀錄十次　文大老爺公明斷案碑」大清道光十四年歲次甲午仲夏中澣　威鎭社公立

〔碑陰〕

碑記〔額〕

今將威鎭社衆舖戸字號開列於後

（復盛與など計百十軒）

經理人　耿三旺　張嘉會　郭醇祿

道光十四年歳次甲午仲夏中旬　威鎭社公立

9　文水社募化布施碑記　（光緒二年）

（店舗名人名約百八十　他に文水縣客商の寄附も見ゆ）

10　重振祁縣社碑序　（光緒四年）（寄附者たる二百餘の店舗名人名をあぐ）

11　醇厚社郷總重修」好是立直」雍正已酉仲秋穀旦」光緒十一年仲夏穀旦

12　馬王勝會初設經理糾首」誠無不格」張緯　任元勛　張□　孫鴻秀　蘇□」許國俊　王天有　張三耀　王棻顯　尤元□」叩」雍正壬子年孟夏穀旦立

13　馬王社糾首」□□通　郭先台　張□□　任洪功　郝士興」劉道□　武紹緒　任世榮　渠天池　吳元」叩」献」雄威壯圖」雍正癸丑年仲秋吉立

14　酒飯行總領」太平園　□園館　新□□　永□□　興盛館　昭餅館　裕源館　萬岩館　清泉居　新泰園　龍池館」謹叩」秉燭春秋」大淸乾隆元年仲秋吉旦立」光緒七年荷月重修」仙翁聚仙社總領」萬□園　萬□園　□隆園　四盛元　景星元　合勸□」萬春園　大西園　慶三元　富三元　福興館　信義源　重修」

15　古之受天下萬世祀者必有豐功大烈被乎人人及乎後世若夫功盖一時澤被一國祀事止於其郷而不能遍于」天下恭惟」金龍大王者姓謝氏諱緒宋時人也係晋相安公裔世居會稽王以諸生値宋祚將衰之年大雨霖霖天目崩岻咸昏」怖王曰天目

臨㚐宋也崩則宋將危矣未幾鼎遷王悲憤題詩自溺志全大義待教諸生群不能止智者惟求異日」應驗王曰黄河南徙其予仲志時乎葬諸金龍山麓創祠祀焉後値明祖創興與敵蠻子大戰莒梁之間蠻兵勢鋭」明師幾潰仰見三神披鎧執劍如助戰狀蠻懼而退遂濟獲勝明祖寄之是冬得興王接諸夢曰臣宋會稽謝某也」昆季四人紀綱統緒行末即臣遭元之變膚沈莒溪殯金龍山昨協戰者乃臣義友黏楠二神明祖乃稽其里序其」事榮其村曰　金龍四大命王職司黄河永護民命且御製贊文以維之於是梟朝祭享靈感非一皿食四方有由」來也至於古豐雖沙漠之地然亦商賈所集物盛人衆爲一都會凡至此置買者濟黑津而渡黄河浮舟於波浪中」往來數千里咸賴　王靈恃以無恐因思所以報　王者牲牷酒醴之祭精誠猶未足以告虔也必立廟以祀朝夕」瞻禮乃可少申誠敬惟古豐小東街關帝廟左側有王像其規模狹隘未足以妥神靈而昭報賽乃捐資建蓋廟」宇於乾隆四十八年募化商民限於資少不敷工料未敢輕舉復於嘉慶五年四月卜觀吉地鳩工庀材建脩正殿」門樓牆垣社房並神樓一座設　王像並洞庭濮陽二將軍配像……(以下略)」大淸嘉慶五年六月下浣之吉」晉陽弟乎段明德沐乎敬書

〔碑陰〕

經理人　王君壁　段明德

(捐助の屋號および個人名合計約二百十)

16　酒飯行總領」□□園　天樂園　南京館　豐盛館　福□園　福成園　全盛館　永盛館　福盛居　天順居　泰□園
萬春園」謹叩」献」德配尼山」乾隆三十五年梓月建立」太和園　和合樓　永春館　殿□園　廣和樓　姜祿園」重修」

17　乾隆五十七年五月上浣」生皮社弟子」(屋號及び個人名廿)」金理覺路

18　大淸嘉慶五年歲次庚申四月吉日」醇厚社集錦社郷總等薰沐叩献」關帝廟」廟中之醇厚堂乃雜貨行辦公之所焉嘉慶五年一
行始」仝二社曰醇厚曰集錦於時公献斯額以銘聯敬之忱且」志社篤之誼迨後額久失修今益凋敝光緒乙巳兩社郷」總等
恐跡湮泯遂重書刊葺而新之因援筆而記其事

19　嘉慶五年七月」功纘萬緒

20　乾隆九年六月上浣」金龍廟」原糾首茶商

21　湧逢泉　永泰歐　徳順誠　薫沐謹叩」海晏河淸」大淸嘉慶歲次丙寅菊月上浣日立

22　本街平安社等公立」聲律身度」嘉慶二十三年桃月穀旦

23　嘉慶戊寅三月上浣之吉」和聲鳴盛」鄉耆經理人」世興店王得照　永恒魁曹二徳　萬興昌丁燦　三勝玉李體先」大
淸光緒二十九年重建修理書

24　謂夫敬神之道心恩」不可以不肅而廟祝」尤不可以不周小東」街舊有」馬王老爺神祠規模雖溷」每値祭享之時恒爲
」風雨所侵本社總領等」夙夜不安欲建享亭」一座但功程浩大除」本社大捐貲財請各」社量力募化則工竣」而廟可以
壯觀奕今」將布施註列於後」聚錦社（12）　靑龍社（10）　福虎社（10）　當局（12）　寶豐社（12）　集義社（6）
仙翁社（6）　威鎭社（5）　榮豐社（5）　衡義社（3）　毡毯社（3）　馬店社（4）　醇厚社（40）　集錦社
四百二十九千五百三十三文」經理人 醇厚社 集錦社　住持僧　多珠」道光三年菊月吉立」（數字は施錢何千文の略示）

25　道光三年菊月穀旦」庇駟靈驅」

集錦社　世徳和　恒成玉　天興徳
鄉總　北永興瑞　南永興瑞　享盛公　敬叩
醇厚社　永茂盛　大生泰　永恒昇

26　威鎭社經理總領叩」聖學在茲」大盛全　復興賀　德興魁」萬錦成　義和泰　合興永」道光十三年荷月

27　乾裕魁弟子胡必昌等敬」獻」威靈咸應」道光歲次甲午無射月

28　道光乙未律中大呂」春秋道意」醇厚社鄉總　老榮興錦　三盛源　恒盛公　永恒昇　天福泰　敬叩

29 道光十八年菊月」丹精核漢」醇厚社郷總　天義德　信成號　天成錦　大勝隆　合成永　叩

30 醇厚社郷總叩献」三邊雄鎮」永遠昌　廣和明　萬清永　複興明　慶泰永」道光十九年桂月吉立

31 醇厚社郷總叩敬」天日同昭」道光二十年九月

32 道光二十六年菊月穀旦」福蔭羣生」德勝美　萬盛泰　永泰泉　新河成　雙盛公」醇厚社郷總叩敬

33 道光二十七年丁未仲呂」誠無不應」集錦社郷總　萬興昌」田酒舗　恒義永　義合和　天成興　叩敬

34 道光二十八年孟冬穀旦」立德立功」集錦社郷總　大盛魁　天義德　元興永　天德成　聚美成　叩敬

35 （屋號約百四十およびその施銭金額）

（収支決算表）

經理人　公信店　乾元店　東昇店　魁隆永　翼盛店　德和義　敬立」道光二十八年九月吉旦

36 道光三十年九月」德裕商民」天順泰　徐文雄叩敬

37 金龍廟募化各行佈施增修工程告竣經理會首字號恭」献」溯功世享」

二十八年会首　天順泰　天德隆　三元成　長泰店　四盛店　元盛店

二十九年会首　德和義　魁隆永　新同成　永豊店　東昇店　長盛店

三十年会首　三盛源　興隆泰　信成號　奎隆店　翼盛店　公信店

大清道光三十年九月經理人等叩敬

38 生皮社弟子等叩敬」無邊妙意」咸豐五年三月十五日

39 醇厚社郷總叩敬」□恒昌　元成號　崇德榮　德和泰　德興永　三元成　聚全永　協成泉　雙盛公」神武顯佑」咸

豐六年九月

40　咸豐八年戊午菊月」千古如在」醇厚社郷總　元盛德　廣知永　錦生榮　享興隆　永盛泉（いずれも経理名を附しているが、これを省略）」敬刊

41　同治元年冬月」綱常不墜」醇厚社郷總　恒盛義　通義和　永源泉　天興瑞　元順永

42　同治十年菊月中澣」翊贊參天」信遠榮馮戴富　天順泰肅大觀　復源泉張德義　祥盛泰賈宜　凌盛公馮照昌」醇厚社郷總沐浴叩敬

43　大淸同治十一年應鐘月穀旦」赤心扶隆」義和盛張午增　懷德榮張棉　三元成王璽　三義元姚世祿　統泉慶薛文義」醇厚社郷總沐浴叩敬

44　同治十二年無射月」保障江河」信成厚　信裕厚　叩敬

45　光緒五年五月」義炳春秋」永遠昌　天順泰　德生榮　三元成　永順泉」醇厚社郷總等叩敬

46　光緒八年壬午瓜月」威鎭沙漠」恒盛義陳建斌　永源長王應翰　四合興王子寬　源恒昌姚忠義　天福隆張士泰」集錦社郷總叩敬獻

47　醇厚社郷總叩敬」西晋□人」恒盛義　三義元　懷德榮　協成泉　廣興隆」光緒八年陽月

48　大淸光緒九年八月穀旦」義炳乾坤」仙翁社總甲　嘉樂會館　雙義元　萬祥園　同泰園　叩敬

49　光緒二十年桂月」正大光明」萬興昌岳興偉　慶榮長宋世榮　集盛泉高世志　義如敦謝榮　謙增福寧耀增」醇厚社郷總等叩敬

50　光緒二十七年九月上浣」萬古英風」醇厚社郷總萬盛泰成達士」聚德興張子和　四合榮張士雨　復泰祥閻誥　聚生泉戴泰然」叩敬

51　嘗聞好善者不以空間居是業者也」玆因先年社規不振人心不公闔社公議新立」條約書明章程牌二面是者也」人名布

施花費開列於後」（合計人名三百六十四）」公義和社經理人關高陞」大清光緒二十八年歲次桂月穀旦

52 光緒二十八年陽月穀旦」聖學在茲」德和泰焦殿英　張生泰鳥占春　集盛泉楊伸　大盛魁申鐙　雙盛公曹學閔」醇厚社鄕總叩敬

53 光緒二十八年桂月穀旦」亘古一人」（人名九十五）」公義和社叩敬

54 光緒二十九年陽月上浣穀旦」千古如在」德生榮楊太珍　聚泰義李錦維　太享魁續纓　萬興昌丁燦　永順恒崔萬寶」醇厚社鄕總叩敬

55 淸歌妙舞」鄕耆　萬興昌丁燦　世興店王得照　永恒魁曹二德　三勝玉李休先」光緒二十九年冬月（二枚に分ち記す）

56 大淸光緒三十年十月穀旦」万興昌丁燦　世興店王得昌　永恒魁曹二德　三勝玉李休先」献」天地正氣」重彩畫經理人鄕耆

57 醇厚社鄕總富盛岐」萬盛泰　萬興昌　集盛泉　雙盛公　重修」光緒丙午年桂月

58 宣統元年九月上浣」氣塞雨閒」聚生泰馬禧　聚德興張子和　德和泰焦殿英　復泰祥閻詒　萬順恒柳世慶」醇厚社鄕總等叩敬

59 宣統二年寒月穀旦」神武顯佑」聚興順張吉士　復元魁韓欣　萬興昌蘇荃　三元成陳會琨　謙德廣張嘉瑞」醇厚社鄕總等叩敬

60 中華民國三年桂月中澣穀旦」直綱扶紀」萬順昌陳瑞林　三元成梁鍾傑　天順泰武世英　天增福趙聯珠」醇厚社總領等叩敬

61 中華民國九年菊月穀旦」威震華夏」萬興昌趙自明　鼎盛新申夢蛟　協成泉韓巍」醇厚社總領等叩敬

62 中華民國十年菊月」威震華夏」義和厚康恭　天順泰李生金　復泰祥任旺」醇厚社總領等叩敬

63　中華民國十一年菊月」萬古英風」裕合興藍絣和　聚生泰賀繼善　四谷榮孫法明」醇厚社鄉總等叩敬

64　醇厚社社長　聚興厚楊際青　興盛茂張義□　三元成宋丕永」志高意正」中華民國十二年霖月

65　醇厚社總領　聚興厚楊際青　萬順泰曹鳳萬　三元成朱登朝」義範彝倫」民國十六年仲夏

66　中華民國十八年八月」莫不尊親」萬興昌周雙璧　天順泰李瑞齊　協成泉沙文林」醇厚社正副社長等叩敬

67　道光四年甲申九月」集錦社鄉總」天順泰」永昌魁　天義長　九如辰　義興魁」薰沐叩

68　道光六年桃月」廻避」集錦社鄉總　泉興榮」興隆永　享通益　復源泉　四合義」敬叩

69　聲聞四達」大淸道光」十六年四月」初四日吉日成造」集錦社

70　道光十八年九月公置」金龍社

71　道光二十六年夷則月上浣穀旦」醇厚社施銭三千文」威鎭社（同）」靈佑社施銭二千文　」生皮社（同）」祁縣社（同）」太谷社（同）」忻縣社（同）」仙翁社施銭千五百文」聚仙社施銭一千文」金龍社（同）」寧武社施銭五百文」文水社（同）陝西社（同）」本街社（同）

72　咸豐二年七月成造」經理會首等敬」金龍四大王鑒

73　集錦社鄉總」三盛源　通順成　長盛泰　聚義源　天福全」大淸咸豐十一年菊月

74　大淸光緒元年菊月」廻避」集錦社鄉總大義永」恒盛義　雙興公　長盛和　復和隆」叩敬

75　光緒十年」醇厚社」天恒裕　萬興昌　同泰公　慶育和」重修

76　光緒十六年三月立」生皮社」經理人　和義長　天裕德　德盛泰　聚和長

77　光緒二十一年　醇厚社鄉總重修」懷德榮　聚生泰　德生榮　協成泉　源泉茂

78　光緒三十年　醇厚社總領重修　協和泰　四合榮　協成泉　謙增福

79 生皮社」民國十三年穀旦」經理」興隆義　世德隆　和合興　德興隆

80 民國丙寅孟夏　醇厚社敬

81 生皮社」經理」德義和　裕德慶　義泰隆」公社敬置

82 蓋聞德者本也財者末也捨貲以種福田者善」也今因小東街」關帝廟歷年以久風雨侵圮　各社不忍坐視慇出」已貲是以本社執年會首公同計議募各社等」助資共成助事……」生皮社施銭百九十五千文　威鎭社施銭百九十五千文　祁縣社七十五千文　文水社六十五千文　忻縣社六十五千文　太谷社五十千文　小東街本街社八千文」生皮社經理　興隆義　玉和永　協盛榮　豫升恒」光緒二十九年三月穀旦

83 生皮社行規」竊思有善不可不因有弊不可不革凡事類然況」社會乎緣歸化城立生皮社以來原爲敬神行善」至今社規不整銭粮缺短玆者闔社之人公同計」議改革前弊另立章程以隆記典舖家則按皮報」布施銭人名則布施加倍庶幾社用可充人心向」善而神靈可格矣謹將社規開列於後」一宗　狐狼皮　每一張施銭四文」一宗灰鼠沙狐兎兒遜　每十張施銭四文」一宗羔老羊皮山羊皮　每十張施銭十文」一宗大小牛馬駝皮　每一張施銭四文」以上數條各宜遵照如有舖家躲奸隠匿」不遵社規者罸戯三天如有外行買賣存」皮者按社規振銭人名不遵社規者罸銭」五千文入社公用決不容情恐後生變立」牌永遠爲據」經理　興隆義　玉和永　協盛永　豫升恒　敬立」大清光緒二十九年三月　穀旦

（なお本社規に就ては笠木輝馬氏「蒙疆に於ける土俗信仰」頁七二―三に紹介されているが、誤脱が多いのでここにその全文を再録した。）

84 嘉慶十四年三月十五日」生皮社」覺迷津」（店舗名八名廿二）

右のうち1―10 15は石碑、11―14 16―56 58―66 82―84は匾額、57 67 75 77 78は、楹帖 68 74は廻避、69 70は瞽、71 79は香

爐、72は鐘、73は踏臺、76 81は祭壇、80は線香立てに、おのおの、刻銘され、または書付けられたものである。

C 玉皇閣所在資料

1 玉皇閣重建樂樓序

（本文略）

麵行總領　三合舖　常吉舖　闊麵舖　永順舖　永興成　興盛曹　萬盛興　興盛下　監造

乾隆二十七年歳次壬午律應無射月中浣穀旦

〔碑陰〕

施主舖號姓名銀兩數目開後」麵行（72）　銀匠行（8）　雜貨行（5）　店行（5）　碾行（5）　騾店行（4.7）當行（4）　銭行（3）　靴行（2）　皮行（1）　三皇社（1.3）　毡行（1）　馬　行（0.8）　餅行（0.5）　帽行（0.3）

（その他店舗名人名多數）（數字は施銀何兩　小數は施銀何錢を示す）

2 重修鍾鼓樓碑記

……本城麵行總領虔心起造立意重興扶摧殘之樑木……

麵行總領　德盛舖　廣玉隆　東盛有　雙隆舖　寶源成　永川號　常盛舖　大來舖」一　乾隆三十二年歳次律應姑洗月穀旦　（碑陰は文字不詳）

3 騾店行重修馬王廟山門碑記

……夫廟之爲靈昭昭也廟貌弗崇無以肅衆志門墻弗峻無以著神威……衲僧普禁者触目必傷菩提頓感會縣店行衆而言曰創造開自先民補葺望於來玆況乎蓄産蕃昌尤赫赫厥靈所庇廕於無窮者歟今日之事無容委謝也行衆於是慨然有志樂與相從……」經領會首　武承緖　鐵成貴」乾隆三十二年丁亥季夏轂旦

〔碑陰〕（店舗名約九十を列擧）

5　無思不服〔額〕」署歸化城蒙古民事府印務太原粮捕理事府隨帶事功加一級記錄三次富太老爺諱明公斷碑」大清乾隆四十一年歳次丙申暑月上浣轂旦立

〔碑陰〕

永垂不朽〔額〕」麵行奉斷遵行碑記」凡事必載之方策而後千年不能泯其跡必誌諸碑石而後萬世不得滅其踪如歸化城商工各自」應辦行事此亦不易之恒規也而蒸、籠、亦居百工之一藝斯土生涯者又屬繁多問之行中並無專」責每遇聽用蒸、籠、行事仍是麵行代爲辦理寔爲苦樂不均因而行中致訟公庭蒙」署本府富太老爺明哲公斷洞悉民情言各行俱有應辦之事蒸、籠、既係一行而爲何蒸、籠、行事麵行代」爲辦理只宜一行應辦一行之事不得再四推委以亂行規又　憲臺格外施恩念其籠、行生意微」細各署需用蒸、籠、以及修補籠、行永遠承辦無庸再議至於或遇大差所需甚多籠、麵二行公同辦」理不致悞公亦不得紊亂庶苦樂均兩行俱以允服奉行業已各具遵依在案麵行　田玉蘭等惟」恐年遠日久倘出奸猾之輩故意横行滋端有悞公事所以刻之於石以垂千載不朽云爾」朔平府左雲縣儒學增廣生員穆文龍書」總領　萬盛玉　永昇公　畢永舖　洪興榮興蔚隆　永盛常　富永舖　三合義」（署本は擡頭）（傍点を付した文字は、鈍器でつぶされているのを、判読したもの）

6　玉皇閣重修碑記」……麵行鄕總合同縣店諸行開緣募化……」乾隆四十九年歳次甲辰菊月轂旦

〔碑陰〕

雜貨行（100）　碾行（40）　細銀行（34）　酒飯行（20）　錢行（20）　當行（15）　帽行（10）　缸油行（10）　皮行

（8）　靴行施銀八兩二銭五分　（その他に屋號多數あり）（アラビヤ數字は施銀何兩）

7　玉皇閣籥樓重修碑記

（本文略）

經理糾首」麵行鄉總　豐隆泰　萬盛昌　元泰隆　大興榮　三義興　東盛當　四合義　永馨鋪」縣店行　大成店　忻定店　仁義店」大淸乾隆五十二年歲次丁未九月穀旦

〔碑陰〕

闔麵行　共布施銀二百六十兩」交城社　共布施銀六十兩」縣店行　共布施錢十貫文」細銀行　共布施錢十貫文」福興牛社　共布施銀一兩

8　新琢石獅鑄鐘碑記

（甚しく風雨に浸蝕されている。末尾に義仙社とあり。寄附者のうち、社会集団としては敬仙社捐銀五兩と見ゆるのみ）

大淸嘉慶十六年菊月

9　重修三皇殿觀音殿彩畫玉皇閣碑記」……今本廟大殿左舊有「三皇觀音」寶殿兩楹……有福虎社諸公殫一已之人力暨財糾闔郡之善人信士……」糾首十二社鄉總並本廟縣店社　義仙社　敬仙社　銀行社　交城社　福虎社　車店社」經理人福虎社總領　億春永　五合榮　恒裕永　義和舖」吳沖德　天泉湧　永成局　永吉昌　恒興染房　金谷園」大淸道光八年歲次戊子十月中浣吉旦

〔碑陰〕

今將闔郡諸行各社善人信士謹註芳名于後」醇厚社（60）　集錦社（60）　青龍社（50）　寶豊社（50）　福虎社（75）　當局（35）　集義社（16）　仙翁社（15）　榮寶社（9）　毡毯社（8）　衡義社（5）　馬店社（6）　義仙社（50）

敬仙社（4）　交城社（42）　車店社（22.4）　騾店市（20）　（他に店名多數）（アラビヤ數字は施銀何兩　ただし車店社は二十二兩四分の略）

10　百世流芳〔額〕」敬仙社公議碑記」蓋聞上古先聖治政有道所謂咱社藝業之人誠」仙翁祖師永獲福履享嘉無物可酧今集衆師公同相議喜捐貲財共成威擧整理社規毋致紊亂玆因」喜助布施姓名書註于扁如有從到來師長上工者須出布施錢如正用工之人布施錢三千文帮」工之人布施錢弍千文正用工之人每月工錢弍千八百文月兒錢一百文有帮工之人每月工錢」二千二百文月兒錢七十文如有外路徒弟學ニ擦手藝布施錢一千文時將月兒錢共入社會諷」經禮祀到期勿悞將若悞者罰錢五百文入社公用今有衆師傅公議所賺工貲俱要足錢之數下」可使用短錢如若不遵者曰後査出罰錢三千文亦入社會公用各宜愼之耑此謹啓」經理會首人　（李慶潤等人名廿八を列擧　各人施錢一千文）」大淸道光二十五年七月二十日立　（仙翁は二字擡頭）

〔碑陰〕

永垂不朽〔額〕」（個人名百七十五　内六十六名は施錢一千文　百九名は施錢七百文）

11　流芳百世〔額〕」長寿平安社碑序」蓋聞好善樂施端賴　仙靈之默佑求福遠禍莫若　神會之扶持赫赫厥靈所　庇蔭於小民者其廣歟玆因同治十年二月間」玉皇閣廟内大仙靈應顯著普済羣生於是在城各宝店以及居民人等慨然有志仰答神庥始則開緣募化繼則効力論財各抱」厥誠共襄盛擧立定長壽平安社每年三月初二日在」大仙位前設供献戲三期以報　神惠以保平安並因同行在此凡有擧目無親者往往病故而無葬埋之處觀者目擊而心傷行」人搔首以踟躕是以社中商酌購覔義地安埋旅櫬以免枯骸暴露前人創之於始後人繼之於終惟自立社以來十有餘載並」未勒石誠恐久後湮沒擾亂社事今幸本行人等不吝捐輸各捨資財懸掛額樹立貞珉以垂久遠此後」神明照鑑仍降無疆之福闔社興隆永沾保護之恩前興後繼以誌不朽云爾」經理人　白玉光　李奪　王九漢　皆仝　陳思忠　李奪魁　楊恒春」光緒六年歲在庚辰姑洗之月

穀旦」（玉皇は二字、神明および大仙は一字の擡頭となっている。）
名垂千古〔額〕」今將捐資各宝店芳名開列於左」（個人名のみ百八十九）
〔碑陰〕

12　萬善同歸」縣店社布施碑記」
從來好善之心不容湮沒樂施之念有待表章我縣店社於熙康乙未歳創建」玉皇大帝」馬王神過殿三楹及乾隆三十五年已
重修矣玆因歷年既久風雨剝落仍復出貲修理四」方縣客亦樂爲贊助今將一切布施載諸碑陰是爲記」經理人」福泉店
泰和店　福榮店　德隆店　謙益店　源慶店　魁義店」劉來玉　郝守善」道人住持孫教淞」大清光緒十年歳次甲申仲
夏之月穀旦（玉皇大帝は三字、馬王は二字、抬頭）
〔碑陰〕
永垂不朽〔額〕（以下施錢の店舗名人名九十一あり。その鄉貫を記したものの中には、　祁州　忻州　崞邑　阜平　定邑
蔚州　靈邱　殺虎口　右玉　代州　渾源　繁峙　左雲　武生　などがある。）

13　神光普照〔額〕」縣店社重修過殿碑記」（本文略　C12と相まつべきもの）」大清光緒十年歳次甲申仲夏之月穀旦
立
〔碑陰〕
（右の建築に要した支出の細目を表示す）

14　盖諸神靈有感傳萬代之妙……敬仙社買辦公燈一堂神前之成也助社事之名衆人名開列於後……」（個人名九十六人を
列擧）」經理人　張玉福　徐福　李珠　劉大長　叩敬」光緒二十二年七月穀旦　敬仙社

15　重修玉皇閣過殿碑記」……商於縣店行糾首募化十方……」經理人糾首縣店行」晉魁店　永成店　東西忻定店　順成

店　泰臨店　大成店　洪福店　廣成店　□□店　泰和店　大順店　廣聚店」大清光緒二十五年歳次已亥秋九月

〔碑陰〕

（皮行社施銀四兩のほか、いずれも屋号が寄附者として列擧されている）

16 萬方保障」徳合榮　和順興　湧泉龍　源徳魁　恒裕泰」雍正四年六月吉立

17 光緒九年歳次癸未荷月重修」麵行　□榮　郭進元　賈繁倫　化承武」永佑遐隅」徳合榮　和順興　湧泉龍　源徳魁　恒裕泰」大清雍正八年玖月吉日穀旦

18 福被萬靈」麵行」王備泉　馬新偉　劉作舟　王盛玉」雍正玖季孟冬穀旦立

19 聖徳垂慈」銀行弟子」（李火良など廿六名）」雍正十年玖月穀旦

20 離宮正氣」平安社糾首」（屋號名十三）」乾隆癸亥季春

21 庇佑騆騆」騾店社」大興店　大生店　汾州店　順盛店　□□店　忻定店　晋魁店　永昌店　泰□店　通順店　劉廷□」叩」乾隆十六年季春穀旦

22 恩覃萬牲」福慶駝社糾首」王玉泉　任廷瑤　於鳳翻　劉琭　趙紹虞　趙弘毅　孫打□□　根獨罵色令」謹叩」乾隆三十年

23 神恩廣覆」銀行弟子」（王成など二十九名）」乾隆三十一年小春

24 治世聖人」乾隆歳次丙戌菊月」豊盛元　西同仁　萬盛齊　福成園　同泰號　興□□　天香館　恒義店　萬金連　大興恒　源盛景」三皇社會首謹叩

25 玉皇閣」麵行總領」合興盛　聚星號　大興永　四合□　隆順號　恒盛義　豊盛號　三合盛」乾隆三十三年十月初一日

26　仁育萬物」麵行總領」永興舖　恒泰隆　隆盛舖　源遠舖　永盛和　三盛舖　萬□□」敬」乾隆三十五年庚寅十月
吉旦立

27　蓋聞制度立法者本春秋之」大義賞罰公平所以誅其心」也大則治國小則斉家其次」麵行立社無論外州本縣親」疏遠近而規矩準繩毫不容」紊若也茲我麵行了戸甚重」人所共知理宜公同辦理不」意本行不斉毎毎夥行作敝」至於奸猾之家或飭非扞應」施之期將碾磨轉移□重偷輕」甚屬不合今郷總公議如有」添新去舊者理宜赴廟報知」行錢布施後補無疑倘有不」遵之家或遇總甲査出罰銀」參兩入廟公用其止外行安」膵苦貧小利者故犯如此査」出罰戯三朔決不容情所遺」者方顯行中元止爲因而將」牌懸至社房以免世人之意共」乃永垂不朽云爾」麵行郷總　常盛舖　隆盛魁　興隆永
廣興順　隆盛源　全盛舖　萬成魁　興隆舖　公立」乾隆四十三年戊戌　月穀旦

28　雙腕神巧」銀行弟子叩」（程大遠ほか七十五名）」乾隆五十九年甲寅孟夏

29　托佑彌芳」敬仙社社首公立」重修經理人　（李枋など十八名）」（別に人名八十一名）」同治十一年八月重修　嘉慶
八年九月穀旦

30　敬仙社會首等叩」王永智　梁士章　曹錦　吳正邦　同斉　王永如　張山虎　譚煥明　寇興成　劉廣亮　李萬盈
楊聚亮　靳道德」嘉慶十五年孟秋

31　敬仙社會首等叩」楊路　靳章　喬英　孫俊　王保　張錦　張全　張悅　張永安　武世有　張玉喜　張峻山　安富
□　楊勤業　□頭順」嘉慶十五年庚午孟秋

32　惟神有感恵澤照於九州茲因」三皇聖祖舊有聖廟……年遠日久塵垢汚」壞奈我敬仙社會首人等樂輸資財葺□」彩殿金裝聖像今將出過佈施之會首人」等落書於匾於是不沒焉耳」（善士の人名百三十九名）」敬仙社」嘉慶十五年歳次庚
午孟秋穀旦

33　福虎社鄉總叩」三界帥」混元祖」·萬春永　四合隆　天成泉　福合成　天興魁」大淸嘉慶二十二年丁丑六月」（二枚の額に分割）

34　治世始祖」三皇社會首啓」永和公　義成榮　福合成　恒慶川　復合盛　義忠軒　通盛當　大生號　異永舖　興盛館　聚合成」大淸嘉慶二十五年菊月

35　德鎭西□」福虎社鄉總等敬」献」恒順舗　德和永　義成興　大順長　和順興」道光三年菊月吉旦

36　統宇宙」包萬象」福虎社總領等敬」興盛公　西合長」天興雲　德合成」大淸道光四年九月吉旦（二枚の額に分けて記さる）

37　廣宣德化」大淸道光四年孟春月穀旦」（人名五十二）」敬仙社

38　永著神功」大淸道光四年孟春月穀旦」（人名五十一　但しC37の人名と重複せず）」敬仙社敬

39　奏春陽」歌白雪」道光七年歲次丁亥暑月上浣」新同源　全盛公」天盛玉　三□舗」福虎社總領等敬」（二枚の額）

40　立極聖人」道光八年菊月」闔郡公立

41　聖稱其德」道光八年淸和月」車店社謹敬」經理人　增□店　□川店　叩

42　神化通徵」道光九年乙丑」濟生堂」羅有珠　黃義財　石誌芳　李玉珠」叩敬

43　萬昌是類」大淸道光十年桂月中浣」隆順永　源成舗　南義合長　四合昌」福虎社總領等叩

44　相冠」九天」大淸道光十一年六月」四合隆　福合成」恒昇裕　天義生」福虎社總領等叩敬　（二枚の額）

45　百靈昭感」大淸道光十四年九月中浣」興隆魁王建中　永興泰張純　宏慶源李占元　長盛功李文開」福虎社總領等叩

46　萬物」資生」大淸道光十五年菊月」永興魁　湧泉龍」復興恒　義成生」福虎社總領叩敬　（二枚の額）

47 神普欣悦」福虎社總領等叩敬」萬通永王宣　豊盛局郭昌玉　廣順恒李成元」道光十六年菊月吉旦

48 唯天惠民」義和舗　天興魁　德盛榮　興盛公　廣興成」道光二十一年歳次辛丑荷月中浣

49 道貫無上」福虎社鄉總等叩敬」靜和盛　福合成　信成永　福順成　慶盛揚」道光三十年中秋月

50 立極」聖人」咸豐元年夷則月」公義茶社叩敬」大成同　新吉盛魁　義和成　范茶舗　復順堂　殷寛」（二枚の額）

51 滋畜繁息」騾店鄉總敬」大順店　增盛店　福泉店　恒盛店　享泰店　集義店　宏順店　增福店　萬榮店　協成店
晋魁店　合意店」大清咸豐元年二月穀旦

52 車店社」咸豐三年四月初四日公置

53 靖民則法」咸豐五年乙卯」總甲」德順增　天合成　集成鈺　天發永　廣合成　玉成永」榮豐社總甲等敬刊

54 萬世師祖」光緒元年敬仙社等叩　會首重修」咸豐十年孟秋

55 荷神之庥」福虎社總領等叩」義和興　晋陽樓　德合隆　復順成」咸豐十一年荷月穀旦

56 萬古不磨」福虎社鄉總等叩敬」福隆昌　享泰德　源成麵舗　□合長　和興成」同治元年菊月

57 孚佑商民」醇厚社(25)　聚錦社(25)　公錦社(25)　寶豐社(25)　青龍社(20)　當店(20)　集錦社(5)　威鎮社
(5)　仙翁社(5)　毡毯社(5)　聚仙社(3)　馬店社(3)　榮豐社(30)　銀行社(45)　車店社(40)　義仙社(40)
敬仙社(30)　公義社(20)　公和社(20)　福虎社(110)」福虎社經理　復泰興　恒順舗　慶和泰　興隆榮」同治二年
（數字は施錢何千文）

58 不意其初」同治二年八月穀旦」義盛泰　范茶舗　大同成　義和成　吉盛魁　福順榮　興茂林」公義茶社叩敬

59 元神默運」銀行社衆字號敬叩」世美昌　天義功　天福和　享泰□　三合永　廣成全　楊銀舗　會錦樓　萬金樓
聚成源　興盛公　福元樓　萬福□　南萬福禮　興隆和　復興樓　萬元樓　永益泰　北金景魁　天寶樓　冊興樓　享

盛和　元恒□　復和永　永興瑞　義成金局　南金景魁　萬成和　興盛樓」大淸道光三年荷月穀旦

60 雲應索崙」銀行社衆師徒敬立」（郁生塘ほか四十六名）」大淸道光三年季夏穀旦

61 功偉聖作」銀行社衆師徒敬立」（姚福ほか四十六名）」大淸道光三年林鍾穀旦

62 聖恩浩蕩」福虎社總領叩」永盛隆　湧泉龍　天裕成　永福泉」大淸同治六年荷月

63 神德時昭」福虎社鄕總叩」協成永　信義永　信誠永　天意正　義和隆」同治七年荷月

64 忠義極」福虎社鄕總叩」協成永　信義永　信誠永　天意正　義和隆」同治七年荷月穀旦

65 參天地」福虎社鄕總叩」協成永　信義永　信誠永　天意正　義和隆」同治七年荷月穀旦

66 宣德」昭恩」大淸同治九年荷月穀旦」福順成　和順興」天義泉　廣和興」福虎社總領叩敬

67 恩被三界」大淸同治十年四月」經理」源合泉　永吉昌　義新湧　德盛泉　天生湧　復興泉　源成湧　德和湧　永
成德　復泉湧　昌盛泉　泰成泉　天勝泉　湧泉茂」義仙社叩敬

68 □□」飛昇」同治十年暑月」中興泉　豐裕德　慶盛揚」天合公　永和泰　興義森」福虎社鄕總等

69 蓋聞經營創造於前整理補修」必需乎復本社有」玉皇」三皇　火神　馬王廟兩層歷年久遠……」我鄕総邀同闔社公
議補修」於三月初旬……所有布施」費用等項詳列於後是爲記」計開」騾店社(150)　車店社(100)　義仙社(60)　榮豐
社(50)　銀行社(40)　聚仙社(30)　大仙社(30)　公和社(20)　公議社(20)　福虎社(520)」一宗……(支出細目表略)」
經理福虎社鄕總」□□永　復興湧　義合長　德合榮　興順泉」謹叩」大淸同治十三年孟冬之月穀旦　(數字は施
錢何千文)

70 高步」淸虛」福虎社鄕總等」天義公　興隆永　和興成」永義泉　德茂永　池木舖」光緒三年菊月吉旦

71 共沐神庥」光緒五年菊月穀旦」永恒成　天慶亭　興泰成　天隆魁」福虎社總領等

72　徳被蕐生」光緒六年八月」康和泰　天興徳　元順生　萬泉湧　統泉隆」福虎社郷總等叩敬

73　偲靈永護」光緒庚辰年」（屋號名廿四）」長寿平安社叩敬

74　（山門等の重修の次第を記す）」計開」福虎社（45）榮豐社（18）車店社（15）銀行社（15）長壽平安社（15）騾店社（15）義仙社（12）長□勝會（7）敬仙社（4.5）公和社（4.5）公義茶社（3）」經理人 福虎社 車店社」光緒七年歲次辛巳九月初九日吉立」（數字は施錢何千文）

75　臨下有赫」騾店社叩敬」魁義店　徳隆店　福榮店　福泉店　泰和店　謙益店　源慶店　永益店」大淸光緒十年仲夏之月穀旦

76　騾店社叩敬」□監在玆」源慶店　徳隆店　福栄店　福泉店　泰和店　謙益店　魁義店　永益店」大淸光緒十年仲夏之月穀旦

77　福虎社」大淸光緒十年歲次甲申仲秋穀旦」總領　天義泉　中興泉　興茂永　意生徳

78　大徳」洪恩」光緒十一年菊月」富徳民　慶盛楊」萬成永　福盛源」福虎社總領叩敬（二枚の額）

79　南海」光緒十四年榴月」騾店社同敬」經理人　蘭名昇　郝守善

80　萬聖錫庥」光緒十四年六月穀旦」益泰泉　和泰興　四盛祥　永和新」福虎社總領等叩敬

81　聖稱其徳」福虎社郷總叩敬」雙泉龍　徳和榮　復興湧　復盛魁　恒豐徳」大淸光緒十五年九月穀旦

82　徳濟蕐生」光緒十八年菊月」慶盛揚劉正　興泰成□旺　萬星榮賈究年　元隆魁張儒　源聚厚戴凌貴」福虎社郷總

83　蓬萊偲境」光緒二十三年三月上旬穀旦」東新店　北棚店　南棚店　西轎夫店　道轎夫店　西車店　南車店（など屋號廿九）」長寿平安社公立

84　聖徳廣被」福虎社郷總」天義公　萬成永　富徳元　徳慶榮　天興奎」叩献」光緒二十四年暑月

85 神靈默佑」福虎社總領叩敬」復興湧　廣順成　慶盛揚　天合功」光緒二十五年穀旦
86 萬物資生「光緒三十年歳次甲辰嘉平月穀旦」郷耆　復泰祥代縣閻誥　西盛店崞縣李峯　三和新祁縣李峻山　元盛
當忻縣劉坊」十五社總領等薫沐叩敬
87 馴致其道」福虎社總領敬」昌興隆馬銑　元聚厚邢殿欽　蔚和成邢萬成　萬盛長梁宏遠」中華民國十二年瓜月穀旦立
88 德惠群生」福虎社總領等敬」意生德楊德祿　萬享成馬登昌　吉善堂張善德　德義成趙威」中華民國十三年巧月
89 保佑群生」中華民國十五年十二月日立」正總領　天義公冠榮富」副總領　義生泉周秉仁　慶隆茂朱殿臣　復合
公任瑞」會董　德和興趙進智」代表　四馨馨張達如　萬盛源李夢說」福虎社等叩敬
90 神賜全機」福虎社等叩」正總領　興泰成張如成」副總領　萬慶恒王世德　義和公聶振業　聚盛馨張培山」代表
天義公王國珍　義生泉周秉仁　昌興隆馬銑」會董　王寿山」民國十六年十月
91 謹將重修玉皇閣門墻門樓」及舞臺房頂等處需用工料」各費開支逐宗款項詳列於」後俾衆周知」入　縣店社四十七
元　銀行社四十七元　義仙社三十七元　車店社十五元　福虎社二百六十二元一角伍分」經理人　德中誠　瑞和誠
義和恒　慶和祥
92 玉皇閣」中華民國十七年菊月重修」福虎社總領等叩敬
93 惟德是輔」民國十八年葭月穀旦」天裕恒郎逢年　和合成聶秉生　興茂永程光　廣興長梁海泉　福虎社總領等合叩
94 (観音廟の山門戯楼などを補修した事を述べた後)」入　縣店業公會四十五元　車店業公會十五元　敬佬業公會十元
染業公會十元　首飾業公會三十元　麵業公會一百六十四元七角」經理人　廣興遠　義合源」代表　郭承茂」同啓」
中華民國二十四年仲秋月穀旦
95 凌霄宝殿」福虎社郷總等叩」廣興泰郭永茂　福德長劉佐業　和順永王松　義和生李廷選」德興長」成吉思汗紀

元七三二年
96 □粲雲霞」麵業公會經理人叩」萬盛源徐光耀　三合全王化南　慶隆茂朱耀麗　同和泰卜占祥」成吉思汗七三四年
八月立
97 蓋聞善人是富固賴神靈之庇」佑向建廟宇神應索福德之宏」大我縣店行在玉皇閣歷年以」大無月初二日在此辦理社
事」康熙年間原係縣店行修盖□殿參」間風雨剝落我行人等不忍坐視而今重」修殿宇粧飾全神煥然一新于是功」程告
竣萬善同歸而人心皆無二□故仰」聖德於萬世荷神庥於千載惟是共功同傳不朽」縣店社經理人　福泉店　泰和店」永
盆店　魁義店　德隆店　福榮店　謙和店　源慶店」叩敬」住持孫教法」今將一應花費開列于後」（以下略）　（なお
ここに記された會首の屋號が、C75・C76に見える會首と一致するので、年代を光緒十年と推定し得る）
98 社房」縣店社 銀行社 公立
99 麵行社」乾隆二十二年六月置獻
100 麵行」總領敬獻」張如源　白崇成　李敬業　趙燁　杜成謨　□雲福　王廣均」乾隆二十三年十月吉日成造
101 福虎社」道光十六年桂月公置」總領　豐盛局　萬通永　廣順恒」光緒二十二年總領」天順永　慶隆泉　興茂永
天盛泉」重修
102 盆興泉　信義永　廣盛永　四合全」福虎社總領叩敬」道光二十九年八月吉立
103 光緒十四年五月穀旦」縣店社經理人　蘭名昇　郝守善
104 光緒十四年榴月」縣店社同敬」經理人　蘭名昇　郝守善
105 光緒二十二年六月穀旦」福虎社」總領　慶龍泉　天盛永　興茂永　天順永」敬
106 光緒二十五年穀旦」福虎社總領叩敬」復興湧王午　廣順成黃瑄　慶盛揚劉正　天合功陳維榮

107 光緒二十七年穀旦」　福虎社郷總　意生德冀煥元　永盛隆劉隆　恒裕泰孫維堂」叩敬

108 宣統二年六月穀旦」　福虎社郷總」四盛馨　蔚和成　天裕恒　和泰成　永合成」敬

109 宣統二年公置」福虎社郷總　天裕恒　蔚和成　永合成　四盛馨　和泰成

1—13 15は石碑、14 16—98はいずれも扁額、99 101は香爐、100 102は鼎、103 105 108は祭壇、104 107は帷幕、106は幢帖、109は燭臺で、それぞれの銘文・記述・縫付である。又5の口を附した文字は、いずれも後に人爲的に刻みつぶされたが、漸く判讀し得たものである。又33 36 64—66 70 58 89 95 100 102 107は玉皇殿内、5 10 77（左廊）98（右廊）は玉皇殿前、62 63 71 72 81 82 84 99 101 105 106 108 109は三官殿内、18 21 22 27 35 41 43—45 49 55 56 69 73 78 80 83 86—88 90 93 96は三官殿前、14 26 30—32 40 42 50 52—54 58 67は三皇殿内、9 20は三皇殿前、79 103 104は觀音堂内、19 23 28 59—61は聖母殿内、1—3 6 7 9 15 20は碑閣、29 97は奶奶殿内、12 13 16 17 48 51 75 76は奶奶殿前、39は樂樓内、8 11 24 25 34 37 38 46 57 68 74 91 92 94は山門内外に、現存する資料なのである。

三官殿には天官地官水官の神位を置き、三皇殿には天皇地皇人皇と軒轅聖祖・梅仙翁葛仙翁の両種の神位があり、聖母殿には金花聖母の神位のほか、銀匠社・銀行社・銀行勝会の名を入れた祭具を多数おいている。

D　魯班廟所在資料

1 「□修魯班〔額〕」（本文判讀し得ず。經理には雲中郡　杞縣　保定府　太谷県　介休縣　楡次縣　崞縣　定襄縣などの郷貫を冠し、個人名廿四をあぐ。年代は乾隆十五年十月とあり。碑陰も全く不詳。）

2 「魯班社新建樂樓碑記」（本文略　經理人として屋號と個人を含めて約六十をあぐ）」乾隆四十七年歳次壬寅榴月」（碑陰は保元社施銭一千文　金爐社施銭八百文を含み、他に屋號名個人名六百五十）

3 （重修碑）……嘉慶乙丑山門牆垣傾頽殊甚目擊心傷奮然有重修之志敦請合社人等公心義舉莫不欣然而樂從量力捐

資……」（經理人　個人名七）」大清嘉慶十年仲秋月上浣」（塗込めた碑で碑陰なし」

4　（重修碑）」經理人（個人及び屋號廿）」道光七年丁亥林鐘月」（碑陰は個人屋號三百五十と、各々の寄附金額とを列擧）

5　重修魯班廟山門繪畫樂樓碑記」……我藝人不忍座視……」（經理人　屋號個人四十）」道光十一年（塗込で碑陰なし）

6　彩繪魯班廟聖殿東西廊房碑記」蓋聞廟因神而建神因廟而顯既創於前者尤繼美於後世謂常有典祀享禮之祭乎孰非謂立社之規」賴先師之靈佑天縱之巧平直方圓準繩之矩也如先師聖廟建於三官殿之右其來舊矣遡」年耒蓋牌樓置社房…我藝人立社之本亦可見先師良法之垂澤被無窮也……本社張玉璽等不忍坐視一念之誠感通遠方同社藝人各捐貲財……」（經理人（個人名八）」道光十四年……

〔碑陰〕（個人及び屋號六十四）

7　（重修碑）……今我魯班先師廟外新建旗桿一對適所以壯神之顯赫將見廟貌益彰何其威也以建壯觀何其鮮也……」會首」豐盛美　天義長　成立基　萬森金　義和成　聚元成　萬盛車舖　萬和成　西順永　永任森」協力玉　和成永　聚和公　永盛義　恒興永　謙茂義　義和石舖　聚興德　聚成德　常盛車舖」永和車舖　集義車舖　公和元　裕厤木店　池木舖　趙木舖　和合成　世興隆　劉石局　順義德　裕隆永　石通　李喜　吳發海　王光裕　趙永清　袁廷鈺　任倉　曾芝和　宋國興」天享德　合義車舖　福森泰　萬和永　三元成　德盛林　義源德　福義長　天義森　萬興德」大淸道光二十一年歲次辛丑林鍾月中浣

〔碑陰〕（屋號及び個人約三百）

8　重修彩繪魯班廟聖殿東西廊房牌樓山門拱杆樂樓碑記」……稽考原始建廟康熙戊戌年……古有巢子構木居舍後緒公輸子」魯班祖師傳藝術無窮焉……今之彩繪風雨剝落無色社首不忍坐視覩之邀請衆同社人聚集公議補修彩畫……社

毎年六月十九日酬神献戯慶祝勝會三期祈賜福澤無疆永佑康寧安靖奕」同治十二年癸酉孟秋穀旦」値年會首經理人」

福盛木店　萬林全　興義森　徳興玉　裕隆永　義成旺　天義亨　天和永　榮興號　福泰成　世興隆　徳盛公　豐盛美　王石舗」沈殿珍　李登科　范福元　石清秀　張永元　趙蟾　閻海金　宮榮廷　任敏和　張殿元　周守枚　李和竇忠愷　毀有倉」

〔碑陰〕（屋號個人二百二十）

9　（重修碑）（本文略）経理人」徳和厚　永興徳　復元永　福和木店　萬慶成　寶源永　會泉森　和合長　劉石廠興盛恭　世徳湧　玉泉湧　自立成　春和生」張萬山　呂發富　狄大志　李朝陽　宿鳳科　郝成書　張進生　李和牛進成　孫受田　郭照久　周宇梅　沈殿富　吳忠起」大清光緒十七年菊月上澣穀旦立」

〔碑陰〕（屋號百二十　個人五十を列挙）

10　神靈不變」（人名　漢人十七　蒙古人七）」雍正三年乙巳秋八月

11　百代良模」（弟子　人名廿三）薫沐叩」乾隆歳次丁丑暑月穀旦敬」

12　聖智兼備」嘉慶十一年林鐘月」経理人　豐盛　宝木舗　永車舗　徳車舗（他に七つの屋號の名をあぐ）

13　神靈顯佑」嘉慶二十二年花月」弟子（某）

14　巧定方圓」嘉慶歳次戊寅桂月穀旦」石行　劉石舗」松木行　魏木舗　三和玉　西盛永　義盛美　興旺木舗　廣盛興」車行　曹車舗　□盛車舗　長源泰　長盛路　永森泰」山貨行　聚海成　源聚成」外工　薛寛　高滿　邢廷珠關帛泰」泥行　謝起旺」謹叩」献

15　巧施材」嘉慶己卯冬月」弟子（某）

16　聖恩宣化」咸豐九年清和月吉旦」（武車舗など三十三の屋號）」叩敬

17　巧奪天功」民國十七年六月」弟子（某）

18　中華民國二十五年暑月上浣立」今將廿四五年修理大殿東西社房油畫山門一應花費」共合大洋二百六十四元參角」魚班社（屋號及び個人卅五）」正副會首　玉泉榮　三合義　同心漆舗　南德和森　玉和林　福玉森　萬森玉　新合森　德盛厚　萬森長　北德和森　和義森」叩敬

19　成紀七三六年六月穀旦」敬呈者本公會同人言談議妥重新修理油画」魯班先師大殿（中略）將各舗戸人名佈施花費人工等開列」於後之榜示」計開（本店・石廠・車廠・漆舖・卓椅舗などを称する屋號六十七、單なる人名三十七）

1—9は石碑、10—19は匾額である。

E　南茶坊廟所在資料

1　晉陽府增蓋山門碑誌（本文略　雍正庚戌菊月）

2　古豐州爲五花雜處之區　公輸子是郡匠所師之師人民」叢集勝事方興本社金爐於雍正拾年既建修」祖師聖廟投誠置献之攸紹斯二十年餘時既繁華人心大治」復建樂樓焉一以輝」祖師之靈感一以標本社之虔誠而告竣於乾隆二十年癸事」雖成於人力易制工實出於衆心皆同所有募化並本社佈」施者明列於左以銘不朽也矣」經理會首（人名廿四）」龍飛乾隆二十二年歲次丁丑孟秋渠月上浣　穀旦」

〔碑陰〕

金爐社衆姓施過布施開列於左（個人の人名約百五十）（本資料は笠木氏前掲頁八六七に一部の載録あり）

3　金爐社外化商賈布施開列於左」（略）」乾隆二十二年七月」吳眞社衆善各布施開列于後」（略）」火鏡閣行外施銀

二兩一錢二分」銅匠閭行外施銀二兩一錢二分」鐵匠閭行外施銀二兩一錢二分

4 楡次社重修樂樓碑序」（本文略）」乾隆二十二年歲次丁丑應鐘月」

5 店行社重修戯樓碑記」……我店行重推擇吉興工鳩材……」店行社糾首　（尙芝堇など個人十名）」乾隆二十二年菊月」

〔碑陰〕

店行社各施資財開列於左」（萬金店など店を稱する屋號七十九）」經理糾首　四美店　全盛店　至誠店　泰来永店　隆順店　順興店　公義店　天興店　興雲店　萬有店

重修南茶坊樂樓序」（本文略　乾隆二十二年）」經理會首　店行社劉有德　太原社王璉　晋陽社劉合盛　介休社李昌俊

〔碑陰〕（重修に關する收支一覽表）

7 太原社重修南茶坊樂樓碑記」（本文略）」（乾隆二十二年）」〔碑陰〕晋陽社(20)　太原社(15)　碾行社(10)　金爐社(10)　當行(7)　平遥社(9)　介休社(7)　雜貨行(2)」（アラビヤ數字は施銀何兩）

8 重修南茶坊戯樓碑記　（晋陽社で立てたもので、世話人は糾首と稱している。乾隆二十二年）

9 介休社重修南茶坊戯樓碑記」（本文略　乾隆二十二年）

10 金爐社修飾樂樓碑」……凡我藝作享其福者日當崇其報因於南茶坊創建廟宇……」經理糾首（屋號及び個人名十四）」吳眞社施銀六兩」乾隆二十七年十月孟冬

〔碑陰〕（人名百四十）

11 金爐社重修祖師大殿碑序」（本文略）」經理糾首　（人名廿八　他に右街釖舖を加え合計廿九）」乾隆三十二年九月」

〔碑陰〕

金爐社募化布施人名開列于左」（總計二百八十で、少數の屋號を交ゆ。又錫行　定繳行などがあり、ギルドとしてではなく個人が寄附しているのであるが、行の名の下に個人名を一括して記している）。

12　重修瘟神祠碑記」（本文略）」經理糾首（人名十六）乾隆三十二年孟冬

〔碑陰〕

今將十二行等外化客商號零星布施姓名開列於後」　襍貨行(86)　碾行(26.5)　店行(26.5)　麺行(13.5)　酒飯行(10)　當行(9)　靴行(7.7)　錢行(6)　帽行(5)　皮行(5.3)　毡行(3.55)　餅行(1.1)　淨髮社(4)　金爐社(2)」（他に同郷關係の社多數あり。アラビヤ數字は施銀何兩、但小數點以下一位は銭、二位は分）

13　店行社重修關聖大帝碑記」……歸化城南茶坊舊建有聖帝廟歲在乾隆辛卯陽曲太原楡次介休平遙店行合義等七社公議重修既竣店行人欲立碑以表誠敬……」經理人」隆順店　增隆店」廣昌店　恒興店　長順店　恒義店　五豐店　萬隆店　寿陽店　豫豐店　大有店　元興店　永隆店　泰来店　仁德店　豐泰店　合成店　景升店　悦来店　澓元店　祀縣店　至誠店」乾隆三十六年菊月

〔碑陰〕

今將各店布施開列於後　（店名八十五）

14　合義社重修南茶坊關聖大帝碑記」……乾隆庚寅辛卯間歸化城店行合義陽曲太原楡次平遙介休淨髮等社重修南茶坊聖帝廟各社捐資不齊亦多各立碑記合義社虔誠供厥執事又欲立石垂示……」經理人　（人名廿一）」乾隆三十六年霜月

〔碑陰〕　（屋號及び個人四百八十）

15　重修靈佑忠勇神武關聖大帝廟碑記「……」晉陽社經理人　（個人名十八）」乾隆三十六年九月

16 楡次社重修南茶坊碑記」（本文略）」乾隆三十六年菊月

17 平遥社重修南茶坊關聖帝廟碑」（本文略）」乾隆三十七年

18 金爐社増修山門碑記」……雍正年間建立祖師廟一所……因闔社公議欲恢宏其制遂各捐已貲共成盛擧……」經理人
（屋號五人　名四）」乾隆丙午孟秋」〔碑陰〕吳眞社　十一千文（ほかに個人と屋號二百七十）

19 南茶坊創修碑記」（本文略）」乾隆五十四年中秋吉日
〔碑陰〕
店行社（50）　碾行社（24）　義和社（13）　合義社（20）　酒飯行（8）　靴行社（5）　（其の他屋號多數、又アラビヤ數字は施銀何兩）

20 重修正殿圍牆金裝聖像建造山門戲樓碑記」（本文略）」糾首　十二行　上黨社　平義社　新舊鄉總等」嘉慶九年端月下浣立」
〔碑陰〕
綵貨行（252）　店行（126）　碾行（100.8）　當行（75.6）錢行（75.6）　麵行（72.8）　皮行（32.2）　靴行（32.2）　酒飯行（22.4）帽行（19.6）
毡行（19.6）　馬店行（11.2）　淨髮社（18）　合義社（15）　六合社（15）　義和社（5）　金爐社（3）　（其他縣社府社屋號等多數あり。アラビヤ數字は施錢何千文、小數點以下は同じく百文を示す）

21 重修樂樓彩畫山門碑序」……（太上老君）倣其金爐煉丹之形遂爲治器不易之法是以歸化凡業於金爐者共立有社所卽名之曰金爐……」經理人　（四達銀號　復興刀舖　このほか、金爐又は鐵爐を稱するもの等、合計三十五の屋號）」
嘉慶十七年菊月

〔碑陰〕　（屋號は銅舗　鐵爐　銀號　車舗等を稱する者を含め約二百、個人は別に約二百二十名）

22　六合社碑記」蓋聞祀典之興由於創始首善與先亦賴繼久之後之者也茲因歸化城南茶坊」六合社於乾隆歲次丙戌所設每逢八月朔日在」協天大帝位前設供献戲三期至今七十餘載矣前人各捐資財多寡不均今又無闔」境麵舖櫃上之人在內習學工藝不隨六行攤辦布施以致社規不整屢次爭端」今本社公議章程嗣後無論本社人等以及舖戶住櫃之人在內習學工藝者每」名各應送布施仍照舊例入社共勷聖事每歲舖戶住櫃之人不准充膺會首永」遠遵行勒石以垂不朽謹誌」經理會首（張九祥など廿一名）」道光十四年十月望日

〔碑陰〕

用垂永久〔額〕」特授歸化城蒙古民事府加五級紀錄十次格爲出示曉諭事案據六合社孟彥映闞善義游北柱」等公稟福虎社王國賓等三家違制栽害等情到府當經堂訊福虎社各舖戶向來僱覓工人」每磨以六斗爲規上粮斗數亦比較爲太其抄合送麵之家無小脚錢文近因六合社各工匠」人見東南北指麵繁多故與福虎社各舖相商思欲增長未□因而控案査此項脚錢八文」南麵小脚錢五文北麵小脚錢三文至六合社會本爲演戲酬神而設本府訪聞該社糾首日」聚社內難保不滋生事端亦斷令每年八月初一日起至月底正不准在於社內盤踞亦不准」常行赴舖滋擾以上各條定以明年正月爲始除諭飭福虎社各麵舖再不許私用大斗外合」亟出示曉諭爲此示仰闔屬商民併往来客商人等知悉自示之後爾等卽使一體遵昭毋違」特示」告示」押」右仰通知」嘉慶二十年十二月二十七日　實帖南茶坊　（協天大帝は二字抬頭、孟彥映等の人名は三行に割ってある。なお笠木氏前掲頁八九に本資料を掲げているが、碑の正面のみで、碑陰に及んでいない。）

23　流傳萬古」本郡大南西兩街合立平安社碑記」竊謂神恩無彊因人愈彰人心有覺謹祀莫爽此　聖人稱其盛德所謂如在其上如在其左右者信有然矣如」本郡南茶坊舊有」瘟神廟者不知創自何年敬仰殿宇巍煥　聖像赫然誠一郡之福地不亦四境之保障乎第歷年雖久歆享切寂寥殊」缺敬禮　神明祈福保安之道者矣此亦蚩蚩者罔習焉不察之故耳乙酉秋季瘟疫流行

延及丙戌冬間更甚以」致一郡皆不扶之氣四野盡憔悴之色愚等不禁猛然覺悟惶然悚懼於是糾合大南西兩街同人赴　廟虔
禱惟求」災消難退願立三期唱會歳爲成規永毋敢易仰瞻冥冥之中誠精自應赫赫之下有感遂通從此災疹漸消闔郡」安康
横厄徐除四野清寧則　聖德之庇佑蒼生固於此而益見而報享之明禋肅祀不更宜維豐而致厚哉猶慮」守成易創始尤難何
期樂善好施各有同心凡兩街之商賈居民莫不踴躍爭先傾輸皆財而共盛事勷也將見」崇德報功　神庥益彰秉誠致敬人心
彌覺最望後之君子黽勉從事乃肅隆儀於千秋無或廢墜庶明祀事於萬」古則　神享人安詎不長沐　恩波於光天化日之中
也媺所有捐過布施並花費諸項列款分晰於後以期家喩」戸曉衆目瞭然原始要終永垂不朽云爾」嘉慶中歳貢生候銓儒學
訓導樓煩張源薰沐敬撰」朔平府平魯縣儒學庠生韓嘉會敬書」

益美號　三元成　公信店　天明園　大盛泰
経理人　永茂公　德泰成　永順祁　德全永　履順源
萬春園　永和成　寶盛店　天德億

鉄筆匠　劉石局　劉萬成」住持　僧　覺悟　徒　昌桐楷　孫　隆岫岱」大淸道光七年歳次丁亥　賓下澣」

〔碑陰〕（集錦社施錢五千文の他、屋號二百個人八十の施銭名額表）（本資料については笠木氏前掲頁八七—八に紹介あり）

（瘟神は二字抬頭）

24

……祖師羅眞人神位維時康熙年間尙未崇祀建殿閒於雍正年間創建殿宇起立淨髮之社相沿以來垂今百十餘年矣乃爲
風雨所患廢瓦頽垣法像塵剝慘不□拂經理等因而追懷習其藝者必有所始之神人也傳術者世世之藝業也宜思惟康惟保均
賴神殿豈可不共不虔乾隆四十九年七月重修拜殿一間咸業福祐云爾自於道光十年二月立愿募化至七月擇吉重修興工彩
畫煥然一新又思立社以來每年七月献戲賽神只有舖戸每家各施布施五文積至期年以爲献戲之費嗣因費用不敷於道光十
一年二月復經理等公議與衆姓人名補化毎日毎人各施布施錢二文舖戸毎家毎日各共施布施錢七文亦至期年添入社中公

用以成盛事永垂不朽」經理人（人名廿三）」道光十一年中秋八月穀旦

〔碑陰〕

淨髮社今將合社舖戸人名開列於後　（屋號・堂名・個人名計三百七十五）

25　晋陽社布施碑記」（本文略）」道光十六年夏四月

26　補修瘟神殿山門廊房戲樓併新建耳台包頭房碑記」……住持僧隆納　首倡其事與潞府上黨社共議補修焉時上黨之糾首慨然應之曰廟宇不修焉能妥神靈耳臺不逮亦難助觀瞻於是協同大南西街平安社鐵行平義社咸出資……」上黨社平安社平義社經理糾首（屋號十五）」咸豐四歲甲寅桂月

〔碑陰〕

平安社(150)　平義社(50)　聚錦社(20)　淨髮社(12)　晋陽社(10)　義和社(10)　合義社(8)　介休社(5)　六合社(5)　金爐銅社(5)　金爐鐵社(5)　楡次社(3)　平遙社(3)　太原社(3)　醇厚社(2)　集錦社(2)　青龍社(2)　福虎社(2)　當行(2)　寶豐社(2)　仙翁社(1)　聚仙社(1)　集義社(1)　榮豐社(1)　衡義社(1)　威鎭社(1)　毡毀社(1)　馬店社(1)　（他に村落公社が極めて多數參加す）（アラビヤ數字は施錢何千文。）

27　義和社〔額〕」蓋聞創修廟宇乃功德無量自古尙矣然莫爲之先雖美弗彰莫爲之後雖盛弗傳今我義和社自乾隆四十七年起立向在廟內」設相至道光二十六七年在廟左修盖」軒轅皇帝祖師正殿三間……至咸豐七年始修牌坊重整山門一切修理齊々……」上黨社(10)　平安社(5)　平義社(5)　楡次社(5)　淨髮社(4)　聚錦社(5)　合義社(3)　金爐社(3)　六合社(2)　晋陽社(1.5)　介休社(1)　太原社(1)」經理人　段瑞　邱玉成　朱全旺」糾首（廿四名）」咸豐七年八月　（アラビヤ數字は施錢何千文）

〔碑陰〕

流芳百世〔額〕」社中規矩條例」*聞之事必有規而後功可成事必有矩而後業可久是規矩者凡」事之不可無者也規矩者何事之章程也我社中人多論雑不」立規矩將何以處之而使衆悦服也今我社中重整舊規使人」人心悦誠服循規蹈矩庶不至廢弛云爾」*閤社人等知悉茲因本社有先賢師所立屢有舊規每逢酬神献」戯之期人人勇躍共成勝事後因人心不古以致社事廢弛閤」社糾首人等不忍坐視從新公議設立成規每逢献戯之期案」上做活爲藝者每人出布施錢四百文地上爲藝者每人布施」錢二百五十文値年會首每人上廟錢四百五十文凡住舗學」藝並字號頂生意之人一概不究如有願挨者每人布施四」百文日後出舗爲藝者布施錢五百文凡泡皮之家不做生意」爲藝者布施錢五千文徒弟初爲藝者布施錢四百文凡有住」舗之人先以學藝未成希図者錢每逢春秋二季爲藝者布施」錢三千文至此凡各工有本社之人不論糾首不糾首各自稽」察上廟傳報如有本工之人不報社察出罰錢三千文入社公」用每逢五日派會首四名各工稽察如有狗情等弊本社察出罰」錢三千文入社公用當糾首者每逢傳社不到者羊燭五觔入」社公用如此將現虧空補齊仍照舊規布施錢対以上按街市」対以下按対錢數用如不遵者罰錢五千文入社公用后不爲」例爲此告知」咸豐七年中秋下浣（*は一字分の抬頭）

28　整立錢法序」　昔太公立九府図法所以輸國税平市價裕民財後人率由舊章五銖半兩輕重雖殊而運用孔方之法則十千萬貫必以足」數爲歸蓋數始于一終于十積而至于百千萬億類皆合算倍蓰務期滿數乃已其誰敢以少抵多記舊典以竊斯世乃歸化」城則異甚向來行使市錢每千祇缺四圜商民兩便法至善焉自錢行漁利雖弊行使短數錢文大壊成規致使銀價日昂百」物皆貴凡國計農需往來交易莫不掣肘從此雀角鼠牙屢次興訟雖蒙前上憲斷定良規歴有碑記案結可稽無如本社之」執事者趨公不敏停止抽拔遂致寶豐社鋊鑿雖盈仍蹈故轍行使短錢甚至以四十八文抵價百數是良法行則錢整而市」廛週兌雖通萬姓咸宜良法廢則錢紊而錢社肥已瘠人闔境被害今時錢數虧缺較前更甚矣商民扼腕不得已而復速我」訟幸逢　庚府主撫奉　將軍　道憲鈞諭洞悉情弊力挽頽風斷令聚錦社用錢之家向寶豐社該價之戸　逐日引兌抽」拔搬取現錢每舖付給一千不越二十千之數庶幾索需者不至勒逼負累者不至抗違焉夫錢固以至四底足數爲止而抽」拔者永無休息存卷在

案各社翕然稱善然是法也惟憲天淸正廉明力除錢社貪婪之弊乃可能行之不廢耳且恐後日鄉總」玩法疲公祇爲具文因公
議勒石俾後之覽者亦將有感于斯文而繼繼繩繩永遵善政于勿替云」惇邑　壬子科擧人　廍麗五　撰」惇邑　樓煩居士
丁鶚鳳　手書」鐵筆匠　劉萬忠刊」住持僧隆岫岐　徒能湧深溪」

鄉總　德合店　萬泰店
　　　德興店　萬裕店　德和店
甲頭　協昌店　元興店
　　　乾和店　天德店　東昇店
　　　德盛店　和盛店

大淸咸豐十年歲次庚申榴月　聚錦社公勒（本資料については笠木氏前揭頁五二—三に紹介あり）

29　南茶坊補修瘟神殿碑記　（本文略。平安社上黨社平義社の主催。經埋糾首は屋號十六軒となっている。）同治三年五月

〔碑陰〕
平安社(266)　平義社(45)　醇厚社(20)　集錦社(25)　聚錦社(25)　寶豐社(25)　靑龍社　(20)　福虎社　(20)　當行
(20)　集義社(5)　威鎭社(5)　榮豐社(5)　仙翁社(5)　氈毯社(5)　騾店社(5)　衡義社(2)　義和社(20)　聚錦
社(15)　晋陽社(10)　六合社(10)　合義社(10)　淨髮社(10)　金爐鐵社(5)　金爐銅社(5)　公議社(5)
（この他に農村の村落公社多數あり）（アラビヤ數字は施錢何千文）

30　嘗思通憲達變聖賢之經濟因時致宜俊哲之處世也緣我社爲四鄉農民代辦往來差車歷有年所從前每斗拔錢一文足敷」
所用但自軍行以來需車浩繁所拔斗脚錢文不及車價十之一二以致社中墊欠甚多散戶怨焉總領憂焉無奈據實呈明請」事
府憲蒙　恩批准在案旋卽出示曉諭飭令每斗再增拔錢貳文俟軍務告竣還淸墊欠仍歸故款本社依然遵辦農民亦」無異

言第恐代遠年延告示無存時過境遷口説無憑爰勒之石以垂不朽焉敬將　府憲示諭恭勒于右」儘先補用府正堂歸化城蒙古民事府加七級隨帶加六級紀錄十一次庚爲」出示曉諭事照得本處支應一切差車向係聚錦社代四鄕農民辦理凡農民入店糶粮各粟店每斗拔錢半文總交該社總」領存公如遇需用應差車輛傜拔時價僱除按套給發官價外其不敷價値該總領卽由拔存斗脚錢文內賠補嗣於咸豐三」年間因奉調綏遠歸化兩城旂蒙綠營官兵需車較多抽拔之錢不敷應用前總領震光景等稟請前府曉諭飭每斗增拔錢」半文共拔錢一文以資應差而還墊欠歴經照辦在案玆據聚錦社總領永積店武懷義　復興店康炳垣等稟稱本處自同治元年陝甘逆匪滋擾」以來屢次調遣各處官兵防勦因西南一帶驛路阻滯均繞道歸化行走支應差車十倍於前而所拔斗脚錢文不及車價之」一二伊等恐悞公事卽經竭力墊辦惟現在虧累多多無從籌補懇請曉諭農民嗣後入店糶粮每斗再增拔錢貳文前後共」拔市錢三文庶可彌補墊項並傜凱撤官兵應車之用免致臨時貽悞等情本府査近年來因西省逆氛鼎遑征勦調防兵差」絡繹所拔農民糴糧斗脚遠不敷支差車價該總領等所稟承辦掣肘等語自係實在情形應卽准如所懇辦理除呈批示外」合亟出示曉諭爲此示仰閤屬農民並各糧店等知悉自本年六月起凡四鄕農民入店糶糧者每斗一體增拔斗脚錢二文」前後共拔錢三文仍交該總領收存傜僱凱撤兵車並補還舊日虧缺一俟車務告竣歸淸墊欠之日仍照旧章辦理各宜凛」遵毋違特示」右仰通知」大淸同治八年六月初三日告示」押」聚錦社公立

31　金爐社重修建造彩畫補葺殿宇社房碑誌」太上老君魯班祖師吳眞祖師之廟大殿三楹東西社房稽考始創立社於雍正年間至今二百餘年屢歲補修風雨淋落彩畫更不整齊社首不忍坐視覩之今於同治八年春季公議重修……」經理人　德聚億　二合爐　東月爐　發元爐　四明爐」大淸同治八年九月下浣

〔碑陰〕

（屋号及び個人百五十二）

32　金爐鐵社金爐銅社公議社吳眞社四社重修廟誌」……四社會首不忍坐視於同治八年春季邀衆聚公議募化……」聚錦

社(30)　義和社(10)　合義社(10)　平安社(10)　淨髮社(10)　六合社(5)　平義社(5)　公義刀剪社(5)」經理人」金爐社　東月爐任天財　二合爐李生祿　曹鉄炉曹瑛　兪鐵爐犇富」金爐銅社　德聚億彭緒財　協和生辛萬年　敦盛永李崇文　天義成王永發　三聚德韓如富　豐泰魁薛士魁」公義社　逮貴邦　尙德貴　慕永旺　孟秀衣」吳眞社王福官　朱之盛　南道榮　曹英　高宇」同治九年六月

〔碑陰〕

公義社　金爐鐵社　金爐銅社　各施錢二百八十七千零三十文」吳眞社　施錢百四十三千五百十五文」

（アラビヤ數字は施錢何千文の略、たとえば(30)は施錢三十千文を示す）

33　「重修南茶坊瘟神廟正殿山門樂樓碑記」（本文略）」糾首　平安社上黨社平義社」經理人　永和號福盛號三盛號」光緒十七年六月下浣

〔碑陰〕

醇厚社(12)　寶豐社(6)　集錦社(6)　福虎社(6)　木店行(5)　聚錦社(4)（以上は施銀何兩、以下は施錢何千文）淨髮社(12)　金炉銅社(8)　金炉鐵社(8)　公義社(8)　六合社(7)　義和社(7)　合義社(7)　吳眞社(4)（他に屋號多數）

34　「淨髮社重修祖師殿碑誌」蓋聞歸化古豐州之地淸國安邦傳留普天下通行淨髮是我等淨髮藝術之家屢試根深葉茂闔郡人」等情愿協力同心並力合成意乘虔心共成勝會從康熙年間意誠雍正年間立淨髮社今在南茶坊」每奉七月十三日聖誕之辰恭祝共俸」大勢至菩薩道法號羅眞祖師護佑羣生祈保平安遇乾隆年間建蓋東殿三楹祈福殿宇輝煌人傑」地靈千古跡神恩浩蕩民安物阜萬年淸緣至道光年間重修彩画煥然一新至今五十餘年天雨淋」漓風雨飄落墻垣坍塌漏壞神像本社新旧糾首不忍坐視協同闔社人等知悉人心一齊動工……」經理人　（冀泰吉ほか六名）」光緒十二年六月吉立

〔碑陰〕

今將舗戸人名開列於左」（榮徳堂など堂名のもの四十二）（個人名八十二）」（別に個人名七十七）」閤社公立　（笠木氏前揭頁八五参照）

35　祖師廟」雍正十年菊月」乾隆五十年榴月重修

36　道德垂慈」經理　金炉社吳眞社」雍正十年菊月

37　萬代宗師」銅鐵匠兩行」雍正癸丑孟秋

38　金炉社」會首等」雍正十三年仲秋吉立

39　神功浩蕩」義勝社經理會首」（屋號及び個人名三十九）」乾隆三十七年歲次蒲月

40　與天地參」合義社糾首」乾隆四十二年端月」（人名十九）」

41　道德昭明」金炉社」乾隆四十三年孟秋

42　千古丈夫」店行郷總」四合店　同心店　恒聚店　永福店　陽和店　仁德店　義成店　聚祿店　公泰店　公信店
復興店」乾隆五十年桂月

43　吳眞社」油画行公立」乾隆五十一年中秋立

44　永沐仙傳」吳眞社衆弟子謹叩」萬像奇　萬像魁　高木舗　趙發　銀□　眞像図　正西局　黎儀　萬共齊　王亮
薫尙萬　趙登高」乾隆五十二年孟冬

45　法戒昭然」九社補修南茶坊廟」店行社(50)　晋陽社(50)　介休社(25)　太原社(15)　義和社(13)　楡次社(12)　合
義社(10)　平遙社(6)　浴髮社(6)　上黨社(3)　金炉社(3)」乾隆六十年四月（アラビヤ數字は施銀何兩）

46　德合天地」嘉慶二年六月」義和社糾首」（人名廿六）」仝叩

47　眼下春秋」六合社公立敬」經理會首（人名十二）」（他に廿四名）」嘉慶九年夷則月

48　重修山門戯樓記」（本文略）」　聚錦社（施銭八千文）　集錦社（施銭五千文）　青龍社　福虎社　當局　寶豐社（以上はいずれも施銭一千文）」威鎮社　集義社　六合社　仙翁社　合義社　金爐社　淨髮社（以上は施銭五百文）」（他に屋號多數）」嘉慶九年六月

49　文武聖神」嘉慶十年丑月」義和社糾首」（人名二十六）

50　春秋之法」聚錦社郷總」奎隆店　永盛店　源隆店　恒盛店　源成店　增盛店　德聚店　壽陽店　陽和店　聚錦店　文興店　豐泰店」嘉慶十年孟冬月

51　巧奪天工」公議社」嘉慶二十二年六月上浣

52　聲濤韻□」合義社經理人等叩」和合樓　廣和樓（この他に個人名で三十人）」嘉慶二十四年孟夏

53　德流千古」合義社會首等敬」（屋號十七）」嘉慶二十五年瓜月

54　義衝九旻」合義社會首等叩敬」（屋號十七、ただしE53と同一の屋號）」嘉慶二十五年瓜月

55　妙繪乾坤」吳眞社叩」道光元年桂月

56　公議社重修厨房牌序」（本文不詳）」道光元年

57　眞傳萬世」金爐社」道光二年荷月

58　參天地」合義社經理人」眞味館　永香館　楊青泰　呂祿　韋直　趙金　賀財　晋和居　杜大發　李元和　閻希金　王立誠　關茂　路通　韓珍　龐廣裳　王發」道光三年五月吉日

59　陳其地」義和社會首等謹叩」（人名十四）」道光四季桂月吉旦

60　參天地」淨髮社糾首叩」武天泰　王宏昌　董祥　王萬祥　張君富　趙祿」道光四年菊月

61 賛化育」淨髪社料首叩」王喜福　謝達　胡致遠　李生林　劉榮　胡福智」道光四年菊月

62 極其天」義和社會首等謹叩」義成公　義成興　恒勝號　趙廷棟　董發金　張琮　王隆　董攀元　李如蘭　董成銀
李成印　龐世祥　閻國安　石福應」道光四年桂月

63 □其地」義和社會首等謹叩」（E62と同じ店舗名人名十四）」道光四年桂月

64 惟祥是降」道光五年仲秋」小召前閤街公敬

65 恩及四方」本境小東街平安社新舊會首弟子等叩」經理人　賀簦舗　宏明號　張威　劉盡□　和成局　復永德　金谷
園」道光五年孟秋

66 恩正除邪」道光五年七月」大南街閤街弟子叩敬

67 捍其患」禦其災」道光五年仲秋」義和社叩」（人名十八）」（なお、この匾額は二枚で一對となっている）

68 伏魔宮」合義社經理人」眞味館　永香館　張樂杜　郭庫　亢富　宇萬貴　高步榮　李國俊　李福　育林之　李貴
李泰清　張昇　劉德全　趙福全　王朝武　王富昌　樊喜」道光五年五月吉日

69 曲譜雲璈」道光五年桂月上浣之吉」義和社立（屋號個人十八、E68に同じ）

70 倬造化」奪天機」公議社弟子等叩」（人名三十二）」道光二年七月吉立（二枚の額）

71 神聴和平」金炉社弟子叩」大小炉（三十三名）」錫銑行（八名）」銀炉行（四名）銅炉行（六名）」生鐵行（六名）」
釘鍛行（十名）」刀剪行（二名）」道光二年七月

72 丹誠功德」新蓋耳台敬牌二面」金炉社施錢三十千文　金炉銅社施錢三十千文　公議社施錢三十千文　吳眞社十五
千文」道光六年瓜月

73 永雪千秋」聚錦社鄉總等叩」德合店　慶和店　聚元店　廣享店　裕和店　隆盛店　天德店　昌盛店　翼盛店　東

昇店　順義店　新盛店」道光八年荷月

74　布照聖武」聚錦社郷總叩敬」永和店　萬享店　天福店　湊盛店　義成店　恒盛店　合成店　德盛店　天裕店　益
泰店　公信店　順義店」道光九年林鍾月

75　於穆不已」道光九年合義社會首叩」（人名五十五）

76　重彩画大殿兩廊房禪室鍾鼓二樓山門旗杆補修內外圏墻等所有捐過布施開列於後」　十二行(110)　聚錦社(110)　晋
陽社(20)　義和社(20)　太原社(13)　合義社(13)　六合社(13)　介休社(10)　上黨社(10)　平安社(9)　淨髮社
(8)　楡次社(6.8)　平遙社(3)」道光十年　（アラビヤ數字は施錢何千文）

77　道德宣化」金炉鐵社　金炉銅社　公義社　吳眞社」道光十年菊月

78　忠義聖神」合義社會首等叩」（人名四十一）」道光十二年端月

79　刻劃春秋」聚錦社郷總等叩」萬隆店　萬盛店　萬成店　隆泰店　和盛店　源成店　西永興店　新盛店　德合店
永豊店　廣興店　順義店」道光十二年荔月下浣

80　浩氣常流」聚錦社郷總等叩敬」永廣店　恒豊店　永遠店　永和店　源隆店　和興店　益泰店　德盛店　豐盛店
東昇店　萬裕店　順義店」道光十三年荷月

81　文武聖神」聚錦社郷總等叩敬」乾和店　新盛店　萬隆店　萬盛店　隆□店　恒盛店　廣興店　公和店　天德店
信□店　廣享店　順義店」道光十五年林鍾月穀旦

82　忠昭英化」聚錦社郷總等叩」公和店　永廣店　萬隆店　合義店　廣興店　公信店　新盛店　乾和店　廣享店　隆
泰店　天德店　翼盛店」道光十九年荷月

83　月潭花鏡」聚錦社叩敬」郷總」聚和店　泰盛店　協昌店　元盛店　翼盛店　長盛店　恒豊店　德雙店　聚隆店

公信店　德合店　奎隆店」道光二十年荷月

84 「廻避」「肅靜」道光壬寅」「正副鄉總」萬隆店　天泰店　萬𦉁店　天和店　新盛店　廣興店」永豐店　東昇店　源成店　天泰店　天德店　義和店」（二面に分割して記されている）

85 「……今我上黨平安平義三社等感神靈之庇佑新鑄鼎爐……」」上黨社施錢十四千文　平安社施錢十四千文　平義社施錢七千文」道光二十四年五月初一日

86 「正氣彌滿」道光二十九年桂月」六合社經理會末叩敬」（人名十二）

87 「義貫古今」聚錦社鄉總叩敬」永積店　永遠店　萬裕店　合義店　天德店　福成店　廣興店　興隆店　新盛店　德和店　德盛店　永豐店」道光二十九年荷月

88 「傳奇覺世」聚錦社叩敬」獻」經理」　鄉總翼盛店　德合店　協昌店　聚隆店　聚和店　恒豐店　泰來店　德興店　元盛店　公信店　長盛店　奎隆店」道光二十年荷月

89 「惟祥是降」道光五年乙酉仲秋」小召前閣街公敬

90 「麟經道脉」聚錦社鄉總等叩敬」乾和店　青雲店　恭和店　和盛店　昌盛店　資生店　豐盛店　阜豐店　恒豐店　東泰店　徥勝店　奎隆店」道光二十四年荷月

91 「人倫之至」聚錦社鄉總等叩敬」（屋號十二）」咸豐元年荷月

92 「消沉痾」「錫鴻福」經理糾首上黨社平安社平義社敬」咸豐四年桂月（二枚の扁額）

93 「秉公持正」歸化城民事府　雙」歸化城巡檢　黄」爲」聚錦社總領左元達薄憲文」復勝店　廣享店　永積店　廣興店　德興店　協昌店　奎隆店　元盛店　恒盛店　長盛店」天長園　池木舖　南茶坊池木舖」咸豐五年夾鐘上浣

94 「聚錦社」同治二年榴月」鄉總　協昌店　統泉店　公立

95　亙古一人」聚錦社郷總等叩」廣隆店　萬裕店　協昌店　滙泉店　永和店　源成店　德盛店　敦厚店　天德店　新恒盛店　乾和店　仝盛店」同治四年鍾月

96　即景」生情」聚錦社郷總等叩敬」德合店　德盛店　廣興店　合意店　廣享店　元盛店　興隆店　裕泰店　萬盛店　長盛店　德昌店　仝隆店」同治六年荷月」（二枚に分割されている）

97　金炉社」同治八年桂月

98　日月常明」聚錦社郷總等叩敬」統泉店　德盛店　長盛店　乾和店　元享店　萬和店　彙豐店　天德店　協昌店　德和店　滙泉店　合意店」同治十二年林鍾月

99　西晋聖人」聚錦社郷總等叩」廣享店　德興店　龔盛店　萬長店　元盛店　恒盛店　義長店　德合店　德盛店　源成店　彙豐店　東昇店」同治十三年六月

100　浩然正氣」聚錦社郷總等叩」萬盛店　□泉店　德和店　永和店　天德店　德亘店　敦厚店　興隆店　恒盛店　仝盛店　天享店　廣隆店」光緒元年季夏月

101　浩氣常伸」聚錦社郷總等叩敬」德盛店　彙豐店　仝隆店　協昌店　萬長店　天德店　乾和店　廣享店　萬和店　和義店　德合店　源成店」光緒二年荷月

102　□□□□」光緒四年荷月」萬盛店　元享店　德亘店　天德店　廣隆店　東昇店　義長店　乾和店　敦厚店　廣享店　永泰店　龔盛店」聚錦社郷總等叩敬

103　胸懸天日」聚錦社郷總等叩敬」德興店　彙豐店　東昇店　仝隆店　元享店　天德店　統泉店　敦厚店　滙泉店　德盛店」光緒七年季夏月

104　今此茗若」聚錦社郷總等叩敬」西盛店　統泉店　永和店　復懋店　彙豊店　德亘店　敦厚店　德合店　德興店

崇德店　永德店　永泰店」光緒十一年林鐘月

105　珍樓寶屋」光緒十一年瓜月」三和社叩敬」（店舗名と個人名四十五）

106　萬古英風」聚錦社鄉總叩敬」　元興店　敦厚店　永泰店」元享店　萬盛店　萬成店　彙豐店　天榮店　永德店
滙泉店　廣聚店　義豐店」光緒十二年季夏月

107　護國聖神」聚錦社鄉總等叩敬」復合店　復懋店　義豐店　翼盛店　敦厚店　東昇店　德興店　元享店　西盛店
長盛店　統泉店　長泰店」光緒十三年　月

108　日在天中」聚錦社鄉總叩敬」統泉店　萬成店　通順店　彙豐店　天榮店　永德店　義和店　萬盛店　榮德店　全
盛魁店　永泰店　元□店」光緒十四年荷月

109　至誠無息」聚錦社鄉總等叩敬」崇德店　義和店　全盛店　西盛店　德興店　德合店　復懋店　萬成店　天榮店
滙泉店　廣亘店　長盛店」光緒十五年荷月

110　乾坤正氣」聚錦社鄉總等叩敬」豐泰店　雙成店　天元店　和盛店　翼盛店　萬成店　永積店　天裕店　萬享店
公信店　永興店　順義店」道光甲午蒲月

111　德庇海宇」崇德店　天榮店　大義店　萬成店　長盛店　源恒店　萬盛店　德亘店　通順店　和恒店　永泰店」聚
錦社鄉總等叩」光緒二十一年林鐘月

112　聖德廣被」萬成店　世興店　西盛店　復懋昌店　德興店　永德店　東昇店　通順店　大義店　永泰店　滙泉店
天興店」光緒二十四年暑月」聚錦社鄉總等叩敬

113　浩氣塞天」光緒二十四年暑月」西盛店　世興店　東昇店　永德店　滙泉店　永泰店　萬盛店　復懋昌店　德興店
通順店　大義店　元興店」聚錦社鄉總等叩敬

114 德總千古」聚錦社郷總叩敬」萬成店　天崇店　長盛店　永泰店　復懋昌店　崇德店　世興店　義和店　德興店
滙泉店　源恒店　通順店」光緒十七年季夏月

115 昭下春秋」聚錦社郷總叩敬」統泉店　西盛店　滙泉店　元興店　東昇店　廣亘店　會豐店　萬盛店　德合店　全
盛店　世興店　長泰店」光緒十八年荷月

116 帝德廣被」聚錦社郷總等叩敬」會豐店　永德店　崇德店　西盛店　統泉店　通順店　德興店　天榮店　世興店
聚成店　復懋店　東昇店」光緒二十八年暑月

117 義和社」會首公置」光緒三十年瓜月

118 寫生聖手」吳眞社弟子等立」（人名十五）」經理人　高□魁　□金□　□□龍　□天錫」光緒三十九年八月

119 人倫師表」聚錦社郷總等叩敬」西盛店　天泰店　崇德店　永德店　通順店　雙盛店　萬成店　德和店　德興店
聚成店　崇知和店　東昇店」宣統二年林鍾月穀旦

120 帝德廣輝」聚錦社郷總叩敬」源恒店　崇德店　東昇店　復懋店　大義店　永泰店　萬盛店　天榮店　統泉店　長
泰店　會豐店　滙泉店」宣統三年六月穀旦

121 （重修の次第を記す）」公議社一百十八吊五百文　金爐鐵社（同上）　金爐銅社（同上）　吳眞社（同上）」中華民
國十四年瓜月

122 吳眞社公置義墳記」竊思施棺具設墳田爲社會慈善之擧……自今以後公社既有義墳之建設應盡葬埋之責任凡吾同業
若遇死無所歸者庶免骸骨遭暴露之慘或有親族來搬者可保柩櫬無失遺之虞……」値年正社長　三興園　德順成　張晝
局　劉晝舖」値年散會（人名十四）民國二十二年仲秋月

123 ……關聖帝君位前原」供器一付年深日久失」修不振公等不忍坐視」新舊正副幫會會首」公等商明議通能書克」已

復禮之心君子深遠之以」道欲其自得之也功德累」行矣我合義社公等人心」虔誠誠能堅固毀旧傚」新一焕以規新矣今」將各項出入花費開列於後」正副當然會首　蒙升元　會豐軒」帮會（四名）散會（十九名、内に蒙古人も含まる）」　中華民國二十四年桂月吉旦

124　乙酉歳暑月歸化一郡瘟疫頗甚闔境蹙慼」義和社糾首等虔禱於」神隨卽疫厲不作因諷經献戯懸掛牌匾以答」神庥」計開」衆舖戶一百六十二千零三十文」衆人名一百四十二千七百文」經理人（人名十八）

125　威靖華夸」聚錦社郷總等叩敬」廣興店　廣享店　德合店　和盛店　興隆店　德和店　天裕店　復勝店　德興店　元興店　萬泰店　東昇店

126　守流水」六合社總會首叩」（人名三）値年經理會首」（人名四）」

127　道光七年二月」小召前闇街叩敬

128　歳次壬辰闇社公議配敬紙樓兩個金爐社施錢八千五百文公議社施錢八千五百文公議釦剪社五千文金爐銅社三千文吳眞社三千文道光十二年七月吉立

130　道光二十四年七月立」金爐社公置

131　關帝廟」聚錦社郷總公置」新盛店」天裕店」咸豐元年

132　咸豐八年清和月」義和社弟子叩敬

右のうち、1―34は石碑、35―83 85―126は匾額、127 130 132は楹帖、84は廻避、128は香爐、131は鼎で、それぞれに銘記された文字である。場所別では、關帝殿内に40 42 46 47 49 53 54 75 78 81 84 86 91 93 95 98―140 106 108 109 111―113 130 131 132が、關帝殿前に、1 4―9 13―16 22 23 25 27 28 30 34 61―63 68 73 74 76 79 80 82 87 88 90 107 110 114―116 119 120 123 125が、祖師（老君）廟に2 3 10 11 17 18 21 31 32 35 36―38 41 43 44 51 55―

57 72 77 97 118 121 122 128が、平遥社に17等が、義和社に117等が、瘟神祠に12 19 20 24 26 29 33 39 48 59 64—67 85 89 92 94 105 124 127が、樂樓内に45 52 69—71 83 96 126が配置されている。西から言って、瘟神祠・關帝廟・義和社及び平遥社・老君廟の（南北に長い）四廟が、南面して東西に連なり、その南方約五十米の所に、庭を隔てて、樂樓が北面して立っている。獨立の一廓こそ成していないが、關帝廟内の一屋が合義社で、祖師廟内の金爐社公議社與真社、瘟神祠内の聚錦社晋陽社と共に、いずれも一間乃至三間の辦公室を特設し、社名を入れた門標をも、かかげているのである。

F　海窟南龍王廟所在資料

1　碑記〔額〕

重修龍王廟碑

……五十家村有龍馬王廟一間……建龍王大殿三間東西馬王殿蚂蚄殿各一間但工程浩大獨力難成募化大德善士喜捐……

經理人　（董文界など三十名）

雍正十一年菊月

〔碑陰〕

流芳〔額〕

（人名多數）

2　建立牌樓碑記

（本文略）

嘉慶九年四月上浣吉立

〔碑陰〕

農圃社　施錢一十七千文

畢斉克斉閤村　施銀十両

常黒頼村　施銭八千文

（右の他、店舗名園名人名多數）

3　重修南龍王廟樂樓碑記

流芳百世〔額〕

……前建盖樂樓不知肇於何代自雍正十一年有重修龍王廟碑記而樂樓之與廟並興約略可想焉嗣後歴年久遠風雨剝落……

…春二月住持昌桐會邀各社經理人等總錫社名曰聚德公議重修奈經始落成繁費無等諸社長因各捐貲財募化布施共勷盛事秋七月始鳩工庀材……

經理人　（人名十六）

嘉慶二十四年六月穀旦

〔碑陰〕

（店舗名、人名多數）

4　詢事考言〔額〕

重建四郷農民社免捉驛草豆碑記

（本文は歸綏県志金石志所載につき省略）

經理人

銀德耀　楊如花　張川達　郭　祥　陳　英　帥大全

亢　玉　薛元第　胡守業　張　清　侯　發

高有明　房　敏　張興義　亢　洪　楊茂林

閻進貴　陳德昌　田萬寶　陳　俊　田　踆

大清同治元年南呂之月上澣穀旦

〔碑陰〕

渾十津家橋庄　昌嗣社

如意溝　　合義社

（右のほか四十五村とその社名を掲ぐ）

5　重振四鄉農民社碑記

重憲乃後〔額〕

從來事事有同乎流俗而禮合乎經典其所就者小而所係者大詩云以壯以方我田卽藏又云琴瑟擊鼓以迓田祖農民奉方社田祖祈甘雨而」介黍稷者蓋振古如茲也歸化城農民之社會由來久矣其先民之播種於斯土者公庭之賦役也煩蒙古之侵陵也重草野耕夫誠不安其生故」四鄉公擧耆老在海窟五十家村　　龍神位前失祈報之誠爲支應差賦之地由此而農民不至因差廢業信乎一擧而兩得也嘉慶年始建」　先農后稷田祖之神位歷年酬神献戲蓋社房立牌坊修理殿宇樂樓其規模宏且大也社首之董厥工者費倍廢經營焉前人之勒碑已記其事矣及後歷任」廳主有愛民如子者免草豆鑿錢法爲四鄉興利除害誠不一其事　道憲齊公祖又爲民免捉馱添號脚而民踴躍奉行宜乎　公祖之享祀萬」世也嗟夫化城之錢法農民之受害也

久矣自社首郭保赴省上控　藩台陳大人釐飭而後年遠弊深雖有廉明廳主奸商胥吏互相舞弊不能」革矣至咸豊九年行使之錢五十餘文爲一百農民之工用皆足數以五十兩抵一百四鄕之受害曷可勝道哉十年春　康府署理歸化素懷爲」國救民憫時嫉俗之至意農民呈明陳情弊而　康天欲於無可如何之時設萬民樂利之法不信難乎其整錢也以六十文爲始每朔望加錢一」文由是行之四底足數無難致矣行之幾年而街市流通誠不易之良法也本年十一月　慶廳主蒞任斯土嚴刑罰除盜賊四鄕安堵均賴其庇」也惜乎信奸商之飾説聽胥吏之偏詞而錢法乱矣農民念數十年之積弊既通融而復壞過此再整則斷乎其不能於是陳情於　故將軍成公」之前蒙斷由　康天加至八十之數爲始依前復加法未及行寃遭住持僧隆義之誣控將社首杖責夫何意　其神位毀其碑匾抄沒社物入官」而農民社遂廢矣五月天旱苗槁社首陳德智不知其故以農民有祈雨之旧規開廟行祈禱焉而隆義又呈報之　慶府嚴責重枷陳德智幾死」者屢矣是年之禾稼旱既太甚秋成之時加之以烈風繼之以嚴霜合之比各村之捐輸征洋藥之苗畝年凶賦重民不堪其苦則四鄕之民舉疾」首蹙頞以爲廢社之故也元年春四鄕農民投稟誠懇復社於　大將軍德公蒙　委員審訊三十餘堂農民之寃既明且詳延至六月堂斷復社」諸事悉仍其舊復社祈禱之日値農乃登麦之時也夏秋頗稱樂歳所謂我田既藏農夫之慶者不信然乎茲當献戯之期社首等述其事之巓末」囑余作文以記之余本不能文因卽其言而援筆書其事嗟乎善作者不必善成善始者不必善終惟願後之農振斯社於勿替也夫」大同縣學生員楊應南敬撰並書」（第四段落の先農・后稷・田祖は三行に割って入れてある）

銀德耀　亢　玉

高有明　楊如花　張川達

経理糾首　經理募化　鐵筆劉天保

房　敏　關進貴　（他廿名）

陳　俊　薛元第

大淸同治元年歳次壬戌南呂月上澣　穀旦

〔碑陰〕

畢斉克斉河神社施錢二十五千文

（ほかに村・人・店舗名多数）

6

蓋聞事貴乎創尤貴乎因事不創于」前則事無成事不因于後則事必廢」且古豊各社俱有準規唯農圃社多」寡不符緣康熙年間始立社章乃」戸少園稀故上社未幾今添倍甚前」社地如初窃盈戸腴地及廣竟不社」之隱衆私旁午因起鷄雞伏鵠邱□」衆超超紊亂日久莫能整飭詎料□」年差事繁冗社資隨珠彈雀不能支」特飭將會首十二家差拘到署連訊」追責喝令均押愈逼愈緊幸虧暗差」默察詢明社情苦樂不均幸蒙　常」天諭飭各園戸査丈外按畝實數攤」派再不准照前隱瞞執年會首依諭」査辦衆無異詞突有奸究之徒出首」逞强把持藐違不遵公攤致互相爭」端乘隙衆皆覬覦應者亦變如此勢」必廢弛無奈復稟玉　天案下臨蒙」堂訊而違諭之衆自揣理虧恐畏受」辱默經人釈紛情甘遵諭按畝攤派」如再起衅如等承罪今遵處遞懇蒙」恩已准具結完案將不法爾等匿伏」之地平公丈明如數入社按畝攤派畢」嗣後照常　天諭飭王天斷案重」立準規按畝攤派之章程凡事新旧」會首協力相助勿許袖手傍觀刻扁」以爲永遠萬古不朽之確據勿得更」改爭端莫敢仍蹈前轍倘或不遵該」會首據實稟究嚴訊治罪各宜稟遵」勿得爭競

恒盛園　三合園　悅泉園　朱榮園
福自園　李榮園　福厚園　麗榮園
曾川園　葛家園　德和園　趙來福
郭嘉穂

光緒三年五月十七日穀旦　　農圃社公具全立

7

農圃社重立章程碑記

竊惟此社之立也始於雍正十一年隨即議定每年於夏五月在」五龍聖母廟酬神憶爾時也同社者不過数十戸耳迨其後人日益衆地日益多誠能協衆襄事豈不翕然稱盛社哉乃其中有取巧者往往種」地已久而其不名入社且種地本多而其地入社內者不過數畝噫厥弊如此似未易一朝改矣廼於光緒四年五月間蒙」府主常大老爺奉憲札禁種罌粟將社首胡登鰲等傳訊在案飭諭核實稽察凡屬種菜之地不論水地旱地均入社內向之數十戸者今」增至百餘戸矣向之地數頃者今增至數十頃矣以今視昔奚啻倍蓰於是集衆公議重立社規仍於每年五月十七八九三日間献戲酬」神凡牲供一切花費之項按地畝均攤種水地者不論井水河水概以水地論旱地二畝抵水地一畝其布施限至末唱之期齊交社內其他一應」花費攤派限至九月十五日交給社長兩宗錢項倘有至期不斉交送者每出錢一吊罰錢二吊現在地畝已按實登簿嗣後如有買賣轉」移者當即報簿倘以多報少一經發覺水地每畝罰錢一吊旱地每畝罰錢五百均入社充公用至於官署所用之菜係種水地者出賣」旱地不得干預章程具在倘敢故意抗壞任社首稟官治究決不寬貸是歲余處館斯土胡翁述其巔末句序於余余辭不獲遂援筆而爲」之記」例授文林郎候選知県己卯科舉人申際昌拝撰并書

經理人　正　胡登鰲
　　　　副　郭照富

王安成　王璧榮　龐萬貴　黄先登　喬振勝
原生財　郭　岐　喬　斌　周　成　趙根煥
永興園　福厚園　崔起鳳　通順園

光緒七年歲次辛巳五月穀旦

〔碑陰〕〔無字〕

（なお第二段落の五龍、第六段落の神凡は二字、第四段落の府は一字抬頭）

8　農圃社重修東社房碑誌

于斯萬年〔額〕

……歳次辛巳卯月當經是年會首斉集本社衆戸公議重修衆口皆願振興勿致社事日廢遂即鳩工庀材……

張明亮　聶芝福　同善園
劉秉仁　徳厚園　集盛園
原生財　興盛園　徳興園
郝壯興　張進仲　劉發財
閻光耀　李玉榮　劉天福
任太和　李玉華　楊　福

光緒七年七月下旬穀旦

〔碑陰〕

（寄附者名百七十四、個人名の他、園名及び堂名が多い）

9

重建農圃社西禪房碑記

蓋聞古云積善之人天必降祥作惡之人天必降殃善惡乃人之心人皆有之善人是富屢繼之善緣也」歸化城海窟舊有　龍
神殿立有農圃社原建者正殿五楹東西禪室各三間西厨屋兩間東正　」馬王殿設立馬王社咸有祭祀以時香火不絶　神
威司權之赫赫厥聲聲乃浩然濯濯厥靈靈則感應」建創祀之不朽古稱不朽有三立德立言且曰立功功豈非易言哉蓋曰立功
者所以表德而言形諸」事寔者也功德無量矣農圃社西禪室歷年久矣屢經修葺風雨漂搖頽毀殘缺値年會首等不忍座視」布
施重建革故鼎新有馬王社値年會首等聞其善而知其德會商公義社且謂維馬王公義兩社毎逢祭祀」献戲之期原無禪房灶灼之
所會辦社事雖殆舉时向農圃社議會商妥樂捐布施重建禪房會辦社事」待其人而後行立碑坊以永不朽耳……

胡登鰲　張　和

經理人　張秉元　段生財
　　　　王貴俊　董　明
光緒十七年辛卯桂月中浣

〔碑陰〕

不朽不磨〔額〕

所有布施樂捐錢列於右
農圃社　布施錢　三百四十一千二百文
馬王社　樂　捐　三百四十一千二百文
公義社　樂　捐　一百七十一千二百文
紙房社　樂捐錢　四十七千文

農圃社
値年糾首　正　副
永成園
德和園　喬進全
王　寛　任義祥
義成園　王貴俊
張秉元　大南園
胡登鰲　韓　相
任德堂　楊　海
焦運源　宿萬財
天来園　范　増
卜　起

馬王社
値年糾首
武錦榮　五十四
袁二毛　張　和
龔獅厮　毛號號
范毛毛　馬福紅
福泰店　冀　福
王喜姓　趙三元
根隨厮　郝　順
成三姫　李玉源
和　厮　郝老且
杜雙鹽　余有有

公義社
値年糾首
周　盛
李　賢
周貴連
石中義
張　鵬
元虎洞
董　明
段生財
備老五
張　亮
五十七
任　成
吉金祿
劉鉌慶

10

流芳〔額〕

建立農圃社碑記

蓋聞惟善是與惟惡是除人之所欲也彼時設立社規輪膺會首創建廟宇整塑聖像每年逢於五月廿八日在」龍王位前酹献神恩功莫大焉且去年秋間倏然已奉」上憲轉飭知昭仍將每年應交官項菜蔬一併裁革最因連遭荒旱三載而撫恤民艱之後如比使行辦理乃會」首王希善等進慣投牘懇求已准給諭永遠遵行以免多受苦累玆　　方天清慎如保赤子及通知衆戸皆欣」然去私正色引領而望之又願敬頌廉牌一面懸掛大堂萬人傘一頂他日倘有假差藉索詐即按社規所辦」決不寛貸僅將憐情遺譽百代不朽云爾

潘仲元　段錦　李存信

郭照富　任義有　趙福

王安臣　郝文亮　劉喜

經理人　王希善　范宗元　趙玉祥

喬珍　趙林書　王萬財

原生財　趙旺　閔富

郭永安　聶元威　賀廣權

光緒二十年端月中浣

〔碑陰〕

永爲遵守〔額〕

欽加三品銜在任候補府歸化撫民理事府方　諭農圃社會首等知悉案據」該社值年會首王希善等呈稱竊蒙　大人此次廻轅下車之始即行搜求剔弊除害以蘇民艱當將小」的等社向例應交菜蔬革除免差以示体恤在案小的等處寔深頌德頂感但小的等社花戸住居寒散多在」四外尚有不知革除之示恐有不法籍往例仍行詐斂又慮及　大人將來陞遷恐弊復生小

的等公同」籌商議請　憲恩俯准給諭以便油刷寔貼木版懸掛社首使衆週知久守遵循以免不法詐歛並免除弊」復生爲此
公叩　大人恩准給諭施行等情據此除呈批示外合亟諭飭爲此諭仰該會首等諭到卽傳」知各散戸等一體知悉自諭之後
該社應交菜蔬已奉」憲臺飭知概行革除裁免嗣後如有書差藉稱往例詐索菜蔬情弊許該會首等指令禀究切切特諭

右諭給農圃社會首王希善等　准

光緒十九年十二月初陸日吉立

（碑の表の第二行　裏の第一行はともに擡頭）

11　公議馬王社規條碑記

流芳（額）

嘗聞食其祿報其恩盡其誠者重其事歸化城東南隅有　龍王廟一所　龍宵殿東接」連　靈威殿是神也自國至家罔不被澤
前之古人敬神如在因立社焉定於四月四日」献供演戲報恩萬一堪稱善會奈歷年久而百弊叢生社事幾廢殊令人目觸心傷
同治」壬申年凡我同人均願振興公議驛站於是革其弊興其利創立章程擬定規條輪充糾」首酌量抜錢是或一道也然非敢
廢前人之成法也法久必廢廢不自廢而廢以人廢極」必興興不自興亦興與人人不自由而天寓焉天視自我民視天聽自我民
聽天者神也」莫之爲而爲莫之致而致鑒察惟嚴報應不爽順天者昌逆天者亡作善降之祥作不善」降之殃豈虛語哉闔社人
等同心協力共成盛事竭眞誠仰邀恩澤因立石以期不朽云

管理士默特歸化城駅站章京璋敏願 昆都畢勒克圖總管其事

五臺縣儒學生員楊燮盧薰沐敬撰并書

馬照三　吉慶　張吉
王興福　胡錠　馬連泉

經理糾首　同元防　王貴礼　張榮
魏懷憲　王瑜　王膺
成福　馬應川　霍廷寶
蕭錦□　関二丑　任堯
連金　牛祥　賈二川
陳祥

大清同治癸酉年清和月上澣　穀旦

12 紙行社衆姓敬立」公義社」生我百□」咸豐十一年六月補立」乾隆三十九年甲子榴月穀旦

13 乾隆四十九年長□月吉立」農圃社」(永寧園など十園)」經理會首

14 歸化城紙房社公立」功參前聖」大清乾隆五十九年歳次甲寅莫春穀旦

15 嘉慶八年」澤被羣生」四郷農民社衆姓等謹叩

16 嘉慶九年孟秋」無害四稞」靛園社衆姓敬叩

17 靛園社」農圃社謹沐重修」甘霖普被」(吳玉福等人名園名店舗名計卅九)」歳次壬午蕤賓中旬穀旦」嘉慶九年歳次甲子七月上浣穀旦立

18 嘉慶二十年歳次乙亥三月上浣之吉」聖母祠」四郷公叩

19 農圃社」龍神廟」嘉慶二十年歳次乙亥五月上浣

20 世人競言敬神競言敬神而以爲凡事必賴神佑獨是」神固無不當敬而要莫不各有所専屬者焉今有我」馬王尊神之廟歷年已久而法像塵封殊不足以壯　神威」而衆議協力重新金粧不惟神威有托亦可使奔走以」献香火者無不奉之而起敬也用將布施姓名開左」(龔德義など四十九名)」經理糾首李宣(他六名)」嘉慶二十二年歳次丁丑四月穀旦(馬王は抬頭)

21　道光元年端月敬」龍脊殿」經理糾首農圃社等叩」

22　道光二年桂月」献」靈威殿」馬王社經理糾首等叩

23　道光七年端月」天房垂耀」（總局　他に人名四十五）經理人（霍滿全他四名）」牛橋車市公置燈籠三對

24　道光九年季夏」明聖教」敬惜字紙社弟子等敬叩

25　大清咸豐八年桂月穀旦」楊聖德」頌神庥」公義社叩敬

26　同治七年梅月」仰賴平安」經理人（人名廿）」牛橋北車市

27　農圃社各園戸人等」雲行雨施」十年會首」李海　郭俊　福自園　永興園　李恆章　天順園　大南園　廣興園　純成園　楊樹園　三義園　朱菜園　趙榮科」十一年會首」霍萬長　天成園　會川園　天来園　自立園　千福来　趙鳳池　悅泉園　四成園　永和園　董寬　杏樹園　高克讓」大清同治十年辛未無射月穀旦」（會首名二段七行づつに記さる）

28　農圃社重修彩畫」龍神廟西山門一座匾六面考其剏建」雍正年間本社重振葺理大殿起建東西」社房至今百餘年交風雨剝蝕念等不忍坐」視邀集本社公議募化咸同願今將施錢」芳名別書一匾」（永和園など園戸卅を列擧）」十年經理會首　李海　永興園　大南園　三成園　天順園　福自園　二義園　朱菜園　廣興園　純成園　楊樹園　恆盛園　趙榮科」十一年經理會首　霍萬長　天來園　四成園　董寬　趙鳳池　會川園　永和園　杏樹園　自立園　天成園　悅泉園　高克讓」大清同治辛未季秋月　公立（會首名は各年度毎に一段に並記）

29　馬王社」報神恩」（王金漢他五名）」光緒四年荷月

30　光緒歳次六年四月穀旦」恩施驊駿」（郝朝揚など人名十八）」馬王社公立

31　清水社公行叩敬」德潤萬物」（長發泉など廿軒）」光緒二十三年清和月穀旦

32　光緒辛丑荷月」昆虫母作」正　德盛園」副　新和園」張孔亮　恒盛園　魏元魁　黎山園　周成春　天來園　楊生
□　天成園　任榮會　三合園　陳旺　張茱園　李欽　自立圃　張□　四民園」高金」農圃社會末叩敬

33　光緒三十年甲辰嘉平月」甘霖普降」鄉耆　復泰祥代州關詣　西盛店崞縣李峯　三和新祀縣李峻山　元盛當舗祀縣劉
坊　十五社總領等薰沐叩敬

34　嘗謂前人創之以興其始後人培之」以伸其敬如我」馬王社每逢獻酬酧神」神前無幔故而募小召前車戸各」出布施新
置神幔惟布施多寡」不同開列於左」（丑子・馬二子など三十三名の人名と寄附金額）」（出として支出表を示す。一宗　匾
錢一千文など）」經理人　毛漢子　小老王　聚財子　敬置」咸豐元年歲次辛亥四月穀旦

35　嘉慶七年六月敬」督布蜡寧」農圃社新舊社首二十六家公立

36　嘗言視之」蓋聞馬王社歷年以久屢年受害四鄉外来車戸」来境拘串通會首專攬採青短客探親所言」本社車戸困苦受
不盡四鄉外來車戸之害所有我」社人心想合想合不料舊年間有薩拉齊車戸進城拘串」會首王玉柱外來住城專攬採青
本社衆人公通議」論設訟等今將外來車戸欄阻衆人爭吵不遵社規」憲臺案下呈控外來車戸王玉柱　案下斷明與社彷」
論後有　告示爲憑本社罰過袞燈一對掛燈一對日後再」倘有四外來車戸　本社車戸如不遵社規者按社規所辦」先人創
立後人無功因果難全人心虔誠能堅志功行造」此經千秋亦可愼遠矣」値年會首　伊蒙額　張富　驛站鳥吉巴圖　王玉桂
（その他合計人名廿二）公立」宣統二年孟夏月中旬吉立　（憲臺は二字、諭は一字擡頭）

37　……今神像不期會首坐視恩不忍」公衆議同採辦神像……」今將人名佈施化費開列於左」（中略）」農圃社會首等叩
敬」中華民國六年歲次强圉大荒落桂月上澣穀旦

38　農圃鄉同人敬立」神靈默佑」仁和鄉鄉長郝光綬」主任閭長劉致禧」（他に王璋など廿六名）成紀七三四年五月穀旦

39　農圃社園行公立」光緒二十三年蒲月吉旦立

1—5、7—11は石碑、6、12—38は扁額、39は香爐銘文。7—10 24は龍王殿に、3 35 37 38は蚌蚄殿に、1 2 4 5 6 12 16 17 21 31 32 33 39は五龍殿に、11 20 22 23 26 29 30 34 36は馬王殿に、15 18は牌樓に、14は奎星樓に、13 19 27 28は大門に、25は樂樓に、それぞれ存している。又4は歸綏縣志金石志に收められているが、一部に省略されている部分があるので、その部分だけを摘記した。

5 7 11 36は笠木輝馬氏「蒙疆に於ける土俗信仰」に紹介されているが（各々頁四九　頁七一　頁八七　頁五〇）全文の載錄でなく、魯魚の誤りも見受けるので、改めて掲載した次第である。

G　財神廟所在資料

1　定襄社新建牌坊記（乾隆二十一年）

2　重修財神廟碑記　（本文略）」經理人　靴行　碾行　雲中社　崞縣社　定襄社　（他に猶屋号と人名多数あり、社行と合せて卅）乾隆五十五年六月穀旦上澣

〔碑陰〕

雲中社(640)　碾行(600)　雜貨行(250)　鐵行(250)　靴行(200)　店行(140)　麵行(80)　氈行(60)　當行(50)　定襄社(50)　崞縣社(50)　帽行(40)　皮行(35)　紅油行(20)　成衣社(20)　應渾社(20)　酒飯行(6)　意和社(5)　義和社(5)　馬店行(4)（他に屋号及び個人名多数）　（アラビヤ數字は施銀何兩）

3　歸化城定襄社重修財神廟牌樓碑記」（本文略）」道光三年十月下浣　〔碑陰〕　定襄社布施姓名開列於後　（以下略）

4　永垂不朽〔額〕」特授歸化城蒙古民事府加五級紀錄十次魁　爲剴切出示曉諭以杜滋訟事案査前據靑龍等十三」社呈控應渾社王玉來等獨覇廟社背理妄爲等情一案訊得本城財神廟係康熙年間募化閤郡布施創建併東西兩廡等工」屢經

重修添建又係衆社捐資歷年各社献戯東西兩廡由便佔用無爭競滋値本年青龍宝豐等社献戯佔居東廡而應渾」社因門有舊懸其社乾隆四十三年重修牌樓匾額不容佔用今又在舊匾兩傍懸立新匾是以衆社公議在東西兩廡懸」掛各社公所匾額欲息爭端應渾社王玉來等又復阻止以致控案訊悉前情査……該東西兩廡既係闔郡捐資建盖自應各社酧神佔用勿許應渾社盤踞獨占……」道光十一年年十一月廿日」右仰通知」告示」押

〔碑陰〕

補修東西兩廡花費闔廟各社捐資詳載」雲中社　青龍社　寶豐社　集義社　毡毯社　定襄社　崞縣社　義合社　蔚州社　應渾社　成衣社　定福社　增福社（金額略）」道光十二年四月

5　（重修の次第を記す　道光十九年）

經理糾首

雲中社　　德新和　世泉湧　湧泉油房　公盛瑞

青龍社　鄕總

集義社　　萬與隆　盧川舖　長盛和　福合昌

6　告示〔額〕」特調歸化城蒙古民事府加二級隨帶加五級紀錄十次庚爲出示曉諭事案據福虎社總領王金等以行商取利坐賈受累」等情具呈文據青龍社總領蘭培霖等呈称各行越行亂市邀利貽害懇請飭等情各到府據此因査市廛賣買一切貨物」自應各歸各行豈容任意攬覇越行取利紊亂市井規程當經諭飭新舊鄕耆併七大社總領等糾集各行會同秉公妥議酌」定章程稟覆核奪茲據該鄕總等以遵諭査得青龍福虎兩社向係充行認派需費較繁惟指欄櫃零星售賣米麵籍以生理」近因年歳歉收米麵昂貴外來客商多有販買米麵到城或入各店轉爲售賣或肩挑沿街零星出售以致該二社生意減色」不能支持係屬實在情形今經伊等公同酌議嗣後外來商販販來米麵均須由聚錦社店行彙總代售不許私相買賣亦不」許沿街零星挑售其或有托各店轉售者酌定每賣外來客麵一觔由價內與福虎社抽拔行錢半文若賣客米每斗由價」內與青龍社抽拔行錢十文俱入社充公以助攤派花費庶使苦樂均匀不致偏枯受滯等情稟覆前來本府査所議緣由商」屬妥協除稟批示外合亟出示

曉諭爲此示仰青龍福虎兩社併聚錦社及外來客商人等知悉自示之後爾等務須按照舊」議章程一體遵行倘敢攬覇客貨私
下銷售査出定行究治各宜凛遵毋違特示」右仰通知」青龍社總領　經理人　德順永　湧順隆　公合成　復生泉　萬盛
興　天生瑞」同治四年十二月十三日

〔碑陰〕

萬代流芳〔額〕」蒙諭所定青龍福虎社商賈章程誌」原夫歸化名区領袖五庁襟帶諸部其地轂擊肩摩人馬雲集滿漢蒙古□合
蟬聯綿延數里絡繹不絕問孰與相生相養者則」青龍福虎兩社其命脉焉青龍福虎者碾磨行也其社為衆社之源始舊有成規
世相沿每歲孟冬各舉行中品行端正者四」人爲總領有事則由鄕耆以上達於官凡軍需差務一切捐助花費悉由社出事畢總
領持正公派其居是地蒙是業者咸入社」而輸將焉迺年來軍餉浩繁歲時荒歉坐賈之家本固者漸歸減色根淺者幾至歇業而
四外行商托店行而轉售者獨專其利」而遠其害是故行商之取利也卽低其價而有餘坐賈之計利也縱昂其價而不足總領等
目擊情狀深思遠慮竊恐行商之求」往愈衆則坐賈之生息愈難非特此也行商之居貨其常無行商則成生猶遂無坐賈則國計
有碍然事以相」分而有捐者或以相合得益其間謀一兩全之計則莫如入社幇行一策於是與鄕耆並七大社總領持平公議懇
恩出示　」諭令行商抽拔幇行幇數多寡示有明文無容復贅衆社悉協事歸畫一獨聚錦社謀欲平翻涉訟數月復蒙　堂諭
如前抽」拔安成不易定爲永遠章程嗣是以後坐賈行商一體相關兩得其平庶使苦樂均匀而生財之道養命之源得以長久勿
替」其有俾益於國計民生者豈淺鮮哉總領等恐代遠年久其事或湮沒而無傳也爰紀其巓末勒石而爲之誌」同治六年孟夏
中浣

7

萬古流芳」成衣社創修碑序」粵惟」祖師有熊氏立極以來有土德之瑞故曰」黃帝姓公孫名軒轅」小典局之子也長於
姬水文以姬爲姓外若兵內修德開征誅弔伐之元明律歷制冕裳發禮樂文章之祖先事」神農氏爲諸侯之長與揄罔戰勝又殺
蚩尤於涿鹿其仁如天其智如神諸侯來歸乃卽帝都彭城在位一百年」得六相而天下治畫九野而政教敷金天爲子顓頊爲孫

誰不謂千古始聖者歟」是廟也本社創自雍正年間糾集閤社人等竭力捐資厲志振作共勷勝事永不敢募別社外人絲毫之費」邇來殿宇西向常被風雨飄零今蓄抱廈一簷以蔽偃殘之患似此鳩厥功而庀其材固非一手一足之力」繼前瞻而啓後又非一朝一夕之事乎語云莫爲之前雖美弗彰莫爲之後雖盛弗伝是役也以先後論若」爲兩事以協濟論實出一途總之誠於奉神志在事必有終神得以祀而廟成全完畢矣迄工告竣公勒此」石余謹述其詳備悉其事如左以誌不朽云爾」朔平府左雲縣儒學生田占元謹撰」（祖師の行とその後の三行はみな二字抬頭）

新四　張萬鎰　彭榮　張永新　賈瑜　賈明

經理人　會首　周啓運　黃先登　馮德明　劉萬昌

糾班　李國棟　戴璋　李啓賢　王朝　楊逢春

光緒元年春則之月上浣

〔碑陰〕

千秋遺志〔額〕（人名五百三十五）

8　我社至雍正年間舊有本社殿」到東小院大房二間迄今年多日久墻壁倒塌」並」三皇殿創歷亦有年矣屢修屢補近因風雨又剝磚瓦」不整是以衆目難睹故而糾集本社衆首將廟」內殿宇社房並火房從新修理均各復整一切」花費本社獨自經理並無別社幫助……」十六年十七年十八年會首（桑明など人名九）重修」大清光緒十八年五月中浣誌立

9　富國裕民」碾行鄉總」永源碾房　湧泉油房　永□□　興盛魁　聚錦元　□成興　恒泰碾房　復順永　福全誠　福盛碾房　義合□　合興永」乾隆二十一年丙子三月

10　降爾遐福」義合社」（店舗名及び人名三十四）」經理人」（同じく八）」乾隆三十二年三月二十七日立

11　河沛人寰」義合社」（人名多数）」經理人　李占清　高玉成　孫爾泰　劉萬珠」乾隆三十八年三月廿八日

12　積善崇施」碾行鄉總」永興亟　義盛永　元成號　廣興號　順興成　世恒潤　□碾房　東義興源　廣盛惠　三盛全
　　永興昌　興盛碾房」乾隆三十八年春

13　司福澤」督財源」碾行鄉總」徳全碾房　復興店　徳盛成　錫成玉　寶源碾房　興盛魁　高碾房　聚錦元　義盛公
　　豐盛號　永聚和　仁義祥」乾隆四十年三月（二枚）

14　氣作山河」成衣社　經理（人名廿）」乾隆五十一年蒲月

15　治履師祖」靴行総領」萬昇永　恒興齊　全義號　萬順元　天徳隆　得勝隆　萬復永　元順魁　天泰隆　永茂盛
　　天春永　隆昌號　復盛永　興盛玉　萬興泉　永元昌　萬興永　三義粘房」乾隆五十二年蒲月

16　靈佑邊民」錢行公」獻」正副總領　萬和永　萬和成　寶源永」嘉慶二年三月

17　神功默佑」成衣社總理會首」（人名百八）」嘉慶元年夏月

18　雍正甲子端月立起」成衣社設立本廟東院原有社房還年」大灾捐失未曾修理本社諸會首募化」佈施將此院重修本社
　　上廟演戲之期」於衆會商酌擇於五月二十[四]五日已邁前」但念住持修理東院仍演戲之期準佔来」上下廟任憑會首經理成
　　衣社會首等商」酌念當日募化修理此地[六]衆會首等不忘」住持之功……」嘉慶玖年三月廿五日」民國十三年三月重修

19　成衣社[八][九]三年會首經理」（人名不明）」嘉慶九年十一月二十五日公立

20　徳被萬邦[十]」青龍社鄉總叩」興合長　復義泉　徳和泉　大有成　永益泰　義盛明　慶元長　新盛泉　復成公　徳源
　　永　億泰永　永盛有」嘉慶二十四年

21　寶藏司權」道光元年蒲月」（人名廿五）」成衣社經理人敬叩

22　護國」庇民」青龍社鄉總甲首」義盛明　昌盛源　會興櫳　興盛德　新盛成　永益泰」敬叩」道光六年仲春（二枚）

23　約沾」利澤」道光十一年青龍社鄉總叩敬」大興元　永合泉　和合興　大盛成　和順長　和盛明　徳新明　興合永

昌盛源　天順義　公盛瑞　永興昌」（二枚）

24　□柄財源」 寳豊社郷總等叩」（常勝隆など四十七の屋号）道光十四年暑月

25　惟善是富」 宣統三年仲冬月重修」 青龍社郷總甲首叩敬」 正　恒裕泰曹梓」 副　天興奎千天成」 萬和成　萬慶恒福生泉　信義昌　廣興泰　義瑞泉　萬盛源　萬盛興　徳和興」 天興泉　協成玉　億泰永　大盛成　復盛新　徳新和天成明　天合徳　昌盛源　興盛源　寳源碾房」 道光十六年辛卯月穀旦

26　体制規模」 集義社等叩敬」 經理鑒鐫神牌人」 元昇永　復盛隆　元盛和　福合昌　盧川舗　萬興隆　長盛和　大豊永　徳成永　大興號　泰和成　三順孔　義和永」 道光十六年三月

27　元府權衡」 醇厚社郷總叩」 萬清永　廣和明　復興明　永遠昌　慶泰永」 道光十九年桂月吉望

28　古豊十二行毡氈社共一焉在昔爲斯業者甚」 夥取精□宏一切社内公費無煩籌躇擧重若」 輕社事由之稱盛焉數年來饑饉頻仍生理艱」 雖毎遇公費勢寡力微碍難猝辦……」 公議新製籠幔椅披鐘旗等物……」 芳名於左」 後山毡房（復盛泰など十六の屋号）」 四郷毡房（新盛泉など七屋号）」 本城□店帽舗（永忠店など九屋号）」 本城毡房（廣源成など十四屋号）」 總領　萬新成　廣聚長」 協辦人　王庫寳　義泰義」 道光二十年六月初六日　毡毯社公立

29　蕭闢莫爲之前雖盛弗伝莫之後雖美弗彰」 我成衣社自雍正間設立財神廟内東北隅」 建蓋社房一所門有成衣社磚匾遺字跡本」 廟住持亦寓焉相沿日久爲本社酎神」 献戯住持經理内務嗣於」 道光二十二年因設成衣社字跡致滋訟端經」 衆安息乃遵舊章斷具結各無異議合社料」 衆公議重修彩繪復整匾跡永垂不朽」 廿一二三年經理（劉正元など九名）」 協辦料首（李明など六名）」 叩敬」 道光二十二年荷月二十四日」 民國十三年五月重修

30　道轄道神」 青龍社郷總等謹」 興合長　享興錦　億泰永　大興元　義和永　徳泰義　義盛永　興盛徳　富盛源　興盛源　天裕成」 道光二十六年榴月

31 富國益民」青龍社郷總甲首叩敬」興盛源　天合公　恒義公　徳盛永　東徳中　徳新和　義興源　徳合泰　錦油房　昌盛源　天裕成　寶源碾房」道光二十二年花月

32 勅命廻天」道光二十八年季春吉日」經理人」元命永　徳義斉　増盛義　天錫泰　天春永　魁明義」集義社等叩敬

33 恭賀」化成大禪師得印之禧」禪宗第一」十二社等同贈拝」咸豐二年仲冬上旬

34 (樂楼を重修せる次第を述ぶ。咸豐七年七月。施銭者の中に　寶豐・青龍・雲中・集義・毡毯・醇厚・惇縣・成衣・集錦・定襄・蔚州・定福・義合・應渾・衡義の各社がある。經理人は寶豐社　青龍社　雲中社　集義社となっている。)

35 軒轅聖祖」咸豐八年冬十月」成衣社叩敬

36 咸豐八年七月間新盖東殿一所」彩畫塑像軒轅聖祖供牲焚香」毎逢端月献戯三永日所有經理」會首隨心衆号布施」咸豐九年端月廿五日

37 道援履宗」集義社總領叩敬」元昇永　増盛裕　復享湧　萬順湧　天福源　廣徳永　玉豐成　永茂盛　義合成」咸豐九年榴月

38 阜財解愠」青龍社郷總等叩敬」恒義公　徳順永　天合公　復生泉　義盛公　興合長　三和新　復義成　廣和興　豐盛魁　天裕成　享興號」同治四年二月上浣

39 神機妙算」同治四年三月十八日」總領　義合興　泰和徳　元享長　珍峻齊」會首　福勝永　奎明義　福和昌」集義社叩敬

40 ……今我新舊會首公同議定將存」貲刊刷新鑾架以壯神誠之内」功成告竣献戯之期於殿傍文彩……」經理人　(人名九)」成衣社叩敬」同治六年五月穀旦

41 (重修の次第を記す。同治八年八月。施銭は寶豐・青龍・集義・雲中・毡毯・醇厚・集錦・成衣・惇縣・定福・定襄

・義合・蔚州・應渾・紅油・衡義の各社である。

42　妙伝機術」同治十三年姑洗月」總領　元昇永　大盛湧　天源德　內興隆」集義社叩敬

43　華袞文明」光緒二年榴月」成衣社公敬

44　(重修の次第を述ぶ。光緒二年。施銭には寶豐・青龍・集義・雲中・毡毯・醇厚・惇縣・成衣・定襄・蔚州・義合・應渾・定福・紅油・衡義の各社あり)

45　(重修の額。寶豐社施錢九十千文　青龍社施錢六十九千文　その他集義・雲中・醇厚・毡毯・紅油・集錦・成衣・惇縣・定襄・蔚州・義合・應渾・定福・衡義の各社がそれぞれ何千文かを施錢。經理は寶豐社　青龍社　集義社　雲中社　醇厚社となっている。光緒七年九月)。

46　降福孔皆」光緒八年仲春月吉日」寶豐社總領　亘興茂　信源成　萬德崇　叩敬

47　百靈始祖」光緒九年桃月」經理人　萬順湧　福義昌　義源成　珍峻斉」集義社等叩敬

48　(重修の次第を記す。光緒十六年菊月。施銭は寶豐・青龍・雲中・醇厚・集義・毡毯・集錦・惇縣・成衣・定襄・蔚州・定福・義合・紅油・應渾・衡義の各社)

49　惟佑善人」光緒十九年孟春月」正　意生錦」副　福盛長」雙盛昌　享盛永　天興奎　源聚厚　永和新　恒裕泰　萬盛興　天合功　敬業泰」青龍社鄉總甲首等敬

50　爲善獲福」寶豐社敬叩」正總領　泰和昌」副總領　元利魁　大盛興」信□□　天享□　崇德源　雙興厚　義和興　隆盛厚　德生昌　裕盛厚　大豐玉　協和成　恒吉昌　永和號　復泉茂　恒升昌　瑞□□　大厚玉　長盛馨　法中庸」光緒十九年嘉平月

51　寶豐錢社」大淸光緒二十四年穀旦」正總領　達泉同　徐大齡」副總領　義成德　孫繼武　裕盛厚　程顯榮

52 寶藏司劍」光緒二十九年荷月」德生榮揚大珍　聚泰義李錦維　大享魁續纓　萬興昌丁燦　永順恒王應崇」醇厚社郷總叩敬

53 （重修の次第を記し、中に「合社公同商議」をもって決定を行ったことなどを述べている。施銭は寶豐・青龍・雲中・醇厚・集義・毡毯・成衣・﨔縣・定裏・集錦・蔚州・定福・義合・缸油・應渾・衡義の各社、經理は寶豐・青龍・雲中・醇厚・集義・毡毯の六社、「光緒二十九年六月」で結んでいる。）

54 伺群生」光緒三十一年三月」寶豐社」正總領　義成德王玉蒲」副總領　長盛馨闞振業　萬昌永蘇國昌

55 深藏不賚」光緒三十一年仲秋月」郷耆　三和新」總領」正　天合功陳維榮」副　萬盛興賈祥」甲首　業瑞泉　慶興泰　永恒成　天順永　大義長　天盛湧　富恒昌　福生泉　福盛長　福盛源」青龍社叩敬

56 我社抽抜衆人名佈施添補臺上紅緞平金帶絲穗大瀓簷一□」（人名二百七十）」光緒三十三年陽月成衣社公啓立

57 （成衣社舊器物重整額）（本文略）會首人員開列於後」二十三年新置撤簷經理會首」（胡天祐など廿四名）「二十四年新置幃幔經理會首」（薛安宗など廿三名）」二十五年新置供器油化社房經理會首」（張文泰など廿四名）」宣統元年五月二十四日

58 本社祖師殿社房四間門樓一坐遠年天雨」濕忶衆會首公議募化衆舖戸佈施重修」油畫勾敏給棧復整舊匾永垂不朽」今將衆舖戸佈施開列於後」（公和長など屋号個人九十七）」中華民國十三年五月廿五日　成衣社公立

59 （重修財神廟記）」市商會施大洋二十元　錢業公會施大洋三十五元　米荣業公會施大洋三十五元　毡毯公會施大洋四元　綢布雜貨公會施大洋三十五元　雲中社施大洋三十五元」中華民國二十三年十月

60 （義地創置記）……本市工商各業多有購置義地以爲同遺業骸無歸以安葬之所……城南升星板村南戸ロ地五畝一分……」厚和市服裝業同業公會」會長　石輔卿」副會長　藺玉山」常務委員（華文元など七名）」成吉思汗紀元七三五

年六月三十日

61 深藏不賫」青龍社鄉總叩敬」德新和　興盛源　昌盛□　復義泉　興盛德　義成永　德泰義　天裕公　萬盛碾房
意生錦　大興元　新法源

62 〔重修額〕」（施銭は寶豐・青龍・雲中・醇厚・集義・毡毯・成衣・墩縣・定襄・定福・義合・[illegible]油・應渾の各社）
」經理「寶豐社　社長　賀德芳」青龍社　社長　杜一和　秦順」雲中社　社長　鮮于恒」醇厚社　社長　弓殿元」
集義社　社長　楊毓成」毡毯社　社長　戴祥芝」

63 乾隆四十二年三月造」碾行社經理鄉總開列」合興順　興順號　廣興源」大興珍　復陝英　廣順隆」會興全　大榮
碾房　源泰榮」□興隆　天和興　和合碾房

64 光緒二十二年六月」寶豐社」經理　正總領　法中店　泰和昌　協和成

65 寶豐錢社」宣統元年穀旦」正總領　謙益永」副總領　恒吉昌　大德永」叩敬

66 宣統元年大鐘月」青龍社」鄉總」正　萬盛興賈祥」副恒裕泰翟光祖

67 神功默佑」嘉慶二十一年八月吉日敬」定福社經理人　趙英　魏優邱　茫□□　孫雲龍

68 神明翊佑」嘉慶二十二年臘月」定福社經理會首　張世榮　劉□道　□官印」謹叩

69 雅韻」□□」青龍社鄉總等敬」新盛局　一興□　順義公　天興永　天合景　和盛碾房」德泰義　天盛源　永盛魁
興盛源　萬景泰　天成永」道光二年花月」（二枚）

70 紫雲□度」道光十九年集義社敬」經理總領」萬興隆　蘆川舗　長盛和　福會昌」叩

71 千古事業」萬代人情」道光十九年菊月穀旦」寶豐社等叩」經理總領」德盛與　復合盛　天德合」叩（二枚）

72 永秋永鑑」青龍社鄉總等叩敬」世川湧　湧泉油房　公盛瑞　亨興號　正新隆　豐盛魁　興盛德　天合公　德合成

恒裕永　享盛永　福順和」道光二十年春月

73 惟善是富」道光二十二年芝月」德義齊　天春永　增盛義　天合永」集義社總領等敬

74 行道有福」青龍社鄕總甲首等敬」總領　天順永　福生泉　永恒盛　雙盛昌　集義昌　三和新　□□厚　大裕公
豐盛魁　天合功　意生錦　永興昌　天德碾房　新盛局　德盛成　湧泉油房　翼合長　天裕公　大興元　復盛德　德
合成　天合泰　公盛瑞」道光二十三年仲春上浣

75 頌揚神庥」集義社」義合興　義源成　長盛和　元昇永　福合昌　福合勝　復享永　永德魁　大興號」道光二十九
年季春同叩

76 修乃泰」和且平」青龍社鄕總甲首叩敬」恒裕永　德盛峻　車潤泰　德盛永　萬和永　湧泉油房」意生錦　協泰成
韓油房　萬盛源　廣和德　公盛瑞」咸豐元年花月　(二枚)

77 春春」開開」青龍社鄕総甲首叩敬」意生錦　公盛岐　公合成　德合成　興合長　德泰義」天裕成　天生瑞　興裕
恒　興盛源　德順永　享盛永」咸豐四年花月」(二枚)

78 財源主」同治十三年花月」正　聚源茂」副　恒豐德」公合成　復生泉　義盛公　四盛長　福盛源　源成生　興盛
德　統泉隆　豐盛魁　天玉元」青龍社鄕總等公敬

79 錫玆祉祉」寶豐社總領公敬」光緒十七年陽月」信源成　協和成　大興湧　永和號　崇福源　隆盛厚　恒吉昌　泰
和昌　恒升昌　雙興厚　敦義源　德興順　義和興　德泰永　大寶玉　元利魁　德生昌　大盛興　大□玉

80 淸雲明樂」青龍社鄕總等叩」正　天興奎」副　元聚厚」雙盛昌　萬和成　福生泉　吉義堂　三和新　永恒魁　德
盛昌　敬業泰　大裕公　天合公」光緒二十二年荷月

右の中、1—7は石碑、8—50 52—62 67—80は匾額、51 65 66は祭壇、63は惜字爐、64は香爐である。
また7 8 18 19 29 33 35 40 43 56 58 60は成衣社内、5 24 28 34 41 42 44 45 48—50 53 59 62 67 78は大門内、68—80（但し78を除く）は樂楼内に、おかれているが、その他はすべて財神殿内外に配されていた。

H　玄天観所在資料

1 〔嘉慶二十二年碑　碑陰〕

雜貨行施銀十兩七錢　店行施銀十兩一分　當行施銀九兩二錢七分　碾麵行施銀八兩一錢一分　聚錦社施銀三錢（ほか略）

I　順承麵舖（旧城　上栅十街七號）所在資料

1 〔匾額〕

恭賀」芳翔李老先生榮膺耆英鴻禧」名昭圖史」十二社　鄉耆　醇厚社　集錦社　聚錦社　福虎社　當局　寶豐社
集義社　毬氈社　威鎮社　仙翁社　聚仙社　馬店社

言炳丹青」甲首　永義泉　恒豐德　公合成　享盛永　和盛碾房　湧泉油房　復義成　興成德　廣和興　天裕成
財神廟　新天長園」大淸同治七年歲次戊辰應鐘月穀旦

J　意生錦（旧城西順城街）所在資料

1　恭賀」郭老先生印榮膺郷耆鴻禧」隱名脩賞」郷耆　恒長店　東昇店　三和新　廣盛源」醇厚社　天興瑞　德和義
明盛源　永遠昌」集錦社　大盛公　天福奎　復盛號　三永昌」聚錦社　永遠店　阜豐店」福虎社　天合公　和順公
永興隆　益和泉」當局　統和當　景泰當　泰和當　泰亨利」寶豐社　廣如愷　萬興和　天昌德」集義社　元昇永
義合成　增盛裕　公盛義」毬毯社　永興恒　慶興泰」威鎮社　復盛興　通義元」仙翁社　五宜園　景福居」聚仙社
廣盛元　江蘇齊」衕義社　廣發源」榮豐社　興隆盛　天義盛」馬店社」咸豐三年孟冬月穀旦

2　恭賀」王老先生印春茂榮膺郷耆鴻禧」敏事愼言」郷耆　廣和興　富盛岐　翼盛店　慶和泰」醇厚社　信成景　恒
茂魁　信遠榮　復義隆」集錦社　德和榮　天義德　復成公　義和盛」聚錦社　德盛店　元亨店　東昇店」福虎社
萬泉湧　天興德　天順生　統泉隆」當局　天盛當　山盛當　義源當　元盛當」寶豐社　永生泰　裕盛泰　恒信泉」
毬毯社　乾元成　元興成」集義社　元茂慶　永德魁　泰和德　義合成」威鎮社　復聚永　恒聚永」仙翁社　慶陞園
萬祥元」聚仙社　四盛元　景星元」馬店社」光緒六年孟冬穀旦

K　旧城大南街百八號家屋所在資料

1　特授歸化城蒙古民事府加五級紀錄十次雙　爲」懿德峻望」鄉耆　新同成車歩利　天德店錢晃　享興號柳廣滋」醇厚社　四合榮　三盛源　復興明　天裕泰」集錦社　天成泰　萬順合　合興力　雙義永」聚錦社　天德店　德盛店」菁龍社　德合成　三和新」當局　享盛當　泰享利　劉元當　復和當」寶豐社　協和合號　廣如恒　元利昌」福虎社　四合全　信義永　廣盛永　益興泉」集義社　永昌魁　福盛和　永茂盛　法昇永」仙翁社　眞咏館　鳴鹿園」聚仙社　永香館　永順元」威鎭社　復盛興　世興成」榮豐社　義和德　長興隆」衙義社　大勝玉」毬毯社　長盛德　復盛永」馬店社」永春永」池木舗」劉中」道光二十九年二月　鄉耆　張國祥立

2　欽命（中略）歸綏兵備道　恩　爲」急公好義」歸化廳衙義社商人立」光緒二十八年六月穀旦

L　各ギルド所在資料

1　厚和市商會章程（抄）

第二條　本商會之地域以厚和市行政区域中之市区

第三條　本商會以謀商工業改善發達民福增進爲目的

第五條　本商會爲達成其目的辦理左記事業

一　關於商工業連絡調整事項」二　關於商工業通報事項」三　關於商工業調停或和解事項」四　關於商工業之證明或鑑定事項」五　關於商工業之仲介或斡旋事項」六　關於商工業之調査及編纂事項」七　同業公會及類似此類者設立申請事項」八　指導所屬同業公會並及商店工場事項」九　關於商工業營造物之設置或管理事項」十　其他認爲企圖商工業有改善發達必要事項

第六條　本商會關於商工業事項得隨時向主管官廳建議之

第七條　本會員區分左記二種　一　公會及組合之會員　二　商店或工場會員（未組織公會組合者）

第八條　凡會員者須於本商會區域內居住經營商工業及其國籍爲蒙古自治邦政府年齡二十五歲以上者

第九條　該當左記各欵之一者不得爲會員」一　褫奪公權者（以下略）

第十一條　公會及組合之會員由所屬公會員或組合員內選出代表者一名乃至二名爲代表會員

第十二條　商店及工場會員須有代表會員二名以上之推薦者始得爲代表會員但營業稅年額須繳納一百圓以上者爲限

第十三條　代表會員有選舉役員權及被選權

第十四條　本商會置左記役員」會長　一名」副會長　一名」　委員　若干名」　會長代表市商會總理會務」副會長
輔佐會長遇有事故時代行其職務」委員執行商會一切事務

第十五條　前條之役員於代表會員大會依照無名投票選定委員再由委員中互相選舉決定會長及副會長（以下略）

第十六條　役員之任期爲三年如滿期時得再選之（以下略）

第廿六條　會議爲左列三種」一　會員大會」二　代表會員大會」三　委員會

第廿七條　會員大會依照委員會之決議會長得召集之

第廿八條　代表會員大會分定期及臨時二種定期會每月一日舉行一次（以下略）

第廿九條　委員會議會長認爲有必要或依照委員半數以上之要求時可召集之

第卅一條　會議之決議得依照出席者之過半數決定之（以下略）

第卅三條　本商會之經費爲左記二種」一　事務費」二　事業費」事務費由會員捐出之會費充當之其會費依照各會員
之資本金及營業狀況等考查後而定等別徵收之」事業費經代表會員會之決議而籌集之

なお原文は第一章　総則（六條まで）第二章　會員（十三條まで）第三章　役員（廿一條まで）第四章　顧問（廿五條まで）第五章　會議（卅二條まで）　第六章　會計（卅六條まで）第七章　附則（卅九條まで）に分れている。

2　恭頌」歸綏商務總會會長賢諸先生德政」愛國維商」（福興泉など十三の屋號）」經理人遠綏僊翁社 康存有 申林岐」中華民國三年九月穀旦

3　拱衛國家」民國四年四月日」大總統奬歸綏商務總會

4　謹贈」綏遠總商會長傚齊鑽　秀圓季　賛廷玉先生惠政」忠我無彊」西南馬王會首（王天財など十名）」東南馬王會首（王厮など九名）」西北馬王會首（劉平安など六名）」東北馬王會首（樊永要など六名）」綏遠馬王會首（青五雲など十名）」回民馬王會首（劉桂など五名）」中華民國七年二月穀旦

5

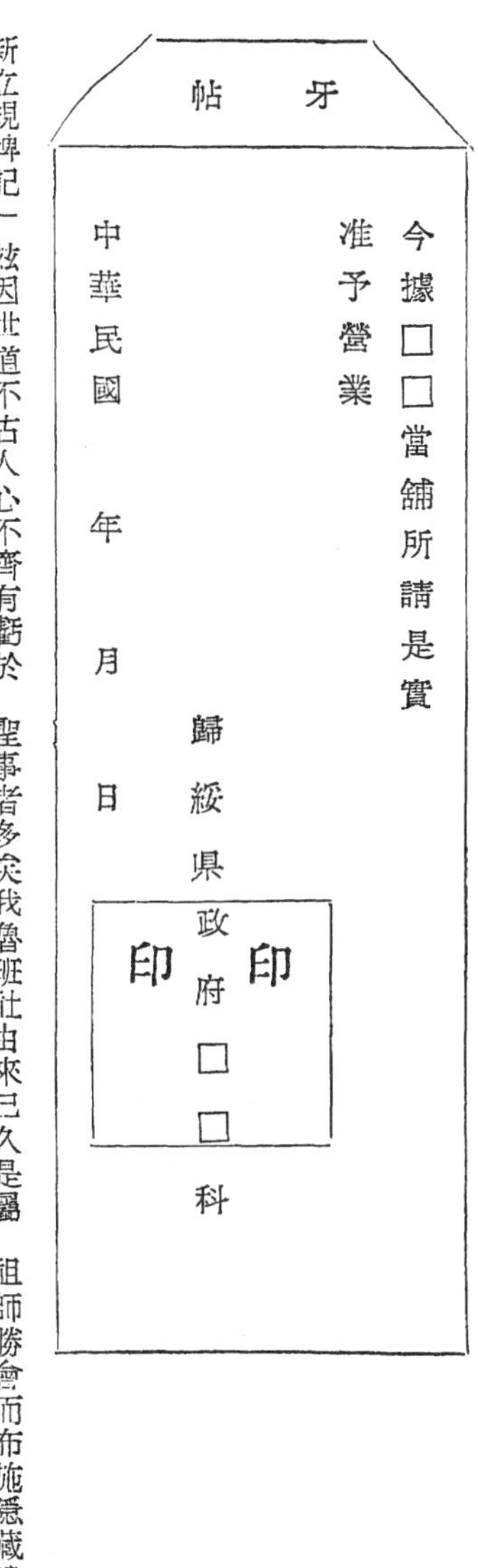
牙帖

今據□□當舖所請是實
准予營業

歸綏県政府□□科
印　印

中華民國　年　月　日

6　新立規牌記」玆因世道不古人心不齊有虧於　聖事者多矣我魯班社由來已久是屬　祖師勝會而布施隱藏遺漏以致會首屢屢賠苦若不整齊則社事將衰矣我等不忍坐視遂閤社公議嚴立社規嚴其責於舖戸工頭董其事於值年會首後於其任於舊會首幇辦之家庶使無恥工作知其社規有所敬畏而從前隱徇掩護之弊可以頓除也今將新立條例開列於左以誌永遠不朽

云爾　計開　一規　舖戶等設攢錢牌壹拾肆面字號錢數開列於上値年會首各執一牌按街挨舖攢收每月一週攢收足錢爲規以備社用復有火印小籤以預外工之作有到舖者只以領恐其外工處未領也若有不遵社中公議　一規　舖中之工作等或久居作件者各量其資不能拘於小籤欲其加贈布施勢必較勝於一籤耳至於令徒滿者只以兩天工資爲施若有隱藏遺漏查明加倍罸於櫃上　一規　木石泥工頭等立總牌一面章程記載各執火印大籤一支逐月以五十文攢錢總要足數倘有不能承其大籤者大家公論作施令徒滿者亦照籤兩天爲通施存火印小籤以補發散工作初上工者就要時對工作言明領籤之情若有不遵社中公議　一規　各行外工作等到工從工頭領火印小籤一支不論工資多寡工頭只以除扣兩天以作一年布施收存付社倘有不領籤之人則可下工工頭不敢輕用任工作別處所爲亦有舖中工作到工者只以工上領籤不准推辭舖中總不可徇私倫用若有徇私倫用者查出加倍罸於工頭散籤以後十天一週者會首工頭隨跑廟人到各工稽查散籤多寡如籤散之照其工者就收其錢均以[illegible]之數將錢存於當家會首値年會首跑廟人呼喚上廟若有不至者罸燭十斤入社公用幇辦會首亦經跑廟人呼喚上廟不至者罸燭五斤入社公用」以上所定規格各宜處心休玩共襄勝事如其不法決無容情寛恕之理倘有不遵法者大家擧官究治」大淸道光九年六月　穀旦

（本章は最近の魯班廟重修の際、壊された由で、調査によるも現存しない。右は笠木輝馬氏前掲頁七〇—一より、魯魚の誤りを正しつつ轉載したものである）

7

魯班石木泥公會」成紀七三六年六月廿日献戯之期花費」照舊協同衆會石木泥各舖戶人員公」議石木泥內外挪工人等毎一年拔伊」佈施工錢三天倘有不遵會規者公同」會首罰洋三元再者議四月初一日工人」息舍至七月十五日爲止包攬外工」歸東家所出如東家不出與工頭」毫無干涉如其不遵協同會不許僱」用如若用者罰用伊之家石木泥工頭」包攬二行者毎一年出佈施洋二元本」年因物價一切昂貴所入不敷需用拟」再加二元共合四元禁止包攬工程不許」暗爭自辱本會倘有外來石木泥人等」包攬工程現拔佈施大洋十元本廟倘」有工程添補陳設商議拔同佈施洋」多寡交與當家會首

存放不許私自」借用如不遵會規者協同會首公罰」此據示明永爲後證」魯班木石泥公會具」成紀七三六年　月　日

8　厚和特別市理髮同業組合規約（抄）

第二條　本組合以厚和特別市內理髮營業者及操理髮技術者而組織之理髮營業者爲正組合員理髮技術者爲准組合員

第三條　本組合達成左列事項目的　一　關於法令及本組合規約之遵守　二　組合員互相間之協和親睦　三　組合員人格向上衛生思想之普及理髮技術之改善　四　徒弟之教養　五　剷除營業上之弊害

第四條　本組合總事務所設在　厚和市　依本市警察署管轄區域情形設置支部事務所（以下略）

第六條　本組合置役員及職員如左　(1)役員　組合長一名　副組合長一名　支部董事二名　教育董事一名　董事五名會計董事一名　(2)職員　文牘兼會計一名　事務員一名　夫役一名（以下略）

第七條　每年一月定期開總會以不記名投票由全體組合員中選出組合長一名（以下略）

第十條　組合長代表統括組合一切之事務及充任第十二條規定各會議議長　副組合長是輔佐組合長……支部董事受組合長之指揮掌管所屬區域內組合之事務　董事參與組合之重要事務受支部董事之指揮每月一回乃至二回所屬區域內之該當店舖衛生狀態關係法令及組合規約之遵守狀況視察……教育董事受組合長之指揮擔當關於衛生講習技術講習等之教育（以下略）

第十二條　組合會議左列四種　一　定期總會　二　臨時總會　三　役員會　四　支部會

第十三條　一　定期總會是每年一月一回召集全部組合員開會關於本組合事務報告與會計報告實行職員選舉　二　臨時總會如有緊急事件發生依組合職員意見或組合員三分之二以上同意時請求開會　三　役員會關於組合員之制裁及組合總會開催之準備或必要事項應當開會時　四　支部會開於支部內必須達成以上本組合目的時依組合長之認可而開會

第十四條　組合總會役員會和支部會之會議出席開會得超過全體會員過半數方得開會如需但准組合員出席時其所屬正

組合員得有代理義務（以下略）

第十七條　組合員對於規定之價目應懸於容易使客人易見之處以免價目增減之行爲（以下略）

第　廿　條　正組合員准組合員及徒弟等實地之技術修得者勿論關於理髮各種研究會或講習會等宜奬勵其出席不得以營業上有妨碍藉口阻止進行

第廿一條　正組合員對從業解雇或逃走之時於該當事項發生後五日以內所管警察署長報告同時呈稟支部董事報告組合長由組合長通告一般組合員

第廿二條　正組合員雇入從業員時如該從業員在其他店舖從業時必須有前雇主之承諾

第廿七條　組合長對於違背規約之組合員視其情況於役員會議決議依左列之處分　一　徵收違約金一元以上五元以下

第　卅　條　厚和特別市內關於新規開業者經所轄警察署長轉呈警察局長給與營業許可之時急速向組合呈請加入

第卅一條　組合員之定休日關於營業時間及料金每年定期總會決議呈稟警察局長而受許可

第卅二條　組合於每年一月間開定期總會關於前年度之收支決算及會計事務報告……前項決算如不足時於次年度預算補充之

第卅三條　每月收入之組合費除組合職員及役員各種開消外所餘者以五成爲本組合基金五成爲其他公益事項　本組合之基金存於銀行或郵局以充本組合之利益金

第卅四條　組合對組合員每月爲左記金額徵收之如不足時依役員會之議決受警察局長之認可方許臨時徵集之　正組合員每月椅子一把五角　准組合員每月組合費五角

第卅六條　正組合員除應納自已之組合費外亦負代繳納所屬從業員之組合費之義務

第四十一條　爲謀組合員親睦情誼起見於左開各項得酌量贈與慶弔慰金　一　組合員在傷病時　二　正組合員死亡時

三　正組合員配偶者同居父母祖父母及准組合員死亡時

第四十二條　正組合員如受水火災或其他天災時由役員會議之決議視其罹災程度與以相當金品

第四十五條　正組合員對其所屬之從業員之功勞由支部董事申請組合長如左記表彰之　一　對滿一年以上勤續品行端方者授與褒狀　二　對滿二年以上勤續者除每年應得相當償額外並應授與賞品或賞金

右は第一章總則（五條まで）第二章組合役員職員選擧及權限（十一條まで）第三章組合會議與解散（十五條まで）第四章組合員義務與處分及公休日營業時間（卅一條まで）第五章組合會計及預算（四十條まで）第六章組合員同家族慶弔及互助（四十三條まで）第七章組合役員並組合員之表彰（四十四條）第八章准組合員及徒弟之表彰（四十五條）附則（四十六、七條）に配當されている。明らかな誤植を數箇所あらためた。

9　厚和市客貨業同業公會簡章（抄）

第一條　本會係依據工商同業公會法第三條及同法施行細則第二條以厚和市會經依法註册之客貨業同業商號聯合組成定名爲厚和市客貨業同業公會

第五條　本會之任務如左　一　關於改善及發展同業之業務　二　關於矯正同業之弊害並解除其困難　三　關於同業之徵詢及通報事項　四　關於同業之統計調查事項

第七條　凡本市客貨業同業商號均應爲本會會員得推派代表一人出席會員大會享有選擧及被選擧權前項會員代表經理人或主體人年在二十五歲以上者爲合格

第九條　本會組織係由會員大會票選委任五人至七人一次選決以得票最多者爲會長次多者爲副會長再次爲委員均爲名譽職但得核實支給公費其任期均爲一年得連選連任但正副會長不得連任二次以上

第十條　會長代理本會辦理一切會務副會長及委員襄助之

第十六條　本會經費由會員商號按其資本多寡比例分等擔負之
第十七條　本會除經常費外如遇有特別費用時得由會員大會籌集之
第十八條　本會收支計算及會務情形每於年度終了時須向會員大會做詳細之報告
第二十條　本簡章如有未盡事宜得時由會員大會修正呈報主管官署備案
第二十一條　本簡章經會員大會通過並呈准主管官署備案施行
成紀七三六年客貨業同業公會簡章

10

公　議　棧

敬啓者敝會自民國四年及成紀七三六年修定行規以來所屬各號遵照辦理溯自成紀七三八年以後市井安堵惟生活逐漸提高百物昂貴敝會所屬各號生活大感困難處於不得已之下備文呈請　商會將客商所來各種雜貨以及糖布並棧佣自付佣金等名種花各規定辦法附呈　商會鑒核經　商會檢定公允批准備案許可實行玆將所訂辦法開列於後

(一)外行起貨按客人自付佣清算
(二)本行隔店起貨另加棧佣
(三)凡客商卸貨於某號六個月以內即出棧佣一次係六月末日結算賣貨後結算亦可超過六個月再出一次棧佣係十二月末日結算
(四)行客買賣貨物並代　商會抽收補助費
(五)市內外存貨者限兩月內起貨過期按行規計算棧租每年兩次六月末日十二月末日計算之
(六)凡未列貨名按件數大小包口輕重估量計算
(七)本會所定規則應當遵章實行間有陽奉陰違在所不免自此次規定以後如有違章而破壞本會規則者一經查覺定

行開除出會以警効尤

(八)以上八條自成紀七三八年十一月一日議決實行

今將議決棧佣開列於左

租規則

品名	単位	棧佣	品名	単位	棧佣	品名	単位	棧佣
行唐布	件	五〇〇	水煙	箱	五〇〇	火柴	箱	三〇〇
大包棉花／小包棉花	包	四〇〇／二〇〇	米磚茶	〃	三〇〇	煤油	〃	二五〇
旧套花	件	四〇〇	磚茶	〃	二〇〇	大袋千姜／小袋千姜	袋	三〇〇／一五〇
二十四／三十九磚茶	箱	二五〇	靈壽茶	件	五〇〇	大袋花椒／小袋花椒	〃	三〇〇／二〇〇
紅茶	〃	一二〇	連機布	〃	六〇〇	糖包	包	一五〇
二十生煙	笸	四〇〇	永機布	〃	五〇〇	棉線	件	六〇〇
十八生煙	〃	三〇〇	大布	〃	六〇〇	廢熟棉	〃	三〇〇
金錢煙	〃	三〇〇	任庄布	〃	五〇〇	白蔴	捆	三五〇
千双茶	支	一〇〇	市布	〃	六〇〇	紅棗	包	一五〇
包布	件	三〇〇	洋布	〃	大〇〇	蓁椒	〃	二〇〇
老連紙	〃	三〇〇	改連紙	〃	一五〇	邊炮	件	二〇〇

成紀七三八年十月　日

厚和市客貨業公会

11　厚警保指第陸捌玖號　許可證」原籍　巴彥縣」住所　舊城後沙灘三號」營業所所在地　住所同」商號　世德堂」姓名　劉桂英」生年月日　成紀六九八年七月十七日」依成吉思汗紀元七三三年五月十六日稟請」開設代客駱駝買賣營業准予許可此令」厚和特別市警察局長　博和正牙爾

12　厚和市商會會員證」成紀七三六年」營業類別　駝莊」所屬公會　皮毛公會

13　厚和市公署家畜交易市場仲介業許可證明書」字第七号」爲發給許可證明書査後沙灘三號劉桂英業經本」場許可爲家畜仲介業者准在場内辦理交易仲介各事」宜除呈報外合行發給許可證明書以資執據」限期　自成紀七三九年七月一日起　至七四〇年六月三十日止」右給劉桂英收執」成吉思汗紀元七三九年七月一日」厚和市公署家畜交易市場長吳國樞」

14　嘉慶十一年正月下浣」分執其事」鄉總公立

15　厚和市〇業公會章程」成紀七三八年一月改訂（抄）

第一章　總　則

第一條　本公會稱爲〇業公會

第二條　本公會之區域以厚和市舊城新城驛前爲限

第三條　本公會以謀各同業之改善發展並共同福利爲目的

第四條　本公會設於厚和市舊城〇

第五條　本公會於厚和市公署監督之下統屬於厚和市商會

第二章　事　業

第六條　本公會掌理左開事業　一　謀各會員必要之協調親睦事項　二　謀各會員商號營業之發展事項　三　所營商品之獲得並配給之斡旋　四　所營商品價格之協定與販賣之斡旋　五　與官廳之連絡及命令之傳達　六　除前項各欵外認爲關於公會事業振興之必要事項

第三章　會　員

第七條　凡在厚和市内經營〇業者均應爲本公會會員並得推派代表一人出席本公會會員總會享有選擧權及被選擧權

惟此項會員代表係以商號經副理或年滿二十五歳以上之代理人爲合格（八・九條略）

第十條　本公會之會員有左開行爲之一者得依據總會之決議呈經厚和市長之批准開除之　一有違反本章程之規定者　二不服從公會長之指揮命令者　三本公會之會員認爲有其他不正行爲者

第十一條　本公會之會員如欲脱退本公會時除受總會之許可外並須受厚和市長之批准

第四章　役　員

第十二條　本公會設置左記之役員　一公會長一名　副會長一名　委員〇名

第十三條　役員於會員代表總會選擧之會長及副會長由役員中互選之（十四―八條略）

第十九條　本公會在可能範圍内不置其他職員一切事務由委員執行之

第五章　會　議

第二十條　本公會之會議如左記由公會長召集之　一會員代表總會　二役員會

第廿二條　總會分定期及臨時二種　定期總會於毎年〇月擧行臨時總會依左列場合召集之　一由監督官廳命令時　二公會長認爲必要時　三會員有三分之一以上之提議時

第廿三條　總會應決議事項如左　一公會共同施設之設置　二章則之變更　三會員之加入脱退及除名　四役員之選任及解任　五公會長認爲有其他必要事項

第廿四條　役員會會長認爲必要時得臨時召集之（廿一・廿五―八條略）

第六章　會　計

第廿九條　本公會之會計年度爲歴年制

第三十條　本公會之經費以各會員分擔之會費充之

第卅一條　本公會經費之剩餘金轉入翌年度之公會經費
第卅二條　本公會之經費發生不足時應由各會員按其納入會費等級比例征收之
第卅三條　本公會之財產由會長負責保管之

第七章　解　散

第卅四條　本公會依左記事項解散之　一　總會之決議　二　監督官廳之命令
第卅五條　本公會解散時會長爲淸算人

附　則

第卅六條　本章程如有未盡事宜得呈請修正之
第卅七條　本章程於監督官廳核准之日起施行

附　厚和市〇組合章程

第一章　總　則　（一―三條　公會章程一―三條とほぼ同じ　省略）

第二章　事　業

第四條　本組合掌理左開事業　（公會章程第六條とほぼ同じ。唯商品を原材料（三）又は製品（四）と改め、且（二）を製造品之規格統一となす）

第三章　組合員

第五條　本組合之組合員以居住厚和市管內之〇製造業者組織之
（第六條・九條は公會の八條・十一條とほぼ同文　省略）

第四章　役員及職員

第十條　本組合置左列役職員　一組合長一名　二副組合長一名　三理事○名　四監事○名
第十四條　組合長代表本組合掌理與官廳之連絡及擔當傳達命令及其他一切之組合事務
第十五條　監事之職務如左　一監査組合之財産狀況　二監査理事之業務執行狀況　三關於財産之狀況及執行業務認爲有不正行爲者向總會或監督官廳報告之　四依前項之報告認爲必要時得召集總會
（第十一・十二・十三・十六條は公會の十三・十四・十五・十九條と同内容）

第五章　會　議

（第十七條―廿五條は、公會の廿條―廿八條にほぼ同じ。唯十九條の臨時總會開催の場合に「三　由監事要求時」を、また廿條の總會決議事項の中に「一　製造品之規格統一　二　製造品之價格協定」を、いずれも加えている）

第六章　會　計

（第廿六―卅條は、公會の廿九―卅三と同じ。但し收入の項に雜收入を加う）

第七章　解　散

（卅一・二條は公會卅四・五條と同じ）
第卅三條　因本組合之解散發生剩餘金之分配或欠損金之負擔應依組合員之會費等級按分爲之

附　則

第卅四條　（公會章程卅七條と同文）
第卅五條　本組合發起人之氏名住所如左記」成紀七三八年三月　日　發起人○

16　厚和特別市茶業同業公會簡章　（抄）

第七條　凡本市各茶業同業商號均應爲本會會員得推派代表三人出席會員大會享有選擧及被選擧權、前項會員代表

以經理人及店員之服務已滿三年年在二十五歲以上者爲限

（本簡章は客貨業公會簡章と同一のものであり、唯本條に多少の出入があるのみである。）

17　生皮業同業公會行規〔顡〕」　竊思有善不可不因有弊不可不」革凡事類然況社會乎緣歸化城立」生皮社以來原爲敬神行善至今社規不」整並負擔甚重玆者闔社之人公同討議改」革前弊別立章程期同業協力遵行舖家人」名等則按皮抽佈施洋庶幾社用可充人心向善而」神靈可格矣謹將新立社規開列於後」一宗　貂皮豹皮猞猁皮揣雪皮　每張抽佈施洋二分」一宗　狐皮狼皮　每張抽佈施洋一分」一宗　沙狐兎猻猩子狸子狗皮　每張抽佈施洋五厘」一宗　大小牛駝馬騾皮　每張抽佈施洋五厘」一宗　羔皮老羊山羊盤鉏黄灰鼠　獺子皮　每張抽佈施洋一厘五毫」一宗　馬尾子　每斤個抽佈施洋一厘五毫」一宗　包瘦黄羊猸皮猫皮夜皮猴皮　每十張抽佈施洋一分」以上七宗各宜遵照而行如有舖家人名躲奸隱匿不」遵社規者按百元罰金倘有外行買賣存皮者」按社規佈施抽欵入社公用決不容情恐後生變立規」實行如有不良之處每年到期請可更改永遠爲據此致」成紀七三七年三月十五日公佈

18　厚和市皮革製品業同業公會規章」　一本會章商務會轉呈市公署警察局准許成立」　一本會遵照市商務總會一切會規進行辦理之」　一本會成立宗旨原爲求謀幸福并廣開利益實爲原則」倘有重要事件會長招集全體臨時大會出席者過半數便開會取決之」　一本會開會議事時各委員會員如有建議事項可以向會長發言商討之」　一本會過有平常事件會長可以招集委員執行會由委員會裁決之」　一本會爲各號之表率各該號所應盡之義務應納交會費不准違背與推託故意疲頑之」　一本會每月終開常務委員例會一次以便聯絡商討經營發展本業公平謀利」　一本會之會務仰我各同業協力一心一德努力襄助和衷共濟按步進行以重會規」　一本會過有應開會事項會長外出時由副會長執行招集開會取決之副會長有佐」助會長會務之權」　一本會所經營皮件皮靴鞋價格遵照協定價格售賣不准增減暗取暴利否則處罰」　一本會正副會長及各委員每日到會一次有無應辦事項以重會規」　一本會我各同業者無論何號所用之工師不准先給長

支幷中用大工價暗將乙家」之工師僱去彼此針芒不顧義氣殊爲可恨本會今已成立嚴爲禁止此弊倘有不」遵仍行此事者按違犯會章連工師開會議罰決不寬貸

19　厚和市服裝業同業公會規約㊞

第一條　關於本市同業各號登錄用工人工資之待遇應取劃一辯法以免紛岐卽以三成八抽給工人其六成二作舖主燃費之需工頭不在此例如有同業主不遵以上之辦法私行按六四抽給或按月工計算一經査出卽以擾亂會規論呈報警察官署處罰之

第二條　凡本市同業各號及工人必須恪守本會會章均得領取本會製發之證書佩戴以資甄別而便業藝倘有頑忽工人漠被不領證書卽行停止該工人工作各日業商號亦不准僱用如有新到本市之工人卽可令其照像取保領證然後工作

第三條　關於本會所屬同業各號採用工徒之待遇以三年爲學習滿之限所有學習期間該工徒一切需用均由舖長應給之然該工徒未滿三年之限不准無故請求出號倘有未滿一年之工徒無故出號時應賠補飯費及損失金二十四元未滿二年者賠補四十八元未滿三年者賠補九十六元該賠償金應交與舖長如該工徒私自他往時卽以保薦人賠償之

第四條　關於同業一人之散戶在暗房子攬括者必須依照本會上定之價目表收入工價如若不依價目表希圖多攬工沽紊亂規定價目一經査出應卽呈請　主管警察官署核辦之

第五條　關於本會每月之經費須由同業各號業主及會員等按等負擔遇有特別費用時由會員大會會議籌集之

第六條　關於本會每月會費由一日至十五日爲收入之期各同業務須依期一律繳納清楚所有各該號之僱用工人及夥友等之會費均責成舖長負責皆收繳納之不得推拖

第七條　本會各會員及同業各商號對於大會議決及飭遵事項應有服從之義務

第八條　本規約如有未盡事宜得隨時呈請修正之

第九條　本規約自公佈日施行

成吉思汗紀元七三四年十二月一日

回は「厚和市服裝業同業公會鈐記」を四字づつ三行に割って記す。」

20　厚和市米麵同業組合章程　（抄）

第一章　總　則

第一條　本組合稱爲厚和市米麵同業組合

第二條　本組合關于厚和市米麵類之生產並販賣以合理化及圖謀米麵製造業之振興發展爲目的

第三條　本組合以厚和市米麵營業者而組織之

第四條　本組合資本總額無限麵業者電磨業者之出資額磨一盤爲五百元馬磨業者爲電磨之半數米業者之出資以六百元爲原則

第五條　本組合事務所設于厚和市舊城但必要時得設支部及出張事務所

第六條　本組合在本章程規定之外並定有組合內規

第二章　會　員

第八條　如欲加入本組合者須依第四條之規定得出一股以上之資本金並須提出本組合所定之報名書

第九條　本組合承認其報名時即通知依限繳納股欵以俟交納清楚後以便登錄入會員名簿

第十條　組合員依第四・八・九條所定出資外得按內規之規定別向本組合繳納手數料

第十一條　組合員所用原料以由組合統轄購入爲原則　但組合員須將所持原料及所要數量按時報告（第七・十二・十三條省略）

第三章　事　業

第十四條　組合員除互相連絡以圖協力外更須辦理左列各事」一　組合員之製品品質改善並增加產量」二　製品價格之統制並變更申請」三　組合員所生產之米麵並糠麩子等之販賣　但關于販賣統制方法除基于監督官廳之命令外以內規別定之」四　原料之採買並分配」五　如所屬官廳有所命令時對于生產亦得依命分配之」六　製品之輸入販賣並輸出販賣」七　麵袋等之購入並分配」八　其他關于達成本組合目的之必要事業

第四章　役員及職員

第十五條　本組合得置左列役員及職員」理事　十名」顧問　一名」組合長　一名」副組合長　二名」職員　若干名

第十六條　理事由于組合員之互選組合長及副組合長由于理事之互選其任期各爲一年

第十七條　顧問爲組合之指導者對于本組合一切事務有諮詢權認爲人材適當者得由理事會選任之

第十八條　職員以由組合員並組合員之使用人中選定爲原則（以下略）

第十九條　役職員之事業並事務分擔及俸給報酬津貼除依理事會之決議外並于內規別定之

第五章　會　議

第廿條　會議分定時總會並臨時總會二種　定時總會爲三月末日七月末日十二月二十日　臨時總會以組合長認爲必要時並依組合員總意之要求開催之

第廿一條　總會得決議如左之事項」一　事業計劃方針」二　定款之變更」三　事業報告・財產目錄・貸借對照表・損益計算書及剩餘金處分案之承認」四　會員之除名並違約之處分

附則　本章程於監督官廳認可之日施行之

21　厚和市飲食店營業組合規約（抄）

第三條　本組合以厚和警察局管轄區域內之酒飯館茶點館共同組織之
第六條　本組合之職員列左　組合長一員　副組合長二員　主事一員　監事三員　評議員六員　顧問
第七條　本組合職員依左列之方法選任之　組合長副組合長主事由總會推擧經監督官廳之認可決定之　監事由評議員中互選之　評議員於總會選擧之　顧問以組合之情勢觀之必要時得聘用之（以下略）
第八條　本組合正副組合長任期均為一年監事主事評議員任期均為半年（以下略）
第九條　本組合職員之權限如左　組合長代表本組合內外一切事務　副組合長輔助組合長辦理一切事務但組合長有事故時得代理其職務　主事承組合長之指示辦理一切事務　監事監察本組合會計事務　顧問對於本組合業務上為諮詢機關　評議員關於組合員業務上之基礎事項協議決定之
第十二條　本組合會議定為左列三項　定期總會（以全組合員組織之）臨時總會（以全組合員組織之）評議員會（組合長副組合長評議員組織之）
第十七條　評議員會關於組合員業務上基礎之事項協議決定之
第十八條　總會決議之事項如左　本組合職員之選擧事項　本組合之預算決算事項　本組合之規約改廢事項　關於本組合其他重要事項
第廿條　本組合對於組合員應實施下列之事項　對於官廳之命令應令其力行遵守之　對於飲食營業之情勢進步狀況並其他關係調査之事項得一並研究之　對於組合員間之糾紛得調停之　對於茶飯價之統一及飲食之淸潔適合衛生之改進　關於組合員之融和協調並業務上弊病應促進矯正之　關於組合員及其同居家族死亡時應設法救濟之　關於組合員業務上之福利增進事項　關於本組合認為必要之事項
第廿六條　本組合之財產帳簿及會議之記錄等項非經組合長之承諾不得閲覽之

第廿八條　組合費對於酒飯館茶點館毎月應納之會費分下列等級繳納之　酒飯館甲等十六元　乙等十二元　丙等八元　丁等六元　戊等四元　已等二元　茶點館甲等十二元　乙等拾元　丙等六元　丁等四元　戊等二元

第三十條　本組合之財産組合長管理之

第卅七條　本組合解散之時組合之財産先以債務淸償後如有餘剩始得均等分配之於不足時由解散前之組合員平等擔負之

第卅八條　本組合於收入項下毎月提出百分之二十作爲積立金以組合長之名義由監督官廳指定之銀行保存之專爲辦理本組合救濟事業及社會公益事業之用

この章程は第一章総則（十八條まで）第二章業務之執行（十九・廿条）第三章組合員組合費（卅四條まで）第四章解散及清算（四十條まで）に、区分されている。

22

巴盟毛製品製造業統制組合章程（抄）

第三條　本組合於巴彥搭拉盟公署監督及滿蒙毛織株式會社指導斡旋之下並巴盟管內製造業者之協調親睦以期斯業之振興爲目的

第四條　本組合掌理左開事項　謀組合員必要之親睦事業　製造品之規格統一　原材料之獲得及酌給之斡旋　製品價格之協定與販賣之斡旋　與官廳之連絡及依命之傳達　除前項各款外認爲關於組合統制振興之必要事項

第十條　本組合置左開役員　顧問　理事長　理事　監事

第十一條　役員由組合員中互選之組合長由理事中互選之

第廿條　總會應決議事項如左　製造品之規格統一　製造品之價格協定　組合協同施設之設置　章則之變更　組合員之加入脫退及除名　役員之選任及解任　組合長認爲有其他必要事項

第廿二條　總會應決議事項以外之重要事項於役員會決議之

成紀七三八年八月二十七日

猶總則（一―三條）事業（四條）組合員（五―九條）役員及び職員（十―十六條）會議（十七―廿五條）會計（廿六―卅條）解散（卅一―三條）附則（卅四・五條）の八章に分っている。

23　組合運營說明書（抄）

組合之事業　一　謀組合員必要之親睦事項　二　製造品之規格統一　以疆内民需問題爲中心對于價格之考慮並應遂合市民之欲望及時代之情形而製造其製品並矯正對於低劣製品專求暴利爲目的之行爲藉實努力維持組合員全員之信用　三　原料獲得及配給之斡　(1)須努力順應政府適宜之對策以期助長組合員營業之發展　(2)依政府之政策如發生共同購買之場合組合員須持送購入資金並諸項費用應加算配給之　(3)共同購入之場合倘組合員所繳資金發生不足時或以組合名義向行借用對于所耗利息亦得在配給原料時加算之　四　製品價格之協定　製品價格須以適當之原價計算　經官廳認可後其協定價格業者間能施行之　五　官廳之連絡並命令傳達　六　其他關於組合統制上之必要事項

組合費　毎年一月間須編造本年一個年間之豫算得經總會之認可依組合員上年間營業額爲標準分　個等級以十二個月分割繳納爲原則但經組合員之總意將納入方法變更時亦可

他に名稱　組合員　役員及職員　役員選任時期　役職員之待遇　組合事務分掌　会議の七項があるが、いずれも章程」(22)の抜粋にすぎないので、右二項のみを記した。

以上の中、2―4は市商会（衛城圪斜街）にある匾額、5は興亜當厚和總當所有の文書、6は魯班廟内にあった匾額、11 12 13は駝店世德堂（後沙灘三号）所蔵の文書、14は小東街関帝廟内醇厚堂（雜貨行公所）の匾額、17は皮莊日升昌（寧武巷三十二號）にあるギルド規約で、紙に墨書して額に収められた文書、19は石輔卿宅（旧城九龍灣、調査当時は服装公會公所）に掲げられていた、紙に墨書した文書である。その他の178—10 15 16 18 20—23は、いずれも各當該商會・公會または組合から贈られた文書であり、各々の公印を押した鉛印、石印、打字油印又は筆寫された副本であって、ここに載録しなかった爾余の多数の章程類とともに、著者の所藏にかかる。

M　城隍廟所在資料

1　新創城隍廟碑記」……休養生息文教日隆歸化一城商賈輻輳蒙民恬愳文物聲明之盛數倍曩時矣……仁憲乃飭交郷總幷捐倩二百金擬定廟制命之董司其事己巳春於常平倉東置得民倉一所……」嘉慶十七年歳在壬申敬銘」經理人　十二社郷耆總領等多珠住持道人孫本元暨子合眞

〔碑陰〕（「施」として、朱海西社朱海東社の他に多数の屋號をあぐ。その次に、「捐」として次の十一社を記す。）

醇厚集錦　捐五十四千文　聚錦社　捐二十七千文　當行　捐十六千二百文　青龍社捐二十一千六百文　福虎社　捐十五千六百文　集義社　捐六千九百文　仙翁社　捐四千八百文　帽行　捐四千二百文　毯行　捐四千二百文　馬店行　捐二千四百文　威鎭社　捐六千九百文

2　新建城隍廟鐘鼓樓碑記」……店行總領周園詳視其鐘」鼓二樓已有八柱其餘基址木植磚瓦鐘鼓缺然計銀庀工適稱其工因商各行莫不踴躍且言費有不足願助銀二百兩於是鳩工它材不日而鐘樓成矣鼓樓竣矣……」經理人　十二社郷耆總領等」嘉慶十九年荷月穀旦

〔碑陰〕

集　錦　社　捐　銭　二萬一千九百二十四文　　仙　翁　社　捐　銭　三千八百四十七文

醇厚社　捐銭　二萬一千九百二十四文　　榮豐社　捐錢　二千一百四十八文
聚錦社　〃　〃　　衡義社　〃　一千二百六十一文
青龍社　〃　一萬七千五百二十八文　　毡行　〃　三千四百一十文
當局　〃　一萬三千一百五十四文　　馬店社　〃　一千九百四十八文
福虎社　〃　一萬二千六百六十七文　　寶豐社　〃　七千文
集義社　〃　五千六百二文　　（他に官廳・個人・屋號の捐銭各一）
威鎭社　〃　〃

3　萬世永昭」……郷耆以言神不可無處宜建樂樓以修規制廼聚合行公議犇告于道憲府憲以爲此義擧也各捐俸貲以倡衆于是好禮之士商民皆樂輸財効虔共勷厥事卽擧郷耆中之善謀者使之殿督工程總理理者有人到經理者有人……」經理人十二社郷總等」大淸道光四年歳次甲申重陽吉日立
〔碑陰〕（施銭表で屋號多數）

4　樂觀厥成」重修城隍廟新建牌坊碑記」……（予）勸集郷總糾首令其廣爲捐募率作興工郷總等無不慨然應欣然從庇材鳩工……」欽命山西總理旗民蒙古事務分巡歸綏兵備道兼管歸化城等處稅駅加三級紀錄五次富理禮薫沐敬撰並捐銀二百兩」大淸道光十一年歳元重光桂月上澣敬誌
〔碑陰〕（店舗名多數）

5　貽美千秋」重建殿宇新建牌坊橋梁碑記」……凡官長學士農工商賈無不概捐已囊共勷厥擧工是以不一年而竣也豈勢力之可迫哉抑樂善之心同也所以郷總糾首今當告成之時意欲勒石以誌……」道光十一年桂月
〔碑陰〕（屋號多數）

6　流芳百世」（碑文には、曹官殿建築に關し寄附を集めた次第を述ぶ）

十年　郷耆　億春永　聚興元　恒豐店　宏盛當
十二社郷總等
十一年　郷耆　大興元　聚和成　雙成店　三勝玉

醇厚社　復興義　復興泉　大興育　祥盛泰
集錦社　義和成　天春永　四合源　天興昌

集錦社　永和號　興合盛　復泰寧　三合源
聚錦社　變成店　天禧店　和盛店　廣興店

當局　雙合當　宏盛當　泰亨利　豐亨當　謙和當　久成當　繹和當　享盛當

青龍社　大興元　永合泉　隆順永　萬盛碾房
福虎社　福合成　四合隆　恒昇禧　天義生

福虎社　源成鋪　隆順永　南義合長　四合昌
寶豐社　大義生　天成永　天寶魁　威鎮社

寶豐社　大豐魁　元興美　明德永　馬店社
集義社　盧川鋪　長盛和　萬興隆　廣和成

集義社　永茂盛　永昌魁　永恒奎　天春水
榮豐社　義和興　四盛永　天和景　德泰玉

仙翁社　金谷園　天明園　義興館　和合樓　萬会館　日昇園　長盛園　天聲館　新盛居

衡義社　三盛玉　萬慶魁
毡鐘社　興盛義　永興義　昌興德　天泰和　天興合　德泰玉

經理糾首人等（人名廿九）」道光十一年桂月

7　永康兆民」平安社碑記」且夫善量貴廣也而善量尤貴無窮前君子創善於前後君子繼善於後則一善首」倡而萬善同歸也今春歸化城瘟疫漸作適値清明時節」城隍老爺出巡之期守廳　趙公等糾集各社郷總不忍目睹時疫議定」城隍老爺位前諷經設經献戲以遂時疫以保平安無不踴躍爭先輸誠恐後於以知人」心不同同歸於善善豈有量哉尤望後之君子相沿勿替微特一已身家永沐」神庥卽闔境民人亦保平安則善量之廣者而善量尤出於無窮矣謹將經理捐輸姓名」勒於石以垂不朽云爾」大同府大同縣儒學生員張敬載薰沐撰幷書」經理人歸化營城守廳趙萬淸」李仰止　黄士墉　郝文秀　趙履亨」道四班　府三班」十二社郷耆　孫有山　孫時愢　王漢山　李登科」道光二十三年歲次癸卯梅月敬誌（城隍・神庥は二字抬頭）

〔碑陰〕　勿替敬典」新立平安社碑記」（本文略）」四郷耆　集錦社　聚錦社　宝豊社　醇厚社　當行　青龍社　福虎社　各施錢二千文」衡義社　集義社　威鎮社　毡鐘社　馬店社　榮豊社　仙翁社　歸化營　各施錢一千文」（他に官庁七　官吏六　個人八　店鋪十三の寄附者あり）

8 「德威惟昃」「新建孤魂殿碑記」……歸化郷總糾集仁人善士擇地於城隍殿西南隅建蓋孤魂殿……則郷總糾合之功固當永誌而衆姓勷成之力亦宜勒石」經理人（人名十五）」大清道光二十六年歳次丙午年閏五月上澣敬誌

〔碑陰〕 新建孤魂殿碑記」（「収」には十二社施銭一百五十千文の他に、個人屋號官廳など廿三あり。「支」には宗をたて細目支出表とす）

9 代天視察」十二社郷總敬」嘉慶十二年九月下澣穀旦

10 共仰神庥」經理糾首十二社郷總」（毡氊社 興隆有 永積店 萬樂園など一社と五十の屋號）」嘉慶十五年菊月穀旦

11 彰疫無私」經理糾首十二社郷總敬」（萬全合 永豐店など五十二の屋號）」嘉慶十六年九月穀旦

12 傳眞樓」十二社郷總」（人名九 社名十二）」道光四年歳次甲申桂月

13 榮報亭」榮德保安社經理」（〇〇保長として廿六名）」道光五年歳次乙酉

14 大清道光辛卯黄鐘月」監觀四方」（福虎社青龍社当局など、社名及び屋號名多數あるも不詳）」大清宣統元年孟秋月上浣」十二社郷總建

15 聰明正直」道光十一年菊月穀旦」四郷耆 □□店 □□□ □□軒」醇厚社 榮□社」聚錦社 青龍社 福虎社當局 寶豐社 □□□」集義社 榮豐社 馬店社 毡氊社 天興昌 人和居」王秀賢 王九□ □□□ □□魁

16 平安社置」太谷郝文秀 山東李仰止 崇化宮□□ 祀縣陳士謨 順天府楊思啓 順天府田成玉 順天府趙□ 順天府董策欣 順天府張良璦 定縣李元泰 代州孟九恒 祈縣張□□ 四川黄坤」道光二十四年五月吉造田霖 氾水舖」同叩敬

17 普濟陰靈」道光二十五年六月」平安社敬立

18 母欺自己」道光二十九年九月穀旦」郷耆 天德店錢晃 享興號柳廣滋 新同成車步利 三勝玉張國祥」叩敬

19 癯成孔安」光緒十九年九月吉旦」醇厚堂鄉耆王珍叩敬

20 本月初八九十日恭祝」靈應侯城隍老爺位前設供諷經献戯」三期今將十五社總甲派當各執開」列於左」總理　鄉耆」
經管　醇厚社　集錦社」跪經　毡氈社　集義社」書目　聚錦社　當局」執尊待客　福虎社　靑龍社　興隆社」經理
午席　馬店社　寶豐社　威鎭社」經管早茶　生皮社　仙翁社　聚仙社」宣統四年五月　聖誕稨諭

1—8は石碑、9—15 17—20は匾額、16は香爐である。又1 9 10 11は城隍殿、2 16 18 19は寢宮、3—5は七十二祠、6—8 20は曹官殿、17は渡苦祠　12 13は樂樓、14 15は牌坊に現存する。

N　北茶坊廟所在資料

1 依舊刻新序」衆觀前商定立市規舊碑一座竪立於駝市之街廣見衆知玆本市之駝商瞻郁字文模糊」偏倒不堪因此推求
上文追譯下句將原文徒刻易新以免年久湮沒旣習前人之所遺固」不習工資之費是以各助資財依舊刻新沐手扶碑歡意樂
從略敍數語仍刻原文於前面」續刻先後仕宦商賈字號姓名於後面得以眉目分淸易於瞻觀無取更張是爲序」乾隆十三年
歲在戊辰之秋舊碑云闔境永遠除害勒碑誌歸化豐州慈壤塞外商賈輻輳」蒙民咸集邇者貿易積多蓋由」聖天子在上內外
一統五方錯至交易於市最易長奸卽如交易莫大於貨殖多不以實行每」以折扣如紋銀以九五扣者議價一二分並有七扣八
扣不等甚至以八色譏稱九成后奇」望利隱受其累幸値　道憲與府憲廉明整商慈愛至切由是申請」各憲市定市廛貨殖章程
現今　憲諭煌煌今一切買賣價値高低所從民便皆許將現在」銀兩治定成規照色加扣如九五銀者酌商毋兩加色銀一錢九
成者加二錢總以紋銀爲準積年之弊旣已除革夷漢商民莫不廣慶業已杜許僞布息訟端恐再復萠爰勒石永垂」不朽云爾」

〔聖天子は抬頭〕

耕讀居士　閻榮　王立　書撰

福慶社經理人　蔚定元　馮天德　馬竚　李永信

大淸道光二年歲在壬午九月既望吉日重修」大淸光緒二十七年歲次辛丑六月吉日重修福慶社經理人　雙合公　義長銳　田徹　劉克溫

〔碑陰〕

永註芳名〔額〕

（道光中に重修した次第を記す）

乾隆戊辰年註刻本城鄉耆總領舖戶　（屋號名百九十四）

2　重修橋路山門重建羕廊舍序

……梁子淸輔等竭力募化……

經理人　梁淸輔　（他九名）

水泉村經理施財善人　（人名廿四）

大淸乾隆二十一年律應無射月

3　增建抱厦廳鐘鼓樓序

……善子梁子淸輔等除各捐己資外復與住持僧者沿門募化積小成多以鳩工……

大淸乾隆歲次壬午仲秋之月初旬吉旦同立

4　重修北茶坊碑記

（本文略）

經理糾首　（屋號名　三十三）

乾隆辛亥桂月

〔碑陰〕

店行施銀百二十兩　碾行施銀七十二兩　麵行施銀六十八兩　雜貨行施銀六十兩　當行施銀六十兩　錢行施銀四十六兩　靴行施銀四十五兩　粗皮行施銀四十兩　帽行施銀八兩　（この他に屋號名數百、各各の施銀額をも示す）　闔城衆姓零星布施銀七十三兩九錢　水泉兒村衆姓共施銀十三兩五錢

5　福祿攸同〔額〕

盖維崴廟貌神所憑依炳煥靈休民虔供奉我孟邑衆民福」隆福興太平諸社首行商口外者結社於歸化城之北茶坊」關聖廟已歷有年悉皆仰賴」神庥日臻蕃盛同廟門外旗杆朽壊致□觀瞻」威儀復缺謹糾各社首諸君捐貲……

經理会首　（屋號　五）

孟縣社　施錢　二百八十三千文

福隆京羊社　施錢　二百千文

福興牛羊社　施錢　二百千文

太平興旺社　施錢　一十千文

咸豐九年榴月中浣

6　興復北茶坊孟縣社献戯始末記

歸化城諸公所之以社名也猶他處之會館也建廟祀神以展誠敬以爲一鄉之人公集亦他處會館同……

道光十三年仲夏

（ちなみにこの他關帝廟内に孟県社の碑三基あり）

7　萬善同歸〔額〕

北茶坊彩繪金粧碑文

……壬辰之春糾首等興繼往開來之念舍資捐助粧其聖像飭其殿宇……

孟縣社施錢二十五千文　福興牛羊社施錢十五千文　（他に屋號多數）

大清道光十三年榴月　（碑陰は無字）

8　三聖廟新建山門社房碑記

……北茶坊關帝廟東舊有　圏神廟在社諸公於嘉慶癸酉重修其正殿添塑　馬王　牛王　羊神象名曰　三聖廟夫　馬王
牛王之名固昭昭矣而　羊神未免無稽不知神不自神神於人之心人心以爲神卽神焉耳至道光乙未諸公又協力捐前貲建山
門三楹東西建社房十餘間舊日社房在正殿西改塑　財神一經轉移便覺位置得法其結構之精嚴金碧之焜耀庶居歆而　神
爲之樓夫」神居霄漢而馭風雲豈借人間屋宇然人既潔其地以奉　神　神亦感其心以依人降鑒之久呵護自深物阜者財自
豐皆　神之賜也……

經理糾首　長盛義　大成店　閻大有
復盛泰　永茂店　林　寶
義興秉　隆盛魁　常　維
福盛億　大盛店　樊兆驥

道光十七年四月

〔碑陰〕　善是福根〔額〕

福慶駝社施銀一百兩　（元盛德以下約百八十の屋號がこれにつづく）

9

福緣善慶〔額〕

新建鐘鼓二樓碑記

……吾人之所以報　神庥伸誠敬者卽於鐘鼓樓之設亦有不敢忽者也化城福興牛羊社於嘉慶庚午建廟北茶坊　關帝廟左

以崇　神祀殿廡雖備而鐘鼓二樓之建尙有志而未逮焉道光壬寅京羊莊諸公復立福隆社兩社相商同廟敬　神至念及鐘鼓

之虛懸咸願竭力輸誠共襄盛事……夫合兩社之名曰興隆而斯廟之倡於前而善於後也眞可謂興隆之至矣宜乎神之來假來

饗而同社之並受其福也是爲記

福興社經理　復盛泰　福盛億　長盛義　永興隆等

福隆社經理　福盛億　益盛元　天春源　元盛昌等

大淸道光二十六年丙午季秋之月穀旦

〔碑陰〕

福興社　施錢一千零五十四千三百八十九文

福隆社　施錢一千零五十四千三百八十九文　又施彩畫錢五百八十四千七十一文

10

流芳百世〔額〕

重修三聖廟碑記

吾耆北茶坊之有三聖廟創建於嘉慶十八年迄今數十載矣邊風朔雪之漂搖……光緖三年春福興社之李君文煥李君利仁來

言於余曰北茶坊廟貌之凋惟吾二社之責卽欲補而葺之奈福興社之財力不逮何福隆社能任其重歟余唯廼集福隆社之衆而

議之僉無吝色卽日捐金三百合福興社之所募遂足以經始於是鳩工庀材……

總經理人

福興社　源盛興　天義成　天生泰
　　　　復盛泰　隆和義
福隆社　協和義　裕盛昌　協盛昌
　　　　瑞生魁　天元德　義和生

光緒三年丁丑荷月穀旦

〔碑陰〕

福隆社施銀　四百五十一兩

福興社募化　福慶駝社施銀五十兩　德成永施銀十五兩　（他に屋號卅一）

11　重建旗杆添蓋廊房功德碑

……住持了聰邀請各社糾首集廟相商……

各社量力攸助……

光緒癸未九月上浣

〔碑陰〕

（多くの屋舗や官商にまじり、福慶社　福隆社も寄附す）

12　重修北茶坊古剎碑記

……國朝定鼎之初收此地爲腹內疆域中外一體准商賈出塞貿易時也想前者規模粗具形勢疏略未遑勒石紀載俟後人續加增飭耳憶此地之各行立社也亦猶通都大邑之有會館依時展敬聚集其中誠爲盛擧因而廟之修造惟諸社是賴迄今歷數百年□□次補葺或起造屋宇或展拓地址各有碑記可考無煩贅述近於光緒十三年諸社首於瞻拜之餘見內院殿宇尙有可觀而兩

旁鐘鼓二樓以及山門欹楹並門外樂樓一座諸多滅色於是與義擧各助貲財通計醵銀若干兩……

經理人（屋號六）

光緒壬辰壯月中浣

〔碑陰〕

樂善好施〔額〕

孟縣社施銀百九十兩　興隆社施銀六十兩　福慶社施銀十五兩　福隆社施銀百二十兩　太平社施銀五十兩　毯毺社施銀五兩（ほかに五十三の屋號が寄附している）

善緣〔額〕

13　新建大僊祠碑序

……本廟住持　悟本　恭請會首等公議興工遂皆踴躍從事緣舗募化而諸行戸亦皆樂得輸財爲遂卽於正殿西旁鳩工……

經理人（屋號名及びその代表者名　各十）

光緒二十三年靈喜月

〔碑陰〕

萬全〔額〕

（孟県社　太平社　福隆社　興隆社　福慶社　福興社　總局　醇厚社　馬店社　などの各ギルド。屋號百六十六、及びそのおのおのの寄附額を示す）

14　募化金粧建蓋序

……有梁子清輔等協同住持祥通募化闔域之善臺疏引各村之信士捐貲樂助修理山門建立兩廊以及禪室社房俱已全備欲

羞馬王牛王之廟……

雜貨行施銀三兩　當行施銀一兩　碾行施銀一兩　酒飯行施銀一兩　麵行施銀五錢　熟皮行施銀三錢………（屋號の施銀も多し）　經理糾首　（梁濟輔など十名）

〔碑陰〕

（屋號が多數、施銀額と共に示さる）

（なお本碑の年代は、梁濟輔の關係から、乾隆廿一年前後である事がN2・N3等から想定し得る）

15 補修殿宇廊廡山門鐘鼓樓」樂樓旗杆□德布施開列於左」　福隆社施錢一十四千　孟縣社施錢二十四千　福興社施錢一十四千　興旺社施錢一十三千五百　福慶駝社施錢一千」咸豐五年七月二十日公立

16 嘉慶十五年孟秋月穀旦」雄威壯圖」福興牛羊社糾首等謹叩

17 嘉慶二十年陸月穀旦立」爲驃爲龍」福慶駝社衆信等謹叩

18 大淸道光十六年伏月穀旦」增福祠」福興牛羊社糾首等叩

19 道光二十六年七月吉日」福興社」福隆社

20 同治四年三月吉日」位鎭離宮」福隆興社等叩敬

21 福興隆牛羊社」同治九年五月吉日」合社公置」（この香爐は多數あり）

22 壬子年姑洗月中浣穀旦」澤被群生」鄉耆萬盛合　正副總領萬聚和天興店　會首集生祥德享魁」興隆牛羊社公敬

23 天運己卯年新正月穀旦」興旺社

興泰成　郭先發
德盛湧　張德榮
永和公　陳浴恭
會首　福生祥　經理人　馬秉鈞　同叩敬
通盛祥　沈鴻烈
王和恒　梁棟材
廣和公　王　棋
福玉森　武　榮

張明新沐謹敬書

24　今將金裝聖像善士施舍資財芳名開列於後」（張德以下八十名）」經理人　興旺社　霍玉彩

25　宣統二年四月穀旦」交城社同叩敬

26　道光十六年林鐘上浣穀旦」物遂其生」福興牛羊社糾首等謹叩

1—14石碑碑文。15—18・20—22・24・26は匾額。19は磬。23は幕。25はふみ臺。

2—7・11 12 14 15 23 24は關帝廟、13は大仙廟、1 18 20 21 25は財神廟、8—10 16 17 19 22 26は馬王廟に、それぞれ屬するのである。

大仙殿には現在も老仙（老人像をおく）大仙（壯年）小仙（若い男性像）の三神像がおかれており、13にはこれ等を「長寿大僊」として、一括して示している。

O　通道街口大通橋畔所在資料

1　「重建大通橋誌」歸綏舊有和合橋係經本城紳商募資建築年久失修業經坍塌行旅殊感不便……本會同人以事關公益公同集議僉謂舊橋既塌非重新建造不足以便行旅而利交通……」重建人綏遠總商會　會長　郝拇卿　王贊廷　特別會董（董子昌など十一名）」中華民國十二年七月二十日（石碑）

P　十王廟所在資料

1　「城隍廟新建樂樓碑誌」本城西北隅有十王廟一所爰考建自康熙九年其殿西側於康熙四十四年建立城隍殿三楹……我汾商人感　神聖之靈而與相議曰城隍正神也而百求百應其將何以報　神功耶爰立一社曰汾陽社於每季三月三日恭倣道場献戯……」糾首　（六十九名）」康熙五十八年中秋

〔碑陰〕

汾孝社施銀姓名列於後　（人名多數）

2　「重修歸化城地藏寺鐘樓記」（聖恩による歸化城の発展を述べ、地藏寺の充實について詳記す）」經理會首（人名十五）」雍正三年七月

（碑陰は交城社衆姓として人名約二百をあぐ）

3　「重修戯樓鼓樓誌」（地藏寺の兩樓を孝義社にて重修した次第を述ぶ）」經理會首（張義明など十二名）」雍正九年穐

春穀旦

（碑陰　孝義□施財姓名開列于後　計開　として、以下人名数百を掲ぐ）

4　地藏寺重修大殿兩廊碑記」地藏寺俗稱十王廟者不知建自何年意無可考……大殿中樑紀有順治元年重修之誌至今又經百年……（住持僧本魁募化重修）……」交城社施銀十兩　雜貨行施銀六兩　蒙古會施銀五兩　（他に店舗名人名多數、蒙古參領一も交る）」經理人　（十一名）」乾隆十四年季秋

（碑陰　人名多數、蒙古人なし）

5　創建樂樓牌坊碑誌」……乾隆十六年□應雜貨行總領……」經理　店行　麵行　酒飯行　馬店行　靴行　皮行　毡行　餅行　錢行　（他に多數あるも不詳）」乾隆二十八年十二月穀旦

6　重建子孫娘娘殿序」十王廟之前有　子孫娘娘廟未詳剏建何代亦未見重修有年自立歸化以來卽有斯廟爾時居民鮮少不過商賈數家近來生齒日繁已成華夷一統缺嗣者咸祈禱於斯……（住持が金を各方面より集めて重修）」（寄附者は蒙古人のみで九名）」乾隆二十九年歲次甲申　（碑陰はP20）

7　重修火神廟碑記」經理糾首　雜貨行　當行　碾行　店行　酒飯行　細皮行　麵行　靴行　馬店行　錢行　皮行毡行　餅行　□□興　廣盛店　全隆店」大淸乾隆三十六年孟夏穀旦　（本文及び陰碑を省略）

8　汾陽社重修城隍殿碑記」（本文略）」乾隆五十一年五月初七日

〔碑陰〕

雜貨行（50）　店行（25）　碾行（20）　當行（16）　麵行（13）　靴行（12）　錢行（10）　酒飯行（8）　皮行（8）

帽行（8）　毡行（5）　（他に屋號多數・數字は施銀何兩の略）

9　重修汾陽社房碑記　（嘉慶三年三月）

10 汾孝社重修社房誌（道光三年季夏）

11 交城社金粧佛像彩費殿宇創建社房碑記」事莫難於創始交城社自康熙初年」聖祖仁皇帝廓清垓土」賛大將軍自右玉帶來十二行[illegible]舗及行交邑人最夥而交人在九天聖母位前每歳四月初八日献戯考諸貞珉功」德累累第百餘年來襄事者無有定所……」總經理　萬錦成　義恒號　元昇永」輪流經理　興盛順　如川皮房　永茂盛　萬興隆　長順永　復盛隆　天春永　義生錦　大興號　廣盛榮　天合成　王學元」道光七年七月中澣

（碑陰　屋號多數）

12 萬全同歸〔額〕」　醇厚社（200）　集錦社（400）　聚錦社（350）　青龍社（150）　福虎社（120）　當局（250）　寶豐社（500）　集義社（45）　威鎮社（40）　仙翁社（45）　榮豐社（30）　衡義社（15）　毡毯社（40）　馬店社（24）　福慶駝社（10）　紅油行（10）　義仙社（10）　煤炭行（10）　騾店行（5）　車店行（5）　車舗行（5）　銅行（8）　銀作行（8）　雜營行五千文　忠義社一千文　（アラビヤ數字は施銀何兩の略）」經理　舊鄉耆　永順泉孫有山　廣亨店孫時熙　湧泉油房王漢山　信源成李登科」總領　（人名四十四）」道光二十四年九月

（碑陰　施銀の店舗名人名並びに支出表）

13 萬善同歸」（参領十三人の名のみ）

〔碑陰〕

永垂不朽」（道光廿九年孟夏重修の支出表）

14 善緣善慶」（P13への寄附芳名錄。蒙古人の名のみ。碑陰は永垂不朽と題し、內容は表のつづきでやはり蒙古人のみ）

15 重修聖母廟并建廟及商人建廟碑記」……是廟也蒙古之公廟爲螢祝祈福之所也廟之創據匾額與」先輩流言實始於康

熙年間倡之者都統繼之者官兵各捐貲財」而廟以建焉嗣後商人亦欲禮神苦無地基請於先輩願於廟之」東西更建殿宇以祀 神祇我先輩嘉其善緣而商賈之社事」以立廟……」……參領等憫其凋敝衆議修群然從事勸施樂」輸造作不怠至道光癸巳而工告竣焉因而理者爲聖母殿爲章」陀宮爲地藏王菩薩祠鐘鼓及衍神樓僧房大門……」道光二十九年歳次己酉孟夏月

〔碑陰〕（佐領十三名及び蒙古人多数の施銀）

16 重建聖母殿碑記」（子を授かる上に効験ある神たることを述べ）……十王廟舊有聖母殿爲□祝祈禱之所實蒙古之所建也不意丁巳年二月初十日辰刻回祿殿中文柱雕梁頃刻煨燼焰及禪房宛弗然參領等群然異之既而日業去其舊易謀其新於是率衆重建鳩工它材……」經理人 土默特左右翼十二參領」咸豐十一年仲荷月

〔碑陰〕計開 福慶駝社（88） 煤炭行（5） 雜營行（4） 車舗社（4） 騾店社（4） （他に屋號多數、蒙古風の姓名なし）（数字は施銭何千文）

17 汾孝社重修城隍殿社房院碑誌」……城隍殿係康熙四十四年創建本社立於當年三月三日虔誠献戯……」同治八年六月

〔碑陰 屋號及び個人多數〕

18 今將布施開列於後」醇厚社（140） 集錦社（130） 聚錦社（130） 青龍社（100） 當行（90） 福虎社（90） 宝豐社（120） 集義社（40） 威鎭社（30） 仙翁社（25） 聚仙社（15） 榮豐社（25） 衡義社（15） 毡毯社（30） 馬店社（20） 大南街太平社（30） 雜銀行（40） 天義德（20） 公義灰舗（10）（以上は各施銭何千文）」爛行（12） 平義社（8） 義仙社（8） 福慶駝社（8） 騾店社（8） 煤炭社（12）（以上は各施銀何兩）」同治十二年

19　（重修火神廟碑　同治十二年で、P18は本碑の布施細目表をなすものである）

20　萬古流芳」……土默特兩翼公建十王廟僧徒舖產地基一所出賃德興駝店每年租錢永爲□中僧徒香火養贍之資」自住持周倜僧和囊於民人將房產地基一並歸於他人以爲祖遺不意神靈默佑一日販靈興訟在案蒙民事父母官斷令先師還地基至於房產準僧人備價取贖仍歸香火申覆都統衙內存案蒙古各官悠久而再失勒碑存驗使予作記以昭永遠不朽云爾」光緒七年三月中浣

21　十王廟後院碑記」……査該住僧緣仲福溪典押廟基速速未贖以致蒙古社折墻爭訟尤屬不守淸規當即笞責驅逐出廟並斷令福溪速交原使押價給任治菴收領空基斷歸十王廟管業……」光緒十年九月

22　晋省南汾孝社商人重修古豐城隍廟碑記（光緒三十三年）

23　重修地藏聖母各殿碑序」（捐廉による旨を記す）」計開」（土默特十二甲参領以下土默特旗の各官をずらりとならべ、他に帰化城大行六十兩を加う）」宣統二年應鐘月
〔碑陰〕（万古と題し、蒙古人を列擧。中に漢人名九あり、おそらくは蒙古人の漢人式姓名と思われる）。

24　重修火神廟碑記」（馬提三の提唱及び寄附二千元を基礎に、主として商會の援助によって成功）」成紀七三四年六月
〔碑陰〕（寄附者芳名録）
阿片公會（120）　粮業公會（120）　鞋帽紬布公會（30）　紬布公會（80）　客貨業公會（60）　葯業公會（50）　新城各業公會（50）　米業公會（40）　皮毛公會（40）　麵業公會（32）　茶點公會（30）　酒飯公會（30）　首飾業公會（20）
估衣公會（20）　細皮業公會（20）　當業公會（40）　廂鐵業公會（15）　生皮業公會（10）　飯點業公會（10）　粗皮業公會（10）　雜貨公會（7）　染業公會（5）　茶業公會（5）　毡業公會（5）　商務會（180）」（數字は施洋何元

の略）

25 天明地祭」乾隆癸酉仲春穀旦」十三行同達

26 明心宝鑑」道光十年姑洗月」經理會末」天興當　瑞和當　東昇店　源成店　瑞興成　元興店　恒興號　三合泰
源盛永　大盛全」大南街太平社叩敬

27 翕純」暾繹」道光十二年花月穀旦」經理　興盛舗　全隆店　天盛億　德泰成　翼盛號」集義店　複合盛　天春永
永順和　湧泉德」大南街太平社等叩　（二枚）

28 火帝司權」鄉耆　許化宇　馮志福　郝文秀　溫永□　叩敬」道光二十二年菊月

29 德著離明」大西街公立」（新順永以下三十二の店舗名人名）」道光二十三年八月穀旦

30 赤握靈得」平安義社等叩敬」（宏厚源など十九の店舗名）」保長　李得喜　馮通　焦漢運」道光二十四年八月中浣

31 位午正南」道光二十四年夸則月穀旦」醇厚社鄉總」與合盛　元成永　永遠昌　祥盛泰　天成舗　叩敬

32 絃歌雅化」宝豐社等叩敬」經理人　德和成　天興元　元慶長」道光二十六年陽月

33 惠福惟王」弟子陳英經理募化衆」金粧聖像」彩畫大殿」信士」西包頭大行捐錢三十千文」薩拉齊本街　雜貨行捐
錢十五千文　當行捐錢十二千文　店行捐錢八千文　麵行捐錢七千文」西薩拉齊公行捐錢八千文」（以下村落公社多數）
」大清道光六年孟秋月吉旦

34 滿村靈渠」咸豐七年丁巳秋菊月」參領　（福克金泰など十三名）」叩敬

35 德配陽暉」福景羊爐社叩敬」（永玉成など二十店舗）」光緒三年荷月

36 普惠大千」光緒七年辛巳仲秋穀旦公立」參領　（達沖阿等十二名）」

37 神恩福功」歸化城士默特左右兩翼參領等恭同叩敬」光緒二十年仲冬月中浣穀旦

38 普降石麟」宣統二年應鐘月穀旦」參領（十二名）」同叩

39 火神廟」十二社」咸豐二年」鄕總公置

40 土默特左右」翼官員叩敬」咸豐九年」三月吉立

•41 蒙古社」翼長（蒙古人二名）」參領（同十二名）」操演營正堂（同一名）」光緒六年三月公敬

42 蒙古社」光緒七年歳次辛巳仲秋」參領等叩敬

1—24は石碑、25—38は匾額、39 40 41は香爐、42は楹帖である。

地藏殿内には33 34 36 42と、単に「蒙古社」と銘を入れた多くの香爐があり、殿外に1—4 21 23が、聖母殿内に37 38 40、殿外に6 20 41、汾孝社に8 17、交城社に9—11 22があり、財神廟となっている代郡社には碑文はない。火神殿の殿内には28—32 35 39が、殿外に5 7 12 18 19 24がある。大門内に13—16があり、牌坊に25が掲げられ、楽楼には26 27 32が存する。

Q 西茶坊廟所在資料

1 創建關帝廟碑記小引」（乾隆二十六年における大洪水を機とし、西茶坊有志で廟を創建した次第を述ぶ）」経理糾首（官吏・屋號及び個人を含む）」乾隆三十年鐘月

〔碑陰〕

今將施財各姓開列於後」（生皮社施銀三兩のほかは、いずれも屋號又は個人）

2 續建關帝廟碑記」（東廊山門圍墻聖像などを作った次第を述ぶ）（糾首及び碑陰の施財者は全部屋號）」乾隆三十年菊月

3　新建五官廟碑記」三義社道四班府三班巡司班等共施錢二百七十千文　意和社施錢二十一千文　德先社二十千文
集錦社二十千文　醇厚堂十六千文　宝豐社十一千文　福虎社十一千文　青龍社十千文　當局（不詳）　集義社六千
文　騾店行六千文　榮豐衡義社三千文　鐵行三千文　雜營行二千文」　（德先社以下は、「施錢」の二字があるのを省略）

道快頭班
會首　陳　祥
道快二班
會首　劉成廣
道西頭班
會首　趙福　楊陞
道西二班
會首　尙天麟　郭永發

府快班
會首　任秉智
（他十名略）
府西班
會首　殷　明
（他六名略）
巡捕班
會首等
巡司班
會首　公班　安玉成

三義社　經理人　府三　道四班　巡司　趙　順
（他七名略）

道光元年十月穀旦
〔碑陰〕
威鎮社施錢四千文　毡德社施錢一千二百文　（他に屋號多數）

4　重修祖師殿碑記」歸化城幾流于夸幾入于夓總名曰古豐州蓋不知其昉于何代也自我」國朝定鼎之後復入版圖始名之

「呼歸化城自斯城而西茶坊」關帝廟側原有　祖師神殿但歴年久遠風雨殘剝今我社等目覩心傷不忍坐視□奈工程浩大瞻前」不能顧後詎意銭糧缶継備此不能葺彼是以閤社公議同心悦服共成盛事以報　神恩及於」本年會首每人各捐貲一千二百文未當者每人捐貲一千文或曰得尺則尺得寸則寸今卜吉」於　關帝殿右重建　祖師神殿其中配祀諸神不一與之俱興焉於道光三季六月興工托」賴神靈庇佑不日成之告竣但見廟貌巍峩何其威也畫棟雕梁何其鮮也法像莊嚴何其靈也」其餘未逮之於工不得不重望於後人焉是爲記」意和社經理會首等」道光三年歳在癸未律應蕤賓之月吉旦敬刊

〔碑陰〕

今將各社芳名開列于左」（河口意和社　三義社　ほか人名約八百）

5　（重修碑　本文略）

三元社　□成號　□□□　青龍社　当局
三義社　聚錦社　集義社
経理糾首　徳先社　郷　天徳店　銭晃　醇厚社　栄豊社　仙翁社
意和社　耆　三勝玉　張国祥　集錦社　馬店社　聚仙社　（以下屋號多數略）
徳興社　福虎社　威鎮社
総税局　亨興号　柳広滋　宝豊社　衡義社

咸豐九年菊月

6　（Q5に對する寄附者芳名錄）

徳先社　一千吊　聚錦社　二百千文　騾店社　二十千文　義仙社　十千文
意和社　一千七百吊　当局　一百千文　仙翁社　二十千文　細銀行　七千文
三義社　一千二百吊　青龍社　一百千文　栄豐社　二十六千文　車店社　五千文

徳義社　百二十五千文　福虎社　八十千文　結氈社　十五千文　衆蠟行　五千文
宝豊社　三百五十千文　三元社　三十千文　衡義社　十千文　(他に屋号多数)
集錦社　三百五十千文　威鎮社　三十五千文　馬店社　十千文

7 税務廳等薫沐叩」浩氣常流」(泉席賛など四十八名)」乾隆三十二年桂月吉立

8 澤覃今古」意和社等叩」經理人(周啓富ほか三十七名)」乾隆四十七年季秋月吉立

9 意和社」嘉慶七年六月穀旦」經理人(魏靈など十名)

10 伏魔行宮」嘉慶十三年歳次戊辰桂月中浣」三義社」監督班　道四班　府三班　巡司班」本社經理糾首公立

11 萬古英風」德先平安社弟子等薫沐叩」(王祿など八十一名)」嘉慶十九年陸月

12 兹我師」道光二年六月中旬五日吉立」(樊清など人名十二)」意和社等敬

13 百靈始祖」道光三年季銅月吉旦」意和社等叩

14 道光三年六月吉旦」意和社叩敬

15 傳造化」道光六年季蒲月吉旦」意和社等叩

16 治履師運」道光六年荷月吉旦」意和社等叩

17 義貫古今」德先平安社弟子等叩」道光九年乙丑季夏穀旦

18 渡迷津」道光二十八年」意和社敬

19 意和社兹立行規以化後患爲人」心不齊往往受制苦樂不均之」害今情同意合定立章程□□」公議凡家毛鞋舖戸人等一體」遵行如做毛鞋毯底按十層爲」類工支照舊行使若十層以外」別與裁案每一層加工錢一文」半做底者每一層加工錢一文」半或與外工做毛鞋十層以外」與做□每一層別加錢二文倘」有舖家隱瞞私放工錢以多聞」少如有查明罸戲三

期至於做」活人隱瞞希德肥已者罰錢一」千文入社公用或外工與做活」人串通謀奸巧迭工錢罰錢一」千文入社公用至此以爲永遠」勿改各宣凛之愼之」經理人　柴遷　許如嚴　許亮　仁萬金」大淸道光二十二年五月二十七日　意和社公立

20 春秋心法」三義社」監督班　道四班　府三班　巡司班　叩敬」經理人　(劉恒士など三十二名)」道光二十四年歳次甲辰

21 (施財表　河口意和社施錢三千文の他、個人多数)」道光廿五年

22 假公濟私」咸豐二年正月吉立」意和社王永成張德泰叩敬

23 具老和尚公頌蘭若重修」之喜」心師寶鐸」三義社經理人　監督班馮國成　道四班龐俊(など十四名)　府三班鄭冠(など廿名)　巡司班高篚梁丞」咸豐十年七月中浣

24 乾坤正氣」德先平安社弟子等叩」(任敏政ほか七十四名)」同治二年

25 能人顯化」同治十三年端月」善人　安定邦(他十四名)叩敬」公議社經理人

26 嘗謂善人是富爲善最樂好善樂施之」者也無量功德也玆因」白豆古佛神靈顯應庇佑羣生弟子衆化」資財議定……」今將舖戶人名佈施開列於後」(店舖名人名合して二百十、但ほとんどは人名)」共施錢一百二十三千二百文」公議社經理人　義和成　□□漢　李鞋舖　孟鞋舖　張鞋舖　張鞋舖　□文魁　孫錦魁　郭成　傅全忠　趙鞋舖　王鞋舖　李成高　陳鞋舖　務本旺　同叩敬」大淸同治十二年仲夏荷月上浣穀旦

27 意和社」同治十三年歳次甲戌六月」公立

28 告白」光緒二十四年玆因西茶坊」關聖帝君位前大山門鐘鼓二樓戲臺破」壞不齊風雨霖落本廟住持僧並請各社」會首公議鈩修所有四社資財花費錢」項開列於後」意和社助錢一百一十千文　三義社助錢八十千文　公議社助錢四十千

文　徳義社助錢四十千文」出」（細目を略す）」光緒二十五年五月各社公立

31　告白」闔社人等知悉茲因民國五年補修」戲臺屏門化費過錢五十二千四百三」十文舊年社房内坑久破壞不能住占」本社直年會首同經理人等」公同議定補修今將等等化錢項」開列於後」一出　（省略）」一入　公議社出錢五千七百十五文　徳義社出錢二千文」意和社經理人　李文魁（等七名）」民國六年六月初二日公立

32　告白」闔社人等一體同知事因唄社」佛殿年久不堪以致風雨破漏於今」本社值年會首同經理人等公同」議定於民國六年補修」佛殿裡外墻壁東厨房裡外墻壁」樓攢等等今將花費諸項開列於後」一宗出……」經理人　曹亮　靳有財宋瑞」民國六年五月初八日　西公議社公立

33　西天德尊」民國六年榴月穀旦」西公議社公立

35　盖聞」白道古佛殿宇風雨霖落破壞不齐金粧聖像」補修殿宇所有一切花費宗項開列於後」募化佈施開列於左」値年新舊會首等（十六名）」興盛鞋舗施洋七角（以下店舗名三　人名十二を略す）」募化衆花名　（六十三の店舗名人名）「經理人　靳鞋舗王林　興盛鞋舗吉才」中華民國二十二年仲夏月

1—6は石碑、7—13 15—28 31—33 35は匾額、14は楹帖である。

1 2 17 20 21 24は関帝殿に、4 8 9 12—16 19 22 23 27 28 31 32は意和社に、18 33 35は白道古仏殿に、3は三官殿に、5—7 10 11 25 26は大門内外に存するものである。

R 道署（後に綏遠省政府民政廳となり、調査当時は巴盟地方警察學校）所在資料

1 定章〔額〕」薩屬善里九旗四村公立遵斷復整水分碑記」竊聞」聖祖仁皇帝親征奏凱犒賞旗師倍加餉項始將大小兩
黑河下游之地分劃九区拓民認種名之曰善里九旗四村按畝升科亦能」使大小黑河之水毎畝納米一升七合二勺以濟軍餉
嗣蒙」綏遠城將軍費　開渠灌溉名曰將軍渠因水改粮毎畝共加升粮四升二合當恐上遊截填下遊無水有碍　國課厘定分」
水章程毎年自九月初一日起鐵帽爾村使水五天至初六日起歸入善里九旗四村使水三十九天澆畢後再歸鐵帽爾村」使水
八天至此澆灌畢下餘水分始歸上遊各村分使如若秋水淺少善里九旗四村不敷澆灌以俟來年三月春水再行補」澆歷經遵
奉在案蓋善里九旗四村居住下游地土窪下全賴秋水澤灌以期播種二麥完納　國課乃自近年以來人心不」古上游各村迭
次違章沿河一帶節節築埧截水灌地以致下遊善里九旗四村交納水科之地滴水無分屢向上游各村理論置若罔聞涉訟不休
情逼無奈投奔」道憲大人胡　轅下控訴當蒙批飭　歸府主張　薩府主佘　托府主任　糧餉府吉　親詣覆勘會訊明確斷
令仍遵舊」章復整水分詳奉」道憲大人胡　批准如詳辦理刊碑立石以垂永久等因嗣後上下遊各村自當恪遵批示永遠遵
行除將各廳會銜示諭刊」列碑後外理合撰擬碑文刊碑立石遵」署村中各立一碑以資永守爰以爲記」經理渠頭孫儒等十
人並同四村會首花戸人等公立」光緒三十三年孟冬月穀旦

〔碑陰〕

遵行〔額〕」欽加四品銜賞戴花翎特授綏遠城粮餉理事府加五級紀錄十次吉」直隸州用署理歸化城撫民府武鄉縣正堂
加三級紀錄六次張」欽加提舉銜署理薩拉齊撫民府加五級紀錄十次層」遵批出示曉諭事案蒙」歸綏道憲胡　批據薩屬
善里四村孟德銀等上控歸屬上游各村截埧使水等情一案會同親詣履勘公同會訊妥定章」程詳請批示飭案緣由蒙批據詳

會訊核斷九旗善里四村並鐵帽村應使水分仍遵舊章自每年九月初一日起鐵帽村」使水五天至初六日起歸九旗善里四村使水三十九天大建扣至十月十四日止小建扣至十月十五日止灌畢後再歸」鐵帽村使水八天大建扣至十月二十一日止小建扣至十月二十三日止均澆灌畢下餘水分均歸上游趙家庄等各村」隨便分使不與九旗善里四村並鐵帽村相干每年八月底由歸化廳詳請本道派員前往弾壓監放遵照定章按期放水」不准紊亂倘有違章築填截水情事立卽提案重懲等情已悉查該廳等所議尚屬妥協應准如詳辦理仰卽遵照迅速會」銜出示曉諭各該村勒石永遠遵守以杜訟端而息分爭等因蒙此除分移知照外合亟出示曉諭爲此示仰沿河一帶上」下游各村人等知悉自示之後爾等務須恪遵會訊斷定使水章程每年八月底由本歸府詳請」道憲派委妥員前往弾壓按期監放不准紊亂倘有違章築填截水等弊立卽帶提重懲決不寬貸各宜懍遵毋違

特示」告示」右仰通知

（聖祖と欽加は共に抬頭二字分）（歸綏県志金石志に、おもての記のみを載す）

2

流芳百世〔額〕」欽加五品銜代理歸化廳撫民理事府印補県正堂會爲」再行出示曉諭事案查前據六合社會首王萬財等呈控福虎社總領等奸商恃勢違規攙使小錢等情一案屢經各前府傳集訊明斷結併」詳奉批示曉諭在案乃該高太山等控砌情節輒敢違斷復赴」欽憲行牘飜控當蒙飭發經前府詳蒙」道憲飭委武川府會訊始終供詞無異該高太山等再三懇留社名復經會詳蒙」道憲批査此案前據該前署廳訊明詳覆高太山等屢次糾衆覇工托持藉社歛錢等情當經本道批飭將六合社永遠裁革歸併福虎社照舊」辦理由廳出示曉諭在案茲據詳高太山等輒敢違斷前赴」欽轅飜瀆寔屬刁玩且高太山等懇留六合社名目寔爲勒拔佈施歛錢演戲肥己地步要知工人賴身力賺錢豈容若輩藉社歛拔況酧神演」戲屢奉禁止乃以工苦之錢文作無益之興舉更宜禁除以恤工人仰遵照前今批示立卽將六合社名目永遠裁革仍歸入福虎社辦理」一面再行出示曉諭嗣後福虎社務須體恤工人不得尅扣工價亦不得攙使小錢毋任無端勒拔佈施並不准私立六合社名目如違査究」不貸査高太山等本非安分之徒並將高太山等分別撥入習藝所習藝以收野性而安善良俟一二年後察看能否改過再行詳請核辦仍

」將遴辦情形詳覆核奪此繳等因批發到府蒙此當卽傳訊明確斷令將六合社房產歸並福虎社承管任由變賣仍繳城錢一千三百吊文」爲該社開銷外債所有六合社陳設自應體恤着該社會首等變賣合再出示曉諭凰此示仰閤屬磨工諸色人等一體知悉自示之後　」福虎社務須體恤工人勿以小錢抵工貲各工人永不准再有六合社名目藉事歛錢並恪遵」憲批將高太山王朝及撥歸習藝所習藝以儆刁玩該各工人務宜自守本分勿蹈前轍致于重究切切特示遵」告示」押」右仰通知」光緒三十四年五月十三日實帖福虎社

〔碑陰〕　片石〔額〕

福虎社

鄉耆

興盛魁趙丕烈　復興隆文廣智
義憤魁武報國　永恒成羅榮泰
萬盛店劉培全　東昇店王思明
三長當傳正端　雙盛公賈學閔

總領

慶龍湧馬相義　萬慶恒張晋元
和順興趙遂泰　復興泉李德年
公和德温光惠　萬和成程有容
雙盛興靳週吉　永盛隆趙貴

（欽加は二字、欽憲欽轅は一字　擡頭）

1 2は共に大門外に立つ石碑

S　呂祖廟所在資料

1　昭茲〔額〕」歸化城創建純陽宮碑記」……光緒五年秋間常公祖回任倡捐敦勧循諭十五社四郷耆李利仁郭秉忠暨各

總領等欄鈴募化共得四千餘金鳩工庀材……中塑　孚佑帝君金像純陽呂祖　左塑太陽神像　韋陀神像　右塑　太陰神像　竈君神像……」光緒十四年戊子孟夏月上浣穀旦

（碑陰は呂祖廟勒碑重募序と題し、額は來許、經理人二十名をあぐ）

2　永垂不朽〔額〕」（呂祖廟創建重募施財名額）……（店鋪名人名多數）寶豐社施銀五兩……」大清光緒十七年歳次辛卯桂月穀旦立

3　千秋榮譽」（S2の續き）」……醇厚社（5）　集錦社（3）　聚錦社（3）　寶豐社（3）　麻花板申公社（3）　由由板申公社（3）　庄子村公社（3）　黑土凹公社（3）　公正局（3）　西河社（3）（以上施銀何兩）　德義社施錢二千文　聚仙仙翁社施錢一千文……（他に店舗名人名多數）

4　廣種福田」（S3の續き）」……德厚社　公義和社　義和社　刀刀板申公社　西五速兎公社　汾孝社　搗黑坍村公社　塔布板申公社　水泉尓公社　（以上いずれも施銀二兩　他に店舗名人名多數）

〔碑陰〕

萬世芳名〔額〕」靑龍社（50）　福虎社（10）　當行（24）　銀行社（20）　綏豐社（20）　福慶駝社（20）　聚仙社（13）　雜營社（13）　白塔尓閣社（13）　農圃社（13）　長壽平安社（10）　太平庄閣社（10）　寶樹芳俞閣社（8）　新疆平安社（8）　縣店社（8）　合昌圖義盛社（7）　五路村閣社（7）　毫沁營閣社（7）　哈拉慶閣社（7）　惱包村閣社（7）　淸水社（5）　金爐銅社（4）　魯班車轎社（4）　義合恒山社（4）　大平村閣社（4）　正速兎公社（4）　旗下營公社（4）（以上いずれも施銀何兩　他に店舗名人名多數）

5　永垂不朽」欽加三品銜在任候補府歸化撫民理事府加五級隨帶加二級紀錄十次方爲」斷案立章程批」上年勸辦賑捐十五社舖捐銀九百餘兩該庄口竟至派捐銀一千九百餘兩之多辦理殊缺公允」不平則鳴是亦一定事理惟事關賑濟各行捐

錢各人積德亦不須較計多寡致滋訟蔓至該庄口」向遇軍需　皇差捐輸事件會於　咸豐年間議定以三成攤給此後自應循舊弁理不得任意苛」派以昭公允其公正局從前舊借該庄口銀兩一倂現局確有盈餘自盈照約拔還俾免懸宕蕭該」庄口立即按照批示刊碑立案藉垂永遠務令彼此和睦各無爭競本　府實有厚望焉切切」大清光緒十九年仲冬月中旬四日」經理人　仁和昌程化鵬　魁義德武鎭長　源盛生趙崇武

〔碑陰〕

遵守成案〔額〕」九月二十八日」具甘結人庄田仁和昌程化鵬魁義德武鎭長源盛生趙崇武等四十餘家今於與甘結事依」奉結倒」大人案下蒙　道憲飭審商民等上控醇厚社黄宴林等濫費安板入行等情一案今蒙復訊明確斷」飭仍遵照　道光十二年詳奉　撫憲定斷不准安板商民等庄口入行成案辦理商民等情甘遵」斷具甘結完案所具甘結是實」衆庄口　（大昌生など五十二店舗）公立（欽加及び大人は二字擡頭）

6　聖學在玆」光緒七年季夏月」仙翁聚仙社總甲等叩敬

7　共仰神庥」光緒八年桂月吉日」東順街　馬蓮灘　大東街　上柵街　小召夾道　東園」純陽平安社公置

1―5は石碑、67は匾額。

T　娘娘廟（新城東門外）所在資料

1　碧霞宮碑記　乾隆三十九年菊月（本文略）

雜貨行（4）　當行（2）　店行（2）　碾行（2）　靴行（1.5）　面行（1.5）　皮行（1.5）　酒飯行（1.5）錢行（1）

帽行（0.8）（以下略）（数字は施銀何両何銭）（石碑）

U 城隍廟（新城南街）所在資料

1 （施財碑 道光二十一年八月穀旦 経理人は満漢の個人名） 帰化城聚錦社施京銭六百千文 寶豐社施京銭六百千文 聚錦社施京銭四百千文 當商施京銭二百千文 醇厚社施京銭一百二十千文 青龍社施京銭一百千文 福虎社施京銭六十千文 （以下略）（石碑）

V 關帝廟（新城南街）所在資料

1 重修關帝廟序 道光二十二年桂月（本文略）

集錦社（50） 寶豐社（50） 聚錦社（40） 當行社（20） 青龍社（15） 醇厚社（10） 福虎社（10） 集義社（6） 威鎮社（5） 毡氈社（5） 仙翁社（4） 榮寶社（3） 衡義社（2） 淨髮社（1.5） 興隆社（5） 四街綏豐社（4）（以下略）

經理人 防禦 巴彥泰 塔青阿 領催（屋號及個人八） 四街總領 慶豐泰 德興隆 義隆成 天和公 自生泉 永盛園 呉佑衣舖 南興隆號 仝叩

（數字は施銭何千文）（石碑）

W　馬王社（新城西街十九號）所在資料

1　献」牧野功成」道光二十年歳次庚子蒲月穀旦

2　馬王社」大清光緒八年五月穀旦」闔社公立

3　蓋聞商賈之道以立社爲要立社以俸神爲先不立」社無以定其規不俸神無以正其心立社以公正敬」神以虔誠神靈默佑
永錫無彊之福虔心供獻長報」庇佑之恩神佑我無邊福利我之敬神豈□□」敬心乎今我義興馬王社在」駟馬明王老爺位
上公献緞袍緯簷將各舖人名」開載於左」計開
積善堂　興隆鈺　慶生厚　以上施銀（署）」茂德堂　（ほか十二軒）　以上十三家各施銀（署）」德義德（ほか十二軒）
以上十三家各施銀（署）」復盛昌（ほか十二軒）以上十三家各施銀（署）」正副總領　積善堂　興隆鈺」經理　董亮
劉文　任運陞　安體礼　寇讓　黄全海」全慕」大清光緒三十四年葭月叩敬

1―3はともに匾額

X　観音寺所在資料

1　重修觀音廟碑記」……自道光二十五年煥然改觀於今五載後經修理……蒙民好施悉爲美談……」（蒙古の參領九名を

含む蒙古人や、屋号個人多數。ほかに左の社會集團あり）寶豐社（80）　威鎭社（20）　榮豐社（17）　當行（15）　福慶駝社（10）　銀行社（8）　義仙社（8）　毡氈社（8）　騾店社（6）　車店社（6）　估衣行（6）　意和社（5）　生皮社（4）　金爐鐵社（5）　衡義社（4）　車舗行（4）　衆蠟舗（4）　義和社（4）　金爐銅社（3.5）　集錦社（3）　淨髮社（3）　福虎社（1）　聚錦社（0.5）　醇厚社（0.5）　六合社（0.5）　舍力兎召前雜營行（4）」　經理（屋号廿四）」　咸豐元年辛亥陽春月上浣穀旦　（數字は施銭何千文）

1は石碑

Y　西龍王廟所在資料

1　創建五龍祠碑記」……春祈秋報之會毎憾無以妥　龍神而慰　田祖誠建五龍祠以補此缺……歷年糾首會首突有功焉……」雍正元年癸卯仲秋八月上旬」　糾首（張文才など廿五名）
〔碑陰〕（大行捐銀一十五兩　會首右領建廟衆姓人等施財若干　其他施銀人名多數。二十畝づつ二個所にある香火地などについても記述あり）

2　重修五龍祠碑記　（雍正五年　忻州社主催）

3　龍王廟碑記　乾隆三十一年九月）

4　重修龍王廟碑記　（乾隆三十八年　忻州社主催）

5　重修風神廟碑記（乾隆四十八年　善士二十餘名募捐）

6　重修龍王廟碑記（嘉慶十一年　各社捐資の中に左記あり）」　醇厚社（22.5）　集錦社（22.5）　聚錦社（22.5）　青龍社（18）　當商（13）　寶豐社（13）　福虎社（13）　集義社（5.75）　威鎭社（5.75）　仙翁社（4）　衡義社（3.5）　毡毯社（3.5）　馬店社（2）　（數字は施銀何兩何錢何匁）

7　（重修碑　厚社などの十社の寄附による）　經理鄕耆　永遠昌馬維藩　廣興店張漢公　德新和釆國菴　義源當田改綱」道光十九年十月

8　（施財名額のみを掲ぐ。その中に左の文字あり。）（年代不詳）　本村各地戸一千五百吊　畢齊克齊大行三十吊　福隆京羊社五十吊　靑龍社四十吊　福虎社廿五吊　集義社廿四吊　威鎭社二十吊　估衣行十八吊　仙翁社十八吊　平義社十二吊　義仙社十吊　榮豐社十吊　福慶駝社十吊　缸油行六吊　生皮社六吊　騾店社五吊　淸水社三吊

9　萬象均霑」歸化城十二行鄕總薰沐叩」乾隆五十四年霖鐘月

10　承天除瘤」十二社鄕總等敬」道光十九年仲秋吉旦

11　啓者緣因本村龍神寺廟宇墻壁戲樓坍塌」不堪仁人共覂竊聞智者無不知也仁者」無不愛也是以邀集會末等公同商議淮於地」畝攤派項下餘資作爲修理動用花費甚重」只得向忻縣社討使布施錢文補助衆皆樂從」踴躍向善但工竣之後理宣懸招周知此牌」出入各項開列於後」一宗　入　福興社布施錢五百九十八千文　忻州社布施錢二百五十千文」一宗出　（略）」經理人　張鴻業　劉永貴　閻高陞」中華民國九年六月十日立

12　地畝社」西龍王廟」同治十三年」八月造

13　福興龍王社」神磬一元」光緒三十年造

1—8は石碑、9—11は匾額、12は鼎、13は磬。このほかに倒れているため、調査不能におわった三碑あり。

Z　歸化府廳（後に巴彦縣公署となり、調査当時は蒙古善隣協會宿舍）所在資料

1　嘉慶二十年七月吉日造」府三班公社」土地祠位前献磬一元

1は磬

著者略歴

1914年　大阪市に生る
1939年　広島文理科大学史学科卒業
同　年　外務省留学生
1945年　広島文理科大学助教授
1950年　文学博士
1951年　広島大学教養部教授（現職）

著　書

1947年　北平市民の自治構成（文求堂）
1953年　中国の社会構造（有斐閣）

中国封建社会の機構

昭和30年3月25日　印刷
昭和30年3月30日　発行

定　価　1200円

著　者　今　堀　誠　二
広島市古田町古江415

発行者　日本学術振興会
東京都台東区上野公園日本学術会議内
代表者　新　谷　武　衛

印刷者　株式会社　松浦印刷所
東京都千代田区神田猿楽町2の4
代表者　松　浦　九　一

発売所　丸　善　株　式　会　社
東京都中央区日本橋通2の6

CHINESE FEUDAL SOCIETY

An Intensive Investigation of Social Groups in Kuei-Sui since 1644

by

SEIZI IMAHORI

Published by

The Japan Society for the Promotion of Science

Tokyo

1955

Dr. Seizi IMAHORI is Professor of History at Hiroshima University in Japan. He lived in China from 1939 to 1944 to study Chinese society and history. His investigations revealed that scholars had not obtained an altogether true perspective on Chinese feudal society.

Professor IMAHORI's books have included *The System of Self-Government in Peiping* and *Construction of Chinese Society.*

In studying the constructions and structures of Chinese society, it is almost imperative that only such data as are authentic and pertinent should be used. Chinese society is so complex and complicated that an investigator is beset with many difficulties in selecting from among a vast number of materials which to use and which not to use. Moreover, he must be judicious in determining whether the information to be adopted is necessary to the solution of his problem, and also in discriminating the extraneous from the authentic materials.

Hitherto the analysis of Chinese society has been the subject of intensive scholarly investigations. However, the investigators' misuses and misunderstandings of data have often distorted their findings.

In 1923 M. WEBER, utilizing unreliable Chinese data, wrote *Wirtschaftsgeshichte*, and later in 1931, K. A. WITTFOGEL, with considerable confidence in his data, brought out his admirable *Wirtschaft und Gesellschaft Chinas*. Both of these works seem to be the most estimable sources of information of China according to the Western standards, which, however, express only the viewpoint of Westerners.

Among other studies, J. S. BURGESS, *The Guilds of Peking*, 1928, should here be mentioned; it was surprisingly well written, though without any historical data. And also L. BUCK wrote *Land Utilization in China*, 1937, thereby making an outstanding contribution to scientific understanding of Chinese affairs by his census economic agriculture in China. But even this helpful book was not free from misuse of data.

Since World War II turned the greater part of China into battlefields, almost all scholarly investigations virtually had to be abandoned. Therefore, studies undertaken after the war have been all written without any benefit of additional factual data, so that no real advance has actually been made in the study of Chinese society. This may apply to theoretical approach as well as to factual research.

Living in China during World War Ⅱ, this investigator managed, although not without great difficulty, to carry on his studies of Chinese society until they were completed, and now attempts to report his discoveries.

This study is entirely concerned with the social groups which had existed in the city of Kuei-sui 帰綏 and its suburbs since 1644.

The author stayed in the city of Kuei-sui 帰綏 about a half year to conduct his investigations and at that time became very friendly with many venerable aged men there, who were able to supply him with a wealth of first-hand information. This investigation was furthered by the careful explanations offered about every social group which existed in this area, and was supported by numerous guided trips to the farms, ranches, factories, places of business, guild halls, and village offices. The investigator is indebted to the cooperation of more than one hundred and fifty elders of the villages and towns in this area, without whose invaluable assistance this study could never have been finished.

The author investigated not only the human components of the social groups, but also the organization of the economic system, the ideology and the background of each group, paying particular attention to the real conditions and the historical documents, and using many volumes of data. He examined also the political, economic, and cultural backgrounds of these social groups in order to bring into sharper focus a true picture of each group.

Although this work may not be expected to be entirely complete, yet it can be said with confidence that this will be the first general survey of a Chinese city which deals with all social groups since 1644.

The main concern of this investigation was to determine what type of economic system was necessary to foster the existence of these social groups, and to allow them to flourish in one era and decline in another. In order to solve this problem, the author made an effort not only to un-

derstand contemporary Chinese society as he knew it when he was there, but also to gather historical material which had never before been used.

The chronological data from the seventeenth to the twentieth century were obtained from *Ten Million Letters* according to the sources of To-Mu-Do-Chi Kung-Shu 土默特旗公署 in the government office of this area. The bulk of data about the land-reformation has been preserved in Sui-Yüan Kên-Wu-Chü 旧綏遠墾務局. New Chinese material, such as Kuei-sui Chih Lüeh 帰綏識略, was found in Sui-Yüan Tung-Chih-Kuan 綏遠通志館.

As every monument which was found in the temples of this area had been made by the villages and the guilds themselves, and since they presented historical data in the carvings on them, they were a most welcome source of factual information. For example, the investigator discovered, while studying these monuments, a fact that a guild could and naturally did originate laws, and the governments, after having been petitioned, formally made them official.

Thus, it can be seen that the government was the servant of the guilds, as it were, and fulfilled the expressed requirements of the guilds. This means that one can hardly know the real circumstances by using the reports of government proceedings alone.

The new documents which were discovered during this investigation may be found listed in the Bibliography. From the results mentioned above, the material on the Chinese social group was classified chronologically according to the development of Kuei-sui history, as follows:

1. Medieval Village
   Tenant Association
   Rural Association

2. Provincial Club
   Peace Guild (Frith Guild)

3. Religious Fraternity
   Charity and Relief Group

4. Guild Merchant
   Trade Guild
   Transportation Guild
   Usurers Guild
   Craft Guild
   Yeoman Guild
   Service Guild

5. Mongolian Group
   Moslem Group

6. Farmer-grazier Guild
   Fisherman Guild

These groups did not all exist at one time. Each group had a different period of existence, and varied in its influence over society in general during its respective history. Currently, most of these groups have by themselves incited general socio-economic revolution turning themselves into modern organizations and changing their names and systems to conform with the twentieth-century tendency of mechanization.

Until the appearance of the present study, no one had ever done extensive research on such social groups as the Farmer Association, Village Association, Craftsman Guild and Guild Merchant. These guilds, especially, are the key points in considering the changes of China from the Middle Ages to the present day.

This book is one of a series. In order for the reader to get a complete picture of Chinese economy in relation to Chinese society, it would be advisable for him to read the author's *Construction of Chinese Society*, 1953, and *Elements in the Development of Modern China* which will soon be published.

The author expresses his deepest intellectual debt to Dr. Noboru NIIDA, whose great study of China has long been a source of inspiration to him. It would be very edifying to read Dr. NIIDA's *Guild and Society of China*, 1951, and *The Family in the Chinese Village*, 1952, in conjunction with this book.

【附錄　今堀誠二博士學位論文　目次】

中國封建社會の機構

自一六四四年
至一九四四年

―察綏兩省の村・鎮・縣・港市・都市に於ける村落・村落聯合・ギルド・ギルドマーチャント及その他の社會集團を通じて見たる中國アンシャンレジームの實證的研究
特に封建的商業＝高利貸＝資本の支配と封建的勞働の從屬及鬪爭について―

【目　次】

第二篇　薩拉齊

第三篇　托克托

資料目次

あとがき

著者には本書と同名の学位論文がある。『中国封建社会の機構』の序、四ページの三～五行目にかけて「一万枚近い一応の原稿は、一九四八年の末近くに完成したが（中略）ただ、そのうちの内蒙古に関する部分だけを油印本として少数の知友に贈ったことがあり、」と記されているが、この油印本を学位論文の主論文として、広島大学に提出し一九五〇年文学博士号を授与された。両者の関係を明らかにするために、学位論文の「目次」を附載した。なお「凡例」を参照していただけば、本書と学位論文との関係が明らかとなろう。

（今堀百合子）

著者紹介

今堀誠二（いまほり　せいじ）

1914年　大阪市に生まれる
1939年　廣島文理科大學史學科卒業
同　年　外務省留學生
1945年　廣島文理科大學助教授
1950年　文學博士
1951年　廣島大學教養部教授
　　　　廣島大學綜合科學部長・廣島女子大學長を歴任
1992年10月9日　逝去

主　著

1953年　中国の社会構造（有斐閣）
1955年　中国封建社会の機構（日本学術振興会）
1966年　毛沢東研究序説（勁草書房）
1978年　中国封建社会の構造（日本学術振興会）
1991年　中国封建社会の構成（勁草書房）他

中國封建社會の機構（影印版）

1955年3月30日　初　版　發行
2002年3月30日　影印版　發行

著者　今　堀　誠　二
著作權者　今　堀　百合子
初版發行者　日本學術振興會
影印版發行者　石　坂　叡　志
印刷所　富士リプロ

發行所　汲　古　書　院
102-0072　東京都千代田區飯田橋2-5-4
電話 03(3265)9764　FAX 03(3222)1845

 ISBN4-7629-2667-1　C3022